JN224267

国際マクロ経済学

International Macroeconomics

Stephanie Schmitt-Grohé
Martín Uribe
Michael Woodford

ステファニー・シュミット=グローエ
マーティン・ウリベ
マイケル・ウッドフォード

濵野正樹〔訳〕

東洋経済新報社

Original Title:
INTERNATIONAL MACROECONOMICS: A Modern Approach
by Stephanie Schmitt-Grohé, Martín Uribe, and Michael Woodford
Copyright © 2022 by Princeton University Press

Japanese translation published by arrangement with Princeton University Press
through The English Agency (Japan) Ltd.
All rights reserved.
No part of this book may be reproduced or transmitted in any form or by any means, electronic or mechanical, including photocopying, recording or by any information storage and retrieval system, without permission in writing from the Publisher.

序文

1970年代のミクロ的基礎付けによる革命以来、マクロ経済学の研究は、大学でも政策機関においても、マクロ経済変数間の関係を、個々の家計や企業の異時点間を通じた意思決定問題から導き出すというアプローチに基づいている。しかし、学部レベルのマクロ経済学の教科書は、しばしば簡便な、場当たり的なアプローチをとり続け、最新の研究と教室で教えられることの間にますます大きな隔たりが生じているのが現状である。以上のことは、国際マクロ経済学に関するトピックスについて、教科書で取り扱う際においても例外ではない。

もちろん、国際マクロ経済学は複雑である。閉鎖経済で生じるすべての問題（一般的なマクロ経済学のテキストで扱われる問題）を扱わなければならないが、それ以外にも固有の多くの複雑な問題がある。このため、大多数の教師は、国際的な問題を扱おうとする場合、明示的なミクロ的基礎付けを持つ枠組みでは難しすぎると考えているようだ。さらに、国際マクロ経済学の講義では、一般的なマクロ経済学の講義以上に、世界の特定の地域が直面する経済問題に焦点を当てることが期待され、厳密で理論的にエレガントなアプローチを主張するあまり、現実のマクロ経済問題について十分に説明をしないことになってしまうのではないかと危惧する教師もいるようである。本書は、しかしながら、このような課題を解決し、学部における国際マクロ経済学の授業を現在の経済学研究に沿ったものにすることを目的としている。

本書の特徴は、一貫してミクロ的基礎付け、最適化、動学的一般均衡によるアプローチを維持していることである。すべての章で同じ理論的枠組みが用いられている。まず基本的な枠組みを紹介し、その後、適切な拡張を行い、国際マクロ経済学における中心的なトピックスをすべて取り上げている。例えば、小国および大国経済における経常収支の決定要因、一時的ショック、恒久的ショック、および予測されるショックに対する調整プロセス、実質為替レートの決定要因、名目硬直性のあるモデルにおける固定為替レートと変動為替レートの役割、金融政策と財政政策の相互関係、金融摩擦が存在する場合における資本移動管理の役割、および国際収支危機などのトピックスなどである。

本書の目的は、学部学生や修士課程の学生に、研究の現場で採用されているのと同じ基本的な分析アプローチを用いて、経済政策に関連する問題の分析を提示することである。そのために、教育的な観点から2つの簡略化を行った。第1に、本書の大部分において、無限期間ではなく、2期間経済を仮定していることである。そして第2に、確率的経済を完全予見の経済に置き換えている場合が多いことである。しかしこの2つの簡略化のうち1つだけを行うことで、学生にとって直感的でわかりやすい教材になることもある。例えば、2期間モデルは、一国の経常収支の決定における不確実性ショックの役割を理解するのに適した設定であるが、この場合、完全予見を仮定しないことが重要である。この単純な設定は、「大いなる安定」と呼ばれる顕著なマクロ経済の安定期が対外不均衡（グローバル・インバランス）に果たした役割を明らかにするのに有効である。同様に、財政規律のない固定為替相場制の下で、なぜ国際収支危機が発生するのかを説明するには、完全予見のみを仮定する必要があるが、この問題では、経済が2期間以上続くと考えることが重要である。

本書では、また、理論モデルの含意するところを、実際のデータによって検証している。このような検証作業は、現実の問題に対する洞察をもたらす特定の理論の力を強調するためだけでなく、その限界を示し、批判的思考を促すために極めて有用だ。さらに、本書の重要な特徴として、各章の終わりにある練習問題が挙げられる。この問題には、その章で扱った内容を習得するための比較的簡単なものから、より高度なものまで取り上げている。本書で明示的に扱った問題以外の経済問題を理解するために、また学習した手段をどのように利用できるかを考える一助となるだろう。さらに、練習問題を通じて、理論的な訓練だけでなく、実際のデータを使ってモデルの実証的な妥当性を吟味することも可能となっている。

長年にわたり、本書の下書きは国際マクロ経済学と国際金融論の講義の主要テキストとして、世界各国の学部と修士課程において使用されてきた。コロンビア大学では、学部レベルの国際マクロ経済学や国際金融論の授業において、まず第1章から第10章までをカバーし、小国、大国経済における経常収支や実質為替レートの決定要因について学ぶようにしている。その後、名目硬直性のあるモデルにおいて、為替レート政策と失業（第13章）、または金融摩擦（第12章）など、本書の第Ⅲ部と第Ⅳ部に掲載されている、より進んだ内容の章からトピックスを選択的に教えている。修士レベルでは、第3章と第5章から始めて、その後第10章から第15章へと飛び、より高度な内容に重点を置くようにしている。中級マクロ経済学のコースにおいては、第3章と第5章を教えている。これらの章では、総体ショックに対するマクロ経済の反応を、贈与経済と生産経済で示し、ミクロ的基礎付けにより、貯蓄と投資関数を導出している。そして、これらを用いて、閉鎖経済と開放経済における均衡金利の決定（第7章）、さらにリカードの等価命題とその破綻を強調しつつ財政政策分析（第8章）を学んでいる。

本書の実現のためさまざまな側面で手伝ってくれた多くの学生、特に教育助手と研究助手に感謝したい。とりわけ、Alberto Ramos, Sanjay Chugh, Marco Airaudo, Debajyoti Chakrabarty, Xuan Arthur Liu, Kyoobok Lee, Javier García-Cicco, Sarah Zubairy, Wendy Werstuik（né Wang）, Sebastian Rondeau, Ozge Akinci, Matthieu Bellon, Pablo Ottonello, Samer Shousha, Tuo Chen, Mengxue Wang, Yoon J. Jo, Hyoseok Kim, Ken Teoh, Emilio Zaratiegui, Seungki Hong, Yang Jiao, Ryan Chahrour, Wataru Miyamoto, Carlos Montes-Galdón, Mariana García-Schmidt, Seunghoon Naらの諸氏に感謝の意を表したい。

準備段階の原稿を使用してくださった他の機関の先生方のうち、特にRoberto Perotti, Linda Tesar, Geert Van Moer, Marc Alexandre Sénégas, Bill Yangから詳細なコメントをいただいた。また、Princeton University Pressの最初の編集者であり、本書執筆のきっかけを作ってくれたSeth Ditchik、そしてSethがPrinceton University Pressを去った後、編集を引き継ぎ、このプロジェクトを円滑かつ辛抱強く完成まで見届けてくれたJoe Jackson、最後に、優れた編集作業をしてくれたAlison Brittonに感謝をしたい。

目次

第6章　不確実性と経常収支　137

第7章　大国開放経済　157

第8章　双子の赤字：財政赤字と経常収支　177

第II部 実質為替レート

第9章　実質為替レートと購買力平価　213

第Ⅲ部 国際的な資本の移動性

第11章 国際資本市場の統合 303

第12章 資本規制 335

第IV部 金融政策と為替レート

第15章 インフレ・ファイナンスと国際収支危機 469

国際マクロ経済学
International Macroeconomics

図 1.1　世界の累積経常収支：1980～2017 年

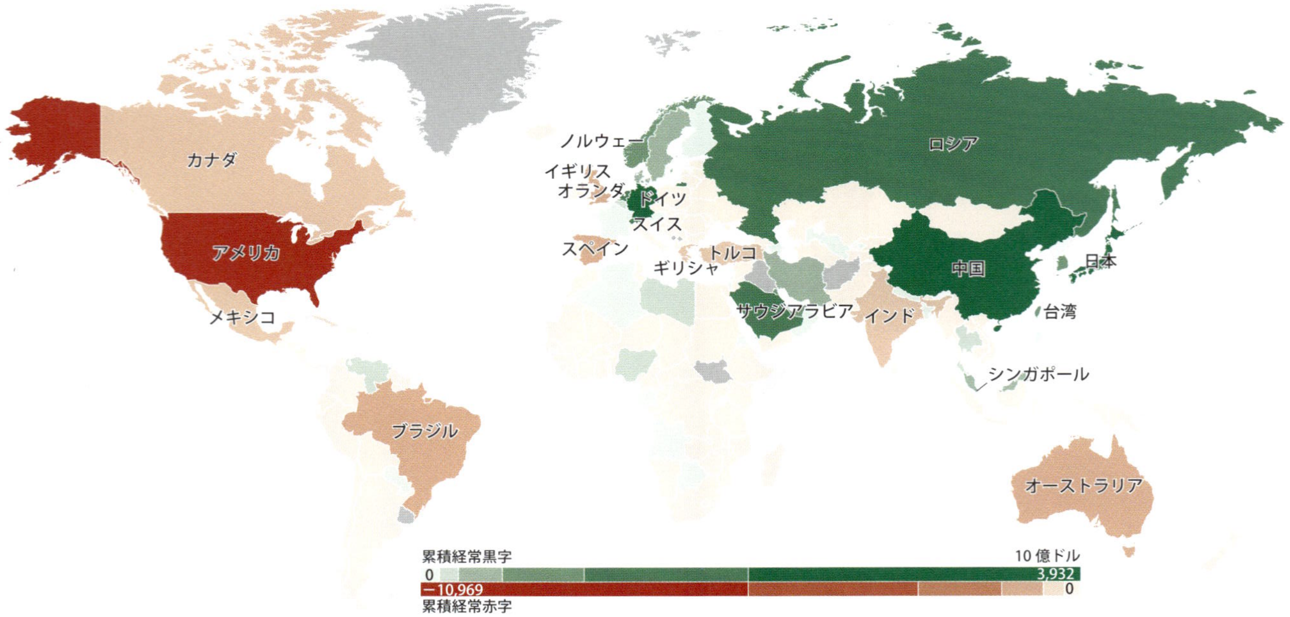

（注）　この地図は，1980年から2017年までの38年間における182カ国の年間経常収支の合計を示している．ヒートマップ上に表示されるには，少なくとも20年にわたる連続の経常収支データが必要である．しかし，データは欠損値を含んでおり，138カ国には38の観測値があるが，平均的には1国当たりは35の観測値しかない．累積経常黒字は緑色で，累積経常赤字は赤色で表示されている．それぞれ最大累積経常収支赤字（米国:−11兆350億ドル）と最大累積経常収支黒字（日本:3兆9060億ドル）の2分の1，4分の1，8分の1，16分の1，および32分の1以上に相当する6段階で赤と緑の濃淡が分けられている．20年に満たないデータはグレーで表示されている．累積経常収支黒字・赤字の上位10カ国は国名も表示している．

（出所）　Philip R. Lane and Gian Maria Milesi-Ferretti, "International Financial Integration in the Aftermath of the Global Financial Crisis," IMF Working Paper, No. 20 17/115, May 2017. IMF, Current account balance U.S. dollars（https://www.imf.org/external/datamapper/BCA@WEO/OEMDC/ADVEC/WEOWORLD）.

第1章　対外不均衡

過去数十年の間に、世界では、ある国は多額の対外債務を抱え、他の国は多額の対外資産を抱えるようになった。米国は1980年代後半に世界最大の対外債務国となり、それ以来その地位を維持している。一方、中国、日本、ドイツは、他の国々に対して多大な対外資産を保有している。このような現象は、**対外不均衡**（グローバル・インバランス、global imbalances）として知られるようになった。

図1.1の**ヒートマップ**（heat map）は、1980年から2017年までの182カ国分の経常収支の累積を示したものである。本章の後半で詳しく説明するが、おおよそにおいて、経常収支は一国の対外純資産の変化に等しい。経常黒字はその国の対外純資産を増加させ、経常赤字は対外純資産を減少させる。各国の経常収支を時系列に積み上げることで、どの国が貸し手の役割を果たし、どの国が借り手となってきたかを知ることができる。図1.1では経常収支の累積黒字は緑色で、累積赤字は赤色で表示されている。濃い色ほど、累積黒字や累積赤字が大きいことを意味する。もし、すべての国の累積経常収支がほぼバランスがとれていれば、ヒートマップは薄い色だけで塗りつぶされているはずである。したがって、この地図に濃い緑や濃い赤の地域がいくつかあるという事実は、過去38年間、一貫して世界から借入れを続けてきた国もあれば、一貫して貸付けを続けてきた国もあることを示している。

米国は濃い赤、中国は濃い緑で表示されているが、これは米国が世界最大の対外債務国であり、中国は世界最大の対外債権国の1つであることを反映している。より一般的に言えば、過去38年間、世界の貸し手は日本、中国、ドイツ、そして石油・ガス輸出国（ロシア、ノルウェー、サウジアラビア、クウェート、アラブ首長国連邦、カタール）であった。他の国々、特に米国は、これらの国々から借金をしてきたのである。

本章では、米国をはじめとする各国の対外債務とその構成要素を解剖し、時系列で追っていく。また、米国が世界最大の対外債務国になった背景にはどのような国際取引があったのか、米国の対外債務のうち中国との不均衡に起因するものはどの程度あるのか、株価や為替レートなどの資産価格の変動はどのように国の対外純資産の増減に影響を及ぼすのか、といった問題に答えていこう。これらの問題やその他の関連する問題に取り組む前に、この章ではまず、一国の対外収支に関連する基本的な概念を紹介する。

1.1　国際収支

一国の国際取引は**国際収支統計**（balance of payments accounts）（**国際取引統計**（international transactions accounts：ITA）とも呼ばれる）に記録される。米国では、このデータは米商務省経済分析局（Bureau of Economic Analysis：BEA）によって作成されている。国際収支は、主に**経常収支**（current account）と**金融収支**（financial account）の2つから構成されている。経常収支は、財・サービスの輸出入と、国家間の所得の受取り・支払いを記録する。財・サービスの輸出と所得の受取りがプラスで、財・サービスの輸入と所得の支払いがマイナスで勘定される。例えば、米国在住者が韓国からスマートフォンを500ドルで購入した場合、米国の経常収支は500ドル減少する。これは、この取引が500ドル相当の財の輸入を意味するからである。またフランスの自動車メーカー、プジョー社が米国の株主に配当金100ユーロを支払い、為替レートが1ユーロ＝1.1ドルであれば、この取引は米国居住者のこの金額分の所得受領を意味するので、米国の経常収支は110ドル増加することになる。

金融収支は、居住者と非居住者の間の金融資産の取引を、その増減に注目し、記録するものである。非居住者への資産の売却は、金融収支ではマイナスの符号が付され、非居住者からの資産の購入は、金融収支ではプラスの符号が付される。例えば、上述した韓国からのスマートフォンの輸入のケースでは、米国居住者が米国通貨（ドル）でスマートフォンの代金を支払った場合、韓国の居住者（例えば、サムソン法人）に米国の金融資産（通貨）を500ドル売却したことになる。したがって、米国の金融収支には、500ドルのマイナスの項目が記録される。また、上述の配当金受領の例では、米国の居住者はフランスのプジョー社から100ユーロを受け取るので、米国の金融収支は110ドル（または100ユーロ）増加する。

スマートフォンと配当金の受取りの例が示しているのは、**複式簿記**（double-entry bookkeeping）と呼ばれる国際収支会計の基本的な原則である。各取引は、2度にわたって国際収支に計上される。この原則を別の例で説明しよう。例えばイタリア人の友人がニューヨークに遊びに来て、ルツェルンホテルに宿泊し、イタリアで発行されたVISAカードで宿泊費の400ドルを支払ったとする。この場合、米国はサービス（ホテルの宿泊）を輸出しているので、米国の経常収支は400ドル増加する。同時に、ルツェルンホテル（法人としての米国居住者）は、400ドル相当の金融資産（非米国居住者であるイタリアのビザ社の400ドルの支払い約束）を受領するため、米国の金融収支は400ドル増加することになる（同じ取引がイタリアの国際収支統計にどのように記録されるか、考えてみよう）。

複式簿記方式が意味するのは、いかなる経常収支の変動も、同様の金融収支の変動を伴うことである。すなわち、経常収支は、一国が外国から購入した資産と、外国へ売却した資産の差、つまり金融収支に等しい。この関係は、**国際収支の基本的な恒等式**（fundamental balance of payments identity）として知られている。したがって以下の関係が成り立つ。

経常収支＝金融収支　(1.1)

国際収支統計には、さらに資本移転等収支と呼ばれる第3の要素（つまり国際収支勘定における恒等式の第3項）が存在する。これは、金融資本の国際的な移動を記録するものである。資本移転等収支の主な項目は、債務免除と移民による所得移転（移民が出国または入国する際に付随する財や金融資産）である。資本移転等収支の規模は米国では重要ではないが、他国では重要である場合がある。例えば2007年7月、米財務省は、米国、ドイツ、ロシアがアフガニスタンに対し、110億ドルに上る債務免除を行うことを発表した。これはアフガニスタンの国際収支にとって多大な金額で、対外債務の約99%に相当するものであった。しかしこの債務免除は、援助国3カ国の国際収支統計においては小さな数字である。資本移転等収支は、ほとんどの国の国際収支において少額であるため、本書の残りの部分ではこれを無視し、経常収支と金融収支に焦点を当てることにする。

ではここで、国際収支の基本的な恒等式（1.1）の各辺を詳しく見てみよう。経常収支のより詳細な内訳は、以下のようになる。

経常収支＝貿易・サービス収支＋第1次所得収支＋第2次所得収支

次に、貿易・サービス収支と第1次所得収支は、それぞれ次のような2つの要素を含む。

貿易・サービス収支＝貿易収支＋サービス収支

第1次所得収支＝純投資収益＋雇用者報酬＋その他第1次所得

貿易・サービス収支（trade balance, または balance on goods and services）は財とサービスの**純輸出**（net exports）、つまり輸出と輸入の差を記録したものである。**貿易収支**（merchandise trade balance, または balance on goods）は財の純輸出であり、**サービス収支**（services balance）は輸送、旅行、法的支援などのその他のサービスの純輸出で示される。

第1次所得収支（primary income balance）において、**純投資収益**（net investment income：NII）は、米国が所有する外国資産にかかる所得受取額と外国が所有する米国資産にかかる所得支払額の差で示される。米国が所有する外国資産にかかる所得受取は、プラスの符号で記述される。これには、国際的な利子や海外に進出している米国企業の配当金受取と（分配または再投資された）利益が含まれる。外国が所有する米国資産にかかる所得支払いは、マイナスの符号で所得収支に勘定される。例えば、米国国債の利子、米国社債の利子、米国株式の配当金などである。米国では、純投資収益が第1次所得収支の中で圧倒的に重要な構成要素となっている。

第1次所得収支の2番目の構成要素である**雇用者報酬**（compensation to employees）は、海外で一時的に雇用された米国居住者の所得、米国内で外国政府に雇用された米国居住者の所得、および米国内にある国際機関（国連、国際通貨基金、国際復興開発銀行など）に雇用された米国居住者の所得から得られる報酬がプラスの項目として勘定される。雇用者報酬においてマイナスの項目には、米国に通勤する外国人労働者（主にカナダとメキシコ）、米国で学ぶ外国人学生、米国に一時的に居住する外国人専門家、米国で働く外国人臨時労働者に対する米国居住者や機関による支払いが含まれている。米国では、雇用者報酬は非常に少なく、第1次所得収支は基本的に純投資収益と等しい。

経常収支の第3の構成要素である**第2次所得収支**（secondry income balance. 移転収支（net unilateral transfers）とも呼ばれる）においては、海外から受け取った贈与（つまり、いかなる財、サービス、資産の購入にも相当しない支払い）と米国から海外へと渡った贈与の差額を記録している。このカテゴリの大きな項目の1つは、個人間移転である。例えば、米国居住者がメキシコに住む親族に送金する場合、第2次所得収支にマイナスの符号で記述される。もう1つの代表的なものは、米国政府の補助金が挙げられ、これは返済が期待できない実物資源や金融資産を外国に移転することである。

金融収支は主に2つの要素で構成されている。

金融収支＝米国が保有する海外資産の増加額－外国が保有する米国資産の増加額

米国が保有する海外資産には、外国証券、米国銀行の外国人向け貸付、米国による海外直接投資などが含まれる。外国が保有する米国資産には、外国人居住者が保有する米国証券、外国人居住者が保有する米国通貨、米国による外国銀行からの借入金、米国への直接投資などが含まれる。

前述したように、複式簿記法では、すべての国際取引について国際収支の勘定科目を2つ作成する必要がある。先ほどの2つの例、すなわち、スマートフォンを輸入して現金で支払う場合と、イタリア人旅行者がニューヨークのホテルで宿泊料などをクレジットカードで支払う場合、それぞれ経常収支と金融収支に1つずつ項目を設けることになる。しかし、国際取引は、必ずしも経常収支と金融収支にそれぞれ1つずつ項目が設けられるわけではない。金融収支において2つの項目が相殺されることもあり、また、経常収支において2つの項目が相殺されることもある。金融資産の交換を伴う国際取引は、金融収支に2つの項目があり、経常収支には項目がない。例えば、米国居住者がフィアット・イタリアからドルで株式を購入した場合、金融収支にはマイナスの項目（イタリアへのドル資産の流出）とプラスの項目（イタリアからの株式の購入、つまり資産の増加）の両方が計上されることになる。経常収支に2つの相殺項目が生じる国際取引の例として、米国がマラリアで苦しむアフリカの国に1000万ドル相当の薬を寄付したとしよう。この寄付により、貿易収支（マラリア治療薬の輸出）には1000万ドルのプラス、一方、第2次所得収支には同金額のマイナスが発生する。

1.2 貿易・サービス収支と経常収支

では実際に、米国の経常収支はどのようになっているのだろうか。表1.1は、2020年の経常収支に記された米国の国際取引の推移を示したものである。この年、米国の経常収支は－6472億ドル、国内総生産（GDP）比で－3.1％という大幅な赤字を記録し、貿易・サービス収支は－6817億ドル、GDP比で

表 1.1　2020 年の米国の経常収支

項目	（10 億ドル）	GDP 比（%）
経常収支	− 647.2	− 3.1
1　貿易・サービス収支	− 681.7	− 3.3
1. 貿易収支	− 915.6	− 4.4
2. サービス収支	233.9	1.1
2　第 1 次所得収支	181.6	0.9
1. 純投資収益	190.9	0.9
2. 雇用者報酬	− 9.3	− 0.0
3　第 2 次所得収支	− 147.1	− 0.7
1. 個人間移転	− 127.1	− 0.6
2. 政府移転	− 20.0	− 0.1

（出所） BEA(https://www.bea.gov)による ITA Tables 1.1 and 5.1. and NIPA Table 1.1.5. に基づき筆者らが作成.

−3.3%という大幅な赤字を計上することになった。

貿易・サービス収支の内訳を見ると、表1.1に示すように、2020年の米国は財の純輸入国であり、貿易収支はGDP比で−4.4%の赤字であり、同時にサービスの純輸出国であり、サービス収支はGDP比で1.1%の黒字であったことがわかる。すなわち米国は、専門コンサルティング、高等教育、研究開発、ヘルスケアなどの人的資本集約型サービスの生産に比較優位を持っている一方、一次産品（鉱物、燃料、油など）、家電製品（携帯電話、コンピュータなど）、輸送機器（自動車、自動車部品など）などの基礎的な財や工業製品を輸入していることが見て取れる。

2020年の貿易・サービス収支と経常収支の大きさは、GDP比でそれぞれ−3.3%、−3.1%とほぼ同等であった。つまり、経常収支の他の2つの構成要素である第1次所得収支と第2次所得収支の合計は小さかったのである。しかし、この2つの経常収支の構成要素を個別に見ると、それぞれGDP比で1%近い大きさがあり、さらに符号は真逆であった。

2020年の第1次所得収支はプラスで1816億ドル、GDP比0.9%に相当した。この金額のほぼすべてが純投資収益（利子、配当、利益などの国際的な純受領）で占められており、雇用者報酬はごくわずかな数字にすぎない。図1.1のヒートマップが示すように、米国は多額の対外純債務国であり、世界各国から支払いを受け取るのではなく、むしろ支払いを行っていると考えられるため、純投資収益の大幅なプラスは一見不可解なことである。1.7節では、このパラドックス的な事実の背後にあるものを考察する。

表1.1では、2020年の第2次所得収支は、−1471億ドル、GDP比では−0.7%で赤字である。つまり2020年、米国は受け取るより多くの贈り物を他国へしたことになる。これは米国における典型的なケースである。これらの国際的な贈与の大部分は、米国に居住する外国人労働者による出身国の親族への送金である。一般的に、米国に居住する外国人は、外国に居住する米国人が米国に送金するよりもはるかに多額の送金を海外に行っている。実際、海外送金による海外からの所得は非常に小さいため、ITAでは個別に報告されないことが多いくらいである。

全体として、海外純送金が米国の経常収支に占める割合はわずかである。しかし、一部の国にとってはかなりの収入源となりうる。例えば、2016年のホンジュラスは39億ドルの送金を受け取っており、しかもそのほとんどが米国からの送金であった。この数字はホンジュラスのGDPの18.4%に相当するが、それは米国のGDPの0.02%にすぎなかった。中米の他の小国も同様である。例えば、エルサルバドルでは、米国からのドルの流入があまりにも多いため、2001年に政府が米ドルを法定通貨に決定している。経済規模がもっと大きい国でも、送金は無視できない収入源になりうる。例えば、2016年にメキシコが受け取った送金額は287億ドルで、GDPの2.7%に相当した。ホンジュラスやエルサルバドルの場合と同様、メキシコが受け取った送金のほぼすべてが米国からのものであるが、米国にとってはGDP比で0.15%にすぎなかった。

米国の第2次所得収支は、第2次世界大戦後、1回の例外（1991年、米国は湾岸戦争で発生した費用の補償として軍事同盟国から支払いを受けたため、第2次所得収支は初めてプラスとなった）を除いて、ずっとマイナスであった。

米国では、1980年代初頭から一貫して貿易・サービス収支と経常収支の赤字が観測されている。図1.2は1960年から2020年までの貿易・サービス収支と経常収支のGDP比をグラフにしたものである。1970年代半ばまでは、貿易・サービス収支と経常収支はGDPの1%以下と小さいながらもプラスであった。だが1980年代前半にどちらも赤字に転じ、それが時間とともに拡大し、世界金融危機が始まる直前の2008年にGDP比約−5.5%と最大の赤字となった。2008年以降、経常収支と貿易・サービス収支の赤字はGDP比−3%まで縮小した。つまり、過去40年間、米国は経常収支と貿易・サービス収支がほぼ同じ大きさの赤字であったといえる。

図 1.2　米国の貿易・サービス収支と経常収支の GDP 比：1960～2020 年

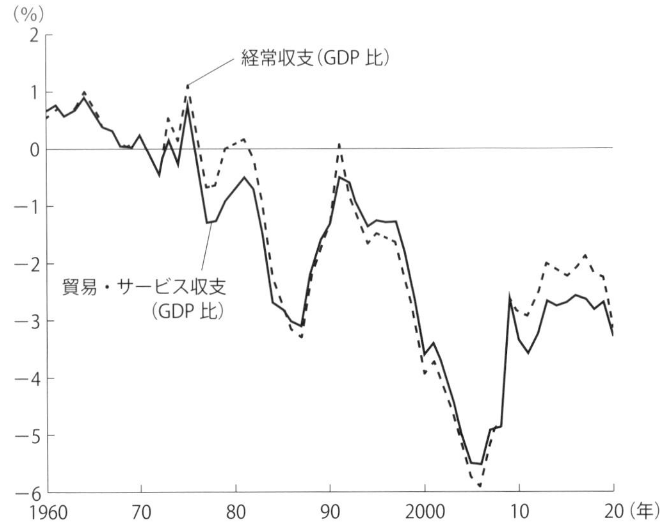

（出所）　BEAのITA Table 1.1およびNIPA Table 1.1.5のデータに基づき筆者らが作成.

1.3　各国における貿易・サービス収支と経常収支の推移

米国では経常収支と貿易・サービス収支は通常同じ符号で、同じ大きさであることを見た。しかし、必ずしもすべての国がそうであるわけではない。原則として、経常収支は貿易・サービス収支より大きくも小さくもなりうる。さらに、貿易・サービス収支と経常収支は、ともにプラスであることも、ともにマイナスであることもあるし、逆の符号を持つこともある。

図1.3はこの点を説明する図である。これは、2019年の貿易・サービス収支と経常収支のGDP比を82カ国について表示したものである。ほとんどの国は、第1象限または第3象限に位置している。これは、大多数の国において貿易・サービス収支と経常収支が同じ符号を持つことを意味する。さらに、多くの点が45度線近辺に位置している。これは、多くの国で貿易・サービス収支と経常収支が同じ符号を持つだけでなく、大きさもほぼ同じであることを意味する。つまり、45度線近辺に集まるということは、米国と同様に、多くの国で貿易・サービス収支が経常収支の主要な構成要素になっていることを示唆して

図 1.3　2019 年における国ごとの GDP 比で見た貿易・サービス収支と経常収支

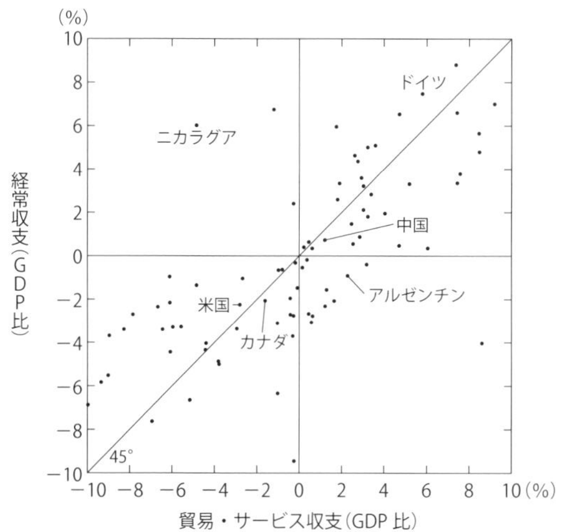

（注）図は82カ国について表されている. 国名はISOに基づく略名. WDIのデータベースに含まれていても, 貿易・サービス収支または経常収支がGDPのプラス・マイナス10%を超える国については除外.
（出所）データはWorld Development Indicators（WDI）（https://databank.worldbank.org）から取得.

いる。

図1.3では、貿易・サービス収支と経常収支の符号とその相対的な大きさによって、空間を（45度線で分割された領域を含めて）6つに分けている。表1.2は、図1.3の6つの領域から1カ国ずつを取り出したものである。

中国は、2019年に貿易・サービス収支と経常収支がともに黒字であり、貿易・サービス収支が経常収支を上回った国の例である（第1象限で45度線より下に位置）。貿易・サービス収支の黒字（GDP比0.9％）が経常収支の黒字（GDP比0.7％）を上回ったのは、中国が第1次所得収支（GDP比－0.3％）、特に純投資収益で赤字であったからである。これはしかし驚くべきことである。なぜなら図1.1のヒートマップが示すように、中国は世界に対して大きな純債権国であり、純投資収益（利子、配当、利益）はプラスであると予想されるからである。1.7.3項では、この現象が2019年だけでなく、過去四半世紀にわたって持続的に起こっていることを確認し、その理由を説明する。

ドイツは中国と同様、経常収支と貿易・サービス収支の両方がプラスになっている。しかし、中国とは異なり、ドイツの経常黒字は貿易・サービス収支の黒字よりも大きい（第1象限で45度線より上に位置）。この違いは、ドイツが中国と異なり、対外純資産残高はプラスであり、そこからプラスの純投資収益

表 1.2　2019 年の経常収支比較（GDP 比）

項目	アルゼンチン	カナダ	中国	ドイツ	ニカラグア	米国
経常収支	−0.9	−2.1	0.7	7.5	6.0	−2.2
貿易・サービス収支	2.9	−1.6	0.9	5.7	−4.3	−2.7
第 1 次所得収支	−4.0	−0.3	−0.3	3.2	−3.7	1.1
純投資収益	−4.0	−0.1	−0.3	3.2	−3.7	1.2
雇用者報酬	−0.0	−0.3	0.0	0.0	0.0	−0.1
第 2 次所得収支	0.2	−0.1	0.1	−1.4	14.0	−0.7
個人間移転	0.0	−0.3	0.1	−0.6	14.0	−0.6
政府移転	0.2	0.2	−0.0	−0.8	0.0	−0.1

（注）　表は2019年の対GDP比での経常収支をアルゼンチン，カナダ，中国，ドイツ，ニカラグア，米国について表している．
（出所）　World Development Indicators（https://databank.worldbank.org）およびIMFのBlance of Payments and International Investment Position Statistics（https://data.imf.org）のデータに基づき，筆者らが作成．

（GDP比3.2％）を受け取っていることで説明できる。ニカラグアは、貿易・サービス収支がGDP比−4.3％という大幅な赤字にもかかわらず、経常収支が黒字（GDP比6.0％）の国の例である（第2象限に位置）。経常収支の黒字は、主に米国からの多額の個人送金（個人間移転）（GDP比14.0％）の結果である。カナダ、米国、アルゼンチンの3カ国は、2019年に経常収支が赤字であった。カナダと米国の場合、経常収支の赤字はほぼ同規模の貿易・サービス収支の赤字が主要因であった。カナダでは、経常収支の赤字が貿易・サービス赤字よりも大きかった（第3象限で45度線より下に位置）。これは、カナダが第1次所得収支で赤字であったためである。特に、従業員に対する雇用者報酬はGDP比−0.3％であり、これは主にカナダの雇用主によって、カナダに通勤する米国居住者に支払う賃金から生じたものである。最後に、アルゼンチンは貿易・サービス収支が黒字であるにもかかわらず、経常収支がマイナスである（第4象限に位置）。なぜならこの貿易・サービス収支と経常収支の差は、GDP比−4.0％という純投資収益の赤字で占められていたからである。

1.4　米国の対中貿易の不均衡

図1.4は1960年以降の米国の貿易収支、および1990年以降の米国と中国の二国間貿易収支を表示したものである。後者は1990年以前は利用可能なデー

図 1.4　米国の貿易収支および対中貿易収支：1960～2020 年

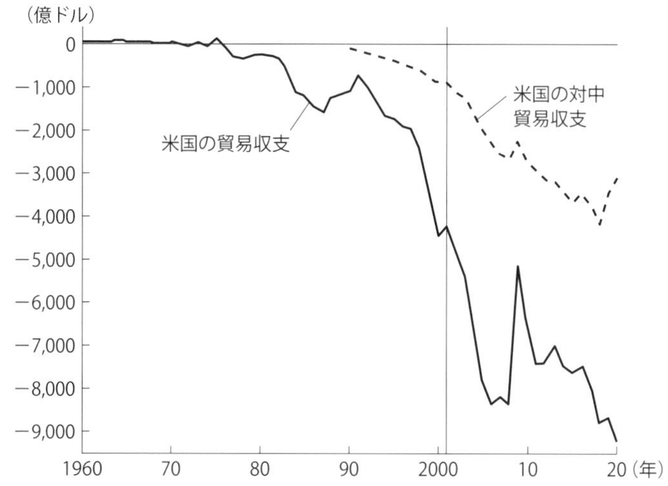

（注）　縦線は中国が世界貿易機関（WTO）に加盟した2001年を示す.
（出所）　米国の貿易収支のデータはITA Table 1.1による. 米国と中国の二国間貿易収支のデータはOECD（https://stats.oecd.org,1990～2002年）およびITA Table 1.3（2003～2020年）による.

タがないため、この図にはないが、そもそも1990年以前の米中二国間貿易収支は、米中貿易に関わる法的・政治的障害により、1990年と同程度かそれ以上に小さかった可能性が高い。1960年代には、従来の禁輸措置によって貿易が制限されていた。1971年のニクソン大統領の有名な中国訪問の後、対中禁輸は解除され、1980年には米国議会で中国に他国と同様の最恵国待遇を付与するといった貿易協定が可決されたにもかかわらず、共産主義国の人権政策と貿易利益を結びつける既存の法律の妨げにより、貿易障害は続いていた。

図1.4は、中国が2001年12月に世界貿易機関（WTO）に加盟して以来、米国の対中貿易赤字が拡大したことを示している。WTOに加盟することで、世界市場へのより良いアクセス環境を得られるが、その見返りとして、他国の国内市場へのアクセス環境も向上させなければならない。中国の場合、WTO協定によって輸入関税を引き下げ、外国企業に対して国内の保険、銀行、通信市場へのアクセスを拡大することが義務付けられた。2001年、米国の中国との二国間貿易収支の赤字は900億ドルで、米国全体の貿易赤字の21％を占めた。2015年には、対中貿易赤字は3680億ドル、米国全体の貿易赤字の48％を占めるまでになった。近年の対中貿易赤字は大幅に減少し、2020年には3100億ドルとなり、米国の貿易赤字全体の34％となった。この米中二国間貿易不均衡の縮小

の原因としては、トランプ政権による2018年からの輸入関税導入後の中国以外との貿易取引増加とその後のCOVID-19の大流行が候補として挙げられる。

1.5 経常収支とNIIP（純国際投資残高）

経常収支の概念が経済的に重要である理由の1つは、経常収支がその国の借入れと貸出しのニーズを反映しているためである。例えば、2020年の米国の経常収支は－6472億ドルと赤字であった（表1.1）。この赤字を支払うためには、国は対外資産残高を減らすか、対外負債残高を増やすか、あるいはその両方が必要である。このように、経常収支は、一国の**純国際投資残高**（net international investment position：NIIP, 対外純資産残高とも呼ばれる）の変化と関連している。NIIPとは、一国の対外純資産を意味し、その国の居住者が所有する対外資産価値と、外国の居住者が所有するその国の資産価値との差のことである。NIIPがマイナスの場合、その国は対外純債務国と呼ばれる。

さて、NIIPはストックであり、経常収支はフローである。この文脈でのフローとストックの変数の違いを理解するために、水槽を思い浮かべてみよう。水槽の中の水の量（ストック）がその国のNIIPである。経常収支は、パイプを通じて水槽に入ったり出たりする水の流れ（フロー）である。パイプを通じて水槽に入る水の流れ（輸出、外国への投資に伴い受け取る利子や配当）が、水槽から出る水の流れ（輸入、外国からの投資に伴い支払う利子や配当）より大きい場合、経常収支はプラスとなり、水槽内の水のストックであるNIIPは時間とともに増加する。一方、水槽から出る水の量が水槽に入る水の量より多い場合、経常収支はマイナスとなり、水槽の水のレベルであるNIIPは時間とともに低下する。

図1.5は、米国の経常収支（1960年から2020年）とNIIP（データが入手可能となった時期である1976年から2020年）をGDP比で表したものである。米国のNIIPは当初はプラスであったが、1980年代前半になると大幅な経常収支赤字を出すようになった。これらの赤字は米国の対外純資産を減少させ、1989年には米国は第1次世界大戦以降、初めて対外純債務国になった。

その後、この1980年代の米国の経常赤字は、一時的なものではなかったことが判明した。その結果、1990年代末には、米国は世界最大の対外債務国になった。その後、経常収支の赤字はおよそ25年間も続いた。2008年の世界金

図 1.5　米国の経常収支と NIIP：1960～2020 年

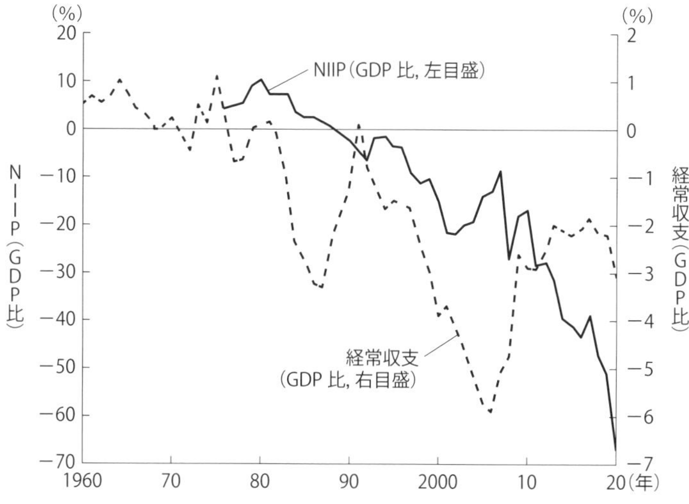

(注)　サンプル期間は経常収支については1960年から2020年, NIIPについては1976年から2020年.
(出所)　BEAのITA Table 1.1, IIP Table 1.1, NIPA Table 1.1.5のデータに基づき筆者らが計算.

融危機の直前になってようやく赤字の拡大傾向が止まり、経常収支の赤字幅は縮小したことが見て取れる。

2020年末までに、米国のNIIPは－14.1兆ドル、GDP比で－67%となった。これは大きな数字であり、多くの経済学者は、このマイナス幅の拡大傾向が長期的に持続可能であるかどうかを懸念している。[1] なぜなら、1980年代の中南米諸国、1990年代の東南アジア諸国、最近では欧州周縁国など、過去に対外債務のGDP比が大きくなった国においては、**突然の停止**（sudden stop）と呼ばれる、国際資本移動の急激な反転、その後の金融・経済危機が起こったためである。[2] 2008年の米国の金融危機は、この問題を顕在化させた。

1.6　評価額変動と NIIP

経常収支だけが一国のNIIP（純国際投資残高）を変化させる要因ではない。

1)　第2章においてこの点を詳細に分析する。
2)　第10章と第13章において、突然の停止についての歴史的な事例と、その分析について議論する。

その国の国際的な資産・負債の残高を構成する金融商品の価格の変動によっても変化する。つまり、

$$\Delta NIIP = CA + \text{評価額変動} \tag{1.2}$$

となる。ここで、$\Delta NIIP$はNIIPの変化、CAは経常収支を表す。

1.6.1 評価額変動の例

評価額の変化により一国のNIIPがどのように変化するかを理解するために、次のような仮想的な例を考えてみよう。米ドルを自国通貨としているある国の対外資産残高（Aとする）が、イタリアのフィアット社の株式、25株で構成されているとする。フィアット社の株式の価格は1株当たり2ユーロで、為替レートは1ユーロ＝2ドルだとする。すると、この国の対外資産残高は$A = 25 \times 2 \times 2 = 100$ドルである。またこの国の対外負債残高（$L$とする）が、地方政府が発行し、外国人が保有する80単位の債券のみで構成されているとする。さらに、債券の価格は1単位当たり1ドル、現地通貨はドルだとする。すると、対外負債残高は$L = 80 \times 1 = 80$ドルである。よって、この国のNIIPは、対外資産残高Aと対外負債残高Lの差、すなわち$NIIP = A - L = 100 - 80 = 20$ドルで与えられる。

ここで、ユーロが大幅な減価に見舞われ、ドルに対する価値が半分になったとしよう。そのため、新しい為替レートは1ユーロ＝1ドルである。この国の対外資産は元々はユーロ建てであるため、ドル建ての価値は自動的に低下する。具体的には、$A' = 25 \times 2 \times 1 = 50$ドルである。一方、ドル建ての対外負債残高は、ドル建ての金融商品で構成されているので、ドル建ての価値は変化しない。その結果、この国の新しいNIIPは、$NIIP' = A' - L = 50 - 80 = -30$ドルとなる。つまり、為替レートが動いただけで、この国は世界に対して純債権国から純債務国になったのである。この例は、他の条件がすべて同じであれば（つまり資産が外貨建てで負債は自国通貨建てであれば）、外貨の減価はその国の対外純資産残高を減らすことを示している。

ここで、外国の株価が上昇した場合に、自国のNIIPにどのような影響を及ぼすかを考えてみる。具体的には、フィアット社の株価が1株当たり2ユーロから1株当たり7ユーロに上昇したとする。この価格変動により、自国の対外資産残高の価値は$25 \times 7 = 175$ユーロとなり、1ユーロ＝1ドルの為替レートでは175ドルに増加する。一方、対外負債の額は変化しないとするならば、

NIIPは再びプラスに転じ、175－80＝95ドルとなる。この例から、他の条件がすべて同じであれば、外国の株価が上昇すれば、その国のNIIPは改善することがわかる。

最後に、国内での財政改革が成功したため、地方債の価格が1単位当たり1ドルから1単位当たり1.5ドルに上昇したとしよう。この場合、対外資産残高は175ドルで変わらないが、対外負債残高は80×1.5＝120ドルに跳ね上がり、この結果、NIIPは95ドルから175－120＝55ドルへと減少する。

1.6.2 米国における評価額変動

前項の例は、資産価格や為替レートの変動により、一国のNIIPが大きく変動することを表している。これは、実際のデータでも確認できる。米国のNIIPの変動は、特に2000年以降、評価額変動が重要な要因となっている。

図1.6は、1977年から2020年までの評価額変動の推移を示したものである。この図から、評価額の変動にはいくつかの顕著な特徴があることがわかる。第1に、評価額変動は大きく、GDPのマイナス10％～プラス10％で収まらない年もある。第2に、大幅な評価額変動は近年特に多く見られることである。

図1.6 米国のNIIPにおける評価額変動：1977～2020年

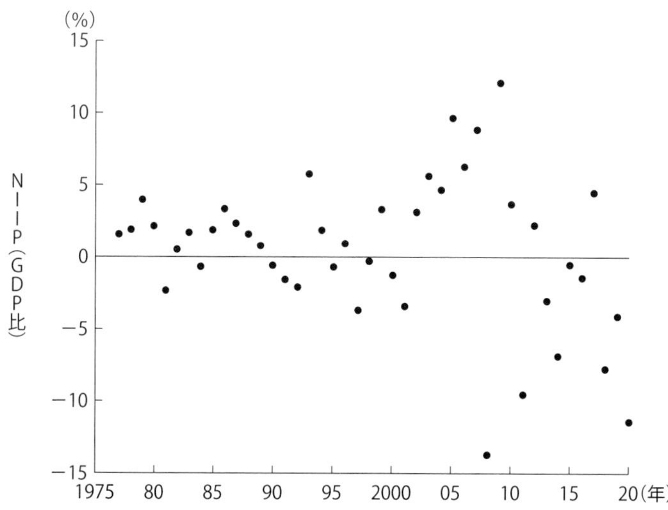

(注) 図は評価額変動がもたらした米国のNIIPの1年ごとの変化をGDP比で表したもの.
(出所) BEAのITA Table 1.1, IIP Table 1.1, NIPA Table 1.1.5のデータに基づき筆者らが計算.

図 1.7 米国人の保有する対外資産と外国人の保有する米国資産：1976～2020 年

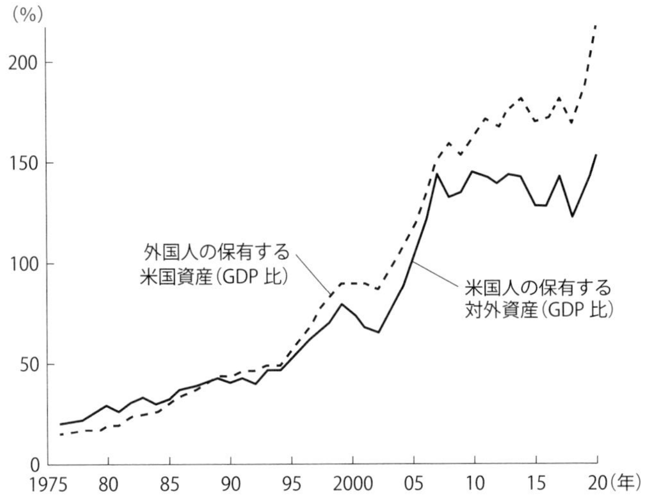

(注) 図は米国の対外資産総残高と対外負債総残高が1990年代中ごろ以降急激に上昇したことを示している.
(出所) BEAのIIP Table 1.1およびNIIP Table 1.1.5のデータに基づき筆者らが計算.

2000年までは、典型的な評価額変動の規模はGDPのマイナス1%～プラス2%であった。第3に、2000年から2020年にかけては、評価額がより大きく増えたり減ったりするようになったことで、評価額のボラティリティがますます大きくなっていることである。第4に、2000年から2010年までの期間では米国は主に評価益を、2011年から2020年までの期間では主に評価損を経験したことである。

なぜ最近になって評価額変動の幅が大きくなっているのだろうか。その理由の1つは、図1.7に示すように、2000年代以降、対外資産と対外負債（外国人の保有する米国資産）の総残高が爆発的に増加したことである。総残高は2000年のGDP比約80%から2020年にはGDP比約160%超に拡大した。総残高が純残高に比べて大きい場合、資産の価格が少し変わるだけで、それが資産と負債の価値を非対称的に変化させ、その結果、純残高の価値を大きく変化させうる。例えば、米国の対外負債の大半はドル建てであるのに対し、対外資産の大半は外貨建てである。その結果、総残高が大きければ、他の通貨に対するわずかなドル高でさえ、NIIPを大きく悪化させることになる。

2008年の世界金融危機の直前の米国のNIIPの変化は、主に評価額変動によるものである。2002年から2007年にかけては、本データの取得が開始された

1976年以降で最大の経常収支赤字が発生した（図1.5）。いずれの年も経常収支はGDP比で−4％を下回る赤字であり、この間の累積赤字は−3.9兆ドル、つまりGDP比で−32％にも達した。それにもかかわらず、NIIPは実際に800億ドルも改善された。経常収支の累積とNIIPの変化との間に4兆ドル近い乖離があるが、これは米国が保有する海外資産の市場価値が、外国人が保有する米国資産の市場価値よりも上昇したことの結果である。

このように米国に有利な資産価値の大きな変動はなぜ起こったのだろうか。IMF（国際通貨基金）のジャン・マリア・ミレジィ−フェレッティ（Gian Maria Milesi-Ferretti）は、主に2つの要因を挙げる。[3] 第1に、米ドルが他の通貨に対して約20％減価したことである。これは、先に述べたように、米国の対外資産残高と対外負債残高の通貨建てが非対称であることに関連する要因である。米国においては、資産側は外貨建ての金融商品が多く、負債側はドル建ての金融商品が多い。その結果、ドル安は米国が保有する対外資産のドル価値を高め、外国人が保有する米国資産のドル価値には影響を及ぼさないため、米国のNIIPを増大させる方向に働いた。第2に、外国の株式市場が米国の株式市場よりも好調であったことが挙げられる。具体的には、2002年に外国の株式市場に1ドル投資した場合、2007年末には2.90ドルになった。一方、2002年に米国市場に投資した1ドルは、2007年末には1.90ドルにしかならなかった。このような外国株式からの利益により、米国の純株式残高は、2002年の400億ドルという僅少なレベルから、2007年には3兆ドルにまで増加したのである。

2002年から2007年にかけての大きな評価額のプラス変化は、米国がNIIPを悪化させることなく、前例のない経常赤字を計上することを可能にしたが、2008年に突然終焉を迎えた。図1.6の2008年の点を見ると、この年の評価額はGDP比約−15％の評価損に達している。この価値の下落の原因は、主に株式市場にあった。2008年、世界中の株式市場は急落した。2008年初めには、米国の株式の純残高はかなり大きくなっていたため、米国外の株価の下落は、今度は米国の対外株式資産の価値に大きな損失を与えたのである。

2010年以降、特にCOVID-19の流行時には、米国のNIIPは主に評価損を被った（図1.6参照）。これは、3つの要因がある。第1に、この期間に米国の

3) Gian Maria Milesi-Ferretti, "A $2 Trillion Question," VOX, January 28, 2009 (http://www.voxeu.org).

対外株式資産（米国投資家が保有する外国株式）と対外株式負債（外国人投資家が保有する米国株式）の両方の残高が2倍以上になったことである。これは、米国のNIIPが国内、海外の株価の変動に対してより敏感になったことを意味する。第2に、対外株式負債の増加スピードが対外株式資産の増加スピードを上回ったため、米国の対外純株式残高が縮小したことである。第3に、2010年以降のほとんどの年において、米国株は外国株よりも好調であったことである。米国の株式市場が上昇すれば米国の対外株式負債の価値が上昇する。また外国の株式市場が上昇すれば米国の対外株式資産のドル換算価値が上昇する。したがって、2010年以降、毎年のように米国株が外国株より速いスピードで上昇すると、米国の対外株式資産の純残高の価値は下がり、他の条件がすべて同じなら、NIIPの価値も減少することになる。

1.6.3　評価額変動を除外した仮説的NIIP

評価額変動の重要性を可視化するもう1つの方法は、実際のNIIPの値を、評価額変動を除外した仮説的NIIPと比較することである。この仮説的NIIPの時系列を計算するために、まず初期値を実際のNIIPの値と等しく設定しよう。データサンプルは1976年から始まるので、次のように設定する。

$$\text{仮説的}NIIP_{1976} = NIIP_{1976}$$

ここで、恒等式（1.2）によれば、1977年の評価額の変化を除去した後、1976年から1977年の間の仮説的NIIPの変化は、1977年の経常収支に等しくなる、つまり、以下の式となる。

$$\text{仮説的}NIIP_{1977} = NIIP_{1976} + CA_{1977}$$

ここで、CA_{1977}は1977年の実際の経常収支である。1978年の仮説的NIIPは、1976年のNIIPに1977年から1978年までの累積経常収支を加えたもので与えられる。つまり、以下の式となる。

$$\text{仮説的}NIIP_{1978} = NIIP_{1976} + CA_{1977} + CA_{1978}$$

一般に、$t > 1978$の任意の年について、仮説的NIIPは、1976年の実際のNIIPに1977年からt年までの累積経常収支を加えたものである。すなわち、以下の式となる。

$$\text{仮説的}NIIP_{t} = NIIP_{1976} + CA_{1977} + CA_{1978} + \cdots + CA_{t}$$

図1.8は、1976年から2020年までの実際のNIIPと仮説的NIIPをGDP比でプロットしたものである。2002年までは、実際のNIIPと仮説的NIIPはさほど

図 1.8　GDP 比での米国の実際の NIIP と仮説的 NIIP：1976～2020 年

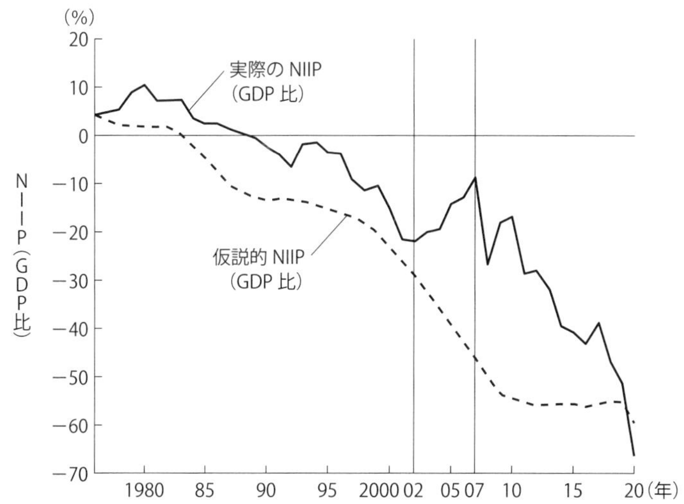

（注）　各年の仮説的NIIPは1976年のNIIPと1977年からその年までの経常収支の累計の合計として計算.
（出所）　BEAのIIP Table 1.1, ITA Table 1.1, NIPA Table 1.1.5のデータに基づき筆者らが計算.

差がなく、評価額変動はそれほど大きくないことがわかる。しかし、2002年以降、仮説的NIIPは実際のNIIPよりもはるかに速いペースで低下し始めた。これは、2002年以降、米国が大きな評価益の恩恵を受け始めたことを意味する。2001年から2007年にかけて、実際のNIIPと仮説的NIIPの差はGDP比4%からGDP比37%までに拡大した。この幸運がなければ、他の条件がすべて同じであった場合、2007年の米国のNIIPはGDP比で、現実の−9%ではなく、−46%に陥っていただろう。2008年の世界金融危機でこれが逆転したことは、2つのNIIPの差がこの年から縮小し始めたことからも明らかである。2019年までにこの差はわずかGDP比4%にまで縮小し、非常に高い値を観測した2002年から2007年の5年間より前に観測された値と大きく変わらないものとなった。2020年、COVID-19の流行による経済危機にもかかわらず、米国の株式市場は活況を呈し、外国株式市場よりも好調を維持した。その結果、米国はGDP比で11.4%という大きな評価損を被り、1976年以来初めて仮説的NIIPと実際のNIIPの差が消失した。実際、2020年末には、実際のNIIPは仮説的NIIPをGDP比で8%ポイント下回ることになった。つまり、1976年から2020年の間に米国は累積的な評価損を経験したことになる。

1.7 NIIP−NIIパラドックス

ここまでで、米国のNIIPは1989年以降、マイナスであることを確認した(図1.5)。これは、1989年以降、米国は世界に対して純債務国であったことを意味している。したがって、米国はこれらの期間において、利子や配当を受け取る以上に支払ってきたと考えるのが自然だ。つまり、経常収支のうち**純投資収益**（net investment income：NII）はマイナスになると予想される。しかし、これはデータ上では観察されないのである。図1.9を見てほしい。これは1976年以降の米国のNIIとNIIPを示したものである。NIIはずっとプラスであるが、NIIPは1989年以降ずっとマイナスである。債務国が債務の支払いに追われるのではなく、その債務から収入を得るというのはどういうことだろうか。この不可解なパターンを、我々は**NIIP−NIIパラドックス**（NIIP−NII paradox）と呼んでいる。以下では、このパラドックスを解くための2つの仮説を検討する。

図 1.9 米国の純投資収益（NII）と純国際投資残高（NIIP）：1976〜2020 年

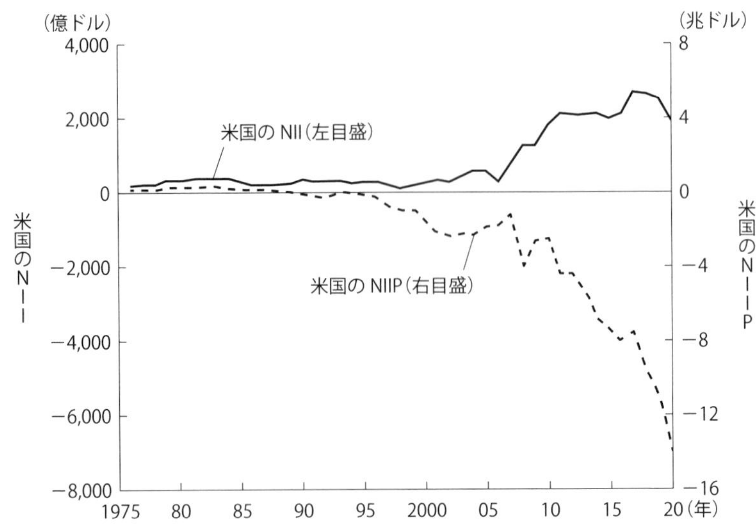

（出所） BEAのIIP Table 1.1およびITA TAble 1.1のデータに基づき,筆者らが計算.

1.7.1 暗黒物質仮説

NIIP−NIIパラドックスが起こる理由について、リカード・ハウスマン（Ricardo Hausmann）とフェデリコ・スツルツェネガー（Federico Sturzenegger）は、BEAが米国の対外純資産保有額を過小評価しているためではないかと考えている。[4] 彼らの説明によれば、過小評価の原因は、米国の対外直接投資には起業家資本やブランド資本などの無形資本が含まれており、その価値が公式の国際収支統計に正しく反映されていないためである。同時に、このような無形資本が海外に投資されることで、米国に所得がもたらされ、それらの所得は適切に計上されているというのである。こうして、米国は対外純資産残高がマイナスでありながら、同時に純投資収益（NII）がプラスになる可能性が生じる。ハウスマンとスツルツェネガーは、計上されていない米国所有の海外資産を**暗黒物質**（dark matter）と呼んでいる。

暗黒物質の議論を説明するために、モスクワで営業しているマクドナルドのレストランを考えてみよう。この海外直接投資、つまりマクドナルドが土地、建物、調理器具、店内の家具などに投資した金額が、米国の対外資産残高に同額として計上される。しかし、この投資額の市場価値は、実際の投資額を上回ることがある。なぜなら、マクドナルドというブランドは、そのレストランが生産する商品（ハンバーガー）に追加的な価値を与えているからである。この場合、国際収支統計は、マクドナルドの海外直接投資の無形ブランド要素を考慮しないことで、米国の対外資産残高を過小評価していることになる。一方、マクドナルドのモスクワ店が生み出す利益は、観察可能であり、記録されるため、国際収支統計の所得勘定に計上されることになる。

では、この仮説に基づくと2020年の暗黒物質はどれくらいあったのだろうか。TNIIPを「真（true）の純国際投資残高」とし、実際に記録された純国際投資残高をNIIPと表記すると、以下の関係が成り立つ。

$$TNIIP = NIIP + \text{暗黒物質}$$

また、rを対外純資産が生み出す利率とする。そうすると、純投資収益（NII）は、その国の真の純国際投資残高に対するリターンに等しい。つまり、

4) Ricardo Hausmann and Federico Sturzenegger, "U.S. and Global Imbalances: Can Dark Matter Prevent a Big Bang?," Working Paper CID (Center for International Development), Harvard University, 2005.

$$NII = r \times TNIIP$$

となる。この式では、NIIの算出にNIIPではなくTNIIPを用いているが、これは暗黒物質仮説によれば、NIIの計上においては、真の純国際投資残高の水準に対するリターンを適切に反映していると考えるためである。

2020年のNIIは0.1909兆ドルであった（表1.1参照）。仮にrが株式の過去数十年にわたる平均実質収益率である年率5%とすると、上の関係式を用いて、$TNIIP = 0.1909/0.05 = 3.8$兆ドルということになる。2020年年初に記録されたNIIPは－11.1兆ドルであった。つまり、暗黒物質仮説によれば、米国は世界の他の国々に対して11.1兆ドルの債務を負っているのではなく、逆に、世界の他の地域は米国に対して3.8兆ドルの借りがあることになる。つまり、真のNIIP（TNIIP）と観測されたNIIPの差である暗黒物質は、3.8－(－11.1)＝14.9兆ドルであったということである。しかしながら、この数字は、BEAが見逃してしまうには大きすぎる。したがって、NIIP−NIIパラドックスに関する他の説明も検討する必要があると思われる。

1.7.2　収益率の差仮説

純国際投資残高（NIIP）がマイナスで純投資収益（NII）がプラスという逆説的な組合せに対する別の説明は、米国人が保有する海外資産の金利が、外国人が保有する米国資産の金利より高いというものである。この説明の根拠は、米国の対外資産と対外負債が異なるタイプの金融商品で構成されているという事実である。外国人投資家は通常、財務省証券のような低リスクの米国資産を保有している。このような資産は低金利である。一方、米国の投資家は、外国株式や外国直接投資など、よりリスクの高い、相対的に高いリターンを得られる外国資産を購入する傾向がある。

では、NIIP−NIIパラドックスを説明するには、米国が保有する外国資産の金利と外国が保有する米国資産の金利差はどの程度必要なのだろうか。ここで、米国の対外資産残高をA、米国の対外負債残高をLとし、さらに、Aの金利をr^A、Lの金利をr^Lとする。すると、次の関係が成り立つ。

$$NII = r^A A - r^L L \tag{1.3}$$

この式に数字を当てはめてみよう。BEAによると、2020年のAは32.2兆ドル、Lは46.3兆ドルである。表1.1より、2020年のNIIは0.1909兆ドルであることがわかる。ここで、r^Lを米国債の利回りと等しく設定する。2020年の米国債1年物の収益率は年率0.37%なので、$r^L = 0.0037$とする。ここで、これらの数値を式（1.3）に代入すると、次のようになる。

$$0.1909 = r^A \times 32.2 - 0.0037 \times 46.3$$

すなわち、$r^A = 0.0112$、つまり1.12%となる。つまり、パラドックスを説明するためには、75ベーシスポイントの金利スプレッド（$r^A - r^L = 1.12\% - 0.37\% = 0.75\%$）があればよい。そしてこの数字は、14.9兆ドルの暗黒物質よりも経験的に妥当であるように思われる。

ここまでの分析では、外国人投資家が対外資産の中でも米国債のみを保有していると仮定している。これは2010年までは現実をうまく単純化したものであった。しかし2010年以降、1.6節で述べたように、米国の対外負債残高に占める米国株式の相対的な比率が大幅に上昇したことが知られている。米国の対外負債残高における株式と債券の比率は1対1に近い、つまり、株式と債券がほぼ半分ずつを占めている。ここで、株式の収益率が国内でも海外でも同じであるとしよう。したがって、米国の対外負債収益率r^Lは，$r^L = 1/2(r^A + r^B)$である。ここで$r^B = 0.0037$は、先ほど用いた2020年の1年物米国債の収益率である。そうすると、（1.3）式は次のようになる。

$$NII = r^A A - \frac{1}{2}(r^A + r^B)L$$

この式を実際の数字を使って評価すると、

$$0.1909 = r^A \times 32.2 - \frac{1}{2} \times (r^A + 0.0037) \times 46.3$$

となり、$r^A = 3.06\%$となる。国債に対する株式のプレミアムは2.69%（$r^A - r^B = 3.06\% - 0.37\%$）となり、$L$をすべて米国債とした場合の0.75%の金利スプレッドよりさらに現実に近い数値となった。

1.7.3 NIIP−NII パラドックスの反対側

世界を米国とそれ以外の国に分けると、それ以外の国は反転したパラドックス、つまり純国際投資残高（NIIP）がプラスで純投資収益（NII）がマイナスという状態を示すはずである。これは、米国の資産が世界の負債となり、逆に世界の負債が米国の資産となるためである。これは純投資収益についても同様であり、米国による国際所得の受取りは、世界の他の国々による国際所得の支払いとなる。すなわち、

図 1.10　中国の純投資収益（NII）と純国際投資残高（NIIP）：1982〜2020 年

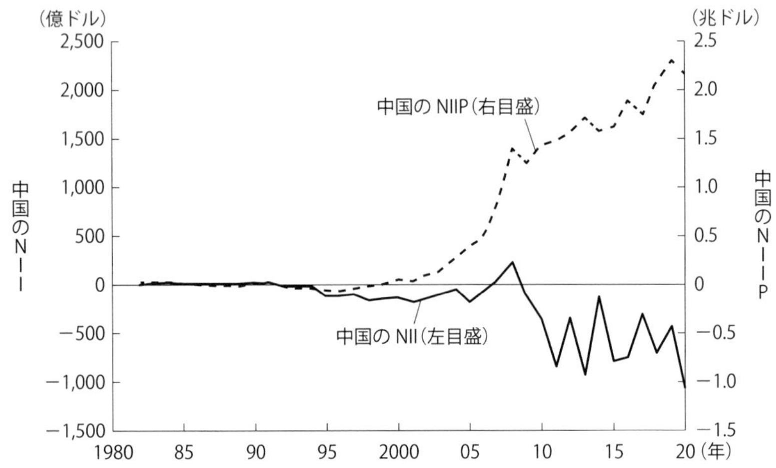

（注）　図は中国が反対のNIIP−NIIパラドックスの状態にあることを示している．2001年のWTOへの加盟以来，世界金融危機の期間（2007年，2008年）を除き，プラスのNIIPとマイナスのNIIを記録している．
（出所）　1982〜2017年の NIIP は先に引用された Lane and Milesi-ferretti，2018年から2020年の NIIPは International Financial Statistics（IFS）による．NIIはIFSによる．筆者の許可を得て掲載．

$$NIIP^{US} = A^{US} - L^{US} = L^{RW} - A^{RW} = -NIIP^{RW}$$

と、

$$NII^{US} = r^A A^{US} - r^L L^{US} = r^A L^{RW} - r^L A^{RW} = -NII^{RW}$$

という関係が成り立つ。ここで、上添え字の*US*と*RW*は、米国とそれ以外の他の国々（rest of the world）を意味する。

つまり、世界の他の国々の少なくともいくつかは、反対のパラドックスを示すはずである。その筆頭候補は中国であり、その理由は2つある。第1に、世界における対外不均衡（グローバル・インバランス）を議論した際に観察したように（図1.1のヒートマップ参照）、中国は過去四半世紀にわたって多額の経常黒字を積み上げており、NIIPがプラスである可能性が高いことである。第2に、図1.3と表1.2は、2019年の中国の貿易・サービス収支黒字が経常収支黒字を大きく上回っていることを示していることである。そして、すでに指摘したように、それはNIIがマイナスであることが原因である。

図1.10は、1982年から2020年までの中国のNIIとNIIPをプロットしたものである。2001年のWTO加盟までは、中国のNIIPはほぼゼロであったことがわかる。2001年以降、中国の対外純資産残高（NIIP）は急速に拡大し、2020年には2.2兆ドルに達した。一方、中国の純投資収益（NII）は、2001年

まではほぼゼロに近かったが、その後はほとんどマイナスとなり、−500億ドル前後で変動している。このように、中国はNIIPがプラスでNIIがマイナスという、米国のNIIP−NIIパラドックスの反対のパラドックスを示している。

中国におけるパラドックスの説明として考えられるのは、中国は米国債など安全で低リターンの資産が多いのに対し、中国への海外投資は海外直接投資など高リターンの資産が中心であることである。

では中国と米国以外の国はどうだろうか。NIIPとNIIの大きさは、米国よりも中国のほうが絶対値が小さいので、それ以外の国を足し合わせたならば、中国と同様に、米国とは反転したNIIP−NIIパラドックスが観察されることになるだろう。

1.8 まとめ

本章では、対外不均衡（グローバル・インバランス）、経常収支、貿易・サービス収支、純国際投資残高（NIIP）の概念を紹介し、これらの変数が米国や他の国々で時間とともにどのように変化してきたかを見てきた。

- 世界的に見ると、対外債務と対外資産の分布は均等ではない。米国のように対外純債務が多い国もあれば、中国のように対外純資産が多い国もある。このようなパターンは、対外不均衡（グローバル・インバランス）として知られている。
- 国際収支は、一国の国際取引を記録する。
- 国際収支には、経常収支と金融収支の2つの勘定が存在する。
- 経常収支は、財、サービス、所得、資本移転について、居住者と非居住者の間の取引を記録する。
- 金融収支は、居住者と非居住者の間の金融資産の取引を記録する。
- 経常収支は、貿易・サービス収支、第1次所得収支、第2次所得収支の3つの要素から構成されている。
- 米国を含むほとんどの国にとって、貿易・サービス収支は経常収支の最大の構成要素である。
- 米国では、貿易・サービス収支と経常収支は時系列で密接に関連して動く。

- 米国は1980年代初頭から大幅な経常赤字に陥っている。
- 経常赤字は、国際的に保有している資産と国際的に保有されている負債の残高の差である純国際投資残高（NIIP）を悪化させる。
- 米国は、1980年代前半においては対外純債権国であったが、1990年代後半からは世界最大の対外純債務国に転落した。
- NIIPの第2の変動要因は、為替レートや国際的な資産・負債の残高を構成する金融商品の価格変動に起因する評価額変動である。
- 米国では、2000年代前半に評価額変動が大きくなり、単年度でGDPのマイナス15%～プラス15%程度の高い数値になった。評価額変動は、2001年から2010年まではほとんどがプラスで、2011年から2020年まではほとんどがマイナスであった。正味で見ると、1976年から2020年の間に、評価額のプラスとマイナスはほぼ相殺された。
- NIIP–NIIパラドックスとは、米国は純国際投資残高がマイナス（NIIP＜0）、純投資収益がプラス（NII＞0）という現象である。
- NIIP–NIIパラドックスの説明としては、暗黒物質として知られる観測不可能な米国の対外資産に基づく説と、対外資産と対外負債の収益率の差に基づく説の2つがある。
- 米国においてNIIP–NIIパラドックスが存在することは、他の国では反対のパラドックスが存在することを意味する。中国は2000年代以降、NIIPがプラス、NIIがマイナスなので、反転したNIIP–NIIパラドックスを示している。

1.9 練習問題

練習問題1.1 (TFU)

次の記述が真、偽、または不明のいずれであるかを示し、その理由を説明しなさい。

1. 貿易・サービス収支、輸出、輸入はすべてフロー変数である。
2. 純投資収益 (NII) はストック変数である。
3. 南アフリカの純国際投資残高 (NIIP) は、2010年に－705億米ドル、2011年に－197億米ドルであった。2011年の経常収支は－101億米ドル。公式発表の数字に間違いがあるはずで、正しくは、2011年のNIIPは、－806億米ドルである。
4. 米国が2002年から2007年にかけて大きな評価益を得たということは、世界全体が同じように大きな評価損を出したということである。結局、これはゼロサムゲームなのである。

5. 米国は、多額の未記録対外資産がある。
6. 収益率の差仮説によれば、中国は対外負債に対して、対外資産よりも高い利払いをしていることになる。
7. 暗黒物質仮説によれば、中国の統計機関は中国のNIIPの水準を過大評価していることになる。

練習問題1.2（国際収支統計）

以下の各取引が、米国の国際収支にどのような影響を与えるか説明しなさい（各取引は、国際収支会計において2度記述されることを想起しよう）。

1. メキシコのモンテレイに住む造園家、ホルヘ・ラリルレズは、ノースカロライナ州ダーラムで3カ月間働き、新しく建てられた博物館の室内庭園を作り、3万5000ドルの賃金を受け取った。
2. 韓国在住のジニール・パクの母親は、息子のコロンビア大学への学費を口座振込で支払った。
3. コロンビア大学がスペインから公園のベンチを数台購入し、12万ドルを小切手で支払った。
4. フロリダ州タンパに住むフロイド・タウンセントは、シティバンク・ニューヨーク経由で5000ドル相当のブリティッシュ航空の株を購入し、米ドルで支払った。
5. フランス在住者が米国のブルージーンズを輸入し、その代金をニューヨークのJPモルガン・チェース銀行の口座から振り出した小切手で支払った。
6. 米国企業が子会社を米国において売却し、その売却金によってフランスの企業を新たに買収した。
7. 米国人グループがコスタリカに旅行し、別荘を2500ドルで借りて、米国で発行されたクレジットカードで支払った。
8. 米ドルが対ユーロで10％下落した。
9. 外国で発生した地震の被災者に4億ドル相当の医薬品、毛布、テント、非生鮮食料品が米国から送られた。
10. ロシアの億万長者、オルガ・ルブレフが移民ビザで米国に入国し、つまり、米国に入国した時点で米国の永久居住者となった。ロシアでの彼女の資産は約20億ドルと推定されている。
11. 米国がニカラグアに50万ドルの債務免除を行った。

練習問題1.3

米国の経常収支とその構成要素について、最新のデータを示しなさい。表1.1のような形式で、ドルベースと対GDP比の両方で記載しなさい。経常収支とGDPのデータについては、BEAのウェブサイトを参照のこと。また表1.1と比較しなさい。

練習問題1.4

米国法人であるコロンビア大学が、ドイツの居住者からドイツテレコムの株式10万ドル相当を取得したとする。この取引は、以下の問1.～3.のそれぞれにおいて、米国の国際収支統計と米国のNIIPにどのような影響を与えるだろうか。またその際、米国の経常収支と米国の金融収支にどのように記帳されるだろうか。

1. コロンビア大学が米ドル紙幣で株式代金を支払う。
2. コロンビア大学は、ミッドタウンに所有するアパートで株式の代金を支払う。
3. ドイツの居住者がコロンビア大学に通い、ドイツテレコムの株式で学費を精算する。
4. 米国の経常収支と米国のNIIPにとって、上記3つのシナリオは同様の結果をもたらすだろうか。

練習問題1.5（さらなる巨額債務）

1989年7月4日『ニューヨーク・タイムズ』は「米国はさらなる債務を抱える」という見出しで、「すでに世界最大の債務国である米国は、昨年、国際収支のギャップを埋めるため、外国からの資金が流入し、1542億ドルの赤字を計上した。これは、米国の財やサービスの生産に占める割合が増えているのにもかかわらず、外国人への利子や配当の支払いのせいで、米国の豊かさがゆっくりとしか成長しないことを意味する」と報じた。現在明らかになっていることを踏まえ、最後の文章を批判的に議論しなさい。

練習問題1.6

この問題は、アウトランドという国の国際収支に関するものである。アウトランドの通貨はドルだと仮定する。

1. アウトランドは、ドイツの自動車会社フォルクスワーゲンの株式100株を保有している。これらの証券はユーロ建てである。それ以外の国は、アウトランド政府が発行するドル建ての債券を200単位保有している。年初、フォルクスワーゲン株式の価格は1ユーロ、アウトランド債の価格は2ドルであり、為替レートは1ユーロ＝1.5ドルであった。アウトランドのNIIPを計算しなさい。
2. この年、アウトランドはおもちゃを7ドルで輸出し、シャツを9ユーロで輸入した。フォルクスワーゲン株の配当金は1株につき0.05ユーロ、アウトランド債のクーポン支払いは1株につき0.02ドルであった。アウトランドの住民は海外に住む親族から合計3ユーロのお金を受け取り、アウトランド政府はガイアナの病院に4ドルを寄付した。この年のアウトランドの貿易・サービス収支、投資収益、第2次所得収支を計算しなさい。この年の経常収支、またその年末のアウトランドのNIIPはいくらだろうか。
3. 年末にアウトランドがフォルクスワーゲン株を110株取得したとする。その年、すべての金融取引が年初の価格と為替レートで行われたと仮定して、アウトランド国債の対外保有は何単位だろうか。
4. 問3.で計算した対外資産残高と対外負債残高から、年末にフォルクスワーゲンの株価が20%下落し、ドル高が10%進行したとする。アウトランドの年末のNIIPを計算しなさい。

練習問題1.7（二国からなる世界の国際収支）

世界がA国とC国の二国から構成されているとする。

1. A国の純国際投資残高を$NIIP^A$とするとき、C国の純国際投資残高を求めなさい。
2. A国の経常収支をCA^Aとするとき、C国の経常収支を求めなさい。
3. A国の居住者が保有する対外資産をA^A、C国の居住者が保有するA国の資産をL^Aとする。このとき、A^CとL^Cで表されるC国の対外資産残高および対外負債残高を求めなさい。
4. A国の対外負債が20％増加したと仮定する。A国とC国のNIIPの変化を求めなさい。

練習問題1.8（NIIP−NIIパラドックス）

ある国は、純投資収益（NII）がマイナス100、純国際投資残高（NIIP）がプラス1000という逆説的な状況を呈している。この状況に対するエコノミストの意見は分かれている。グループAのエコノミストは、世界の金融市場における自国の評判が悪いため、外国の投資家が自国に融資する際の金利が、自国が対外投資で受け取る金利よりも高くなることが原因だと考えている。グループBのエコノミストは、国内投資家が国際的な総資産残高を膨らませて、世界市場で大きなプレーヤーであるかのように見せかけているためだと考えている。

1. 対外資産の金利が5％、その残高が4000と仮定し、グループAの仮説の下でパラドックスを説明するために必要な、金利プレミアムを計算しなさい。
2. グループBの仮説の下で、資産・負債の金利を5％と仮定したとき、国内投資家が膨らませている総対外資産残高を算出しなさい。

練習問題1.9（2カ国間におけるNIIPとNII）

国1の対外資産残高（Aとする）は、国2の政府が発行した債券10ドルと、国2に居住する企業の株式20ドルである。国1の対外負債残高（Lとする）は、国1が発行し外国人が保有する債券35ドル、外国人が保有する、国1に居住する企業の株式5ドルである。また国債の収益率が2％、株式の収益率が6％であるとする。

1. 国1の純国際投資残高（NIIP）と純投資収益（NII）を計算しなさい。
2. 国1のNIIPとNII（問1.で得た数値を参照）は観察可能であり、債券と株式の収益率は観察不可能であったとする。さらに、観測されたNIIPとNIIの値は暗黒物質仮説に依拠するとする。全資産の収益率を3％と仮定すると、暗黒物質の規模はどの程度になり、国1の「真の」純国際投資ポジションであるTNIIPはどの程度になるだろうか。

練習問題1.10（3カ国間におけるNIIPとNII）

国1、2、および3の対外資産残高と対外負債残高は次の通りである。

国1：

・対外資産残高（A^1）　国2に居住する企業の株式が50ドル、国3に居住する企業の株式が50ドル。

・対外負債残高（L^1）　国1が発行し、外国人居住者が保有する200ドルの債券。

国2：

・対外資産残高（A^2）　国1の政府が発行する債券が100ドル。

・対外負債残高（L^2） 国2に居住し、外国人が保有する企業の株式で75ドル。

国3：

・対外資産残高（A^3） 国1の政府が発行する債券100ドルと、国2に居住する企業の株式25ドル。

・対外負債残高（L^3） 国3に居住し、外国人が保有する企業の株式で50ドル。

国1政府が発行する債券の収益率を$r^1=1\%$、国2に居住する企業の株式の収益率を$r^2=2\%$、国3に居住する企業の株式の収益率を$r^3=3\%$と仮定する。

1. 国1、国2、および国3の純国際投資残高（それぞれ$NIIP^1$、$NIIP^2$、$NIIP^3$とする）を計算しなさい。
2. 国1、国2、および国3の純投資収益（それぞれNII^1、NII^2、NII^3とする）を計算しなさい。
3. あるアナリストが、$i=1, 2, 3$に対して、($NIIP^i$、NII^i）のペアのみを観測しているとする。彼女はどの組合せのペアに逆説的なものを見出すだろうか。また、これらのパラドックスをどのように彼女に説明したらよいだろうか。
4. 負のNIIPと正のNIIを持つ国を取り上げる。暗黒物質仮説によれば、真のNIIP（TNIIPと表記）の値をいくらとして算出できるだろうか。またこれは暗黒物質と呼べるだろうか。計算では、全証券の平均収益率、つまり（$r^1+r^2+r^3$)/3が使われているとする。

練習問題1.11（評価額変動）

2020年から2022年にかけて、ある国の純国際投資残高が$NIIP_{2020}=100$、$NIIP_{2021}=125$、$NIIP_{2022}=130$であったとする。また、同期間の経常収支は$CA_{2020}=30$、$CA_{2021}=20$、$CA_{2022}=10$であったとする。2021年、2022年の評価額変動を計算しなさい。

練習問題1.12（暗黒物質仮説と収益率の差仮説　その1）

純投資収益が$NII=200$、対外資産残高が$A=3000$、対外負債残高が$L=4000$、収益率が5%（$r=0.05$）だとする。

1. 暗黒物質仮説の強力な支持者である経済学者ジョン・グリーンは、Aは正確に記録されていないと考えている。暗黒物質の量と、グリーンの見解と一致する「真の」対外資産残高（ここではTAと表記する）を計算しなさい。
2. 金融アナリストのナディア・ゴンザレスは、暗黒物質仮説を信じていない。その代わり、彼女は、Aは正確に測定されていると信じている。彼女の考えでは、5%は正確に資産の収益率$r^A=0.05$であり、また、対外負債残高に対する利回りr^Lは異なる。ゴンザレスの考えと一致するr^Lの値を求めなさい。

練習問題1.13（暗黒物質仮説と収益率の差仮説　その2）

純投資収益を$NII=300$とし、純国際投資残高を$NIIP=-2000$、対外負債残高を$L=5000$、資産収益率は4%（$r^A=0.04$）とする。

1. 経済コンサルタントのジム・テイラーは、対外負債残高に対する収益率（r^L）と対外資産残高の収益率とは異なるという収益率の差仮説の強力な支持者である。テイラーの考えと一致するr^Lの値を求めなさい。

2. 経済学者のテレサ・ジョーンズは、収益率の差仮説を支持せず、代わりに暗黒物質仮説を擁護している。具体的には、Aは正確に記録されておらず、A、Lともに収益率は4%であると考えている。ジョーンズの見解と一致する暗黒物質の量と「真の」対外資産残高（TAと表記する）を計算しなさい。

練習問題1.14（世界の対外純資産残高）

フィリップ・レインとジャン・マリア・ミレジィ–フェレッティ（Philip Lane and Gian Maria Milesi-Ferretti）が作成したthe External Wealth of Nations Databaseから、経常収支とNIIPのデータをダウンロードし、1980年からの経常収支とNIIPのデータがある国について、利用可能な最新の日付までの経常収支を合計し、対応する期間のNIIPの変化を求めなさい。次に、累積した経常収支に対して、NIIPの変化をプロットしなさい。特に、経常収支の累積が世界の不均衡を測るのに適しているかどうか、述べなさい（図1.1参照）。またデータサンプルの国々にとって、評価額の変動が量的に重要であるかどうかについて、プロットされたグラフから読み取れることについて、議論しなさい。

練習問題1.15

1.6節では、過去数十年にわたり、評価額の変動が米国のNIIPにどのような影響を及ぼしたかを分析した。この問題では、評価額変動が中国のNIIPにどのような影響を与えたかを分析する。

1. フィリップ・レインとジャン・マリア・ミレジィ–フェレッティ（Philip Lane and Gian Maria Milesi-Ferretti）が作成したthe External Wealth of Nations Databaseから、中国の経常収支、NIIP、国内総生産に関するデータをダウンロードしなさい。これらの時系列データを用いて中国の仮説的NIIPを構築し、MatlabやExcelなどのソフトウエアを使って、図1.8のように、中国の実際のNIIPと仮説的NIIPを、どちらもGDP比で表してプロットし、米国との違いについて述べなさい。
2. 次に、中国のNIIPにおける評価額の変動について時系列データを構築し、それらをGDP比でプロットしなさい。その際、縦軸には図1.6と同様のスケールを使用すること。そして、中国が経験した評価額の変動と米国が経験したものを比較し、この差は何から生まれるのかについて述べなさい。

練習問題1.16（暗黒物質の時系列変化）

BEAのデータを使って、1.7.1項で説明された方法で暗黒物質の時系列データを、利用可能な範囲すべてを用いて構築しなさい。暗黒物質仮説の妥当性を、その大きさではなく、その時間的な推移に基づき述べなさい。

練習問題1.17（2017年における減税・雇用法（TCJA）が国際取引勘定の各要素に与える影響）

1. "Apple, Capitalizing on New Tax Law, Plans to Bring Billions in Cash Back to U.S."（2018年1月17日『ニューヨーク・タイムズ』）を読み、TCJAがどのようなものか、記事で示された計算が再現可能であるかどうか確認しなさい。
   (a) 記事中の情報をもとに、アップル社が海外に保有している現金企業キャッシュをいくら本国へ送金しているか述べなさい。

(b) 変更前の税率と比較して、新しい一時的な低税率の下では、本国への送金による節税効果はどの程度であるか述べなさい。

(c) アップル社にとって、新税制下での本国への送金による節税効果は、変更後の税率で海外に企業キャッシュを持っておくことに比べて、最大でどれだけの節税効果をもたらしうるか。つまり、税法の変化によって、現金を本国へ送金するインセンティブはどの程度高くなったのか議論しなさい。

(d) 記事には、「新しい条件で資金を移動させることで、アップル社は430億ドルの税金を節約した」とあるが、記事に示された情報から、この見解に同意するかどうか述べなさい。

2. アップル・アイルランド法人はアップル・アメリカ法人によって所有されており、アップル・アイルランド法人の2018年の収益は0であると仮定する。それにもかかわらず、アップル・アイルランド法人はアップル・アメリカ法人に1000億ドルの現金配当を支払っていると仮定する。BEA FAQにおける短い記事 “How are the International Transactions Accounts affected by an increase in direct investment dividend receipts” (2018年6月20日、https://www.bea.gov/help/faq/166) を読んで、以下の質問に答えなさい。

(a) 現金の本国送金は、米国の経常収支にどのように勘定されるのか。

(b) 現金の本国送金は、米国の金融収支にどのように勘定されるのか。

(c) 最後に、米国企業の海外子会社の利益還流は、米国の経常赤字を改善するのかしないのかについて論じなさい。

PART Ⅰ
Determinants of the Current Account

第Ⅰ部
経常収支の決定

第2章 経常収支の持続可能性

米国の対外収支の変遷から生じる当然の疑問は、貿易・経常収支の赤字が長期的に持続可能かどうかということである。本章では、この問いに答えるためのフレームワークを構築する。

2.1 貿易収支が恒常的に赤字の国はありうるか

この問いに対する答えは、その国において初期の純国際投資残高（NIIP、対外純資産残高とも言う）がプラスかマイナスかによる。NIIPがマイナスであるということは、その国が世界に対して債務者であることを意味する。したがって、その国は対外債務を返済するために、現在あるいは将来のいずれかの時点で貿易収支を黒字化しなければならない。同様に、NIIPがプラスであることは、その国が世界に対して純債権者であることを意味する。したがって、その国は対外的な信用残高から生じる利子収入によってまかなうことで、貿易収支を恒常的に赤字にすることが可能である。

この考え方をよりフォーマルに分析してみよう。第1期と第2期の2期間のみからなる経済を考える。TB_1は第1期の貿易・サービス収支（あるいは単に貿易収支）、CA_1は第1期の経常収支、B_1は第1期末のその国のNIIPを表すとする。$B_1>0$ならば、その国は第1期において債権国であり、$B_1<0$であれば、その国は債務国である。例えば、当該国が米国で、第1期が2020年であるとすると、$CA_1=-6472$億ドル、$TB_1=-6817$億ドル、$B_1=-14$兆1000億ドルとなる（第1章の表1.1と1.5節を参照）。

また、rは1期間保有した資産に支払われる金利、B_0は0期末のNIIPを示すとする。すると、第1期における国の純投資収益（NII）は次式で与えられる。

$$\text{第1期の純投資収益（NII）}=rB_0$$

この式は、第1期の純投資収益は、0期から1期の間にその国の居住者が保有するNIIPの収益と等しいことを意味している。

簡略化のため、以下では、雇用者報酬、第2次所得収支、評価額変動は常にゼロに等しいと仮定し、これらを無視する。このような前提に立てば、経常収支は純投資収益と貿易収支の和に等しい、つまり、

$$CA_1 = rB_0 + TB_1 \tag{2.1}$$

であり、NIIPの変化$B_1 - B_0$は、経常収支に等しい。

$$B_1 - B_0 = CA_1 \tag{2.2}$$

(2.1) 式と (2.2) 式を組み合わせて、CA_1を消去すると、次のようになる。

$$B_1 = (1 + r)B_0 + TB_1$$

これと似た関係が第2期でも成立するはずであり、つまり、以下の式となる。

$$B_2 = (1 + r)B_1 + TB_2$$

これら最後の2つの式を組み合わせて、B_1を消去すると、次のようになる。

$$(1 + r)B_0 = \frac{B_2}{(1 + r)} - TB_1 - \frac{TB_2}{(1 + r)} \tag{2.3}$$

ここで、第2期末のNIIPであるB_2が取りうる値を考えてみよう。B_2がマイナスであれば ($B_2 < 0$)、その国は第2期において、第3期に満期を迎える債務を保有していることを意味する。しかし、世界は第2期で終わるので、第3期には、誰もその債務を回収する人はいない。したがって、世界の他の地域の誰も、第2期においてこの国の住民に融資をしようとは思わないはずである。このことは、B_2がマイナスであってはならない、あるいは、B_2が以下を満たさなければならないことを意味する。

$$B_2 \geq 0$$

もし、この資産保有に関する末端制約を満たさなければ、世界が終わるときにこの国は未払い債務を抱えていることになる。これは、1920年代にマサチューセッツ州でマルチ商法を導入したチャールズ・K・ポンジー (Charles K. Ponzi) にちなんで、**ポンジー・ゲーム禁止制約** (no-Ponzi-game constraint, 日本語においては**ネズミ講禁止制約**) として知られている。[1)] では、B_2は厳密にプラスになりうるだろうか。答えはノーである。B_2がプラスの値であることは、第2期において、その国が他の国々に対して貸付けを行っていることを意味する。しかし、やはり世界は第2期で終わるので、第3期ではこの負債を回収することはできない。したがって、この国が、第2期末にプラスのNIIPを持つことを選択することはありえない。つまり、常に$B_2 \leq 0$を選択することにな

る。もし、B_2が厳密にプラスでもマイナスでもないとすると、0に等しくなければならない。すなわち、

$$B_2 = 0$$

である。この条件は**横断条件**（transversality condition）と呼ばれる。(2.3)式は横断条件を用いると、次のようになる。

$$(1+r)B_0 = -TB_1 - \frac{TB_2}{(1+r)} \tag{2.4}$$

この式は、ある国の初期（0期）のNIIP（利子を含む）が、将来の貿易赤字の割引現在価値と等しくなければならないことを述べている。このように、当初のNIIPがマイナスであったならば、現在あるいは将来のある時点で貿易収支が黒字にならなければならないという先ほどの主張は、(2.4) 式を使って容易に検証することができる。仮に、その国が純債務国（$B_0<0$）であるとしよう。この場合、もし、貿易収支が黒字化することがない場合（$TB_1 \leq 0$かつ$TB_2 \leq 0$)、(2.4) 式の左辺はマイナス、右辺は非負となり、(2.4) 式が成立しないことになる。すなわち、この場合、この国は他の国々に対してネズミ講をやっていることになるわけである。

ここで、ある国の初期のNIIPがプラス（$B_0>0$）であったとする。これは、当初、世界の他の国々がこの国に対して負債を負っていることを意味する。すると、(2.4) 式の左辺はプラスとなる。この場合、もし、第1期と第2期で貿易赤字を計上すれば、(2.4) 式の右辺もプラスとなり、整合的である。以上のように、貿易収支が恒常的に赤字の国はありうるか、という問いに対する答えは、初期のNIIPがプラスであれば、イエスである。もちろん、恣意的に巨額の貿易赤字を計上することができないのはもちろんのこと、(2.4) 式が示しているのは、貿易赤字の割引現在価値には上限があり、それがその国の初期におけるNIIP（利払いも含む）に等しいことを示している。

米国は現在、世界の他の国々に対して純債務国であるから、この分析から、将来のある時点で貿易収支を黒字化しなければならないことがわかる。この結

1）　ポンジーの詳細な犯罪については、http://www.mark-knutson.comを参照すること。ネズミ講の最近の顕著な例としては、金融業者のバーナード・L・マドフ（Bernard L. Madoff）が2008年に約640億ドル相当の投資を不正に流用したことが挙げられる。マドフは20年以上にわたって、ヘッジファンドから大学の基金、低所得の退職者まで、さまざまな顧客に対して、市場をわずかに上回る安定したリターンを支払うという計画を立てていた。マドフ自身の投資でそのようなリターンが得られない場合、このスキームは生き残るために新しい顧客を獲得する必要があった。2008年の金融危機で新規顧客の獲得は途絶え、彼の計画は一夜にして崩壊した。2009年6月、当時71歳だったマドフには懲役150年の判決が下されたが、2021年4月14日、彼は82歳で獄中死した。

果は、2期だけでなく、何期も続く経済にも当てはまる。本章の付録（2.4節）では、同様の結果が、無限に続く経済（無限期間経済）でも成り立つことが示されている。

2.2 経常収支が恒常的に赤字の国はありうるか

ここで考えている2期間といった有限期間の経済では、上記の問いに対する答えも、やはり、国の初期のNIIPがプラスであれば、イエスである。なぜならば、(2.2) 式に似た式が第2期でも成立しなければならないからである。つまり、

$$B_2 - B_1 = CA_2$$

この式と (2.2) 式を組み合わせてB_1を消去すると、次のようになる。

$$B_0 = -CA_1 - CA_2 + B_2$$

さらに横断条件である$B_2 = 0$を課すと、次のようになる。

$$B_0 = -CA_1 - CA_2 \tag{2.5}$$

この式は、ある国の初期（0期）のNIIPが、現在と将来の経常収支赤字の合計に等しくなければならないことを述べている。仮に、この国の初期のNIIPがマイナス、すなわち$B_0 < 0$であったとしよう。(2.5) 式を満たすためには、経常黒字の合計がプラス（$CA_1 + CA_2 > 0$)、つまり、少なくとも1期は経常黒字であることが必要である。ただし、初期のNIIPがプラスである場合、つまり、$B_0 > 0$であれば、両期とも経常赤字を計上することが可能であり、2期間経済においては恒常的に経常収支が赤字であることに等しい。

純債務国が経常赤字を続けることはできないが、純債権国は経常赤字を続けることができるという結果は、あらゆる有限期間の経済において成立する。つまり、この結果は、2期間しか続かない経済だけでなく、任意の有限の期間、例えば100万年という非常に大きな期間で営まれる経済にもあてはまるのである。

しかしながら、本章の付録（2.4節）では、無限期間の経済においては、初期のNIIPがマイナスであっても、経常収支が恒常的に赤字になりうることを示している。無限期間の経済がネズミ講に陥らない条件は、対外純債務に発生する利子の一部を定期的に支払い、対外債務が利子率よりも低い率で増加することが保証されることである。そうすれば、その国の債務の割引現在価値はゼ

ロとなる。つまり割引現在価値で言えば、その国は債務を支払っていることになる。このような状況においては、対外純債務は時間とともに増加するため、経済は対外債務への利払いの一部を返済するために、より多くの資源を投入しなければならない（すなわち、より大きな貿易黒字を創出しなければならない）。貿易黒字を拡大するためには、国内生産も拡大することが必要である。なぜなら、もし生産が成長しなければ、恒常的な経常赤字の返済に必要な貿易収支の黒字は最終的にGDPを超える規模となり、それは原理的に実現不可能であるからである。

2.3 貯蓄、投資、経常収支

本節では、経常収支を、国民貯蓄、投資、国内総生産、国内総需要といった身近なマクロ経済総計と、会計上の恒等式を使って結びつける方法を紹介する。これらの会計上の恒等式は、経常赤字をさまざまな観点から検討することを可能にし、一般均衡モデルにおける経常収支の決定を研究する際に役立つものである。

2.3.1 貯蓄と投資の差としての経常収支

経常収支が赤字になるのは、投資が貯蓄を上回ったときである。まず、第1章で見たように、貿易収支が財・サービスの輸出と輸入の差に等しいことを想起してほしい。t期の輸出をX_t、t期の輸入をIM_tとすると、貿易収支は次のようになる。

$$TB_t = X_t - IM_t$$

次に、t期に国内で生産された最終財・サービスの量をQ_tとする。この生産量の指標は**国内総生産**（gross domestic product：GDP）と呼ばれる。また、t期の民間消費をC_t、t期の政府消費をG_t、t期の国内投資（工場、設備投資など）に使われる財・サービスをI_tとしよう。以下では、C_t、G_t、I_tをそれぞれ単純に、消費、政府支出、投資と呼ぶことにする。すると、以下が成立する。

$$Q_t + IM_t = C_t + I_t + G_t + X_t$$

この国民経済計算の恒等式は、GDPと輸入の和で与えられる財の総供給は、民間消費、投資、公共消費、輸出の4つの使い道があるとするものである。上記の2つの式を組み合わせて、整理すると、次式が得られる。

$$TB_t = Q_t - C_t - I_t - G_t \tag{2.6}$$

（2.1）式は、第1期だけでなく、どの期間tでも成立しなければならないので、

$$CA_t = rB_{t-1} + TB_t$$

が成立し、この式を用いて、（2.6）式からTB_tを消去すると、次のようになる。

$$CA_t = rB_{t-1} + Q_t - C_t - I_t - G_t$$

GDPと投資収益の和である$Q_t + rB_{t-1}$は国民所得、あるいは**国民総生産**（gross national product：GNP）と呼ばれる。つまりt期の国民所得をY_tで表すと、

$$Y_t = Q_t + rB_{t-1}$$

となり、この式を、1つ前の式と組み合わせると、経常収支は次のように表現される。

$$CA_t = Y_t - C_t - I_t - G_t \tag{2.7}$$

t期における国民貯蓄（S_tとする）は、国民所得と、民間消費と政府消費の合計との差として定義されるから、

$$S_t = Y_t - C_t - G_t \tag{2.8}$$

となり、この（2.8）式と（2.7）式から、経常収支は貯蓄から投資を差し引いたものに等しいことがわかる。すなわち、

$$CA_t = S_t - I_t \tag{2.9}$$

となる。この関係から、投資が貯蓄を上回ると経常収支は赤字になる。逆に、投資が貯蓄を下回ると経常収支は黒字になることが見て取れる。

2.3.2 国民所得と国内総需要の差としての経常収支

一国の総需要（A_tと表記する）は、以下のように、民間消費、政府消費、投資の合計として定義される。

$$A_t = C_t + I_t + G_t$$

この定義と（2.7）式を組み合わせると、経常収支は国民所得と国内総需要の差として表すことができる。すなわち、

$$CA_t = Y_t - A_t \tag{2.10}$$

となる。したがって、財・サービスの国内総需要が国民所得を上回ると、経常収支は赤字になる。

（2.9）式と（2.10）式は、どのような経済においても常に満たされなければならない会計上の同一性を主張しているのみで、経常収支の決定要因について何ら説明や理論を提供するものではない。例えば$CA_t = S_t - I_t$という関係は、米国が経常赤字であるのは、貯蓄が少なすぎるからだという悲観的な見方を支持するものではない。同様にまた、米国企業が積極的に物的資本に投資しているから、米国の経常収支は赤字であるという楽観的な見方を支持するものでもない。

経常収支を決定する要因を理解するためには、家計、企業、政府、外国人居住者らの経済行動を理論モデルに基づいて解明することが重要である。以降の章ではそのようなモデルに焦点を当てる。

2.4　付録：無限期間経済における貿易収支と経常収支の恒常的な赤字

2期しか続かない世界では、恒常的とは第1期と第2期を意味する。したがって、このような世界では、第1期と第2期で貿易収支がマイナスであれば、永久に貿易赤字国である。同様に、第1期と第2期で経常収支がマイナスであれば、永久に経常赤字国である。本章の本文では、2期間の経済において、貿易収支が恒常的な赤字になるのは、NIIPがプラスで始まる場合のみであることを示した。同様の条件が経常収支にも当てはまる。2期間の経済において、経常収支を恒常的に赤字にできるのは、初期のNIIPがプラスである場合のみである。この付録では、無限期間経済において、これらの結果がどのように変わるのかを吟味する。

経済が第1期からスタートし、無限に続くと仮定する。金利は時間を通じて一定でrに等しいとする。第1期末のNIIPは、以下で示される。

$$B_1 = (1 + r)B_0 + TB_1$$

上式をB_0について解くと、以下の式となる。

$$B_0 = \frac{B_1}{1 + r} - \frac{TB_1}{1 + r} \tag{2.11}$$

ここで、この式を1期分、将来に進めると、以下が得られる。

$$B_1 = \frac{B_2}{1 + r} - \frac{TB_2}{1 + r}$$

この式を用いて、(2.11) 式からB_1を消去すると、

$$B_0 = \frac{B_2}{(1+r)^2} - \frac{TB_1}{1+r} - \frac{TB_2}{(1+r)^2}$$

となり、また、(2.11) 式を2期分将来に進めると、以下の式が得られる。

$$B_2 = \frac{B_3}{1+r} - \frac{TB_3}{1+r}$$

この式と1つ前の式を組み合わせると、以下が得られる。

$$B_0 = \frac{B_3}{(1+r)^3} - \frac{TB_1}{1+r} - \frac{TB_2}{(1+r)^2} - \frac{TB_3}{(1+r)^3}$$

この繰り返し手順をT回繰り返すと、次のような関係が得られる。

$$B_0 = \frac{B_T}{(1+r)^T} - \frac{TB_1}{1+r} - \frac{TB_2}{(1+r)^2} - \cdots - \frac{TB_T}{(1+r)^T} \tag{2.12}$$

つまり、無限期間の経済では、ネズミ講禁止制約は次のようになる。

$$\lim_{T\to\infty} \frac{B_T}{(1+r)^T} \geq 0 \tag{2.13}$$

この表現が意味するのは、一国の対外純債務が金利よりも低い率で成長しなければならないというものである。金利r以上の速度で成長する債務の経路は、まさに債務の元本と利息が永久にロールオーバーされるスキームである。つまり、借金が決して完済されない仕組みである。ネズミ講禁止制約は、このような事態を排除している。

同時に、ある国は、世界の他の国々に対する純債権がr以上の速度で増加することは望まないだろう。なぜなら、世界の他の国々が当該国に対して永遠に債務と利子をロールオーバーし、どちらかを永久に支払うことがないことを意味するからである。したがって、NIIPの経路は、以下を満たさなければならない。

$$\lim_{T\to\infty} \frac{B_T}{(1+r)^T} \leq 0$$

この制約とネズミ講禁止制約 (2.13) 式は、以下の横断条件が成立する場合にのみ同時に満たすことができる。

$$\lim_{T\to\infty} \frac{B_T}{(1+r)^T} = 0 \tag{2.14}$$

この式によれば、一国のNIIPは割引現在価値でゼロに収束する必要がある。(2.12) 式でTを無限大にし、横断条件 (2.14) 式を用いると、

$$B_0 = -\frac{TB_1}{1+r} - \frac{TB_2}{(1+r)^2} - \cdots = -\sum_{t=1}^{\infty} \frac{TB_t}{(1+r)^t}$$

となる。この式は、2期間経済における（2.4）式の無限期間版である。ある国の初期のNIIPが、現在と将来の貿易赤字流列の割引現在価値と等しくなければならないことを述べている。もし、初期のNIIPがマイナス（$B_0 < 0$）であれば、その国はある時点で貿易収支が黒字にならなければならない。つまり、有限の経済、無限の経済のどちらを考えても、マイナスのNIIPで出発した国は、恒常的に貿易収支の赤字を積み上げることはない、という結論になる。

次に、ある国が恒常的に経常赤字を続けることが可能かどうか、という問題を再検討する。最初にNIIPがマイナス（$B_0 < 0$）であったとし、つまりその国は世界に対して純債務国としてスタートすると仮定しよう。

毎期、債務の利子の一部αを支払うのに十分な貿易収支の黒字を生み出している例を考えてみよう。すなわち、以下のように仮定する。

$$TB_t = -\alpha r B_{t-1} \tag{2.15}$$

αは0と1の間の値を取る。この式によれば、その国が世界の他の国々に対して純債務国である場合、つまり、$B_{t-1} < 0$である限りにおいて、貿易収支が黒字になる（ここでは金利はプラス、つまり$r > 0$であると仮定している）。

なお、一般的な期間$t = 1, 2, 3, \ldots$におけるこの国のNIIPの推移は、以下のように書くことができる。

$$B_t = (1+r)B_{t-1} + TB_t$$

この式からTB_tを消去するために債務返済政策である（2.15）式を用いると、次のようになる。

$$B_t = (1 + r - \alpha r)B_{t-1} \tag{2.16}$$

B_0がマイナスで、$1 + r - \alpha r$がプラスであると仮定しているので、国のNIIPは永遠にマイナス、すなわち、すべての$t \geq 0$について$B_t < 0$となる。さらに、想定した債務返済政策の下では、この国は永遠に経常収支赤字となる。このことを示すために、まず経常収支は、$CA_t = rB_{t-1} + TB_t$で定義されることを確認しよう。次に、（2.15）式の債務返済政策を用いて、TB_tを消去すると、

$$CA_t = r(1-\alpha)B_{t-1}$$

が与えられる。$r(1-\alpha)$ がプラスで、先ほど示したように、すべての$t \geq 1$に対して$B_{t-1} < 0$なので、経常収支は常にマイナスであることがわかる。

こうした恒常的な経常赤字が持続可能かどうかを判断するためには、横断条件（2.14）式を満たしているかどうかによる。もしこの条件が満たされないと、

経常赤字の経路は実現不可能なものとなる。なぜならこのような場合、その国は他の国々に対してネズミ講に興じているか、またはその逆（他の国々がその国にネズミ講に興じている）が成り立つからである。

（2.16）式で与えられるB_tの法則から、次のことが示される。

$$B_t = (1 + r - \alpha r)^t B_0$$

この式の両辺を$(1 + r)^t$で割ると、以下の式となる。

$$\frac{B_t}{(1 + r)^t} = \left[\frac{1 + r(1 - \alpha)}{1 + r}\right]^t B_0$$

$1 + r(1 - \alpha) < 1 + r$なので、上記の式の左辺、$\frac{B_t}{(1 + r)^t}$は、$t$が無限期間になると、ゼロに収束する。つまり、提案された債務処理政策の下で、この国は恒常的な経常赤字を計上しているにもかかわらず、横断条件（2.14）式を満たすことを意味する。

しかし、これで終わりではない。想定した政策の下で、貿易収支は次のように推移することに注目しよう。

$$TB_t = -\alpha r[1 + r(1 - \alpha)]^{t-1} B_0$$

すなわち、貿易収支はプラスであり、時間とともに、$r(1 - \alpha) > 0$の速度で無制限に成長する。ここで、貿易収支はGDPから国内総需要を差し引いたものに等しいことを想起してほしい。

$$TB_t = GDP_t - A_t$$

上記で、$A_t = C_t + I_t + G_t > 0$は国内総需要を表す。この式から、貿易収支が際限なく黒字になるためには、GDPが$r(1 - \alpha) > 0$以上の速度で時間とともに成長する必要がある。この条件が満たされれば、この例で述べた債務返済政策（2.15）式により、当初のNIIPがマイナスでも経常収支が恒常的に赤字となる。

2.5　まとめ

本章では、貿易収支と経常収支の赤字が持続可能である条件を検討した。その結果、以下のような結果が導かれた。

- 対外純債務国である国は、貿易赤字を計上し続けることはできない。
- 対外純債務国である国は、経常赤字を計上し続けることはできない。この結果は、経済が有限期間続く場合に成立する。無限期間の経済では、対外債務国であっても、経済が成長し、対外債務の利払いに充てる資源が増えれば、経常収支の恒常的な赤字は可能である。

- 経常収支は、貯蓄と投資の差、$CA_t = S_t - I_t$、国民所得と国内総需要の差、$CA_t = Y_t - A_t$、国のNIIPの変化、$CA_t = B_t - B_{t-1}$、または投資収益と貿易収支の和、$CA_t = rB_{t-1} + TB_t$として表現できる。4つの式はすべて恒等式であり、いかなる国のいかなる期間でも成立するものである。

2.6 練習問題

練習問題2.1 (TFU)

次の記述が真、偽、または不明のいずれであるかを示し、その理由を説明しなさい。

1. NIIPが黒字でスタートした経済は、いつかは貿易収支が赤字になる。
2. ある国は40年間、貿易収支が赤字である。40年前は純債権国だったが、長期間の貿易赤字のために、債務国となった。明らかに、この経済は、いつかは貿易黒字を計上しなければならない。
3. ある2期間経済において、両期間とも貿易黒字である。したがって、第1期の経常収支は(TB_1の大きさによって)どちらの符号でもよいが、第2期の経常収支はプラスでなければならない。
4. 金利がマイナスの場合、2期間経済では、初期のNIIPがマイナスであっても、恒常的に貿易赤字になる可能性がある。
5. 金利がマイナスの場合、初期のNIIPがマイナスであれば、ある2期間経済が恒常的に経常赤字になることはない。
6. ある国が2022年に純債権国としてスタートしたとする。NIIPの金利は10%である。その年、経常収支が赤字であったとすると、2022年の貿易収支も赤字でなければならない。
7. 1980年代以降、米国の経常収支の赤字がどんどん拡大しているのは、米国の家計貯蓄が縮小している証拠である。
8. 均衡貿易政策(貿易収支が常にゼロでなければならないという要求)は、自由な資本移動がある場合にのみ実現可能である。

練習問題2.2 (3期間経済における経常収支の持続可能性)

3期間経済においては、恒常的な貿易収支の赤字は可能だろうか。また経常収支が恒常的に赤字であることは可能だろうか。これらの問いに答えるために、(2.4) 式と (2.5) 式を3期間へと応用したものを導出しなさい。

練習問題2.3 (貯蓄、投資、NIIP)

2期間の経済において、第1期と第2期の貯蓄は5 ($S_1 = S_2 = 5$)、両期の投資は10 (I_1

$= I_2 = 10$）であるとする。

1. 第1期と第2期の経常収支（CA_1 と CA_2）を求めなさい。
2. 第1期首のNIIP（B_0）を求めなさい。
3. 金利を4%（$r = 0.04$）としたときの、第1期および第2期の貿易収支（TB_1 と TB_2）を求めなさい。

練習問題2.4（身の丈に合わない生活）

第1期首のNIIPが−100である2期間の経済を考える。第1期では経常収支がGDPの5%赤字で、両期間ともGDPは120であるとする。また第1期と第2期の金利を10%とする。

1. 第1期の貿易収支（TB_1）、第1期の経常収支（CA_1）、第2期首のNIIP（B_1）を求めなさい。
2. この国は、身の丈に合わない生活をしているのだろうか。この問いに答えるために、2期目の経常収支と貿易収支を求めなさい。この貿易収支の値は実現可能であるか論じなさい［ヒント：貿易収支はGDPの値を超えることがないことに留意すること］。
3. ここで、第1期において、この国がGDP比10%という非常に大きな経常収支の赤字を出していると仮定を変更する。この国の第1期末のNIIP（B_1）を求めなさい。この国は、身の丈に合わない生活をしているのだろうか。もしそうなら、その理由を述べなさい。

CHAPTER 3 An Intertemporal Theory of the Current Account

第3章 経常収支の異時点間理論

なぜ、ある国は借入れをし、ある国は貸付けを行うのだろうか。なぜ貿易収支が赤字になる国と、黒字になる国があるのだろうか。本章では、開放経済モデルを構築し、貿易収支と経常収支の決定要因を研究することにより、これらの問いやその他の関連する問題を分析する。この章での理論モデルにおいて最も重要なのは、異時点間における最適な支出配分である。各国は、時間を通じて生産がまちまちなので、消費を平準化するために、借入れや貸付けを行うのである。

本章では、小国開放経済における経常収支の決定要因について分析する。第7章では、この理論を大国開放経済に拡張する。ある経済が世界の他の国々と財や金融資産の取引を行っているとき、その経済を開放経済と呼ぶ。また、国際的に取引される財やサービスの価格、国際的に取引される金融資産の価格や収益率が、国内の経済状況とは無関係である場合、その経済は小国開放経済であると言う。例えば、ある小国開放経済で牛肉の消費量が2倍になったとしても、国内の牛肉市場が国際市場に対して小さすぎるため、牛肉の国際価格は上昇しない。その理由は、その国の人口が少ない、あるいは1人当たりの牛肉消費量が少ない（例えば、牛肉を食べる習慣がない、あるいは貧しくて牛肉を買う余裕がない）などが考えられる。同様に、ある小国開放経済で貯蓄が倍増しても、世界の金融市場の金利は下落しない。これは、その国の資本市場が世界のそれと比較して小さすぎるためである。

世界のほとんどの国は、小国開放経済として定義される。先進的な小国開放経済の例としては、オランダ、スイス、オーストリア、ニュージーランド、オーストラリア、カナダ、ノルウェーが挙げられる。新興の小国開放経済の例としては、アルゼンチン、チリ、ペルー、ボリビア、ギリシャ、ポルトガル、エストニア、ラトビア、タイが挙げられる。先進的な大国開放経済の例としては、米国、日本、ドイツなどが考えられ、新興の大国開放経済としては、中国、インドが挙げられる。完全な閉鎖経済というのはあまり例がなく、おそらく最も近いのは、北朝鮮、キューバ、イラン、そしてここ数年ではベネズエラが挙げられるだろう。

また、国の経済規模は、地理的な大きさと関係がない場合が多々ある。例えば、オーストラリアとカナダは地理的には大きいが、その経済的規模は小さい。一方、日本やドイツは地理的には小さいが、経済規模は大きい。また、人口と経済規模には相関がない場合もあり、例えばインドネシアは人口は多いがその経済規模は小さいままである。

3.1 異時点間にわたる予算制約

人々が第1期と第2期の2期間のみ生活し、第1期にはQ_1個、第2期にはQ_2個の財が賦与される経済を考えてみよう。財は、ある期間から次の期間まで保存できないという意味で、腐敗しやすいと仮定する。例えば冷蔵庫のない熱帯の島での生鮮食品を想像してほしい。また、家計は財を貯蔵することはできないが、国際金融市場を通じて、第1期と第2期の間で資源を再配分することができるとしよう。具体的には、第1期首に各家計がB_0単位の債券を保有しているとする。この債券は第1期においてr_0B_0の利子所得を生み出す（r_0は金利）。したがって、第1期の家計の所得は利子所得r_0B_0と財の賦存量Q_1の和で与えられる（$r_0B_0 + Q_1$）。

家計はその所得を2つの使い道に使用できる。すなわち、消費財の購入（C_1）と債券の購入または売却（$B_1 - B_0$、B_1は第1期末の債券保有額を表す）である。したがって、第1期において家計は次のような予算制約に直面する。

$$C_1 + B_1 - B_0 = r_0B_0 + Q_1 \tag{3.1}$$

同様に、第2期においても、消費支出額と債券購入額の合計が所得と等しくなければならないという予算制約に直面するので、以下の制約式が成立する。

$$C_2 + B_2 - B_1 = r_1B_1 + Q_2 \tag{3.2}$$

ここで、C_2は第2期の消費、r_1は第1期から第2期の間に保有した債券の金利、B_2は第2期末の債券保有額を表す。

第2章で説明したように、ネズミ講禁止制約によって、家計は第2期末に負債を残すことができない、つまり、B_2は0以上でなければならない。直感的に考えると、ネズミ講禁止制約とは、仮に第3期に返済期限を迎える際に誰も取り立てる人がいないと知りながら、第2期に未払い債務を残すことは禁じられている、ということである。また、家計は第2期末に資産を持たないことも選択するはずである。なぜなら、第3期にはその貯蓄を消費財に使う人がいないからである。このように、B_2はプラスでもマイナスでもないため、ゼロでなければならない。

$$B_2 = 0 \tag{3.3}$$

第2章で述べたように、この末端条件は**横断条件**（transversality condition）と呼ばれている。

予算制約の（3.1）式と（3.2）式を横断条件（3.3）式と組み合わせて、B_1とB_2を消去すると、家計の**異時点間の予算制約**（intertemporal budget constraint）が以下のように求まる。

$$C_1 + \frac{C_2}{1 + r_1} = (1 + r_0)B_0 + Q_1 + \frac{Q_2}{1 + r_1} \tag{3.4}$$

異時点間の予算制約が示すのは、消費の割引現在価値（左辺）は、初期に保有している富のストックに賦存生産物流列の割引現在価値を加えたもの（右辺）に等しくなければならない、というものである。家計は、第1期と第2期の消費C_1とC_2を選択するのだが、このとき、異時点間の予算制約式（3.4）に現れる他のすべての変数、すなわち、r_0、r_1、B_0、Q_1、Q_2を所与としている。

図3.1は、家計の異時点間の予算制約式（3.4）を満たすペア（C_1, C_2）を表示したものである。簡略化のため、本節では以下、家計の初期資産残高がゼロ、つまり$B_0 = 0$と仮定する。このとき、消費経路$C_1 = Q_1$と$C_2 = Q_2$（図中のA点）は、異時点間の予算制約式（3.4）を満たす。つまり、家計は各期間においてその期間の賦存生産物を消費することが可能である。

しかし、家計の選択は、上記の特定の消費経路に限定されるものではない。第1期では、家計は借入れや貯蓄によって、与えられた生産物より多く消費することも少なく消費することもできる。例えば、家計の生涯に得られる富のすべてを第2期の消費に振り向ける場合、第1期の賦存生産物をすべて貯蓄すればよい。第2期における家計の富は、利子を含む第1期貯蓄額$(1 + r_1)Q_1$に第2期に保有する賦存生産物Q_2を加えたものである。このような場合、C_2は$(1 + r_1)Q_1 + Q_2$であり、C_1はもちろんゼロである。この消費経路は、異時点間の予算制約線と縦軸の交点（図中のB点）に位置する。逆に、家計が生涯に得られる富のすべてを第1期の消費に振り向けることを選択したならば、第1期には$Q_2/(1 + r_1)$単位の財を借り入れることになる。この場合、C_1は第1期の賦

図 3.1　異時点間の予算制約

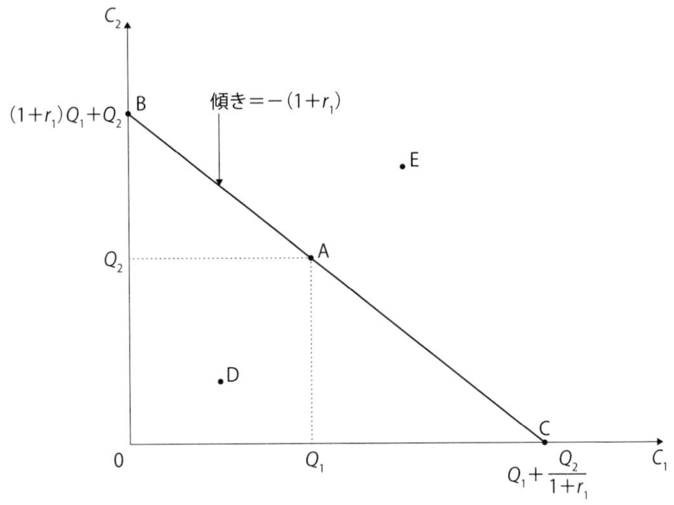

（注）　右下がりの直線は，異時点間の予算制約式(3.4)を満たす消費経路(C_1, C_2)を表している．図は，家計の初期資産残高がゼロである(B_0=0)との仮定で描かれている．

存量と借入金の合計、$Q_1 + Q_2/(1 + r_1)$ に等しい。したがって、第2期では家計は借入額の元本$Q_2/(1 + r_1)$ と利息$r_1Q_2/(1 + r_1)$、つまりそれらの合計であるQ_2、を債務返済のため支払わなければならない。その結果、第2期の消費は$C_2 = 0$となり、第2期の賦存生産物はすべて負債の返済に充てられることになる。この消費経路は、異時点間の予算制約線と横軸の交点（図中のC点）に対応する。B点とC点を結ぶ直線上のすべての点は異時点間の予算制約上にあり、実現可能な消費選択を示している。

異時点間の予算制約は、家計がある期間に消費を増やしたい場合、他の期間の消費を減らさなければならないことを示唆している。具体的には、第1期に消費を1単位増やすごとに、第2期に$1 + r_1$単位の消費をあきらめなければならない。なぜなら、第1期における1単位の追加的な消費は、その同じ単位を$1 + r_1$の利回りで貯蓄することに等しいからである。この第1期の消費と第2期の消費の間に存在するトレードオフは、図においては異時点間の予算制約線が右下がりの$-(1 + r_1)$ の傾きを持っていることに表現されている。

図3.1に示すような異時点間の予算制約を用いると、第1期においてどの消費経路が貯蓄や借入れを伴うかを確認することができる。貯蓄は、所得と消費の差として定義される。したがってS_1を第1期の貯蓄とすると、$S_1 = r_0B_0 + Q_1$

$-C_1$として表現される。異時点間の予算制約線上のA点の南東に位置する点（A点からC点の間のすべての点）は負の貯蓄（$S_1 < 0$）、つまり借入れを伴っている。また図において家計は資産ゼロ（$B_0 = 0$）でスタートすると仮定しているので、A点から南東に位置する予算制約線上のすべての点は$B_1 < 0$、つまり、家計が負債者として第2期をスタートすることをも意味している。同様に、A点の北西に位置する予算制約線上の点（A点からB点の間のすべての点）は、第1期における正の貯蓄（$S_1 > 0$）、つまり第2期スタート時における正の資産残高（$B_1 > 0$）に対応している。

異時点間の予算制約線の左下に位置する消費経路（図3.1におけるD点のようなC_1, C_2）は、実行可能であるが、家計の生涯所得を使い果たすことはない。家計は第2期の消費を犠牲にすることなく第1期の消費を増やすことができるし、両期間にわたってより多く消費することが可能である。したがってこのような消費経路は第2期末に資源を残す（$B_2 > 0$）ので、横断条件（3.3）式に違反することになる。

また異時点間の予算制約線の右上に位置する消費経路（図3.1のE点など）は実行不可能である。なぜなら、それらの点における消費は家計の生涯所得よりも大きな割引現在価値を持つからである。つまり、これらの消費経路は、家計が負債を残したまま第2期を終えることを意味する（$B_2 < 0$）ので、（3.3）式の横断条件に違反する。

3.2　生涯効用関数

家計が異時点間の予算制約線上のどの消費経路（C_1, C_2）を選択するかは、現在と将来の消費に対する家計の選好に依存する。このような選好は、以下の関数で記述されると仮定する。

$$U(C_1) + \beta U(C_2) \tag{3.5}$$

上記の関数は、**生涯効用関数**（lifetime utility function）と呼ばれ、家計が異なる消費経路（C_1, C_2）から得られる満足度（または幸福度）を示している。この関数$U(\cdot)$は**期間効用関数**（period utility function）と呼ばれ、パラメータβは**主観的割引率**（subjective discount factor）と呼ばれる。第1期と第2期の消費、C_1とC_2は、いずれも財（goods）、つまり、より多いほうが好ましいとされる商品であると仮定する。つまり、家計は第1期と第2期において財の消費を楽しむと仮定する。このことは、期間効用関数が増加関数であり、主観的割引率は正の値（$\beta > 0$）であることを意味する。また、主観的割引率はせっかちさの尺度である。βが小さいほど、消費者はよりせっかちである。極端な話、$\beta = 0$の場合、消費者は第1期の消費にしか関心がない。通常、βは0より大きく、1以下の値に設定される。つまり、家計は現在の消費に比較して、将来の消費に関心がないことを意味する。

選好を図式化するのに便利なのが、家計の**無差別曲線**（indifference curves）を表示した**無差別マップ**（indifference map）である。無差別曲線とは、ある水準の効用をもたらす消費経路（C_1, C_2）の集合体である。図3.2は、生涯効用の3つのレベル、L_1、L_2、L_3に対する無差別曲線を示している。ある無差別曲線上のすべての消費経路（C_1, C_2）は、同じ水準の効用を生み出す。また両期間の消費はいずれも財（goods）によって定義されるから、無差別曲線は右下がりである。効用水準を保ったまま第1期の消費を増加させるには、第2期の消費を減少させる必要がある。また、図3.2において北東に行くほど効用は増加するため、$L_1 < L_2 < L_3$となる。図3.2には3本の無差別曲線しか表示されていないが、正の象限には無数の無差別曲線が存在する。実際、正の象限にあるすべての点、つまりすべての消費経路（C_1, C_2）は、1つの（そして1つだけ

図 3.2　無差別曲線

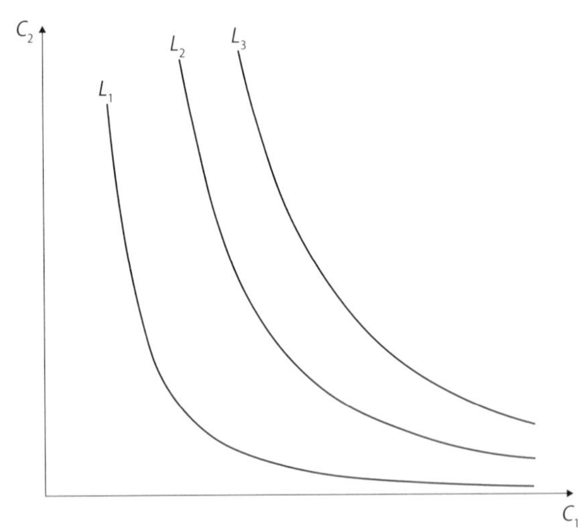

（注）　3本の無差別曲線に関連する生涯効用の水準は，それぞれL_1, L_2, L_3である．また，ある無差別曲線上のすべての消費経路（C_1, C_2）は，生涯効用は同じである．生涯効用は北東に移動すればするほど大きい．すなわち，$L_1 < L_2 < L_3$が成立する．

の）無差別曲線に属している。

図3.2の無差別曲線は、原点に対して凸である。つまりC_2に比較してC_1が低い水準では、無差別曲線の傾きが急になることが重要な性質である。直感的には、第1期の消費が第2期の消費に比べて低い場合、家計は第1期の消費を1単位増やすために、第2期の消費を比較的多くあきらめる。同様に、第1期の消費が第2期の消費に対して高い場合、第1期の消費を1単位増やすために第2期の消費をあまり犠牲にしたくないと考える。逆に言えば、第1期の消費が減少すればするほど、家計は効用水準を維持するために第2期の消費をより多く要求することになる。

無差別曲線の傾きを求めるには、次のようにする。生涯効用の水準をある定数、例えばLに固定すると、生涯効用の水準Lに関連する無差別曲線は、以下を満たす、すべての経路（C_1, C_2）によって与えられる。

$$U(C_1) + \beta U(C_2) = L$$

ここで、この式をC_1とC_2に関して微分すると、以下の式となる。

$$U'(C_1)dC_1 + \beta U'(C_2)dC_2 = 0$$

ここで、$U'(\cdot)$ は$U(\cdot)$ の微分を表す。$U'(C_1)$ と$U'(C_2)$ は、それぞれ第1期と第2期における**消費の限界効用**（marginal utility of consumption）として知られているものである。第1期における消費の限界効用は、第1期に1単位多く消費することによる生涯効用の増加を示し、$\beta U'(C_2)$ は第2期に1単位多く消費することによる生涯効用の増加を示している。上式を変形すると、無差別曲線の傾きdC_2/dC_1は次式で与えられる。

$$\text{無差別曲線の傾き} = -\frac{U'(C_1)}{\beta U'(C_2)}$$

無差別曲線が原点に対して凸であるならば、C_1が増加するにつれて、この傾きの絶対値は小さくならねばならない。C_1が増加すると、与えられた無差別曲線に沿って移動しているため、C_2は減少する。C_1が増加し、C_2が減少するにつれて無差別曲線が平坦になる唯一の方法は、$U'(C_1)$ がC_1において減少する場合、つまり限界効用の微分が負、$U''(C_1) < 0$である場合である。したがって、無差別曲線の凸性が担保されるには、期間効用関数$U(\cdot)$ が凹でなければならないという結果が得られる。

右下がり、かつ原点に対して凸性を満たす無差別曲線である生涯効用関数の例として、**対数生涯効用関数**（logarithmic lifetime utility function）がある。時間割引率を無視すると、それは次式で与えられる。

$$\ln C_1 + \ln C_2 \tag{3.6}$$

ここで、lnは自然対数を表す。この例では、$U(C_i) = \ln C_i$、$i = 1, 2$かつ$\beta = 1$である。自然対数は増加関数かつ凹関数であるから、この生涯効用関数は両期間の消費に対して増加し、その無差別曲線は原点に対して凸である。この無差別曲線が右下がり、かつ原点に対して凸であることを確認するために、生涯効用を任意の水準、例えば3に固定しよう。このとき、この効用水準に対応する無差別曲線は、$\ln C_1 + \ln C_2 = 3$を満たすすべての消費経路（C_1, C_2）によって与えられる。C_2について解くと、$C_2 = 20.1/C_1$となる。つまり、効用水準3を与える無差別曲線に沿って、C_2はC_1について減少かつ凸関数であることを示している。

無差別曲線の傾きにマイナスをつけたものは、C_1に対するC_2の**異時点間限界代替率**（intertemporal marginal rate of substitution）と呼ばれている。異時点間限界代替率は、生涯効用が変わらないのであれば、家計は第1期の消費を1単位追加するために第2期の消費を何単位あきらめることができるかを表す。そして無差別曲線の凸性の仮定は、ある無差別曲線上において異時点間限界代替率はC_1の増加とともに低下する、と言い換えることができる。例えば、上記の効用水準3をもたらす対数生涯効用関数において、異時点間限界代替率は$20.1/C_1^2$に等しく、C_1とともに低下する。

以下の分析において重要なのは、無差別曲線が右下がりで、かつ凸であるということである。この性質が得られるためには、生涯効用関数が、それぞれC_1とC_2について凹である必要はない。次の指数関数による変換の例に見るような、単調に増加する生涯効用関数（3.5）式の変換は、同じ性質の無差別曲線を与える。例えば、生涯効用関数C_1C_2はそれぞれC_1、C_2について凹ではないが、（3.6）式で与えられる対数生涯効用関数と同様な無差別曲線を与えることができる。これは、$C_1C_2 = \exp(\ln C_1 + \ln C_2)$であり、指数関数が厳密に増加するためである。例えば、消費経路$C_1 = 3$と$C_2 = 2$を横切る無差別曲線は、両方の生涯効用関数の下で同じであることを示してみよう。

3.3 最適な消費の異時点間の配分

初期の資産（$1 + r_0)B_0$、賦存生産量Q_1とQ_2、金利r_1を所与とすると、家計は異時点間の予算制約式（3.4）の下で、生涯効用関数（3.5）式を最大化するよう、C_1とC_2を選択する。

図3.3は、最適消費経路の決定を示している。効用を最大化するために、家計は、異時点間予算制約線上で、かつ生涯効用を最も高くする、つまりできるだけ北東にある無差別曲線上の消費経路（C_1, C_2）を選択する。家計の生涯効用を最大化する実現可能な消費経路で、無差別曲線は予算制約に接する（図3.3のB点）。

第1期と第2期の最適な消費水準を求めるには、まず、異時点間の予算制約式（3.4）をC_2について解く。

$$C_2 = (1 + r_1)\left[(1 + r_0)B_0 + Q_1 + \frac{Q_2}{1 + r_1} - C_1\right]$$

ここで、$\bar{Y}$は以下のように定義する。

$$\bar{Y} = (1 + r_0)B_0 + Q_1 + \frac{Q_2}{1 + r_1}$$

すなわち$\bar{Y}$は家計の生涯資産であり、初期保有資産と所得（賦存生産量）流列（Q_1, Q_2）の割引現在価値から構成される。家計が$\bar{Y}$を所与とするため、この短い表記は便利である。この表現を用いて、異時点間予算制約を次のように書き直すことができる。

図 3.3　最適消費経路

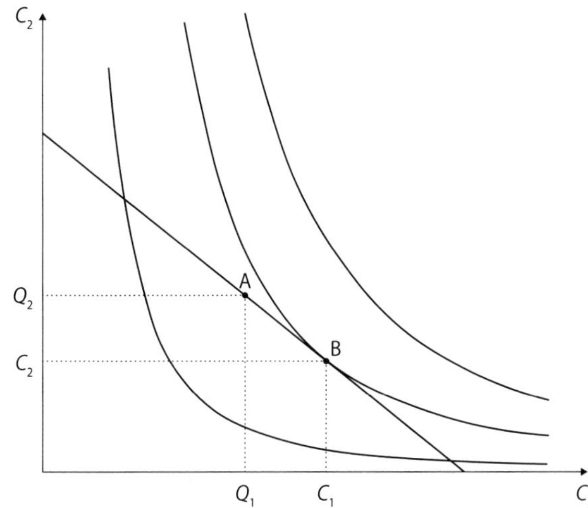

（注）　最適消費経路（C_1, C_2）は，無差別曲線が異時点間予算制約に接するB点である．図では，家計は第1期に借入れを行い（$C_1 > Q_1$），第2期に借入れを返済する（$C_2 < Q_2$）．また図においては，初期の対外純資産残高がゼロ（$B_0 = 0$）であると仮定している．

第3章　経常収支の異時点間理論

$$C_2 = (1 + r_1)(\bar{Y} - C_1) \tag{3.7}$$

さらにこの式を用いて、生涯効用関数（3.5）式からC_2を消去すると、次のようになる。

$$U(C_1) + \beta U((1 + r_1)(\bar{Y} - C_1)) \tag{3.8}$$

したがって、家計の最適化問題は（3.8）式を最大化するために$\bar{Y}$とr_1を所与とし、C_1を選択する問題へと単純化される。一階の最適化条件は、上記の表現C_1について微分し、ゼロと置くことで導出される。

$$U'(C_1) - \beta U'((1 + r_1)(\bar{Y} - C_1))(1 + r_1) = 0$$

さらに整理して、$C_2 = (1 + r_1)(\bar{Y} - C_1)$の事実を用いると、以下が得られる。

$$U'(C_1) = (1 + r_1)\beta U'(C_2) \tag{3.9}$$

最適化条件（3.9）式は消費の**オイラー方程式**（Euler equation）として知られており、極めて直感的である。家計が第1期に1単位の消費を犠牲にしたとする。これによって効用は$U'(C_1)$だけ減少する。このように、オイラー方程式の左辺は、第1期の消費を1単位減らすことによる効用の費用を表している。さらに、家計がこの消費単位を金利r_1を支払う債券の形で貯蓄したとする。すると、第2期において家計は$1 + r_1$単位の消費を受け取り、そのそれぞれが$\beta U'(C_2)$だけ生涯効用を増加させる。このように、オイラー方程式の右辺は、第1期の消費を1単位犠牲にした場合の効用の利得を表す。オイラー方程式の左辺が右辺より大きければ、家計は第1期の貯蓄を減らす（つまり消費を増やす）ことで、生涯効用を増やすことができる。逆に、オイラー方程式の左辺が右辺より小さければ、家計は第1期に多く貯蓄する（消費を少なくする）ほうが良いことになる。最適配分において、オイラー方程式の左辺と右辺は互いに等しくなければならないので、家計は限界的に第1期に1単位余分に消費するかどうか、また第2期に$1 + r_1$単位余分に消費するか、無差別である。

オイラー方程式（3.9）が最適点（図3.3のB点）で無差別曲線が予算制約に接するという要件と等価であることを確認するために、オイラー方程式の左辺と右辺を$-\beta U'(C_2)$で割ると、次のようになる。

$$-\frac{U'(C_1)}{\beta U'(C_2)} = -(1 + r_1)$$

この式の左辺$-\dfrac{U'(C_1)}{\beta U'(C_2)}$は$C_1$に対する$C_2$の異時点間限界代替率にマイナスをつけたものである。これは先に見たように、消費経路(C_1, C_2)における無差別曲線の傾きにほかならない。また右辺の$-(1 + r_1)$は予算制約の傾きである。

3.4　金利平価条件

家計は国際金融市場における取引に無制限に参加できると仮定する。この仮定は、**自由な資本移動**（free capital mobility）として知られている。これは、ある国が何ら障害なく世界の他の国々と貸し借りを行えることを意味する。自由な資本移動は、国内金利（r_1）と世界の他の地域の金利（世界金利。r^*とする）との金利差をなくす傾向がある。なぜなら、もし国内金利が世界金利より高ければ（$r_1>r^*$）、純粋な**裁定機会**（arbitrage opportunity）が発生し、投資家は海外から金利r^*で借り、国内には金利r_1で貸せば無限に利益が得られてしまうからである。この場合、国内に資金が溢れ、国内金利が下落するはずである。逆に、国内金利が世界金利より低ければ（$r_1<r^*$）、裁定機会により投資家は国内での金利r_1で借り入れ、国際的にはr_1より高いr^*で貸し付けることで無限に利益を得ることができる。この場合、すべての資金が海外に移動するため、国内金利が上昇するだろう。そして以下のように国内金利が世界金利と等しいときにのみ、裁定機会が消滅する。

$$r=r^*$$

この式は、**金利平価条件**（interest rate parity condition）と呼ばれる。第11章では、金融資本がどの程度国境を越えて移動できるのかを、実証的に分析する。先進国を中心とする多くの国にとって、自由な資本移動は金融市場の機能を説明する上で非現実的なものではない。一方、新興国を中心とする他の国々では、自由な資本移動の仮定が成立しない場合がしばしば観察される。後の章では、金融資本が国境を越えて自由に移動できず、金利平価条件が成立しない場合、経済がどのように機能するかを検討する。しかし、当面は、金利平価条件が成立するものとする。

3.5　小国開放経済における均衡

ここでは、すべての家計が同一であると仮定する。したがって、ある家計の行動を研究することは、国全体の行動を研究することになるから、家計の行動と国全体の行動を区別しないことにする。

この国は十分に小さく、この国の貯蓄は世界金利に影響を与えないものと仮定する。すべての家計は同一であるから、どの時点においても、すべての国内居住者は貯蓄について同一の決定をすることになる。このことは、国内家計は決して互いに貸し借りをしないことを意味し、すべての借入れや貸付けは、外国資産の購入や売却という形で行われる。したがって、$B_t(t = 0, 1, 2)$ は、t期末における対外純資産、あるいは純国際投資残高（NIIP）と解釈することができる。

さらに、すべての家計が同一であるという仮定は、（3.4）式で与えられる個々の家計の異時点間の予算制約を、国全体の**異時点間の資源制約**（intertemporal resource constraint）と解釈できることを意味している。

このとき、均衡とは、以下のように国全体の異時点間の資源制約、消費のオイラー方程式、金利平価条件を満たす消費経路（C_1, C_2）と金利r_1である。

$$C_1 + \frac{C_2}{1 + r_1} = (1 + r_0)B_0 + Q_1 + \frac{Q_2}{1 + r_1} \tag{3.10}$$

$$U'(C_1) = (1 + r_1)\,\beta U'(C_2) \tag{3.11}$$

$$r_1 = r^* \tag{3.12}$$

上記の式において、所与とされる外生変数はr_0、B_0、Q_1、Q_2、r^*である。一般に、**外生変数**（exogenous variable）とは、モデルの外で値が決定される変数を指している。本モデルの経済では、初期における対外純資産残高B_0は、この経済がスタートする以前の0期に決定されている。世界金利r^*は、世界の金融市場で決定され、この国は経済規模が小さすぎるため、金利に影響を与えることができない。そして、賦存生産量Q_1とQ_2は、マナ型の財（天から降ってきたような財）の受領であり、その量とタイミングは家計の個人的・集団的行動とは無関係である。これに対して、**内生変数**（endogenous variable）とは、モデル内部で決定される変数である。明らかに、家計は両期間において消費を選択するので、C_1とC_2は内生変数である。国内金利r_1は、個々の家計は所与のものとして受け取るが、国内外の市場参加者が裁定機会を利用して集団的に決定するため、内生変数である。

均衡条件（3.10）式～（3.12）式を図式化すると、図3.4のようになる。消費の均衡経路はB点である。B点は、均衡条件（3.10）式が求めるように、経済の異時点間の資源制約線の上にある。また、B点では無差別曲線が資源制約線に接するので、均衡条件（3.11）式が成立する。そして、異時点間資源制約

図 3.4　賦存経済における均衡

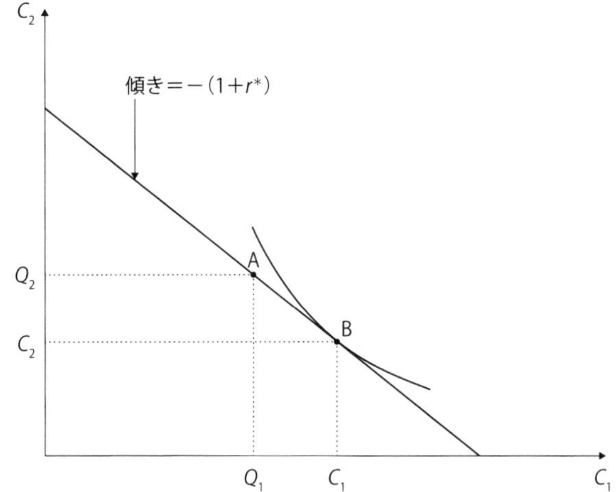

（注）　図は，資本移動が自由で，初期の対外純資産がゼロ（B_0=0）の小国開放経済の均衡を表している．均衡はB点にあり，ここで無差別曲線は異時点間の予算制約線に接する．資本移動が自由であるため，国内金利は世界金利r^*に等しく，異時点間の予算制約線の傾きは−（1＋r^*）となる．図においては，この国は第1期は貿易・経常収支が赤字である（$C_1>Q_1$）．

の傾きは $-(1+r^*)$ であり、国内金利が世界金利と等しいこと、すなわち均衡条件（3.12）式が成立していることを意味している。

3.6　貿易収支と経常収支

政府も投資も考慮しないという現在分析中の経済においては、第1期の貿易収支は、第1期の財の賦存量 Q_1 と第1期の財の消費量 C_1 との差に等しい。

$$TB_1 = Q_1 - C_1 \tag{3.13}$$

同様に、第2期の貿易収支は次式で与えられる。

$$TB_2 = Q_2 - C_2$$

経常収支は純投資収益（NII）と貿易収支の和に等しい。したがって、第1期の経常収支は次式で与えられる。

$$CA_1 = r_0 B_0 + TB_1 \tag{3.14}$$

また、同様に第2期の経常収支は以下の式となる。

$$CA_2 = r^* B_1 + TB_2$$

第1期の予算制約（3.1）式と上記の貿易収支（3.13）式、経常収支（3.14）式を組み合わせると、第1期の経常収支は国の対外純資産残高（NIIP）の変化として自然に表現することができる。

$$CA_1 = B_1 - B_0$$

第2期でも同様の式が成り立つが、第2期は経済の最後の期間であるため、B_2はゼロであることに注意すると、次のようになる。

$$CA_2 = -B_1$$

これは最後の期間（第2期）において、$B_1 < 0$ならば国は債務を償還し、$B_1 > 0$ならば保有資産を手放すことを意味する。

図3.4をもう一度見てみよう。均衡点B点はもともとの賦存量であるA点の南東に位置するため、第1期の消費は賦存生産物を上回り、$C_1 > Q_1$となる。つまり（3.13）式により、この国は第1期に貿易赤字を出すこと、すなわち$TB_1 < 0$を意味する。また、図は0期に対外資産保有がゼロ（$B_0 = 0$）であると仮定して描いていることから、（3.14）式において第1期の経常収支はその期の貿易収支と等しくなる。つまり、$CA_1 = TB_1 < 0$が成立する。したがって、均衡において、第1期の経常収支は赤字である。また、第1期に経常赤字であることは、対外純債務国として、第2期をスタートすることを意味する（$B_1 < 0$）。その結果、この国は第2期には債務と利息を返済するために貿易黒字を出さなければならない。つまり、$TB_2 = -(1 + r^*)B_1 > 0$が成立しなければならない。

一般に、均衡において第1期の貿易収支および経常収支が赤字である必要はない。図3.4では、賦存量、選好、世界金利の状態によって、B点がA点の南東に位置するようになっているが、賦存量、選好、世界金利が異なる場合には、均衡点はA点の北西に位置する場合もありうる。このような場合は、第1期において貿易収支と経常収支は黒字となる。

3.7　一時的または恒久的な生産量の変動に対する調整

生産量（賦存生産量）の増加は経常収支にどのような影響を及ぼすのだろうか。この問いは、このような単純な定式化では不完全であり、結果的に明確な答えが得られることはないであろう。なぜなら、人々は意思決定を現在と将来予想される経済環境の変化に基づいて行うので、現在の環境変化が何であるかだけでなく、将来予想される変化が何であるかも考慮する必要があるからである。現在の生産量が増加しているという情報だけでは、将来の生産量がどのように変化するかはわからない。例えば次のような例を考えてみよう。ある自営業者の家計において主人が病気になり、フルタイムで働けなくなったとしよう。この外生的なショックに対して、この家計の構成員は消費支出をどのように調整すべきだろうか。それは、家計の主人がかかっている病気がどのくらい重篤であるかによるだろう。風邪程度の軽い病気であれば、この一家の大黒柱は短期間（例えば1週間以内）でフルタイム勤務に復帰することが考えられる。この場合、1週間は収入が減るが、支出パターンを大幅に調整する必要はない。消費は多かれ少なかれ通常通りであるだろう。一家の大黒柱がいなくなった週の支出と収入の差は、過去に蓄えた貯蓄で補填するか、貯蓄がなければ将来の収入を見越して少し借入れをすればよい。将来の消費にも大きな影響はないはずである。収入が減少した期間が短いため、その間の借入れの金利負担は通常の収入の水準に比べて小さいからである。しかし、病気がより恒久的な性質のものであれば（例えば慢性的な腰痛）、週当たりの労働時間の短縮も、より恒久的になると予想される。この場合、家計は現在の収入だけでなく、将来の収入も減少すると予想するだろう。その結果、例えば、学校での課外活動や外食など、あまり必要でないものを削減することによって、消費を恒久的に下方に調整する必要が出てくる。

この例からわかることは、将来を予見しながら最適化を行う個人は、所得の変動が一時的か恒久的かによって、異なる行動を取るということである。一時的な所得の変動がプラスであれば貯蓄を増やし、マイナスであれば貯蓄を切り崩すことで一時的な所得の変動を埋め合わせるだろう。一方、恒久的な所得の変動に対しては、それがマイナスであれば消費を抑制し、プラスであれば消費を増やすことで調整する。国全体に対しても同じ原理が適用できる。本節では前述した経常収支決定モデルの文脈で、この考え方をよりフォーマルに展開する。

3.7.1 一時的な生産量の変動に対する調整

生産量の一時的な変動が生じた際の小国開放経済における調整について考えてみよう。例えば、エクアドルがバナナの収穫量の20%を干ばつで失ったとする。さらに、この生産量の減少は一時的なもので、来年にはバナナの収穫量が通常の水準に戻ると予想されるとしよう。このようなショックは、消費、貿易

図 3.5　一時的な生産量の減少と異時点間の予算制約

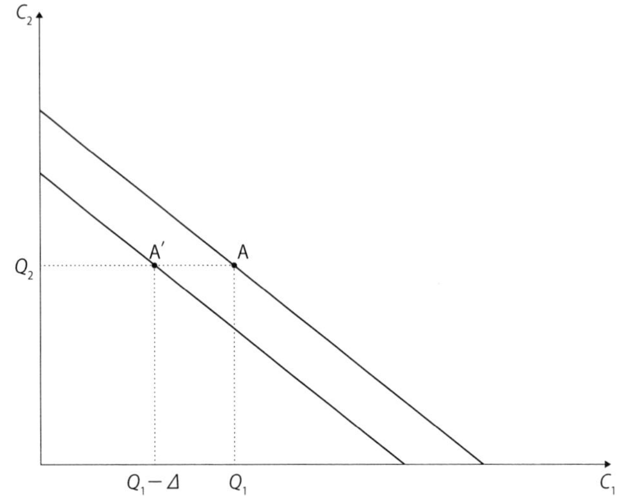

（注）　Δ分のQ_1の減少に対応して，異時点間の予算制約線はΔだけ左方へシフトする．A点は生産量の減少以前の賦存経路であり，A′点は減少後の賦存経路を示す．

収支、経常収支にどのような影響を与えるだろうか。直感的には、エクアドルの家計は貯蓄を切り崩すか、干ばつの影響を受けないであろう将来の所得水準を担保に借入れを行うことで、マイナスの所得変動に対処することになるだろう。こうすることで、現在の生産量の減少ほどには現在の支出を減らす必要がなくなり、時間を通じて消費を平準化することができる。したがって、一時的な干ばつは貿易収支と経常収支を悪化させることになるだろう。

上記の説明をよりフォーマルに分析してみよう。負のショックによって第1期の生産量がQ_1から$Q_1-\Delta<Q_1$へと低下し、しかし第2期の生産量は変化しないと仮定する。この状況を図3.5に示そう。A点はショック以前の賦存量経路（Q_1, Q_2)、A′点はショック後の賦存量経路（$Q_1-\Delta$, Q_2）である。Q_2は変化しないので、A点とA′点は同じ高さに位置している。Q_1が低下した結果、予算制約線が原点に向かってシフトする。また、世界金利は変わらないので、新しい予算制約線は古い予算制約線と平行である。家計は、第1期の消費を生産量の減少分Δだけ減らすことで、生産量ショックに対応し、第2期の消費を同じに保つことができるだろう。しかし、C_1とC_2の両方が**正常財**（normal goods, 所得とともに消費が増加する財）であれば、家計はC_1とC_2の両方を減らすことによって消費を平準化することを選ぶだろう。図3.6は、一時的な生

図 3.6　一時的な生産量の減少に対する適応

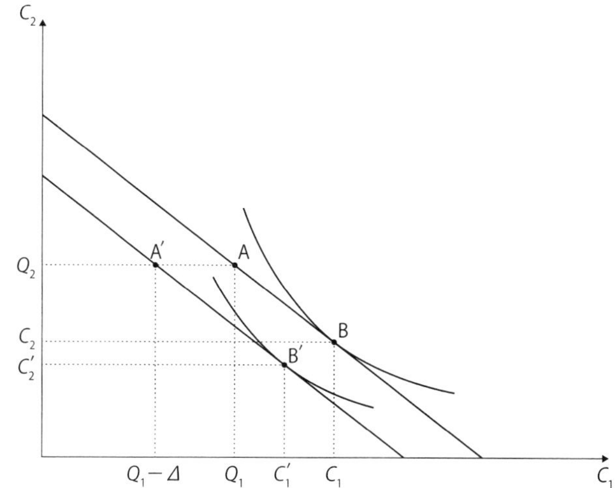

（注）この図は，第1期の賦存量がΔ分減少した場合の経済の適応を示している．賦存経路はA点からA′点へと左方へシフトし，最適消費経路はB点からB′点へとシフトしている．第1期の消費の減少は，Δ未満である．したがって，第1期の貿易収支の赤字幅は拡大する．すなわち，$Q_1-\Delta-C_1'<Q_1-C_1$．

産量の減少に対するこの経済の調整を示している。このショックの結果、新たな最適消費経路B′点はショック以前の消費配分B点より南西に位置している。消費が平準化されたため、第1期は貿易赤字が拡大し（ショック以前も貿易赤字であったことに留意されたい）、対外債務を追加して資金を調達することになるため、経常収支は悪化する。第2期では、第1期で得た追加的な債務を返済するために、ショック以前の貿易黒字よりも大きな貿易黒字を生み出さなければならないことになる。

この例から得られる重要な教訓は、一時的な所得のマイナス変動の影響は、その大きさに応じて現在の消費を完全に調整するのではなく、国外からの借入れによって平準化されるということである。同様の原理が、一時的な所得のプラス変動にも当てはまる。この場合、家計は所得増加分の一部を将来の消費のために貯蓄するため、貿易収支と経常収支は改善することになる。

3.7.2　恒久的な生産量の変動に対する調整

所得の変化に対する調整のパターンは、所得の変動がより恒久的な性質のものである場合には、かなり異なってくる。エクアドルの干ばつの例で話を進め

図 3.7　恒久的な生産量の減少への適応

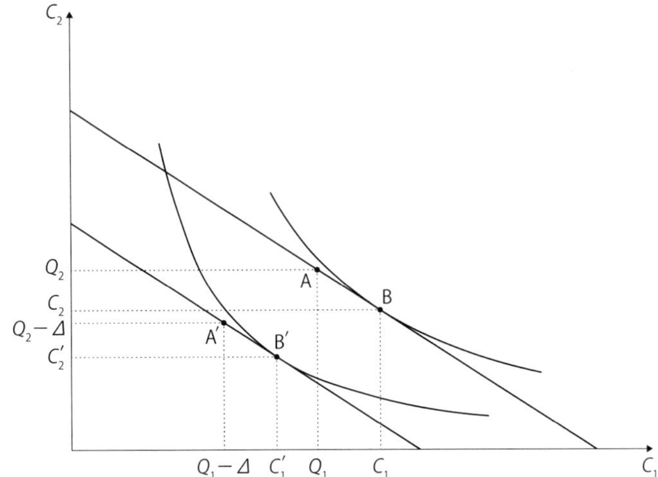

（注）　図は，Q_1とQ_2がΔ分等しく減少した場合の適応を描いたものである．賦存経路はA点からA′点へと左下へシフトする．これと並行して，異時点間の予算制約線も下方へシフトする．最適消費経路（C_1, C_2）はB点からB′点へと左下へシフトする．また図は，B_0=0の場合について描いたものである．第1期の貿易収支はほとんど変化していない．

ると、干ばつが1年だけでなく、地球規模の気候変動によって何年も続くと予想されるとしよう。この場合、将来の収入は現在の収入と同じくらい低くなると予想されるため、家計が将来の収入を担保に借入れを行うことは最適とは言えないだろう。その代わり、エクアドルの消費者は、バナナの収穫額の減少幅とほぼ同じだけ、すべての期間において消費を減らすことで、新しい気候条件に適応しなければならないだろう。

ではよりフォーマルに、Q_1とQ_2の両方をΔ分減少させる恒久的なマイナスの生産量ショックを考えてみよう。図3.7はその状況を示している。賦存量の減少により、予算制約線は左へ平行移動する。A′点（$Q_1-\Delta$, $Q_2-\Delta$）は新しい予算制約線上にある。このような場合、一時的な生産量の減少の場合と同様に、家計は消費を平準化することを好むので、両期間の消費を減らすことによって調整することになる。各期の消費がちょうどΔ分減少した場合、両期間における貿易収支は影響を受けない。一般に、消費の減少分はΔに近いと予想される。このことは、恒久的な生産量ショックが貿易収支や経常収支にほとんど影響を与えないことを意味している。

一時的な生産量ショックと恒久的な生産量ショックが経常収支に及ぼす影響を比較すると、次のような一般原則が浮かび上がってくる。経済は一時的なショックに対しては（国際資本市場での借入れや貸付けによって）資金調達を行い、恒久的なショックに対しては（両期間の消費を上下に変化させることによって）調整を行う。つまり、一時的なショックは経常収支を大きく変動させるが、恒久的なショックは経常収支をほとんど変動させないという傾向がある。

3.8　予想される所得の変動

家計が来期の生産量が増加することを予想したとする。例えば、ある島において天気予報で来年の降水量が増えると予想され、雨が多ければバナナがより多く収穫できると考えられる、といった具合である。さらに、現在の気候条件は変化せず、現在のバナナの収穫量に変化がないと仮定しよう。

このように、将来の生産量の変化が確実視される場合、経済はどのように調整するのだろうか。直感的には、家計は自分の保有する賦存量流列の割引現在価値が上がったので、より豊かになったと感じる。その結果、両期間ともより多く消費したいと思うようになる。しかし、第1期の生産量は変わらないので、消費の増加は貿易収支を悪化させる。所得の増加が予想される場合の効果は、図3.8の通りである。図3.8では、最初の賦存量の経路が（Q_1, Q_2）でA点に相当し、最初の消費経路が（C_1, C_2）でB点となっている。無差別曲線は、B点において異時点間予算制約線に接している。B点では、C_1がQ_1よりも大きいため、第1期は貿易収支が赤字になる。図は、初期の対外純資産B_0がゼロであるとの仮定で描かれているため、経常収支は貿易収支と等しくなり、赤字になる。

ここで、第1期において、誰もが第2期の生産量がQ_2から$Q_2+\varDelta$（$\varDelta>0$）に増加すると確信し、第1期の生産量はQ_1で一定であるとする。新しい賦存量の経路は、A点の真上に位置しているA′点で与えられる。つまり第2期における賦存量の増加は、異時点間の予算制約線を上方にシフトさせる。新旧の異時点間予算制約線の間の垂直距離は、予想される生産量の変化分$\varDelta$に等しい。金利は変化しないと仮定するので、2つの予算制約線は平行である。家計は豊かになったので、両期間ともより多く消費することを望む。図では、新しい消費経路はB点の北東に位置するB′点で示されている。第1期の消費を拡大するには、貿易収支の赤字を拡大する必要がある（Q_1は不変であることを想起してほ

図 3.8　予想される生産量の増加への適応

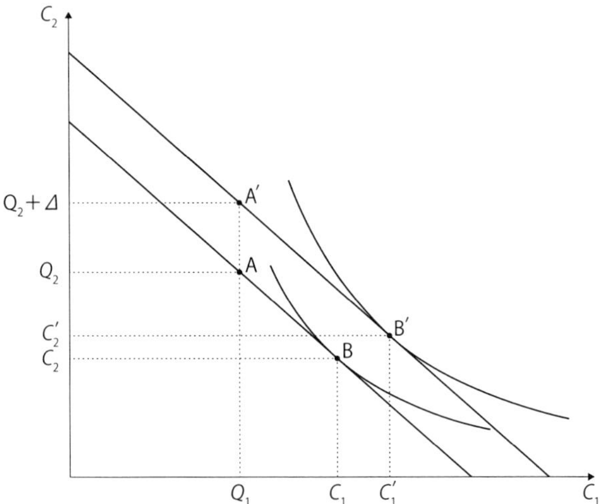

（注）　図は，Q_2が$\Delta>0$分増加するという予想に対する適応を示したものである．当初の対外純資産はゼロと仮定している（$B_0=0$）．予想されるQ_2の増加により，異時点間の予算制約線をΔ分上方にシフトさせる．第2期の賦存量の増加は，第1期の消費をC_1からC_1'に増加させる．また，第1期の賦存量は変化しないので，第1期の貿易収支は悪化する．

しい）。そして経常収支の赤字は、貿易収支の赤字と同じだけ増加する。

つまり、将来の生産量の増加が予想される場合、消費が拡大し、貿易収支と経常収支が悪化することが予測されるのである。

3.9　対数選好と経済

ここでは、これまで得られた結果を代数的な例で説明する。効用関数を（3.6）式で与えられる対数線形型とする（ここでは、主観的割引率を1としている）。すなわち、以下のように表す。

$$U(C_1) + \beta U(C_2) = \ln C_1 + \ln C_2$$

家計は、この生涯効用関数を最大化するために消費経路（C_1, C_2）を次の異時点間予算制約の下で選択する。

$$C_1 + \frac{C_2}{1 + r_1} = \overline{Y}$$

ここで、以前と同様に、家計の生涯資産を$\overline{Y} = (1 + r_0)B_0 + Q_1 + \dfrac{Q_2}{1 + r_1}$とす

る。C_2について異時点間予算制約を解き、その結果を用いて生涯効用関数からC_2を消去すると、家計の最適化問題は以下を最大化するC_1を選択することに帰着する。

$$\ln(C_1) + \ln((1 + r_1)(\bar{Y} - C_1))$$

この問題に関連する一階の条件は、

$$\frac{1}{C_1} - \frac{1}{\bar{Y} - C_1} = 0$$

であり、C_1について解くと、以下が得られる。

$$C_1 = \frac{1}{2}\bar{Y}$$

この結果により、家計にとって生涯資産の半分を人生の前半に消費することが最適であるということが導かれる。

$\bar{Y}$の定義と、自由な資本移動の下では国内金利は世界金利と等しくなければならない、つまり$r_1 = r^*$という事実を用いると、C_1、C_2、TB_1およびCA_1はそれぞれ次式で与えられる。

$$C_1 = \frac{1}{2}\left[(1 + r_0)B_0 + Q_1 + \frac{Q_2}{1 + r^*}\right] \tag{3.15}$$

$$C_2 = \frac{1}{2}(1 + r^*)\left[(1 + r_0)B_0 + Q_1 + \frac{Q_2}{1 + r^*}\right] \tag{3.16}$$

$$TB_1 = \frac{1}{2}\left[Q_1 - (1 + r_0)B_0 - \frac{Q_2}{1 + r^*}\right] \tag{3.17}$$

$$CA_1 = r_0B_0 + \frac{1}{2}\left[Q_1 - (1 + r_0)B_0 - \frac{Q_2}{1 + r^*}\right] \tag{3.18}$$

次に、消費、貿易収支、経常収支に対する一時的および恒久的な生産量ショックの影響について考えてみよう。まず、所得が一時的に1単位減少すると仮定する。つまり、Q_1が1単位減少し、Q_2は変化しないとする。(3.15) 式から、消費は第1期に1/2、第2期に $(1 + r^*)/2$だけ減少することがわかる。直感的に言えば、家計は負の賦存量（生産量）ショックの影響を、両期間の消費をほぼ同額減少させることで平準化しているのである。第1期の消費の減少幅は、賦存量の減少幅よりも小さいので、貿易収支は悪化せざるをえない。そして、貿易収支の悪化は国際資本市場からの借入れの増加、つまり経常収支の悪化を伴わねばならない。この効果は、(3.17) 式と (3.18) 式から確認することができ、第1期の賦存量が1単位減少すると、TB_1とCA_1は1/2減少することがわかる。

次に、所得が永久に1単位減少したとする。すなわち、Q_1とQ_2がともに1単位ずつ減少すると仮定する。この場合、貿易収支と経常収支は、$\frac{1}{2}\frac{r^*}{1+r^*}$だけ減少する。また第1期の消費は$\frac{1}{2}\frac{2+r^*}{1+r^*}$だけ減少する。現実的な$r^*$の値では、予想される貿易収支と経常収支の悪化は、想定していた通り、恒久的な負の所得ショックの場合はゼロに近く、特に一時的な負の所得ショックに伴う悪化に比べはるかに小さい。例えば、世界金利が10%、つまり$r^* = 0.1$であるとする。ともに第1期の貿易収支と経常収支は、恒久的な所得ショックに対して0.046低下する一方、一時的なショックに対しては0.5低下する。つまり経常収支の悪化は一時的なショックでは恒久的なショックの10倍となる。直感的には、両期間で所得が1単位ずつ減少するならば、両期間で消費をほぼ1単位ずつ減らしても、消費経路はショック以前と同じように滑らかになり、家計は金融市場（経常収支）を使って消費を平準化する必要がないのである。

最後に、第1期末の賦存量を変えずに、第2期末の賦存量を1単位増加させることを考えよう。(3.15) 式〜 (3.18) 式により、第1期の消費は$\frac{1}{2(1+r^*)}$増加し、貿易収支と経常収支はともに同額悪化することがわかる。この結果は、直感的には明らかである。なぜなら、将来における所得の増加は、家計をより豊かにし、両期間での消費を増加させるように働くためである。Q_1が変化しない場合、第1期における消費の増加は貿易赤字の増加を招き、それを海外からの借入れで埋め合わせねばならず、経常収支の悪化を招いている。このように、将来についての良い知らせは、経常収支の悪化を引き起こす。このことは、経常収支の赤字が必ずしも経済の弱さを表すものではないことを示している。

3.10 まとめ

本章では、経常収支の異時点間モデルを提示した。異時点間モデルの主な構成要素は以下の通りである。

- 異時点間の予算制約に直面している家計は、将来所得を見越した借入れによって現在の所得以上の消費をすることができる。あるいは国外への貸出しによって現在の所得よりも少ない消費をすることができる。

- 家計は現在と将来の消費に対する選好を持ち、その選好は、右下がりかつ原点に対して凸の無差別曲線で記述される。
- 家計は異時点間の予算制約の下で生涯効用を最大化する消費経路を選択する。最適消費経路では、異時点間予算制約線が無差別曲線に接している。
- 自由な資本移動により、国内金利と世界金利は等しくなければならない。

また、経常収支の異時点間モデルは、次のような重要な洞察を与えてくれる。

- 一時的な所得ショックに対応するため、各国は経常収支を利用し時間を通じて消費を平準化する。正の一時的ショックは経常収支を改善させ、負の一時的ショックは経常収支を悪化させる。恒久的な所得ショックに対しては、各国の経常収支はあまり変動しないまま、消費が調整される。
- 最後に、異時点間モデルの第2の重要な含意は、将来所得の増加予想に対応して、貿易収支と経常収支が悪化することである。これは、将来を予想し、消費を平準化することを好む家計が、将来の高い予想所得を担保に借入れをして現在期間の支出を拡大させるからである。

3.11　練習問題

練習問題3.1（初期の対外純資産残高と消費）

A国とB国は、A国の初期の対外純資産の水準 (B_0) がB国より低いことを除いて、すべての点で同じである。以下の文章が、正しいか誤りであるか、またはどちらとも言えないかを理由とともに述べなさい。

1. A国の消費はB国の消費より低いはずである。
2. 第1期のA国の貿易収支はB国より大きいはずである。
3. 第2期のA国の経常収支はB国より大きいはずである。
4. 上記の記述はすべて正しい。

練習問題3.2（賦存生産量ショック）

2期間のみ生存する家計を考える。この家計の消費に関する選好は以下の生涯効用関数で記述されるとする。

$$-C_1^{-1}-C_2^{-1}$$

ここで、C_1とC_2は、それぞれ第1期と第2期の消費を表す。

1. これらの選好は、右下がり、かつ原点に対して凸の無差別曲線を形成するか否かを示しなさい。
2. 家計は、$(1+r_0)B_0$の金融資産で第1期をスタートする。ここでB_0は相続した債券のストック、r_0は0期から第1期にかけての利子率である。さらに家計は、第1期と第2期にそれぞれQ_1とQ_2の賦存生産量の供給を受け取るとする。第1期では、家計はB_1という債券を介して金利$r_1>0$で借入れまたは貸出しを行うことができる。第1期と第2期における最適消費を、家計の生涯資産を$\bar{Y}\equiv(1+r_0)B_0+Q_1+\dfrac{Q_2}{(1+r_1)}$として求めなさい。ここで、$r_1$は第1期から第2期にかけての金利とする。
3. 賦存生産量の一時的な変化は、$\Delta Q_1>0$かつ$\Delta Q_2=0$であるとする。このとき、第1期における消費の変化ΔC_1、貿易収支の変化ΔTB_1、経常収支の変化ΔCA_1をそれぞれ求めなさい。
4. 恒久的な賦存量の変化は、$\Delta Q_1=\Delta Q_2>0$であるとする。このとき、第1期における消費の変化ΔC_1、貿易収支の変化ΔTB_1、経常収支の変化ΔCA_1をそれぞれ求めなさい。
5. 上で得られた結果を、3.9節で紹介した対数選好の結果と比較しなさい。

練習問題3.3（ゼロ金利における経済）

家計の選好が、$\sqrt{C_1}+\sqrt{C_2}$で表現される2期間の経済を考えてみよう。家計は資産ゼロ（$B_0=0$）で第1期をスタートし、所得として$Q_1=2$と$Q_2=4$をそれぞれ第1期と第2期に受け取る。また資本移動は自由であり、世界金利はゼロ（$r^*=0$）であるとする。第1期における均衡の消費水準と貿易収支（C_1とTB_1）を求めなさい。

練習問題3.4（予想される生産量ショック　その1）

家計の生涯効用関数が以下で表される2期間の小国開放経済を考えてみよう。

$$C_1^{\frac{1}{10}}C_2^{\frac{1}{11}}$$

ここで、C_1とC_2は、それぞれ第1期と第2期の消費を表す。家計は第1期と第2期にそれぞれ$Q_1=Q_2=10$で与えられる外生的な賦存生産量を受け取るとする。すべての家計は同質であり、過去から引き継いだ負債（B_0）を伴って、第1期を迎えるとする。B_0は、-5とする。またこれらの負債の金利（r_0とする）は20%であるとする。最後に、この国は自由な資本移動の恩恵に与り、第1期と第2期の間に保有する資産の世界金利（r^*とする）は10%であると仮定する。

1. 第1期と第2期の均衡における消費、貿易収支、経常収支を計算しなさい。
2. ここで、第2期の賦存生産量が10から15に増加すると予想されるとする。この予想される生産量の増加が、両期間における消費、貿易収支、経常収支に与える影響を計算しなさい。結果を直感的に説明しなさい。

練習問題3.5（予想される生産量ショック　その2）

2期間の小国開放経済を考えてみよう。家計の生涯効用関数は、$C_1^{\frac{1}{5}}C_2^{\frac{2}{5}}$であるとする。また家計は、第1期と第2期にそれぞれ賦存生産量Q_1とQ_2を受け取るとする。さらに世界の金利が33.3%（$r^* = 1/3$）であるとし、初期の対外純資産がゼロ（$B_0 = 0$）であると仮定する。第2期の所得がΔQ_2増加するというニュースを第1期に聞いたとき、第1期と第2期における経常収支の変化を求めなさい。また、得られた結果を直感的に理解できるように説明しなさい。

練習問題3.6（債務免除）

家計が2期間生存し、以下の対数選好を持つ小国開放経済を考えてみよう。

$$\ln C_1 + \beta \ln C_2$$

ここで、主観的割引率βは$\frac{10}{11}$であるとする。家計は、時間を通じて$Q_1 = Q_2 = 10$である一定の賦存生産量を受け取り、第1期を利払いを含む負債、$(1 + r_0)B_0 = -5$、とともにスタートすると仮定する。ここで$r_0 = 0.1$である。最後に、この国は自由な資本移動を享受しており、世界金利は10%（$r^* = 0.1$）であると仮定する。

1. 均衡における第1期の消費、貿易収支、および経常収支を計算しなさい。
2. ここで、海外の貸し手が、この国の初期の対外債務を利子を含めてすべて免除することを決定したとする。この決定が、第1期の消費、貿易収支、および経常収支に与える影響を計算しなさい。またこの結果を直感的に理解できるように説明しなさい。

練習問題3.7（3期間の開放経済）

3期間の無数の家計が居住する小国開放経済を考える。生産量は外生的であり、家計の選好は、以下の生涯効用関数で与えられるとする。

$$\ln C_1 + \ln C_2 + \ln C_3$$

ここでC_1、C_2、C_3は、それぞれ第1期、第2期、第3期の消費を表す。家計は第1期、第2期、第3期に、それぞれQ_1、Q_2、Q_3で与えられる外生的な賦存生産量を受け取るとする。すべての家計は、第1期に、対外純資産残高（利息を含む）$(1 + r_0)B_0$を保有しているとする。ここでr_0は0期における金利を示す。最後に、この国は自由な資本移動を享受しており、世界金利は時間を通じて一定でr^*に等しいとする。

1. 第1期、第2期、および第3期における家計の予算制約を示しなさい。
2. ネズミ講禁止制約を求めなさい。
3. 異時点間予算制約を導出しなさい。
4. 均衡における第1期、第2期、第3期の消費、貿易収支、および経常収支の水準を計算しなさい。
5. 第1期において、一時的に$\Delta Q > 0$に等しい賦存生産量の増加が生じたと仮定する。すなわち、Q_1が$\Delta Q > 0$だけ増加し、Q_2とQ_3は変化しないものと仮定する。第1期における消費、貿易収支、および経常収支の変化をそれぞれΔC_1、ΔTB_1、およびΔCA_1として求めなさい。
6. 賦存生産量の増加が恒久的であったとする。すなわち、第1期、第2期、第3期の賦存生産量がすべて$\Delta Q > 0$だけ増加すると仮定する。このとき第1期における消費、貿易収支、および経常収支の変化をそれぞれ求めなさい。

7. 2期間の経済で得られた答えとこの練習問題での答えを比較しなさい。
8. 問5.と問6.について、一般的なT期の経済について答えなさい。Tは2より大きい任意の整数であるとする。

練習問題3.8（消費財の耐久性と貿易収支の反循環性）

耐久消費財の存在する2期間の小国開放経済について考えよう。第1期の耐久消費財の購入（C_1）は、第2期にも効用を提供し続ける。また、耐久消費財のストックから家計が受けるサービスフローは、第2期における耐久消費財の新規購入（C_2）と第1期に購入した耐久消費財の未償却ストックに依存する。耐久消費財は、$\delta \in [0, 1]$のレートで減価するものとする。上記を踏まえ、家計の選好は次の効用関数によって記述されるとする。

$$\ln(C_1) + \ln(C_2 + (1-\delta)C_1)$$

世界金利r^*は年率10%、第1期の賦存生産量Q_1は1であり、第2期の賦存生産量Q_2は1.1であると仮定する。最後に、初期の対外純資産残高B_0はゼロであると仮定する。

1. 第1期と第2期における家計の予算制約を記述しなさい。
2. 自由な資本移動の下での均衡配分を求めなさい。またここでは数値は用いず、均衡消費水準を外生変数Q_1、Q_2、r^*、およびパラメータδによって表しなさい。
3. ここで、$\delta = 1$と仮定する。第1期と第2期の消費と貿易収支の均衡値を求めなさい。
4. 第1期における生産量が持続的に増加したとする。具体的には、第1期に生産量が1増加し、第2期に生産量が$\rho \in (0, 1)$増加するとする。引き続き、$\delta = 1$と仮定する、つまり、消費は非耐久消費財であるとする。このとき、第1期の貿易収支は反循環的か、つまり貿易収支の変化はQ_1の変化と反対の符号を持つか、理由とともに述べなさい。第1期における貿易収支の変化を求め、その答えの直観的な理由を述べなさい。
5. 引き続き第1期における生産量が持続的に増加したと仮定しよう。具体的には、第1期に生産量が1増加し、第2期に生産量が$\rho \in (0, 1)$増加するとする。しかし、$\delta = 1$の仮定を外す。このとき貿易収支の変化が反循環的（すなわちマイナス）であり、消費購入量C_1とC_2の変化が正である(δ, ρ)の組を求めなさい。得られた答えを直感的に説明しなさい。

練習問題3.9（習慣形成と貿易収支）

生涯効用関数が以下で表される選好を持つ、無数の家計が居住する2期間の小国開放経済を考える。

$$\ln(C_1) + \ln(C_2 - \alpha C_1)$$

ここで、C_1とC_2はそれぞれ第1期と第2期の消費を表し、$\alpha \in (0, 1)$は習慣形成の程度を測るパラメータである。この選好の定式化は、αがゼロのとき習慣がないという標準的なケースをも包摂している。このような選好が消費における習慣をとらえることが可能な理由は、現在の消費が将来の消費の限界効用に影響を与えるからである。具体的には、第2期の消費の限界効用は、$1/(C_2 - \alpha C_1)$ で与えられるが、$\alpha > 0$のとき$\alpha = 0$のときよりも高くなる。直感的に説明すると、第1期にたくさん食べれば食べるほど、第2期には空腹を覚えて目覚めることになる、というわけである。

家計は、毎期$Q > 0$単位の消費財を賦与され、世界金利r^*で貸し借りが可能であるが、単純化のため世界金利はゼロとする。また家計は、第1期を資産も負債もない状態でスタートするとする ($B_0 = 0$)。

1. 家計の異時点間予算制約を導出しなさい。
2. 第1期の消費と貿易収支の均衡水準を、モデルの構造パラメータαとQの関数として計算しなさい。また習慣形成がない場合に得られるであろう答えと比較して直感的に説明しなさい。

練習問題3.10 (外的習慣形成)

練習問題3.9で考えた習慣形成は、内的習慣形成として知られている。なぜなら、自身の現在の消費選択C_1が、次の期間の消費の限界効用に影響するという設定の下で、個々の消費者が最適化を図るからである。しかし、ここでは、効用関数が次のような形式であると仮定する。

$$\ln(C_1) + \ln(C_2 - \alpha \tilde{C}_1)$$

ここで、$\tilde{C}_1$は第1期における人々の平均消費水準を示す。この選好仕様は、消費者個人の幸福が他人の消費に影響されるという意味で、外的習慣または「見栄っ張りな行動」として知られている。

1. 第1期の消費と貿易収支の均衡水準を、モデルの構造パラメータαとQの関数として計算しなさい [ヒント：一階の条件を導出する際に、$\tilde{C}_1$をパラメータとして考えること。というのも、個々の消費者は、経済の平均的な消費水準は自分では制御できないと考えているからである。しかし、一階の条件を導き出した後は、すべての家計が同一であるため、均衡において$\tilde{C}_1$はC_1と等しいことを考慮しなければならない]。
2. 問1.で得た答えを、練習問題3.9で得た内的習慣の場合の答えと比較し、それを直感的に説明しなさい。
3. 外的習慣を持つ経済は、内的習慣を持つ経済と比較して、どの程度貯蓄が少ないか、多いかを論じなさい。そのために、内的習慣と外的習慣の下での第1期の経常収支を計算し、比較しなさい。さらに内的習慣と外的習慣の下で生涯厚生を計算し、過剰貯蓄または過少貯蓄という用語を用いて論じ、直感的に説明しなさい。

CHAPTER 4 Terms of Trade, the World Interest Rate, Tariffs, and the Current Account

第4章 交易条件、世界金利、関税と経常収支

第3章では、単一財かつ世界金利が一定である自由貿易経済について学習した。本章では、これらの仮定を外した場合に、経常収支がどのように決定されるかについて考察する。

第3章においては、バナナの木がある島を想定していた。バナナの木が生み出す生産量よりも、家計の消費量が少ない場合がある。このようなときには、この国はバナナを輸出する。またあるときには、家計はバナナの生産量よりも多くのバナナを消費することを望み、バナナを輸入する。このように、国は同じ財であるバナナを輸入したり輸出したりしている。しかし、現実の世界ではある国が輸出する財と、ある国が輸入する財は異なる場合が多い。例えば、中東の一部の国は石油生産に特化しており、石油生産の大部分を輸出し、消費財（食料、電化製品、衣料品など）の大部分を輸入している。本章では、このような現実に照らして、輸出入される財の違いを考慮した経常収支決定モデルを考慮する。輸出財の輸入財に対する相対価格を**交易条件**（terms of trade）と言う。特に、この交易条件の動きが貿易収支や経常収支にどのような影響を与えるかに注目する。

第3章のモデルにおける第2の単純化は、世界金利が時間を通じて一定であることである。しかし、実際には、世界の金融市場における金利は時間とともに変動し、あらゆる開放経済圏における経常収支と総需要の重要な決定要因となっている。例えば、世界金利が低下すると、家計の貯蓄意欲は低下し、消費意欲が高まる。同様に、世界金利が低下すると、企業は機械、設備、工場などへの投資支出を増加させる。このように貯蓄が減り、投資が増えるということは、経常収支が悪化することを意味する。以上のような動機から、本章では、世界金利ショックに対する経常収支の調整について検討する。

第3章のモデルにおける第3の単純化は、自由貿易の存在である。この仮定は、世界のいくつかの国、特に北米自由貿易協定（NAFTA）または世界貿易

機関（WTO）といった自由貿易協定に加盟している国にとっては悪い近似ではない。しかし、WTO加盟国であっても関税は存在し、その関税は時間の経過とともに変化することがある。例えば、2019年に米国（WTO加盟国）は中国（同じくWTO加盟国）からの輸入品に対する関税を引き上げた。この貿易政策の変更は、米国の対中貿易赤字を減らすためのものであった。本章では、輸入関税の変化が貿易収支と経常収支に与える影響を分析する。

4.1 交易条件ショック

先ほど述べたように、第3章のモデルにおいては、例えば、家計は小麦を与えられ、小麦を消費するというように、第1期と第2期において賦与される財、Q_1とQ_2は、家計が第1期と第2期において消費する財C_1とC_2と同じであると仮定していた。しかしここでは、モデルをより現実的なものにするために家計が消費する財（例えば小麦）と家計に賦与されている財（例えば石油）とは異なると仮定する。このような経済では、両期間においてC_1とC_2を輸入しなければならず、他方でQ_1とQ_2を輸出しなければならない。P_1^MとP_1^Xをそれぞれ第1期の輸入品と輸出品の価格を表すとしよう。ある国の第1期の交易条件（TT_1と表記する）は、その国の輸出価格と輸入価格の比率として以下のように定義できる。

$$TT_1 \equiv \frac{P_1^X}{P_1^M}$$

例を続けよう。石油価格が1バレル＝90ドル、小麦価格が1ブッシェル＝10ドルとすると、$P_1^X = 90$、$P_1^M = 10$であり、したがって交易条件は9（$TT_1 = 9$）となる。ここで、TT_1は小麦に換算した石油価格を表し、つまり石油を1バレル輸出した際、その国が輸入できる小麦の量を表している。したがって、$TT_1 = 9$は、1バレルの石油で9ブッシェル分の小麦を購入できることを意味する。一般にQ_1単位の賦存量は、TT_1Q_1単位の消費財に相当する。

上記を踏まえると、第1期の家計の予算制約は次式で与えられる。

$$C_1 + B_1 - B_0 = TT_1Q_1 + r_0B_0$$

左辺は所得の用途、すなわち消費支出C_1と、債券の新規購入という形での貯蓄$B_1 - B_0$を示している。右辺は所得を表しており、消費財の単位で表される賦存量の価値TT_1Q_1と、債券保有から生じる利子所得r_0B_0で与えられる。

同様に、第2期における予算制約は以下で与えられる。

$$C_2 + B_2 - B_1 = TT_2Q_2 + r_1B_1$$

上記の2つの予算制約は、賦存量が交易条件と掛け合わされている以外、第3章で扱った単一財モデルの経済の予算制約式（3.1）、（3.2）と同じである。

横断条件$B_2 = 0$を使い、B_1を排除するために、第1期と第2期の予算制約を組み合わせると次の異時点間の予算制約が得られる。

$$C_1 + \frac{C_2}{1 + r_1} = (1 + r_0)B_0 + TT_1Q_1 + \frac{TT_2Q_2}{1 + r_1}$$

この異時点間の予算制約を第3章で示した単一財モデルの（3.4）式と比較すると、交易条件ショックは、ほとんど生産量（賦存量）ショックと同じであることがわかる。家計にとって、第1期の所得TT_1Q_1が、交易条件TT_1のために変化するか、それとも賦存量Q_1のために変化するかに違いはない。第2期も同様である。重要なのは、消費財で測った所得水準、TT_1Q_1とTT_2Q_2であり、その原因が価格か量かといった、その内訳ではないことである。

その結果、交易条件ショックに対する調整は、第3章で分析した賦存量ショックに対する調整と同じである。したがって、交易条件の一時的な悪化に対し（すなわちTT_2、Q_1、およびQ_2が不変のままTT_1が下落した場合）、第1期では家計は所得の減少ほどには消費を減らすことはせず、国際資本市場から借入れを行うだろう。その結果、貿易収支$TB_1 = TT_1Q_1 - C_1$と経常収支$CA_1 = TB_1 + r_0B_0$が悪化する。同様に、恒久的な交易条件の低下に対し（すなわち、Q_1とQ_2が変化せず、TT_1とTT_2の両方が低下した場合）、家計は両期間において交易条件の悪化と同様の割合で消費を調整し、貿易収支や経常収支にはほとんど影響が生じないであろう。

結論として、単一財モデルの経済における主な予想は、二財の経済においても当てはまる。家計は交易条件の一時的な変化に対し、プラスのショックには経常収支を改善させることで、またマイナスのショックには経常収支を悪化させて埋め合わせをすることで、時間を通じて消費を平準化することができる。一方、恒久的な交易条件のショックに対しては、経常収支をほとんど動かさず、主に消費を変化させる（交易条件が悪化すれば下方修正、改善すれば上方修正）ことによって調整する。

4.2 交易条件ショックと不完全情報

経常収支の異時点間理論における中心的な予測は、消費、貿易収支、および経常収支が一時的ショックと恒久的ショックに対して異なる反応を示すだろう、というものである。しかし、現実には、個々人は不完全な情報しか持っていない。つまりショックが発生したとき、そのショックが恒久的なものか一時的なものかを判断することは必ずしも容易でない。個々人は、ショックがどれくらい続くかについて、期待を形成しなければならないが、それは実際の将来の展開によっては、当たるかもしれないし、外れるかもしれない。期待が当たらない場合は、経常収支の異時点間理論による予測と事後的に食い違うように見える経済の振る舞いが生じる可能性がある。この点を以下の例で説明する。

初期において、$TT_1 = TT_2 = TT$かつ$Q_1 = Q_2 = Q$である経済を考えよう。ここで、第1期において交易条件がΔ上昇（$\Delta > 0$）し、第2期において2Δ上昇したとする。このとき、経常収支はどのように調整されるのだろうか。その答えは、第1期において人々がTT_2をどのように予想するかによって決まる。もし第1期の交易条件の改善が一時的なものであると予想される場合、つまり、$TT_2 = TT$と間違って考えてしまう場合においては、経常収支は改善する。というのも、家計は将来の消費のために、第1期の収入をいくらか蓄えておくからである。しかし、もし家計が第2期に交易条件がさらに上昇して$TT + 2\Delta$になると正しく予想したならば、家計はより高い将来の収入を担保に借入れを行うので、第1期の経常収支は悪化しなければならない。

この例から得られる教訓は、経常収支の決定にとっては、所得の実際の経路のみでなく、所得の予想経路も重要であるということである。次節の例で示すように、この点は実際の歴史上のエピソードを分析する上で重要である。

4.3 不完全情報、銅の価格とチリにおける経常収支

本節では、2000年代前半における銅価格ブームの際の、チリにおける経常収支の動きを検証する。[1] ここでは、銅価格ブームの期間と銅価格の上昇幅を

図 4.1　チリの銅の予想価格と実際の価格：2001～2013 年

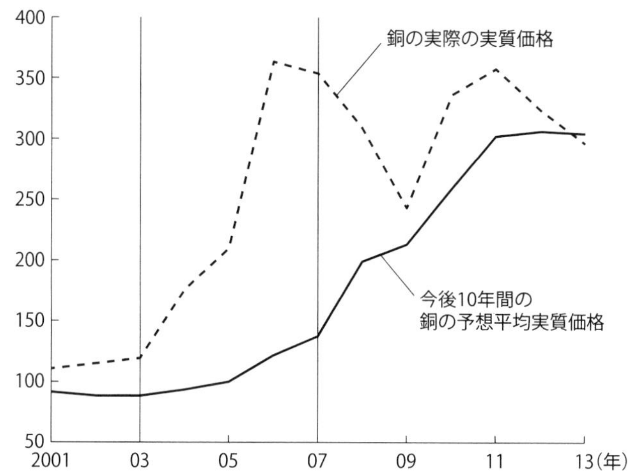

(注)　破線は銅の実際の実質価格を示している. 実線は, 今後10年間の銅の予想平均実質価格を示している. 2003年から2007年にかけての銅価格の高騰は一時的なものであると予想されていた. 今後10年間の銅の予想平均実質価格は上昇したが, 実際の実質価格上昇の数分の一にすぎなかった.
(出所)　チリ中央銀行.

過小評価していたことを考慮すれば、観察されたチリの経常収支の動きを理解できることを示す。

銅はチリの主要輸出品目であり、輸出額の50%以上を占めている。そのため、チリの交易条件は世界の銅価格の動向によって大きく左右される。20年間安定していた銅価格は、2000年代前半から勢いよく上昇し始めた。図4.1に示すように、2003年から2007年にかけて、銅の実質価格は120から350に上昇した。2007年から2009年にかけての世界金融危機の際には、一時的に250まで下落したが、すぐに回復し、2013年には300前後で安定した。

もし2003年にチリの家計が銅価格の先行きを完全に予見していたとしたら、つまり銅価格が今後何年も高止まりすると正しく予測していたとしたら、異時点間モデルによれば、経常収支は悪化しなければならないはずであった。つまり、豊かになったと感じた家計は消費財の需要を増やし、総需要の拡大を補うために経常収支が悪化するはずである。そして、経常収支の赤字は、将来予想

1)　この例は、Jorge Fornero and Markus Kirchner, "Learning about Commodity Cycles and Saving-Investment Dynamics in a Commodity-Exporting Economy," *International Journal of Central Banking*, Vol. 14, No. 2, March 2018, pp. 205–262から引用している。図4.1と図4.2に示したデータを共有して頂いたMarkus Kirchner氏に感謝する。

図 4.2　チリにおける経常収支の推移：2001～2013 年

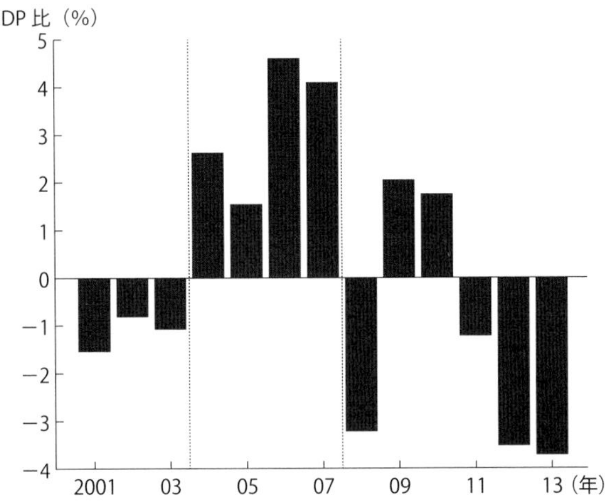

（注）　2003年から2007年にかけて，チリの経常収支はGDP比1％程度の赤字から3％程度の黒字に改善したことが読み取れる．このような経常収支の動きは，この時期に起こった銅価格の高騰が一時的なものであったと予想されていた，との見方と一致している．
（出所）　チリ中央銀行．

される銅価格の上昇によって埋め合わされるはずであった。しかし、このモデルから導かれる予測は現実のものとはならなかった。経常収支は悪化するどころか、むしろ改善した。図4.2からわかるように、チリの経常収支は2003年から2007年にかけて、GDP比1％程度の赤字からGDP比3％程度の黒字へと大きく改善したのである。

しかし、経常収支決定に関する異時点間理論ではこの証拠を説明できないと結論付けるには、銅の価格が上昇し始めたとき、人々はこの価格上昇が長期間続く（実際、そうなった）と正しく予想することが必要である。図4.1は、そもそもこの見立てが誤っていることを示している。図には、実際の銅の実質価格と、チリの専門家による今後10年間の銅の予想平均実質価格が示されている。2003年から2007年にかけて、実際には銅の価格が急騰したにもかかわらず、専門家は今後10年間はそれほど高騰しないと予想していた。実際、2007年までは、今後10年間は年初より若干高くなる程度と予想されていた。つまり、専門家は銅価格の上昇は一時的なものだと考えていたのである。2000年代後半になってから、専門家たちはやっと今後10年間の銅の平均価格の見通しを上げ始めた。

このような銅の価格予想を考慮すれば、経常収支の動きはもはや異時点間モデルの予測とは矛盾しない。なぜなら、この理論モデルでは、一時的であると予想される交易条件の改善に対しては経常収支も改善するはずであり、実際にその通りになったからである。

4.4 世界金利ショック

開放経済において、世界金利が変化するとどうなるのだろうか。この問いは重要である。なぜなら、世界金利はしばしばかなりの大きさで変化し、財や金融資産の取引が自由な開放経済においては、景気循環や対外収支を動かす重要な要因と考えられているからである。

世界金利r^*の上昇は、以下の2つの相反する効果を第1期の消費にもたらす可能性がある。一方では、金利が上昇すると、海外資産の収益率が高くなるため、貯蓄の魅力が増す。この効果は、貯蓄によって現在の消費を将来の消費に置き換えることを誘発するため、**代替効果**（substitution effect）と呼ばれる。代替効果により、金利の上昇は第1期の消費を減少させ、経常収支を改善する。他方で、金利の上昇は債務者を貧しくし、債権者を豊かにする。この効果は**所得効果**（income effect）と呼ばれる。第1期末に債務者であった場合（$B_1 < 0$）、金利の上昇による負の所得効果により、第1期の消費が減少し、さらに代替効果が強化されることになる。しかし金利上昇前に債権者であった場合（$B_1 > 0$）、第1期の消費が増加して代替効果を（少なくとも一部）打ち消すように働く。ここで所得効果と代替効果が貯蓄に対して相反する効果を持つ場合、代替効果が所得効果を常に上回るとし、金利の上昇に対して貯蓄は必ず増加すると仮定しよう。この仮定の下では、世界金利r^*が上昇すれば、第1期における消費は減少し、貿易収支と経常収支は改善することになる。

図4.3は、世界金利がr^*から$r^* + \Delta$へと上昇した場合の調整を描いている。はじめに、異時点間予算制約の傾きは$-(1 + r^*)$で与えられる（理由は第3章3.1節を参照）。このとき世界金利の上昇は、予算制約線の傾きをより急なものにし、新しい傾きは$-(1 + r^* + \Delta)$となる。また図は、家計が負債も資産もない状態（$B_0 = 0$）で0期をスタートするという仮定で描かれたものである。したがって賦存量経路、すなわち図中のA点は、旧予算制約線と新予算制約線の双方の上に位置する。つまり、世界金利がr^*から$r^* + \Delta$に上昇すると、A点を中心に予算制約線は時計回りに回転する。当初（金利上昇前）の最適消費経路

図 4.3　世界金利の上昇に対する調整

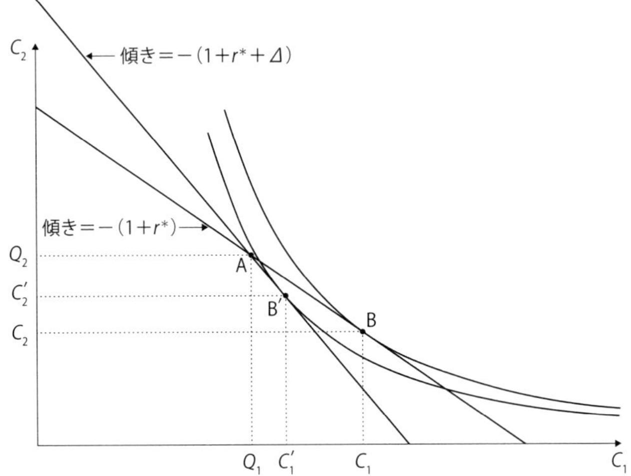

（注）　金利上昇前の最適消費経路はB点である．その後，世界金利はr^*から$r^*+\Delta$に上昇する．これによって，異時点間の予算制約が賦存点Aを中心に時計回りに回転し，新たな最適消費経路はB′点となる．金利の上昇により，第1期の消費はC_1からC_1'に減少し，第2期の消費はC_2からC_2'へと増加する．また図は$B_0=0$と仮定している．

は、B点で与えられる。この点では、第1期の消費は第1期の賦存量より大きいので、家計は借入れをしている（$B_1<0$）。新しい最適消費経路はB′点で、B点の西に位置する。世界金利の上昇はC_1の減少、したがって第1期の貿易収支と経常収支の改善をもたらす。金利上昇以前は、家計は債務者（$B_1<0$）であったので、金利上昇によって引き起こされる所得効果と代替効果は、互いに強化し合う。第1期における金利上昇によって、債券はより魅力的になり、自らはより貧しくなるので、家計は消費を減らし、貯蓄を増やすことになる。つまり、貯蓄は必ず増加する。

ここで、第3章3.9節で検討した対数選好の下で、世界金利の上昇に対する調整を考えてみよう。そこでは、均衡において経済は生涯資産の半分を消費していた。

$$C_1=\frac{1}{2}\left[(1+r_0)B_0+Q_1+\frac{Q_2}{1+r^*}\right]$$

さらに貿易収支$TB_1=Q_1-C_1$と、経常収支$CA_1=r_0B_0+TB_1$は以下で与えられる。

$$TB_1=\frac{1}{2}\left[-(1+r_0)B_0+Q_1-\frac{Q_2}{1+r^*}\right]$$

$$CA_1 = \frac{1}{2}\left[(-1+r_0)B_0 + Q_1 - \frac{Q_2}{1+r^*}\right]$$

r^*の上昇に対して、第1期の消費は減少し、貿易収支と経常収支はともに改善する。なお、第1期の消費の落込みは、r^*の上昇以前に、その国が第1期において対外純債務国であるか対外純債権国であるかには依存しない。これは、この例で考慮した特殊な選好仕様（対数線形選好）では、常に代替効果が所得効果を上回るからである。

4.5 輸入関税

本節では、輸入関税が貿易収支にどのような影響を与えるかを分析する。特に、政策論争でしばしば主張されるように、輸入関税の引上げが輸入を減らし、それによって貿易収支を改善するのかどうかを検討する。本節の主要な結果は、輸入関税の引上げの貿易収支への影響は、現在の輸入関税が将来の輸入関税より大きいか、小さいか、あるいは等しいかによって、プラスの影響、マイナスの影響、あるいは全く影響を与えないケースのいずれかになる、ということである。

輸入関税をモデルに組み込むには、輸出と輸入の少なくとも2つの財が存在する環境を考えるのが最も自然である。そこで、本章の前半の4.1節で交易条件ショックの影響を分析した二財モデルを用いて議論を展開することにする。

輸入関税によって家計は2つの影響を被る。1つは、消費者が輸入品に対して支払わなければならない実効価格を変える効果である。関税が高ければ高いほど、輸入品の実効価格は高くなる。例えば、輸入財が小麦で、その国際価格が100であるとする。政府が10%の輸入関税を課した場合、消費者が支払わなければならない小麦の実効価格は110となる。関税が家計に与える2つ目の影響は財政的なものである。輸入関税の賦課は、政府の収入増につながるので、この収入を政府がどのように使うかについて仮定する必要がある。ここでは、政府がこの増収分を家計に一括して移転すると仮定する。

上記の議論から、家計の予算制約に2つの修正を加えなければならないことがわかる。第1に、輸入関税の影響を財の価格に反映させなければならない。第2に、政府移転を反映させなければならない。第1期の輸入関税を$\tau_1 \geq 0$、第2期の輸入関税を$\tau_2 \geq 0$とする。したがって第1期に輸入財を消費するために、輸入財1単位当たり$1+\tau_1$を支払わなければならない。また、家計は政府から第1期にL_1、第2期にL_2という金額の一括給付を受け取るので、家計の予算制約は次のように書くことができる。

$$(1+\tau_1)C_1+B_1=TT_1Q_1+L_1+(1+r_0)B_0 \tag{4.1}$$

$$(1+\tau_2)C_2=TT_2Q_2+L_2+(1+r_1)B_1 \tag{4.2}$$

家計にとって関税率τ_1とτ_2、一括給付金L_1とL_2は所与である。いつも通りの手順で、家計の最適な消費選択を特徴付けよう。つまり、(4.1) 式と (4.2) 式の第1期と第2期の予算制約を組み合わせて、単一の現在価値で表現された予算制約を導く。具体的には、第2期の予算制約をB_1について解き、得られた式を用いて第1期の予算制約からB_1を除くと、以下の式が得られる。

$$(1+\tau_1)C_1+\frac{(1+\tau_2)C_2}{1+r_1}=\bar{Y} \tag{4.3}$$

ここで、$\bar{Y}=TT_1Q_1+L_1+(1+r_0)B_0+(TT_2Q_2+L_2)/(1+r_1)$ は生涯資産であり、家計はこれを所与としている。家計の最適化問題は、異時点間予算制約式 (4.3) の下で、以下の効用関数を最大化するために、C_1とC_2を選択することである。

$$U(C_1)+\beta U(C_2)$$

異時点間予算制約式 (4.3) をC_2について解き、得られた式を用いて効用関数からC_2を消去すると、家計の最適化問題は次のように表すことができる。

$$\max_{\{C_1\}} U(C_1)+\beta U\left(\frac{1+r_1}{1+\tau_2}(\bar{Y}-(1+\tau_1)C_1)\right)$$

そしてこの問題に関連する一階の条件は、以下のオイラー方程式によって与えられる。

$$U'(C_1)=\frac{1+\tau_1}{1+\tau_2}\beta(1+r_1)U'(C_2) \tag{4.4}$$

第1期の輸入関税が第2期の輸入関税と同じであれば ($\tau_1=\tau_2$)、上記のオイラー方程式は輸入関税がない経済におけるそれと同じになる。この場合、輸入関税は消費の異時点間配分を歪めてはいない。なぜなら、消費は両期間とも同じ税率で課税されるので、消費をある期間から別の期間にシフトしても、家計には何の利益ももたらさないからである。一方、第1期の関税が第2期の関税より高いとする。そうすると、第1期に消費することは第2期に消費することよりも相対的に高くつくことになり、家計は第1期から第2期へと消費をシフトすることになるだろう。具体的には、上記のオイラー方程式において、右辺はτ_1とともに上昇することに注意しよう。つまり、消費の限界効用$U'(C)$は消費に対して減少することを考えると、オイラー方程式が成立し続けるためには、C_1が下がるか、あるいはC_2が上がるか、もしくはその両方が起こる必要がある。

次に政府について考えてみよう。政府は、関税収入を一括して家計に還元すると仮定する。このとき、第1期と第2期における政府の予算制約は次のようになる。

$$\tau_1 C_1 = L_1 \tag{4.5}$$

$$\tau_2 C_2 = L_2 \tag{4.6}$$

最後に、国内金利が世界金利と等しくなるように、自由な国際資本移動を仮定すると以下が成立する。

$$r_1 = r^* \tag{4.7}$$

家計の現在価値で表された予算制約式（4.3）と政府の予算制約式（4.5）と(4.6)、金利平価条件（4.7）式を組み合わせると、均衡における経済全体の資源制約は次式で与えられることになる。

$$C_1 + \frac{C_2}{1+r^*} = TT_1Q_1 + (1+r_0)B_0 + \frac{TT_2Q_2}{1+r^*} \tag{4.8}$$

この資源制約には輸入関税が登場しないことに注意しよう。つまり、この経済における生涯資産、$TT_1Q_1 + (1+r_0)B_0 + \frac{TT_2Q_2}{1+r^*}$は輸入関税のない経済のそれと等しくなる。なぜなら、この国に賦存する輸出財の価値は輸入関税の影響を受けず、家計は消費に際して輸入関税を支払わなければならないが、関税は自国政府に支払われ、政府はそれを家計に一括して還元するので、経済全体としては輸入関税のために資源を失うことはないからである。

均衡の消費経路（C_1, C_2）と均衡における金利r^*は、与えられた関税τ_1とτ_2の下で、オイラー方程式（4.4)、金利平価条件（4.7）式および経済の資源制約(4.8）式を満たす必要がある。これは、3つの未知数を含む3つの式からなる連立方程式である。C_1、C_2およびr^*の均衡値が求まれば、貿易収支$TB_1 = TT_1Q_1 - C_1$、また経常収支$CA_1 = TB_1 + r_0B_0$など他の諸変数は簡単に求めることができる。以下では、輸入関税の一時的引上げ、恒久的引上げ、および将来予想される引上げの効果について、グラフを用いた分析を行う（同じ問題の代数的な分析は章末の練習問題4.7を参照)。

4.5.1 輸入関税の一時的な引上げ

当初、輸入関税がゼロ（$\tau_1 = \tau_2 = 0$）であったと仮定する。図4.4はこの状況を示している。右下がりの直線は資源制約式（4.8）であり、その傾きは$-(1+r^*)$となる。均衡のB点において、無差別曲線は異時点間資源制約線に接している。ここで、政府は第1期に輸入関税を課し（$\tau_1 > 0$）、第2期には関税を課さない（$\tau_2 = 0$）と仮定する。このとき新しい均衡はC点で与えられる。経済全体の資源制約式（4.8）は、輸入関税変更の影響を受けないので、新しい均衡は元の均衡と同じ資源制約の上になければならない。オイラー方程式により、最適消費経路における無差別曲線の傾きは、以下を満たす必要がある。

$$\text{無差別曲線の傾き} = -\frac{U'(C_1)}{\beta U'(C_2)} = -(1+\tau_1)(1+r^*) < -(1+r^*)$$

このことは、新しい最適消費経路における無差別曲線の傾きは、予算制約線のそれよりも急でなければならないことを意味している。つまり、これは第1期の消費が減少することを意味する。図においては新しい均衡における消費水準をC_1'とC_2'で表示している。第1期においては消費が減り、生産量は変わらな

図 4.4　輸入関税の変化に対する調整

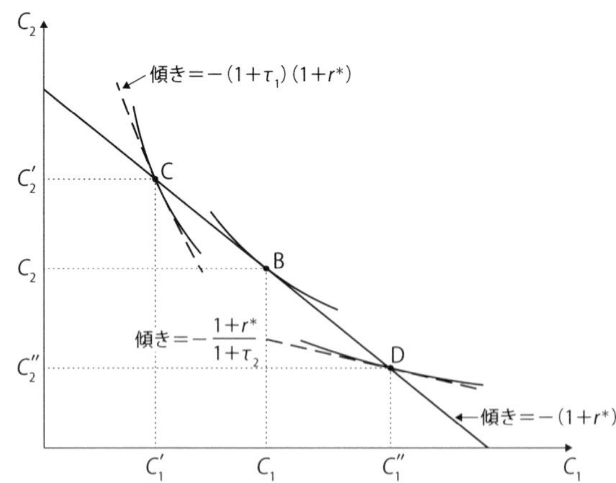

（注）　輸入関税の導入前（$\tau_1 = \tau_2 = 0$）の最適消費経路はB点である．輸入関税の変更により，異時点間資源制約（右下がりの実線）は変化しない．一時的な輸入関税の引上げ（$\tau_1 > 0$かつ$\tau_2 = 0$）により，最適消費経路はC点となり，無差別曲線の傾き（破線）はB点におけるものよりも急で，$(1+\tau_1)(1+r^*) > (1+r^*)$となる．輸入関税の引上げにより，第1期の消費は減少し（$C_1' < C_1$），貿易収支は改善する．将来，輸入関税の引上げが予想される場合（$\tau_2 > 0$かつ$\tau_1 = 0$），最適消費経路はD点となり，無差別曲線の傾きはより平坦になり，$(1+r^*)/(1+\tau_2) < (1+r^*)$である．将来予想される輸入関税の上昇により，第1期の消費はC_1からC_1''へと増加し，貿易収支を悪化させる．

いので、第1期の貿易収支$TT_1Q_1 - C_1$は改善される。輸入関税の一時的な引上げは、貿易収支を改善させるという結論になる。

しかし、貿易収支の改善には代償がある。関税撤廃後の消費経路（C点）に対応する無差別曲線は、元の消費経路（B点）に対応する無差別曲線よりも南西に位置し、したがってC点ではB点よりも効用水準が低くなっていることに注目しよう。このことは、一時的な関税の引上げは、厚生を低下させることを意味する。なぜだろうか。その理由は、輸入関税が消費の異時点間価格を歪めているからである。政府からの還元を考慮すると、予算制約の傾きは関税の有無にかかわらず不変であるので、経済全体としては、世界市場において今日の1ブッシェルの小麦を、$1 + r^*$ブッシェルの明日の小麦（異時点間の資源制約線の傾き）と交換している。しかし家計は、今日の小麦1ブッシェルの価格は、明日の$(1 + \tau_1)(1 + r^*)$ブッシェルの小麦であると認識してしまう（C点における無差別曲線の傾き）。したがって、均衡においては、家計は今日1ブッシェル分の小麦の消費をとりやめて、明日$(1 + \tau_1)(1 + r^*)$ブッシェル分の追加的小麦を消費するか否かについて、無差別である。その結果、世界市場においては、今日の1ブッシェルの小麦の価格は明日の小麦で$1 + r^*$で取引できるのだが、関税下では家計は$(1 + \tau_1)(1 + r^*)$とより多く支払わなければならないので、家計の効用水準は低くなるはずである。

4.5.2 輸入関税の恒久的な引上げ

ここで、両期の輸入関税が同じだけ上昇し、$\tau_1 = \tau_2 > 0$となった場合を考える。この場合、$(1 + \tau_1)/(1 + \tau_2) = 1$となる。このとき、輸入関税の引上げによって、異時点間の資源制約式（4.8）も均衡におけるオイラー方程式（4.4）もどちらも影響を受けないので、新しい消費経路は関税のない場合と同じになる（図4.4におけるB点）。消費経路が変わらない理由は、恒久的な輸入関税が両期間とも同じ割合で消費価格を上昇させるからである。その結果、関税によって消費の異時点間相対価格は変わらず、世界の異時点間価格である$1 + r^*$と等しくなる。恒久的な輸入関税によって、消費が影響を受けないので、貿易収支の変化はない。したがって、もし政府の意図が輸入関税によって貿易収支を改善することであったなら、恒久的な輸入関税ではその目的を達成できないことを意味する。

関税によって消費の経路が変化しないので、厚生も変化しない。したがって、恒久的な関税は無害であるといえる。しかしこの結果は、家計が輸出財を消費しないという仮定に依存している。この点を明らかにするため、食料を輸入し、石油に恵まれた経済の例を再び考えてみよう。ただしここでは家計は食料だけでなく石油（暖房用や輸送用など）も好んで消費するとする。このような経済では、消費する食料はすべて輸入し、石油は国内の石油消費分を差し引いて輸出する。この場合、恒久的な輸入関税は、食料の異時点間の相対価格を変えないが、同じ期間内の石油の単位で測った食料の実質相対価格を両期ともにおいて変化させる。特に、輸入関税は第1期と第2期ともに、食料を石油よりも相対的に高くする。この政策による国内相対価格の変化は、家計の消費を食料から石油へとシフトさせるが、この代替は、世界市場の交易条件によって与えられる石油に対する食料の真の相対価格を反映していないため、非効率的である。その結果、恒久的な輸入関税は厚生を低下させることになる。また輸入関税は、両財の異時点間の相対価格を変えないので、貿易収支に影響を及ぼすことはない。その結果、食料貿易における赤字の削減は、同規模の石油貿易における黒字の削減によって相殺される。章末の練習問題4.8は、これを数値例で定式化したものである。

4.5.3 将来予想される輸入関税の引上げ

最後に、第1期の輸入関税はゼロ（$\tau_1 = 0$）だが、第2期に輸入関税が課されることを家計が予想するとする（$\tau_2 > 0$）。この調整過程も図4.4に示されている。前回同様に、課税前の均衡はB点である。経済全体の資源制約は輸入関税の導入に影響されるわけではないので、資源制約線に沿った移動で調整される。また、オイラー方程式によって、新しい最適消費経路（C_1'', C_2''）は、以下を満たさなければならない。

$$\frac{U'(C_1'')}{\beta U'(C_2'')} = \frac{1 + r^*}{1 + \tau_2} < 1 + r^*$$

τ_2の増加により、上式の右辺は小さくなる。$U'(C)$ は減少関数なので、左辺も小さくなるためには、C_1が増加するか、C_2が低下するか、またはその両方が必要である。また、均衡は、もとの資源制約を満たすことが必要であるため、左辺の低下はC_1の増加とC_2の低下を伴わねばならない。つまり新しい消費経路は図4.4のD点で示される。直感的には将来の輸入関税が高くなるので家計は第1期に多く消費し、第2期に少なく消費することを選択する。第1期の所得は変化せず（TT_1Q_1）、第1期の消費の増加は、海外からの借入れと貿易収支の悪化でまかなわれる。第1期の関税の引上げと同様に、第2期における関税の引上げも厚生を減少させる。なぜなら、D点において異時点間予算制約を横切る無差別曲線は、関税がゼロであるときの均衡点Bにおける無差別曲線より、原点により近い位置にあるからである。

まとめると、輸入関税は一般的に貿易収支を改善しないことが示された。輸入関税が貿易収支を改善するのは、現在の輸入関税が将来の輸入関税と比較して増加する場合のみである。さらに、輸入関税は消費の異時点間相対価格を歪めている限り、常に厚生を低下させることになる。

4.6 まとめ

本章では、第3章で展開した経常収支の異時点間モデルを用いて、交易条件ショックと金利ショックの影響を分析した。

- 交易条件とは、輸入財で測った輸出財の相対価格である。
- 交易条件ショックは生産量（賦存量）ショックと同じ効果をもたらす。すなわち、一時的な交易条件ショックに対しては経常収支を変動させることにより消費を平準化するが、恒久的な交易条件ショックに対しては経常収支をほとんど変動させずに消費を調整する。
- 金利ショックは代替効果と所得効果を併せ持つ。
- 代替効果によって、金利の上昇は現在の消費を抑制し、貯蓄を促すため、経常収支と貿易収支が改善する。
- 金利上昇に伴う所得効果は、その家計が金利上昇以前に債務者であったか、債権者であったかによって異なる。
- 金利上昇以前に債務者であった場合、金利上昇は家計を貧しくするため、負の所得効果を持つ。その結果、消費は減少し、貿易収支と経常収支は改善する。この場合、所得効果と代替効果は同じ方向に働く。
- 金利上昇以前に家計が債権者であった場合、金利上昇に伴う所得効果は正であり、消費の増加や貿易収支・経常収支の悪化につながる。この場合、所得効果と代替効果は逆方向に働き、一部相殺される。しかし対数選好の下では、代替効果が支配的となる。
- 輸入関税の引上げは、貿易収支や経常収支を改善するとは限らない。輸入関税が一時的なものである場合のみ、貿易収支と経常収支の改善につながる。将来予想される輸入関税の引上げは、貿易収支を悪化させる。関税の恒久的な引上げは、貿易収支を変化させない。

- 本章で扱ったモデルにおいては、輸入関税により効用は低下する。

4.7 練習問題

練習問題4.1（交易条件と経常収支）

世界市場における商品価格が以下の表で与えられるとする。

商品	価格	
	第1期	第2期
小麦	1	1
石油	1	2

表中、石油の価格は1バレル当たり、小麦の価格は1ブッシェル当たりのドル建てで表示されている。クウェートは、石油を生産し、小麦を消費する2期間経済であると仮定しよう。消費者の選好は以下の生涯効用関数で与えられる。

$$C_1C_2$$

ここで、C_1とC_2は、それぞれ第1期と第2期の小麦の消費量をブッシェル単位で表したものである。クウェートの1人当たりの石油賦存量は、各期間とも5バレルである。金融資産は、小麦の単位で表示され、この国は0期から繰り越した対外純資産が小麦1.1ブッシェル分（すなわち、$(1+r_0)B_0=1.1$かつ$r_0=0.1$）保有する状態で第1期をスタートさせるとする。また、資本移動は自由であり、世界金利は10%（$r^*=0.1$）である。

1. 第1期と第2期におけるクウェートの交易条件を求めなさい。
2. 第1期と第2期における消費、貿易収支、経常収支および貯蓄を計算しなさい（すべて小麦で測ったブッシェル単位で表示すること）。
3. 第2期の原油価格が1バレル当たり2ドルではなく、1ドルであると仮定して前の問題に答えなさい。また直感的に説明しなさい。

[ヒント：家計の最適な消費配分は、生涯効用関数の単調増加変換に対して不変であることを想起すること。したがって、例えば効用関数C_1C_2は対数線形関数$\ln C_1+\ln C_2$と同じ最適消費経路を取る。]

練習問題4.2（予想される交易条件ショック）

無数の家計からなる2期間の小国開放経済を考える。家計の選好は以下の生涯効用関数で与えられるとする。

$$\sqrt{C_1C_2}$$

ここで、C_1とC_2は、第1期と第2期における食料消費を表す。また家計は第1期と第2期において$Q_1=Q_2=10$で与えられる銅の外生的な配分を受け取ると仮定する。第1期と第2期の交易条件は$TT_1=TT_2=1$である。すべての家計は過去から引き継いだ資産も負債もない状態で第1期を迎えるとし、$B_0=0$とする。また、自由な資本移動があり、第1期と第2期の間に保有する資産の世界金利（r^*とする）は5%であるとする。

1. 第1期と第2期における消費、貿易収支、経常収支の均衡水準を計算しなさい。
2. ここで、第2期の交易条件が50%上昇すると予想されると仮定する。この予想される交易条件の改善が、第1期と第2期における消費、貿易収支、経常収支に及ぼす影響を求めなさい。また影響を言葉で説明しなさい。
3. 前問の答えを、4.3節で紹介した2000年代前半のチリの銅価格上昇のケーススタディと関連付けながら、考察しなさい。特に、2000年代前半にチリが銅価格の将来経路を完全に予見していたという（反実仮想的な）見解の下では、2003年から2007年のチリの経常収支の振る舞いが、経常収支決定の異時点間理論に矛盾するのはなぜかに留意しながら、説明しなさい。

［ヒント：練習問題4.1のヒントを参照すること。］

練習問題4.3（世界金利ショック　その1）

2期間、$t=1, 2$を生きる個人を考える。各期間における消費に関する選好は以下の通りである。

$$-C_1^{-1}-C_2^{-1}$$

ここで、C_1とC_2は、第1期と第2期における消費を表す。消費者は、第1期のスタート時において、$(1+r_0)B_0$に等しい金融資産を保有する。ここでB_0は相続した債券残高でありr_0は0期と第1期にわたる金利であるとする。また、第1期と第2期においてそれぞれQ_1とQ_2の賦存財を受け取り、第1期において個人はB_1で表される債券を介して金利r_1で貸し借りをすることができるとする。

1. 第1期と第2期における最適な消費水準を個人の生涯資産$\bar{Y}$と利子率r_1の関数として求めなさい。
2. 以下では、$r_1=0$と仮定する。最適なB_1の水準をQ_1、Q_2および$(1+r_0)B_0$によって表しなさい。
3. 金利の上昇$\Delta r_1>0$に対する第1期の消費の反応（ΔC_1）を求めなさい。
4. 金利上昇以前に$B_1=0$ならば、$\Delta C_1<0$であることを示しなさい。またなぜそうなるのか、言葉で説明しなさい。
5. 金利の上昇に対応して、$\Delta C_1>0$となるようなQ_1、Q_2および$(1+r_0)B_0$に関する条件を見つけなさい。つまり、所得効果が代替効果より大きくなるような条件である。またそれに伴うB_1に関する条件を求め、それを直感的に理解できるように説明しなさい。

練習問題4.4（世界金利ショック　その2）

2期間、$t=1, 2$を生きる個人の各期間における消費に対する選好は、生涯効用関数$U(C_1)+U(C_2)$で記述されるとする。ここで、C_1とC_2は、第1期と第2期における消費

を表す。また、

$$U(C)=\frac{C^{1-\sigma}-1}{1-\sigma}$$

とし、パラメータ$\sigma>0$は異時点間代替弾力性の逆数である。金融資産がない状態（$B_0=0$）で第1期をスタートし、第1期と第2期においてQ_1とQ_2の財の供給を受け取るとする。また第1期において、個人はB_1で表される債券を介して金利r_1で借入れまたは貸付けができるとする。

1. 第1期と第2期における最適な消費水準を、個人の賦存生産物Q_1とQ_2、異時点間の代替弾力性$1/\sigma$、および利子率r_1の関数として求めなさい。
2. 第1期における最適な貯蓄水準を、個人の賦存生産物Q_1とQ_2、異時点間の代替弾力性$1/\sigma$、および利子率r_1の関数として求めなさい。また個人が第1期において貯蓄（すなわち$S_1>0$）する条件を求め、それを直感的に理解できるように説明しなさい。
3. 金利r_1が増加した際の、第1期における最適消費水準の変化率を求めなさい。もし$S_1<0$ならば、この導関数は負であることを示しなさい。すなわち、金利の上昇は第1期の最適な消費水準を確実に低下させることを示しなさい。また、もし$S_1>0$ならば、代替効果が所得効果を上回るような$1/\sigma$、r_1、Q_1およびQ_2の条件、つまり金利r_1の上昇が、第1期の最適消費を減らすような条件を特徴付けなさい。またこれらの答えを直感的に理解できるように説明しなさい。
4. $\sigma=1$のとき、S_1の符号にかかわらず、常に代替効果が支配的であることを示しなさい。すなわち金利が上昇すると第1期の最適消費水準は常に低下することを示しなさい。
5. $\sigma=2$かつ$r_1=0$のとき、金利上昇に対する第1期の消費の反応は、$B_0=0$の場合、練習問題4.3の問3.において得られたものと同じであることを示しなさい。

練習問題4.5（油田の発見と採掘費用）

次のような選好の家計が住む島を考える。

$$-C_1^{-1}-C_2^{-1}$$

ここで、C_1は青年期における食料消費、C_2は老年期における食料消費を表す。家計は、青年期に8単位、老年期に5単位の食料を与えられる。家計はその誕生とともに2単位の食料を供与される（つまり、$(1+r_0)B_0=2$）。ここで、$r_0=5\%$は0期の金利、B_0は相続した債券のストックである。また家計は国際金融市場にアクセスでき、そこでの金利（r^*と表記）が10%であるとする。

1. 青年期と老年期における消費、貿易収支、および経常収支の均衡水準を計算しなさい。
2. ここで、各家計が青年期において、裏庭に20バレルの油田を発見したと仮定する。しかし石油を国際市場で売ることができるようになるのは、老年期に入ってからであるとする。石油1バレル当たりの価格は、食料の単位に換算すると、第2期では0.2になると予想される。このとき青年期と老年期における消費、貿易収支、および経常収支の均衡水準を計算しなさい。

3. ここで、石油を採掘するためには第1期に3.5単位の食料に相当する投資が必要であるとする。この投資は、老年期において石油を売れるよう、青年期に行わなければならない。採掘のための投資をすることは得策であるか否か論じなさい。また青年期における消費と貿易収支を計算しなさい。
4. 家計が予想を修正し、老年期には石油の価格が0.1でしかないと考えるようになったとする。このとき、それでも石油を採掘するのは得策か否か、論じなさい。
5. 経常収支の異時点間アプローチにより、油田発見時点と、実際の石油採掘時点での両方において、油田の発見がその国の国際収支に及ぼす影響を、より一般的に論じなさい。

練習問題4.6（外れた期待）

2期間の小国開放経済を考え、家計の選好は以下で与えられるとする。

$$\ln C_1 + \ln C_2$$

ここで、C_1とC_2はそれぞれ第1期と第2期における食料消費を表す。家計は各期間とも1トンの銅を持ち、第1期は対外純資産残高がゼロの状態でスタートするとする。また銅の食料に対する相対価格は、両期間とも1であり、世界金利はゼロであるとする。

1. 第1期と第2期における消費と貿易収支を求めなさい。
2. ここで、第1期の銅の相対価格は引き続き1であるが、第2期の銅の相対価格の予想値が1.5に上昇したとする。このとき両期間における消費と貿易収支を計算しなさい。
3. 第1期の銅の相対価格は1であり、かつ家計は第2期の銅の相対価格が1.5であることを100%確信していると仮定する。しかし、第2期が到来したとき、期待は外れ、価格は1のままであったとする。第1期と第2期における消費と貿易収支を計算し、それを直感的に理解できるように説明しなさい。

練習問題4.7（輸入関税）

以下のような選好を持つ家計が住む、2期間の開放経済を考える。

$$\ln C_1 + \ln C_2$$

ここで、C_1とC_2は第1期と第2期における食料の消費量をトン数で表している。この国は食料を生産しないが、第1期および第2期において、Q_1およびQ_2の石油資源を保有しているとする。両期間とも、1バレルの石油が国際市場で1トンの食料と交換される。第1期において資産ゼロ（$B_0=0$）の下で経済はスタートすると仮定する。また世界金利はr^*であり、資本移動は自由である。さらに政府は、第1期と第2期の食料輸入にそれぞれτ_1とτ_2という関税を課し、税収をL_1とL_2という一括給付によって家計に還元するとする。

1. 第1期と第2期における交易条件を求めなさい。
2. 家計の異時点間予算制約を導出しなさい。
3. 家計の最適化問題を定式化しなさい。

4. 家計の最適化問題についての一階の条件を導出しなさい。
5. 第1期と第2期における政府の予算制約を定式化しなさい。
6. 家計の異時点間予算制約と政府の予算制約を組み合わせて、均衡状態における経済の異時点間資源制約を求めなさい。この制約には政策変数τ_1、τ_2、L_1またはL_2のいずれかが現れるか否か、確かめなさい。またその理由を論じなさい。
7. $Y \equiv Q_1 + Q_2/(1+r^*)$ は、石油資源の割引現在価値を表す。第1期と第2期における消費の均衡値をY、r^*、τ_1、およびτ_2で表しなさい。
8. 第1期の均衡における貿易収支をY、r^*、Q_1、τ_1、およびτ_2で表しなさい。自由貿易下、すなわち$\tau_1 = \tau_2 = 0$での貿易収支を (a) $\tau_1 = \tau_2 > 0$、(b) $\tau_1 > 0$かつ$\tau_2 = 0$、(c) $\tau_1 = 0$かつ$\tau_2 > 0$、のそれぞれのケースと比較せよ。
9. $x = \dfrac{1+\tau_1}{1+\tau_2}$と定義する。問7.で導き出した$C_1$と$C_2$の均衡値を用い、この2つの変数を家計の効用関数から除去しなさい。このとき家計の厚生を最大化するxの値を求めなさい。また結果について論じなさい。

練習問題4.8（関税がもたらす期間内の歪み）

家計が食料と石油を消費し、次のような選好を持つ2期間の開放経済を考える。

$$\ln C_1^f + \ln C_1^o + \ln C_2^f + \ln C_2^o$$

ここで、C_t^fとC_t^oは期間$t = 1, 2$における食料と石油の消費を表す。両期間において、家計はそれぞれ1単位の石油を与えられ、交易条件は1に等しい。資本移動は自由であり、世界金利はゼロであるとする。

1. 第1期と第2期における食料と石油の均衡における消費量を求めなさい。第1期と第2期におけるそれぞれの財の輸入と輸出を求めなさい。また第1期と第2期における貿易収支、および家計の効用水準を求めなさい。設問の答えはそれぞれ数値解として導出しなさい。
2. 両期間とも政府が食料の輸入に50%の関税をかけると仮定して、問1.に答えなさい。家計が食料のみを消費する場合（練習問題4.7）と比べて、質的に何が変わるだろうか。特に、食料の消費、貿易収支、および厚生に重点を置いて考察しなさい。

第5章 生産経済における経常収支の決定

第3章と第4章では、生産量が外生的に決定される賦存経済について検討した。そのため企業も、物的資本も、新たな資本財への投資も考慮しなかった。その結果、第2章で見たように、本来であれば貯蓄と投資の差額で与えられる経常収支は、単に家計の貯蓄によって決定されていた。投資がゼロであるという仮定は、最も単純なモデル経済において、貿易収支と経常収支の決定を理解するために有用である。しかし、それは非現実的でもある。なぜなら投資は、機械、新型構造物、設備、および在庫などの財への支出からなり、ほとんどの国でGDPの20％程度に相当する総需要の重要な構成要素であるからである。さらに、投資は総需要の中で最も変動の大きい要素であり、景気循環における経常収支の動きを理解する上で重要である。

本章では、前章までの理論を拡張し、物的資本への投資を伴った生産経済における経常収支の決定について検討する。この新しい設定においては、たとえ貯蓄が変化しなかったとしても、企業の投資に影響を与える要因が、経常収支に直接的な影響を与えることになる。均衡において投資に影響を与える要因は、一般に所得効果などを通じて家計の貯蓄行動にも影響を与え、その結果、間接的に経常収支にも影響を与えることになる。

5.1 企業の投資行動

多数の企業と家計が存在する経済について考察する。前章のように経済は第1期と第2期の2期間のみ存続する。しかし、この経済では、生産物はもはや所与のものではなく、企業によって生産されるとする。

第1期に企業が物的資本に投資し、第2期にそれを使って財を生産するとする。具体的には、第2期の生産物Q_2は、次の**生産関数**（production function）

に従って生産される。

$$Q_2 = A_2F(I_1)$$

ここで、$A_2 > 0$は**技術**（technology）の状態を表す、効率性に関するパラメータである。$F(I_1)$ は関数であり、I_1は第2期においてその性能を発揮する、第1期における**物的資本への投資**（investment in physical capital）を表す。したがって生産関数$A_2F(I_1)$ は、各資本投入量に対して得られる生産量を規定する技術的関係を記述している。図5.1のパネル（a）は生産関数をプロットしたものである。生産技術には、いくつかの特徴が課されている。まず第1に、投資がゼロのとき生産量はゼロ、つまり$A_2F(0) = 0$となる。第2に、生産量は物的資本の量とともに増加する、すなわち$A_2F'(I_1) > 0$である（ここで、$F'(I_1)$ は$F(I_1)$ の微分を表す)。この仮定を別の言葉で表現すると、**資本の限界生産物**（marginal product of capital：MPK）は正である、ということになる。資本の限界生産物とは、資本ストックを1単位増加させたときに、生産がどれだけ増加するかということであり、以下のように表現される。

$$MPK = A_2F'(I_1)$$

最後に、生産関数は資本の増加に対して凹であると仮定する、つまり、$A_2F''(I_1) < 0$、ここで$F''(I_1)$ は$F(I_1)$ の二階の微分を表す。生産関数が凹であるとき、生産量の増加率は、資本とともに減少する。これは例えば、100エーカーの農場でトラクターを1台から2台に増やすほうが、20台から21台に増やすときよりも、より多くの追加的な生産物を生み出せることを意味する。このような生産関数の性質は、**資本の限界生産物の逓減**（diminishing marginal product of capital）と呼ばれる。

図5.1のパネル（b）は、資本の限界生産物を資本水準の関数として表示したものである。(a) と (b) の関連性は、ある投資水準における生産関数の傾きと、同じ投資水準における資本の限界生産物が等しいということである。例えば、図では、資本ストックがI_1^*と等しい場合の生産関数の傾きは、資本ストックがそれと等しいI_1^*のときの資本の限界生産物の水準である。資本の限界生産物は、限界生産物逓減の仮定を反映し右下がりである。

例として、次の生産関数を考えてみる。

$$Q_2 = \sqrt{I_1}$$

この場合、$A_2 = 1$かつ$F(I_1)$ は平方根関数である。この技術によれば、資本ストックI_1がゼロのとき生産はゼロであり、資本ストックI_1が増加するにつれて生産は増加する。資本の限界生産物は次式で与えられる。

図 5.1　生産関数と資本の限界生産物

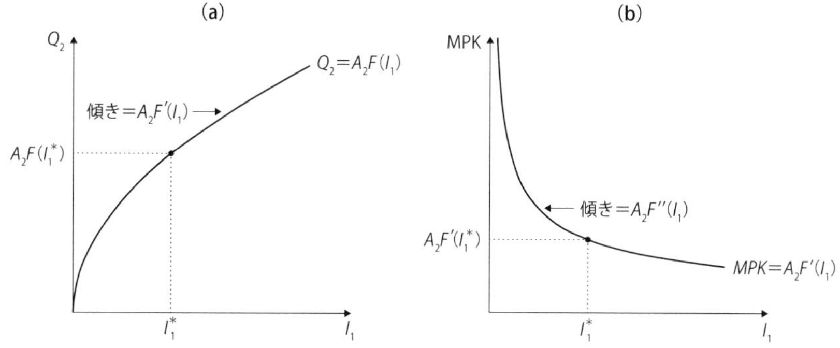

（注）　パネル(a)は生産関数を示している．第2期の生産高Q_2は，第1期に投入された資本I_1の増加・凹関数として描かれ，切片はゼロである．パネル(b)は資本の限界生産物（MPK）を資本I_1の正の減少関数として示している．パネル(a)と(b)は，任意の資本水準，例えばI_1^*において，生産関数の傾きが資本の限界生産物の水準と等しいという事実によって関連付けられる．

図 5.2　生産性の上昇が生産関数と資本の限界生産物曲線に与える影響

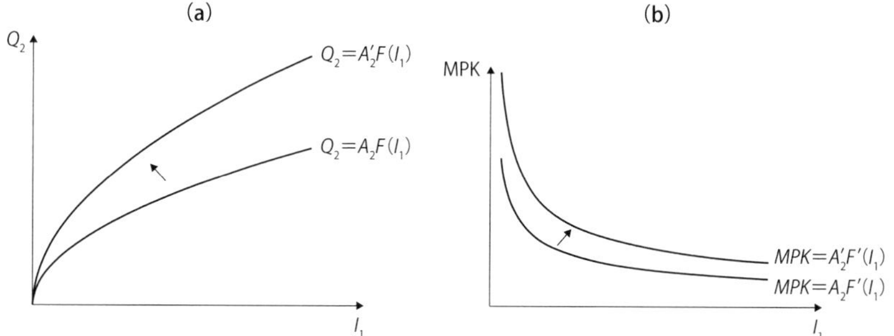

（注）　正の生産性ショックにより，技術水準がA_2から$A_2' > A_2$へと上昇した場合，生産関数は原点に対して反時計回りで回転し，資本の限界生産物曲線は右上方にシフトする．

$$MPK = \frac{1}{2\sqrt{I_1}}$$

MPKは資本水準が低下するにつれて減少することがわかる。

次に、生産性の向上が生産関数とMPKに与える影響を考察しよう。具体的には、効率性を示すパラメータがA_2から$A_2' > A_2$に上昇したとする。生産性向上後、企業はどの資本水準でもより多くの生産物を生産できるようになる。図5.2は、この生産性ショックが生産関数と資本の限界生産物に与える影響を示している。パネル (a) は、生産関数が原点を中心に反時計回りに上方シフトしていることを示している。これは、一定の投資水準に対して生産関数の傾きが急になることを意味する。つまり、技術進歩によって、一定の投資水準に対して資本の限界生産物が高くなるのである。この効果は、パネル（b）で、資本の限界生産物曲線が右上方にシフトしていることで示されている。

生産性の変化には、恒常的なものと一時的なものがある。生産性の恒常的な変化は、通常、技術進歩から生じる。例えば、1913年にヘンリー・フォードが組み立てラインを導入したことで、自動車1台の製造時間が12時間から2時間半に短縮された。米国の農業部門では、過去50年間で、繁殖、健康管理、給餌技術の改善により、平均的な乳牛の1頭当たりの乳量は5000ポンドから1万8000ポンドに増加した。また一時的な生産性の変化の例としては、農業分野では天候によって年ごとに収量が変化したり、また新技術と目されていたものが、既存のものよりも生産性が低いことが判明したりすることが挙げられる。例えば、2017年に登場したジェット旅客機ボーイング737MAXは、操縦特性向上システム（MCAS）が自動で何度も機体を急降下させることが判明し、世界中の航空当局が737MAXを地上待機させ、ボーイング社は2019年に製造・販売を中止することを余儀なくされた。

これまで、企業側の経済的選択は考慮せず、純粋に技術的な関係を論じてきた。ここでは、企業の最適な投資と生産の決定について考察する。企業は、第1期に借入れを行い、新しい機械や構造物などの投資財の購入のための資金を調達するとしよう。D_1^fを第1期に企業が引き受けた負債の額であるとすると、以下が成り立つ。

$$D_1^f = I_1 \tag{5.1}$$

企業は第2期に借入金を返済する。第1期から第2期まで保有する負債にかかる金利（利子率）をr_1とすると、利息を含む第2期の返済総額は、$(1 + r_1)D_1^f$で与えられる。第2期における企業の利潤（Π_2とする）は、生産物の販売による収入と投資ローンの返済の差、つまり以下で与えられる。

$$\Pi_2 = A_2F(I_1) - (1 + r_1)D_1^f \tag{5.2}$$

この式から負債を取り除くために（5.1）式を用いると、第2期の利潤は以下のように単純に投資と金利で表現されることになる。

$$\Pi_2 = A_2F(I_1) - (1 + r_1)I_1 \tag{5.3}$$

企業は、金利r_1と技術水準A_2を所与として、利潤を最大化するためにI_1を選ぶ。この利潤最大化問題の一階の条件は、I_1に関する（5.3）右辺の微分がゼロに等しくなることである。この操作を行うと、若干の並べ替えの後、次のようになる。

図 5.3　最適な投資水準

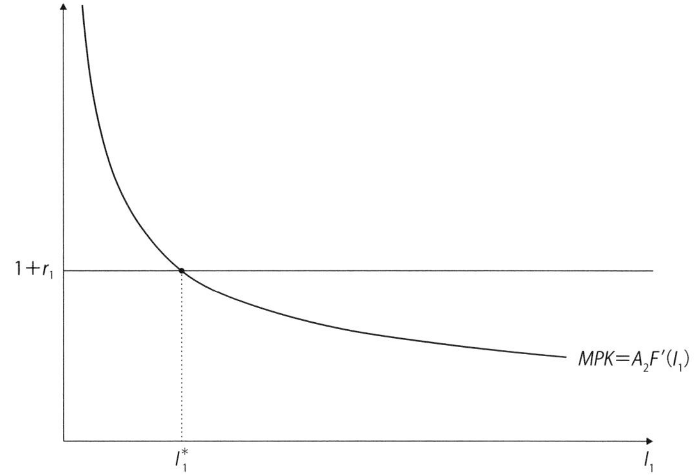

（注）右下がりの曲線は，資本の限界生産物曲線である．水平な線は，資本の限界費用曲線であり，どのような投資水準においても総利率$1+r_1$に等しい．企業は，資本の限界生産物が，資本の限界費用に等しくなるI_1^*まで投資する．利潤は資本の限界生産物曲線より下と限界費用曲線より上の領域によって示される．

$$A_2F'(I_1) = 1 + r_1 \tag{5.4}$$

この最適化条件は直感的に理解しやすい。図5.3は、(5.4) 式の左辺と右辺をI_1の関数として表示したものである。左辺は資本の限界生産物$A_2F'(I_1)$であり、先に述べたように、資本水準に対して減少関数である。右辺は資本の限界費用$1 + r_1$であり、投資水準に依存しないため水平な線となる。資本を1単位追加するごとに、企業は第2期に$1 + r_1$のコストを負担する。これは、第2期に資本を1単位使うごとに、第1期に1単位分の借入れを行い、第2期にこの借入れと利息$1 + r_1$を返済しなければならないからである。資本水準が低い場合、投資の生産性は高く、資本の限界生産物$A_2F'(I_1)$が、資本の限界費用である$1 + r_1$を上回る。この場合、企業は第1期に資本を追加的に購入することにより、利潤を増加させることができる。限界生産物が限界費用を上回っているかぎり、企業は追加的に資本を購入し続けるだろう。だが投資が増加するにつれて資本の限界生産性は低下する。十分に大きな投資水準では、資本の限界生産物は資本の限界費用以下になる。このような範囲、つまり図中の$I_1 > I_1^*$のケースでは、資本が増加するとその資本が生産する追加的な生産物$A_2F'(I_1)$は、それにかかわる費用の$1 + r_1$よりも低いので、その分利潤が減少する。その結果、企業はI_1を削減することで、利潤を増加させることができる。最適な投資水準

図 5.4　金利上昇の投資への影響

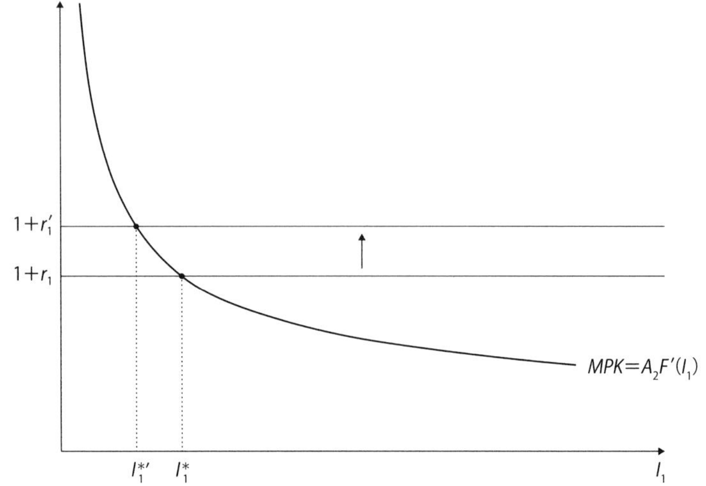

（注）　金利がr_1から$r_1'>r_1$まで上昇した場合，限界費用曲線が上昇する．その結果，最適な投資水準はI_1^*から$I_1^{*\prime}$へと下落する．金利の上昇は，資本の限界生産物曲線と限界費用曲線の間の三角形によって示される利潤を低下させる．

に達するのは、投資の限界生産物がその限界費用に等しいとき、すなわち(5.4)式が成立するときである。図中の最適投資水準I_1^*においては、企業の利潤は、資本の限界生産物曲線より下で、限界費用曲線より上の領域の面積で与えられる。

図5.4は、金利がr_1から$r_1' > r_1$まで上昇した場合の投資への影響を示したものである。金利がr_1のとき、最適な投資水準はI_1^*である。金利の上昇に伴い、水平線で表される限界費用関数は上方へシフトする。I_1^*では、資本の限界生産物は資本の限界費用$1 + r_1'$を下回るので、企業は投資を減らすことで利潤を増やす。企業は資本の限界生産物がより高い資本コストである$1 + r_1'$と一致する$I_1^{*\prime}$まで、投資を削減する。つまり、投資は金利の減少関数である。

次に、生産性ショックの影響を考えてみよう。生産関数において技術水準がA_2から$A_2' > A_2$に上昇したとする。正の生産性ショックは、図5.5のように資本の限界生産物曲線（*MPK*曲線）を右上方へとシフトさせる。資本の生産性が上昇したので、生産性上昇以前に収益が出ていた投資戦略は、生産性上昇に伴ってさらに収益性が上昇する。加えて、生産性上昇以前には、収益がマイナスであった投資機会までも収益がプラスになる。その結果、企業にとっては、投資を増やすことが最適となる。図では、技術水準がA_2からA_2'へと上昇する

図 5.5　生産性上昇の投資への影響

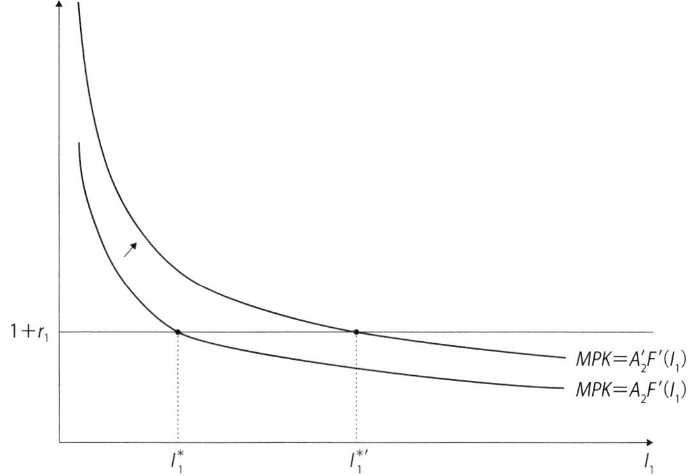

(注)　生産性の正のショックは，資本の限界生産物曲線（MPK曲線）を右上方にシフトさせる．その結果，企業は新しいMPK曲線が資本の限界費用曲線に合致するまで投資を拡大する．したがって，投資はI_1^*から$I_1^{*\prime}$へと増加する．MPK曲線の下で限界費用曲線の上の領域が大きくなるため，利潤は増加する．

につれて、投資がI_1^*から$I_1^{*\prime}$へと増加している。このことから、他の条件がすべて同じであれば、投資は技術水準A_2の増加関数であることがわかる。

5.2　投資曲線

総投資は、各企業の投資判断の合計である。すべての企業が同じ技術を持ち、同じ金利（利子率）に直面していると仮定すると、すべての企業が同じ投資決定をすることになる。その結果、経済全体の投資は企業レベルの投資と同じような動きをする。総投資は、金利と生産性に関するパラメータの関数であり、次のように書くことができる。

$$I_1 = I(\underset{-}{r_1}, \underset{+}{A_2}) \tag{5.5}$$

ここで、I_1は第1期の総投資額である。この関数を**投資曲線**（investment schedule）と呼ぶことにする。投資曲線は金利の減少関数であり、生産性水準の増加関数である。図5.6は、所与のA_2の水準における投資曲線を（I_1, r_1）の空間に表したものである。第1期の金利が上昇すると、他の条件がすべて同じ

図 5.6　投資曲線

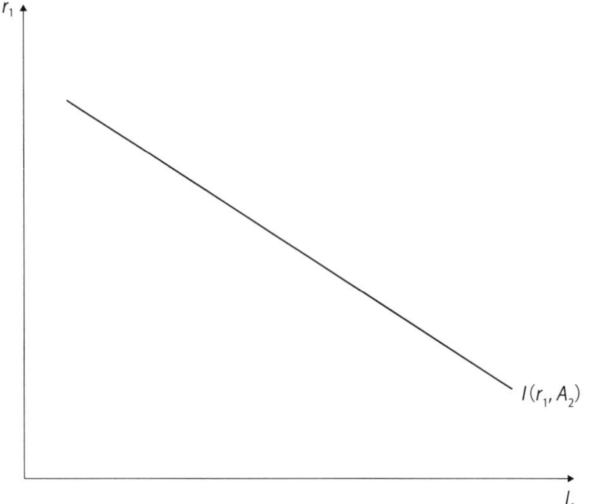

（注）　投資曲線は，所与の技術水準A_2の下での総投資額と金利の関係を示す．利潤を最大化する最適投資水準は，資本の限界費用の上昇に対して減少するため，投資曲線は右下がりである．

図 5.7　生産性の上昇が投資曲線に与える影響

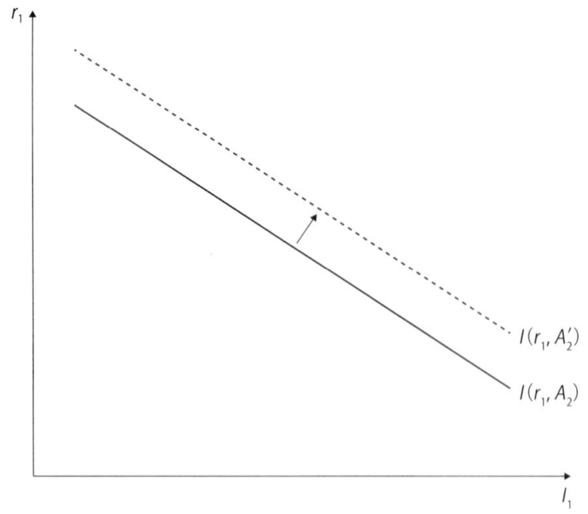

（注）　図は，生産性を示すパラメータをA_2からA_2'へと上昇させた場合の効果を示している．すべての金利水準に対して，利潤を最大化する投資水準が上昇するため，正の生産性ショックは，投資曲線を右上方へとシフトさせる．

であれば、総投資額は減少する。

ここで、技術の発展により生産関数の効率性を示すパラメータがA_2からA_2'に上昇したとする。先に述べたように、企業は金利がどの水準にあっても投資を増やすインセンティブを持つようになる。つまり、図5.7のように、正の生産性ショックを受けると投資曲線は右上方へとシフトする。

5.2.1　利潤関数

5.1節で述べたように、企業の利潤は、資本の限界生産物曲線の下と資本の限界費用曲線の上の領域で与えられる。図5.4は、金利がr_1から$r_1' > r_1$に上昇すると、この領域、つまりは利潤が縮小することを示している。金利の上昇は投資の資金調達コストを上昇させるので、これは理にかなっている。したがって、他の条件がすべて同じであれば、利潤は金利の減少関数である。

次に、資本の生産性が上昇した場合の利潤への影響を考えてみよう。図5.5をもう一度見てみると、資本生産性がA_2から$A_2' > A_2$に上昇すると、資本の限界生産物曲線が右上方にシフトすることがわかる。その結果、第2期の利潤は、新しい資本の限界生産物曲線の下で、限界費用曲線の上にある、三角形の面積の拡大分だけ増加することになる。このように、投資と同様、利潤は技術要素A_2の増加関数である。

以上を踏まえて、最適な利益水準を次のように書くことができる。

$$\Pi_2 = \Pi_2(\underset{-}{r_1}, \underset{+}{A_2})$$

ここで、関数Π_2（·, ·）は、第1の引数である金利とともに減少し、第2の引数である生産性の水準とともに増加する。

もう気づいているかもしれないが、ここでは第2期における企業の利潤最大化問題に集中して議論しており、第1期の利潤については何も語っていない。これは、第1期の利潤は第1期以前の投資によって決定されるからである。その結果、企業が第1期の利潤を最適化するために第1期にできることは何もない。具体的には、第1期の利潤（Π_1）は、次式で与えられる。

$$\Pi_1 = A_1 F(I_0) - (1 + r_0) D_0^f \tag{5.6}$$

また、以下の関係が成立する。

$$D_0^f = I_0 \tag{5.7}$$

ここで、変数I_0、D_0^fとr_0は、すべて第1期においてはあらかじめ決定されており、したがって第1期において企業にとって外生的であると見なされる。生産性の水準A_1は、確かに第1期に決定されるが、企業はコントロールできない。その結果、第1期の利潤は第1期に決定されるが、第1期の企業によるいかなる決定にも影響されない。金利（r_0）の上昇は、債権者への利払いが増えるので利潤を減少させ、第1期の生産性要素（A_1）の上昇は、あらかじめ決められた投資水準（I_0）で生産できる生産量を増やすので、利潤を増加させる。したがって、第2期目の利益と同様に、第1期目の利益も次のように表すことができる。

$$\Pi_1 = \Pi_1(\underset{-}{r_0}, \underset{+}{A_1})$$

ここで、関数Π_1（·, ·）はその第1の引数（金利r_0）とともに減少し、その第2の引数（第1期における生産性の水準A_1）とともに増加する。

5.3　家計における消費と貯蓄の決定

この章で扱う経済における家計は、第3章で検討した賦存経済における家計と非常によく似ている。1つの違いは、ここでは家計が企業の所有者であるということである。その結果、毎期毎期、賦存生産物を受け取る代わりに、企業から第1期は$\Pi_1(r_0, A_1)$、第2期は$\Pi_2(r_1, A_2)$といった利潤の支払いを受ける。

第1期の初めに、家計はB_0^h単位の債券を保有しており、その利息収入として$r_0B_0^h$が得られるとする。ここでは、家計が保有する債券を表すためB_0^hという表記を用い、t期の国の対外純資産残高を表すためにB_tという表記を引き続き使用することにする。この区別は、今や重要な意味を持つ。なぜなら、これまでの章では、経済において負債や資産のポジションを持つ主体は家計だけであった。しかし、今は企業も金融市場に参加している。その結果、家計の純資産残高は、国全体の純資産残高とは異なる可能性がある。

第1期の家計の総所得は、$\Pi_1(r_0, A_1) + r_0B_0^h$に等しい。家計は、その所得を消費$C_1$と債券の追加的保有$B_1^h - B_0^h$に充てる。すなわち、第1期の予算制約は次式で与えられる。

$$C_1 + B_1^h - B_0^h = \Pi_1(r_0, A_1) + r_0B_0^h \tag{5.8}$$

同様に、第2期における家計の予算制約も以下のような形となる。

$$C_2 + B_2^h - B_1^h = \Pi_2(r_1, A_2) + r_1B_1^h \tag{5.9}$$

ここで、B_2^hは家計が第2期末に保有する債券の残高を示す。

第3章で述べたように、最後の期間において、その時期以降に満期を迎える資産をプラスで保有することは家計にとって望ましくない。その結果、家計は常に$B_2^h \leq 0$を選択することが最適であると判断する。また、同時に家計は第2期を未払いの借金を残したまま終えることは許されない（ネズミ講禁止制約）、つまり$B_2^h \geq 0$でなければならない。したがって、第2期末の家計の金融資産はゼロでなければならない（横断条件）。すなわち、以下が成立する。

$$B_2^h = 0$$

この式を用いて、第2期予算制約式（5.9）からB_2^hを消去すると、次のようになる。

$$C_2 = (1 + r_1)B_1^h + \Pi_2(r_1, A_2) \tag{5.10}$$

さらに、(5.8) 式と（5.10）式を組み合わせてB_1^hを消去すると、以下の家計の異時点間予算制約が得られる。

$$C_1 + \frac{C_2}{1 + r_1} = (1 + r_0)B_0^h + \Pi_1(r_0, A_1) + \frac{\Pi_2(r_1, A_2)}{1 + r_1} \tag{5.11}$$

この式は、第3章の賦存経済に対応する異時点間予算制約式（3.4）に似ているが、唯一の違いは資産の割引現在価値$Q_1 + Q_2/(1 + r_1)$を、利潤の割引現在価値$\Pi_1(r_0, A_1) + \Pi_2(r_1, A_2)/(1 + r_1)$で置き換えていることである。家計は、利潤（$\Pi_1(r_0, A_1), \Pi_2(r_1, A_2)$)、初期資産（$(1 + r_0)B_0^h$)、そして金利（$r_1$）をコントロールできないので、異時点間予算制約式（5.11）の右辺全体を所与としている。したがって、第3章における賦存経済でそうであったように、次のように家計の生涯所得を定義する。

$$\bar{Y} \equiv (1 + r_0)B_0^h + \Pi_1(r_0, A_1) + \frac{\Pi_2(r_1, A_2)}{1 + r_1}$$

このとき、家計の異時点間予算制約式（5.11）は、次のように書くことができる。

$$C_2 = (1 + r_1)(\bar{Y} - C_1) \tag{5.12}$$

図5.8は、空間（C_1, C_2）において家計の異時点間予算制約を描いたものである。これは、傾き$-(1 + r_1)$の右下がりの直線である。この図は、家計が資産も負債もない状態（$B_0^h = 0$）で第1期をスタートさせるという前提で描かれている。その結果、利潤経路（$\Pi_1(r_0, A_1), \Pi_2(r_1, A_2)$）が異時点間の予算制約式上に存在する（図中のA点)。

家計は第1期と第2期の消費から効用を得ているとし、選好は以下の効用関

図 5.8　生産経済における異時点間の最適な消費選択

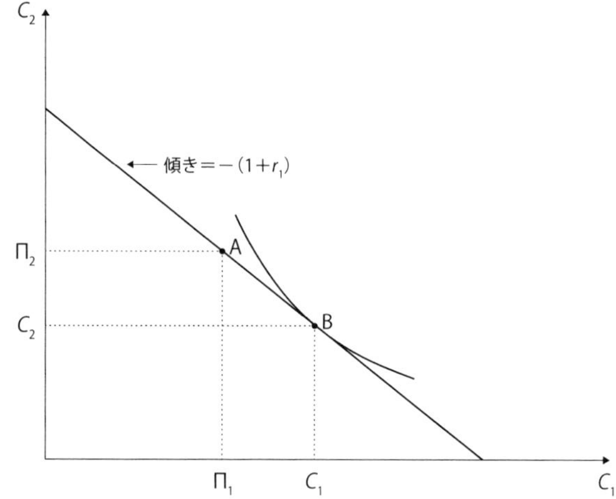

（注）　図は，第1期と第2期における最適な消費選択を示している．異時点間予算制約は，右下がりの直線である．予算制約線はA点で利潤経路（$\Pi_1(r_0, A_1)$，$\Pi_2(r_1, A_2)$）を通過し，－(1＋r_1)に等しい傾きを持つ．最適消費経路（C_1，C_2）は，無差別曲線が異時点間予算制約線に接するB点で与えられる．図は家計の純資産残高がゼロの状態，B_0^h=0で第1期をスタートするという前提で描かれている．

数で記述されるとする。

$$U(C_1) + \beta U(C_2) \tag{5.13}$$

上記は、第3章の（3.5）式で与えられた賦存経済における家計の生涯効用関数と同じである。家計は、異時点間予算制約式（5.12）の下、$\bar{Y}$とr_1を所与とし、効用関数を最大化するようにC_1とC_2を選択する。家計の最適化問題はしたがって、賦存経済におけるものと同一である。

図5.8は、家計の最適な異時点間消費選択を描いたものである。最適消費経路は、異時点間予算制約上のB点となる。B点では、異時点間予算制約が無差別曲線に接している。つまり、以前と同様に、最適消費経路においては、無差別曲線の傾きは$-(1 + r_1)$に等しくなる。このとき、無差別曲線の傾きが限界代替率に等しいことを考えれば、最適消費経路は以下のオイラー方程式を満たす必要がある。

$$\frac{U'(C_1)}{\beta U'(C_2)} = 1 + r_1 \tag{5.14}$$

ここでも、この最適化条件は、賦存経済における最適化条件（(3.9) 式）と同じである。

5.3.1 一時的な生産性の上昇が消費に与える影響

ここで、期初に予想外に資本の生産性が上昇したとする。具体的には、生産関数の効率性を示すパラメータがA_1から$A_1' > A_1$に上昇したとする。さらに、この生産性ショックは一時的なものであり、A_2は変化しないと仮定する。また、金利r_1は変化しないとする。A_1の上昇は、例えば農業部門における気象条件の改善などであるが、それは今回の収穫以降も続くとは予想されない。A_1の上昇により、農家の利潤は$\Pi_1(r_0, A_1)$から$\Pi_1(r_0, A_1')$へと増加する。第1期の資本ストックI_0はあらかじめ決まっているため変化しない。また、一時的な天候の改善はA_2に影響を与えないため、第2期の利潤も変化しない。

最適消費経路への影響は図5.9の通りである。ショック前の利潤経路はA点にある。新しい利潤経路は、元の利潤経路と同じ高さで右側に位置するA′点である。第1期の利潤が増加することで、異時点間予算制約が右外側に平行移動する。このとき、異時点間予算制約の傾きは、金利r_1が不変であるため変化しない。利潤所得の増加は、両期間において家計の消費を増加させる。新しい消費経路(C_1', C_2')は、最初の消費経路であるB点から北東に位置するB′点にあ

図5.9 一時的な生産性の上昇が消費に与える影響

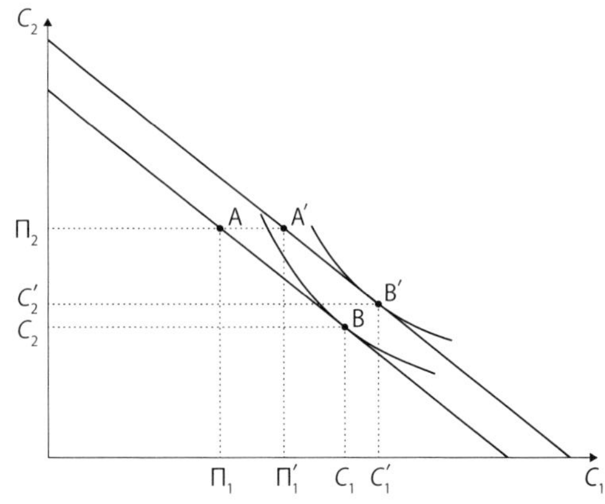

（注） この図は，第2期の資本生産性A_2と金利r_1を一定として，第1期の資本生産性をA_1からA_1'へと上昇させた場合の消費の調整過程を描いたものである．なお，表記を省略するため，$\Pi_1(r_0, A_1)$，$\Pi_1(r_0, A_1')$と$\Pi_2(r_1, A_2)$に代えて，Π_1，Π_1'とΠ_2をそれぞれ用いている．生産性上昇以前の利潤経路はA点であり，最適消費経路はB点で与えられる．生産性が向上すると，第1期の利益はΠ_1からΠ_1'へと増加し，第2期の利益は変化しない．したがって，新しい利潤経路はA′点である．異時点間予算制約線は，右外側に平行移動する．その結果，新しい消費経路はB′点となり，両期間とも消費は増加する．また，第1期の消費の増加は第1期の利潤所得の増加分より小さいので，家計貯蓄は増加する．また図は家計の純資産残高がゼロの状態，$B_0^h=0$で第1期をスタートするという仮定の下で描かれている．

る。第1期における消費の増加は、利潤所得の増加分よりも小さい。なぜなら、家計は第1期における所得の増加分の一部を、将来の消費のために貯蓄するからである。その結果、一時的な生産性ショックにより、家計の貯蓄は増加する。

5.3.2 将来予想される生産性の上昇が消費に与える影響

次に、予想される資本生産性の上昇による影響を考察しよう。技術進歩の進展により、第2期では生産関数の効率パラメータがA_2からA_2'へと上昇すると、第1期において家計が予想するとしよう。さらに第1期の資本生産性A_1と金利r_1は変化しないとする。予想される生産性の向上により、第2期の利潤は$\Pi_2(r_1, A_2)$から$\Pi_2(r_1, A_2')$へと上昇する。A_1は変わらないと仮定しているので、第1期の利潤は変化しない。

図5.10は、予想された生産性上昇に対する消費の調整過程を示したものである。当初の利潤経路はA点であり、将来の技術進歩に関するニュースを受けた後の経路はA′点で、A点の真北に位置する。その結果、異時点間予算制約線は右上方へ平行移動する。第1期の利潤が増加した場合と同様に、第2期の利潤の増加によって家計は豊かになり、両期の消費は正常財であるため、両期とも

図5.10 将来予想される生産性の上昇が消費に与える影響

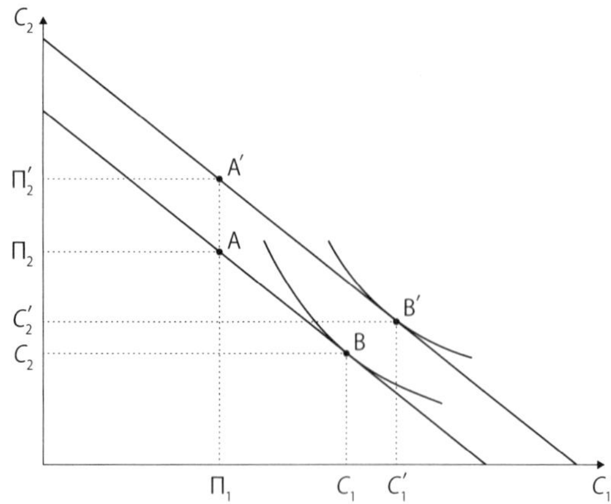

（注） この図は，第1期の資本生産性A_1と金利r_1を一定として，第2期の資本生産性をA_2からA_2'へと上昇させた場合の効果を示したものである．なお，表記を省略するため，$\Pi_1(r_0, A_1)$，$\Pi_2(r_1, A_2)$と$\Pi_2(r_1, A_2')$に代えて，Π_1，Π_2とΠ_2'をそれぞれ用いている．当初の利潤経路はA点であり，最適消費経路はB点である．予想された正の生産性ショックは，第2期目の利益をΠ_2からΠ_2'へと増加させる．このとき，利潤の新しい経路はA′点となる．異時点間予算制約線は，右上方へと平行移動する．新しい消費経路はB′点にあり，両期間とも消費量が増加する．第1期の消費の増加は，借入れの増加でまかなわれる．図は家計の純資産残高がゼロの状態，$B_0^h=0$で第1期をスタートするという仮定の下で描かれている．

消費は増加する。新しい消費経路は、元の消費経路であるB点の北東に位置するB′点である。第1期の利潤は変わらないので、第1期の消費の拡大を家計は借入れでまかなわなければならない。つまり、正の生産性ショックが予想されるとき、家計の貯蓄は減少する。

5.3.3　金利上昇が消費に与える影響

ここで、金利がr_1から$r'_1 > r_1$に上昇した場合の影響を考えてみよう。この状況は図5.11に示されている。初期の利潤経路はA点で、それに伴う最適消費経路はB点である。以前と同様に図は、初期資産ゼロ（$B^h_0 = 0$）の仮定の下で描かれており、したがって、異時点間予算制約はA点を通過する。家計は初期において、$C_1 - \Pi_1 > 0$を借りているとする。賦存経済と同様に、金利の上昇は異時点間予算制約の傾きを急にする。なぜなら第1期に追加的に消費を1単位増やすには、消費量を$r'_1 - r_1 > 0$単位余分に犠牲にする必要があるからである。しかし生産経済においては、金利の上昇は、異時点間予算制約に対して、賦存経済にはなかった追加的な影響をもたらす。具体的には、金利が高くなると、第2期の企業利潤を減少させ、家計の収入も$\Pi_2(r_1, A_2)$から$\Pi_2(r'_1, A_2) <$

図5.11　金利の上昇が消費に与える影響

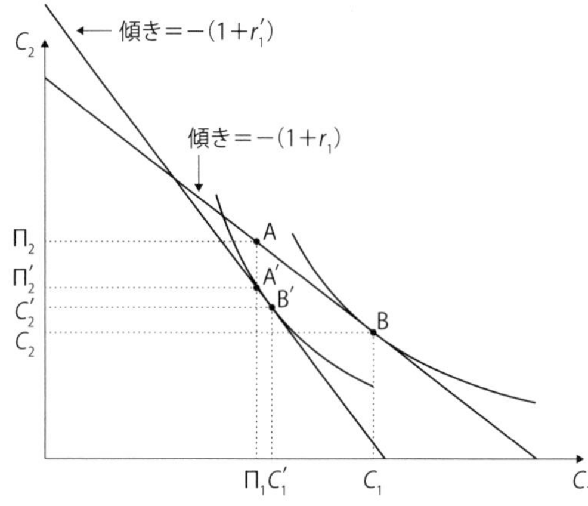

（注）表記を省略するため，$\Pi_1(r_0, A_1)$，$\Pi_2(r_1, A_2)$と$\Pi_2(r_1, A'_2)$に代えて，Π_1，Π_2とΠ'_2をそれぞれ用いている．金利上昇前における利潤経路は，異時点間予算制約上のA点であり，最適消費経路は，無差別曲線が異時点間予算制約線に接するB点で与えられている．図は純資産残高がゼロの状態（B^h_0=0）という仮定の下で描かれている．金利の上昇は第2期においてΠ_2から$\Pi'_2 < \Pi_2$へと利潤を減少させるので，新しい利潤経路であるA′点は元の経路であるA点の真下にある．加えて金利の上昇により，異時点間予算制約がより急になる．新しい最適消費経路（C'_1, C'_2）はB′点であり，第1期の消費が少なくなっている．

$\Pi_2(r_1, A_2)$ へと減少する。第1期の利潤はr_1の上昇によって影響を受けない。図に描かれているように、新しい利潤経路であるA′点は元の経路であるA点の真下にある。したがって、金利の上昇は異時点間予算制約に対して2つの効果をもたらす。すなわち、異時点間予算制約を時計回りに回転させると同時に、それを下方にシフトさせる。

新しい最適消費経路はB′点で与えられ、第1期における消費の減少（$C_1' < C_1$）によって特徴付けられる。第1期の消費の減少は、以下の3つの効果によるものである。そのうちの2つは、第3章の賦存経済で分析された、おなじみの代替効果と所得効果である。そこで議論したように、金利が上昇すると、有利子資産の魅力が増すため、代替効果は常に家計の今期の消費を減らすように働く。また、この例では、金利上昇前に家計は負債を保有し（$B_1^h < 0$）、金利上昇によってより貧しくなるため、所得効果もマイナスとなる。3つ目の新しい効果は、第2期の利潤所得の減少に起因する負の所得効果である。これら3つの効果により、第1期の消費は抑制される。その結果、金利の上昇は借入れの減少（$C_1 - \Pi_1(r_0, A_1)$ から$C_1' - \Pi_1(r_0, A_1)$）、または同様のことであるが家計貯蓄の増加（マイナスの貯蓄が改善される、つまり借入れが少なくなっている）をもたらしていることがわかる。

前3項の分析結果をまとめると、第1期の民間消費は金利の減少関数であり、現在の生産性と将来の期待生産性の増加関数であることがわかる。したがって、以下が成立する。

$$C_1 = C(\underset{-}{r_1}\,;\,\underset{+}{A_1},\,\underset{+}{A_2}) \tag{5.15}$$

5.4 貯蓄曲線

第2章では、国民貯蓄S_1は、国民所得Y_1と民間消費、政府消費$C_1 + G_1$の差であることを見た（(2.8) 式を参照）。ここでは、政府は存在せず、$G_1 = 0$、したがって、国民貯蓄は単純に国民所得と民間消費の差として以下のように表現される。

$$S_1 = Y_1 - C_1 \tag{5.16}$$

また国民所得は純投資収益（NII）と総生産の合計であることを想起すると、以下が成立する。

$$Y_1 = r_0 B_0 + Q_1$$

ここで、B_0は第1期首における対外純資産残高であり、Q_1は第1期における生産量である。第1期首の国の対外純資産残高は、家計の純資産残高B_0^hと企業の純資産残高$-D_0^f$の合計である。すなわち、

$$B_0 = B_0^h - D_0^f \tag{5.17}$$

である。B_0^h、D_0^f、r_0はすべて第1期以前に決定されているので、純投資収益は外生的に与えられていると見なすことができる。第1期の生産は次式で与えられる。

$$Q_1 = A_1 F(I_0)$$

第1期の資本ストックI_0は第1期以前に決定され、生産性を示すパラメータA_1は第1期に外生的に決定される。したがって、第1期の生産も外生的に与えられると考えることができる。ということは、第1期の国民所得は生産性A_1の増加関数であり、金利r_1、将来の期待生産性A_2のどちらにも依存しない。したがって、国民所得は次のように書くことができる。

$$Y_1 = Y(\underset{+}{A_1}) \tag{5.18}$$

（5.15）、（5.16）、（5.18）式を組み合わせると以下が得られる。

$$S_1 = Y(\underset{+}{A_1}) - C(\underset{-}{r_1}\,;\,\underset{+}{A_1}, \underset{+}{A_2})$$

この式から明らかなように、国民貯蓄は、金利r_1に対して増加し、将来の期待生産性A_2に対して減少することがわかる。しかし、現在の生産性A_1に対してはどうだろうか。A_1の増加は、国民所得と消費の両方を増加させるため、一見、貯蓄に対する影響は曖昧なように見える。しかし、前節で見たように、一時的な生産性ショック（A_1の上昇）は消費の増加をもたらすが、その大きさは所得の増加よりも小さいはずである。なぜなら、消費を平準化することを好む家計は、利潤所得増加の一部を将来の消費のために貯蓄するからである。したがって、国民貯蓄はA_1が増加すると必ず増加する。これらの結果をまとめると、以下のようになる。

$$S_1 = S(\underset{+}{r_1}\,;\,\underset{+}{A_1}, \underset{-}{A_2}) \tag{5.19}$$

この式が**貯蓄曲線**（saving schedule）であり、図5.12に描かれている。A_1とA_2が一定の下で金利を上昇させると貯蓄が促進されるため、貯蓄曲線は、空間（S_1, r_1）において右上がりの傾きを持つ。

図 5.12　貯蓄曲線

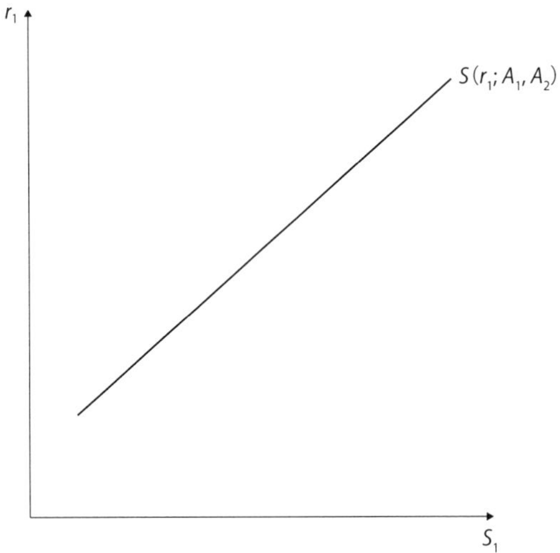

（注）　貯蓄曲線は，国民貯蓄と金利の関係を表している．金利が上昇すると，家計は現在の消費を先延ばしにして，有利子資産の保有を増やすので，貯蓄曲線は右上がりである．

図 5.13　一時的な生産性の上昇が貯蓄曲線に与える影響

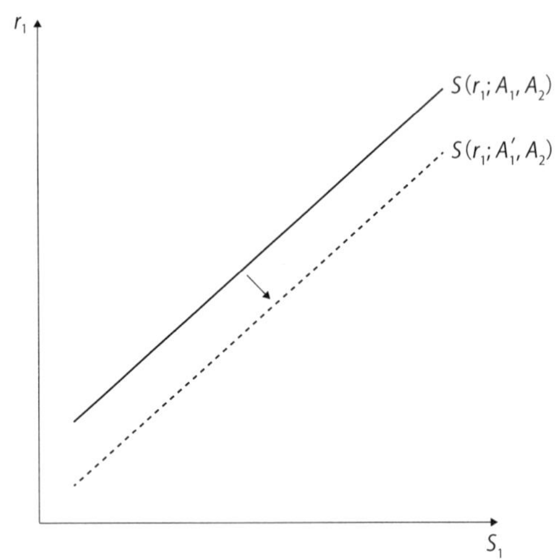

（注）　図は，A_2を一定とした上で，第1期の生産性を示すパラメータをA_1から$A_1' > A_1$へと上昇させた場合の効果を示している．一時的な正の生産性ショックは，貯蓄曲線を右下方にシフトさせる．なぜなら，どのような金利水準においても，家計は生産性上昇によって生じた追加的な利潤収入の一部を将来の消費のために貯蓄するからである．

図 5.14　将来予想される生産性の上昇が貯蓄曲線に与える影響

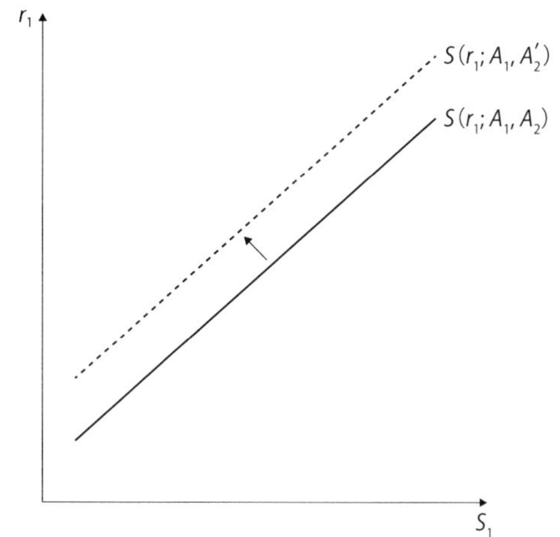

（注）　図は，第2期の生産性を示すパラメータをA_2から$A_2'>A_2$へと上昇させた場合の貯蓄曲線への影響を示している．将来における生産性の上昇は，貯蓄曲線を左上方へとシフトさせる．将来の生産性上昇により，現在の所得に変化はないが，将来の所得が増加する．家計は将来の利潤所得の増加を見越して現在の消費を増加させる．その結果，あらゆる金利水準に対して貯蓄が減少する。

A_2が一定の下で、一時的な生産性ショック、つまりA_1が上昇した場合の影響を考えよう。一時的な生産性ショックは貯蓄曲線を、図5.13によって示されるように右下方にシフトさせる。このように貯蓄曲線がシフトするのは、一時的な生産性上昇によって、どの金利水準でも家計がより多く貯蓄するように誘導されることによる。

では、第2期目に生産性の上昇が見込まれる場合、つまりA_1を一定にしてA_2を上昇させる場合はどうだろうか。このようなショックは、図5.14のように貯蓄曲線を左上方へとシフトさせる。これは、どの金利水準においても、将来の生産性上昇によって貯蓄が抑制されるからである。

5.5　経常収支曲線

第2章2.3節で、経常収支が貯蓄と投資の差額であることを導出した（(2.9)式参照）。

$$CA_1 = S_1 - I_1$$

(5.19) 式、(5.5) 式で示される貯蓄曲線と投資曲線を用いて、経常収支は次

図 5.15　貯蓄，投資と経常収支

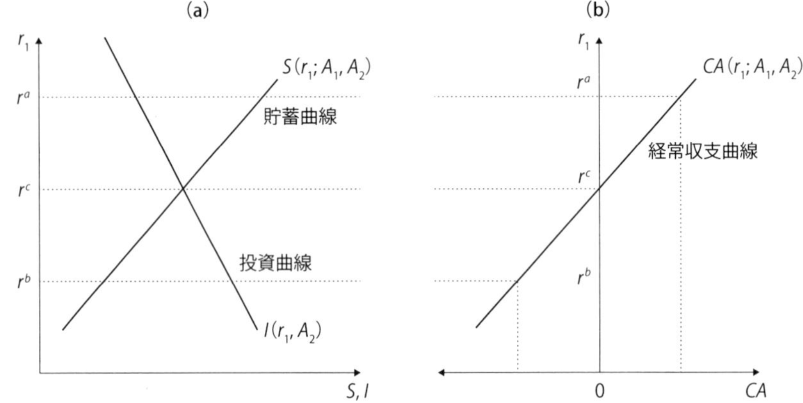

（注）　図は，経常収支曲線を図式化したものである．パネル(a)は貯蓄曲線と投資曲線を示している．パネル(b)は貯蓄曲線と投資曲線の水平方向における差として示される経常収支曲線を示したものである．

のように書くことができる。

$$CA_1 = S(\underset{+}{r_1}\,;\,\underset{+}{A_1},\,\underset{-}{A_2}) - I(\underset{-}{r_1},\,\underset{+}{A_2})$$

この式は、経常収支が金利の増加関数であることを意味する。また、経常収支は第1期目の生産性水準に対して増加し、第2期目の期待生産性水準に対して減少することを意味している。したがって、経常収支曲線は次のように書くことができる。

$$CA_1 = CA(\underset{+}{r_1}\,;\,\underset{+}{A_1},\,\underset{-}{A_2}) \qquad (5.20)$$

図5.15は、**経常収支曲線**（current account schedule）を図式化したものである。[1)] パネル（a）は、投資曲線と貯蓄曲線をプロットしたものである。投資曲線のプロットは図5.6を、貯蓄曲線のプロットは図5.12を再録したものである。パネル（b）は、貯蓄曲線と投資曲線の水平方向における差、すなわち経常収支曲線をプロットしたものである。ここで金利をr^aとすると、パネル（a）からこの金利水準では、貯蓄が投資を上回ることが見て取れる。したがって、パ

1）　図5.15はロイド・A・メッツラー（1913–1980）にちなんで、メッツラー・ダイアグラムと呼ばれる。1960年の講義において発表され、1968年に以下の論文として出版された。Lloyd A. Metzler, "The Process of International Adjustment under Conditions of Full Employment: A Keynesian View," in *Readings in International Economics*, Vol. XI, ed. by Richard E. Caves and Harry G. Johnson, Homewood, IL: Richard D. Irwin, 1968, pp. 465–486.

ネル（b）では、$r_1 = r^a$のとき、経常収支は黒字であることが示されている。また、金利がr^cに等しくなると、投資と貯蓄は等しくなり、経常収支はゼロとなる。金利r^cは、金融面で閉鎖された経済、つまり国際資本市場にアクセスできない経済において適用される金利である。金融的に閉鎖された経済は、**金融閉鎖経済**（financial autarky）と呼ばれる。金利がr^cより低い場合、例えばr^bにおいては、投資が貯蓄を上回っており、経常収支は赤字である。一般に、金利が下がると経常収支は悪化するので、パネル（b）に示すように、経常収支は金利の増加関数である。この図式を用いて、生産経済における貯蓄、投資、および経常収支の均衡における決定と、さまざまなマクロ経済ショックの影響を容易に分析することができる。

5.6 生産経済における均衡

第3章で述べたように、自由な資本移動のある開放経済では、国内金利r_1は世界金利r^*と等しくなければならない。すなわち、以下が成立する。

$$r_1 = r^* \tag{5.21}$$

世界金利r^*は家計や企業だけでなく、国全体に対しても外生的である。なぜなら、国内経済が小さすぎて国際的な資産価格に影響を与えないと仮定しているからである。[2)] したがって、経常収支の均衡水準は図5.16のように経常収支曲線と$r_1 = r^*$の交点によって簡単に求められる。図5.16において、経常収支は均衡においてマイナスである。もし経済が財や金融資産の取引に対して閉鎖的であれば、経常収支は常にゼロとなり、国内金利の均衡値は、図中の縦軸と経常収支曲線の交点であるr^cで決まる。

5.6.1 世界金利の変化に伴う経常収支の調整

世界金利がr^*から$r^{*\prime} > r^*$に上昇したとする。図5.17は、この外的ショックに対する経常収支の調整を示している。当初の金利r^*では、CA_1に相当する経常収支の赤字が発生している。世界金利の上昇は、経常収支曲線の位置を変えず、それに沿った移動を意味する。経常収支の新しい均衡値はCA_1'で与えら

2) 第7章においてはこの仮定は外され、大国開放経済について分析する。

図 5.16　生産経済における経常収支の決定

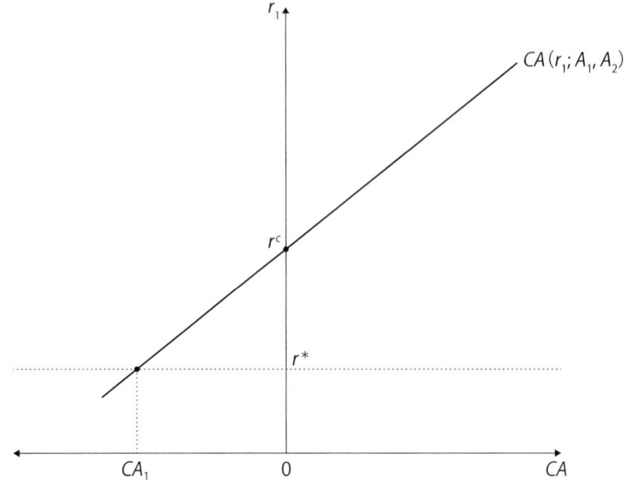

(注)　図は，空間(CA, r_1)において，経常収支曲線と世界金利の関係を表示したものである．自由な資本移動の下では，経常収支は経常収支曲線と世界金利r^*の交点で決定される．閉鎖経済では，経常収支はゼロであり，国内金利r^cは，経常収支曲線と縦軸の交点で決定される．

図 5.17　世界金利の上昇に対する経常収支の調整

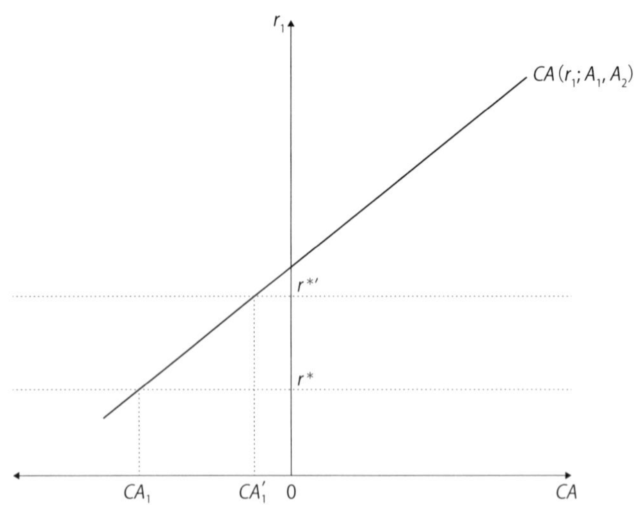

(注)　世界金利の初期値をr^*とすると，均衡における経常収支はCA_1で与えられる．世界金利がr^*から$r^{*\prime}$へと上昇すると，高い金利によって，経常収支はCA_1からCA_1'へと改善する．

表 5.1　世界金利と生産性の変化に対する開放生産経済と閉鎖生産経済における調整

	世界金利の上昇 r^*↑		一時的な生産性の上昇 A_1↑		将来予想される生産性の上昇 A_2↑	
	開放経済	閉鎖経済	開放経済	閉鎖経済	開放経済	閉鎖経済
貯蓄（S_1）	↑	−	↑	↑	↓	↑
投資（I_1）	↓	−	−	↑	↑	↑
経常収支（CA_1）	↑	−	↑	−	↓	−
国内金利（r_1）	↑	−	−	↓	−	↑

（注）この表は，3種類のショックが貯蓄（S_1），投資（I_1），経常収支（CA_1），国内金利（r_1）に与える影響をまとめたものである．外生的ショックは，世界金利の上昇（r^*↑），一時的な生産性の上昇（A_1↑），将来予想される生産性の上昇（A_2↑）である．また，開放経済（自由な資本移動）と閉鎖経済の2つの経済環境の違いが考慮されている．

れ、ここで経常収支曲線は新しく高くなった世界金利$r^{*\prime}$と交差する。こうして、この経済において経常収支の改善が見られる。金利の上昇は債券の魅力を高めるため国内貯蓄を促進し、さらに資本財への支出をまかなうための金利コストが上昇するため、企業の物的資本への投資を抑制する。もし経済が閉鎖的であれば、世界の金融市場から隔離されているので、その結果、どの国内変数も世界金利の変化の影響を受けなくなる。表5.1の一番左の列は、これらの結果をまとめたものである。

5.6.2　一時的な生産性の上昇に伴う経常収支の調整

次に、生産性が一時的に上昇した場合、つまりA_2を一定としてA_1を上昇させた場合の影響を考えてみる。具体的には、生産関数の生産性を示すパラメータがA_1から$A_1' > A_1$へと上昇したとする。図5.18は、この場合の貯蓄、投資、経常収支の調整を示している。生産性上昇前の貯蓄はS_1、投資はI_1、経常収支はCA_1となり、図では世界金利r^*においては貯蓄が投資を下回り、経常収支は$CA_1 < 0$と赤字である。一時的な生産性の上昇は、貯蓄曲線を右下方にシフトさせる。なぜならどの金利水準においても、家計は利潤所得の増加の一部を将来の消費のために貯蓄するからである。投資は生産性の一時的な変化に影響されないので、投資曲線は変化しない。貯蓄曲線の右方シフトが意味するのは、どの金利水準においても、貯蓄−投資で表される経常収支の黒字は一時的な生産性の上昇前より大きくなる、ということである。したがって、経常収支曲線は右下方にシフトする。世界金利r^*が変化しない場合、貯蓄は$S_1' > S_1$、投資

図 5.18　一時的な生産性の上昇に対する経常収支の調整

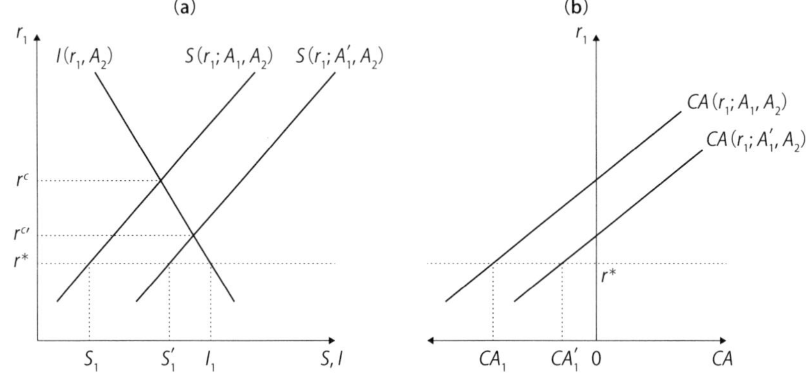

（注）　第1期の生産性がA_1から$A_1'>A_1$へと上昇したとする．A_1の上昇により，貯蓄曲線が右下方にシフトする．投資曲線は変化しない．経常収支曲線は右下方にシフトする．新しい均衡では，経常収支はCA_1'まで改善し，貯蓄はS_1'まで増加するが，投資曲線は変化しない．閉鎖経済においては，A_1の上昇により，金利がr^cから$r^{c\prime}$へと低下し，貯蓄と投資が増加する．

はI_1を維持し、経常収支は$CA_1' > CA_1$となる。このように、一時的な生産性の上昇によって、貯蓄が増加し、投資は変化せず、経常収支が改善することがわかる。

閉鎖経済での調整はかなり異なっている。均衡は常に貯蓄曲線と投資曲線の交点にあり、経常収支は常にゼロである。また、貯蓄曲線が右方へシフトすることで均衡金利はr^cから$r^{c\prime}$へと低下する。閉鎖経済においてこのような金利低下が起こる理由は以下の通りである。家計はA_1の上昇による利潤所得の増加の一部を貯蓄に回したい。しかし元の金利r^cでは、A_1が上昇しても企業の物的資本への投資インセンティブは変わらないので、企業は資金を需要しない。そのため、金利r^cでは、ローン市場において資金が過剰供給されることになる。つまり、市場が再び均衡に向かうには、金利が低下する必要があり、新しい均衡では、貯蓄と投資の両方が増加する。金利低下は、A_1の上昇による所得増加の貯蓄へのプラス効果を部分的に相殺するため、閉鎖経済における貯蓄の増加は開放経済よりも小さい。表5.1の中央の列は、一時的な生産性の上昇に対する開放経済と閉鎖経済の調整をまとめたものである。

5.6.3　将来予想される生産性の上昇に伴う経常収支の調整

第1期に、第2期の資本生産性が向上することを家計が知ったとする。具体

図 5.19　将来予想される生産性の上昇に対する経常収支の調整

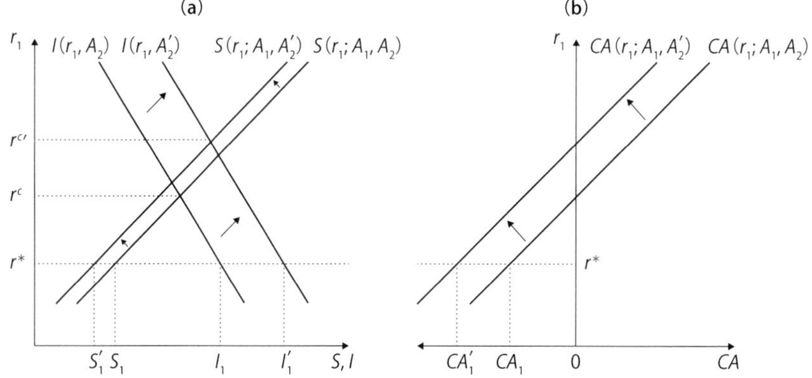

（注）　第2期の生産性係数がA_2から$A_2'>A_2$へと上昇するとする．投資曲線は右方へ，貯蓄曲線は左方へシフトする．貯蓄曲線のシフト幅は投資曲線のそれよりも小さい．経常収支曲線は左へシフトする．開放経済においては，投資は，I_1からI_1'へと増加し，貯蓄はS_1からS_1'へと低下，経常収支はCA_1からCA_1'へと悪化する．閉鎖経済においては，金利がr^cから$r^{c\prime}$へと上昇する．

的には、第2期の生産関数の効率性パラメータが、A_2から$A_2'>A_2$へ上昇すると予想されるとする。このようなニュースがあると、企業はどのような金利水準であっても第1期の投資を増やすことを選択し、投資が急増する。その結果、図5.19のパネル（a）のように投資曲線は右上方にシフトする。世界金利r^*は一定であるから、したがって、新しい均衡投資水準は、$I_1'>I_1$で与えられる。またA_2の上昇は貯蓄曲線$S(r_1; A_1, A_2)$の位置にも影響を与える。どのような金利水準においても、将来の利潤所得の増加への期待から、第1期において消費が促され、貯蓄意欲は減退する。このため、貯蓄曲線は左上方へとシフトする。均衡貯蓄水準は、S_1からS_1'へと低下する。このような投資曲線と貯蓄曲線のシフトは、パネル（b）で示されるように経常収支曲線の左上方へのシフトをもたらす。したがって、経常収支はCA_1からCA_1'へと悪化する。

もし経済が閉鎖的であれば、投資の急増は国内金利をr^cから$r^{c\prime}$へと上昇させ、したがって、投資の増加は開放経済の場合よりも少なくなる。表5.1の一番右の列は、これらの結果をまとめたものである。なお、閉鎖経済において投資と貯蓄が増加するという結果は、貯蓄曲線の水平シフトが投資曲線の水平シフトより小さいという仮定に依存しているので、必ずしも成立する必要はない。選好や技術によって、貯蓄曲線のシフトは、投資曲線のシフトよりも大きくも小さくもなりうる。後述の代数的な例（特に5.7.3項参照）では、効用関数と生産関数に特定の関数形を仮定しており、確かに表5.1の一番右の列に示したように、閉鎖経済において将来の生産性の向上が貯蓄と投資を増加させる。しかし、章末の練習問題5.6で想定した関数形では、貯蓄と投資曲線のシフトがちょうど相殺され、均衡ではA_2の上昇に対して貯蓄と投資が変化しないという結果が得られる。

5.7 生産経済における均衡：代数的アプローチ

5.6節では、生産を伴う小国開放経済における経常収支やその他のマクロ経済指標の均衡決定を特徴付けるのに、図式的なアプローチを採用した。ここでは、代数的なアプローチで均衡の特徴付けを行う。まず、経済の異時点間資源制約を導出する。

5.3節で、家計の異時点間予算制約が次式で与えられることを確認した。

$$C_1 + \frac{C_2}{1+r_1} = (1+r_0)B_0^h + \Pi_1 + \frac{\Pi_2}{1+r_1}$$

(5.3) 式と (5.6) 式で与えられる第1期および第2期の利潤の定義を使ってΠ_1とΠ_2を消去し、(5.17) 式を用いてB_0^hとD_0^fを消去すると、前の式は次のように書き直される。

$$C_1 + \frac{C_2}{1+r_1} + I_1 = (1+r_0)B_0 + A_1F(I_0) + \frac{A_2F(I_1)}{1+r_1} \tag{5.22}$$

上式は、経済の異時点間資源制約である。左辺は国内総需要（消費＋投資）の割引現在価値である。右辺は初期の富と生産物の割引現在価値の和である。

自由な資本移動のある生産経済における均衡は、企業の最適化条件式 (5.4)、家計のオイラー方程式 (5.14)、金利平価条件式 (5.21)、および経済の異時点間資源制約式 (5.22) を満たす配分 $\{C_1, C_2, I_1, r_1\}$ である。したがって、均衡条件を満たすすべての一連の式は以下で与えられる。

$$A_2F'(I_1) = 1+r_1 \tag{5.4R}$$

$$\frac{U'(C_1)}{\beta\, U'(C_2)} = 1+r_1 \tag{5.14R}$$

$$r_1 = r^* \tag{5.21R}$$

$$C_1 + \frac{C_2}{1+r_1} + I_1 = (1+r_0)B_0 + A_1F(I_0) + \frac{A_2F(I_1)}{1+r_1} \tag{5.22R}$$

上記において、初期資本ストックI_0、金利収入を含む初期の対外純資産残高（1

$+r_0)B_0$、世界金利r^*および第1期と第2期の生産性水準A_1とA_2は所与である。

均衡条件式（5.4)、(5.14)、(5.21)、(5.22）は、4つの未知数C_1、C_2、I_1、r_1について解くことができる4つの方程式からなるシステムを構成している。ここで次のような例を考えよう。期間効用関数が以下のような平方根関数であるとする。

$$U(C)=\sqrt{C}$$

また以下のように、技術は資本のべき乗関数であるとする。

$$F(I)=I^{\alpha}$$

ここで、$\alpha\in(0,1)$は、資本の限界生産物が資本ストックとともに減少する割合を決定するパラメータである。この生産関数を用いると、均衡条件式（5.4）は次のようになる。

$$\alpha A_2 I_1^{\alpha-1}=1+r_1$$

左辺は資本の限界生産物であり、生産関数のI_1に関する導関数で与えられる。I_1について解けば、以下が得られる。

$$I_1=\left(\frac{\alpha A_2}{1+r_1}\right)^{\frac{1}{1-\alpha}} \tag{5.23}$$

これが投資曲線であり、(5.5）式の特殊なケースである。予想通り、投資は金利r_1の減少関数であり、生産性の期待水準A_2の増加関数である。

また、仮定した期間効用関数の関数形によると、オイラー方程式（5.14）は次のようになる。

$$\frac{\sqrt{C_2}}{\beta\sqrt{C_1}}=1+r_1 \tag{5.24}$$

経済の異時点間資源制約式（5.22）から金利平価条件式（5.21）を用いてr_1を、また投資曲線（5.23）式を用いてI_1を、オイラー方程式（5.24）を用いてC_2を消去すると、第1期における均衡消費水準を表す以下の表現が得られる。

$$C_1=\frac{1}{1+\beta^2(1+r^*)}\left[(1+r_0)B_0+A_1I_0^{\alpha}+\left(\frac{1-\alpha}{\alpha}\right)\left(\frac{\alpha A_2}{1+r^*}\right)^{\frac{1}{1-\alpha}}\right] \tag{5.25}$$

直感的に考えるとこの式が示すのは、均衡状態における現在の消費は、世界金利r^*の減少関数、かつ第1期と第2期の生産性A_1とA_2の増加関数であり、また期初の純対外資産残高（$1+r_0)B_0$の増加関数であるということである。また現在の消費は、主観的割引率βの減少関数である。このパラメータは、こらえ性のなさの程度を表していることを思い出そう（βが小さいほど、家計はよりせっかちである)。したがって、家計がよりせっかちになると、当然の帰結として、人生の早い段階での消費により多くの資源を投入するようになり、資本流入が大きくなる（あるいは資本流出が小さくなる）。

第1期の貯蓄額S_1は、国民所得と第1期の消費額の差で与えられる。国民所得は、$r_0B_0 + A_1I_0^{\alpha}$で与えられ、これは純投資所得r_0B_0と生産（またはGDP）$Q_1 = A_1I_0^{\alpha}$の和である。したがって、以下のように表現できる。

$$S_1 = r_0B_0 + Q_1 - C_1$$

さらに、(5.25) 式を用いてC_1を消去すると、第1期の貯蓄は以下のように表すことができる。

$$S_1 = r_0B_0 + A_1I_0^{\alpha} - \frac{1}{1+\beta^2(1+r^*)}\left[(1+r_0)B_0 + A_1I_0^{\alpha} + \left(\frac{1-\alpha}{\alpha}\right)\left(\frac{\alpha A_2}{1+r^*}\right)^{\frac{1}{1-\alpha}}\right] \quad (5.26)$$

これが貯蓄曲線であり、(5.19) 式の特殊なケースである。貯蓄は、以下の2つの理由から、世界金利r^*の上昇に対して減少する。第1に、金利の上昇は、債券での貯蓄をより魅力的にする。そのため、家計は現在の消費を将来の消費で代替するようになる。この効果は、$1/[1+\beta^2(1+r^*)]$ という因子でとらえられる。第2に、金利の上昇により、第2期の企業の収益性が低下し、その結果第2期の家計の利潤所得を減少させ、貧しくなったと感じた家計は第1期の消費を減らす。r^*の上昇は第1期の所得に影響を与えないので、消費の減少と同じ規模で貯蓄が増加する。

第1期の経常収支CA_1は、貯蓄と投資の差額で与えられる。

$$CA_1 = S_1 - I_1$$

(5.23) 式、(5.26) 式で示された投資曲線と貯蓄曲線を用いると、次のように書くことができる。

$$CA_1 = \underbrace{r_0B_0 + A_1I_0^{\alpha}}_{\text{国民所得}} \underbrace{- \frac{1}{1+\beta^2(1+r^*)}\left[(1+r_0)B_0 + A_1I_0^{\alpha} + \left(\frac{1-\alpha}{\alpha}\right)\left(\frac{\alpha A_2}{1+r^*}\right)^{\frac{1}{1-\alpha}}\right]}_{\text{消費}} \underbrace{- \left(\frac{\alpha A_2}{1+r^*}\right)^{\frac{1}{1-\alpha}}}_{\text{投資}} \quad (5.27)$$

これが経常収支曲線であり、(5.20) 式の特殊なケースである。この式は一見複雑に見える。しかし、これは実に直感的に理解できるものであり、さまざまなショックが経常収支曲線にどのような影響を与えるかについて以下で議論していく。

5.7.1　世界金利の上昇に伴う調整

世界金利r^*が上昇したと仮定する。(5.27) 式から明らかなように、第1期の国民所得は変化せず、消費と投資はともに減少する。その結果、r^*の上昇により経常収支は改善する。世界金利の上昇は、国内の消費や資本財への支出を抑制し、海外資産の購入に振り向けられる資源が潤沢になる。これは、5.6.1項で図によって示した結果と一致している。

5.7.2　一時的な生産性の上昇に伴う調整

ここで、一時的な正の生産性の上昇、A_1が$\Delta A_1>0$分増えた場合を考える。(5.27) 式より、経常収支の変化は以下で与えられる。

$$\Delta CA_1=\Delta A_1 I_0^a-\frac{1}{1+\beta^2(1+r^*)}\Delta A_1 I_0^a>0$$

これは、5.6.2項で図で示した結果と同様に、一時的な生産性の上昇に対応して経常収支が改善されるというものである。直感的に解釈すると単純である。右辺の第1項は生産性の上昇による第1期の所得の増加である。第2項は第1期の消費の増加であり、これは生産高の増加の$1/[1+\beta^2(1+r^*)]<1$の割合である。家計は第1期の生産高の増加の一部しか消費しないわけであるが、これは将来の消費のために増加した所得の一部を残しておきたいからである。

では、A_1の上昇に対して、閉鎖経済はどのように調整されるのだろうか。(5.27) 式を別の角度から見てみよう。閉鎖経済では経常収支は常にゼロでなければならないので、左辺をゼロとする。また閉鎖経済では、経常収支をゼロにするために国内金利が調整されなければならないので、r^*をr_1で置き換えねばならない。この結果、以下が成立する。

$$0 = \underbrace{r_0 B_0 + A_1 I_0^{\alpha}}_{\text{国民所得}} \underbrace{- \underbrace{\frac{1}{1+\beta^2(1+r_1)}\left[(1+r_0)B_0 + A_1 I_0^{\alpha} + \left(\frac{1-\alpha}{\alpha}\right)\left(\frac{\alpha A_2}{1+r_1}\right)^{\frac{1}{1-\alpha}}\right]}_{\text{消費}}}_{\text{貯蓄}} - \underbrace{\left(\frac{\alpha A_2}{1+r_1}\right)^{\frac{1}{1-\alpha}}}_{\text{投資}} \tag{5.28}$$

この式は、閉鎖経済においては、貯蓄は投資と等しくなければならないことを述べている。他の条件がすべて同じであれば、先ほど述べたように、A_1の上昇によって国民所得が消費を上回って増加し、投資は影響を受けないため、(5.28) 式の右辺の増加をもたらす。しかしこの場合、貯蓄が投資を上回るため、(5.28) 式は成立しないことになる。つまり、金利が据え置かれたままであることは許されない。明らかに、(5.28) 式の右辺はr_1の減少関数である。つまり、再び均衡にいたるためには、r_1が低下しなければならない。直感的にいえば、A_1の上昇による過剰な資金供給が国内金利r_1を低下させ、消費と投資を刺激し、貯蓄と投資が等しくなるようバランスを回復させるのである。このように閉鎖経済においては、一時的に生産性が上昇すると、消費、投資、貯蓄が拡大し、金利が低下する。

5.7.3 将来予想される生産性の上昇に対する調整

最後に、生産性の上昇が予想される場合の効果について考えてみよう。具体的には、第1期において、家計が第2期に資本の生産性が上昇することを知ったと想定する。A_2が上昇すると経常収支が悪化することは (5.27) 式から明らかである。これは、国民所得は変わらないのに、消費と投資が生産性上昇の期待によって刺激されるからである。この結果は、5.6.3項の図を用いた分析結果とも一致する。

閉鎖経済ではどうなるのだろうか。もう一度 (5.28) 式を見てみよう。右辺はA_2の減少関数であり、r_1の増加関数であるので、A_2の上昇によりr_1が上昇しなければならない。直感的に言えば、将来の生産性の上昇が投資の収益性を高め、家計が豊かになったと感じて消費が促される。そのため、投資は拡大、貯蓄は縮小して、貸付市場では資金需要が過剰になる。したがって、経済が均衡するためには金利が上昇しなければならない。

$1 + r_1$は上昇するが、その上昇幅はA_2の上昇幅と比べると小さい割合であることに注意しよう。もし、$1 + r_1$がA_2と同じ割合で上昇するとしたら、投資は変化しないが、消費は減少するため、貯蓄が投資を上回る。つまり（5.28）式に違反することになる。したがって、閉鎖経済では生産性A_2の上昇を見込んで貯蓄、投資、金利のすべてが増加するが、国民所得は変わらないということになる。第1期の消費C_1は国民所得から貯蓄を差し引いたものに等しいので、第2期に良いニュース（A_2の上昇）を期待したにもかかわらず、C_1は低下することになる。この結果は、A_2の上昇に対して消費支出が確実に増加する開放経済とは、かなり異なっている。

5.8　生産経済における交易条件

第4章では、交易条件ショックは、ちょうど、賦存量ショックと同じであるという結論となった。本節では、この結論が生産経済にも当てはまることを示す。具体的には、交易条件ショックが生産性ショックと同じ効果を持つことを示す。

第4章で行ったように、家計が消費する財は経済が生産する財と異なっているとする。例えば、家計が食料の消費に選好を持ち、しかしその経済は石油を生産しているとする。このとき、第1期と第2期の利益は次式で与えられる。

$$\Pi_1 = TT_1 A_1 F(I_0) - (1 + r_0) I_0$$

$$\Pi_2 = TT_2 A_2 F(I_1) - (1 + r_1) I_1$$

上式において、TT_1は第1期の交易条件であり、輸出財（石油）の輸入財（食料）で測った相対価格として定義される。TT_2も同様の定義である。ここでは資本も輸入され、食料で測った資本の相対価格は1であると仮定している。[3)] 貿易条件は、常に生産性を示すパラメータに乗じて現れることに注意しよう。つまり、以前はA_1であったところが、今はTT_1A_1となり、以前はA_2だったところ

3)　章末の練習問題5.3では、食料で測った資本の相対価格が1に等しくない場合を考え、この相対価格の変化に対する経常収支の調整を考察する。

がTT_2A_2になっている。

第1期において、企業はA_2、TT_2とr_1を所与としてΠ_2を最大化するようにI_1を選択する。利潤最大化条件は以下で与えられる。

$$TT_2A_2F'(I_1)=1+r_1$$

この最適化条件は、A_2の代わりにTT_2A_2が現れることを除けば、一財の経済で得られた（5.4）式と全く同じである。つまり、第2期の交易条件の変化は、第2期の生産性の変化と全く同じ効果を投資に与える。したがって、投資曲線は次のように書くことができる。

$$I_1=I(\underset{-}{r_1},\ \underset{+}{TT_2A_2})$$

家計の異時点間予算制約は（5.11）式と同様であり、違いは第1期と第2期の利潤が、A_1とA_2の代わりにそれぞれTT_1A_1とTT_2A_2に依存することである。したがって、次のように書くことができる。

$$C_1=C(\underset{-}{r_1}\ ;\ \underset{+}{TT_1A_1},\ \underset{+}{TT_2A_2})$$

国民所得は、$r_0B_0+Q_1=r_0B_0+TT_1A_1F(I_0)$ に等しく、これもTT_1とA_1の積に依存する。したがって、国民所得と消費の差である貯蓄も、A_1とA_2の代わりにそれぞれTT_1A_1とTT_2A_2を用いる以外は、一財の経済と全く同じように振る舞う。したがって、次のように書くことができる。

$$S_1=S(\underset{+}{r_1}\ ;\ \underset{+}{TT_1A_1},\ \underset{-}{TT_2A_2})$$

最後に、貯蓄と投資の差額として定義される経常収支曲線にも、同じことが言える。

$$CA_1=CA(\underset{+}{r_1}\ ;\ \underset{+}{TT_1A_1},\ \underset{-}{TT_2A_2})$$

その結果、交易条件ショックに対する経常収支の調整は、A_1とA_2をTT_1とTT_2に置き換えることで、表5.1から読み取ることができる。特に、一時的な交易条件の改善（TT_1が上昇し、かつTT_2は一定）によっては、貯蓄が増加し、経常収支が改善するが、投資は一定のままである。さらに、将来の交易条件の改善（TT_1は一定であり、かつTT_2が上昇）が予想されると、貯蓄は減少し、投資が拡大するため、経常収支が悪化する。

5.9　応用編：巨大油田の発見

本章で研究した生産を伴う開放経済モデルは、実証的に見ても説得的なのだろうか。この問いに答えるために、異なる国、異なる時期に起こったいくつかの自然実験を検証する。ここでの自然実験とは巨大油田の発見である。このモデルの文脈では、巨大油田発見のニュースは、資本の生産性の向上、つまりA_2の予期された上昇と解釈される。なぜ油田の発見が予期された生産性ショックと見なされるかというと、石油を採掘して市場に出すには、時間がかかり、また生産設備への大規模な投資も必要だからである。発見から生産までの平均的なずれは4年から6年と推定されている。

巨大油田発見のマクロ経済効果は、図5.19を用いて分析することができる。油田発見のニュースにより、投資曲線は右上方に、貯蓄曲線は左上方にシフトする。また、経常収支曲線は左上方へシフトする。世界金利は変化しない。つまり、油田が発見されると、投資ブームが起こり、貯蓄が減少し、そして経常収支が悪化することが予測される。そして、石油が市場に出回るようになると（モデルでは第2期、現実には油田発見後4～6年）、石油生産が増え、投資は減り、貯蓄が増え（第1期に石油施設建設や消費のために積み上げた負債を返済するため）、経常収支が改善される。このようなモデルの予測は、データに現れているのだろうか。

国際通貨基金のラベ・アレズキ（Rabah Arezki）、カリフォルニア大学サンディエゴ校のバレリー・ラミー（Valerie Ramey）、香港中文大学のリュウガン・シェン（Liugang Sheng）は、1970年から2012年までの180カ国における巨大油田発見の効果を分析している。[4] 巨大油田発見とは、最終回収可能油量換算で5億バレル以上の油田・ガス田の発見と定義される。なお、最終回収可能油量は、既存の技術で技術的に回収可能な油量である。サンプルデータでは、64カ国において371の巨大油田が発見された（つまり180カ国中116カ国においてはサンプル期間中に発見されていない）。巨大油田発見のピークは1970年代であり、予想される通り、最も多く発見された地域は中東・北アフリ

4)　Rabah Arezki, Valerie A. Ramey, and Liugang Sheng, "News Shocks in Open Economies: Evidence from Giant Oil Discoveries," *The Quarterly Journal of Economics*, Vol. 132, Issue 1, February 2017, pp. 103–155.

図 5.20　巨大油田の発見がマクロ経済に及ぼす動学的な影響

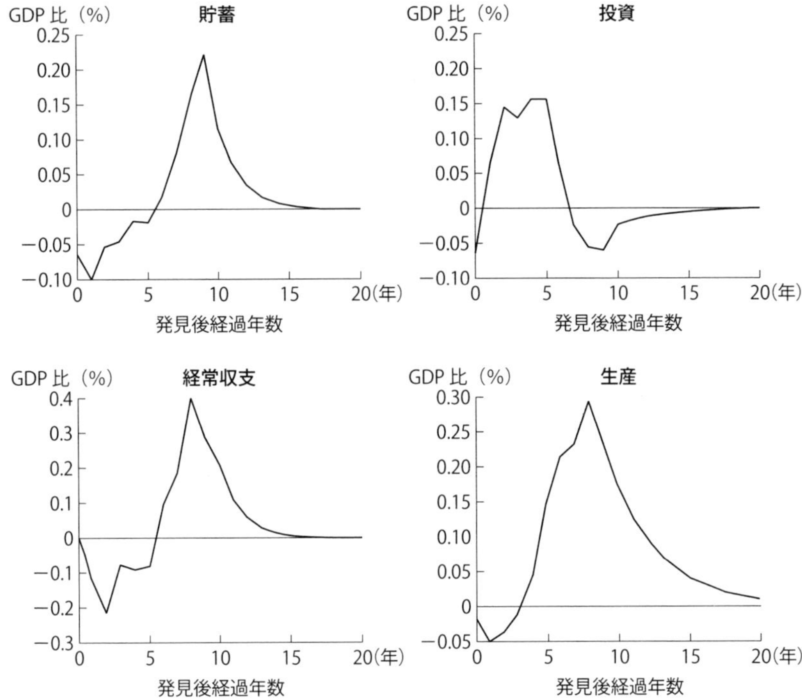

（注）図は, 油田発見が貯蓄, 投資, 経常収支と生産に及ぼす動学的反応を示したものである. 油田発見の規模はGDPの9%である. 貯蓄, 投資, 経常収支の単位は対GDP比である. 生産高はトレンドからの乖離率で表示.
（出所）Rabah Arezki, Valerie A. Ramey, and Liugang Sheng, "News Shocks in Open Economies: Evidence from Giant Oil Discoveries," *The Quarterly Journal of Economics*, Vol. 132, Issue 1, February 2017, pp. 103–155, online appendix, Table D.I.

カである。発見された巨大油田は実に大規模で、その経済的価値はサンプルデータの中央値で1年間のGDPの9%に相当する。

図5.20は、巨大油田発見後の貯蓄、投資、経常収支、生産の動学的反応を示している。石油の発見規模はGDPの9%であり、データ上での典型的な規模である。[5] 巨大油田発見のニュースを受けて、投資は約5年間続くブームとなる。貯蓄は減少し、5年程度は通常値を下回るが、その後数年間は急激に増加する。経常収支は5年間悪化するが、その後反転し、8年目にピークを迎える。

5）動学的反応の推定には、分散ラグを用いた動学パネルモデル推定と呼ばれる計量経済学の手法が用いられている。つまり、例えば、経常収支という注目変数と、それ自身のラグ、巨大油田発見の現在値とラグ、そして定数、時間そして国別固定効果などの制御変数との間で回帰分析を行うものである。

最後に、生産は5年目まで比較的安定しており、その後、増加のピークを迎える。注目すべきことに、投資ブームと貯蓄・経常収支の悪化は、約5年という、石油産業に典型的な油田発見から生産までの時間的なずれの間、ずっと続いているのである。この結果は、動学的反応の計量経済学的推定に組み込まれていないため、注目すべきである。

すべての実証的反応は、理論モデルの予測と一致する。つまり、巨大油田の発見は、石油会社による掘削プラットフォーム建設のための投資を誘発する。また、家計は将来の石油輸出による利益増を見込んで、消費を増やし、貯蓄を減らす。このような投資の拡大と貯蓄の減少の両方が、発見後数年間の経常収支を赤字にする。

本章で学んだ経常収支の異時点間モデルの信憑性は、巨大油田の発見を契機とするマクロ経済諸変数の動学的観察によって裏付けられている。この結果は重要である。なぜなら、本章で展開されたモデルは、国際マクロ経済学の多くのモデルの基礎を成しているからである。

5.10 まとめ

この章では、生産と投資を伴う開放経済を学んだ。

- 企業は、第1期に資本財を購入するために借入れを行う。第2期では、企業は資本を用いて最終財を生産、利息を含めて借入金を返済し、利益を家計に分配する。
- 企業は、資本の限界生産物が総金利（gross interest rate, $1+r$）に等しくなるまで投資を行う。
- 最適な投資水準は、金利の減少関数であり、第2期における期待生産性水準の増加関数である。
- 投資と金利の負の関係が投資曲線であり、空間（I_1, r_1）では投資曲線は右下がりである。資本の生産性の上昇が予想される場合、投資曲線は右上方へシフトする。
- 家計は、異時点間予算制約の下で生涯効用を最大化する。予算制約の所得には、企業から受け取る利潤の割引現在価値が含まれる。
- 最適な貯蓄水準は、金利と現在における資本生産性の増加関数であり、将来における期待生産性水準の減少関数である。

- 金利と貯蓄の正の関係が貯蓄曲線であり、空間（S_1, r_1）において貯蓄曲線は右上がりである。現在における資本の生産性の上昇は、貯蓄曲線を右下方にシフトさせる。また、将来予想される生産性の上昇は、貯蓄曲線を左上方へとシフトさせる。
- 経常収支曲線は、貯蓄曲線と投資曲線の水平方向における差である。空間（CA_1, r_1）において、経常収支曲線は右上がりである。現在における資本生産性の上昇は、経常収支曲線を右下方へシフトさせる。また、将来における生産性の上昇が期待される場合、経常収支曲線は左上方へとシフトする。
- 世界金利が上昇すると、経常収支が改善され、貯蓄が増加し、投資が減少する。
- 資本生産性が一時的に上昇すると、経常収支が改善し、貯蓄が増加し、投資は変化しない。
- 将来の期待資本生産性の予想された上昇により、経常収支は悪化し、貯蓄は減少し、投資は拡大する。
- 交易条件ショックは生産性ショックと同じ効果を持つ。したがって、その効果は上で述べた2つの結果から読み取ることができる。
- 1970年から2012年にかけて世界各地で観測された巨大油田発見による貯蓄、投資、経常収支、生産の動学的反応は、本章で示した経常収支決定のための異時点間モデルの予測と整合的である。

5.11 練習問題

練習問題5.1 (TFU)

次の記述が真、偽、または不明のいずれであるかを示し、その理由を説明しなさい。

1. 将来の生産性に関する良いニュースは、現在の貿易赤字につながる。
2. 交易条件の悪化は消費の落込みを招き、経常収支を悪化させる。
3. A国の初期の純国際資産残高 (B_0) が、B国のそれより大きいという事実を除いて、A国とB国はすべての点で同一である。この場合、
   (a) A国の消費は、すべての期間においてB国の消費より高い。
   (b) A国の投資水準はB国のそれより高い。
   (c) A国の貿易収支はB国よりも大きい。
   (d) 上記のどれも当てはまらない。

4. せっかちな家計が多い国（つまりβが小さい国）は、第1期の消費が多く、投資が少ない。
5. 第1期の生産性の上昇（A_1の上昇）により、第2期の純投資所得が増加する。
6. 世界金利が上昇する（より高いr^*）と、第1期に経常収支が改善し、第2期は経常収支が悪化する。
7. 将来の生産性上昇に関する朗報は、開放経済か閉鎖経済かにかかわらず、今日の消費を増加させる。
8. 他の条件がすべて同じであれば、資金調達が国内資本市場に限定されないため、開放経済では閉鎖経済よりも投資が安定的である。
9. 将来の生産性の低下が予想される場合、将来における純投資所得は増加する。

練習問題5.2（初期金利の変化）

第1期において、予想外に初期金利がr_0から$r_0' > r_0 > 0$に上昇したとする。このような事態は、例えば、0期に家計が（固定金利ではなく）変動金利で借金をした場合に起こりうる。このショックが第1期の消費、貯蓄、投資、経常収支に与える影響をグラフで分析し、提示しなさい。またこの国が外国に対して純債権者（$B_0 > 0$）の場合と、純債務者（$B_0 < 0$）の場合とを区別して、直感的にわかるように説明しなさい［ヒント：この章では、r_0の変化を考慮しなかったので、貯蓄曲線を$S_1 = S(r_1; A_1, A_2)$と書いたが、しかし、r_0も貯蓄に影響するとなれば、次のように書くことができる。$S_1 = S(r_1; A_1, A_2, r_0)$］。

練習問題5.3（投資の相対価格と経常収支）

5.8節では、企業が生産する財とは異なる財を家計が消費する経済（食料と油田を例とした）を仮定し、そこでは交易条件の変化がもたらす影響を分析した。この経済では、消費と投資がともに輸入によってまかなわれ、消費財で測った投資財の相対価格は一定で1に等しいという仮定であった。ここでは、この経済を次のように修正する。国内経済は消費財のみを生産していると仮定する。国内生産物は、国内で消費されるか、輸出されるかのどちらかである。投資財は国内では生産されないので、輸入しなければならない。消費財から見た投資財の価格はPK_1に等しい。小国の仮定により、この経済はPK_1に影響を与えることがない。国内企業の生産関数は$A_t I_{t-1}^{\alpha}$で与えられ$t = 1, 2$さらに、$\alpha \in (0, 1)$である。I_tは投資財の単位で測った投資を示す。

1. 第1期の投資支出曲線を消費財の単位で表すとどのようになるか。すなわち、左辺が投資財への支出（投資財の数量ではなく）であり、また右辺の引数がr_1とA_2だけでなくPK_1である、(5.5) 式のような関係を導出しなさい。PK_1が上昇すると、この投資曲線はどう変化するのだろうか。
2. 第1期における貯蓄曲線を特徴付けなさい。すなわち、この経済について、(5.19) 式のような式を導出しなさい。PK_1が上昇すると、貯蓄曲線は左右どちらかにシフトするのか、それとも変化しないのか論じなさい。
3. 第1期における経常収支曲線を特徴付けなさい。すなわち、この経済について、(5.20) 式のような式を導出しなさい。PK_1が上昇すると、経常収支曲線は左右どちらにシフトするのか、それとも変化しないのか論じなさい。

4. この経済が規模が小さく、財や資産の国際貿易に開放的で、自由な資本移動が行われていると仮定する。このとき PK_1 の上昇が、均衡における貯蓄、投資、そして経常収支に与える影響を論じなさい。
5. 資本取引には閉鎖的である一方、財貿易は開放的であると仮定した場合、前問の答えはどのように変わるだろうか。

練習問題5.4(ガス生産者の投資判断)

ある企業が、第1期における設備投資を I_1 として、第2期において $I_1^{1/3}$ のガスを生産しているとする。ガスの価格が2ドル、設備の価格が1ドル、金利が20%だと仮定する(つまり、第1期に1ドルを借りると、第1期で1.2ドルの債務になる)。第1期における最適な投資水準と、第2期でのガスの生産量を求めなさい。

練習問題5.5(開放経済における投資　その1)

各期ごと、単一の財からなる小国開放経済の2期間のモデルを考える。代表的な家計の選好は次の効用関数で与えられる。

$$\ln C_1 + \ln C_2$$

ここで、C_1 と C_2 は、第1期と第2期の消費を表す。各期間において、家計は所有する企業から Π_1 と Π_2 の利益を得る。家計と企業は金融市場にアクセスでき、金利 r_1 で貸し借りができる。第1期と第2期の生産技術はそれぞれ次式で与えられる。

$$Q_1 = A_1 I_0^{\alpha}$$
$$Q_2 = A_2 I_1^{\alpha}$$

ここで、Q_1 と Q_2 は第1期と第2期の生産、I_0 と I_1 は第1期と第2期の資本ストックを表す。また A_1 と A_2 は第1期と第2期の生産性係数、α はパラメータである。$I_0 = 16$、$A_1 = 3\frac{1}{3}$、$A_2 = 3.2$、$\alpha = \frac{3}{4}$ と仮定する。第1期の初めに家計は $B_0^h = 8$ の債券を保有している。0期から第1期における債券の金利は $r_0 = 0.25$ である。第1期において、企業は、第2期に資本となる投資財 I_1 を購入するための借入れ D_1^f を行う。自由な国際資本移動が存在し、世界金利 (r^*) は20%であるとする。

1. 第1期の生産と利潤を計算しなさい。
2. 第1期における投資と第2期における生産と利潤の最適水準を計算しなさい。
3. 第1期と第2期の最適な消費水準を求めなさい。
4. 第1期末の国の対外純資産残高 B_1、貯蓄 S_1、貿易収支 TB_1、経常収支 CA_1 を求めなさい。
5. ここで、第1期に金利が上昇した場合を考えてみよう。具体的には、国際金融市場の混乱の結果、第1期において世界金利が20%から50%に上昇したとする。このとき、第1期における貯蓄、投資、貿易収支、経常収支、対外純資産残高の均衡水準を求め、直感的にわかるように説明しなさい。
6. 金利は20%であるとし、A_1 が4に上昇したとする。このとき、第1期の生産、消費、貯蓄、投資、経常収支の均衡値を計算しなさい。また、この一時的な生産性ショックに対する調整を直感的にわかるように説明しなさい。

7. 金利は20%であるとし、$A_1 = 3\frac{1}{3}$、しかしA_2が3.2から4に増加したと仮定する。このとき、第1期の均衡における消費、貯蓄、投資、経常収支を計算し、結果を説明しなさい。

練習問題5.6（開放経済における投資　その2）

$B_0 = 0$、$I_0 = 16$として、練習問題5.5の問2.から問4.と問6.から問7.に答えなさい。開放経済の場合と閉鎖経済の場合について、それぞれ答えなさい。数値解が表5.1の定性的な結果とどの程度一致しているか（あるいは一致していないか）論じなさい。

練習問題5.7（生産経済における交易条件ショック）

ロシアでは輸出のうち石油が大きな割合を占めている。来年、石油価格が大きく下落することが予想されるとする。この将来予想される石油価格の変動が、今年度の貯蓄、投資、経常収支に与える影響を、グラフを使って分析しなさい。また、(a) ロシアが小国開放経済である場合、(b) ロシアが閉鎖経済である場合、の2つのケースについて考察しなさい。

第6章 不確実性と経常収支

ここまでは、確実視されているファンダメンタルズの変化に対して、経常収支がどう反応するのかについて研究してきた。しかし、現実の世界は不確実性に満ちている。マクロ経済の変動が大きい時期もあれば、そうでない時期もある。したがって、全体的な**不確実性**（uncertainty）の度合いがマクロ経済、特に対外収支にどのような影響を与えるかということは当然の疑問である。本章はこのような問いに答える。まず、最初に述べるのは、1980年代半ばから2000年代にかけて、米国は大いなる安定と呼ばれる顕著なマクロ経済の安定期を経験したが、これは巨大な経常収支赤字の発生と同時期であった、という事実である。さらに本章では、第3章の開放経済モデルを拡張し、不確実性を導入する。この修正により、不確実性の総量の変化が消費、貯蓄、貿易収支、および経常収支に及ぼす影響を考えることが可能になる。

6.1 大いなる安定

多くの研究者が、1980年代初頭から米国の実質GDPのボラティリティが著しく低下したことを記録した。この現象は**大いなる安定**（great moderation）と呼ばれるようになった。[1)] 図6.1は1947年第2四半期からから2017年第4四半期までの米国の1人当たり実質GDP（国内総生産）の四半期ごとの成長率を

1) 大いなる安定に関する初期の研究として、Chang-Jin Kim and Charles R. Nelson, "Has the U.S. Economy Become More Stable? A Bayesian Approach Based on a Markov-Switching Model of the Business Cycle," *The Review of Economics and Statistics*, Vol. 81, No. 4, November 1999, pp. 608–616; また、Margaret M. McConnell and Gabriel Perez-Quiros, "Output Fluctuations in the United States: What Has Changed since the Early 1980's?," *The American Economic Review*, Vol. 90, No. 5, December 2000, pp. 1464–1476 がある。さらに、James H. Stock and Mark W. Watson, "Has the Business Cycle Changed and Why?," in *NBER Macroeconomics Annual 2002*, Vol. 17, ed. by Mark Gertler and Kenneth Rogoff, MIT Press, 2003, pp. 159–218 にはこの一連の研究のサーベイが掲載されている。

図6.1　米国における1人当たり実質GDPの四半期ごとの成長率：1947年第2四半期～2017年第4四半期

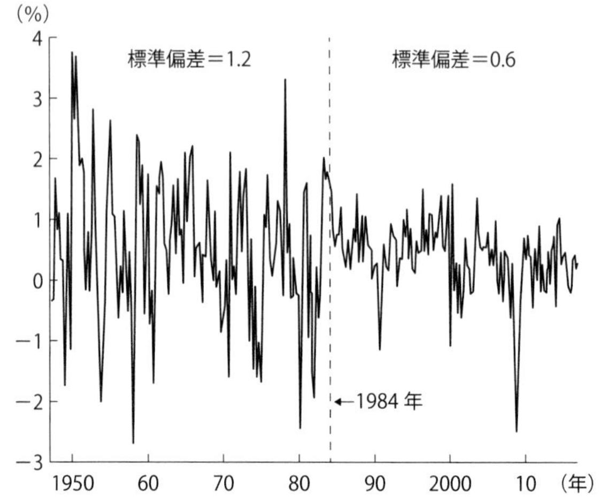

（注）　図は、米国の1人当たり実質GDPの成長率の変動が1984年の大いなる安定開始以来，小さくなっていることを示している．
（出所）　https://www.bea.gov

示したものである。また、大いなる安定の始まった1984年を縦の点線で示した。図から明らかなように、1984年以降は1984年以前よりも実質GDPの成長率が非常に滑らかであることがわかる。

マクロ経済データにおける**ボラティリティ**（volatility）の指標として最もよく使われるのは標準偏差である。この統計によれば、戦後の米国の実質GDPの成長率の変動率は、1984年以降、半分になった。具体的には、四半期ごとの1人当たり実質GDPの成長率における標準偏差は1947年から1983年の間は1.2％であったが、1984年から2017年までの期間になるとわずか0.6％になった。世界金融危機の発生直前の2007年に大いなる安定は終了したと考えるエコノミストもいれば、生産の変動幅が危機以前のレベルに戻っていることから、大いなる安定は現在も続いていると主張するエコノミストもいる。実質GDPの成長率の標準偏差は、1984年から2006年までの期間では、1984年から2017年までの期間と比べて0.1％ポイント低いのみである。以下の議論では、大いなる安定の定義に1984年以降の全期間を含めている。

6.2 大いなる安定の原因

大いなる安定の原因として、幸運、良い政策の結果、または構造変化という3つの説が提唱されている。**幸運仮説**（good luck hypothesis）は、1980年代初頭から米国経済が偶然にも小さなショックに恵まれたとするものである。**良い政策仮説**（good policy hypothesis）は、当時のFRB議長ポール・ボルカーの1970年代の高インフレを終わらせた積極的な金融政策、またボルカーの後継者であるグリーンスパンの低インフレ政策によって、米国は特別にマクロ経済が安定した時期を経験したとするものである。また、大いなる安定をもたらした要因として、優れた規制緩和政策が挙げられている。具体的には、1980年代初頭にレギュレーションQ（Reg Q）を廃止したことである。これは、銀行が預金に対して支払うことのできる金利の上限を定めたものであった。1933年に制定されたこの法律は、銀行の安定性を高めることを目的としていた。預金獲得競争は、銀行のコストを上昇させ、より期待収益が高く、よりリスクの高い融資を行うことを強いると考えられていたからである。そのため、預金に際限なく利息をつけることを認めると、銀行の破綻を招くと考えられていた。[2)] しかし、レギュレーションQは、金融の歪みをもたらした。預金金利に上限があるため、（1970年代のように）期待インフレ率が上昇すると、預金金利と期待インフレ率の差で示される実質預金金利は低下し、マイナスになることもあり、預金者は銀行から資金を引き揚げざるをえなくなった。その結果、銀行は融資量を減らさざるをえなくなり、信用収縮による不況が発生する原因となっていた。

3つ目の**構造変化仮説**（structural change hypothesis）は、大いなる安定のその一因は、特に在庫管理や金融部門における構造変化にあるとするものである。これらの新しい技術によって、企業は販売、生産、そして雇用の流れをよりスムーズにすることができ、それによって景気循環の振幅を小さくすることができたとするものである。

我々は、大いなる安定の説明として提案されているもののうち、どれがより

2） レギュレーションQの詳細については、以下を参照のこと。R. Alton Gilbert, "Requiem for Regulation Q: What It Did and Why It Passed Away," *Federal Reserve Bank of St. Louis Review*, Vol. 68, No. 2, February 1986, pp. 22–37.

説得的であるかについては触れない。その代わり、ここでは1984年以降に米国で観察された経常収支の大幅な悪化と大いなる安定との間に関連があるか否かについて焦点を当てる。

6.3 大いなる安定と経常収支不均衡の出現

大いなる安定の始まりは、米国の経常収支の符号、および絶対的な規模が大きく変化した時期と重なる。図6.2は1947年第1四半期から2017年第4四半期までの米国の経常収支のGDP比を示したものである。経常収支の変化は、第1章ですでにおなじみである。1947年から1983年の間、米国は平均してGDP比0.34％の経常収支の黒字を記録していたが、1980年代初頭から平均でGDP比−2.8％の大幅な経常赤字が発生するようになった。

大いなる安定と経常赤字の長期化が出現したタイミングは単なる偶然なのだろうか、それとも両者の間に因果関係があるのだろうか。この問いに答えるために、経常収支決定の理論的枠組みの中で、生産に対する不確実性の変化が貿易収支と経常収支に及ぼす影響を検証する。

図6.2 米国の経常収支のGDP比：1947年第1四半期〜2017年第4四半期

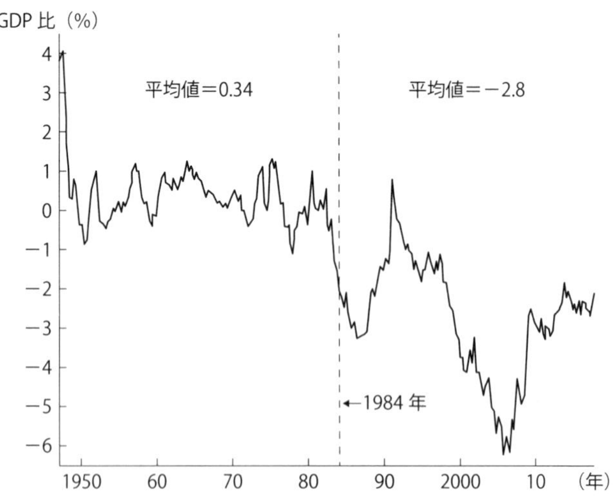

（注） この図から，米国の経常収支の持続的な赤字が出現した時期は，1984年の大いなる安定の開始と一致していることがわかる.
（出所） https://www.bea.gov

6.4　不確実性を伴う開放経済

第3章で研究した経済においては、賦存生産量Q_1とQ_2は確実なものと考えられている。では、将来の賦存生産量Q_2を不確実なものにすると、どのような影響があるのだろうか。もし、第2期における賦存量が、ある確率で、高くもなれば低くもなると知っている場合、第1期において家計はどのように消費と貯蓄の決定を行うのだろうか。直感的には、第1期に**予備的貯蓄**（precautionary saving）が出現すると考えるべきだろう。つまり、第2期の所得が悪化した場合に備えて、第1期で貯蓄を増加させるということである。第1期の貯蓄の増加は、その期の消費の減少によってもたらされなければならない。第1期の賦存生産量は変化せず、消費は減少するため、貿易収支は改善するはずである。同様のメカニズムで考えると、1980年代前半の米国のように、所得の不確実性が低下すれば、貿易収支は悪化するはずである。

これらの考えを定式化するために、まず、生産物の流列が確実にわかっていて、時間的にも一定である経済を考える。具体的には$Q_1 = Q_2 = Q$と仮定する。さらに、生涯効用関数が次式で与えられると仮定する。

$$\ln C_1 + \ln C_2$$

分析を簡単にするために、初期保有資産はゼロ（$B_0 = 0$）であり、かつ世界金利もゼロ（$r^* = 0$）とする。この場合、代表的家計の異時点間予算制約は、$C_2 = 2Q - C_1$となる。この式を用いて効用関数からC_2を消去すると、家計の効用最大化問題は、$\ln C_1 + \ln(2Q - C_1)$を最大化するようにC_1を選択することになる。この最大化問題の一階の条件は、この式のC_1に関する導関数がゼロに等しいこと、すなわち$\frac{1}{C_1} - \frac{1}{2Q - C_1} = 0$である。これを$C_1$について解くと、$C_1 = Q$が得られる。第1期の貿易収支は$TB_1 = Q - C_1$で与えられるので、ゼロである。また経常収支は$CA_1 = rB_0 + TB_1$で与えられるので、これもまたゼロである。直感的に考えると、この経済では、家計は消費を時間を通じて平準化するために貯蓄や借入れをする必要がない。なぜなら、賦存生産量の流列はすでに完全に平準化されているからである。

ここで、第1期の保有量は引き続きQと等しいがQ_2は第1期では確実にはわからないとする。具体的には、確率1/2で家計は第2期に$\sigma > 0$の正の賦存生産量ショックを受け、同じ確率で、家計は$-\sigma$の量の負の賦存生産量ショックを受けるとする。すなわち以下である。

$$Q_2 = \begin{cases} Q+\sigma & 1/2\text{の確率} \\ Q-\sigma & 1/2\text{の確率} \end{cases}$$

不確実性のない経済と比較すると、これは、$\frac{1}{2}(Q+\sigma)+\frac{1}{2}(Q-\sigma)$ で与えられる第2期の賦存生産量の期待値が、不確実性のない経済で第2期に家計が受け取る賦存生産量であるQに等しいという意味で、**平均保存的な不確実性の増加**（mean preserving increase in uncertainty）であると言える。

第2期における賦存量の標準偏差はσで与えられる。なぜそうなるかというと、まず、標準偏差が分散の平方根であること、分散は、生産の平均からの差を2乗して、期待値を取ったものとして定義できることを思い出してほしい。生産量の平均からの偏差は、高い生産量の状態では$Q+\sigma-Q=\sigma$、低い生産量の状態では$Q-\sigma-Q=-\sigma$である。したがって、第2期の生産量の分散は$\frac{1}{2}\times\sigma^2+\frac{1}{2}\times(-\sigma)^2=\sigma^2$で与えられる。第2期の生産量の標準偏差は、$\sqrt{\sigma^2}=\sigma$で与えられる。したがって、$\sigma$が大きいほど第2期における賦存生産量の変動が大きいことがわかる。

さて、家計が不確実な消費経路をどのように評価するかを明らかにする必要がある。ここでは、家計は効用の期待値に基づいて行動すると仮定する。具体的には、生涯効用関数は次のようになる。

$$\ln C_1 + E\ln C_2 \tag{6.1}$$

ここでEは期待値を表す。なお、この選好の定式化は、不確実性がない場合に用いた選好より一般的である。なぜならC_2が確実にわかっているとき、$E\ln C_2=\ln C_2$となるためである。

第2期における家計の予算制約は、経済が良い状態の場合には$C_2=2Q+\sigma-C_1$、悪い状態の場合には$C_2=2Q-\sigma-C_1$で与えられる。したがって、期待される生涯効用は次式で与えられる。

$$\ln C_1+\frac{1}{2}\ln(2Q+\sigma-C_1)+\frac{1}{2}\ln(2Q-\sigma-C_1)$$

家計はこの式を最大化するようにC_1を選択する。この問題に関連する一階の最適化条件は、以下で与えられる。

$$\frac{1}{C_1}=\frac{1}{2}\left[\frac{1}{2Q+\sigma-C_1}+\frac{1}{2Q-\sigma-C_1}\right] \tag{6.2}$$

この式の左辺は、第1期における消費の限界効用である。右辺は、第2期における消費の期待限界効用である。つまり、最適な消費選択は、第1期の消費の限界効用と第2期の消費の期待限界効用を等しくするものである。

まず、$C_1=Q$で与えられる不確実性のない場合の最適な消費選択が、不確実性のある場合の解であるかどうかを確認しよう。不確実性のない場合、以下が成立する。

$$\frac{1}{Q}=\frac{1}{2}\left[\frac{1}{2Q+\sigma-Q}+\frac{1}{2Q-\sigma-Q}\right]$$

この式は、さらに次のように簡略化できる。

$$\frac{1}{Q}=\frac{1}{2}\left[\frac{1}{Q+\sigma}+\frac{1}{Q-\sigma}\right]$$

さらに単純化すると、以下が得られる。

$$1=\frac{Q^2}{Q^2-\sigma^2}$$

しかし、$\sigma>0$であるため、上の式が成立することは不可能である。つまり$C_1\neq Q$が示された。つまり、平均保存的な不確実性の増大は、家計に、確実性の下で選ぶであろう消費とは異なる水準の消費を第1期に選択させるのである。

図6.3は、この結果を図式化したものである。これは第1期の消費の限界効用をC_1の関数として実線でプロットしたものである（(6.2) 式の左辺)。$C_1=Q$とすると、第1期の消費の限界効用は$1/Q$に等しい（図中A点)。この場合、第2期の消費は（$Q-\sigma$）か（$Q+\sigma$）であり、第2期の限界効用は$1/(Q-\sigma)$または$1/(Q+\sigma)$（それぞれB点またはC点）である。第2期における期待限界効用は$\frac{1}{2}\frac{1}{Q-\sigma}+\frac{1}{2}\frac{1}{Q+\sigma}$となる（図中のD点)。またD点はA点より上にあるので（限界効用は凸であるから)、$C_1=Q$のとき、第1期の消費の限界効用は、第2期の消費の期待限界効用を下回る。したがって、$C_1=Q$とすれば、最適化条件（6.2）式の左辺は右辺より小さい。つまり、消費者が$C_1=Q$を選択した場合、消費者の消費の第1期における限界効用は、第2期の消費の期待限界効用よりも小さくなる。直感的に考えると、家計は第1期の消費を減らし、第2期の消費を増やすことで効用の増加を見込むことができる。

これをより形式的に見るには、最適化条件（6.2）式の左辺はC_1において減

図6.3 不確実性と予備的貯蓄

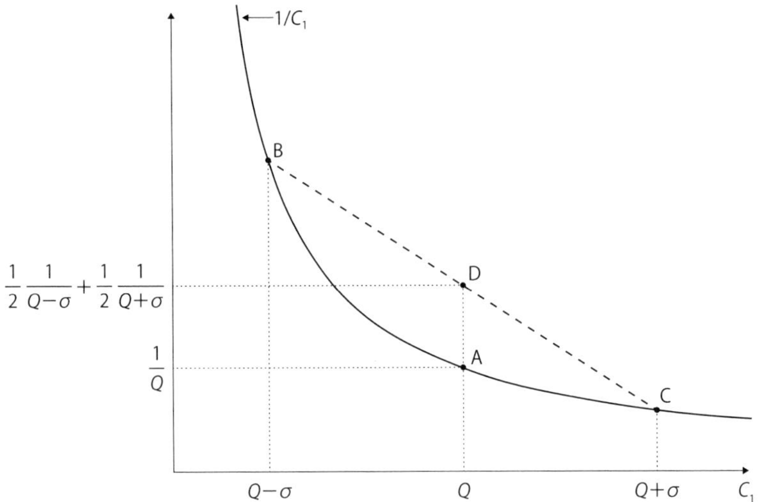

（注） 実線は，第1期の消費の限界効用$1/C_1$をC_1の関数としてプロットしたものである．$C_1=Q$の場合，第1期の消費の限界効用はA点であり，D点で与えられる第2期の消費の期待限界効用より低くなる．

少し、右辺はC_1において増加することに注目しなければならない。このことから、最適化条件（6.2）式を満たすC_1の値はQより小さくなければならないことがわかる。すなわち、

$$C_1 < Q$$

である。つまり、不確実性が高まれば、家計は消費を抑え、貯蓄を増やすことになる。第1期で貯蓄を増やすことで、第2期において、もし経済の状態が悪いとき、消費を減らしすぎる事態を避けることができる。このような貯蓄は、予備的貯蓄と呼ばれる。

第1期の貿易収支TB_1は、$Q - C_1$に等しい。したがって、不確実性の増大は貿易収支の改善をもたらす。第1期の経常収支CA_1は、$TB_1 + r_0B_0$に等しい。経済は負債ゼロ（$B_0 = 0$）でスタートすると仮定しているので、経常収支は貿易収支と等しくなる。したがって、不確実性の増大は、経常収支の改善につながることがわかる。直感的には、不確実性の増加に対して、家計は第1期において経常収支を貯蓄の手段として利用する。

このモデルの視点によれば、大いなる安定に伴う生産量の変動率の低減が、同時に観測された米国の経常収支の悪化に寄与しているはずである。

図6.3から明らかなように、不確実性と予備的貯蓄の正の関係は、消費の限

界効用の凸性に依存することがわかる。言い換えると、期間効用関数$U(C)$の3次導関数が正であることが重要である。この条件は、家計が対数の期間効用関数を持つという、ここで分析した経済では満たされている。章末の練習問題6.2では、第2期の効用関数が線形である場合について考察する。この場合、家計は**リスク中立的**（neutrality）であるとされる。章末の練習問題6.3では、**確実性等価**（certainty equivalence）を実現する、効用関数が二次関数の場合について考える。どちらの場合も、消費に伴う限界効用は凸でなくなり、不確実性と予備的貯蓄の関係は破綻する。

次節では、消費の限界効用を凸とするか否かにかかわらず、予備的貯蓄が消滅する状況を分析する。

6.5　完備市場と経常収支

これまで分析してきたモデル経済では、家計は**保障不可能な所得リスク**（uninsurable income risk）に直面している。なぜなら、家計は第2期の経済状態が良いときも悪いときも支払いが変化しないという1つの金融商品しか利用できないからである。可能であれば、家計は、賦存生産量が多いときよりも賦存生産量が低いときに多くの支払いをしてくれる資産のポートフォリオを買いたいと望むだろう。ここでは、**状態派生証券**（state contingent claims）の存在を想定し、そのような可能性を取り上げる。このような環境では、家計は賦存生産量が低い状態に備えるために、予備的貯蓄に頼る必要はない。

6.5.1　状態派生証券

第1期において家計は、状態が良ければ第2期に1単位の財を受け取り、状態が悪ければ0単位を受け取る証券を購入できるとする。また、家計は、状態が悪ければ1単位の財を受け取り、そうでなければ0単位の財を受け取る証券も購入できると仮定する。このような証券を**状態派生証券**（state contingent claims）と呼ぶ。P^gは良い状態のときに財を受け取ることのできる証券の価格であり、P^bは悪い状態のときに財を受け取ることのできる証券の価格であるとする。またB^gとB^bは家計が第1期に購入する各証券の数量であるとする。このような経済は、**完備市場**（complete asset markets）を特徴とすると言われる。なぜなら、家計は、第2期のさまざまな状態に対して任意のペイオフパターンを持つ資産ポートフォリオを購入することができるからである。例えば、良い状態でx単位、悪い状態でy単位の財を受け取ることのできるポートフォリオを持ちたい場合、家計は単純に、良い状態において支払いが行われる債券をx単位（$B^g = x$）、かつ悪い状態において支払いが行われる債券をy単位（$B^b = y$）購入すればよい。このポートフォリオのコストは、第1期では$P^g x + P^b y$である。これに対して6.4節で検討した単一の債券のみの経済では、家計は第2期の可能な自然状態すべてにおいて、同じペイオフを行う資産ポートフォリオを買うように制限されているので、**不完備市場**（incomplete asset markets）となっている。

数量B^gとB^bは正または負になる可能性がある。これは、家計が、さまざまな状態派生証券について、**ロング・ポジション**（long asset positions）または**ショート・ポジション**（short asset positions）を維持することができることを意味する。例えば、家計は、良い状態で支払われる派生証券を売り（$B^g < 0$）、悪い状態で支払われる派生証券を購入することができる（$B^b > 0$）。

第2期に起こりうる状態ごとに1つずつ状態派生証券が第1期に存在することで、状態派生証券の適切な組合せによっていかなるペイオフも再現できるという意味で、他のどの資産も必要のないものになってしまう。例えば、6.4節の不完備市場経済で家計が利用できるような無リスク債券を考えてみよう。無リスク債券は、第1期に財1単位で購入すると、第2期においてどんな状態であっても$1 + r_1$単位の財を受け取ることのできる債券である。ここでr_1は無リスクの金利である。ここで、無リスク債券と同じペイオフを持つ状態派生証券の組合せ、すなわち、第2期のいかなる状態においても、$1 + r_1$を支払うポートフォリオを考えよう。このポートフォリオは、それぞれ$1 + r_1$単位の2種類の状態派生証券から構成されねばならない。このポートフォリオの第1期における価格は（$P^g + P^b$）$(1 + r_1)$となる。この価格は、無リスク債券の価格、すなわち1と等しくなければならない。そうでなければ、純粋な裁定機会によって、人々は際限なく豊かになってしまうからである。つまり、以下が成立しなければならない。

$$1 + r_1 = \frac{1}{P^g + P^b} \tag{6.3}$$

したがって、無リスク金利は、第2期のいかなる状態においても財を1単位支払うポートフォリオ価格の逆数となる。

6.5.2 家計の最適化問題

第1期における家計の予算制約は、以下で与えられる。

$$C_1 + P^g B^g + P^b B^b = Q \tag{6.4}$$

第2期では、良い状態と悪い状態の2つの予算制約が存在する。

$$\text{第2期の予約制約}\begin{cases} C_2^g = Q + \sigma + B^g & \text{1/2の確率で} \\ C_2^b = Q - \sigma + B^b & \text{1/2の確率で} \end{cases} \tag{6.5}$$

ここで、C_2^gとC_2^bは、それぞれ第2期における良い状態と悪い状態における消費量を示す。第1期における予算制約と第2期における予算制約（それぞれ(6.4）式、(6.5）式）を用いてC_1、C_2^gとC_2^bを生涯効用関数（(6.1）式）から消去すると、家計の効用最大化問題は、以下を最大化する資産ポートフォリオ$\{B^g, B^b\}$を選択することになる。

$$\ln(Q - P^g B^g - P^b B^b) + \frac{1}{2}\ln(Q + \sigma + B^g) + \frac{1}{2}\ln(Q - \sigma + B^b)$$

この効用最大化問題に関連する一階の最適化条件は次の通りである。

$$\frac{P^g}{C_1} = \frac{1}{2}\frac{1}{C_2^g} \tag{6.6}$$

$$\frac{P^b}{C_1} = \frac{1}{2}\frac{1}{C_2^b} \tag{6.7}$$

これらの式の意味するところは次の通りである。1つ目の最適化条件を考えてみよう。左辺は、第2期に良い状態であった場合、消費財を1単位支払う状態派生証券を第1期に購入する場合の厚生費用である。なぜなら、この資産の価格はP^g単位の第1期における消費で表現されており、それに消費の限界効用（対数選好の下では$1/C_1$）を掛けたものが、厚生費用であるからである。したがって、第2期が良い状態であるときに1単位を受け取ることのできる状態派生証券の、第1期における全厚生費用は、P^g/C_1となる。家計はこの費用を、第2期が良い状態である場合に追加的な消費によって得られる期待効用、すなわち$\frac{1}{2C_2^g}$と等しくさせる。この最初の最適化条件の等価的な解釈は、第1期と良い状態における第2期の間の消費の限界代替率$\frac{1}{2}\frac{1/C_2^g}{1/C_1}$が、良い状態における第2期の財を第1期の財で測った相対価格P^gに等しいということである。2

つ目の最適化条件も同様の解釈を持つ。

この経済における家計の問題についての最適化条件を、(6.2) 式で与えられる不完備資産市場モデルの最適化条件と比較すると、完備市場においては第2期の自然状態ごとにそれぞれ一階の条件が存在するのに対して、不完備市場においては1つの一階の条件しかないことがわかる。これは、完備市場の下では、家計は起こりうる状態の数だけ独立した資産を購入できるのに対し、不完備市場経済では、家計が入手できる資産は状態の数より少ない（2つの状態が存在する環境において1つの資産）ためである。

6.5.3 自由な資本移動

6.4節で検討した不完備市場と同様に、自由な国際資本移動が存在すると仮定する。つまり、状態派生証券の国内価格は、その対応する世界価格と等しくなければならない。このとき、P^{g*} と P^{b*} を、それぞれ良い状態と悪い状態で支払いが行われる状態派生証券の世界価格とすると、自由な資本移動の下では以下が成立する。

$$P^g = P^{g*}$$
$$P^b = P^{b*}$$

価格決定式（6.3）を導いたのと同じ論理で、世界金利（r^* と表記）は以下を満たす必要がある。

$$1 + r^* = \frac{1}{P^{g*} + P^{b*}}$$

外国人投資家の利潤は平均してゼロであると仮定する。[3] 第1期において、B^g と B^b 単位の状態派生証券を売却した外国人投資家の収益は、$P^{g*}B^g + P^{b*}B^b$ となる。この外国人投資家がこの資金で無リスク債券を購入したとする。第2期において、外国人投資家がこの投資によって受け取るのは $(1 + r^*)(P^{g*}B^g + P^{b*}B^b)$ である。第2期において、外国人投資家は、購入者に対し、状態が良ければ B^g、悪ければ B^b の支払いを行わなければならない。したがって、外

3) 期待利潤がゼロになるのは、国際資本市場が競争的で、かつ海外の貸し手がリスク中立的である場合である。また、外国人投資家がリスク回避的でありながら、高度に分散されたポートフォリオを持つような競争的な環境の結果である可能性もある。例えば、我々が分析しているような小国開放経済が無数に存在する世界で、賦存生産の過程が国によって独立している場合を考えてみよう。外国人投資家がすべての国に投資することができれば、彼らの利益には不確実性がなく、それぞれの国における期待利潤の価値に等しくなる。

国人投資家の利益は状態に依存しており、次式で与えられる。

$$\text{外国人投資家の利潤}\begin{cases}(1+r^*)(P^{g*}B^g+P^{b*}B^b)-B^g & 1/2\text{の確率で}\\(1+r^*)(P^{g*}B^g+P^{b*}B^b)-B^b & 1/2\text{の確率で}\end{cases}$$

また、期待利潤は次式で与えられる。

$$\text{外国人投資家の利潤}=\left[(1+r^*)P^{g*}-\frac{1}{2}\right]B^g+\left[(1+r^*)P^{b*}-\frac{1}{2}\right]B^b$$

いかなるポートフォリオ $\{B^g, B^b\}$ においても、外国人投資家の期待利潤がゼロであるという仮定により、以下が成立する。

$$(1+r^*)P^{g*}=\frac{1}{2}$$

$$(1+r^*)P^{b*}=\frac{1}{2}$$

最後に、6.4節で検討した不完備市場を持つ経済と同様に、世界金利をゼロ（$r^*=0$）と仮定すると、以下が成り立つ。

$$P^{g*}=P^{b*}=\frac{1}{2}$$

6.5.4 完備市場における均衡

$P^g=P^b=1/2$ という結果を用いて、(6.6)、(6.7) 式で与えられる家計の一階の条件にある P^g と P^b を消去すると、次のようになる。

$$C_1=C_2^g=C_2^b$$

つまり、完備（資産）市場が存在することで、家計はいかなる時間や状態においても消費を完全に平準化することができるのである。

$C_1=C_2^g=C_2^b$ という結果と、それぞれ (6.4) 式と (6.5) 式で与えられる第1期と第2期の予算制約を組み合わせると、以下の結果が得られる。

$$B^g=-\sigma$$

$$B^b=\sigma$$

$$C_1=C_2^g=C_2^b=Q$$

最初の2つの式は、家計が、良い状態で支払われる状態派生証券をショート・ポジションで、悪い状態で支払われる証券をロング・ポジションで持っていることを意味している。このように、家計は第2期において悪い状態の場合はリターンを受け取ることができ、このポートフォリオによって消費を状態間で平準化することができるのである。6.4節の単一債券の経済との違いに注目すると、そこでは、家計は、状態派生証券を持たないので、状態をまたいで資源を移転させることができない。その代わりに、第1期において家計は、市場で取引される単一債券を通じて、第2期における2つの状態へと資源を移転するために、予備的貯蓄を行わなければならない。これは、第1期の資源を、第2期における良い状態にまで移すという不必要なことを強いるので、劣った選択肢である。

第1期の貿易収支は次式で与えられる。

$$TB_1 = Q - C_1 = 0$$

家計は第1期を純資産ゼロでスタートすると仮定しているため、経常収支は貿易収支と等しく、したがってゼロである。

$$CA_1 = 0$$

この結果は、経済における不確実性の度合い、すなわちσの値に依存していない。したがって、完備市場の下では予備的貯蓄はゼロであり、不確実性の水準と経常収支の間の関連は消滅してしまうということが示された。したがって、6.4節の主要な結果、すなわち不確実性の低下が経常収支の悪化につながるという結果は、金融市場が不完備であるという仮定に依存しているのである。したがって、完備市場という仮定と不完備市場という仮定のどちらがより現実に近いかを問うのは自然なことである。国内の金融市場はさまざまな理由で不完備でありうる。例えば、世界の金融市場そのものが不完備である可能性もある。これは決して非合理的な設定ではない。現実の世界では、ここで想定したような良い、悪いだけでなく、さまざまな自然状態が存在する。政策、気象、天変地異、疫病、技術革新などさまざまな擾乱があり、自然状態の数は無限とも言えるほど多い。このような状況下では、利用可能な資産の数が、すべての自然状態に対応するには不十分であることは想像に難くない。さらに、国際金融市場が完備であったとしても、政策当局が国際金融市場の一部へのアクセスを制限すれば、国内金融市場は不完備になる可能性がある。例えば、政府はデリバティブや短期資産の取引を禁止するかもしれない。資産市場が完備でない限り、不確実性は引き続き予備的な貯蓄を誘発し、それゆえ不確実性の度合いが変化することは、経常収支の変動につながるのである。

資産市場が完備であれば、不確実性の程度σにかかわらず、経常収支はバランスするが、この経済では、多額の国際的な貸借が存在する可能性がある。具体的には、対外純資産残高が$B^g + B^b = 0$というようにゼロであっても、総残高であるB^gとB^bはそうではない。例えば、上記における国では、均衡において、悪い状態でペイする債券についてロング・ポジション（貯蓄）$B^b = \sigma$を取り、良い状態でペイする債券についてはショート・ポジション（借入れ）$B^g = -\sigma$を取ることを確認した。さらに、資産の総残高B^bと負債の総残高B^gは経済の不確実性の程度σが増すにつれ増加している。これを直感的に説明するのはたやすい――経済の不確実性が高ければ高いほど、悪い結果に対するヘッジの必要性が大きくなり、ヘッジには、将来の悪い状態でペイする資産（債券）のロング・ポジションと、良い状態でペイする資産（債券）のショート・ポジションが含まれるからである。

6.6　まとめ

本章では、不確実性が経常収支に及ぼす影響について検討した。主な結果は以下の通りである。

- 戦後の米国では、1984年以降の実質GDP成長率の変動率は、それ以前と比べて約半分になった。この現象は「大いなる安定」と呼ばれる。
- 大いなる安定の原因を説明するものとして、主に「幸運」、「良い政策」そして「構造変化」の3つの説が提唱されている。
- 大いなる安定の期間は、米国で大規模かつ持続的な経常収支の赤字が始まった時期と重なる。
- 将来所得の実現に関して不確実性のある開放経済モデルでは、所得変動の増大が予備的貯蓄の増加を引き起こすと予測される。そして、予備的貯蓄の増加は経常収支の改善につながる。したがって、このモデルは、大いなる安定が対外収支の悪化と関連しているはずであると結論付ける。
- 不確実性の増大が予備的貯蓄を増加させるという予測は、金融市場が不完備であるという仮定に依存している。完備市場の下では、家計は予備的貯蓄に頼ることなく、生産高の変動に対して保険をかけることができる。その結果、完備市場の下では、不確実性の水準と経常収支の間の正の関係は消滅する。
- 市場が完備であるとき、国の対外純資産残高は経済の不確実性の度合いに依存しない。しかし、対外資産残高は、不確実性の大きさに比例して増加する。

6.7 練習問題

練習問題6.1 (TFU)

次の記述が真、偽、または不確実のいずれであるかを示し、その理由を説明しなさい。

1. 無リスク金利は、開放経済では不確実性が高まると上昇するが、閉鎖経済では上昇しない。
2. 他の条件がすべて同じであれば、国際金融市場が完備であればあるほど、生産と消費のボラティリティの差は大きくなる。

練習問題6.2 (リスク中立的)

家計は、第2期においてリスク中立的である、という仮定の下で、6.4節の分析をやり直すとする。具体的には、家計は第1期の消費については対数選好であるが、第2期の消費については線形の選好、$\ln C_1 + EC_2$、を持つとし、$Q=1$と仮定する。

1. $\sigma=0$とし、C_1とB_1の均衡値を求めなさい。
2. ここで、$\sigma>0$と仮定し、B_1の均衡値を求めなさい。「大いなる安定」が経常収支に与える影響はどのように予測されるか、説明しなさい。

練習問題6.3 (確実性等価)

生涯効用関数が以下で記述される選好を持つ家計が住む、2期間の小国開放賦存経済を考える。

$$-\frac{1}{2}(C_1-\bar{C})^2-\frac{1}{2}E(C_2-\bar{C})^2$$

ここで、$\bar{C}$は消費の飽和レベルを表し、Eは期待演算子を表す。第1期において、家計は賦存量$Q_1=1$を受け取り、過去から持ち越した資産や負債を持たないとする ($B_0=0$)。家計は国際金融市場において、世界金利$r^*=0$で貸し借りができるとする。第2期の賦存量 (Q_2) について、以下の2つの仮定それぞれの場合に、第1期と第2期の消費と経常収支を計算しなさい。また答えに関して直感的にわかるように説明しなさい。

1. Q_2は確実にわかっていて、1に等しい。
2. Q_2はランダムであり、確率1/2で0.5、確率1/2で1.5という値を取る。

練習問題6.4 (壊滅的な出来事に対する保険としての経常収支)

家計が、第1期の消費C_1と第2期の消費C_2に対して以下の選好を持つ、2期間の賦存経済について考える。

$$\ln C_1 + E \ln C_2$$

ここで、C_1は第1期の消費、C_2は第2期の消費、Eは期待演算子を表す。各期、家計は10単位の食料を与えられるとする。家計は、第1期を資産もなく、また、負債もない状態でスタートする ($B_0=0$)。金融市場は不完備であり、金利$r^*=0$を支払う国際的に取引される債券が1種類のみあるとする。

1. 第1期における消費、貿易収支、経常収支、国民貯蓄を計算しなさい。
2. ここで、第1期の賦存生産量は引き続き10であるが、第2期は深刻な自然災害に見舞われやすいと仮定する。これらの負の事象は非常にまれであるが、国の生産高に壊滅的な影響を与えるとする。具体的には、確率0.01で第2期に地震が発生し、賦存生産量が第1期に比べて90％減少すると仮定する。確率0.99で、2期目の賦存生産量は111/11であるとする。第2期の期待賦存量はいくらか。第1期のそれと比較すると何が言えるだろうか。
3. 第1期の賦存量の何パーセントが輸出されるだろうか。この答えを確実性の下で起こるものと比較し、直感的にわかるように説明しなさい。
4. 他の条件がすべて同じで、破壊的事象の確率が0.02に増加したとする。第2期における賦存量の平均と標準偏差を計算しなさい。この確率の変化は平均保存的であるだろうか。
5. 第1期における消費と貿易収支の均衡水準を計算しなさい。
6. その結果を、破壊的事象の確率が0.01の場合の結果と比較し、説明しなさい。

練習問題6.5（金利の不確実性　その1）

効用関数が以下で表される選好を持つ、多数の同一家計が住む2期間経済を考える。

$$\ln C_1 + \ln C_2$$

ここで、C_1とC_2は、それぞれ第1期と第2期の消費を表す。家計は各期に$Q>0$単位の消費財を与えられ、過去から持ち越した資産や負債を持たない状態（$B_0=0$）で第1期を開始する。第1期において、家計は、債券（Bとする）により借入れまたは貸付けを行うことができる。世界利子率はr^*とし、$r^*=0$と仮定する。

1. Qの関数として、第1期と第2期の最適な消費水準を導出しなさい。第1期末の貿易収支、経常収支、対外純資産の均衡水準を求めなさい。

ここで、第1期において、世界金利は確実でない、つまり、第1期の債券は変動金利を取ると仮定する。具体的には、r^*は次式で与えられる。

$$r^* = \begin{cases} \sigma & 1/2\text{の確率で} \\ -\sigma & 1/2\text{の確率で} \end{cases}$$

ここで、$\sigma \in (0, 1)$はパラメータである。第1期に単一の債券のみ存在するため、この経済では金融市場は不完備である。選好は以下の期待効用関数で与えられるとする。

$$\ln C_1 + E \ln C_2$$

ここで、Eは期待演算子を表す。このモデルにおける経済は、上述された不確実性のない経済、すなわち$\sigma=0$を特殊ケースとしている。

2. 第1期と第2期における家計の予算制約を述べなさい。その際、C_2^HとC_2^Lはそれぞれ世界金利がσと$-\sigma$であるときの第2期の消費を表すとする。
3. 家計に関連する最適化条件を導出しなさい。
4. 第1期の均衡における消費水準は、$\sigma=0$のときの水準より大きいか、小さいか、または等しいかを述べなさい。

5. 均衡状態での貿易収支を求めなさい。$\sigma=0$の場合の答えと比較し、直感的に説明しなさい。特に、なぜ平均保存的な金利の不確実性の増加が、第1期の貿易収支にそのような影響を与えるのか議論しなさい。
6. 上記の結果は、特定の（対数）選好の仕様によるものなのだろうか。この問いに答えるために、上で得られたすべての結果は、より一般的な選好、すなわち以下のCRRA関数（Constant Relative Risk Aversion Utility Function, 相対的リスク回避度一定効用関数）でも引き続き得られることを示しなさい。

$$\frac{C_1^{1-\gamma}-1}{1-\gamma}+E\frac{C_2^{1-\gamma}-1}{1-\gamma}$$

上記において、$\gamma>0$であり、特殊ケースとして$\gamma\to1$のとき、対数仕様を包含している。

7. 最後に、不確実性がない場合において、第1期末の均衡における対外純資産残高がゼロでないとき、金利の不確実性が現実に効果を持つことを示しなさい。そのために、対数選好を再び仮定し、第1期の賦存量はゼロであり、さらに第2期の賦存量は$Q>0$で与えられるとしなさい。不確実性がない場合（$\sigma=0$）と不確実性がある場合（$\sigma>0$）では、第1期の貿易収支はどのように異なるだろうか。

練習問題6.6（金利の不確実性　その2）

以下の効用関数で表される選好を持つ、多数の同一家計が住む、2期間の小国開放経済を考える。

$$\ln C_1+\ln C_2$$

ここで、C_1とC_2は、それぞれ第1期と第2期の消費を表す。家計は各期にQ_1とQ_2の消費財を与えられ、第1期は過去から持ち越した資産や負債がない状態（$B_0=0$）でスタートする。第1期において、家計は、国際市場において債券（B_1とする）により借入れまたは貸付けを行うことができる。世界利子率はr^*とし、$r^*=0$と仮定する。

1. C_1、C_2、第1期における貿易収支、経常収支と対外純資産の均衡値をQ_1とQ_2の関数で表しなさい。

ここで、第1期において、世界金利は確実でないと仮定する。具体的には、r^*は次式で与えられる。

$$r^*=\begin{cases}\sigma & \text{1/2の確率で}\\ -\sigma & \text{1/2の確率で}\end{cases}$$

ここで、$\sigma\in(0,1)$はパラメータである。選好は、以下の期待効用関数で与えられるとする。

$$\ln C_1+E\ln C_2$$

ここで、Eは期待演算子を表す。

2. 第1期と第2期における家計の予算制約を述べなさい。その際、C_2^HとC_2^Lはそれぞれ世界金利がσと$-\sigma$であるときの消費を表すとする。
3. ここで、$Q_1>0$かつ$Q_2=0$とする。(i) $\sigma=0$と(ii) $\sigma\in(0,1)$の場合のそれぞれに

おいて、均衡における第1期の消費水準を求めなさい。不確実性の増大は、第1期での予備的貯蓄につながるであろうか。結果を解釈しなさい。

4. 不確実性の増大は、第2期の消費の平均値と分散を増加させるだろうか。直感的にわかるように説明しなさい。

練習問題6.7（完備資産市場と無リスク利子率）

6.5節で検討した完備金融市場モデルでは、無リスクの世界金利はゼロ（$r^*=0$）と仮定していた。ここではr^*が正であるという仮定の下で、6.5節の結果を導き出し、以下の質問に答えなさい。

1. r^*が正であるという仮定の下でも、家計は状態をまたいで消費を完全に平準化するだろうか。その理由も説明しなさい。
2. r^*が正であるという仮定の下でも、家計は異時点間で消費を完全に平準化するだろうか。その理由も説明しなさい。
3. 第1期における経常収支の符号を求め、直感的にわかるように説明しなさい。
4. r^*が正であるという仮定の下でも、モデルは、不確実性のレベルが経常収支に影響を与えないという示唆を与えるだろうか。その理由（あるいはそうでない理由）とともに答えなさい。
5. 第1期の経常収支は、不確実性がない場合（$\sigma=0$）の経常収支と比べてどのように異なるだろうか。

第7章 大国開放経済

ここまで、小国開放経済における経常収支の決定について分析してきた。小国開放経済の特徴は、国際金融市場において、その国の生産規模に比して、多額の借入れや貸出しを行ったとしても、世界金利に影響を与えないことである。なぜなら、経済規模が小さすぎて、世界の資金供給や資金需要に影響を与えることができないからである。しかし、国の規模が大きい場合は話が違ってくる。例えば、将来の生産量の増加が見込まれるため、現在の世界金利の下で、米国が経常赤字をGDP比で5%増やしたいと考えたとする。この場合、世界の金融市場は約1兆ドルの追加的な資金需要に直面することになる。これは世界金利を上昇させ、米国とその他の国の両方に影響を及ぼす可能性が高い。

本章では、大国開放経済における経常収支や世界金利などのマクロ経済指標の決定を分析するのに適した枠組みを提示する。このモデルは、これまでの章で導出されたミクロ的な基礎の上に構築される。これはある意味当然である。なぜなら、家計や企業の問題は、それが大きな経済に位置するか、小さな経済に位置するかで変わるものではないはずだからである。本章の主な見どころは、国際的な貸出しと世界金利の同時的決定に関する理論である。

7.1 二国経済

世界を米国（US）とその他の国（rest of the world：RW）の2つの地域に分けて考えてみよう。米国の経常収支の赤字は世界のその他の国の経常収支の黒字を表し、逆に米国の経常収支の黒字は世界のその他の国の経常収支の赤字であるから、世界の経常収支は常にゼロに等しくなければならない。

$$CA^{US} + CA^{RW} = 0$$

ここで、CA^{US}とCA^{RW}は、米国とその他の国の経常収支を表す。

第5章5.5節で見たように、経常収支曲線は金利の増加関数である。そこで、次のように書くことができる。

$$CA_1^{US} = CA^{US}(\underset{+}{r_1})$$

ここで、CA_1^{US}は第1期の米国の経常収支、r_1は第1期の金利、$CA^{US}(\cdot)$ は増加関数である。直感的に説明すると、金利が上昇すると、米国の家計は第1期において貯蓄を増やし、同時に米国の企業は投資を削減する。その結果、金利が上昇すると米国の経常収支は改善する。

同様に、その他の国の経常収支も金利の増加関数である。

$$CA_1^{RW} = CA^{RW}(\underset{+}{r_1})$$

ここで、CA_1^{RW}は第1期の米国の経常収支、$CA^{RW}(\cdot)$ は増加関数である。

図7.1は、米国とその他の国の経常収支曲線を示したものである。米国の経常収支は左から右へ計測されているので、米国の経常収支はグラフ上では右上がりになっている。一方、その他の国の経常収支は右から左へ計測されているので、右下がりになっている。0より左側は米国以外の経常収支が黒字で米国の経常収支が赤字、0より右側は米国の経常収支が黒字でそれ以外の国の経常

図7.1　大国開放経済における経常収支の決定

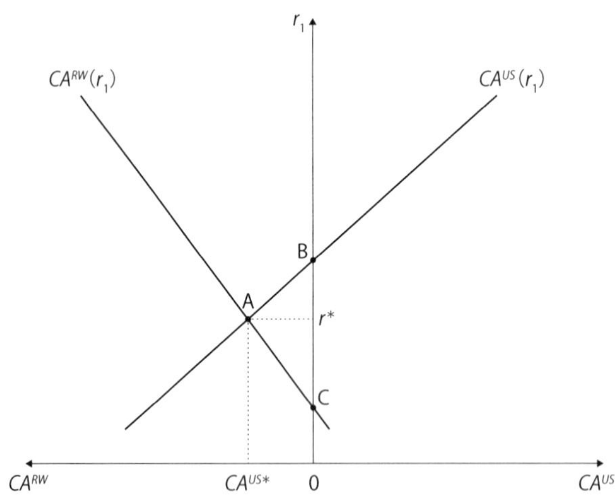

（注）　図は米国の経常収支曲線$CA^{US}(r_1)$とそれ以外の国の経常収支曲線$CA^{RW}(r_1)$を示している．横軸は左から右に米国の経常収支を測り，右から左にその他の国の経常収支を測っている．均衡は米国とそれ以外の国の経常収支曲線の交点であり，A点で表されている．均衡において，経常収支は米国で$CA^{US*}<0$，それ以外の国で$-CA^{US*}>0$である．均衡における金利はr^*である．2つの経済が閉鎖経済であった場合，均衡は米国ではB点，それ以外の国ではC点になる．

収支が赤字ということになる。

世界資本市場の均衡は、米国の経常収支曲線とその他の国の経常収支曲線の交点で与えられる。図においては、均衡はA点で与えられる。このとき、米国の経常収支は$CA^{US*}<0$（赤字）、世界のその他の国の経常収支は$-CA^{US*}>0$（黒字）、そして世界金利はr^*である。

もし米国が閉鎖経済であれば、米国の経常収支がゼロとなるB点で均衡する。このとき、米国金利はr^*よりも高くなる。なぜなら、r^*では米国の望ましい経常収支はマイナスであるので、経常収支をゼロにするために、家計の貯蓄を増やし、企業の投資を減らすような、より高い金利が必要だからである。また、米国が閉鎖経済であれば、世界の他の地域の均衡はC点で与えられる。米国と同様に、その他の国の経常収支もゼロになる。しかし米国と違って、その他の国の均衡金利はr^*を下回るだろう。なぜなら、r^*ではその他の国の望ましい経常収支はプラスであり、金利が低下することで、家計は第1期の支出を増やして貯蓄を減らし、企業は物的資本への投資を拡大するように誘導されることが必要だからである。

7.2　米国における投資ブーム

第1期において、米国企業が、第2期の自社資本の生産性が向上することを知ったと仮定する。こうした事態は、例えば、第1期に開発され、第2期に導入されると予想される水圧破砕などの技術的な進歩、また第2期には米国の天候が良くなり、農地の生産性が向上することが予想される、といった形で起こりうる。第5章5.6.3項で分析したように、このポジティブなニュースを受けて、米国企業はあらゆる金利水準において投資を増やしたいと思うようになる。その結果、米国の投資曲線は右上方へとシフトする。また、米国の家計は投資ブームによる将来の所得増加を見越し、あらゆる金利水準において現在の貯蓄を減らすため、米国の貯蓄曲線は左上方向にシフトする（第5章図5.19参照）。つまり、貯蓄曲線と投資曲線の差である米国の経常収支曲線は、図7.2のように左上方へシフトすることになる。図中、元の米国の経常収支曲線は$CA^{US}(r_1)$で実線、新しい経常収支曲線は$CA^{US'}(r_1)$で破線で示されている。一方、その他の国の経常収支曲線$CA^{RW}(r_1)$は、米国の投資ブームの影響を受けない。

図 7.2　米国での投資ブームに対する経常収支の調整

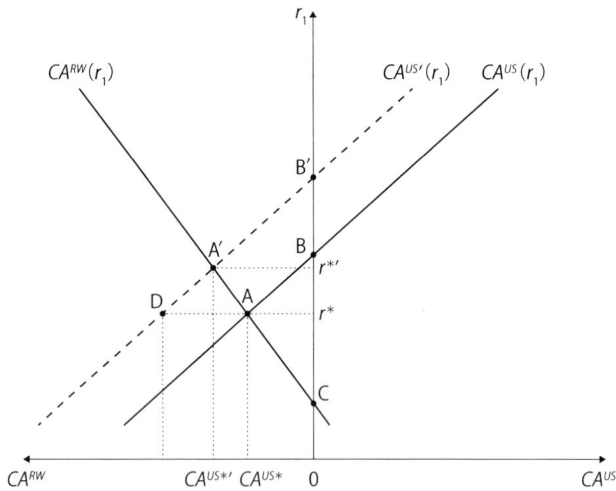

（注）　図は，米国の投資ブームが世界の金利や，米国とその他の国の経常収支に与える影響を示している．投資ブームにより，米国の新しい経常収支曲線は破線で示すように左上へシフトする．投資ブーム前の均衡はA点，ブーム後の均衡はA′点であり，世界金利は高くなり米国の経常収支赤字は大きく，その他の国の経常収支黒字は大きくなっている．

投資ブーム以前の均衡はA点で、米国の経常収支がCA^{US*}、その他の国の経常収支は$-CA^{US*}$、さらに世界金利はr^*に等しい。投資ブームの後の均衡は、$CA^{US'}(r_1)$ と$CA^{RW}(r_1)$ が交差するA′点で与えられる。新しい均衡では世界金利は上昇し、$r^{*\prime}>r^*$となる。これは、投資ブームにより米国の資金需要が高くなり、元の金利r^*においては資金の超過需要が発生するためである。図中では、この資金の超過需要はD点とA点の間の水平距離で示されている。世界金利がr^*から$r^{*\prime}$へと上昇すると、米国の資金需要が縮小し、その他の国の資金供給が増加するため、国際金融市場における資金の超過需要が解消される。新しい均衡では、米国の経常収支は$CA^{US*\prime}<CA^{US*}$へと悪化し、その他の国の経常収支は$-CA^{US*\prime}>-CA^{US*}$へと改善される。以上をまとめると、米国は大国開放経済であるので、米国での投資ブームは大きな資金需要を生み、世界金利を上昇させる。その結果米国の資金需要は縮小するので、米国の経常収支の悪化は、金利が据え置かれた場合（図のD点）ほど顕著ではない。

さらに、米国の金利の上昇は、米国が閉鎖経済であった場合の上昇よりも小さいことに注目してほしい。閉鎖経済であった場合の金利の上昇幅は、B点とB′点間の垂直距離で与えられる。

7.3　二国モデルのミクロ的基礎付け

ここまでの2節では、各国の経常収支曲線を分析の出発点とした。本節では、より深く掘り下げ、家計の意思決定から均衡における経常収支と世界金利の水準を導出する。国内と国外における現在および将来の賦存生産量の変動といった経済のさまざまな特徴が、世界金利や対外不均衡（グローバル・インバランス）にどのような影響を与えるかについて分析する。

説明を簡単にするために、ここでは、賦存経済（物的資本への投資をしない）を考える。各国の家計の問題は、第3章の賦存経済において検討したものと同じである。したがって、本節の大部分は、すでにおなじみである。

米国と他国（米国以外の国）という2つの国からなる2期間の経済を考える。どちらの国にも、多数の家計が住んでいるとする。どちらの国でも、家計は貿易可能な生鮮品の消費から効用を得ている。米国と米国以外の国の家計の選好は同一であり、次の効用関数によって与えられる。

$$\ln C_1^{US} + \ln C_2^{US} \tag{7.1}$$
$$\ln C_1^{RW} + \ln C_2^{RW}$$

ここで、C_t^{US}とC_t^{RW}は期間$t = 1, 2$における米国と他国の消費を表す。

米国と他国の家計に与えられる賦存量をQ_t^{US}とQ_t^{RW}、$t = 1, 2$とする。家計は金利r_1で貸し借りができる。世界には自由な資本移動があるので、両国の家計は同じ金利で金融資産を取引する。B_t^{US}とB_t^{RW}、$t = 0, 1, 2$を、米国と他国の家計がそれぞれt期に保有する債券の額であるとする。また第1期の初めにおいて、家計は負債も資産も持たないとする（$B_0^{US} = B_0^{RW} = 0$）。さらに第3期には誰も生存しないため、第2期の終わりにおける資産保有はゼロでなければならない。つまり、横断条件$B_2^{US} = B_2^{RW} = 0$が成立しなければならない。

第1期における米国の家計の予算制約は次式で与えられる。

$$C_1^{US} + B_1^{US} = Q_1^{US} \tag{7.2}$$

この式によれば、家計は第1期の賦存所得を消費と貯蓄に配分する。第2期における米国の家計の予算制約は以下で与えられる。

$$C_2^{US} = Q_2^{US} + (1 + r_1)B_1^{US} \tag{7.3}$$

つまり、第2期において、家計は賦存所得と第1期に蓄積された資産の元本と金利を消費することを意味する。

米国の家計は、各期間における予算制約の下で生涯効用を最大化する。大国開放経済における家計の問題は、小国開放経済における家計の問題と同じである。したがって、第3章で行ったのと同じ方法で家計の最適な消費と貯蓄の選択を特徴付けることができる。第1期の予算制約を利用して、第2期の予算制約からB_1^{US}を消去すると、現在価値で表された以下の予算制約を得る。

$$C_1^{US}+\frac{C_2^{US}}{1+r_1}=Q_1^{US}+\frac{Q_2^{US}}{1+r_1} \tag{7.4}$$

この現在価値で表された予算制約をC_2^{US}について解き、それを用いて効用関数（7.1）式からC_2^{US}を消去すると次式が得られる。

$$\ln C_1^{US}+\ln[(1+r_1)(Q_1^{US}-C_1^{US})+Q_2^{US}]$$

上記の式をC_1^{US}に関して微分し0と置き、整理すると、米国の家計の第1期における最適消費水準が得られる。

$$C_1^{US}=\frac{1}{2}\left(Q_1^{US}+\frac{Q_2^{US}}{1+r_1}\right) \tag{7.5}$$

この式は第3章以降、おなじみのものである。賦存量が増加すると家計はより豊かになるため、第1期の消費はどちらの期の賦存量が増加しても増加する。また、金利の上昇は貯蓄をより魅力的にするため、あるいは、現在の消費を将来の消費よりも相対的に高価にするため、第1期の消費は金利が上昇すると減少する。

第1期における米国の経常収支は、以下のように同国の対外純資産残高の変化で与えられる。

$$CA_1^{US}=B_1^{US}-B_0^{US}$$

ここで$B_0^{US}=0$であることを考えると、次のようになる。

$$CA_1^{US}=B_1^{US} \tag{7.6}$$

さらに、第1期の予算制約式（7.2）を用いてB_1^{US}を消去すると以下のようになる。

$$CA_1^{US}=Q_1^{US}-C_1^{US}$$

したがって、第1期の経常収支は第1期の貿易収支と等しい。これは、初期資産なしという仮定が維持されているためで、第1期の純投資収益がゼロであることを意味する。最後に、C_1^{US}を（7.5）式で示される最適水準に置き換えると、以下の米国の経常収支曲線が得られる。

$$CA_1^{US}(r_1)=\frac{1}{2}Q_1^{US}-\frac{1}{2}\frac{Q_2^{US}}{1+r_1} \tag{7.7}$$

経常収支曲線は、金利r_1に対する増加関数である。これは、金利が上昇すると、家計は貯蓄に魅力を感じるようになるためである。また経常収支は、今期の賦存量Q_1^{US}に対する増加関数であり、将来の賦存量Q_2^{US}に対する減少関数である。これは、家計が消費を時間を通じて平準化することを好むためである。そのため、第1期の賦存所得が増加すると、その一部を将来のために貯蓄するようになる。同様に、第2期の賦存所得が増加すると、家計はその一部を担保に借入れを行い、第1期の消費を増加させる。

他国における家計は、賦存生産量を除いて米国の家計と同じである。すなわち、彼らは同じ選好を持ち、第1期を資産ゼロでスタートし、第2期は資産ゼロで終わらなければならず、同じ金利に直面する。つまり、他国の家計における第1期の最適消費水準は、(7.5) 式の上付き文字USを上付き文字RWに置き換えた以下の式で与えられる。

$$C_1^{RW} = \frac{1}{2}\left(Q_1^{RW} + \frac{Q_2^{RW}}{1 + r_1}\right) \tag{7.8}$$

そして、他国の経常収支曲線は、同じように上付き文字を対応させた、米国の経常収支曲線（(7.7) 式）と同じであり、以下で与えられる。

$$CA_1^{RW}(r_1) = \frac{1}{2}Q_1^{RW} - \frac{1}{2}\frac{Q_2^{RW}}{1 + r_1} \tag{7.9}$$

米国の経常収支曲線と同様に、世界の経常収支曲線も金利と第1期における賦存量に対する増加関数であり、また、第2期における賦存量に対する減少関数である。米国と他国の経常収支曲線 (7.7) 式と (7.9) 式を空間 (CA, r) にプロットすると、定性的には図7.1のような形になる。

均衡における世界金利r^*は、世界全体における経常収支がゼロになる金利、すなわち以下の条件を満たす金利である。

$$CA^{US}(r^*) + CA^{RW}(r^*) = 0 \tag{7.10}$$

この均衡条件から$CA^{US}(r^*)$ と$CA^{RW}(r^*)$ を消去するために (7.7) 式と (7.9) 式を用い、r^*について解くと次のようになる。

$$r^* = \frac{Q_2^{US} + Q_2^{RW}}{Q_1^{US} + Q_1^{RW}} - 1 \tag{7.11}$$

この式は、均衡における世界金利は、世界の賦存量の成長率の上昇とともに上昇することを意味する。第2期における世界の賦存量$Q_2^{US} + Q_2^{RW}$が、第1期における世界の賦存量$Q_1^{US} + Q_1^{RW}$に比して増加する場合、金利は上昇する、というのは直感的にわかるだろう。なぜなら概して家計は時間を通じて消費を平準化するために、第2期の賦存量を担保に借入れを行うからである。金利の上昇は、世界全体が借金をするという不可能な事態を避けるために必要である。なお、金利水準は賦存量が国ごとにどのように分配されるかに関係ない。例えば、ある国が他の国より豊かであるかどうかや、ある国が第1期では豊かだが第2期では貧しいかどうか、またその逆も関係ない。

第1期の米国の均衡における経常収支を求めるには、(7.11) 式を用いて (7.7) 式からr_1を消去すればよい。さらに項目を整理すると、以下が得られる。

$$CA_1^{US} = \frac{1}{2}\frac{Q_1^{RW}Q_2^{RW}}{Q_2^{US}+Q_2^{RW}}\left(\frac{Q_1^{US}}{Q_1^{RW}} - \frac{Q_2^{US}}{Q_2^{RW}}\right)$$

この式で重要なのは右辺の（　）内で、これが米国の経常収支の符号を決定している。これは、第1期における米国以外の賦存量と比べた米国の賦存量のほうが、第2期における米国以外の賦存量と比べた米国の賦存量よりも大きいとき、つまり、$\frac{Q_1^{US}}{Q_1^{RW}} > \frac{Q_2^{US}}{Q_2^{RW}}$であるとき、米国の経常収支は黒字になることを示している。これは理にかなっている。第2期における米国と他国の相対的な賦存量に比較して、第1期の米国の賦存量が相対的に第1期の他国の賦存量に対して大きければ、米国の家計は、つまるところ第1期の豊かな賦存量の一部を他国と共有し、その代わりに第2期には他国における相対的により豊かな賦存量の一部を受け取るからである。これは比較の比較といった種類の条件であることに注意しよう。経常収支の符号に重要なのは、空間と時間を越えた二国の相対的な賦存量（米国と他国の比較、および第1期と第2期の比較）である。

7.4　ある国に固有な経済ショックの国際的な波及

小国経済と大国経済の重要な違いは、前者に起因するマクロ的なショックは世界の他の地域に影響を与えないが、後者に起因するマクロ的なショックは世界金利などの国際価格の変動を通じて、世界の他の地域に影響を与えるという点である。

例えば、米国の第1期における賦存量Q_1^{US}の増加がどのように他国に波及されるかを考えてみよう。均衡条件（7.11）式により、世界の金利は低下する。これは、米国の家計が時間を通じて消費を平準化するために、第1期に増加した賦存所得の一部を貯蓄に回すことを希望し、世界の資金供給量を増加させるためである。世界金利の低下は、世界の家計と米国の家計の第1期の支出を増加させ、国際資本市場における資金供給の過剰を解消する。米国では、第1期の賦存所得の増加も金利の低下も、第1期の消費を増加させるように働く((7.5) 式)。それ以外の国では、金利の低下のみ（賦存所得は変化しない）が起こり、第1期の消費を刺激する（(7.8) 式)。このように、米国での第1期における賦存量の増加は、国内だけでなく、海外においても消費の増加を引き起こす。

しかし、ショックが将来予想される賦存量に関するものである場合、上記とは違って、第1期における消費は国際的に同じ方向に動かない。ここでは、第2期の米国の賦存量Q_2^{US}の増加が予想される場合について考えよう。(7.11) 式により、米国の家計はより高い将来所得を担保に借入れを行うため、世界金利は上昇する。また、他の国々では、金利の上昇によって第1期の消費支出が減少する（(7.8) 式)。このとき、第1期の世界の賦存所得$Q_1^{US} + Q_1^{RW}$は変化しないので、それ以外の国々における第1期の消費の落込みによって、米国の第1期における消費は増加しなければならない。このように、ある国の将来の期待生産高の変化に対して、第1期の消費は米国と他の国々で反対方向に動くのである。

7.5 国の大きさと国際的な波及メカニズム

これまでの分析における暗黙の前提は、米国と他国の人口が等しいということである。このことは、B_1^{US}が米国における、個人と国全体の債券保有額両方を表し、B_1^{RW}がその他の国々における、個人とその全体の債券保有額両方を表すと仮定しているという事実からも推察される。つまり、両国の人口を1世帯と仮定したのである。ここで1世帯とは、1000世帯でも、100万世帯でも、一般に両国の世帯数が同数であればよい。しかし、もし両国の世帯数が異なっていたらどうだろうか。国の大きさの違いによって、世界の金利はどのような影響を受けるのだろうか。国内ショックの国際的伝播は、国の大きさによってどのような影響を受けるのだろうか。

このような問いに答えるため、米国にはN^{US}の数の同一家計が、他国にはN^{RW}の数の同一家計が住んでいると仮定する。また引き続き、両国の家計の違いは賦存生産量の違いだけであると仮定する。第1期における米国の個々の家計の債券保有をB_1^{US}で表すと、第1期における米国の対外純資産残高は$N^{US}B_1^{US}$で与えられる。すると、米国の経常収支は次式で与えられる。

$$CA_1^{US} = N^{US}B_1^{US}$$

これは、(7.6) 式をN^{US}の同一家計が存在する場合において、一般化したものである（初期の資産B_0^{US}はゼロと仮定していることに注意されたい）。また、家計の第1期における予算制約 (7.2) 式を用い、B_1^{US}を除くと以下が得られる。

$$CA_1^{US} = N^{US}(Q_1^{US} - C_1^{US})$$

ここで、C_1^{US}を (7.5) 式で与えられる最適水準の消費で置き換えると、次のようになる。

$$CA_1^{US}(r_1) = \frac{N^{US}}{2}\left(Q_1^{US} - \frac{Q_2^{US}}{1 + r_1}\right) \tag{7.12}$$

世界の他の国々は、人口と賦存生産量を除けば米国と同じであるから、その経常収支曲線は次式で与えられる。

$$CA_1^{RW}(r_1) = \frac{N^{RW}}{2}\left(Q_1^{RW} - \frac{Q_2^{RW}}{1 + r_1}\right) \tag{7.13}$$

(7.12) 式と (7.13) 式を世界の金融市場における (7.10) 式の均衡条件と組み合わせると、次のようになる。

$$\frac{N^{US}}{2}\left(Q_1^{US} - \frac{Q_2^{US}}{1 + r^*}\right) + \frac{N^{RW}}{2}\left(Q_1^{RW} - \frac{Q_2^{RW}}{1 + r^*}\right) = 0 \tag{7.14}$$

これは均衡における世界利子率r^*という1つの未知数に関する1本の方程式である。r^*について解くと次のようになる。

$$1 + r^* = \frac{N^{US}Q_2^{US} + N^{RW}Q_2^{RW}}{N^{US}Q_1^{US} + N^{RW}Q_1^{RW}}$$

世界人口に占める米国人口の割合を$\alpha \equiv N^{US}/(N^{US} + N^{RW})$ で表すとする。そうすると、世界金利は以下のように表せる。

$$r^* = \frac{\alpha Q_2^{US} + (1 - \alpha)Q_2^{RW}}{\alpha Q_1^{US} + (1 - \alpha)Q_1^{RW}} - 1 \tag{7.15}$$

この世界金利の均衡式は、賦存量が国の相対的な大きさでウエイト付けされていることを除けば、両国の規模が同じと仮定した場合の (7.11) 式と同じである。特に、(7.15) 式によれば、米国の経済規模が大きいほど（つまり、αが大きいほど)、世界金利の決定において、米国の賦存量ショックの影響がより重要になることを述べている。他国が限りなく小さくなる、すなわち$1 - \alpha$がゼロに近づく場合、世界金利は米国の条件のみによって決定され、他国のショックに影響されることはない。形式的に、$1-\alpha$がゼロに近づくと、世界金利は以下で与えられる。

$$r^* = \frac{Q_2^{US}}{Q_1^{US}} - 1 \tag{7.16}$$

この結果は、これまでの章で設けられていた、小国開放経済においては世界金利が外生的に与えられるという仮定を正当化するものである。さらに、(7.16)式は、大国経済におけるショックが世界金利の変動を通じて小国に伝達されることを示す。具体的には米国で一時的に生産が増加した場合、つまりQ_1^{US}が増加した場合は、小国が直面する世界金利は低下する。また、将来における米国の生産量の増加（すなわちQ_2^{US}が予想される増加）は、小国にとって外生的な世界金利の上昇を引き起こす。

7.6　米国における経常収支赤字の説明：世界的な過剰貯蓄仮説

2007年の大不況に先立つ10年間に、米国の経常収支赤字は約－2000億ドルから－8000億ドルへと劇的に増加した（図7.3（a）参照）。1996年にGDP比－1.5%という比較的小幅な水準であった経常赤字は、2006年にはGDP比－6%にまで拡大している（図7.3（b）参照）。2007年の大不況の到来で、経常赤字の膨張は急停止し、2009年には経常赤字はGDP比約－3%にまで縮小した。このような米国の経常収支の大きな変動は、どのような要因によるものなのだろうか。特に、最近の経常赤字の増減は主に国内の要因によるものなのか、それとも対外的要因によるものなのだろうか。

7.6.1　2つの対立する仮説

米国の経常収支赤字の悪化は外的要因によるものであるとする見方がある。[1)] これは**世界的な過剰貯蓄仮説**（global saving glut hypothesis）と呼ばれるものである。世界各地で貯蓄意欲が高まったが、それに見合った国内における資

1）Ben S. Bernanke, “The Global Saving Glut and the U.S. Current Account Deficit,” Homer Jones Lecture, St. Louis, Missouri, April 14, 2005.

図 7.3　米国の経常収支：1960〜2018 年

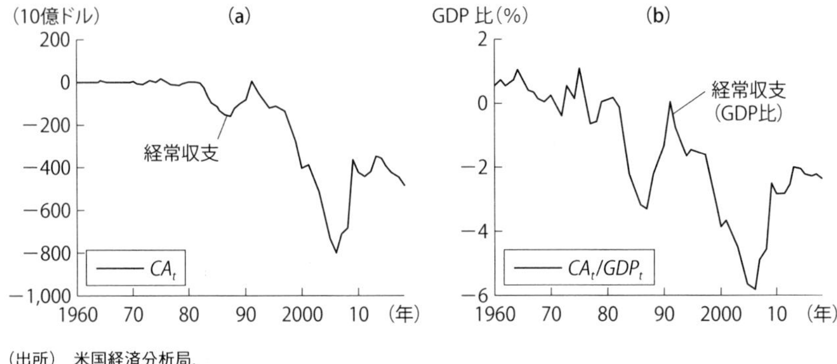

(出所)　米国経済分析局.

本形成の増加が誘因されず、その結果、世界の経常黒字を米国の経常赤字で吸収せざるをえなくなったという考えである。

この間、世界の他の国々において、経常収支黒字が増加したのは、その多くが新興国における貯蓄の増加に起因するものであった。特に、過剰貯蓄仮説においては、新興国の貯蓄意欲の高まりは2つの要因に起因するとされている。1つは、1990年代にこれらの新興国を苦しめたような対外危機を回避するため、あるいは対外危機に備えるために外貨準備を増加させたことである。もう1つは、輸出主導の成長を実現するために、政府が率先して行った通貨安政策である。また世界的な過剰貯蓄仮説の支持者は、先進国発の外部的要因として、高齢化社会に備えた貯蓄率の上昇を挙げている。

当時、世界的な過剰貯蓄仮説は型破りなものであった。米国の経常赤字は米国内の経済発展によるものであり、外的要因とは無関係であるというのが、より標準的な見方であった。特に、米国の金融革新が民間貯蓄率の低下と住宅への過剰投資を招いたと主張された。このような考え方は**メイド・イン・アメリカ仮説**（made in the U.S.A. hypothesis）と呼ばれている。

世界的な過剰貯蓄仮説とメイド・イン・アメリカ仮説のどちらが正しいのか、どうすればわかるのだろうか。この問いに答えるために、7.1節で構築した図を使用する。図7.4（a）は、他国（米国以外の国）における貯蓄を望ましい形で増加させた場合の効果を示している。経済の初期位置であるA点は、$CA^{US}(r)$ と$CA^{RW}(r)$ 曲線の交点にある。初期の均衡では米国の経常収支はCA^{US0}、世界金利はr^{*0}に等しくなる。他国における貯蓄が望ましい形で増加した場合、他国における経常収支曲線は左下にシフトし、$CA^{RW'}(r)$ となる。新

図 7.4　米国の経常収支赤字：世界的な過剰貯蓄仮説か，またはメイド・イン・アメリカ仮説か

(a) 世界的な過剰貯蓄仮説

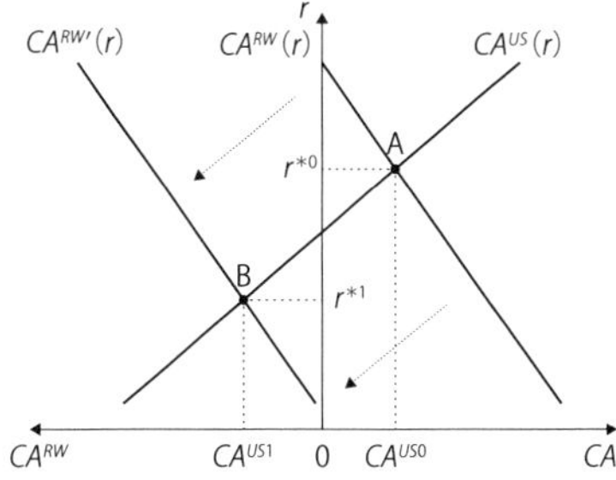

(b) メイド・イン・アメリカ仮説

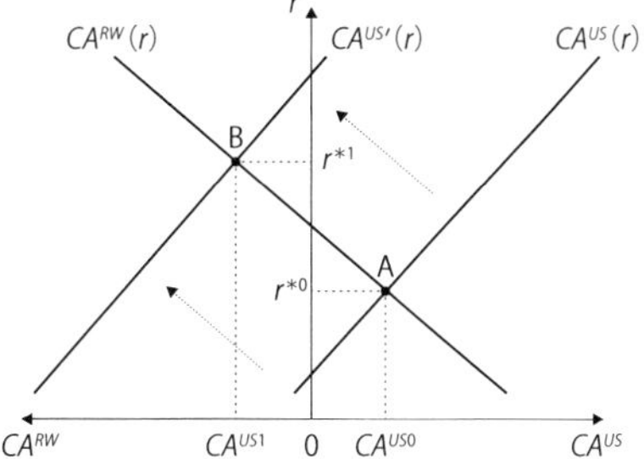

しい均衡B点では、米国の経常収支がCA^{US0}からCA^{US1}へと悪化し、世界金利がr^{*0}からr^{*1}へと低下する。直感的には、米国が他国からより多くの借金をするのは、それがより安くなった場合、つまり金利が低下した場合だけである。このモデルの予測は、もし世界的な過剰貯蓄仮説が正しければ、金利の低下が観察されるはずであることを示唆している。

図7.4 (b) には、メイド・イン・アメリカ仮説が示されている。ここでも、初期の均衡であるA点では、米国の経常収支はCA^{US0}に等しく、世界金利はr^{*0}に等しい。この考え方の下では、他国の経常収支曲線は変化しない。その代わり、米国の経常収支曲線が、$CA^{US'}(r)$ で示されるように左上へシフトする。新しい均衡はB点であり、そこでは米国の経常収支がCA^{US0}からCA^{US1}に悪化し、世界金利がr^{*0}から$r^{*1}>r^{*0}$へと上昇している。

どちらの仮説も米国の経常収支の悪化を説明することができる。しかし、世界的な過剰貯蓄仮説は、経常収支の悪化に伴って世界金利が低下するはずだとし、メイド・イン・アメリカ仮説は、世界金利が上昇するはずだとしている。したがって、どちらの仮説が正しいかは、金利の動きのデータを使えばわかる。

図7.5は1992年から2018年までの世界金利をプロットしたものである。[2)] 米国の経常収支の大幅な悪化は金利の大幅な低下と関連しており、世界的な過剰貯蓄仮説のほうに信憑性があることが示されている。

2)　世界金利は、米国10年物国債金利と予想インフレ率の差として計算されている。期待インフレ率は、今後10年間の消費者物価指数（CPI）インフレ予測の中央値として測定されている（the Survey of Professional Forecasters）。

図 7.5　世界の金利：1992～2018 年

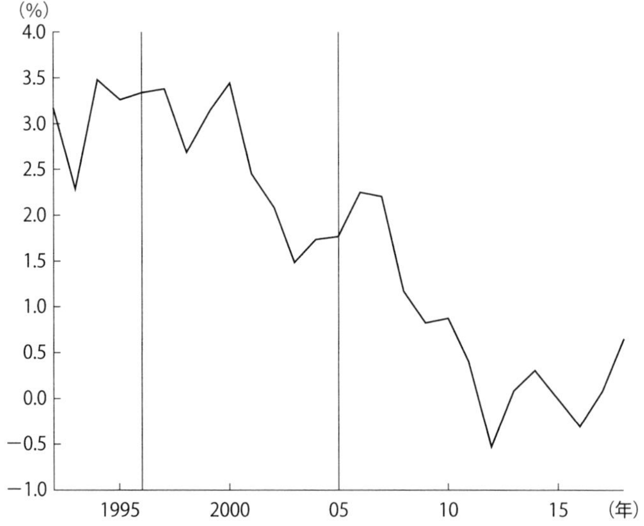

（注）　世界金利は，米国10年物国債金利と予想インフレ率の差として計算されている．

7.6.2　メイド・イン・アメリカ仮説の逆襲

2007年の世界金融危機を契機に、米国の経常収支は急激に反転した。具体的には、図7.3に見られるように、経常収支の赤字は2006年のGDP比－6％をピークに、2009年にはGDP比－3％に縮小している。世界的な過剰貯蓄仮説はこのような展開をも説明できるのだろうか。

世界的な過剰貯蓄仮説の下では、経常収支赤字の反転は、他国における貯蓄の減少に起因すると考えられる。ここでも、本章で使用した図を使って、この仮説の妥当性を評価することができる。図7.4（a）では、世界金融危機が始まる直前、経済はB点にあり、世界金利はr^{*1}、米国の経常収支赤字はCA^{US1}であるとしよう。世界の他の国々において望ましい貯蓄が減少すると、世界の他の国々の経常収支曲線は右上方へとシフトする。簡単に、世界の他の国々の経常収支曲線は$CA^{RW}(r)$で示される元の位置に戻ると仮定する。米国の経常収支曲線の位置は変化せず、新しい均衡点はA点で与えられる。他国の経常収支曲線がシフトすることで、米国の経常収支はCA^{US1}からCA^{US0}へと改善し、世界金利はr^{*1}からr^{*0}へと上昇する。したがって、世界的な過剰貯蓄仮説の下では、世界金融危機前後に見られた米国の経常収支のV字型の回復は、同様な金利のＶ字型の軌跡を伴わなければならないはずである。しかし、図7.5を見ると、金利はそのようなパターンを示していない。むしろ危機の間、金利は大きく低下し、米国の経常収支の反転の主な要因が、世界的な過剰貯蓄仮説であることを否定している。

我々は、世界的な過剰貯蓄仮説が、危機前の期間において観察された米国の経常収支赤字の動向に対して、もっともらしい説明を提示すると結論付ける。同時に、金利の動向は、危機の間の米国の経常収支の動きが、主として外部的要因によって引き起こされたものではないことを示唆している。

では、危機の期間に経常収支が改善した要因は何だったのだろうか。多くの学者や政策オブザーバーは、米国の住宅市場のバブル崩壊が、米国の家計や企業の支出パターンを、現在の消費や投資よりも、貯蓄を好むように転換させたと論じている。本章の図で言えば、この支出転換によって、米国の経常収支曲線は、世界金融危機が始まる直前の位置から右下方にシフトしている。図7.4（b）では、危機発生前の経済の位置がB点で示されている。国内支出の縮小は、米国の経常収支曲線を$CA^{US\prime}(r)$からら$CA^{US}(r)$へと右下にシフトさせる。世界の他の国々の経常収支は変化しない。新しい均衡は、米国の経常収支が改善し、世界金利が危機発生前よりもさらに低くなるA点によって示される。米国の経常収支の改善と低い金利のさらなる低下は、金融危機後に観察されたこれら2つの変数の挙動と一致する。一連の分析は、世界金融危機時における、米国の経常収支の動きを説明する上で、国内的要因が支配的な役割を果たした可能性を示唆している。

7.7 まとめ

この章で学んだことを振り返ろう。

- ここでは、大国開放経済における経常収支の決定について分析した。
- 世界金利は、大国経済の貯蓄と投資に影響を与える要因に反応する。
- 大国で一時的に生産が増加すると、世界金利が低下する。
- 大国で将来的に生産が増加すると予想される場合、世界金利は上昇する。
- 世界金利は世界における生産の成長率によって決定される。世界における生産の予想成長率が大きければ大きいほど、世界金利は高くなる。
- 本章の理論的枠組みは、1990年代半ばから2007年の世界金融危機の発生までの間に米国の経常赤字が大幅に増加したのは、「世界的な過剰貯蓄」と呼ばれる世界的な貯蓄の供給の増大が主な原因であったことを示唆している。

- また、本章の理論的枠組みは、世界金融危機後の米国の経常収支赤字の急激な縮小は、米国の住宅バブル崩壊に伴う貯蓄の増加と投資の減少が主な原因であったと示唆している。これは「メイド・イン・アメリカ」仮説と呼ばれる。

7.8 練習問題

練習問題7.1（選択問題）

次の記述が真、偽、また不明のいずれであるかを示し、その理由を説明しなさい。

1. 大国開放経済では、貯蓄曲線のみに影響を与えるショックは、貯蓄と投資の間に正の相関を生じさせる。
2. 国が大きければ大きいほど、その国内的な経済変動の国際的影響は大きくなる。
3. 小国経済は、大国経済に内在するショックに影響されない。
4. 将来の生産性上昇に関するニュースは、大国経済よりも小国経済の投資に対して大きな影響を与える。
5. 第1期において、世界のすべての小国開放経済で賦存生産量Q_1が増加したとする。この出来事は、世界に存在する大国経済には影響を与えないはずである。
6. ある大きな閉鎖経済で、第1期における賦存生産量が増加した。これは世界の金利に影響を与えないはずであり、したがって世界の他の国々にも影響を与えないはずである。
7. 「世界的な過剰貯蓄」仮説によれば、1990年代後半から2000年代初頭にかけての住宅ブームにおける米国家計の過剰借入れが、米国の経常収支悪化の主要因であったとされる。

練習問題7.2（大国経済におけるポジティブな天候ショック）

中西部の例外的な好天により、第1期に米国の穀物生産が増加したとする。このショックが、米国と、エルサルバドルのような小国開放経済における経常収支、貯蓄、投資、世界金利に与える影響をグラフを使って分析しなさい。

練習問題7.3（感染症流行の対外的効果）

2020年のコロナウイルス感染症の流行による健康危機は、世界の経済活動に対して需要と供給の両面から効果を及ぼした。米国（US）とその他の国（RW）の2つの国からなる2期間の経済を考えてみよう。危機は第1期に発生し、第1期の間だけ続いたとする。第1期に世界各国の政府による経済閉鎖が行われ、生産と投資が世界的に減少したとする。また、第1期の健康危機によって生じた不確実性により、世界的に貯蓄が増加したとする。コロナ危機が貯蓄、投資、経常収支、世界金利に及ぼす影響をグラフ（空間 (I, r) と (S, r) に対して1つ、空間 (CA, r) に対して1つ）により分析しなさい。自由な資本移動のある場合と、閉鎖経済の場合を区別すること［ヒント：(i) いくつかの効果は曖昧であるかもしれない。この場合、どの対立し合う効果が曖昧さを生み出すのか説明しなさい。(ii) 不確実性の役割を分析する上で、第6章を参照し、パラメータ σ の増加が貯蓄と経常収支曲線に与える定性的な影響について考察するとよい］。

練習問題7.4（大国経済における保護主義的政策）

議会における保護主義的イニシアチブが、米国経済を財や金融資産の国際取引から遮断する法案の通過に成功したとする。この政策変更は、世界金利、米国と世界の他の国々の貯蓄と投資にどのような影響を与えるか。グラフを使って説明せよ。

練習問題7.5（二国経済）

2期間続き、二国が存在する賦存経済について考える。一方の国を米国（U）、もう1つの国を欧州（E）とする。米国の家計は以下のような効用を持つ。

$$\ln C_1^U + \ln C_2^U$$

ここで、C_1^U と C_2^U は、それぞれ第1期と第2期における米国の家計の消費を示す。欧州の家計は同一の選好を持ち、次式で与えられる。

$$\ln C_1^E + \ln C_2^E$$

ここで、C_1^E と C_2^E は、それぞれ第1期と第2期における欧州の家計の消費を示す。それぞれ Q_1^U と Q_2^U は、第1期と第2期における米国における賦存量とする。同様に、Q_1^E と Q_2^E は欧州の財の第1期と第2期の賦存量とする。さらに、賦存財は貯蔵できず、米国と欧州は同規模であり、両経済圏の間には自由な資本移動があると仮定する。また米国は第1期を対外純資産残高がゼロの状態でスタートする。

1. **対称的均衡**：$Q_1^U = Q_2^U = Q_1^E = Q_2^E = 10$ とする。このとき、第1期における世界の均衡金利、米国と欧州の経常収支を求めなさい。
2. **米国発の不況　その1**：米国発の不況が発生したとする。具体的には、Q_1^U が10から8に低下したとする。他のすべての賦存量（Q_2^U、Q_1^E と Q_2^E）は10を維持したままである。この生産規模の縮小には2つの特徴がある。第1に、米国に起因するものである（欧州の賦存量は変化しない）。第2に、一時的なものである（米国の賦存量は1期間後に正常値である10に戻ると予想される）。第1期における均衡金利と米国と欧州の経常収支を計算し、直感的にわかるように説明しなさい。
3. **米国発の不況　その2**：米国発の第2の不況を考える。この場合、米国の賦存量は第1期で10から8に減少し、第2期でも減り続けて6に減少する（$Q_1^U = 8$、$Q_2^U = 6$）。欧州の賦存量は毎期10で変化しない（$Q_1^E = Q_2^E = 10$）。前項で述べたものと同様に、この不況は米国に端を発している。ただし、前項で述べたものとは異なり、より長期的なものである。第1期における均衡金利とそれぞれの経常収支を再び求めなさい。2種類の不況の効果がどのように違うか、直観的に説明しなさい。

4. 2008年の大不況の始まりに、世界中で金利が急激に低下した。上記のモデルによれば、2008年ごろの人々の将来の実質的経済活動に関する予測について、どのようなことを示唆しているだろうか。

練習問題7.6（世界同時不況）

練習問題7.5と同じ経済について考察する。まず、練習問題7.5の問1.を解き、その後、次の問いに答えなさい。

1. **世界同時不況　その1：**世界同時不況が起こったとする。つまり、Q_1^UとQ_1^Eが10から8に低下し、Q_2^UとQ_2^Eは変化しない。このとき、均衡における世界金利を求めなさい。
2. **世界同時不況　その2：**次に、長期的な世界同時不況を考える。具体的には、Q_1^UとQ_1^Eが10から8に低下し、Q_2^UとQ_2^Eも10から8に低下したとする。このとき、均衡における世界金利を求めなさい。
3. **世界同時不況　その3：**最後に、時間とともに悪化することが予想される世界同時不況を考える。具体的には、Q_1^UとQ_1^Eが10から8に低下し、Q_2^UとQ_2^Eが10から6に低下したとする。均衡における世界金利を求めなさい。
4. あなたは投資銀行の経済アナリストチームの一員で、欧州と米国の両方が景気後退に陥ったことを観察しているとする。あなたは、市場参加者が将来の生産高についてどのように予想しているかを知りたいと考えている。特に、あなたの所属チームの3分の1は世界的な生産量の減少は一時的なものであると考え、3分の1はこれが新常態（つまり、生産量は元のレベルまで回復しない）と考え、残りの人々は現在の不況は今後さらに悪化する不況の始まりにすぎないと考えている。第1期のデータを用いて、どの見方が正しいかを見分けるにはどうしたらよいだろうか。

練習問題7.7（世界的な不確実性）

さまざまな理由により、世界の一部の地域で、不確実性が増大したとする（戦争、政治不安、経済危機、または局地的な感染症の流行など）。より不確実性の高いグループに属する国々をUCとする。また不確実性の増大は、将来の生産高の標準偏差の上昇として現れると仮定する。その他の国をRWとする。この不確実性の増大が、世界金利、UCとRWの消費、貯蓄、経常収支に与える影響を分析しなさい。その際、1つ以上のグラフを添えて説明すること。

練習問題7.8（世界発のショックが小国経済に与える影響）

小国開放経済、例えばエクアドルについて考察する。米国が投資ブームに見舞われたとし、エクアドル経済にどのような影響を与えるかを分析しなさい。特に、経常収支、貯蓄、投資、国内利子率への影響を、次のようなシナリオについて考察しなさい。

1. 世界のすべての国は開放経済である。
2. エクアドルは閉鎖経済である。
3. 米国は閉鎖経済である。
4. 米国とエクアドル以外の世界の他の国々はすべて閉鎖経済である。

練習問題7.9（世界金利の決定要因）

米国（U）と、それ以外の国（R）からなる2期間・二国の賦存経済を考える。米国の家計は以下の効用関数を持つ。

$$\ln C_1^U + \beta \ln C_2^U$$

ここで、C_1^UとC_2^Uは、それぞれ第1期と第2期における米国家計の消費を示し、$\beta \in (0, 1)$は主観的割引率を表す。世界の他の国々の家計は同一の選好を持ち、次式で与えられる。

$$\ln C_1^R + \beta \ln C_2^R$$

ここで、C_1^RとC_2^Rは、それぞれ第1期と第2期における世界の他の国々の家計の消費を示す。Q_1^UとQ_2^Uは、それぞれ第1期と第2期における米国の財の賦存量とする。同様に、Q_1^RとQ_2^Rは他の国々における第1期と第2期の財の賦存量とする。さらに、賦存財は貯蔵できず、米国と世界の他の国々は同規模であり、両経済圏の間には自由な資本移動があると仮定する。また米国は第1期を対外純資産残高がゼロの状態でスタートする。

1. 所与の米国における金利r_1^Uの下での米国家計の最適化問題を定式化し、解を求めなさい。具体的にはC_1^U、C_2^UとB_1^Uについて、選好パラメータと家計が所与とする変数で表現しなさい。
2. 所与の世界の他の国々における金利r_1^Rの下での、世界の他の国々の家計の最適化問題を定式化し、解を求めなさい。
3. 世界金利r^*が与えられたとき、U国における第1期と第2期の貿易収支、経常収支、対外債務の均衡水準を導出しなさい。
4. 世界金利r^*が与えられたとき、R国における第1期と第2期の貿易収支、経常収支、対外債務の均衡水準を導出しなさい。
5. 第1期と第2期における世界全体の資源制約式を求めなさい。
6. 世界金利の均衡水準r^*を導出しなさい。どのような条件下で$\beta(1+r)=1$を満たすか、直感的にわかるように説明しなさい。
7. ここで、第1期の生産が両国ともQ_1^iから$(1+x)Q_1^i$へと増加したとする（$i=U, R, x>0$）。世界金利と第1期における米国の経常収支に与える影響を導出しなさい。世界的な生産増は対外不均衡（グローバル・インバランス）を悪化させるだろうか。

第8章 双子の赤字：財政赤字と経常収支

マクロ経済学の重要な問題の1つに、財政赤字が経常赤字を引き起こすかどうかということがある。財政赤字が経常赤字を引き起こすとする考え方は、**双子の赤字**（twin deficit）仮説と呼ばれる。例えば、減税や国民への給付を増やすといった景気刺激策を考えよう。この場合、他の条件がすべて同じであれば、財政赤字は増加するが、民間消費、貯蓄、貿易収支、および経常収支などといった他のマクロ経済変数にはどのような影響を与えるのだろうか。

これには2つの対立する見解がある。1つは、減税によって国民の懐にお金が入ることで、家計の所得が増え、消費支出が刺激されるとするものである。そして、国内消費の増加は、貿易収支や経常収支の悪化を引き起こす。もう1つは減税は個人消費にも経常収支にも影響を与えないとする考え方である。減税は将来の増税の前触れであり、減税によって財政赤字が発生し、その財源は公的債務でまかなわなければならない。将来、政府は利子を含む公的債務を返済しなければならず、そのためには増税が必要である。したがって、この考え方では、家計は減税分を消費するのではなく、将来予想される増税分を支払うために貯蓄することになる。消費支出は減税によって変化しないので、貿易収支や経常収支も変化しない。したがって、この考え方によれば、双子の赤字仮説を否定することになる。この財政政策の中立性は**リカードの等価定理**（Ricardian equivalence）と呼ばれる。

本章では、この2つの見解がそれぞれ成立する条件を分析する。さらに、財政赤字が減税や政府移転の増加ではなく、政府支出の変化の結果である場合、同様の対立する見解が生じるかどうかを探求する。

8.1 政府部門の存在する開放経済

第5章で学んだような2期間の経済を考える。さらに、ここでは財を消費し（政府支出）、課税し、借金をする（債券を発行する）政府の存在を仮定する。まず、政府部門について解説する。

8.1.1 政府

第1期と第2期において、政府はそれぞれG_1とG_2で表される財とサービスを購入すると仮定する。これらの支出は政府支出と呼ばれ、政府機関で使用される物品（紙、コンピュータなど）、防衛費（武器、軍の装備など）、公共投資（学校、病院、道路など）、公的な雇用（公務員、公立学校の教師、警察など）を含む、政府の運営に必要な財とサービスが含まれる。政府支出の経路（G_1, G_2）は、外生的に与えられているとする。

政府は第1期と第2期に一括税を課していると仮定し、T_1とT_2で表す。**一括税**（lump-sum taxes）とは、所得、支出、富などの納税者の経済的特性に依存しない税金を意味する。一括税は以下の2つの理由から便利な分析手段である。第1に、民間経済主体が行う経済的意思決定に依存しないため、経済的インセンティブを歪めることがなく、均衡における動学を単純化することができる。第2に、一括税は政府支出の効果を分離するのに便利である。なぜなら、政府支出が外生的であるために、それをまかなうために必要な税金の変化は、非現実的ではあるが、定義上、政府支出になんの影響も与えることができないからである。不都合な点としては、一括税は現実にはほとんど存在しない。政府は納税者に対して、「金持ちか貧乏人か、高所得者か低所得者か、スーパーマーケットでたくさん買う人かそうでないかには関係なく、xを納税しなければならない」とは言わないのである。このため、8.4.3項では、税金が何らかの個人の経済的特性に依存する、より現実的な環境について研究する。このようなタイプの税は**歪曲税**（distortionary taxes）と呼ばれる。しかし、当面は、一括税について議論する。

政府がB_0^gの金融資産を伴って第1期を迎えたと仮定する。もしB_0^gが負であれば、第1期首において$-B_0^g$の**公的債務**（public debt）が存在することになる。

第1期の**政府の予算制約**（government budget constraint）は次式で与えられる。

$$G_1 + B_1^g - B_0^g = T_1 + r_0 B_0^g \tag{8.1}$$

ここでB_1^gは第1期末の政府資産保有額を示す。もしB_1^gが負であれば、第1期末に公的債務があることを意味する。政府の予算制約式の左辺は第1期における政府の支出を表しており、政府の財の購入G_1と金融資産の購入$B_1^g - B_0^g$で構成されている。右辺は第1期の政府の資金源、すなわち税収T_1と資産の利子収入$r_0 B_0^g$を表している。r_0は第1期に満期を迎える債券の金利である。

同様に、第2期の政府の予算制約も次式で与えられる。

$$G_2 + B_2^g - B_1^g = T_2 + r_1 B_1^g \tag{8.2}$$

政府は、第2期末に債務残高を持たないというネズミ講禁止制約の制約下にあるとする。つまりB_2^gはゼロ以上でなければならない。同時に、善良な政府、つまり国民の厚生を重視する政府にとって、資産保有高がプラスのまま第2期を終了することは望ましくない。なぜなら、第3期には国民の利益になるように蓄積された資産を使う政府が存在しなくなるからである。つまり、政府は常にゼロ以下になるようにB_2^gを選ぶことになる。この2つの議論を総合すると次のようになる。

$$B_2^g = 0 \tag{8.3}$$

（8.1）～（8.3）式を組み合わせ、B_1^gとB_2^gを消去することで、以下の**政府の異時点間予算制約**（intertemporal government budget constraint）が得られる。

$$G_1 + \frac{G_2}{1 + r_1} = (1 + r_0)B_0^g + T_1 + \frac{T_2}{1 + r_1} \tag{8.4}$$

この制約が示すのは、政府消費の割引現在価値（左辺）は、利子を含む初期資産保有残高に税収の割引現在価値を加えたもの（右辺）に等しくなければならない、というものである。政府の異時点間予算制約が意味するのは、所与の政府支出であるG_1とG_2を補填する税制であるT_1とT_2は無数に存在するということである。しかし、他の条件がすべて同じであるとき、どちらかの期間の税が与えられれば、政府の異時点間予算制約によって、もう一方の期間の税収が一意に決定される。特に、第1期における減税は第2期における増税で相殺されなければならない。同様に、第2期に想定される減税は第1期の増税を伴わなければならない。

前述したように、政府支出の経路(G_1, G_2)は外生的に与えられる。したがって、政府の唯一の選択は異時点間予算制約式（8.4）を満たす税の経路（T_1,

T_2）を選択することである。政府は時間を通じて均等な税を選択することもできるし、また第1期に低い税、第2期に高い税、あるいはその逆といった税制も選択できる。

8.1.2 企業

第5章と同様、企業は第1期に借入れを行い、第2期に生産が可能となる資本財に投資する。I_1を第1期の投資とし、生産は第2期に行われるとすると、生産関数は以下で与えられる。

$$Q_2 = A_2 F(I_1)$$

ここでQ_2は第2期の生産、A_2は外生的生産要素、$F(\cdot)$ は増加かつ凹型の生産関数である。第2期において、企業は利子と借入金を返済しなければならないため、利潤は次式で与えられる。

$$\Pi_2 = A_2 F(I_1) - (1 + r_1) I_1$$

企業は利潤を最大化する結果、投資水準I_1を選択する。このときの一階の最適化条件は、

$$A_2 F'(I_1) = 1 + r_1$$

であり、資本の限界生産物と資本の限界費用が等しくなる。生産関数は凹型であるため、上記の最適化条件は、金利r_1と最適投資水準I_1の間に負の関係があることを意味する。

$$I_1 = I(\underset{-}{r_1}) \tag{8.5}$$

なお、r_1を所与とすると、投資は税金や政府支出とは無関係である。(8.5) 式を用いると、利潤は金利の関数として$A_2 F(I(r_1)) - (1 + r_1) I(r_1)$ と表すこともできる。さらに、第5章では金利の上昇は企業の収益性を低下させることを立証したので、次のように書くことができる。

$$\Pi_2 = \Pi(\underset{-}{r_1}) \tag{8.6}$$

企業は家計によって所有され、したがって第2期に家計へ利潤を分配するものと仮定する。次に、家計部門について述べる。

8.1.3 家計

家計は第1期と第2期の消費C_1とC_2に対する選好を持つと仮定する。彼らの生涯効用関数は次のような形で与えられる。

$$\ln C_1 + \ln C_2 \tag{8.7}$$

第1期では、家計はQ_1という財の外生的な供給を受け、第2期では$\Pi(r_1)$という企業からの利潤を受け取る。また、$t = 1, 2$において、家計は期間$t+1$の利払いがr_tであるB_t^hという債券で貸し借りができる。上付き文字hは、家計が保有する債券と政府が保有する債券を区別するためである。家計は、毎期毎期、所得を消費財の購入、債券の購入、税金の支払いに充てる。したがって、第1期と第2期の予算制約は次式で与えられる。

$$C_1 + B_1^h - B_0^h = r_0 B_0^h + Q_1 - T_1 \tag{8.8}$$

$$C_2 + B_2^h - B_1^h = r_1 B_1^h + \Pi(r_1) - T_2 \tag{8.9}$$

税金を差し引いた所得、すなわち、第1期の$Q_1 - T_1$と第2期の$\Pi(r_1) - T_2$を**可処分所得**（disposable income）と呼ぶ。家計はネズミ講禁止制約に従う。つまり$B_2^h \geq 0$であり、家計は第2期末に債務を残せないとする。最適に行動する家計は、第2期末に資産を残さない。つまり$B_2^h \leq 0$。したがって、ネズミ講禁止制約と家計の最適化は、次のような横断条件を導く。

$$B_2^h = 0 \tag{8.10}$$

（8.8）～（8.10）式を組み合わせ、B_1^hとB_2^hを消去すると、以下のような家計の異時点間予算制約が得られる。

$$C_1 + \frac{C_2}{1 + r_1} = (1 + r_0) B_0^h + Q_1 - T_1 + \frac{\Pi(r_1) - T_2}{1 + r_1} \tag{8.11}$$

この式は、左辺の生涯消費の割引現在価値が、右辺の初期における資産と可処分所得の割引現在価値の和に等しくなければならないことを述べている。

C_2について（8.11）式を解くと、家計の異時点間予算制約を次のように書き直すことができる。

$$C_2 = (1 + r_1)[(1 + r_0) B_0^h + Q_1 - T_1 - C_1] + \Pi(r_1) - T_2 \tag{8.12}$$

これは、家計が第1期に消費を1単位増やすと、第2期に$1 + r_1$単位の消費を犠牲にしなければならないことを意味している。図8.1はこの関係を表したものである。簡略化のために、家計の初期資産がゼロ（$B_0^h = 0$）であるとの前提で図は描かれている。異時点間予算制約は、傾き$-(1 + r_1)$の右下がりの直線で

図 8.1　最適な消費選択

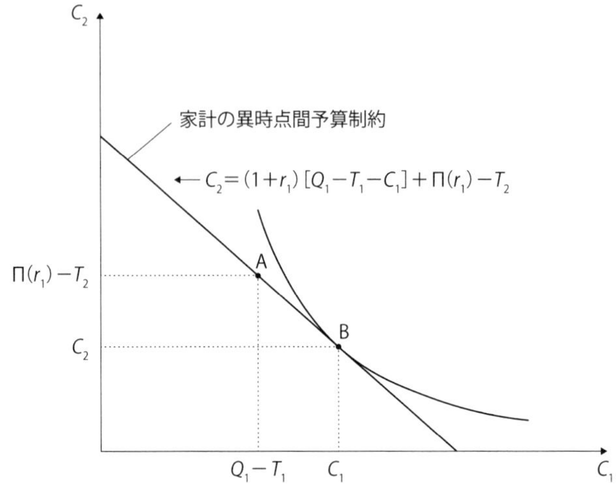

(注)　図は, 消費の最適経路の決定を示している. 異時点間予算制約は右下がりの直線であり, その傾きは$-(1+r_1)$である. 図は家計の初期資産がゼロであると仮定して描かれている($B_0^h=0$). 可処分所得の経路はA点であり, 最適消費経路は, 異時点間予算制約線と無差別曲線が接するB点で与えられる.

ある。この線上の任意の点が実現可能である。A点は可処分所得の経路、$(Q_1 - T_1, \Pi(r_1) - T_2)$ を表している。

家計は、$t = 1, 2$の可処分所得の経路$Q_t - T_t$、初期資産 $(1 + r_0)B_0^h$、金利r_1を所与として、異時点間予算制約上の点を選び、(8.7) 式で与えられる生涯効用を最大化する。最適消費経路は、異時点間予算制約線上で、無差別曲線に接する点で決定される。図8.1では、B点が最適消費経路である。図で描かれているように、家計は第1期に借入れ$C_1 > Q_1 - T_1$を行う。

最適消費経路を求めるには、生涯効用関数 (8.7) 式からC_2を消去するために、異時点間予算制約式 (8.12) を利用する。この操作により以下が得られる。

$$\ln C_1 + \ln[(1 + r_1)(\bar{Y} - C_1)] \tag{8.13}$$

ここでは、$\bar{Y}$は以下のように家計の生涯資産を表す。

$$\bar{Y} = (1 + r_0)B_0^h + Q_1 - T_1 + \frac{\Pi(r_1) - T_2}{1 + r_1}$$

家計は、$\bar{Y}$とr_1を所与として、(8.13) 式を最大化するようにC_1を選択する。この問題に関連する最適化条件は、C_1に関して (8.13) 式を微分し、それを0と置くことで得られる。並べ替えた後、この操作により$C_1 = \frac{1}{2}\bar{Y}$、または以下が得られる。

$$C_1 = \frac{1}{2}\left[(1 + r_0)B_0^h + Q_1 - T_1 + \frac{\Pi(r_1) - T_2}{1 + r_1}\right] \tag{8.14}$$

直感的に言えば、家計は第1期において生涯資産の半分を消費し、残りを将来の消費のために残しておくということになる。重要なのは、消費は税金のタイミングに依存しないことである。消費は、税負担の割引現在価値、$T_1 + T_2/(1 + r_1)$ の大きさにのみ依存する。例えば、納税額の割引現在価値が変わらないように政府が第1期に減税し、第2期に増税した場合、家計にとって自分の生涯の豊かさは変わらない。その結果、第1期の減税分を第2期の増税分を払うために貯蓄し、同じ最適消費経路を維持することが可能になる。

ここで、(8.14) 式を用いて (8.12) 式からC_1を消去すると、第2期における消費の最適値が得られる。

$$C_2 = \frac{1 + r_1}{2}\left[(1 + r_0)B_0^h + Q_1 - T_1 + \frac{\Pi(r_1) - T_2}{1 + r_1}\right] \tag{8.15}$$

これは、第1期の消費と同様に、第2期の消費も税金の割引現在価値、$T_1 + T_2/(1 + r_1)$ に依存することを意味している。

8.2 リカードの等価定理

小国開放経済において、自由な資本移動があると仮定する。すると、国内金利は世界金利r^*と等しくなる、つまり以下が成立する。

$$r_1 = r^* \tag{8.16}$$

第1期首の国の純対外資産残高 (B_0と表記) は、民間資産と公的資産の保有額の合計で与えられる。

$$B_0 = B_0^h + B_0^g \tag{8.17}$$

(8.4) 式、(8.14) 式、(8.16) 式、(8.17) 式を組み合わせると、第1期の均衡消費水準が以下のように得られる。

$$C_1 = \frac{1}{2}\left[(1 + r_0)B_0 + Q_1 - G_1 + \frac{\Pi(r^*) - G_2}{1 + r^*}\right] \tag{8.18}$$

(8.15) 式を用いて同様の操作を行うと、第2期の均衡消費水準が得られる。

$$C_2 = \frac{1 + r^*}{2}\left[(1 + r_0)B_0 + Q_1 - G_1 + \frac{\Pi(r^*) - G_2}{1 + r^*}\right] \tag{8.19}$$

第1期の貿易収支（TB_1と表記）は、次式で与えられる。

$$TB_1 = Q_1 - C_1 - G_1 - I_1$$

（8.5）式と（8.18）式を用いてI_1とC_1を消去すると、均衡状態において以下のようになる。

$$TB_1 = \frac{1}{2}\left[-(1+r_0)B_0 + Q_1 - G_1 - \frac{\Pi(r^*) - G_2}{1+r^*}\right] - I(r^*) \qquad (8.20)$$

経常収支は、貿易収支に純投資収益を加えたもの（$CA_1 = TB_1 + r_0B_0$）であるから、以下のようになる。

$$CA_1 = \frac{1}{2}\left[-(1-r_0)B_0 + Q_1 - G_1 - \frac{\Pi(r^*) - G_2}{1+r^*}\right] - I(r^*) \qquad (8.21)$$

（8.18）~（8.21）式にはT_1もT_2も登場しないことに注意しよう。このことは、G_1とG_2が与えられたとき、政府の異時点間予算制約式（8.4）を満たすいかなる税金の組合せT_1とT_2において、民間消費、貿易収支と経常収支の均衡水準が同じであることを意味している。この結果はリカードの等価定理と呼ばれ、直感的に考えると次のようなものである。第1期で減税を行い、両期とも政府支出を据え置いたとする。政府支出は変わらないので、減税は公的債務でまかなわなければならない。第2期の政府支出も変わらないので、増加した公的債務とその利子を返済するために、第2期は増税が必要となる。家計は第1期において、減税によって第2期に増税が必要になることを予期している。そのため、家計は減税分の一部を消費支出に回すのではなく、消費を据え置き、減税分をすべて貯蓄に回すことになる。

直感的には、この経済でリカードの等価定理が成立する理由は、減税（＝政府貯蓄の減少）は民間貯蓄の増加によってちょうど相殺されるからである。この効果をより形式的に示してみよう。

二次的財政黒字（secondary fiscal surplus）とも呼ばれる政府貯蓄（S_1^gと表記）は、収入（税金と保有資産の利息）と政府支出の差額として定義される。形式的には以下のように表される。

$$S_1^g = r_0B_0^g + T_1 - G_1$$

二次的財政黒字がマイナスの場合、**二次的財政赤字**（secondary fiscal deficit）、あるいは**財政赤字**（fiscal deficit）と呼ぶ。二次的財政黒字は、政府の資産保有に伴う利子収入（$r_0B_0^g$）と**基礎的財政黒字**（primary fiscal surplus）（$T_1 - G_1$）の2つからなる。基礎的財政黒字は、税収と政府支出の差額を示す。基礎的財政黒字がマイナスの場合、つまり政府の支出が税収を上回っている場合、政府は**基礎的財政赤字**（primary deficit）の状態であると言う。

政府支出の外生的経路と初期条件$r_0 B_0^g$が与えられた場合、第1期の税金の変化は政府貯蓄の変化に1対1で反映されなければならない。つまり、以下が成り立つ。

$$\Delta S_1^g = \Delta T_1 \tag{8.22}$$

第1期の民間貯蓄（S_1^pと表記）は、国内生産と民間の純資産保有による利子収入の和から税金を引いたもの、すなわち**可処分所得**（disposable income）と、民間消費との差として以下のように定義される。

$$S_1^p = Q_1 + r_0 B_0^h - T_1 - C_1$$

先ほど示したように、所与の第1期と第2期の政府支出に対して、民間消費C_1は課税時期の変更に影響されず（(8.18) 式参照)、$r_0 B_0^h$は第1期であらかじめ決まっているので、第1期の一括税の変化は、民間貯蓄に同規模だが逆の符号の変化を引き起こすことになる。すなわち以下が成立する。

$$\Delta S_1^p = -\Delta T_1 \tag{8.23}$$

第1期の国民貯蓄（S_1と表記）は、第1期の政府貯蓄と民間貯蓄の合計であるから、以下のように書ける。

$$S_1 = S_1^g + S_1^p$$

したがって、国民貯蓄の変化は、政府貯蓄の変化と民間貯蓄の変化の和に等しい。

$$\Delta S_1 = \Delta S_1^g + \Delta S_1^p$$

この式と（8.22）式、（8.23）式を組み合わせると、以下が得られる。

$$\Delta S_1 = \Delta T_1 - \Delta T_1 = 0$$

この式は、リカードの等価定理が成立する理由として挙げた、国民貯蓄は変化しないという直感を裏付けるものである。つまり、所与の政府支出の経路に対し、税額の変更は、政府貯蓄と民間貯蓄がちょうど相殺されるような変化を生み出している。

財政赤字の拡大が経常収支の赤字を拡大させるという双子の赤字仮説についてのリカードの等価定理の意味するところは、財政赤字が課税時期の変化によって引き起こされる場合は成り立たないということである。例えば、第1期に減税すると、第1期の財政赤字は増加するが、第1期の経常収支は変化しない。では財政赤字の原因が、税金の変化ではなく政府支出の変化である場合、モデルは双子の赤字を示唆するのだろうか。この問題について次に考えよう。

8.3 政府支出と双子の赤字

政府支出の変化は、賦存量の変化と同じ効果を持つが、その方向は逆である。したがって、例えば第1期の政府支出の増加による消費、貿易収支、経常収支への影響は、第1期の賦存量の減少による影響と同じである。このことを確認するために、均衡条件（8.18）〜（8.21）式をもう一度見てみよう。G_1は常にQ_1から差し引かれた状態で現れること、つまり常に$Q_1 - G_1$の形で現れることに注目しよう。このことは、賦存量ショックの効果について学んだこと（第3章）を、政府支出ショックの効果を理解するのに応用できることを示している。特に、政府支出の一時的な増加は民間消費を減少させるが、その変化量は政府支出自体の変化量よりも少ない。形式的には、（8.18）式から、次のように言える。

$$\Delta C_1 = -\frac{1}{2}\Delta G_1$$

直感的に言えば、政府支出の増加は家計をより貧しくする。その理由は、現在か将来、あるいはその両方において、政府支出の増加が増税によってまかなわれなければならないことを家計が知っているからである。そのため、税金の割引現在価値が増加し、可処分所得の割引現在価値が減少する。その結果、家計は両期間ともにおいて消費を減らし、第1期の消費も減少することになる。しかし、民間支出の減少は時間を通じて分散しているため、第1期の消費の減少幅は、政府支出の増加よりも小さい。

同時に、世界金利は影響を受けないので、政府支出の変化は投資に影響を与えない。すなわち、以下が成り立つ。

$$\Delta I_1 = 0$$

民間消費の一部のみがクラウディング・アウトされ、さらに投資への影響がないことから、政府支出の増加による国内総需要への効果は全体としてプラスとなる。第1期の生産はQ_1で固定されているため、総需要の拡大は貿易収支と経常収支を悪化させる。形式的には、均衡条件（8.20）式および（8.21）式から次のようになる。

$$\Delta TB_1 = \Delta CA_1 = -\frac{1}{2}\Delta G_1$$

政府支出の増加を同時期における税収の増加で十分にまかなえない場合、第1期の財政赤字は増加する。この場合、政府支出の拡大は、財政赤字と経常赤字の両方を増加させる。つまり、同じ期での税収の増加で財政赤字を補塡しきれないような政府支出のショックは、双子の赤字を生み出す。しかし、この双子の赤字は同じ大きさである必要はない。例えば、現在時点での税が据え置かれ、$\Delta T_1 = 0$となるならば、政府支出ショックがすべて将来の税金でまかなわれるので、経常収支の悪化は財政赤字の増加分の半分にとどまる。

ここで、将来における政府支出の予想される変化について考えてみよう。この種のショックは、将来における予想される所得の変化と似ているが、符号が逆である。このことは、均衡条件（8.18）～（8.21）式において、G_2が常に利潤所得から差し引かれる形で現れること、つまり、常に$\Pi(r^*) - G_2$の形で現れることから明らかである。したがって、第2期の政府支出の予測される増加は、第2期の所得の予測される減少と等価である。このことからG_2の増加は、第1期において、消費の落ち込みをもたらす。(8.18) 式より、この効果の大きさは以下で与えられる。

$$\Delta C_1 = -\frac{1}{2(1+r^*)}\Delta G_2$$

直感的には、将来の政府支出の増加により、税金の割引現在価値が増加することがわかっているので、家計は貧しくなったと感じ、その結果、消費支出を削減するのである。このとき、家計の調整は時間を通じて平準化されるため、消費の減少幅は政府支出の増加幅よりも小さくなる。さらに、賦存量Q_1と投資$I(r^*)$は変化しないので、G_2の増加は第1期の貿易収支と経常収支の改善につながることがわかる。形式的には（8.20）式と（8.21）式から以下が成り立つ。

$$\Delta TB_1 = \Delta CA_1 = \frac{1}{2(1+r^*)}\Delta G_2$$

では、政府支出の恒久的な増加、例えば$\Delta G_1 = \Delta G_2 = \Delta G$を考えてみる。ここで、$\Delta G$は正の数である。この事態に対して、経常収支はあまり変化しない。これを直感的に考えると、恒久的な賦存量の減少を考えたときと同じである。政府支出の恒常的な増加は、両期間とも家計の所得を減少させる。第2期にも同じように貧しくなるので、消費を平準化するために第1期で借入れを行う理由はない。結果的に、家計は両期間において消費をΔGだけ削減する。その結果、総需要はあまり変化せず、経常収支も変化しない。形式的には、(8.21) 式を微分すると、ΔGに等しいG_1とG_2の変化に対する経常収支の変化

は、

$$\Delta CA_1 = -\frac{r^*}{2(1+r^*)}\Delta G$$

であり、r^*が小さければ小さな数である。したがって、政府支出の恒久的な増加は双子の赤字にはつながらない。

まとめると、本モデルにおいては、財政赤字の変化が政府支出の一時的な変化によって引き起こされる場合には、双子の赤字仮説が妥当である可能性があるが、政府支出の恒久的な変化や、将来予想される変化によって引き起こされる場合には、双子の赤字は発生しない。次節では、減税に起因する財政赤字が双子の赤字を生み出す可能性があるかどうかという問題を再検討する。

8.4 リカードの等価定理の不成立：減税と双子の赤字

税制変更に対して双子の赤字は起こりえないという結論は、リカードの等価定理の帰結である。しかし、リカードの等価定理が成立する条件は特殊である。特にこれまでのモデルでは、家計には借入制約がないこと、現在時点での減税で利益を得ている家計はすべて将来の増税時にも存在すると仮定していること、そしてすべての税金は一括税であることを仮定している。以下では、これらの仮定を順番に取り除いていく。本節の主要な結論は、リカードの等価定理というのは、成立しがたいということである。前述の3つの仮定のいずれかを緩和すると、税額の変化に応じて双子の赤字が出現することになる。

8.4.1 借入制約

借入制約はなぜ、リカードの等価定理の破綻をもたらすのだろうか。職業訓練や大学進学によって将来の収入が現在の収入より大幅に増えると予想している若い労働者を例にとって考えてみよう。このような期待から、この人物は将来の高い所得を担保に借入れを行い、消費を平準化したいと考えるかもしれない。しかし、金融市場の不完全性（借り手と貸し手の情報の非対称性など）により、借入れがかなわなかったとする。この場合、この若年労働者は**借入制約**（borrowing constraints）に直面していると言う。ここで、将来の増税を財源

図 8.2　家計に借入制約がある場合の一時的な減税に対する調整

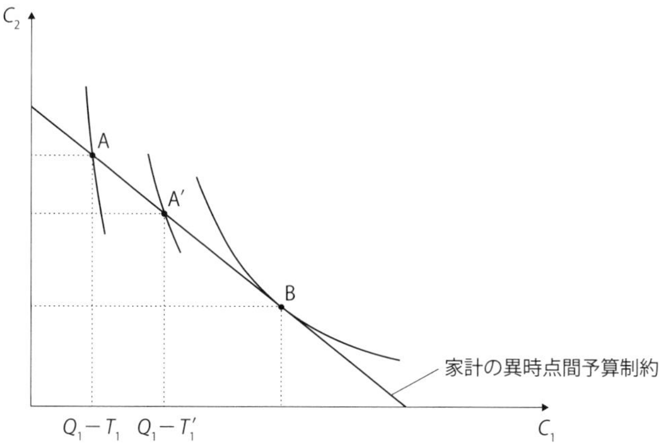

（注）右下がりの直線は，家計の異時点間予算制約である．家計の初期資産はゼロと仮定されている（B_0^h=0）．可処分所得はA点で表される．借入制約がない場合，家計は無差別曲線が異時点間予算制約に接しているB点で与えられる消費配分を選択する．借入制約がある場合，実現可能なのは，異時点間予算制約線上でA点の北西部のみである．借入制約のため，家計はA点で与えられる可処分所得を消費せざるをえない．T_1-T_1'に等しい減税は可処分所得をA′点まで増加させるが，家計は依然として借入制約に直面しているため，消費は減税分と同額だけ増加し，新しい均衡はA′点によって与えられる．

とする現在の（一括）減税を、政府が実施することを決定したとする。このとき、若い労働者はリカードの等価定理に従って、減税と同額だけ貯蓄を増やすだろうか。おそらくしないだろう。若い労働者は、減税を借入制約からの解放と見なし、喜んで減税分を消費に振り向けるだろう。この場合、政府貯蓄が減少しても民間貯蓄は変化しない。その結果、国民貯蓄は減少する。一括税の変化によって投資が影響を受けなければ、国民貯蓄の減少は経常収支の悪化につながる。これによって、双子の赤字が発生することになる。この点を数式を使って分析してみよう。

家計が次のような借入制約に直面しているとする。

$$B_1^h \geq 0 \tag{8.24}$$

つまり、第1期においては、いかなる借入れも不可能ということである。借入制約は**流動性制約**（liquidity constraints）とも呼ばれ、ここでは両者を同じ意味で使っている。図8.2はこのような状態を表している。図では簡略化のため、家計の初期資産はゼロ（$B_0^h=0$）と仮定している。右下がりの実線は家計の異時点間予算制約である。可処分所得Q_1-T_1はA点にある。借入制約がない場合、消費の配分は異時点間予算制約線が無差別曲線に接するB点で与えられるとする。B点では、第1期において家計は税引後所得よりも多くを消費している。すなわち$C_1 > Q_1 - T_1$である。この可処分所得を超える消費は、第1期における借入れによってまかなわれなければならない（$B_1^h < 0$）。しかし、借入制約（8.24）式がある場合、B点はもはや実行不可能である。このことは、借入制約により家計はA点で与えられる消費配分を選択せざるをえないことを意味する。すなわち、以下が成立する。

$$C_1 = Q_1 - T_1$$

このような状況下では、第1期における減税$\Delta T_1 = T_1' - T_1$（ただし$T_1' < T_1$）は、家計の借入制約を緩和するため第1期の消費を増加させることになる。減税後も引き続き借入制約に直面している場合、第1期の消費の増加幅は、減税の大きさそのものによって与えられる。

$$\Delta C_1 = -\Delta T_1$$

図8.2では、新しい消費配分はA′点で与えられる。この家計は、第2期に税金が高くなること、そしてそれがその期の消費にマイナスの影響を与えることを理解している。しかし、第2期に少し消費し、第1期に多く消費することは、まさに借入制約がない場合に家計が望んでいた消費配分であった。したがって、借入制約がある場合、リカードの等価定理は成立しないことがわかる。

このとき、企業も政府も流動性制約を受けておらず、世界金利r^*で借入れが可能であるとする。そうすると、投資も政府支出も減税の影響を受けない。したがって、第1期の生産は外生的に与えられるので、貿易収支と経常収支は消費の増加と同額だけ悪化する。

$$\Delta TB_1 = \Delta CA_1 = \Delta T_1 < 0$$

政府支出は不変と仮定しているので、減税によって第1期には政府貯蓄の減少（または財政赤字の増加）が起こる。

$$\Delta S_1^g = \Delta T_1 < 0$$

このように借入制約がある場合、減税は双子の赤字を生み出すことになる。

8.4.2　世代間効果

リカードの等価定理が破綻するかもしれない第2の理由は、減税によって利益を得る者と、後に増税を負担する者とが同一でない、ということである。

次のような例を考えてみよう。政府が今日減税を行い、その結果生じた赤字を30年後に満期を迎える国債でまかなったとする。30年後にその国債を償還するための税金が課されるときには、自分はすでに生存していないと予想する人々はどのような反応をするだろうか。このような人々にとって、減税は資産を増やすまたとない機会となる。その結果、減税で得たお金を貯蓄に回さずに、使ってしまう可能性が高い。

この考えを式を使って説明するために、家計が1期しか生きられない賦存経済について考えてみよう。第1期に生存している世代の予算制約は$C_1 + T_1 = Q_1$で与えられ、同様に、第2期に生存している世代の予算制約は$C_2 + T_2 = Q_2$である。ここで、政府が第1期に減税を行い、その財源を第2期の増税でまかなったとする。明らかに、$\Delta C_1 = -\Delta T_1$と$\Delta C_2 = -\Delta T_2$が成り立つので、第1期の減税は第1期の消費を増加させ、第2期の増税は第2期の消費を減少させる。その結果、第1期の貿易収支と経常収支は、減税額と同額分減少する。この結果を直感的に説明すると、第1期の減税に対して、第1期に生存している世代は第2期の増税を想定して貯蓄を増やすことはしない、なぜなら増税実施時にはこの世にいないから、というものである。

8.4.3 歪曲税

最後に、リカードの等価定理は、税金が一括税でない場合にも崩れる可能性がある。一括税とは、エージェントの意思決定に依存しない税である。8.1節で述べた経済では、家計は消費、所得、貯蓄に関係なく、第1期にT_1、第2期にT_2が課税される。したがって、その経済では、税金は家計の意思決定を一切歪めない。しかし現実には、税金が一括で課されることはほとんどない。むしろ、消費、所得、企業の利益に対する税率として規定されるのが一般的である。したがって、税率を変更すると、消費、貯蓄、投資の意思決定を歪めやすい。このような種類の税は歪曲税と呼ばれている。

リカードの等価定理が歪曲的な税金の下でなぜ破綻するか検討するために、例えば、政府が消費税を課すとし、第1期における税率をτ_1、第2期における税率をτ_2と仮定する。このとき、課税後の消費コストは、第1期において$(1 + \tau_1)C_1$であり、第2期において$(1 + \tau_2)C_2$となる。

もし、政府が減税を行ってτ_1を下げ、その財源を将来の増税、つまりτ_2の増加でまかなう場合、将来の消費に比較して現在の消費が安くなる。その結果、家計は第1期の消費を増やし、第2期の消費を減らすことになるだろう。このように、一括税と異なり、歪曲税の変化は実質的な効果を持ちうる。

以上の結果を、8.1節のモデルにおいて、一括税を消費税に置き換えて導出しよう。消費税があると、第1期と第2期の家計の予算制約は次のようになる。

$$(1+\tau_1)C_1 + B_1^h - B_0^h = r_0 B_0^h + Q_1 \tag{8.25}$$

$$(1+\tau_2)C_2 + B_2^h - B_1^h = r_1 B_1^h + \Pi(r_1) \tag{8.26}$$

これら2つの予算制約と横断条件（8.10）式を組み合わせてB_1^hとB_2^hを消去すると、次のような異時点間予算制約が得られる。

$$(1+\tau_1)C_1 + \frac{(1+\tau_2)C_2}{1+r_1} = (1+r_0)B_0^h + Q_1 + \frac{\Pi(r_1)}{1+r_1} \tag{8.27}$$

家計はτ_1、τ_2、Q_1、および$(1+r_0)B_0^h$とr_1を所与とし、異時点間予算制約（8.27）式の下で生涯効用関数（8.7）式を最大化するように、C_1とC_2を選択する。最適消費経路を求めるには、一括税の経済において行った手続きと同様に進める。つまり、異時点間予算制約（8.27）式をC_2について解き、得られた式を用いて生涯効用関数（8.7）式からC_2を排除する。すると家計の問題は以下の生涯効用を最大化するようにC_1を選択することに帰着する。

$$\ln C_1 + \ln\left[\frac{1+r_1}{1+\tau_2}(\bar{Y} - (1+\tau_1)C_1)\right]$$

ここで、$\bar{Y} \equiv (1+r_0)B_0^h + Q_1 + \dfrac{\Pi(r_1)}{1+r_1}$である。上記表現を$C_1$に関して微分しゼロと置くと、次のオイラー方程式が得られる。

$$\frac{C_2}{C_1} = \frac{1+\tau_1}{1+\tau_2}(1+r_1) \tag{8.28}$$

この式は直感的に理解できる。これは、政府が第1期に減税し、第2期に増税すると、家計は第1期に相対的に多く消費し、第2期に相対的に少なく消費する、というものである。消費税は、消費の異時点間相対価格を歪めている。真の相対価格が$1+r_1$であるにもかかわらず、家計は第1期の消費1単位が、第2期の消費$\dfrac{1+\tau_1}{1+\tau_2}(1+r_1)$単位と同等であると認識する。$\tau_1 > \tau_2$の場合、家計が認識している第1期の消費の異時点間相対価格は真のものよりも大きく、反対に$\tau_1 < \tau_2$の場合は、真のものより低くなる。政府が同じ税率、$\tau_1 = \tau_2$を設定した場合のみ、このような異時点間の歪みはなくなる。

消費税は家計にのみ適用されるため、企業の最適化問題は、一括税制の経済と同じである。その結果、投資曲線と利潤曲線は（8.5）式、（8.6）式と同様であり、したがって税率τ_1とτ_2に依存しない。また自由な資本移動の下では、国内金利は世界金利と等しく、$r_1 = r^*$となる。ここで、オイラー方程式（8.28）

をC_2について解き、得られた式を用いて家計の異時点間予算制約（8.27）式からC_2を消去する。さらにこの式について、r_1をr^*で置き換えると、第1期における均衡消費水準が以下で得られる。

$$C_1 = \frac{1}{2(1+\tau_1)}\left[(1+r_0)B_0^h + Q_1 + \frac{\Pi(r^*)}{1+r^*}\right] \qquad (8.29)$$

この式によれば、均衡において第1期の消費は、τ_1が上昇するにつれて減少する。直感的に考えると、τ_1が上昇すると、第1期の消費はより高価になるため、家計は需要を減らす。[1) この結果は、リカードの等価定理からの逸脱である。つまり、与えられた政府支出の経路の下で、歪曲税の課税時期の変化が均衡消費水準に影響を与えている。

第1期の貿易収支は、$TB_1 = Q_1 - G_1 - I_1 - C_1$で与えられる。$G_1$を一定とすると、第1期の減税は消費の増加を通じて貿易収支を悪化させる（投資は均衡ではr^*である金利にのみ依存することを想起してほしい）。第1期の経常収支$CA_1 = r_0B_0 + TB_1$も貿易収支と同じ大きさで悪化する。

$$\Delta CA_1 = \Delta TB_1 = -\Delta C_1 < 0$$

したがって、税に歪みがある場合、第1期における減税は経常収支の赤字を拡大させることが示された。

減税が双子の赤字を引き起こすかどうかを立証するためには、政府支出を一定にした上で減税を行うと財政赤字になることを示せばよい。第1期の税収は$\tau_1 C_1$で与えられる。このとき、第1期の政府貯蓄は以下の通りである。

$$S_1^g = r_0 B_0^g + \tau_1 C_1 - G_1 \qquad (8.30)$$

一見したところ、減税が政府の貯蓄を減らすのか増やすのかは明らかではない。一方で、減税は税率τ_1が下がるので、歳入を減少させる。他方、τ_1の低下は、課税ベースC_1が増加するため、歳入を増加させる。この2つの効果のうちどちらが優勢かを判断するために、（8.29）式を用いてC_1を消去すると、次のようになる。

$$S_1^g = r_0 B_0^g + \frac{\tau_1}{2(1+\tau_1)}\left[(1+r_0)B_0^h + Q_1 + \frac{\Pi(r^*)}{1+r^*}\right] - G_1$$

$\tau_1/(1+\tau_1)$ はτ_1が上昇すると必然的に上昇する。したがってτ_1が低下する

1）　第1期の消費は第2期の税率τ_2に依存しないことに注意すること。これは、対数線形選好の仮定による特別な結果である。このような選好の下ではτ_2の上昇は、所得効果と代替効果を生み出し、それぞれを完璧に相殺する。τ_2が上昇すると、代替効果により相対的に安くなるため、C_1の需要が増加する。またτ_2が上昇すると、所得効果によって家計が貧しくなるため、C_1の需要が減少する。異なる選好の下では、τ_2の変化に伴う所得効果および代替効果は、互いに完全に相殺されない可能性がある。

と、政府貯蓄が減少し、つまり財政赤字が増加する。

したがって、歪曲的な消費税の下では減税は双子の赤字を生み出すことが示された。

8.5 最適な双子の赤字

ここで、政府支出の増加が双子の赤字を生むかどうかという問題を再検討してみよう。8.3節では、一括税の場合、双子の赤字が発生することを示した。ここで、この結果が、税が歪曲的であると仮定した場合にも成立するか確認したい。(8.29) 式から、τ_1を一定としたとき、第1期における消費C_1はG_1に依存しないことがわかる。このことは、経常収支$CA_1 = r_0B_0 + Q_1 - C_1 - I(r^*) - G_1$が、$G_1$の増加とともに同じ割合で減少することを示している。したがって、τ_1を一定としたとき、G_1が増加すると経常収支が悪化する。ここで (8.30) 式から、τ_1を一定としたとき、政府貯蓄もG_1の増加に伴って同じ割合で減少する。このように、歪曲的消費税の下においても、第1期の税率を一定として、第1期の政府支出を増加させた場合、双子の赤字が発生することがわかった。

しかし、政府支出を増加させるときになぜ政府は第1期の税率を一定のままにするのだろうか。G_1の増加に対して、政府はある時点で増税をしなければならず、そうでなければ異時点間予算制約を満たせないことがわかっている。では、いつ、どれだけ増税すればよいのだろうか。この点は、これまでの分析においては焦点になかった。実際、所与の政府支出の経路 (G_1, G_2) に対し、政府の異時点間予算制約を満たし、均衡に合致する税率経路 (τ_1, τ_2) は無限個存在する。これら各々の税率経路はそれぞれ異なる消費経路 (C_1, C_2) を生じさせ、その結果、家計に異なるレベルの厚生をもたらす。そのため、慈善的な政府はこれらの税率経路のうちどれを選ぶべきかということが自然な疑問となる。本節の目的は、この問いに答えることである。

慈善的な政府 (benevolent government) とは、家計の厚生を最大化するような政策を実行する政府である。家計の厚生を最大化する均衡税率経路は、この種の問題を初めて解決し、24歳でその結果を発表した英国の経済学者フランク・プランプトン・ラムゼイ (Frank Plumpton Ramsey) にちなみ、**ラムゼイ最適** (Ramsey optimal) 税制と呼ばれる。[2)]

消費に対する歪曲税がある場合、政府の異時点間予算制約は次式で与えられる。

$$G_1 + \frac{G_2}{1 + r^*} = (1 + r_0)B_0^g + \tau_1 C_1 + \frac{\tau_2 C_2}{1 + r^*} \tag{8.31}$$

この式は、(8.4) 式で示される一括税がある場合の異時点間の政府予算制約を $r_1 = r^*$ で評価したものと同一であるが、一括税による税収 T_1 と T_2 が、消費税による税収である $\tau_1 C_1$ および $\tau_2 C_2$ で置き換えられている。

政府支出の経路 (G_1, G_2) が与えられたとき、均衡は税率の経路 (τ_1, τ_2) と民間消費の経路 (C_1, C_2) であり、ともに $r_1 = r^*$ で評価した家計のオイラー方程式 (8.28) と異時点間予算制約式 (8.27)、政府の異時点間予算制約式 (8.31) を満たすものである。これらは、4つの未知数、C_1、C_2、τ_1 および τ_2 と3つの方程式である。このことから、原理的には無限個の均衡が存在することになる。政府は、2つの税率のうち1つを任意に選択することができる。この選択は、消費の経路に影響を与えるので、家計の厚生に影響を与える。ここで考えたいのは、このような自由度を利用して、家計の効用を最大化するために、つまりラムゼイの言うように「効用の減少を最小化するために」、政府はどのように行動すべきかという問題である。

形式的には、慈善的な政府の問題は、生涯効用を最大化するため C_1、C_2、τ_1 および τ_2 を選ぶことである。

$$\ln C_1 + \ln C_2 \tag{8.7R}$$

また政府は、与えられた G_1 と G_2 の下で、このとき以下の制約に直面する。

$$\frac{C_2}{C_1} = \frac{1 + \tau_1}{1 + \tau_2}(1 + r^*) \tag{8.32}$$

$$(1 + \tau_1)C_1 + \frac{(1 + \tau_2)C_2}{1 + r^*} = (1 + r_0)B_0^h + Q_1 + \frac{\Pi(r^*)}{1 + r^*} \tag{8.33}$$

$$G_1 + \frac{G_2}{1 + r^*} = (1 + r_0)B_0^g + \tau_1 C_1 + \frac{\tau_2 C_2}{1 + r^*} \tag{8.31R}$$

この最大化問題の制約式を見れば、慈善的な政府は、競争均衡として支持されうるものの中から、最適な消費配分と最適な税制を選ぶように制限されていることが明らかである。このような最大化問題は、**ラムゼイ問題** (Ramsey

2) Frank P. Ramsey, "A Contribution to the Theory of Taxation," *The Economic Journal*, Vol. 37, No. 145, March 1927, pp. 47–61.

problem）と呼ばれる。

ラムゼイ問題は、3つの制約条件と4つの制御変数を含むので、大変難しい問題のように思われる。しかし、結果的には、かなり簡単に解ける問題である。まず、家計と政府の異時点間予算制約である（8.33）式、（8.31）式を組み合わせて、経済全体の資源制約を求める。

$$C_1 + \frac{C_2}{1+r^*} = Q_1 - G_1 + \frac{\Pi(r^*) - G_2}{1+r^*} \tag{8.34}$$

（8.34）式は（8.33）式と（8.31）式を組み合わせたものなので、ラムゼイ問題の制約式である（8.32）式、（8.33）式および（8.31）式は、（8.32）式、（8.33）式および（8.34）式が満たされる場合に限り、満たされることがわかる。

したがって、ラムゼイ問題は（8.32）式、（8.33）式および（8.34）式の制約の下で、生涯効用関数（8.7）式を最大化するために、C_1、C_2、τ_1およびτ_2を選ぶことである、と言い換えることができる。

ここで、経済の資源制約式（8.34）を条件として、生涯効用関数（8.7）式を最大化するようにC_1とC_2を選ぶという、より制約のない問題を解くことを考えよう。この問題は制約の数が少ないので、少なくともラムゼイ問題と同じ水準もしくはそれ以上の効用を生まなければならない。制約の少ない問題の解が、除外されていた制約式である（8.32）式と（8.33）式を満たすことを示せば、ラムゼイ問題の解を見つけたことになる。制約の少ない問題を解くには、まず経済の異時点間資源制約（8.34）式をC_2について解き、次式を得る。

$$C_2 = (1+r^*)(\bar{Y} - C_1) \tag{8.35}$$

ここで、$\bar{Y} \equiv (1+r_0)B_0 + Q_1 - G_1 + [\Pi(r^*) - G_2]/(1+r^*)$ は、政府支出を差し引いた経済の生涯資産を表す。（8.35）式を用いて生涯効用関数（8.7）式からC_2を消去すると、より制約のない問題とは、以下を最大化するC_1を選択する問題となる。

$$\ln C_1 + \ln[(1+r^*)(\bar{Y} - C_1)]$$

この目的関数をC_1に関して微分し、ゼロと置くと、次のようになる。

$$\frac{1}{C_1} - \frac{1}{\bar{Y} - C_1} = 0 \tag{8.36}$$

C_1について解くと、以下が得られる。

$$C_1 = \frac{1}{2}\bar{Y} \tag{8.37}$$

ここで、（8.35）式を使って（8.36）式から$\bar{Y} - C_1$を消去すると、以下が得られる。

$$\frac{C_2}{C_1} = 1 + r^* \tag{8.38}$$

これが、制約の少ない効用最大化問題の解である。ここで、この解がラムゼイ問題の解でもあること、すなわち、制約式（8.32）、（8.33）、（8.34）を満たすことを示そう。（8.34）式はより限定的な問題の制約であるため、自明的に満たされる。ここで、仮に $\tau_1 = \tau_2 = \tau$ とすると、制約式（8.32）はより限定的な問題において導出された最適化条件式（8.38）と同じになる。最後に（8.33）式において τ_1 と τ_2 を τ に置き換えると、この式が成立するための τ の値が以下で与えられる。

$$\tau = \frac{(1 + r_0)B_0^h + Q_1 + \dfrac{\Pi(r^*)}{1 + r^*}}{(1 + r_0)B_0 + Q_1 - G_1 + \dfrac{\Pi(r^*) - G_2}{1 + r^*}} - 1 \tag{8.39}$$

これで、制約の少ない問題の解が、確かにラムゼイ問題の解であることの証明が完了した。

ここで、得られた結果を解釈してみよう。まず、（8.38）式は、慈善的な政府は消費税による歪みを完全に排除する税制を選択することを述べている。これは、ラムゼイ最適税制の下では、家計が認識する消費の異時点間価格 $\dfrac{1 + \tau_1}{1 + \tau_2}$ $(1 + r^*)$ は、世界市場における消費の異時点間価格 $1 + r^*$ と等しくなるからである。第2に、慈善的な政府が歪みのない消費経路を実現する方法は、**税の平準化**（tax smoothing）、つまり時間を通じて一定の消費税率 $\tau_1 = \tau_2$ を課すことである。第3に、ラムゼイ最適配分は一括税制下と同じである。すなわち、家計は政府支出を差し引いた経済の生涯資源である $\bar{Y}$ の半分を第1期に消費し、残りを第2期の消費に回す。

このことは、双子の赤字についてどのような意味を持つのだろうか。第1期の経常収支は $CA_1 = r_0B_0 + Q_1 - C_1 - I(r^*) - G_1$ である。C_1 をそのラムゼイ最適値 $\bar{Y}/2$ に置き換えると、第1期のラムゼイ最適な経常収支は一括税の下でのそれと同じになる。

$$CA_1 = \frac{1}{2}\left[-(1 - r_0)B_0 + Q_1 - G_1 - \frac{\Pi(r^*) - G_2}{1 + r^*}\right] - I(r^*) \tag{8.21R}$$

第1期の政府貯蓄は、$S_1^g = r_0B_0^g + \tau_1C_1 - G_1$ で与えられる。τ_1 と C_1 を、（8.37）

式と（8.39）式で与えられるラムゼイ最適値によって置き換えると、以下が得られる。

$$S_1^g = \frac{1}{2}\left[-(1-r_0)B_0^g - G_1 + \frac{G_2}{1+r^*}\right]$$

これら2つの式によれば、G_1が増加すると、経常収支が悪化し、財政赤字が増加する（つまり政府貯蓄が減少する）。すなわち、$\Delta CA_1 = \Delta S_1^g = -\frac{1}{2}\Delta G_1$が成立する。これは、慈善的な政府にとっては、双子の赤字を計上することが最適であることを示している。

この結果の背後にある直感的解釈は次のようなものである。一括税のある経済と同様に、政府支出の増加は家計を貧しくする。家計は消費を時間を通じて平準化したいので、両期間とも消費を減らす。そのため、第1期の民間消費の落込みは、政府支出の増加分よりも小さくなる。投資は$I(r^*)$で一定なので、政府支出の増加よりも消費の減少のほうが少ないということは、総需要が増加することを意味する。このとき、賦存生産量が不変であれば、総需要の増加は経常収支を悪化させる。財政面では、第1期の政府支出の増加に対して、政府は消費配分の歪みを避けるため、両期間にわたって消費税率を同じ幅で引き上げる。このように、第1期の政府支出の増加分のうち、増税でまかなわれるのは一部だけで、残りは公債の発行でまかなわれることになるのである。

8.6 資本移動が不完全な経済における財政政策

拡張的な財政政策に対するよくある懸念は、金利を上昇させることによって、投資や民間消費を抑制してしまうことである。これまでのモデル経済では、経済規模が小さく、資本移動が自由であるという仮定によって、財政政策が金利に与える影響は無視されている。ここでは、これらの仮定を緩和する。本節では、資本移動の程度が異なる小国経済における財政政策を比較する。次節では、大国経済における財政政策について検討する。

まず、経常収支曲線を導出することから始めよう。第1期の経常収支は次式で与えられる。

$$CA_1 = r_0 B_0 + Q_1 - C_1 - I_1 - G_1$$

r_1で評価した（8.29）式を用いてC_1を消去し、I_1はr_1のみの関数であるから、

図 8.3　資本移動の自由な経済と金融閉鎖経済の下での拡張的財政政策に対する調整

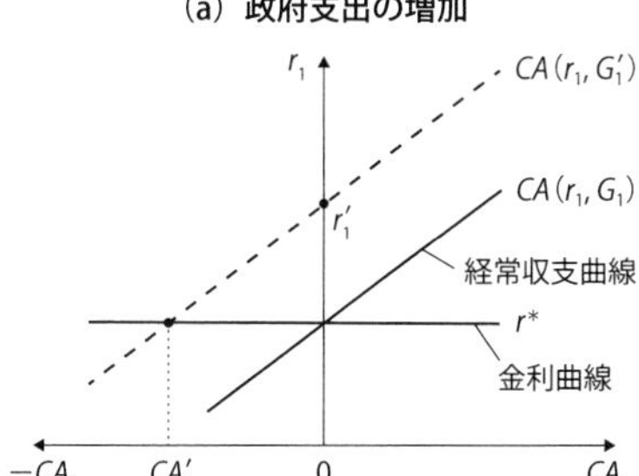

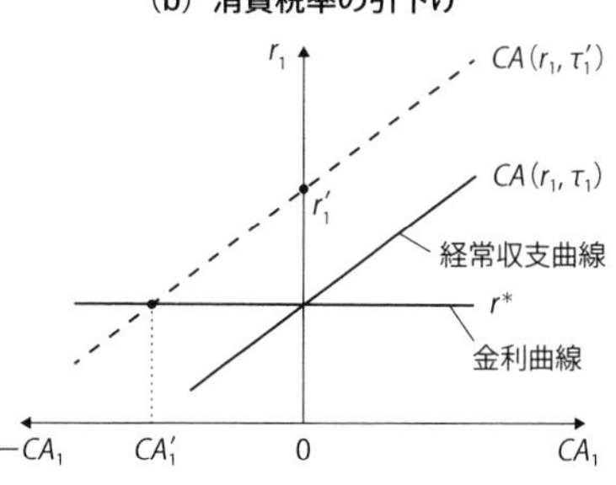

（注）(a)は，消費税率 τ_1を一定にしたまま，政府支出をG_1から$G_1'>G_1$まで増加させた場合の経常収支と金利の調整を示している．右上がりの実線は，財政拡大前の経常収支曲線である（乱雑さを避けるため，r_1とG_1以外の経常収支の引数はすべて省略している）．初期の均衡では，金利は$r_1=r^*$であり，経常収支はゼロである．政府支出の増加により，経常収支曲線は左上方へとシフトする（破線）．自由な資本移動の下では，金利はr^*にとどまり，経常収支は$CA_1'<0$に悪化する．金融閉鎖の下では，金利は$r_1'>r^*$に上昇し，経常収支はゼロのままである．政府支出G_1が一定の下での，減税（$\tau_1'<\tau_1$）に対する調整は，(b)に示すように，政府支出を増加させた場合の調整と質的には同じである．

経常収支曲線を次のように書くことができる。

$$CA_1 = r_0B_0 + Q_1 - \frac{1}{2(1+\tau_1)}\left[(1+r_0)B_0^h + Q_1 + \frac{\Pi(r_1)}{1+r_1}\right] - I(r_1) - G_1$$

上の式によれば、経常収支は、金利、賦存生産量、税率が高いほど増加し、政府支出が多いほど減少する。この関係をコンパクトに書くと以下となる。

$$CA_1 = CA(\underset{+}{r_1}\,;\,\underset{+}{Q_1},\ \underset{+}{\tau_1},\ \underset{-}{G_1}) \tag{8.40}$$

資本移動が自由な経済と、金融閉鎖経済、つまり国際資本移動に対して閉ざされた経済といった両極端のケースにおいて、財政政策の効果を比較してみよう。図8.3（a）は、経常収支曲線（8.40）式を右上がりの実線で示したものである。世界金利はr^*である。説明の便宜上、$r_1 = r^*$のとき、経常収支赤字がゼロになるとする。これは、国際資本移動について開放的か閉鎖的かにかかわらず、均衡金利がたまたまr^*となり、均衡の経常収支がゼロであることを意味する。

ここで、政府支出がG_1から$G_1'>G_1$に増加し、消費税率τ_1は変わらないとする。どのような金利においても経常収支は悪化する。したがって、経常収支曲線は破線で示すように左上方へとシフトする。国際資本市場に開放されている経済であれば、金利はr^*にとどまり、経常収支はゼロから$CA_1'<0$へと低下する。投資は$I(r^*)$で変化しないので、政府支出の増加は資本形成に対してクラウディング・アウト効果を持たない。

代わりに金融閉鎖している経済であれば、ショック後も経常収支はゼロのままであり、国内金利はr^*から$r_1'>r^*$へと上昇する。そして金利の上昇により、投資は$I(r^*)$ から$I(r_1')<I(r^*)$ へと低下する。つまり、財政拡大によって投資がクラウディング・アウトされることになる。このクラウディング・アウトは部分的であり、投資は政府支出の増加分より小さな割合で減少する。なぜなら、金利の上昇は民間支出を抑制し、民間貯蓄を促して、消費も部分的にクラウディング・アウトされるからである。消費が減少することで、政府支出のための余地が生まれるのである（金融閉鎖経済の下では、$Q_1 = C_1 + I_1 + G_1$であり、そして賦存量Q_1は一定であることを想起されたい）。

消費税率τ_1を引き下げた場合の効果は、図8.3（b）のように、政府支出を増やした場合と質的に同じである。

現実の経済は、国家間の資本移動に対して完全に開放されているわけでも、完全に閉鎖されているわけでもない。このような中間的な状況において、拡張的な財政政策は金利の上昇、経常収支の悪化、さらにある程度の投資のクラウディング・アウトを引き起こす。このことを描写するため、例えば対外債務を抑制するため政府が資本規制を行ったと仮定しよう。具体的には、国内において経済主体が直面する金利が、債権国（$B_1>0$）であればr^*であり、債務国（$B_1<0$）であれば純債務残高$-B_1$の増加関数であると仮定する。$B_1 = r_0B_0 + CA_1$であるから、その国の対外純債務は、経常収支赤字$-CA_1$の増加と同じだけ増加することがわかる。以下では簡略化のため、$B_0 = 0$とし第1期末の対外債務を$-CA_1$とする。

図8.4は、このような経済において、政府支出を増加させた場合の影響を示したものである。国内金利曲線は$\rho(-CA_1)$ と表記されている。CA_1がプラスのときはr^*に等しく平坦であり、CA_1がマイナスのときは$-CA_1$に対して増加する。均衡は、経常収支曲線と金利曲線との交点で描かれる。当初、政府支出はG_1であり、金利がr^*、経常収支が0であるA点で均衡する。政府支出がG_1からG_1'に増加すると、破線で示すように、経常収支曲線が左上にシフトする。金利曲線は変化しない。新しい均衡はB点にあり、そこでは$CA_1'<0$の経常赤字が発生し、金利は$r_1'>r^*$と高くなる。金利上昇の結果、投資は$I(r^*)$ から$I(r_1')$ へと低下する。自由な資本移動下での均衡はB′点、金融閉鎖経済の下での均衡はB″点である。不完全な資本移動の経済における均衡（B点）と、2つの極端なケースである自由な資本移動がある経済の均衡（B′点）と、金融閉鎖経済での均衡（B″点）とを比較すると、国際資本移動に対して開放的な経済ほ

図 8.4　不完全な資本移動の下における政府支出増加に対する調整

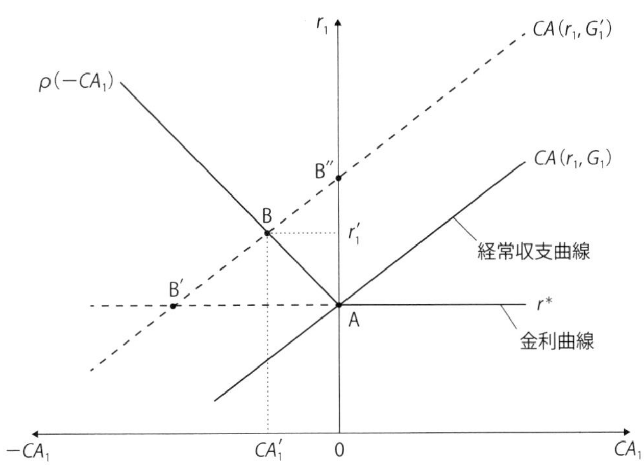

（注）　初期の均衡は，経常収支曲線$CA(r_1, G_1)$と金利曲線$\rho(-CA_1)$が交差するA点で与えられる（乱雑さを避けるため，r_1とG_1以外の経常収支曲線に関する引数はすべて省略する）．当初，金利はr^*，経常収支はゼロである．政府支出がG_1から$G_1'>G_1$に増加すると，経常収支曲線は左上へシフトする（右上がりの破線）．金利曲線は変化しない．新しい均衡は，金利が高く（$r_1'>r^*$），経常収支がマイナス（$CA_1'<0$）であるB点で与えられる．自由な資本移動がある場合と金融閉鎖経済の場合の均衡は，それぞれB′点とB″点で与えられる．

ど、政府支出の拡大による投資のクラウディング・アウトが小さくなり、金利上昇の幅も小さく、経常収支の悪化幅は大きくなる、という結論になる。

8.7　大国開放経済における財政政策

米国のような大きな経済において、財政政策の国内への効果、また、国際的な効果はどのようなものだろうか。この問いに答えるために、これまで研究してきた経済モデルにおいて、国内のショックが世界金利に影響を与えうるという意味で、大国経済であると仮定する。この大国の経常収支曲線は（8.40）式で与えられる。世界の他の国々の経常収支曲線は次の式で与えられるとする。

$$CA_1^{RW} = CA(\underset{+}{r_1}\ ;\ \underset{+}{Q_1^{RW}},\ \underset{+}{\tau_1^{RW}},\ \underset{-}{G_1^{RW}}) \tag{8.41}$$

世界の他の国々の経常収支曲線は、同じミクロ経済学的基礎付けから導かれるため、国内経済の経常収支と同じ性質を持つ。

図8.5は、大国経済の政府支出をG_1から$G_1'>G_1$まで増加させた場合の効果を示したものである。横軸には大国経済の経常収支が左から右へ、その他の

図 8.5　大国開放経済における政府支出増加に対する調整

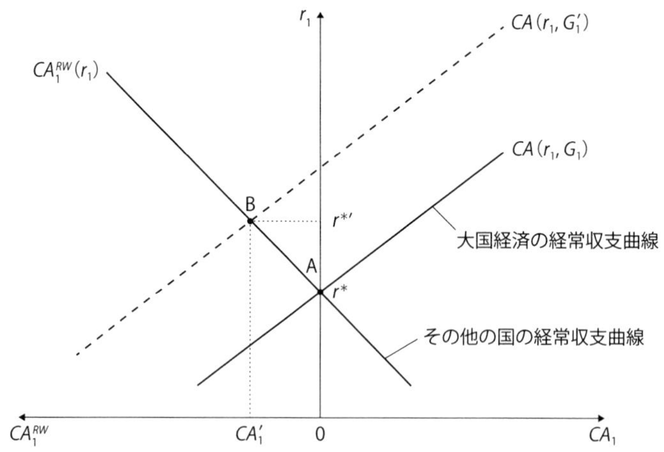

（注）　図は，大国開放経済における財政拡大の効果を示している．初期状態は，大国経済の経常収支曲線（右上がりの実線）とその他の国の経常収支曲線（右下がりの実線）が交差するA点である．A点における世界金利はr^*に等しく，経常収支の赤字は0である．G_1から$G_1'>G_1$への大国経済における政府支出の増加は，大国経済の経常収支曲線を左上方へシフトさせる（右上がりの破線）．このとき，その他の国の経常収支曲線は変化しない．新しい均衡はB点であり，世界金利は高くなり（$r^{*\prime}>r^*$），大国開放経済は経常赤字を，その他の国は経常黒字を計上する．

国々の経常収支は右から左へと計上されている。政府支出ショック前は、自国である大国経済の経常収支曲線（右上がりの実線）とその他の国の経常収支曲線（右下がりの実線）が交差するA点で均衡している。簡略化のために、初期の均衡においては、両国ともに経常収支はゼロであると仮定する。

自国である大国経済の政府支出の拡大により、その経常収支曲線は左上方にシフトする（右上がりの破線）。それ以外の国々の経常収支曲線は変化しない。新しい均衡は、金利が高く（$r^{*\prime}>r^*$）、大国の国内経済の経常収支がマイナスで、その他の国の経常収支はプラスになるB点で与えられる。金利の上昇は、大国の国内経済およびその他の国々の経済両方において投資の縮小をもたらす。

直感的には、大国の国内経済における政府支出の増加は、国民貯蓄を減少させる。所与の金利の下では、これは世界的な資金供給の減少をもたらし、世界金利を押し上げる。一方で、世界金利の上昇は、国際資本市場の均衡を回復させ、大国の国内でもその他の国でも投資を抑制し、貯蓄を促進させる。減税の効果も定性的には同じである（図示はされていない）。

まとめると、大国経済での拡張的な財政政策は、世界金利の上昇をもたらし、大国の経常収支を悪化させ、世界全体、つまり大国とその他の国の投資を縮小させる。これらの結果を、小国開放経済での結果と比較すると、経済規模が大きいほど、拡張的財政ショックに対する世界金利の上昇幅が大きいことがわかる。とすれば、経済規模の大きい国における財政出動は、経済規模の小さい国での財政出動に比べ、より大きい投資のクラウディング・アウトを伴うことになる。

8.8 まとめ

本章では、減税、政府移転の増加、および政府支出の増加から生じる財政赤字が、経常収支やその他のマクロ経済指標にどのような影響を与えるかを分析した。

- 双子の赤字仮説は、財政赤字が経常収支赤字を引き起こすとするものである。
- 租税が一括税の場合、政府支出の経路を変えずに課税時期を変えても、貿易収支や経常収支は変化しない。この結果はリカードの等価定理と呼ばれる。
- リカードの等価定理は成立しにくい結果である。それは、税金が一括税であること、家計が借入制約を受けていないこと、減税を受けるすべての経済主体が財政均衡のために必要な将来の増税を支払うことを予期していることが必要である。これらの条件のいずれかが緩和されると、リカードの等価定理は破綻し、減税は経常収支の赤字（双子の赤字）を引き起こす。
- 政府支出の一時的な増加は、経常収支の悪化（双子の赤字）を引き起こす。
- 政府支出の増加が恒久的であると認識されている場合、経常収支は大きな影響を受けない。
- 政府支出の経路を一定にしたまま消費税率を引き下げると、経常収支が悪化する（双子の赤字）。
- 慈善的な政府は消費税率を時間を通じて平準化することが望ましいと考える。その結果、一時的な政府支出の増加は、財政赤字と経常赤字の両方を発生させる。この意味で、双子の赤字はラムゼイ最適である。
- 資本移動が自由な小国開放経済では、政府支出の一時的な増加や減税は、投資をクラウディング・アウトさせない。しかし、国際的な資本移動が不完全な小国開放経済においては、投資のクラウディング・アウトが発生する。

- 資本移動が自由な大国開放経済では、政府支出の一時的な増加や減税は経常収支を悪化させ、世界金利を上昇させ、国内と国外における投資をクラウディング・アウトさせる。

8.9 練習問題

練習問題8.1 (選択問題)

次の記述が真、偽、または不明のいずれであるかを示し、その理由を説明しなさい。

1. 経常赤字がGDP比で−5%であり、国民の半分が借入制約を受けているとする。その場合、政府は(一括)増税をGDP比で10%行えば、経常赤字を解消することができる。
2. 現在と将来の政府支出を変えずに減税を行うと、家計は将来増税しなければならないことを理解しているので、消費は増加せず、対照的に貯蓄が増加する。経常収支は貯蓄から投資を差し引いたものと等しいので、経常収支は改善される。
3. ある小国開放経済の政府が、現在の政府支出は増やすが、将来の政府支出は減らすと約束し、政府支出の割引現在価値が変わらないようにしたとする。リカードの等価定理によれば、この政策は経常収支に影響を与えないはずである。
4. 政府は政府支出と一括税を同額ずつ増やす。基礎的財政赤字は変化しない。この政策は経常収支に影響を与えないはずであり、これは双子の赤字仮説と一致する。
5. 世界が米国とそれ以外の国の2つの国で構成されているとする。それ以外の国で政府購入が増えれば、世界金利は上昇する。
6. 2020年、2021年のCOVID-19の流行に対して米国政府が実施した財政出動はかなり大きいものであった。この財政ショックは、米国だけでなく、世界の投資をクラウディング・アウトさせることになるはずだ。

練習問題8.2 (一括税を伴う経済)

2期間の賦存経済について考える。家計は以下の効用関数で表される選好を持つと仮定する。

$$\sqrt{C_1}+\frac{1}{1.1}\sqrt{C_2}$$

ここで、C_1とC_2はそれぞれ第1期と第2期の消費を表す。各期間において、家計は10単位の財を所有している。また家計は、第1期と第2期に一括して税金T_1とT_2を支払う。最後に、家計は金融資産を持たずに生まれ($B_0^h=0$)、国際金融市場において世界金利$r^*=0.1$で貸し借りできるとする。政府は、資産も負債もない状態で第1期をス

タートする ($B_0^g=0$)。第1期において、政府は一括して税金T_1を徴収し、$G_1=1$単位の財を消費する。第2期では、一括税T_2を徴収し、$G_2=1$単位の財を消費する。家計と同様に、政府も世界金融市場にアクセスできるとする。

1. 第1期と第2期の消費、貿易収支、経常収支の均衡水準を計算しなさい。
2. $T_1=0$であるとする。このときT_2はいくらか。第1期と第2期における民間貯蓄、政府貯蓄、国民貯蓄はどうなっているか。
3. ここで、T_1が0から1に増加し、政府購入は両期間とも変化しないとする。この増税は、第1期の経常収支と財政赤字にどのような影響を与えるだろうか。結果を簡単に説明しなさい。
4. 第1期に政府が支出を1から2に増やし、第2期の政府支出を据え置いたとする。この政策変更が第1期の経常収支に与える影響はどのようなものであるか、説明しなさい。
5. 最後に、政府購入が恒久的に増加すると仮定する。具体的には、G_1とG_2の両方が1ずつ増加する。第1期における経常収支の反応を求めなさい。その結果を前問の結果と比較し、直感的に理解できるよう説明しなさい。

練習問題8.3 (歪曲税　その1)

選好が以下の生涯効用関数で表される、同一家計からなる賦存経済を考える。

$$\ln C_1+\ln C_2$$

家計は、各期に10単位の財を保有し ($Q_1=Q_2=10$)、資産も負債もない状態で第1期をスタートする ($B_0^h=0$)。世界の金利は5%であり ($r^*=0.05$)、自由な資本移動が可能であるとする。第1期は一括課税である一方、第2期では、消費に対して10%の税金を課すとする ($\tau_2=0.1$)。政府支出は、各期とも1単位であり ($G_1=G_2=1$)、政府は、第1期を資産ゼロでスタートするとする ($B_0^g=0$)。

1. 第1期における基礎的財政赤字と経常収支の均衡水準を計算しなさい。
2. ここで、政府が第1期に0.5の増税を決定し、政府支出は両期とも変化しないとする。財務大臣は、変更される税金は一括払いであり、したがって歪曲的でないため、この政策変更は経常収支に影響を与えないと主張する。あなたは大臣の意見に賛成か、反対か、その理由を述べなさい。もし、同意できない場合、税制改革が適用された場合の経常収支をどのように予測するか述べなさい。双子の赤字の問題と関連付けて、答えを論じなさい。

練習問題8.4 (歪曲税　その2)

2期間の小国開放賦存経済を考える。家計の選好は以下の効用関数で表されるとする。

$$\ln C_1+\ln C_2$$

ここで、C_1とC_2は、第1期と第2期の消費を表す。家計は、各期において10単位の財を与えられ、消費に比例した税金を支払うとする。ここでτ_1とτ_2は、第1期と第2期における消費税率を表す。最後に、家計は生まれながらにして金融資産を持たず ($B_0^h=0$)、国際金融市場で世界金利$r^*=0.1$で貸し借りできるとする。政府は、資産も負債もない状態で第1期をスタートし（$B_0^g = 0$）、消費には両期間とも同じ税率で課税し（$\tau_1 = \tau_2$）、各期に1単位の財を消費する（$G_1 = G_2 = 1$）。ここでG_1とG_2は、第1期と第2期における政府の消費を表す。家計と同様に、政府も世界の金融市場にアクセスできるとする。以下の問題に答えなさい。

1. 第1期と第2期における均衡税率、均衡消費水準、貿易収支、民間貯蓄、基礎的財政赤字および二次的財政赤字、経常収支を計算しなさい。
2. ここで、政府が政府消費は両期とも変化させずに第1期に税率を半分にする景気刺激策を実施するとする。前問で挙げたすべての変数の均衡を再び求めなさい。またその結果を簡単に説明しなさい。

練習問題8.5（歪曲税　その3）

無数の家計が存在する2期間の小国開放賦存経済を考える。家計の効用関数は以下で表される選好を持つとする。

$$\ln C_1 + \beta \ln C_2$$

ここで、C_1とC_2は1期と2期の消費を表し、$\beta = 1/1.1$は主観的割引率である。家計は、第1期にはQ_1を、第2期にはQ_2の賦存生産を$Q_1 = Q_2 = 10$として受け取り、国際金融市場で金利$r^* = 0.1$で貸し借りをすることができる。政府は$T_1 = T^L + \tau_1 C_1$を第1期に、$T_2 = \tau_2 C_2$を第2期に課税し、第1期にG_1単位、第2期にG_2単位の消費をする。家計と政府は、過去から持ち越した資産や負債がない状態で、第1期をスタートするとする。

1. 家計の異時点間予算制約、政府の異時点間予算制約、経済全体の異時点間資源制約を導出しなさい。
2. 家計は異時点間予算制約の下で、効用関数を最大化するために、C_1とC_2を選択する。その結果得られる最適化条件を導出しなさい。
3. $G_1 = G_2 = 2$および$\tau_1 = \tau_2 = 0.2$とする。第1期と第2期における消費と貿易収支の均衡水準、および一括税の均衡水準T^Lを求めなさい。また、厚生水準を求めなさい。第1期における基礎的財政赤字と二次的財政赤字を報告しなさい。
4. 引き続き、$G_1 = G_2 = 2$とする。第1期に消費税率を20%から10%に引き下げる減税を実施したとする。さらに、一括税T^Lは前問で求めた水準に維持されるとする。このとき、第1期の消費、貿易収支、基礎的財政赤字、そして第2期の消費税率を求めなさい。
5. 第1期の消費税率の20%から10%への減税は、同時期における適切な一括税の変更でまかなわれる一方で、第2期の消費税率は初期の水準である20%で一定に保たれるとする。前問の解答と比較し、直感的にわかるように説明しなさい。
6. $T^L = 0$であるとすると、均衡税制は多数存在する（τ_1, τ_2）。家計の生涯効用を最大化する税（τ_1, τ_2）の組合せを求めなさい。導出された税をラムゼイ最適税と呼ぶことにする。厚生水準を求め、上記の問3.で得られたものと比較しなさい。$T^L = 0$という制限は、厚生を低下させるか否か述べ、その理由を説明しなさい。

練習問題8.6（不完全な資本移動とクラウディング・アウト）

選好が以下の効用関数で表される同一世帯からなる小国開放経済を考える。

$$\ln C_1 + \beta \ln C_2$$

ここで、C_1、C_2、$\beta = 0.96$は、第1期の消費、第2期の消費、主観的割引率を表す。家計は、第1期に$Q_1 = 20$単位の賦存生産量を保有し、第2期に企業から利潤Π_2を受け取っている。彼らは、資産も負債もない状態で第1期を迎え（$B_0^h = 0$）、利子率r_1で貸し借りできる。第1期において、企業は利子率r_1で借入れを行い、第2期に生産可能となる資本財にI_1単位投資する。第2期では企業は生産技術、

$$6\sqrt{I_1}$$

を用いて生産し、借入金を返済し、利益を家計に分配する。政府は、負債も資産もゼロの状態で第1期を迎え（$B_0^g = 0$）、第1期は$G_1 = 1$、第2期は$G_2 = 7$を財に支出し、一括課税を行う。世界の他の国々がこの国に貸してもよいと考える金利は以下で与えられる。

$$r = \begin{cases} r^* & B_1 \geq 0\text{の場合} \\ r^* + p & B_1 < 0\text{の場合} \end{cases}$$

ここで、r^*は純対外債権者に支払われる世界金利で8%（$r^* = 0.08$）、pは純対外債務者に課せられる金利プレミアムで2%（$p = 0.02$）、B_1は第1期末の国の対外純資産残高を表している。

1. 金利r_1、第1期の経常収支CA_1、第1期の投資I_1の均衡値を計算しなさい。
2. ここで、COVID-19の大流行による特別経費のために、第1期の政府支出が100%増加したとする（すなわち、G_1が1から2になる）。このとき、r_1、CA_1、I_1を再び計算しなさい。政府支出は投資をクラウディング・アウトするか。
3. ここで、第1期の政府支出の増加率が100%ではなく、300%であるとする（すなわち、G_1は1から4になる）。このとき、r_1、CA_1、I_1を再び計算しなさい。政府支出は投資をクラウディング・アウトするか。直感的にわかるように説明しなさい。
4. 引き続き、$G_1 = 4$とするが、カントリープレミアムが4%（$p = 0.04$）であったとする。均衡が存在しないことを数値計算で示しなさい。また、その結果をグラフを用いて説明しなさい。

練習問題8.7（大国経済における消費税）

2期間二国の大国開放賦存経済を考える。国1の家計は、第1期に$Q_1^1 = 0$の財を、第2期に$Q_2^1 = Q > 0$の財を賦与される。国2においては、第1期には、$Q_1^2 = Q$の財、第2期には$Q_2^2 = 0$の財が賦与されるとする。両国では、家計は同じ効用関数で定義される選好を持ち、国1と国2においてそれぞれ以下で与えられる。

$$\ln C_1^1 + \ln C_2^1$$
$$\ln C_1^2 + \ln C_2^2$$

ここで、C_t^i、$i = 1, 2$および$t = 1, 2$は、t期におけるi国の消費を表す。国1では、家計はゼロの純資産で第1期を迎えるとする（$B_0^1 = 0$）。

1. 第1期と第2期における国1と国2の均衡における消費水準、第1期における国1と国2の経常収支（CA_1^1とCA_1^2）、世界金利（r^*）を計算し、直感的にわかるように

説明しなさい。

2. 国1の政府は、個々の経済主体は金利を所与としているが、国全体としては国際資本市場において市場支配力を持っていることを理解している。この状況を利用し、政府は第1期の消費を抑制するために、10%の消費税τ_1（$\tau_1=0.1$）を課すとする。第2期には税金を課さない。また国1の政府は、税収を家計に還元するために、第1期に一括送金T_1を行う。国2の政府は受動的で報復をしないとする。世界金利の均衡値r^*を求めなさい。国1の政府は世界金利を引き下げることに成功するだろうか。
3. 消費税がある場合とない場合で、国1の消費の均衡経路（C_1^1, C_2^1）を比較しなさい。特に、国1の家計にとって、消費税は厚生を増加させるだろうか。国2の家計にとってはどうだろうか。直感的にわかるように説明しなさい。
4. 任意の$\tau_1>0$について、前問の答えを一般化しなさい。国1の厚生を最大化するτ_1は存在するだろうか。この問いに答える際、国2の政府は受動的であると仮定する。

練習問題8.8（投資に対する補助金）

2期間の小国開放生産経済を考える。第1期において、家計は$Q_1=2$の財を与えられ、初期資産はゼロ（$B_0^h=0$）である。家計は企業の所有者である。第2期では、家計は企業の利潤Π_2を受け取り、一括税T_2を政府に納める。第1期と第2期の消費、それぞれC_1とC_2、に対する家計の選好は$C_1^{\frac{1}{2}}+C_2^{\frac{1}{2}}$で与えらえる。この国は自由な資本移動を享受しており、世界金利はゼロである。企業は第2期での生産のために第1期に投資する。第1期における物的資本への投資をI_1とし、第2期における生産関数を$F(I_1)=3I_1^{\frac{1}{3}}$とする。ここで、政府は企業に対し投資補助金を出し、$1+\tilde{r}=(1+r_1)(1-\tau)$となるような総利子率$1+\tilde{r}$で借り入れさせると仮定する（ここで、$r_1$は第1期の金利と$\tau\geq 0$は投資補助金を表す）。政府は、投資補助金を、第2期においてT_2の一括税を家計に課税することでまかなう。政府の初期資産残高はゼロ（$B_0^g=0$）であるとする。

1. $\tau=0$の場合と$\tau=0.5$の場合における、第2期の企業の均衡利潤Π_2を求めなさい。またその結果を解釈しなさい。
2. $\tau=0$の場合と$\tau=1/2$の場合における、第2期の一括税T_2の均衡値を求めなさい。
3. $\tau=0$の場合と$\tau=1/2$の場合における、第2期の家計の税引き後の利潤所得、すなわちΠ_2-T_2を求めなさい。補助金は税引き後の利潤所得を増加させるだろうか。
4. $\tau=0$の場合と$\tau=1/2$の場合における、第1期の消費の均衡水準C_1を求めなさい。投資に対する助成は厚生を高めるだろうか。
5. $\tau=0$の場合と$\tau=1/2$の場合における、第1期の貿易収支の均衡値TB_1を求めなさい。均衡において、貿易収支は投資と1対1で動くだろうか。理由とともに述べなさい。

練習問題8.9（有限な寿命と財政政策）

自由な資本移動のある2期間の小国開放賦存経済を考える。家計の寿命は第1期のみとし、両期間とも賦存量は10である。第1期に存在する家計の効用関数は$\ln C_1$であり、第2期に存在する家計の効用関数は$\ln C_2$である。政府は2期にわたって存在し、世界の金融市場にアクセスでき、金利は10%（$r^*=0.1$）である。政府支出は両期間とも2であり（$G_1=G_2=2$）、第1期と第2期にそれぞれT_1とT_2の一括税を課す。最後に、家計と政府は、負債も資産もない状態でスタートすると仮定する。

1. $T_2=1$とする。このとき、T_1を求めなさい。第1期の基礎的財政赤字はいくらだろうか。
2. 第1期と第2期の消費を求めなさい。
3. 第1期の貿易収支と経常収支を求めなさい（TB_1およびCA_1）。
4. ここで、政府は一括税を利用できないとする（$T_1=T_2=0$）。その代わりに、政府は、第1期と第2期の消費に対して、τ_1とτ_2の税率で消費税を課すとする。$\tau_2=0.25$であるとき、τ_1、C_1、C_2、TB_1およびTB_2を求めなさい。

練習問題8.10（最適な一括課税）

練習問題8.9で考えた寿命が有限な小国開放経済について考える。特に、引き続き$Q_1=Q_2=10$、$r^*=0.1$および$G_1=G_2=2$と仮定し、政府が一括税T_1とT_2を課すとする。政府は篤志的であり、両世代の厚生を等しく気にかけているとする。具体的には、政府の生涯効用関数は次式で与えられるとする。

$$\ln C_1+\ln C_2$$

第1期と第2期の一括税の最適水準（T_1とT_2）を計算し、直感的に理解できるよう説明しなさい。特に、両世代に均等に課税する理由、もしくはしない理由について述べなさい。

練習問題8.11（世界の他の地域での財政拡大）

世界の他の地域での政府支出の増加が、自国である大国の経常収支、世界の金利、自国および世界の他の地域の投資に与える影響を、グラフを用いて分析しなさい。また結果を直感的に理解できるよう説明しなさい。

PART Ⅱ
The Real Exchange Rate

第Ⅱ部
実質為替レート

第9章　実質為替レートと購買力平価

欧州での生活が米国での生活よりはるかに安いこともあれば、またその逆の場合があることにお気づきだろうか。前者の場合、米国人は欧州を訪問したり、欧州の商品やサービスを輸入するインセンティブがある。後者の場合、より多くのヨーロッパ人観光客が米国を訪れるはずであり、また米国は欧州に商品やサービスを輸出しやすくなる。**実質為替レート**（real exchange rate）は、自国と比較して、外国での生活がどれだけ高いか安いかを測るものである。また実質為替レートは、海外の商品バスケットの価格が、自国の商品バスケットと比較してどのように変化していくかを時系列で記録する。同じ通貨で表示された価格が国内と海外で等しい場合、実質為替レートは1である。この場合、両国で同じ量の財を購入することができることから、自国通貨の購買力は国内でも海外でも同じであり、**購買力平価**（purchasing power parity）が成立していると言う。国際マクロ経済学における1つの実証的な重要課題は、購買力平価からの乖離がどの程度大きく、持続的なものであるか、ということである。同様に重要なのは、購買力平価からの乖離はどのような要因で決まるのか、という問題である。本章では、これらの問題やその他の関連する問題を探求する。

9.1　一物一価の法則

ある財の価格が海外でも国内でも同じであるとき、**一物一価の法則**（law of one price：LOOP）が成り立つと言う。ある財の自国通貨建ての価格をP、同じ財の外国通貨建ての価格をP^*、外国通貨1単位当たりの自国通貨建ての価格を名目為替レートεとして定義する。このとき、もし以下の関係が成立するならば、LOOPが成立すると言う。

$$P = \varepsilon P^*$$

もし$\varepsilon P^* > P$であれば、その財は外国経済においてより高価であり、反対に$\varepsilon P^* < P$であるならば、外国経済においてより安価である。

なぜ一物一価の法則が成り立つと考えられるのだろうか。例えば、A国ではコーラ1缶が2ドル、B国では1ドルだとする。取引に関して摩擦のない世界では、B国でコーラを買ってA国で売れば、際限なく儲けることができるだろう。しかしこの裁定機会により、コーラの価格はA国では下落し、B国では上昇する。この傾向は、国ごとに価格が均一化されるまで続くはずである。

しかし、世界は摩擦のない環境ではない。例えば、A国とB国が離れている場合、輸送コストを考慮する必要がある。あるいは、どちらかの国で輸出入に関税がかかり、裁定取引の機会が制限される可能性がある。また、A国の入港地からコンビニエンスストアまで缶を運ぶには、積み下ろしや追加輸送、保管、広告、店舗で販売するための人件費などの流通コストがかかる。B国でコーラの缶を購入し、A国の顧客に提供するのに1ドル以上のコストがかかるとすれば、1ドルの国家間の価格差を利用して、儲けようとする起業家は現れないだろう。したがって、一物一価の法則からの乖離は、時間とともに解消されるものではないと予想される。

しかし、ある商品については、一物一価の法則が他の商品よりも成立しやすい。例えば、金、石油、大豆、小麦など取引量の多い商品の価格は、国ごとに似通っている。ロレックスの時計、エルメスのネクタイ、モンブランの万年筆などの高級消費財も同様である。一方、医療、教育、外食、家事、介護などの個人向けサービス（散髪がその典型）、といった国際取引が容易でない財では、国ごとに大きな価格差が見られる。同様に、住宅、交通、公共料金などの地域で提供される財の価格も、国や地方によって大きなばらつきがある。

一物一価の法則からの乖離は実際どの程度なのだろうか。この問いに答えるには、ある特定の商品についてさまざまな国の価格データを収集し、対応する名目為替レートを使ってすべての価格を同じ通貨で表示する必要がある。その際、打ってつけの商品としては、マクドナルドのビッグマックが挙げられるだろう。実際、*The Economist*は1986年以来、世界中のビッグマックの価格に関するデータを収集している。また、ビッグマックが好都合なのは、世界中でほとんど同じ方法で作られているので、国境を越えて同じ商品の価格を比較していると確かに言えるからである。

P^{BigMac}を米国でのビッグマックのドル建て価格、$P^{BigMac*}$を外国におけるビッグマックの外貨建て価格とする。そうすると、外国でビッグマックを1個買うのに、米国のビッグマックが何個必要かという尺度が構築できる。この尺度をビッグマック実質為替レートと呼び、e^{BigMac}と表記する。形式的には、e^{BigMac}は次式で与えられる。

$$e^{\text{BigMac}} = \frac{\varepsilon P^{\text{BigMac}*}}{P^{\text{BigMac}}}$$

もし、$e^{\text{BigMac}} > 1$であれば、ビッグマックは海外のほうが高価である。この場合、米国でのビッグマック1個分のドルを外貨に交換すると、海外でビッグマックを1個買うことができないことになる。ビッグマック実質為替レートが1であるとき、ビッグマックに一物一価の法則が成り立つと言う。

$e^{\text{BigMac}} = 1$のときLOOPが成立する

表9.1は、2019年1月における、40カ国のビッグマック実質為替レートを示したものである。この表から、ビッグマックには一物一価の法則がうまく成立していないことがわかる。例えば、サンプルの中で最もドル換算でのビッグマック価格の安いロシアでは、ビッグマックは1.65ドル相当で販売されている一方で、米国では5.58ドルで販売されている。つまり、ロシアでのビッグマック1個相当の金額では、米国では0.3個のビッグマックしか買えないことになる。この場合、ビッグマック実質為替レートは0.30である。サンプルの中で最もドル換算でのビッグマック価格が高い国であるスイスでは、ビッグマックは6.62ドル相当で売られている。したがって、スイスのビッグマック1個の価格で、米国のビッグマック1.19個を買うことができる、つまりビッグマック実質為替レートは1.19である。

なぜ、ビッグマックはある国では高く、ある国では安いのだろうか。おそらく、観察された価格差を決定する最も重要な要因は、ビッグマックの製造コストを構成するさまざまな品目の、国際的な取引可能性にある。ビッグマックの製造において、貿易可能な構成要素には、穀物（小麦とゴマ）、肉、乳製品（ハンバーガーの上にのっているチーズ）が含まれる。これらの品目の価格は、国によって似通ったものになる傾向がある。しかし、これらの構成要素を合わせても、ビッグマックの製造と提供にかかる総コストのほんの一部にすぎない。生産コストのほとんどは、労働力、家賃、電気、水などの現地調達品から生じている。これらの品目は国境を越えて容易に取引できないため、その価格は国ごとに大きく違ったものになりうる。例えば、インドネシアでハンバーガーを作る労働者の賃金は、米国の労働者の数分の1に過ぎない。したがって、前述

表 9.1　ビッグマック実質為替レート：2019 年 1 月

国	$P^{BigMac*}$（外国でのビッグマックの外貨建て価格）	ε（名目為替レート）	$\varepsilon P^{BigMac*}$（外国でのビッグマックのドル換算価格）	e^{BigMac}（ビッグマック実質為替レート）	$\varepsilon^{BigMac\ PPP}$（ビッグマックPPP 為替レート）
スイス	6.50	1.02	6.62	1.19	0.86
ノルウェー	50.00	0.12	5.86	1.05	0.11
スウェーデン	52.00	0.11	5.84	1.05	0.11
米国	5.58	1	5.58	1	1
カナダ	6.77	0.75	5.08	0.91	0.82
ユーロ圏	4.05	1.15	4.64	0.83	1.38
デンマーク	30.00	0.15	4.60	0.83	0.19
ブラジル	16.90	0.27	4.55	0.81	0.33
オーストラリア	6.10	0.71	4.35	0.78	0.91
ウルグアイ	140.00	0.03	4.31	0.77	0.04
シンガポール	5.80	0.74	4.28	0.77	0.96
ニュージーランド	6.20	0.68	4.19	0.75	0.90
英国	3.19	1.28	4.07	0.73	1.75
韓国	4500.00	0.00	4.02	0.72	0.00
チリ	2640.00	0.00	3.89	0.70	0.00
UAE	14.00	0.27	3.81	0.68	0.40
チェコ	85.00	0.04	3.81	0.68	0.07
コスタリカ	2290.00	0.00	3.77	0.68	0.00
コロンビア	11900.00	0.00	3.73	0.67	0.00
タイ	119.00	0.03	3.72	0.67	0.05
日本	390.00	0.01	3.60	0.64	0.01
パキスタン	460.00	0.01	3.31	0.59	0.01
サウジアラビア	12.00	0.27	3.20	0.57	0.47
ペルー	10.50	0.30	3.14	0.56	0.53
中国	20.90	0.15	3.05	0.55	0.27
ハンガリー	850.00	0.00	3.03	0.54	0.01
ポーランド	10.50	0.27	2.80	0.50	0.53
フィリピン	140	0.02	2.67	0.48	0.04
香港	20	0.13	2.55	0.46	0.28
インド	178	0.01	2.55	0.46	0.03
メキシコ	49	0.05	2.54	0.45	0.11
インドネシア	33000.00	0.00	2.34	0.42	0.00
台湾	69.00	0.03	2.24	0.40	0.08
南アフリカ	31.00	0.07	2.24	0.40	0.18
エジプト	40.00	0.06	2.23	0.40	0.14
マレーシア	9.05	0.24	2.20	0.39	0.62
アルゼンチン	75.00	0.03	2.00	0.36	0.07
トルコ	10.75	0.19	2.00	0.36	0.52
ウクライナ	54.00	0.04	1.94	0.35	0.10
ロシア	110.17	0.01	1.65	0.30	0.05

（注）　$P^{BigMac*}$はビッグマックの外国通貨建ての価格を示す．εは名目為替レート，つまり外国通貨1単位のドル建ての価格を示す．$e^{BigMac}=\varepsilon P^{BigMac*}/P^{BigMac}$はビッグマック実質為替レート，$P^{BigMac}$は米国におけるビッグマックの価格である．$\varepsilon^{BigMac\ PPP}$は9.3節で述べるビッグマックPPP為替レートを示す．

（出所）　*The Economist*のデータをもとに独自に算出．

したような国際取引が容易でない財（非貿易財）が高価な国では、ビッグマックも高価になると考えられる。9.3.4項では、豊かな国では相対的に非貿易財や非貿易財サービスが高くなる傾向があることを示す。

表9.1は、各国におけるビッグマックの一物一価の法則からの乖離を静的に評価したものである。これは、ある時点、すなわち2019年において、これらの乖離がどのようなものであったかを示している。こうした一物一価の法則からの乖離は時間の経過とともに変化するのかどうか、疑問に思う人もいるかもしれない。特に、一物一価の法則からの乖離は時間とともに消滅する傾向にあるのか、つまり、過去に米国より物価が高かった国は安くなる方向に動いたのだろうか。同様に、過去に米国より物価が安かった国は高くなっていったのだろうか。図9.1は、2006年から2019年の期間においてこのような問いへの答えを提供するものである。[1] 図には、40カ国の2006年から2019年にかけてのビッグマック実質為替レートの変化を、2006年のビッグマック実質為替レートと比較してプロットしたものである。ビッグマック実質為替レートは、ある国のビッグマックのドル価格と米国のビッグマックのドル価格の比であるから、定義上、米国の座標は（1, 0）である（米国のビッグマック実質為替レートの水準は常に1であり、変化することはない）。水平線より下に位置する国は2006年から2019年にかけて米国に対して相対的に安くなり、水平線より上に位置するのは相対的に高くなった国である。図には、米国の位置（1, 0）を通る右下がりの45度線も表示されている。45度線上の国々は、2019年までに一物一価の法則に従って、収束している国々である。

この図から、一物一価の法則からの乖離は持続していることが見て取れる。ほとんどの国が2006年において、米国より安く、2019年も引き続いて安いことがわかる（1の縦線の左側かつ45度線より下に位置する国々）。実際、ほとんどの国（40カ国中28カ国）は2006年に米国より安く、2006年から2019年にかけてさらに安くなった（1の縦線より左側、かつ水平線より下に位置する国々）。これらの国では、一物一価の法則からの乖離は小さくなるどころか、大きくなっている。

この図から、カナダ、英国、スウェーデン、スイス、デンマーク、ノルウェー、ユーロ圏などの豊かな先進国では、一物一価の法則に則り、ビッグ

1）2006年を開始日としたのは、データベースに少なくとも40カ国のビッグマック価格が含まれる最初の年であるためである。

図 9.1　2006 年から 2019 年までのビッグマック実質為替レートの推移

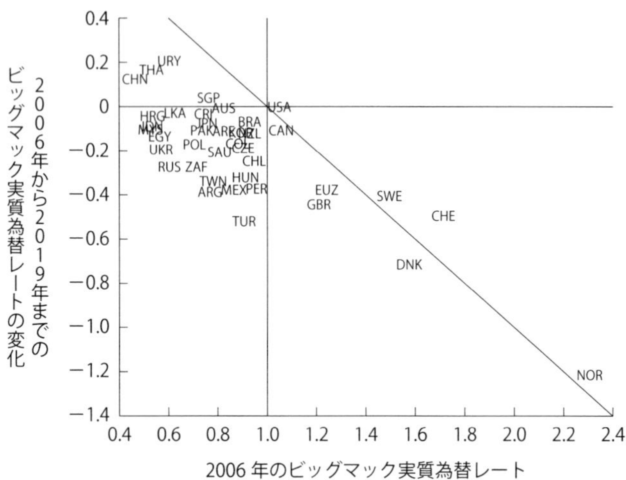

（注）　図は，40カ国について，2006年のビッグマック実質為替レートに対して，2006年から2019年までのビッグマック実質為替レート$e^{BigMac}=\varepsilon P^{BigMac*}/P^{BigMac}$の変化をプロットしたものである．米国のビッグマック実質為替レートは定義上，常に1に等しいので，この国は座標（1，0）に位置する．水平線より下の国は相対的に安くなり，水平線より上の国は相対的に高くなった．図では，2006年にほとんどの国が米国より安く，2019年には多くの国がさらに安くなったことがわかる．国名はISOコードで表示されている（CAN：カナダ／CHE：スイス／DNK：デンマーク／EUZ：ユーロ圏／GBR：英国／NOR：ノルウェー／SWE：スウェーデン／USA：米国）．

（出所）　*The Economist*のデータをもとに独自に算出．

マックの価格は収束しつつあることがわかる。これらの国々では、2006年にはビッグマックのドル価格が米国より高かったが、その後13年間で価格差は大きく縮まっている。

9.2　購買力平価

購買力平価（Purchasing Power Parity：PPP）とは、一物一価の法則の考え方を単一の財ではなく、家計の実際の消費を代表する広範な財のバスケットについて一般化したものである。このような財バスケットの自国通貨建て価格をP、外国における財バスケットの外貨建て価格をP^*とする。実質為替レートeは、次のように定義される。

$$e=\frac{\varepsilon P^*}{P}$$

実質為替レートは、外国における消費財のバスケット1単位を自国における消費財のバスケットで測った相対価格を示している。$e>1$の場合、外国のバスケットは国内のそれより高く、$e<1$の場合は、国内より外国のバスケットのほうが安価であることを示している。

共通通貨で表示された消費バスケットの価格が国内でも海外でも同じであるとき、すなわち、$P=\varepsilon P^*$、言い換えると実質為替レートが1（$e=1$）であるとき、**絶対的購買力平価**（absolute purchasing power parity）が成立するという。

絶対的PPPが成立しているかどうかを確認するためには、国内バスケットの価格P、海外バスケットの価格P^*、名目為替レートεのデータを収集する必要がある。多くの国々における広範な財バスケットの物価水準に関するデータは、世界銀行の国際比較プログラム（ICP）により作成されている。[2] このデータは約6年の頻度で作成されている。本書（英語）の執筆時点における、ICPの最新版（原書執筆時点）は2011年のデータである。100カ国におよぶ途上国・新興国と46カ国の先進国を含む、計199カ国について、1000以上の個別の財の物価水準データが掲載されている。名目為替レートに関するデータは、ICPデータベースを含む多くの情報源から容易に入手することができる。ICPは実質為替レートの水準を算出しているため、絶対的PPPを検証することができる。

表9.2は、2011年における一部の途上国と先進国におけるドル実質為替レートを示している。各国の、米国と比較したバスケットのドル建て価格$e=\varepsilon P^*/P^{US}$を示したものである。ここで、P^{US}は米国におけるバスケットの価格、P^*はその国におけるバスケットの価格、εは名目為替レート（その国の通貨1単位のドル価格）である。もし絶対的PPPが成立するならば、米国で100ドルする財バスケットは、どの国でも100ドルとなるはずである。しかし、表が示すように、これはほとんど当てはまらない。国ごとの絶対的PPPからの乖離が大きいのである。例えば、2011年に米国で100ドルで売られていたバスケットは、スイスでは163ドル、エジプトでは27ドルで売られている。つまり、2011年当時、スイスは米国より63％高く、エジプトは73％安かったと言える。

表9.2で示されるICP実質為替レートは、表9.1のビッグマック実質為替レートとどのように比較されるだろうか。先に述べたように、世界銀行のICP

2) "Purchasing Power Parities and Real Expenditures of World Economies, Summary of Results and Findings of the 2011 International Comparison Program," The World Bank, 2014, 特にTable 6.1を参照。

表 9.2　絶対的 PPP からの乖離：2011 年の ICP データベースより

国	e（実質為替レート）	ε（名目為替レート）	ε^{PPP}（PPP 為替レート）
スイス	1.63	1.13	0.69
ノルウェー	1.60	0.18	0.11
オーストラリア	1.56	1.03	0.66
スウェーデン	1.36	0.15	0.11
日本	1.35	0.0125	0.00931
カナダ	1.26	1.01	0.80
フランス	1.17	1.39	1.18
ニュージーランド	1.17	0.79	0.67
ベルギー	1.17	1.39	1.19
オランダ	1.16	1.39	1.20
オーストリア	1.15	1.39	1.20
アイルランド	1.15	1.39	1.21
英国	1.12	1.60	1.43
ドイツ	1.08	1.39	1.28
イタリア	1.07	1.39	1.30
米国	1	1	1
韓国	0.7711	0.0009023	0.00117
中国	0.54	0.15	0.29
シエラレオネ	0.36	0.000231	0.000644
スリランカ	0.35	0.01	0.03
ブルンジ	0.34	0.000793	0.00235
ガンビア	0.34	0.03	0.10
ネパール	0.33	0.01	0.04
マダガスカル	0.33	0.000494	0.00148
タンザニア	0.33	0.000636	0.00191
カンボジア	0.33	0.000246	0.000742
ウガンダ	0.33	0.000396	0.0012
ベトナム	0.33	4.88e-05	0.000149
インド	0.32	0.02	0.07
バングラデシュ	0.31	0.01	0.04
エチオピア	0.29	0.06	0.20
パキスタン	0.28	0.01	0.04
エジプト	0.27	0.17	0.62

（注）表は，一部の国の，2011年におけるドル実質為替レート$e=\varepsilon P^*/P^{US}$，名目為替レートε（外貨1単位のドル価格），PPP為替レート$\varepsilon^{PPP}=P^{US}/P^*$を表している．変数$P^*$は外国におけるバスケットの外貨建て価格，$P^{US}$は米国におけるバスケットのドル建て価格を示している．表から，絶対的PPPからの大きな乖離があることがわかる．例えば，2011年に米国で100ドルだったバスケットは，スイスでは163ドル，エジプトでは27ドルに過ぎない．PPP為替レートについては，9.3節で説明する．

（出所）"Purchasing Power Parities and Real Expenditures of World Economies, Summary of Results and Findings of the 2011 International Comparison Program," The World Bank, 2014, Table 6.1.

による実質為替レートは、何百もの財を含む広範なバスケットをカバーしているという長所がある。しかし、このような大規模な物価データを多くの国で収集するのはコストがかかるため、データの作成頻度は約6年に1度程度と低いのが欠点である。そのため、それ以上の頻度、例えば1年単位で、各国の生活費がどのように変化しているのかがよくわからない。これに対し、ビッグマック実質為替レートは、国ごとの価格が入手しやすいため、比較的容易に作成することができる。そのため、より高い頻度で公表することができる。例えば、*The Economist*はこの指標を少なくとも年1回発表している。ただしビッグマック実質為替レートの欠点は、ビッグマックという単一の財に基づいているため、経済全体の支出構造を代表していない可能性があることである。したがって、ICP実質為替レートとビッグマック実質為替レートは、範囲と頻度の間でトレードオフの関係にある。このため、ビッグマック実質為替レートがICP実質為替レートにどれだけよく近似しているかは興味深い点である。もし近似が良好であれば、より単純な尺度で、かつより高い頻度で各国間の相対価格がどのように動くかについての信頼できる知見を提供できるからである。

図9.2は2011年のICP実質為替レートとビッグマック実質為替レートを57カ国について比較したものである。実質為替レートはすべて対米ドルであるた

図9.2　2011年のICP実質為替レートとビッグマック実質為替レートの比較

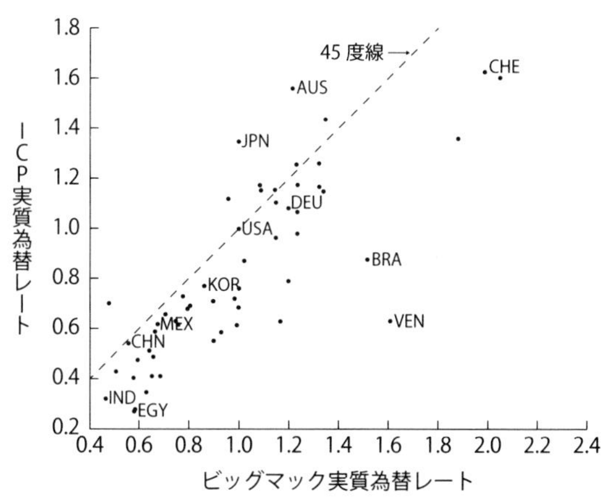

（注）　図は2011年の57カ国について，ICP実質為替レートとビッグマック実質為替レートをプロットしたものである．この図から，ビッグマック実質為替レートはICP実質為替レートと高い相関があることがわかる．これは，ビッグマック実質為替レートが，異なる国同士の相対的な物価の高さを示す良い代用品であることを示唆している．国名はISOコードで表示されている（AUS：オーストラリア／BRA：ブラジル／CHE：スイス／CHN：中国／DEU：ドイツ／EGY：エジプト／IND：インド／JPN：日本／KOR：韓国／MEX：メキシコ／USA：米国／VEN：ベネズエラ）．

（出所）　表9.1および表9.2の出所を参照．

め、45度線（図の破線）上の座標（1, 1）に米国が位置している。この図からビッグマック実質為替レートとICP実質為替レートには高い相関があることが見て取れる。実際の相関は0.81であり、これはビッグマック実質為替レートが、ICP実質為替レートの完全な代替であった場合に得られる値である1にかなり近い値である。つまり、ビッグマック実質為替レートは、各国が相対的にどれだけ高いかを合理的に近似させていることになる。

大半の国が45度線より下にあるということは、米国と比較して物価が高いのかどうかを測る際、ビッグマック実質為替レートのほうがより誇張された結果となることを意味する。しかし、このバイアスは全体としては5％程度と小さい。したがって、各国の物価の高さを簡単に測るには、ビッグマック実質為替レートはかなり有効であると結論付けられる。

9.3 PPP為替レート

例えば、ニューヨークで働いている人が、インドのムンバイでの仕事の依頼を受けたとする。この依頼が、収入を増やすものなのか、減らすものなのかを知りたいとき、この2つの選択肢を比較する1つの方法は、外国為替市場における為替レートでムンバイでの報酬をルピーからドルに換算することである。その結果、現在の給与よりも、ムンバイでの仕事への報酬をドルに換算したほうが多ければ、ムンバイの依頼を受けることは収入アップを意味する。しかしこの比較方法の問題点は、ムンバイの財とサービスの価格とニューヨークの財とサービスの価格はかなり違う可能性があるということである。そこで、物価の違いを考慮した**PPP為替レート**（PPP exchange rate）というものを使って、現地通貨で表示された金額をドルに換算し、国ごとの所得を比較するほうが良い。その結果得られる所得金額は、PPP調整済みと呼ばれる。

PPP為替レートは、2つの国の消費バスケットが等しくなるような名目為替レートとして定義されている。言い換えれば、PPP為替レートはPPPが成立するような名目為替レートであり、したがって、概念的な為替レートである。形式的には ε^{PPP} をPPP為替レートとすると、次のようになる。

$$\varepsilon^{PPP} P^* = P$$

ここで、先ほどと同様に、P は国内の物価水準、P^* は海外の物価水準を表す。PPP為替レートが、市場為替レートより大きい値の場合 $\varepsilon^{PPP} > \varepsilon$ となり、国内は海外よりも物価が高い、$P > \varepsilon P^*$ということになる。この場合、自国通貨は過大評価（外国通貨は過小評価）されていると言う。もし$\varepsilon^{PPP} < \varepsilon$ならば、$P < \varepsilon P^*$なので、国内経済は外国経済よりも安いということになり、自国通貨は過小評価（外国通貨は過大評価）されていると言う。

9.3.1 ビッグマックPPP為替レート

表9.1の最後の列は、ビッグマックPPP為替レートを示しており、上記の定義に従えば、次式で与えられる。

$$\varepsilon^{\mathrm{BigMac}\ PPP} = \frac{P^{\mathrm{BigMac}}}{P^{\mathrm{BigMac}*}}$$

例えば、スイスのビッグマックPPP為替レートは1スイスフラン＝0.86ドルであるが、市場での名目為替レートは1スイスフラン＝1.02ドルとなっている。つまり、この指標によれば、スイスフランは過大評価されていることになる。もし、長期的にはビッグマックに一物一価の法則が成立するはずだと考えるなら、スイスフランはドルに対して15.6%減価すると予想される。一方、インドの場合、ビッグマックPPP為替レートは1ルピー＝0.031ドルであるが、市場為替レートは1ルピー＝0.014ドルである。つまり、ビッグマックのPPP為替レートによれば、ルピーは120%も過小評価されていることになる。ここでも、もし、長期的には一物一価の法則が成り立つと考えるなら、ルピーは120%高くなるはずである。

多くの政策立案者やオブザーバーは、中国が国際貿易における競争力を高めるために、自国通貨の過小評価を助長するような政策を取っていると主張している。では、ここで人民元の過小評価について、ビッグマックPPP為替レートによると何が言えるだろうか。ビッグマックPPP為替レートは1元＝0.27ドルであり、市場での名目為替レートは1元＝0.15ドルである。つまり、ビッグマックPPP為替レートによれば、人民元は80%過小評価されていることになる。この結果は、中国の為替政策に対する批判に信憑性を与えているように見える。しかしながら、観測された人民元の過小評価の水準は、意図的な為替レート操作というよりも、中国の1人当たり所得と関係がある可能性が高いことを9.3.4項で示す。

9.3.2 財バスケットのPPP為替レート

次に、財バスケットのPPP為替レートについて考えてみよう。表9.2の最後の2列は、選択された33カ国における2011年の市場での名目為替レートとPPP為替レートをそれぞれ示している。PPP為替レートは、2011年のICPプログラムの物価水準データを用いて算出したものである。先に述べたように、ICPは何百もの財を含むバスケットの価格を報告している。この表は、異なる通貨がドルに対して過大評価されたり過小評価されたりするパターンが、ビッグマックPPP為替レートが示唆するパターンと似たようなものであることを示している。この結果は、図9.2でのICP実質為替レートとビッグマックPPP実質為替レートの比較を考えると、驚くべきことではない。例えば、スイスフランの市場為替レートは1スイスフラン＝1.13ドルであるが、PPP為替レートは1スイスフラン＝0.69ドルである。つまり、PPP為替レートによると、スイスフランは38.9%も割高である。つまり、市場為替レートがPPP為替レートに収束すると仮定すると、スイスフランは38.9%減価すると予想される。インドでは、市場為替レートが1ルピー＝0.021ドルであるのに対し、PPP為替レートは1ルピー＝0.066ドルと、ドルに対して214%もルピーが割安であることがわかる。最後に、人民元についても、ICP価格を用いた場合、市場為替レートが1元当たり0.15ドル、PPP為替レートが1元当たり0.29ドルとなり、大幅に過小評価されているように見える。

9.3.3 PPP為替レートと生活水準の比較

同じような財の価格が国境を越えて大きく異なるため、国ごとの生活水準の比較は複雑である。例えば、表9.3に示すように、2011年の1人当たりGDPは、米国では4万9782ドルであるが、インドでは1533ドルに過ぎない。この指標によれば、平均的な米国人は、平均的なインド人の32倍も豊かである。しかしこの指標は、同じ通貨で表示した場合、インドのほうが米国よりも財やサービスが安くなる可能性があることを考慮していない。この場合、同じ量のドルであれば、米国においてよりもインドにおいてのほうがより多くの財を購入することができ、インド人はドル建ての1人当たりGDPの比較が示唆するほどは貧しいと言えないだろう。例えば、1人当たりGDPをビッグマックという

表 9.3　2011 年の市場での名目為替レートで評価した 1 人当たり GDP と PPP 為替レートで評価した 1 人当たり GDP

国	1 人当たり GDP	GDP^{PPP}（PPP 為替レートでの 1 人当たり GDP）	$\frac{GDP^{US}}{GDP}$	$\frac{GDP^{US}}{GDP^{PPP}}$
ノルウェー	99,035	61,879	0.50	0.80
スイス	83,854	51,582	0.59	0.97
オーストラリア	65,464	42,000	0.76	1.19
スウェーデン	56,704	41,761	0.88	1.19
カナダ	51,572	41,069	0.97	1.21
オランダ	49,888	43,150	1.00	1.15
米国	49,782	49,782	1	1
オーストリア	49,590	42,978	1.00	1.16
アイルランド	49,383	42,942	1.01	1.16
ベルギー	46,759	40,093	1.06	1.24
日本	46,131	34,262	1.08	1.45
ドイツ	44,365	40,990	1.12	1.21
フランス	42,728	36,391	1.17	1.37
英国	39,241	35,091	1.27	1.42
ニュージーランド	36,591	31,172	1.36	1.60
イタリア	36,180	33,870	1.38	1.47
韓国	22,388	29,035	2.22	1.71
中国	5,456	10,057	9.12	4.95
エジプト	2,888	10,599	17.24	4.70
スリランカ	2,836	8,111	17.56	6.14
ベトナム	1,543	4,717	32.26	10.55
インド	1,533	4,735	32.47	10.51
パキスタン	1,255	4,450	39.68	11.19
カンボジア	902	2,717	55.20	18.32
バングラデシュ	874	2,800	56.95	17.78
ネパール	739	2,221	67.35	22.41
ウガンダ	528	1,597	94.33	31.17
タンザニア	517	1,554	96.37	32.03
ガンビア	508	1,507	97.94	33.04
シエラレオネ	490	1,369	101.50	36.36
マダガスカル	470	1,412	105.98	35.26
エチオピア	353	1,214	140.85	41.00
ブルンジ	240	712	207.06	69.91

（注）　GDPは市場での名目為替レートで評価した1人当たりGDP, GDP^{PPP}はPPP為替レートで評価した1人当たりGDPを表す.

（出所）　表9.2を参照.

単位で測定してみよう。表9.1によれば、ビッグマックは米国では5.58ドルだが、インドではわずか2.55ドルである。つまり、米国の1人当たりGDPでは8922個のビッグマックを買うことができるが、インドの1人当たりGDPでは601個のビッグマックを買うことができる。この指標によれば、平均的な米国人は平均的なインド人より15倍豊かである。これはまだ大きな所得格差ではあるが、単純なドル建てGDPの比較が示すほど大きな格差ではない。

しかし、米国よりインドで安いのはビッグマックだけではない。他の品目、特に散髪、家事サービス、交通、健康などのサービスもインドのほうが安い。つまり、世界銀行の国際比較プログラム（ICP）で用いられているような、より広範な財を含むバスケットで所得を測定した場合、生活水準の格差はドル建てGDP比率が示唆するほどには顕著ではない、という結論に至ることが予想されるのである。

GDP^Iをインドルピーで表示したインドの1人当たりGDPとする。P^Iはインドにおける、財バスケット1単位のルピー建て価格を示すとする。したがって、GDP^I/P^Iはインドにおける1人当たりGDPを財バスケットの単位で測定したものである。同様に、GDP^{US}とP^{US}をドル建ての米国の1人当たりGDPと、米国の財バスケット1単位のドル建て価格とすると、GDP^{US}/P^{US}は財バスケットの単位で測定された米国1人当たりGDPを表していることになる。そして、米国の1人当たりGDPとインドの1人当たりGDPの比は、バスケット単位で測定すると、次式で与えられる。

$$
\begin{aligned}
\text{財バスケットによる所得比率} &= \frac{GDP^{US}/P^{US}}{GDP^I/P^I} \\
&= \frac{1}{P^{US}/P^I}\frac{GDP^{US}}{GDP^I}
\end{aligned}
$$

ここで、P^{US}/P^IはドルとルピーのPPP為替レートであり、$\varepsilon^{PPP,I}$として表記する。そうすると、以下が得られる。

$$
\text{財バスケットによる所得比率} = \frac{GDP^{US}}{\varepsilon^{PPP,I}GDP^I}
$$

$\varepsilon^{PPP,I}GDP^I$は**PPP為替レートによる1人当たりGDP**（per capita GDP at PPP exchange rates）と呼ばれ、$GDP^{PPP,I}$と表記することにする。これは、財バスケットが米国のドル価格で値付けされている場合のインドの1人当たりGDPを表している。この1人当たりGDPの指標は、すべての国で財のバスケットが米国価格で値付けされているため、国ごとにより比較しやすくなっている。もちろん、米国のすべての財は米国ドル建てで販売されているので、$GDP^{PPP,US} = GDP^{US}$となる。したがって、次のように書くことができる。

$$\text{財バスケットによる所得比率} = \frac{GDP^{US}}{GDP^{PPP,I}}$$

表9.3は2011年の33カ国の市場での名目為替レートで評価した1人当たりGDPとPPP為替レートで評価した1人当たりGDPを示したものである。インドでは、1人当たりGDPは市場での名目為替レートでは1533ドルだが、PPP為替レートでは4735ドルである。これを米国の1人当たりGDP（2011年、4万9782ドル）と比較すると、市場での名目為替レートでドルに換算した場合、平均的な米国人は平均的なインド人の32倍豊かであり、PPP為替レートで換算した場合は11倍豊かであることになる。この比較が示唆するのは、国ごとの物価の違いを調整しないと、国ごとの生活水準が大きく過小評価されたり、過大評価されたりする可能性があるということである。

9.3.4 豊かな国は貧しい国よりも物価が高い

米国とインドの生活水準を比較すると、平均してインドのほうが米国より物価が安い。したがって、貧しい国のほうが豊かな国よりも物価が安いという結果は、一般的なのかどうかを考えるのは自然なことである。

図9.3は、これが正しいことを如実に示している。図9.3は、ドルの実質為替レート$\varepsilon P^*/P^{US}$を177カ国の2011年の1人当たりGDPに対してプロットしたものである。実質為替レートは、二国間の財バスケットの相対価格を表すので、相対的な生活コストを測る指標として適切である。図中の各点はそれぞれある国を表している。

点の散らばりは、明らかに上向きに傾斜しており、実際に凸型になっているように見える。ブルンジ、リベリア、エチオピアなど、米国よりずっと貧しい国は、かなり物価が安い。一方、スイスのように米国と同等かそれ以上の先進国については、物価が高い。[3)]

このパターンに当てはまるように、中国は米国よりも貧しく、かつ物価も安い。ここで、「人民元は中国の輸出競争力を高めるために人為的に切り下げら

3) 図9.3に示された生活水準と生活費の正の関係は、1人当たりGDPをPPP為替レートで測定しても頑健である。章末の練習問題9.3では、この結果を立証することを求めている。

図 9.3　豊かな国では物価水準は高い

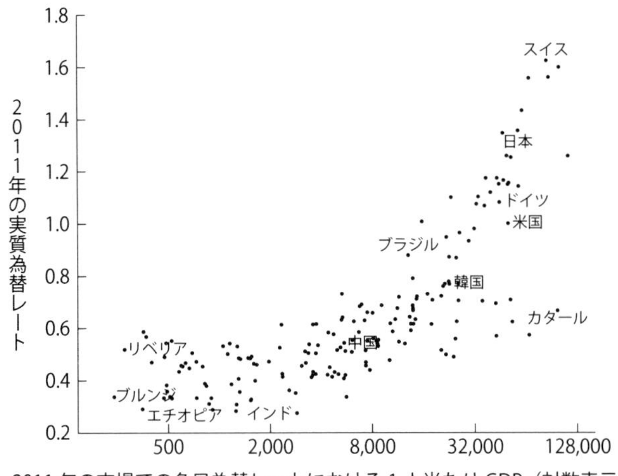

（注）　グラフは，ドルの実質為替レート$e=\varepsilon P^*/P^{US}$を，2011年の市場為替レートにおける1人当たりGDPに対し，177カ国についてプロットしたものである．1人当たりの所得が高い国ほど物価は高くなる傾向があることがわかる．
（出所）　2011年のICP．詳細は表9.2の注を参照．

れている」という経済評論家の主張に立ち返ってみよう。もしこの考え方が人民元の切下げをすべて説明するとしたら、図では中国は点の散らばりのはるか下にある外れ値となるはずだが、明らかにそうはなっていないことがわかる。

9.4　相対的購買力平価

購買力平価の研究の多くは、実質為替レートの水準ではなく、実質為替レートの変化に着目している。実質為替レートの変化に注目する利点は、財のバスケットの価格水準に関する情報を必要とせず、その代わりに、より高い頻度でより長い期間のデータが入手可能な消費者物価指数（CPI）を利用できることである。消費者物価指数のような物価指数からは、財バスケットの価格が時間とともにどのように変化するかについてはわかるが、絶対的な物価水準はわからない。これは、指数が任意の値、通常は100である基準年を持つことに反映されている。

実質為替レートが時間を通じて変化しない場合、**相対的購買力平価**（relative PPP）が成立すると言う。

$$\Delta e_t \equiv \Delta \frac{\varepsilon_t P_t^*}{P_t} = 0 \text{であるならば相対的PPPが成立}$$

ここで、e_tはt期の実質為替レート、ε_tはt期の名目為替レート、P_tはt期の国内消費者物価指数、P_t^*はt期の外国消費者物価指数を表す。記号Δは時間的変化を表すので、例えば$\Delta e_t = e_t - e_{t-1}$となる。相対的PPPは、実質為替レートの時間的変化に関するものであるため、これら表記には時間を示す添え字が導入されている。

相対的PPPが成立する場合、同じ通貨で表示された財バスケットの価格は、国内と海外で同じである必要はないが、両国で同じ割合で時間を通じて変化している。Δe_tが負の場合、実質為替レートが増価すると言う。この場合、国内の物価水準は海外に比べて時間の経過とともに相対的に高くなっている。また、Δe_tが正であるとき、実質為替レートが減価すると言う。この場合、国内の物価水準は海外の物価水準に対して時間の経過とともに相対的に安くなる。

相対的PPPが成立するかどうかという実証的な問題は、相対的PPPは長期的に成立するのか、という問題と、短期的に成立するのか、という問題の2つに分けられる。まず、前者から見ていこう。

9.4.1 相対的 PPP は長期的に成立するか

t期におけるドルとポンドの間での実質為替レートを考えてみよう。

$$e_t = \frac{\varepsilon_t P_t^{UK}}{P_t^{US}}$$

ここでε_tは、t期におけるドルとポンドの間での名目為替レートを示し、1ポンドのドル建ての価格として定義される。P_t^{UK}はt期における英国の消費者物価指数を示し、P_t^{US}はt期における米国の消費者物価指数を示す。消費者物価指数は基準年で恣意的に正規化されるため、ここで定義したe_tの水準は意味を持たない。しかし、e_tの時間的な変動、Δe_tは、二国間の相対的な生活費の変化に関する情報を提供する。これこそ、相対的PPPという概念が有用である理由である。

図9.4は1870年から2018年にわたるP_t^{US}の自然対数を実線で、$\varepsilon_t P_t^{UK}$の自然対数を破線で示している。解釈を容易にするために、P_t^{US}と$\varepsilon_t P_t^{UK}$の1870年（すなわち$t = 1870$）の値を1に正規化し、その年の対数が0になるようにしている。この図から、長期的に見るとP_t^{US}と$\varepsilon_t P_t^{UK}$は連動して動いていることが

図 9.4　米国と英国の消費者物価指数（ドル建て）：1870～2018 年

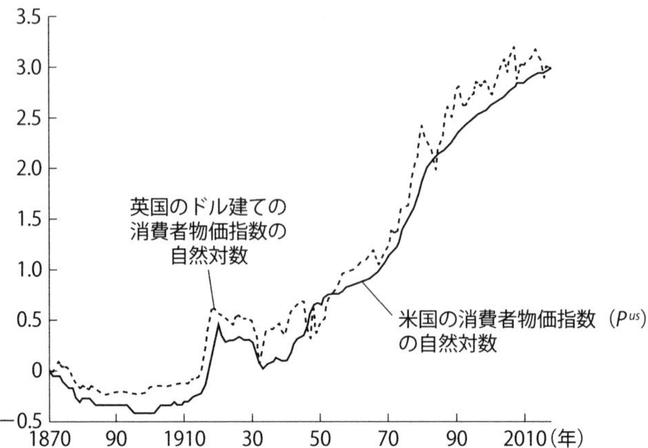

（注）　両物価指数は1870年の値を1として正規化し，対数で表示した．148年間にわたり2本の線が互いに接近していることは，長期的には相対的PPPが成立していることを示唆している．

（出所）　2013年までは，Òscar Jordà, Moritz Schularick, and Alan M. Taylor, "Macrofinancial History and the New Business Cycle Facts," in *NBER Macroeconomics Annual 2016*, Vol. 31, ed. by Martin Eichenbaum and Jonathan A. Parker, Chicago: University of Chicago Press, 2017. 2013年以降は，IFS, FREDとU.K. Office of National Statisticsから．

わかる。つまり過去148年間、米国は英国より継続して安くなったり高くなったりすることはなかったのである。このことは、この二国間では長期的に相対的なPPPが成立していることを示唆している。

次に、他の国のペアについても相対的PPPが長期的に成立するかどうかを見てみよう。そのために、P_tをt期におけるある国の消費者物価指数、ε_tを1ドルの自国通貨建て価格として定義されたt期のドル為替レート、P_t^{US}をt期の米国消費者物価指数とする。この国と米国の間で長期的に相対的PPPが成立するならば、実質為替レートは長期的に変化しないはずである。任意の時点tにおいて、実質為替レートe_tは次式で与えられる。

$$e_t = \frac{\varepsilon_t P_t^{US}}{P_t}$$

ϵ_t^rで示す実質為替レートの変化率を、米国ドルに対する、対象国通貨の**実質減価率**（real depreciation rate）と呼ぶ。そして以下が成立する。

$$1 + \epsilon_t^r = \frac{e_t}{e_{t-1}} = \frac{(\varepsilon_t/\varepsilon_{t-1})(P_t^{US}/P_{t-1}^{US})}{P_t/P_{t-1}}$$

$\epsilon_t = \varepsilon_t/\varepsilon_{t-1} - 1$を名目為替レートの変化率とする。これは米国ドルに対する、対象国通貨の**名目減価率**（nominal depreciation rate）と呼ばれる。また$\pi_t =$

図 9.5　インフレ率の差と減価率：1960～2017 年の平均

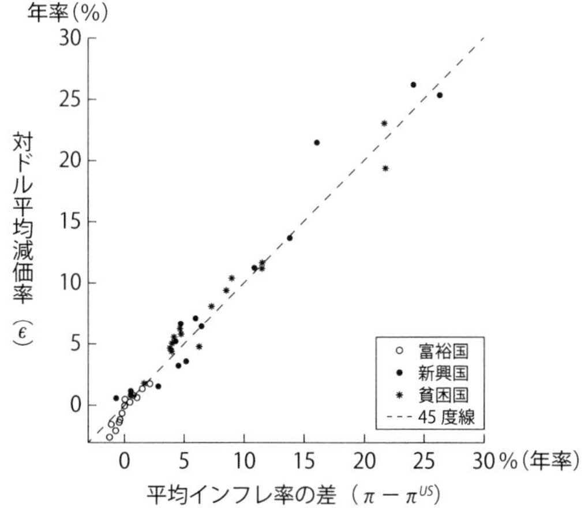

（注）　各マーカーは国を表す．全部で45カ国あり，13カ国が富裕国，17カ国が新興国，15カ国が貧困国である．ある国について，ϵ は対ドル平均減価率，π は平均インフレ率を表す．変数 π^{US} は米国の平均インフレ率を表す．観測値は45度線に近い形で並んでいる．長期的に相対的PPPがよく成立していることを示している．

（出所）　World Development IndicatorsとFRED．人口500万人未満，平均インフレ率30%超，平均減価率30%超，連続データ40年未満の国は除外．

$P_t/P_{t-1}-1$ と $\pi_t^{US}=P_t^{US}/P_{t-1}^{US}-1$ をそれぞれ対象国および米国のインフレ率とする。そうすると、実質減価率は次のように書ける。

$$1+\epsilon_t^r=\frac{(1+\epsilon_t)(1+\pi_t^{US})}{1+\pi_t} \tag{9.1}$$

この式の左辺と右辺の自然対数を取り、任意の x について近似式 $\ln(1+x)\approx x$ を用いると、次のようになる。

$$\epsilon_t^r=\epsilon_t+\pi_t^{US}-\pi_t$$

相対的PPPは、実質為替レートが時間的に変化しない場合、つまり実質減価率がゼロである場合（$\epsilon_t^r=0$）のときに成立する。

$\epsilon_t=\pi_t-\pi_t^{US}$ であるならば相対的PPPが成立

つまり言葉で表現すると、対象国通貨のドルに対する減価率 ϵ_t が、対象国のインフレ率と米国のインフレ率の差 $\pi_t-\pi_t^{US}$ と等しい場合、相対的PPPが成立するのである。

ϵ_t^r が長期にわたり平均でゼロに等しければ、相対的PPPは長期で成立する。ϵ, π, π^{US} を ϵ_t, π_t, π_t^{US} の平均値とすると、次のようになる。

$\epsilon=\pi-\pi^{US}$ であるならば長期において相対的PPPが成立

図9.5は、45カ国について、平均的な減価率 ϵ を、平均インフレ率の差 $\pi-$

π^{US}に対してプロットしたものである。平均は1960年から2017年までの期間で計算している。*印は貧困国15カ国、黒丸は新興国17カ国、丸印は富裕国13カ国である。[4] ほとんどの観測値が、45度の線上に並んでいることから、$\epsilon = \pi - \pi^{US}$が比較的よく成立していることがわかる。これは特に富裕国の場合に顕著である。45度線から比較的離れたところにある観測結果は、チリ、ハンガリー、ポーランド、スーダンなど、サンプル期間中に高いインフレに見舞われた国におおよそ対応している。これらの国々で、インフレ率の差と減価率の関係が弱くなるのは、高インフレの環境下で物価を正確に測定することが困難であったためだと思われる。しかしながら、全体として見ると、45度線に近いところに観測値が集まっており、相対的PPPが多くの国で長期的によく成立していることを示唆している。

9.4.2 相対的PPPは短期的に成立するか

もう一度、図9.4を見てみよう。先に述べたように、同じ通貨で表示された米国と英国の物価は過去148年の間にほぼ同じ割合で変化している。しかし、その一方で、この図から、期間ごとの2つの物価の差は大きく変化していることがわかる。2本の線は近づくこともあれば、離れることもある。これは、英国よりも米国のほうが安くなることもあれば、高くなることもあるということである。つまり、実質為替レートは短期的に変化していると考えられる。

このことは、前年比の実質減価率ϵ_t^rを年率で表示した図9.6によって、より明確に示されている。これは、図9.4の実線と破線の距離の変化を表している。もし実質為替レートが時間的に一定であれば、図9.6はゼロのところで、平坦な線を描くはずである。しかし、これはまったく当てはまらない。図からは、実質減価率がかなり変動していることがわかる。ϵ_t^rの標準偏差は9.3%である。これは、ある年から次の年にかけて、米国は英国より10%近く高くなったり安くなったりすることは一般的に起こるということを意味している。したがって、ある年に英国を訪れて安いと感じ、ほんの数年後に再び訪れてかなり高いと感

4) 富裕国とはオーストラリア、オーストリア、ベルギー、カナダ、フランス、ドイツ、イタリア、日本、オランダ、スウェーデン、スイス、英国、米国。新興国はアルジェリア、チリ、コロンビア、エジプト、ギリシャ、ハンガリー、イラン、韓国、マレーシア、メキシコ、モロッコ、ポーランド、ポルトガル、南アフリカ、スペイン、タイ、トルコ。貧困国はカメルーン、エチオピア、ガーナ、インド、インドネシア、ケニア、マダガスカル、ミャンマー、ネパール、ナイジェリア、パキスタン、フィリピン、スリランカ、スーダン、およびタンザニア。国のクラス分けは、Martín Uribe and Stephanie Schmitt-Grohé, *Open Economy Macroeconomics*, Princeton, NJ: Princeton University Press, 2017から引用した。

図 9.6　ドルとポンドの実質為替レートの前年比変化率：1870～2018 年

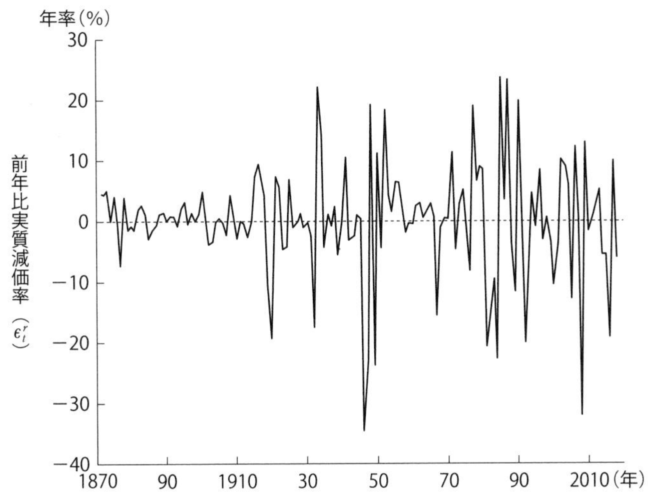

（注）　この図は，ドルとポンドの実質為替レートが 1 年ごとに大きく変化していることを示しており，相対的PPPが短期的に成立していないことを示唆している．
（出所）　図9.4を参照．

じても驚くにはあたらない。ϵ_t^rの変動が高いということは、相対的PPPが短期的には成立しないことを意味する。

9.5　国境はどれくらい広大か

前節では、相対的PPPが短期的には成立しないことを確認した。相対的な生活コストは、年によって国ごとに大きく変動しうる。ここで、このような時間を通じて変化する購買力平価からの乖離は、国境の存在に起因するのか、それとも地理的に異なる場所であるからなのか、と疑問に感じるのも無理はない。相対的PPPが成立しない要因の1つとして、輸送費が挙げられる。価格差が比較的小さくても、ニューヨークの家計がマンハッタンから地下鉄で30分ほどのニューアークで買い物をすれば、得をするかもしれない。しかし、ニューヨークの家計が電車で2時間半のフィラデルフィアで買い物をするには、もっと大きな価格差が必要である。したがって、ニューヨークとフィラデルフィアの価格差は、ニューヨークとニューアークの価格差より大きくなる可能性が高い。さらに、輸送費が時間とともに変化する場合（ガソリン代の変化など）には、価格差も時間とともに変化する可能性が高い。

しかし、2地点間に単に国境が存在するだけで、地点間の価格均等化の阻害要因となる可能性がある。国境が相対的PPPからの乖離の大きさを左右する理由としては、名目為替レートの動きに加えて、現地通貨建てによる価格の硬直性、さらに国ごとの市場の細分化をもたらす、関税、割当、そして政府規制など貿易における摩擦が挙げられる。もし、これらの要因が十分に大きければ、例えば、ニューヨークとロサンゼルスは、ニューヨークとトロントよりも、はるかに離れているにもかかわらず、ニューヨークとトロント間のほうが、ニューヨークとロサンゼルス間よりも相対的PPPが大きく損なわれていることが観察されるであろう。

ウィスコンシン大学のチャールズ・エンゲル（Charles Engel）と連邦準備制度理事会のジョン・ロジャーズ（John Rogers）は、相対的PPPからの短期的な乖離に国境がどれだけ重要かを定量化し、非常に話題になった。[5] 彼らは、1978年9月から1994年12月の期間における米国の14都市とカナダの9都市における14の財バスケットの消費者物価指数を検証した。[6] $P^{g}_{c,t}$は、都市cにおける財バスケットgのt期における物価指数である。したがって、t期における都市ペア（$c1, c2$）のバスケットgについての実質為替レート（$e^{g}_{c1,c2,t}$と表記する）は、次式で与えられる。

$$e^{g}_{c1,c2,t} = \frac{\varepsilon_{c1,c2,t} P^{g}_{c2,t}}{P^{g}_{c1,t}}$$

ここで$\varepsilon_{c1,c2,t}$は、t期における都市$c1$と$c2$の間の名目為替レートであり、都市$c2$で使用されている通貨1単位の価格を、都市$c1$で使用されている通貨単位で表したものである。もちろん、2つの都市が同じ国に位置している場合は$\varepsilon_{c1,c2,t}$は1である（1米ドルの米ドル価格は1、1カナダドルのカナダドル価格も1である）。

$\Delta \ln e^{g}_{c1,c2,t}$は、バスケット$g$についての、都市$c1$と都市$c2$の間の実質為替レートの対数を取り、その時間変化を表したものとする。この変数は、2カ月

5) Charles Engel and John H. Rogers, "How Wide Is the Border?," *The American Economic Review*, Vol. 86, No. 5, December 1996, pp. 1112–1125.

6) 商品のバスケットは、家庭での食料、家庭外での食料、アルコール飲料、住居、燃料およびその他の公共料金、家庭用家具およびその他経費、紳士・少年服、婦人・少女服、履物、自家用輸送、公共輸送、医療、介護、および娯楽で構成される。米国の都市は、ボルチモア、ボストン、シカゴ、ダラス、デトロイト、ヒューストン、ロサンゼルス、マイアミ、ニューヨーク、フィラデルフィア、ピッツバーグ、サンフランシスコ、セントルイス、ワシントンD.C.。カナダの都市は、カルガリー、エドモントン、モントリオール、オタワ、ケベック、レジーナ、トロント、バンクーバー、およびウィニペグである。

間ごとの実質為替レートの変化率を測定している。もし、相対的PPPが成立するのであれば、$\Delta \ln e^{g}_{c1,c2,t}$はゼロに近いはずである。さらに$\sigma^{g}_{c1,c2}$を時間を通じての$\Delta \ln e^{g}_{c1,c2,t}$の標準偏差とする。$\sigma^{g}_{c1,c2}$が大きければ、短期的に相対的PPPからの乖離が大きいことを示している。

各商品のバスケットgについて、都市のペアと同数の標準偏差が存在する。このデータセットには14の商品バスケットと23の都市が含まれているので、標準偏差の最大可能数は3542である。

エンゲルとロジャーズは次の回帰式を推定している。[7)]

$$\sigma^{g}_{c1,c2} = \text{constant} + 0.00106 \ln d_{c1,c2} + 0.0119 B_{c1,c2} + \mu^{g}_{c1,c2}$$

ここで、$d_{c1,c2}$は都市$c1$と$c2$の間のマイル単位の距離、$B_{c1,c2}$は、都市$c1$と$c2$が国際的な国境によって隔てられている場合に値1、それ以外はゼロを取る変数、$\mu^{g}_{c1,c2}$は回帰残差である。距離の正の係数は，都市が離れているほど，実質為替レートの変化の変動が大きくなることを意味する。国境に関する正の係数は、2都市間の距離が同じであれば、米国とカナダの都市ペアのほうが米国と米国、カナダとカナダの都市ペアよりも実質為替レートの変化の標準偏差が大きくなることを示している。

実際に国を隔てる国境が相対的PPPからの乖離に与える影響を定量化するために、米国とカナダの国境の両側にある2つの都市と、それと同距離で離れている国内の2つの都市が、同様の実質為替レート変化の変動幅を得るために必要な距離の増加はいくらだろうか、という問いが立てられる。この問いに答えるために、2都市間に国境があると、実質為替レートの変化の標準偏差が0.0119増加することに注目する。2都市間の距離が1マイル増加すると、標準偏差は以下の分、増加する。

$$\frac{\partial \sigma^{g}_{c1,c2}}{\partial d_{c1,c2}} = 0.00106 \frac{\partial \ln d_{c1,c2}}{\partial d_{c1,c2}} = 0.00106 \frac{1}{d_{c1,c2}}$$

エンゲルとロジャーズのデータセットにおける2都市間の平均距離は約1100マイルである。したがって、1マイルの距離の増加に伴う変動の増加は、次のようになる。

$$\frac{\partial \sigma^{g}_{c1,c2}}{\partial d_{c1,c2}} = 0.00106 \frac{1}{1100} = 0.00000096364$$

1マイルごとに標準偏差が0.00000096364増加し、国境は標準偏差を0.0119

7) 「constant」とある項は、切片と都市固定効果を含む。

増加させるので、国境によって隔てられることは、2都市間の距離が0.0119/0.00000096364、つまり約1万2000マイル増えることと等価であることがわかる。これは、かなり広大な国境である！

まとめると、相対的PPPからの乖離の大きさは、2地点間の距離が離れるほど大きくなることが示唆された。さらに、2つの地域を隔てる国際的な国境が存在するだけで、この乖離幅はさらに大きくなる。つまり、為替レートの変動、現地通貨建て価格の硬直性、関税、割当、国境を越えた規制などの要因が、短期的な実質為替レートの変化の大きさを決定する上で重要な役割を果たすということである。

9.6　非貿易財と購買力平価からの乖離

前節までに、購買力平価からの大きな乖離が恒常的に存在することを明らかにしてきた。例えば、2011年に米国で100ドルの財バスケットがインドでは32ドルであり、つまり、インドは米国の3倍も安いのである。では、インドから財を輸入すれば、米国の消費者は得をするのではないか、と考えるかもしれない。そうすれば、両国の物価は平準化される。

しかしながら、価格差が生じやすい理由の1つは、すべての財が国際的に取引可能なわけではないことである。このような財では、輸送費が大きすぎて、国家間の貿易は利益を生まない。例えば、散髪が安いからといって米国からインドに散髪をしに行く人はまず存在しない。このような特徴を持つ財やサービスは、非貿易可能財または非貿易財と呼ばれる。非貿易財の例としては、散髪、レストランでの食事、住宅、一部の医療サービス、一部の教育サービスなどのサービスが挙げられる。しかし、すべてのサービスが非貿易財であるわけではない。例えば、米国は大学、修士、博士課程などの高度な教育サービスを輸出している。また、非貿易財となりうる非サービス財も存在する。例えばレタスなどの生鮮野菜は、通常、地元で栽培され、消費されている。貿易財には、小麦、トウモロコシ、大豆などの農産物、金属、鉱物、石油、多くの製造品などがある。一般的に、非貿易財は一国の生産高に占める割合が大きく、通常50%以上である。

非貿易財の存在は、購買力平価からの持続的な乖離を生じさせる。これを見るために、消費価格水準Pは、経済全体の物価水準の平均であることに注意しよう。そのため、消費価格水準Pは、非貿易財の価格と貿易財の価格の両方を含んでいる。非貿易財の価格はすべて国内の要因で決まるので、一物一価の法則は成り立たないはずである。P_TとP_Nをそれぞれ貿易財、非貿易財の国内価格を表すとし、P_T^*とP_N^*はそれぞれに対応する外国における価格であるとする。貿易財には一物一価の法則が成り立つとする。

$$P_T = \varepsilon P_T^*$$

これに対して、非貿易財では一物一価の法則は成り立たない。

$$P_N \neq \varepsilon P_N^*$$

ここで、物価水準Pが、貿易財と非貿易財の価格の平均値であるとすると、次のように書くことができる。

$$P = \varphi\,(P_T, P_N)$$

ここで、関数$\varphi\,(\cdot, \cdot)$はP_TとP_Nが増加すると増加し、1次同次である。同次とは、P_TとP_Nの両方が同じ割合で上昇する場合、価格水準Pも同じ割合で上昇することを意味する。例えば、P_TとP_Nが5%上昇すれば、Pも5%上昇する。[8] $\varphi\,(\cdot, \cdot)$に課された条件を満たす関数形は多数ある。例えば、PがP_TとP_Nの単純平均であれば、$\varphi\,(P_T, P_N) = (P_T + P_N)/2$が成立する。代わりに、$P$が$P_T$と$P_N$の幾何平均であれば、$\gamma \in (0, 1)$として、$\varphi\,(P_T, P_N) = (P_T)^\gamma\,(P_N)^{1-\gamma}$が成立する。9.9節では、この関数形のミクロ的基礎付けを行う。

外国の物価水準も、貿易財と非貿易財の価格の平均値として構成されていると仮定する。簡単のために、国内と同じ関数形を仮定する。

$$P^* = \varphi\,(P_T^*, P_N^*)$$

すると、実質為替レートeは次のように書くことができる。

$$\begin{aligned} e &= \frac{\varepsilon P^*}{P} \\ &= \frac{\varepsilon \varphi(P_T^*, P_N^*)}{\varphi(P_T, P_N)} \\ &= \frac{\varepsilon P_T^* \varphi(1, P_N^*/P_T^*)}{P_T \varphi(1, P_N/P_T)} \\ &= \frac{\varphi(1, P_N^*/P_T^*)}{\varphi(1, P_N/P_T)} \qquad (9.2) \end{aligned}$$

8)　技術的には、1次同次性とは、任意の$\lambda > 0$に対して$\varphi\,(\lambda P_T, \lambda P_N) = \lambda \varphi\,(P_T, P_N)$であることを意味する。

最後の等式は、実質為替レートが国ごとの貿易財から見た非貿易財の相対価格に依存することを意味している。実質為替レートが1より小さい、つまり消費バスケットが国内よりも海外のほうが安価であるのは、貿易財に対する非貿易財の相対価格が国内よりも海外のほうが低い場合である。すなわち形式的には以下が成り立つ。

$$e < 1 \text{であるのは} \frac{P_N^*}{P_T^*} < \frac{P_N}{P_T} \text{の場合}$$

インドと米国の例に戻ると、不等式が述べているのは、インドでは貿易財に対する非貿易財の相対価格が米国より低いので、インドは米国より物価が安いということである。

9.7 貿易障壁と実質為替レート

前節では、非貿易財の存在によって購買力平価からの乖離が生じることを示した。本節では、すべての財が貿易財である場合でも、購買力平価から乖離する可能性があることを検討する。具体的には、政府が輸入関税、輸出補助金、輸出入割当などの貿易障壁を課し、国家間の相対価格を人為的に歪めているために生ずる購買力平価からの乖離について検討する。

簡単化のために、すべての財が国際的に取引されている経済を考えてみよう。さらに、貿易可能財には、輸入可能財と輸出可能財の2種類があるとする。輸入可能財とは、輸入されるか国内で生産される財で、これらがほぼ同一、もしくは高い代替性を持って国内市場で共存している財である。輸出可能財とは、国内で生産され、海外市場や国内市場で販売される財である。輸入可能財の世界価格をP_M^*、輸出可能財の世界価格をP_X^*とすると、貿易障壁がない場合、両財ともに一物一価の法則が成り立つはずであり、つまり、輸出可能財と輸入可能財の国内価格（P_XとP_Mとそれぞれ表記）は、次式で与えられなければならない。

$$P_X = \varepsilon P_X^*$$

$$P_M = \varepsilon P_M^*$$

ここで、前述と同様にεは、名目為替レートであり、外貨1単位当たりの国内通貨建て価格と定義される。国内の物価水準Pは、P_XとP_Mの平均値である。

$$P = \varphi(P_X, P_M)$$

ここで、関数 $\varphi(\cdot, \cdot)$ は1次同次の増加関数である。外国でも同様の関係が成り立つ。

$$P^* = \varphi(P_X^*, P_M^*)$$

さらに、実質為替レート $e = \varepsilon P^*/P$、は次のように書くことができる。

$$e = \frac{\varepsilon P^*}{P} = \frac{\varepsilon\varphi(P_X^*, P_M^*)}{\varphi(P_X, P_M)} = \frac{\varphi(\varepsilon P_X^*,\ \varepsilon P_M^*)}{\varphi(P_X, P_M)} = \frac{\varphi(P_X, P_M)}{\varphi(P_X, P_M)} = 1$$

ここで、3番目の等式は φ が1次同次であることを利用し、4番目の等式は両財に一物一価の法則が成り立つことを利用している。この表現が意味するのは、すべての財が国際的に取引可能で、貿易障壁がない場合、2つの国の物価水準は等しい、というものである。

次に、自国の輸入品に関税 $\tau > 0$ を課すとどうなるか考えてみよう。このとき、財の輸入者は εP_M^* を外国の生産者に、そして $\tau\varepsilon P_M^*$ を関税として自国政府に支払う。その結果、輸入可能財の国内価格は、$1 + \tau$ 倍になる。

$$P_M = (1 + \tau)\varepsilon P_M^*$$

すると、実質為替レートは次のようになる。

$$e = \frac{\varepsilon\varphi(P_X^*, P_M^*)}{\varphi(P_X, P_M)} = \frac{\varphi(\varepsilon P_X^*,\ \varepsilon P_M^*)}{\varphi(\varepsilon P_X^*, (1 + \tau)\varepsilon P_M^*)} < 1$$

ここで、不等式は、$\varphi(\cdot, \cdot)$ が両引数について増加することと、$1 + \tau > 1$ であることから導かれる。この式は、輸入関税の賦課が実質為替レートの上昇をもたらすこと、すなわち、国内の消費バスケットが外国の消費バスケットに対してより高価になることを示している。また、章末の練習問題9.7では、輸出補助金の賦課が、実質為替レートにどのような影響を与えるかを分析している。

ここでは、貿易障壁がPPPからの持続的な乖離を引き起こす可能性があることを確認した。この分析によれば、2019年にトランプ政権が発動した輸入関税のような保護主義的な貿易政策は、実質為替レートの増価（eの低下）を引き起こし、米国の物価水準を世界の他の国々に対して、より高価にすると予想される。

9.8　ホームバイアスと実質為替レート

これまで、購買力平価が失敗する理由として、すべての財が貿易可能でないことや、関税の存在を見てきた。本節では、購買力平価が失敗する第3の理由を紹介する。すなわち、消費バスケットにおけるある財の重みが国によって異なるという理由である。このような重みの違いは、主に国ごとの嗜好の違いを反映している。そして、このような嗜好の違いは、その国が特化して生産している財への選好を反映している可能性がある。例えば、アルゼンチン人はドイツ人よりも、牛肉により多くの所得を費やすかもしれない。また、ドイツ人はアルゼンチン人よりも自動車に大きな割合を費やしているかもしれない。このような国産品への選好は、**ホームバイアス**（home bias）と呼ばれる。なぜホームバイアスが実質為替レートの変動につながるのか見るために、牛肉が自動車よりも高価になったとしよう。アルゼンチンの消費バスケットに占める牛肉の割合は大きいので、アルゼンチンのバスケットはドイツのバスケットに対してより高価になる。つまり、実質的なアルゼンチンペソの価値がユーロに対して上昇することになる。

ホームバイアスが実質為替レートに影響を与える方法を定式化するために、アルゼンチンとドイツの家計が牛肉と自動車という2つの財だけを消費すると仮定する。アルゼンチンペソで表されたアルゼンチンにおける牛肉の価格をP_b、自動車の価格をP_cとする。同様に、P_b^*とP_c^*は、ドイツにおける牛肉と自動車の価格をユーロで表したものであるとする。アルゼンチンの消費者物価指数Pは、以下のように国内における牛肉と自動車の価格の幾何平均であるとする。

$$P = (P_b)^{\gamma}(P_c)^{1-\gamma}$$

ここで、$\gamma \in (0, 1)$ はパラメータである。同様に、ドイツの消費者物価指数P^*は、$\gamma^* \in (0, 1)$ として、次式で与えられるとする。

$$P^* = (P_b^*)^{\gamma^*}(P_c^*)^{1-\gamma^*}$$

パラメータγとγ^*は、アルゼンチンとドイツの消費者物価指数において牛肉の価格に与えられる重みをとらえている。ここで、次のように仮定する。アルゼンチン人は自動車の消費よりも牛肉の消費に費用をかけるが、ドイツ人は牛肉の消費よりも自動車の消費により多くの費用をかけると仮定する。この場合、牛肉価格はドイツの物価指数においてよりも、アルゼンチンの物価指数においてより大きなウエイトを占めるはずである。つまり、以下のようになるはずである。

$$\gamma > \gamma^*$$

さらに、牛肉も自動車も国際的に自由に取引されており、両財に一物一価の法則が成り立つとする。

$$P_b = \varepsilon P_b^*$$
$$P_c = \varepsilon P_c^*$$

ここでεは名目為替レートであり、1ユーロのペソ建て価格を示す。また、このとき実質為替レートは次のように書くことができる。

$$e_t = \frac{\varepsilon P^*}{P} = \left(\frac{P_c}{P_b}\right)^{\gamma - \gamma *}$$

$\gamma > \gamma^*$なので、自動車で測った牛肉の価格が上昇すると、ペソの実質的な価値が増価する（eが下落する）。直感的には、アルゼンチンのバスケットでは、ドイツのバスケットよりも牛肉のウエイトが大きいため、牛肉の相対価格が上昇すれば、アルゼンチンの消費バスケットの価格Pは、ドイツの消費バスケットの価格P^*よりも大きく上昇することになる。その結果、アルゼンチンの消費バスケットは相対的に高価になる。なお、ホームバイアスがない場合、$\gamma = \gamma^*$、実質為替レートは1（$e = 1$）である。このことは、このモデルにおける購買力平価からの乖離の唯一の原因は、ホームバイアスによるものであることを示している。

9.9　物価水準と生活水準

これまでのところ、物価水準Pは消費バスケットに入る財の価格、この例では貿易財の価格P_Tと非貿易財の価格P_Nに対する増加関数でかつ1次同次である、ある関数$\varphi(P_T, P_N)$によって与えられると仮定してきた。直感的には、関数$\varphi(P_T, P_N)$はP_TとP_Nの平均である。しかし、どんな種類の平均であるべきだろうか。どの程度の重みをP_TとP_Nに付けて平均を求めるのがよいのだろうか。物価指数は生活水準を測るのに有効であるだろうか。例えば、収入が10%増加し、物価水準が11%上昇したと仮定しよう。このとき、生活水準は改善したのか、それとも悪化したのだろうか。一見すると、実質所得が1（= 10 − 11）%減少したことになり、より悪くなったと言うことができる。しかし、物価水準の11%の上昇のすべてが肉の価格の上昇によるものだとしよう。もしベジタリアンなら、その人物の物価指数においては、肉製品の重みが0であるはずだ。したがって、このような選好を反映した物価指数は変化しないので、所得増加後は生活水準が改善することになる。

この例は、物価指数において、異なる個別価格に割り当てる重みは、消費者の選好を反映するべきであることを示唆している。本節では、この関連性を明確にする。

9.9.1 物価水準のミクロ的基礎

家計が以下の効用関数に従って消費を評価するとする。

$$U(C)$$

ここで、Cは現在の消費量を表し、$U(\cdot)$ は増加関数である。ここで、消費は、貿易財と非貿易財の合成であり、以下の集計関数からなるとする。

$$C = C_T^{\gamma} C_N^{1-\gamma} \tag{9.3}$$

ここで、C_TとC_Nはそれぞれ、貿易財の消費と非貿易財の消費を示し、γは区間（0, 1）に存在するパラメータである。集計関数は副次的な効用関数として解釈できる。例えば、国際的に取引できる自動車と非貿易財である散髪を好んで消費するとしよう。両者は、消費と呼ばれる複合財を形成している。集約関数のもう1つの解釈は、貿易財と非貿易財を組み合わせて、複合消費財を生産するための技術、というものである。例えば、私たちがビッグマックを食べるとき、貿易財（牛肉、小麦、油、チーズ、野菜）と非貿易財（調理係、レジ係などのサービス）からなる複合財を消費していることになる。この2つの解釈は相互に排他的ではない。上記の集計関数の形式は、**コブ＝ダグラス型**（Cobb-Douglas）として知られている。[9)]

ここで、消費者物価水準Pを複合消費財Cを1単位購入するのに必要な最低金額と定義してみよう。

$$P = \min_{\{C_T, C_N\}} \{P_T C_T + P_N C_N\}$$

また、このとき、P_TとP_Nは所与であり、以下の制約が存在する。

$$C_T^{\gamma} C_N^{1-\gamma} = 1$$

これは、C_TとC_Nという2つの変数についての制約付き最小化問題である。これを1つの変数についての制約なし問題に変換するには、制約式をC_Nについて解き、得られた式を用いて目的関数からC_Nを消去すればよい。すると、目的関数の未知数はC_Tだけとなる。これらのステップを1つずつ解説する。まず、

9) コブ＝ダグラス型集計関数は、章末の練習問題9.13で紹介するCES集計関数やアーミントン集計関数と呼ばれる集計関数の特殊なケースである。

制約式をC_Nについて解くと、

$$C_N = C_T^{\frac{-\gamma}{1-\gamma}} \tag{9.4}$$

が得られ、この式を用いて、目的関数からC_Nを消去すると、次のようになる。

$$P = \min_{\{C_T\}} \left\{ P_T C_T + P_N C_T^{\frac{-\gamma}{1-\gamma}} \right\} \tag{9.5}$$

目的関数の第1項は貿易財の購入にかかる直接的なコストを反映したもので、C_Tが増加するにつれて増加する。第2項はC_Tが増加するにつれて減少する。なぜなら、貿易財の消費を増加させれば、非貿易財の消費を減少させても、複合消費財を1単位に保つことができるためである。(9.5) 式で与えられる最小化問題に関連する最適化条件は、目的関数のC_Tに関する導関数がゼロに設定されること、すなわち、

$$P_T - \frac{\gamma}{1-\gamma} P_N C_T^{\frac{-1}{1-\gamma}} = 0$$

によって与えられ、C_Tについて解くと次のようになる。

$$C_T = \left[\frac{\gamma}{1-\gamma} \frac{P_N}{P_T} \right]^{1-\gamma} \tag{9.6}$$

ここで、この式を用いて、(9.4) 式のC_Tを消去すると、次のようになる。

$$C_N = \left[\frac{\gamma}{1-\gamma} \frac{P_N}{P_T} \right]^{-\gamma} \tag{9.7}$$

直感的には、上記2つの式は、非貿易財が相対的に高価になればなるほど、つまりP_N/P_Tが増加すればするほど、複合消費財1単位について、非貿易財から貿易財への最適な代替が起こることを意味している。最後に、(9.6) 式と (9.7) 式を用いて、目的関数 (9.5) 式からC_TとC_Nを消去すると、次のようになる。

$$P = P_T^{\gamma} P_N^{1-\gamma} A$$

ここで、$A \equiv \gamma^{-\gamma}(1-\gamma)^{-(1-\gamma)}$は物価に依存しない定数である。この式が重要であるのは、消費者物価水準において貿易財と非貿易財の価格に割り当てられる重みが、(9.3) 式の集計関数において対応する財に割り当てられる重みに関係することを示すからである。集計関数における財の重要性が高いほど、消費者物価指数においてその財の価格の重みが大きくなっている。

9.9.2 物価水準、所得と厚生

消費者物価指数のミクロ的基礎付けがわかったところで、所得と物価の変動がどのように厚生に関係するのかという問題をもう一度考えてみよう。家計が消費に振り向ける金額をYとする。Pは、複合消費財を1単位手に入れるために必要な最小限のお金であるから、Yドルで買えるのは、以下の単位の複合消費財である。

$$C = \frac{Y}{P}$$

効用$U(C)$は消費量Cに依存するので、この式は、物価水準Pが消費バスケットCを構成する各財の価格（ここではP_TとP_N）に正しいウエイトを与えていれば、実質所得の変化は消費者の厚生の変化に直接結びつくことを意味している。つまり、ここでの価格水準は、実質所得Y/Pが上昇すれば、家計はより高い複合消費財Cの水準と効用$U(C)$を実現できることを保証しているのである。さらに、実質所得の変化率は、消費者がどの程度消費を増やせるかを示している。例えば、$\gamma = 0.25$とし、1年の間に名目所得が10%、貿易財価格が12%、非貿易財価格が8%上昇したとする。すなわち、$\%\Delta Y = 0.1$、$\%\Delta P_T = 0.12$、$\%\Delta P_N = 0.08$となる。このとき、家計は前年と比較して豊かになったのだろうか、それとも貧しくなったのだろうか。言い換えれば、今年、消費者は前年と比較して、より多くの複合消費財を消費するのだろうか。それともより少ない複合消費財を消費するのだろうか。物価指数が不明のままでは、この問いに対する答えはない。なぜなら、名目所得は増加し、非貿易財の価格の増加幅は所得に比べて少ないが、貿易財の価格は所得の増加以上に増加しているからである。しかしながら、物価水準のウエイトがわかれば、この答えは簡単である。消費者が今年享受できる消費量の増加率は次式で与えられる。

$$\begin{aligned}
\%\Delta C &= \%\Delta \frac{Y}{P} \\
&= \%\Delta Y - \%\Delta P \\
&= \%\Delta Y - \gamma\%\Delta P_T - (1-\gamma)\%\Delta P_N \\
&= 0.1 - 0.25 \times 0.12 - 0.75 \times 0.08 \\
&= 1\%
\end{aligned}$$

これは、消費者が前年より1%多く消費をする余裕ができ、より豊かになったことを意味する。直感的に、このような厚生の増大が起こるのは、所得の上昇分よりさらに上昇する価格が、複合財の生成において、ウエイトγが示すようにあまり重要でない財（貿易財）に対応しているからである。

もし、統計局が物価水準を構築する際に、間違ったγの値を使ったとしたら、どのようなことが起こりうるだろうか。この問いに答えるために、上記の問題を$\tilde{\gamma}=0.75$のウエイトを使ってやり直してみよう。この誤ったウエイトの下では、実質所得の変化は以下のようになる。

$$\%\Delta\frac{Y}{P}=0.1-0.75\times0.12-0.25\times0.08$$

$$=-1\%$$

つまり、消費者の生活が悪化し、前年より1%少ない消費しかできない、という間違った結論に至ることになる。そして、そもそもここでの問題は、統計局が最も上昇した価格にウエイトを置きすぎていることである。上記の例から、物価指数が生活水準の変化について、有益な情報であろうとするならば、個々の物価に正しいウエイトを割り当てなければならないことがわかる。しかし、統計機関はどのようにしてγを知ることができるのだろうか。仮に政府が消費者に個々人のγの値についてアンケートを実施したとしても、消費者は何を答えたらいいのかわからないかもしれない。そもそも、一般消費者は効用関数や集計関数について聞いたことがない。しかし幸いなことに、γの値を推測する間接的かつ実用的な方法がある。それは、異なる種類の財に対する消費者の支出パターンを観察することである。具体的には、(9.6) 式を (9.7) 式で割って、γについて解くと以下が得られる。

$$\gamma=\frac{P_TC_T}{P_TC_T+P_NC_N}$$

この式は、γが総支出における貿易財への支出割合に等しいことを意味している。したがって、個々人が、それぞれの財のカテゴリーについて、どのくらい支出しているのかわかれば、物価指数Pにおいて、それぞれの財価格の正確なウエイトを得ることが可能となる。統計機関は、定期的に個人の消費行動を尋ねる調査を行い、物価指数を作成する際の入力情報として利用している。

9.10 まとめ

この章では、国ごとの生活コストの違いについて考察した。ここでの主要な概念は、一物一価の法則（LOOP)、購買力平価（PPP)、実質為替レート、非貿易財、ホームバイアス、物価指数である。

- 一物一価の法則（LOOP）とは、同じ財は、共通の通貨で表示した場合、国や地域ごとに同じ価格でなければならないというものである。
- LOOPからの乖離は大きく、持続的である。
- 絶対的PPPは、LOOPの概念を財のバスケットに拡張したものである。これは、消費バスケットは、共通の通貨で表示した場合、国や地域によって価格が同じでなければならないとするものである。
- 絶対的PPPからの乖離は大きく、かつ持続的であることが確認されている。
- 実質為替レートは、外国の財バスケットの、国内の財バスケットに対する相対価格である。定義上、絶対的PPPが成立するとき、実質為替レートは1である。
- 相対的PPPは、実質為替レートが時間的に変化しない場合に成立する。
- データでは、相対的PPPは長期的には成立するが、短期的には成立しない。
- 豊かな国の物価水準は貧しい国より常に高い。
- PPP為替レートとは、PPPを成立させる名目為替レートである。1人当たりGDPをPPP為替レートで評価することで、生活水準の比較を有意義に行うことができる。
- 地域ごとのPPPからの乖離は、いくつかの要因によって説明される。
  - 輸送費を反映する2地点間の距離。
  - 名目為替レートの変動、自国通貨建て価格の硬直性、国境を越えた規制、輸出入関税、貿易割当の存在などを反映する、2地点を隔てる国際的な境界線の存在。
  - 国内で生産されるが、輸入も輸出もできない非貿易財の存在。
- 消費者物価指数に入る物価のウエイトが国によって異なる場合、相対価格の変動が実質為替レートの変動につながる。自国で生産された財が、海外のバスケットよりも、自国のバスケットに占める割合が大きく、そのため自国の物価指数においてのウエイトが、海外の物価指数におけるウエイトよりも大きい場合、消費にホームバイアスがかかっていると言う。

- 輸入関税や輸出補助金の賦課は、その国の物価を世界と比較して高くする。つまり、実質為替レートの上昇を引き起こす。
- 消費者の効用関数において関連付けられる財のウエイトに対応したウエイトを、最適な物価指数は各価格に割り当てる。名目所得を最適な物価指数で割ると、実質所得の変化は同じ方向の厚生変化を表す。

9.11 練習問題

練習問題9.1（国際価格の収斂）

図は、2010年の中国に対する仮想10カ国の実質為替レートと、2010年から2020年の実質為替レートの変化を示したものである。

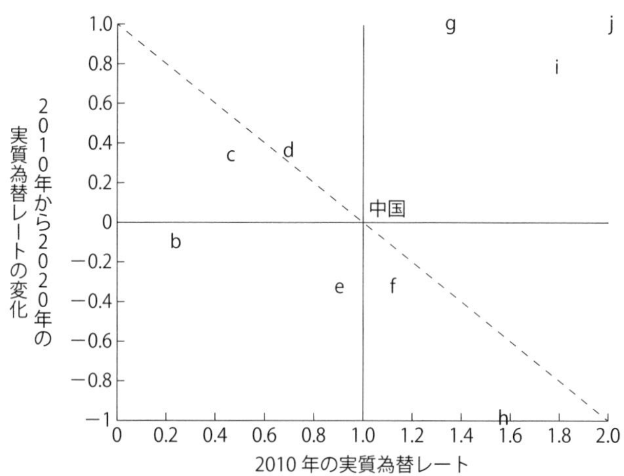

1. 2010年に中国より物価が安く、10年後にさらに安くなった国はどのような国だろうか。
2. 2010年に中国より物価が高かったが、2020年には中国より安くなる国があるとすれば、それはどのような国だろうか。
3. 2010年には中国より物価が安かったが、2020年には中国より物価が高くなる国があるとすれば、それはどのような国だろうか。

4. 2020年に中国並みの物価になった国があるとすれば、どのような国だろうか。

練習問題9.2（中国におけるPPP）

国際比較プログラム（ICP）は、中国の物価水準指数（PLI）を2005年に42、2011年に54と報告した。米国のPLIは常に100に等しいことを想起し、以下の問いに答えなさい。

1. 2005年から2011年までの人民元・ドル実質為替レートの変化率を求めなさい。
2. 2005年、中国経済の規模は、購買力平価換算で米国経済の43%であった。物理的生産高の伸びを無視し、2011年の中国経済の規模を、PPP為替レートを用いて米国経済と比較しなさい。
3. 観測された人民元の実質的な上昇は、すべて中国による輸入関税の賦課が原因であったと仮定する。米国と中国の物価水準が$P = P_X^{\gamma} P_M^{1-\gamma}$かつ$\gamma = 0.5$であると仮定する。ここで$P_X$と$P_M$はそれぞれ輸出価格と輸入価格を表し、関税がなければ一物一価の法則が成り立つと仮定する。このとき輸入関税の大きさを求めなさい。

練習問題9.3（豊かな国ほど物価が高い）

図9.3は、市場での名目為替レートで評価した1人当たりGDPに対する実質為替レートをプロットしたものである。この図をPPP為替レートで評価した1人当たりGDPを用いて、再度作成しなさい。データは図に示した出所から入手できる。その際、赤い点を使用し、比較のため、市場為替レートでのGDPを使った関係も黒い点で表示しなさい。豊かな国ほど物価が高いということに変わりはないか、議論しなさい。また、なぜ傾きが変わるのか、説明しなさい。

練習問題9.4（国境はどのくらい広いか？）

ある研究者が次の関係を推定した。

$$\sigma_{\Delta \ln e} = \text{constant} + 0.001d + 12B$$

ここで、$\sigma_{\Delta \ln e}$は2都市間の実質為替レートの変化率の標準偏差、dは2都市間の距離（マイル）であり、Bは2つの都市が国境で隔てられている場合は1、そうでない場合は0を取る変数である。国境がなくなった場合、$\Delta \ln e$の標準偏差を一定に保つために必要な距離の増加分を計算しなさい。

練習問題9.5（非貿易財とPPP）

A国とB国では、家計は小麦と散髪サービスだけを消費している。小麦は国際的に取引されているが、散髪は国際的に取引されていない。A国では小麦1トンの価格は散髪の10倍であるが、B国では5倍にとどまる。国$i = A, B$の消費者物価指数（P_i）は、$P_i = (P_i^W)^{0.25}(P_i^H)^{0.75}$である。ここ$P_i^W$と$P_i^H$は$i$国の小麦と散髪の価格である。

1. A国とB国の間の実質為替レートを計算しなさい。
2. どちらの国がより高いのか。またその理由を述べなさい。

練習問題9.6（貿易障壁と実質為替レート　その1）

A国とB国で、家計が自動車とスパゲッティだけを消費しているとする。両財とも国際的に取引されているとする。物価指数は、$P_i = \sqrt{P_i^C P_i^S}$ の形であるとする。ここで P_i、P_i^C と P_i^S はそれぞれ、$i = A, B$ 国の消費者物価指数，自動車の価格，スパゲッティの価格である。

1. 貿易障壁がない場合の実質為替レートを求めなさい。
2. A国が自動車に10%の輸入関税をかけた場合、実質為替レートはいくらになるだろうか。

練習問題9.7（貿易障壁と実質為替レート　その2）

9.7節では、輸入関税の賦課が実質為替レートの増価を引き起こす（すなわち、他国と比較して相対的に高くなる）ことを確認した。同様の分析により、以下の貿易障壁が実質為替レートにどのような影響を与えるかを示しなさい。

1. 輸入補助金
2. 輸出関税
3. 輸出補助金

練習問題9.8（輸入関税）

次の文章を評価しなさい。2018年4月、米国は鉄鋼に25%、アルミニウムに10%の輸入関税を課した。この政策により、米国の物価は世界の他の国々と比較してより高価になるはずである。

練習問題9.9（生活水準の国際比較）

次の表は、2021年の米国とアルゼンチンにおける最終財の（架空の）生産量と物価を表したものである。米国の価格はドル建て、アルゼンチンの価格はペソ建てで表示されている。両国の典型的な財バスケットは、1単位の貿易財と2単位の非貿易財を含んでいる。貿易財は、国際的に自由に取引され、PPPが成立するとする。

財	米国		アルゼンチン	
	数量	価格	数量	価格
貿易財	10	5	4	50
非貿易財	20	15	8	100

1. 1ペソのドル価格で定義される市場為替レートを計算しなさい。
2. 米国とアルゼンチンの物価水準を、それぞれドルとペソで表し、計算しなさい。
3. ドル/ペソの実質為替レートはいくらか。どちらの国に住むのがより安いだろうか。
4. 市場価格で評価した、米国とアルゼンチンのGDPを計算しなさい。この尺度によると、アルゼンチンは米国に対してどれくらいの大きさか。
5. PPP為替レートを計算しなさい。
6. PPP価格で評価したGDPを算出しなさい。
7. GDPの2つの指標について、得られた数値についてコメントしなさい。

練習問題9.10（消費バスケットとPPP為替レート）

練習問題9.9のように、数量と価格の表が次のように与えられているとする。

ここでも、米国の価格はドル建て、アルゼンチンの価格はペソ建てで表示されている。米国の典型的な消費バスケットは穀物とエネルギーの各財産を1単位ずつ含み、アルゼンチンの典型的な消費バスケットは穀物を1.5単位、エネルギーを0.5単位含んでいる。どちらの財も国際的に自由に取引されており、一物一価の法則が成り立っているとする。アルゼンチンのGDPのドル換算値を次の方法で計算しなさい。

財	米国		アルゼンチン	
	数量	価格	数量	価格
穀物	10	1	10	1
エネルギー	10	2	10	2

1. 市場為替レートにて。
2. 各国それぞれの独自のバスケットを使用したPPP為替レートにて。
3. 米国のバスケットを使用したPPP為替レートにて。
4. アルゼンチンのバスケットを使用したPPP為替レートにて。

練習問題9.11（物価、所得と生活水準）

物価指数Pが$P = P_A^{0.4} P_B^{0.6}$で与えられるとする。ここで、P_AとP_Bは、この経済で消費される唯一の財であるA財とB財の価格である。1年の間に、家計の収入は7％増加し、A財の価格は1％下落し、B財の価格は12％上昇したとする。家計は前年に比べて豊かになったか、それとも貧しくなったか、計算結果を示し、直感的にわかるように説明しなさい。

練習問題9.12（生活費の比較）

あなたはニューヨークの投資会社に勤めていて、効用関数$U(C)$で表されるように消費から効用を得ているとする。ここでCは消費を表し、$U(\cdot)$は増加関数である。消費は食料と住居の合成であり、次式で与えられる。

$$C = \sqrt{C_F}\sqrt{C_H}$$

上記表現においてC_FとC_Hはそれぞれ、食料と住居の消費を表している。現在の仕事で、あなたは年間25万ドルを稼いでいるとする。ここで会社が、ラパスにあるボリビア支社での1年間の職務をあなたに提案したとしよう。ニューヨークでは、食料の価格は1単位当たり50ドル、住居の価格は1単位当たり750ドルである。食料は国家間で取引されているが、住宅は非貿易財である。ドル/ボリビアペソの為替レートは、1ドル＝5ペソであり、ラパスの住宅価格は2000ペソであるとする。また、あなたは効用を最大化することだけを考え、常に所得のすべてを消費に費やすとする（貯蓄はしない）。

1. あなたの上司が、あなたがラパスで働いてもかまわないと思うに必要な最低収入（ドル建て）を知りたがっているとする。どのように答えるべきだろうか。結論に至る過程と、その直感を述べなさい。
2. 必要最低限の収入で、ニューヨークでは何単位の食料と住居を消費し、ラパスではそれぞれ何単位を消費するだろうか。またその直感を述べなさい。

練習問題9.13（ミクロ的基礎付けによる価格指数）

C、C_TとC_Nを消費、貿易財の消費、非貿易財の消費とする。また、P、P_T、P_Nを消費者物価水準、貿易財の価格、非貿易財の価格とする。以下の集計関数の下での消費者物価水準をそれぞれ求めよ。

1. レオンティエフ型集計関数、

$$C=\min\left\{\frac{C_T}{\gamma},\frac{C_N}{1-\gamma}\right\}$$

ここで、$\gamma\in(0,1)$はパラメータである。

2. 線形集計関数、

$$C=\gamma C_T+(1-\gamma)C_N$$

ここで、$\gamma\in(0,1)$はパラメータである。

3. CES集計関数またはアーミントン集計関数、

$$C=\left[\gamma C_T^{1-\frac{1}{\xi}}+(1-\gamma)C_N^{1-\frac{1}{\xi}}\right]^{\frac{1}{1-\frac{1}{\xi}}}$$

ここで、$\gamma\in(0,1)$と$\xi>0$はパラメータである。

実質為替レートと購買力平価 第9章

第10章 実質為替レートの決定要因

第9章では、実質為替レートが時間の経過とともに大きく変動することを見た。これは、ある国が他の国より安くなることもあれば、高くなることもあることを意味する。本章では、実質為替レートが時間の経過とともに変動する原因は何か検討する。この問題を、短期と長期の2つの観点から取り上げる。短期的には、労働力などの生産要素は、経済のある部門から別の部門へ容易に移動することはできない。例えば、農業部門の賃金が上がったからといって、次の月に会計士が農家になることはできない。同じように、会計士の賃金が上がっても、農家がすぐに会計士になることはできない。また、技術も短期的には固定される。例えば農業部門でトラクターが馬に取って代わるには何十年もかかった。このように、短期的には、相対価格は主に金利の動きや嗜好の変化といった財の需要を動かす要因や、農業部門における天候といった財の供給に短期的に影響を与える要因によって決定されるのである。実質為替レートは、ある国の財バスケットの、他の国の財バスケットに対する相対価格であるため、短期的にはこれらの要因が実質為替レートの動きを支配することになる。

これに対して長期では、生産要素は部門を越えてより自由に移動することができる。会計士は再訓練をして農家になることができるし、農家は会計の学位を取得することができる。たとえこの移行が彼らの世代で起きなかったとしても、彼らの子どもたちは、親が専門としていた部門以外の部門で役に立つスキルを身につけることができる。さらに、新しい技術の採用は、経済のさまざまな部門において生産能力が拡大するスピードに影響を与える。このように、長期的には、相対価格、特に実質為替レートは、財の供給に影響を与える要因によって大きく左右される。

実質為替レート決定のメカニズムを理解するための短期的および長期的アプローチは、それぞれ貿易財・非貿易財モデル（TNTモデル）およびバラッサ＝サミュエルソン・モデルとして知られる2つの重要なモデルを生んできた。本章では、これら2つの実質為替レートを決定するモデル分析に専念する。

10.1　貿易財・非貿易財モデル（TNTモデル）

貿易財・非貿易財（traded-non-traded：TNT）モデルは、第3章で検討した開放経済モデルと同じものだが、第3章では1つの貿易財であったものが、ここでは貿易財と非貿易財の2つがあることが特徴である。貿易財は自由に輸出入が可能である。一方、非貿易財は国際市場では交換されず、国内で生産・消費されなければならない。2つの財の存在によって、非貿易財の貿易財に対する相対価格という、新たな内生変数がモデルに導入される。第9章（特に9.6節参照）で見たように、この相対価格は実質為替レートを決定する上で重要な役割を果たす。なぜなら、貿易財に一物一価の法則が成り立っていれば、貿易財の価格の動きは、国ごとの相対的な消費者物価の変化をもたらさないからである。一方、非貿易財の価格は国境を越えて等しくならないので、その変動は各国の相対価格に影響を及ぼす。

10.1.1　家計

以下で表される効用関数を持つ同一家計が多数存在する2期間経済を考える。

$$\ln C_1 + \beta \ln C_2 \tag{10.1}$$

ここで、C_1とC_2は、第1期と第2期の消費を表し、$\beta \in (0, 1)$は主観的割引率を表すパラメータである。第9章9.9節と同様に、消費はコブ＝ダグラス型集計関数で記述される、貿易財と非貿易財の合成物からなると仮定する。

$$C_1 = (C_1^T)^{\gamma} (C_1^N)^{1-\gamma} \tag{10.2}$$

$$C_2 = (C_2^T)^{\gamma} (C_2^N)^{1-\gamma} \tag{10.3}$$

ここでC_t^TとC_t^Nはそれぞれ、$t = 1, 2$期の貿易財と非貿易財の消費を表し、$\gamma \in (0, 1)$は効用において、貿易財消費の相対的重要性を表すパラメータである。

$t = 1, 2$期において、Q_t^TとQ_t^N単位の貿易財と非貿易財を家計が保有しているとする。家計は、負債も資産もない状態で第1期をスタートする。家計は、第2期に金利r_1を支払う貿易財の単位で表示された債券B_1によって、第1期において借入れまたは貸付けを行うことができる。例えば、貿易財がバナナである場合、第1期において債券を獲得するコストは、バナナ1本（または国内通貨単位でP_1^T）であり、第2期には$1+r_1$本のバナナ（または国内通貨単位で$(1+r_1)P_2^T$）を入手することができる。第1期の家計の予算制約は、次式で与えられる。

$$P_1^T C_1^T + P_1^N C_1^N + P_1^T B_1 = P_1^T Q_1^T + P_1^N Q_1^N$$

ここでP_t^TとP_t^Nは、期間$t=1, 2$における貿易財と非貿易財の価格を示す。第2期において、家計の予算制約は次式で与えられる。

$$P_2^T C_2^T + P_2^N C_2^N = P_2^T Q_2^T + P_2^N Q_2^N + (1+r_1)P_2^T B_1$$

ここで、両期間の予算制約を貿易財単位で表現しよう。そのため、以下のように期間$t=1, 2$における貿易財で測った非貿易財の相対価格を定義する。

$$p_t \equiv \frac{P_t^N}{P_t^T} \tag{10.4}$$

第1期の予算制約をP_1^Tで割り、第2期の予算制約をP_2^Tで割ると、次のようになる。

$$C_1^T + p_1 C_1^N + B_1 = Q_1^T + p_1 Q_1^N$$

$$C_2^T + p_2 C_2^N = Q_2^T + p_2 Q_2^N + (1+r_1)B_1$$

上記2つの予算制約を組み合わせて、B_1を消去すると、以下の異時点間予算制約が得られる。

$$C_1^T + p_1 C_1^N + \frac{C_2^T + p_2 C_2^N}{1+r_1} = Q_1^T + p_1 Q_1^N + \frac{Q_2^T + p_2 Q_2^N}{1+r_1} \tag{10.5}$$

表記を省略するために、以下のように$\overline{Y}$を第1期における家計の生涯所得を貿易財の単位で表したものであるとする。

$$\overline{Y} \equiv Q_1^T + p_1 Q_1^N + \frac{Q_2^T + p_2 Q_2^N}{1+r_1}$$

このとき、異時点間予算制約は次のように書くことができる。

$$C_1^T + p_1 C_1^N + \frac{C_2^T + p_2 C_2^N}{1+r_1} = \overline{Y}$$

効用関数（10.1）式からC_1とC_2を消去するために集計関数（10.2）式と（10.3）式を使い、上記の異時点間予算制約をC_2^Tについて解いて得られた式を用いてC_2^Tを消去すると、家計の最適化問題は、以下の表現を最大化するためにC_1^T、C_1^NとC_2^Nを選択することに帰着する。

$$\gamma \ln C_1^T + (1-\gamma)\ln C_1^N + \beta\gamma \ln[(1+r_1)(\overline{Y} - C_1^T - p_1 C_1^N) - p_2 C_2^N]$$

$$+\beta(1-\gamma)\ln C_2^N$$

この問題に関連する一階の条件は、この式をC_1^T、C_1^NとC_2^Nに関して微分し、ゼロと等しくすることで得られる。この手続きにより、以下の式が得られる。

$$\frac{1}{C_1^T}-\frac{\beta(1+r_1)}{(1+r_1)(\bar{Y}-C_1^T-p_1C_1^N)-p_2C_2^N}=0$$

$$\frac{1-\gamma}{C_1^N}-\frac{\gamma\beta(1+r_1)p_1}{(1+r_1)(\bar{Y}-C_1^T-p_1C_1^N)-p_2C_2^N}=0$$

$$\frac{1-\gamma}{C_2^N}-\frac{\gamma p_2}{(1+r_1)(\bar{Y}-C_1^T-p_1C_1^N)-p_2C_2^N}=0$$

$C_2^T=(1+r_1)(\bar{Y}-C_1^T-p_1C_1^N)-p_2C_2^N$という事実を利用して、並べ替えると、$t=1,2$であるとき、これらの最適化条件を次のように書くことができる。

$$C_2^T=\beta(1+r_1)C_1^T \tag{10.6}$$

$$C_t^N=\frac{1-\gamma}{\gamma}\frac{C_t^T}{p_t} \tag{10.7}$$

第1の最適化条件は、金利が上昇すると、家計は第1期の消費を第2期の消費に置き換えるという、おなじみのオイラー方程式である。第2の最適化条件は、非貿易財の価格が上昇すると、家計は貿易財の消費に比して非貿易財の消費を

図 10.1　非貿易財の需要関数

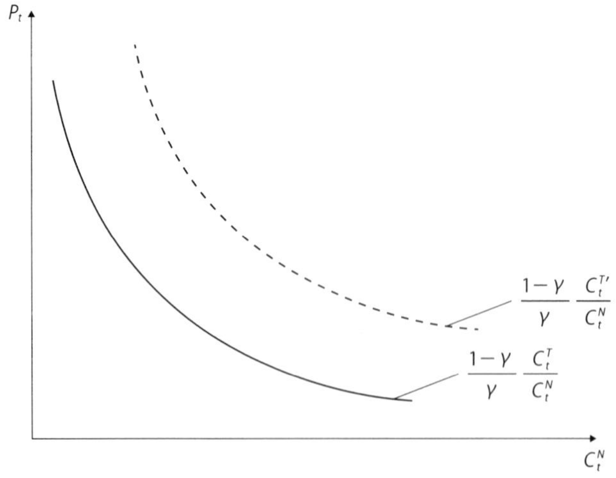

（注）図はt期における非貿易財の需要曲線$p_t=\frac{1-\gamma}{\gamma}\frac{C_t^T}{C_t^N}$を表したものである. 貿易財消費$C_t^T$を一定とすると, 非貿易財の相対価格$p_t$が高いほど, 非貿易財の需要$C_t^N$は減少する. 貿易財の消費量が$C_t^T$から$C_t^{T\prime}$に増加すると, 非貿易財の需要曲線は右上方へとシフトする.

減少させるというものである。つまり与えられたC_t^Tの下で、第2の最適化条件はt期における非貿易財の需要を表している。図10.1は、需要曲線（10.7）式を空間（C_t^N, p_t）に実線で表したものである。これは一般的な需要曲線と同様、右下がりで描かれる。さらにC_t^Tが増加すると、需要曲線は右上方にシフトする。この図では、貿易財の消費がC_t^Tから$C_t^{T\prime}$に増加し、新たな需要曲線が破線で描かれている。直感的には、相対価格p_tが一定の下では、貿易財と非貿易財の望ましい消費は連動して動く、ということである。もちろん、貿易財の消費はモデルの中で決定される内生変数である。以下では、本モデルにおける貿易財消費の均衡水準は、第3章で検討した一財のみの経済モデルにおける均衡水準と同じであることを示す。

10.1.2 均衡

均衡においては、非貿易財の市場は清算されなければならない。つまり各期間において、非貿易財の消費は非貿易財の保有量と等しくなければならない。形式的には$t = 1, 2$について、以下が成立する。

$$C_t^N = Q_t^N \tag{10.8}$$

また、この国は資本移動が自由であると仮定しているので、均衡においては国内金利r_1は世界金利r^*と等しくなければならない。

$$r_1 = r^*$$

本章では、資本移動が自由であるとの仮定を維持する。そのため、r_1を国内金利、または世界金利と区別せず呼ぶことがある。

市場清算条件式（10.8）を用いてC_1^NとC_2^Nを、異時点間予算制約式（10.5）から消去すると、以下の異時点間資源制約が得られる。

$$C_1^T + \frac{C_2^T}{1 + r_1} = Q_1^T + \frac{Q_2^T}{1 + r^*}$$

これは、第3章で検討した一財のみの経済モデルの資源制約と同じである（(3.4) 式参照、ここでは$B_0 = 0$を仮定していることを想起されたい)。この条件とオイラー方程式（10.6）を組み合わせると、第1期の均衡における貿易財の消費水準が以下で与えられる。

$$C_1^T = \frac{1}{1 + \beta}\left(Q_1^T + \frac{Q_2^T}{1 + r^*}\right) \tag{10.9}$$

したがって、第3章における一財のみの経済モデルと同様に、貿易財の消費は貿易財の賦存の流列の割引現在価値に依存する。特に、貿易財の消費は、現在と将来における貿易財の期待賦存量の増加関数であり、金利の減少関数である。この均衡における関係をまとめると、次のようになる。

$$C_1^T = C^T(\underset{-}{r^*}, \underset{+}{Q_1^T}, \underset{+}{Q_2^T}) \tag{10.10}$$

この経済においては、右辺の変数はすべて外生変数である。特に、この国は国際金融市場において小国と仮定しているため、世界金利r^*を所与としている。

第1期の貿易収支TB_1は貿易財の賦存量と貿易財の消費量の差であり、$TB_1 = Q_1^T - C^T(r^*, Q_1^T, Q_2^T)$と定義される。したがって、次のように書くことができる。

$$TB_1 = TB(\underset{+}{r^*}, \underset{+}{Q_1^T}, \underset{-}{Q_2^T})$$

これはよく知られた結果である。貿易収支は、金利の上昇や現在の賦存量の増加に応じて改善し、将来の期待賦存量の増加に応じて悪化する。r^*とQ_2^Tの変化についての効果は明白であるだろう。Q_1^Tの変化の影響については、均衡条件（10.9）式からQ_1^Tの増加に対して、C_1^TはQ_1^Tよりも小さい値で増加する（βが正であることを想起されたい）ことがわかる。したがってQ_1^Tの増加は貿易収支を改善させる。この結果はすでに第3章で導出済みである。直感的に見れば、C_1^TがQ_1^Tよりも小さくしか増加しないのは、家計が所得増加の一部を貯蓄に回し、時間を通じて消費を平準化するためである。

第1期は資産ゼロ（$B_0 = 0$）からスタートするので、第1期は経常収支と貿易収支が等しく、$CA_1 = r_0 B_0 + TB_1 = TB_1$となる。したがって、次のように書くことができる。

$$CA_1 = CA(\underset{+}{r^*}, \underset{+}{Q_1^T}, \underset{-}{Q_2^T}) \tag{10.11}$$

（10.10）式で与えられた貿易財消費の均衡水準を用いて、（10.7）式からC_1^Tを消去すると、非貿易財の需要曲線は以下のようになる。

$$C_1^N = \frac{1-\gamma}{\gamma}\frac{C^T(r^*, Q_1^T, Q_2^T)}{p_1} \tag{10.12}$$

図10.2はこの曲線をプロットしている。図では非貿易財の供給量Q_1^Nも示している。供給量（賦存量）は固定されているため、供給曲線は垂直線によって示されている。非貿易財の相対価格の均衡値p_1^eは、需給曲線と供給曲線の交点（図中のA点）で与えられる。市場清算条件式（10.8）と需要曲線（10.12）式

図 10.2　非貿易財の均衡相対価格

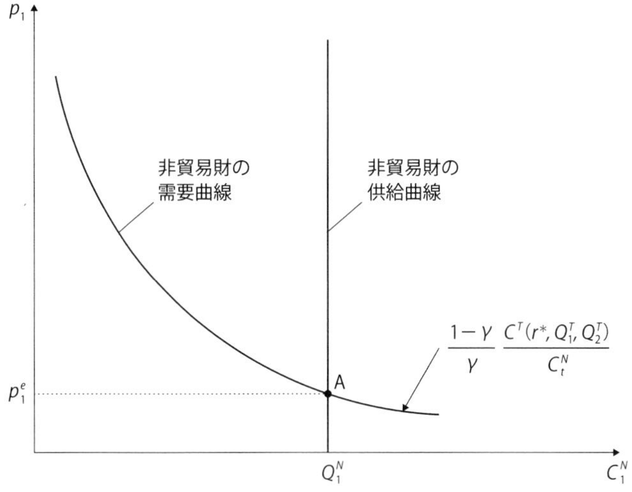

(注)　図は非貿易財の需要曲線および供給曲線を表したものである．非貿易財の需要曲線は右下がりであり，供給曲線は垂直線である．非貿易財の均衡相対価格はp_1^eであり，需要曲線と供給関数の交点Aで与えられる．

を組み合わせると、非貿易財の均衡における相対価格p_1は以下の方程式の解で与えられることがわかる。

$$Q_1^N = \frac{1-\gamma}{\gamma}\frac{C^T(r^*, Q_1^T, Q_2^T)}{p_1} \tag{10.13}$$

この式に現れる変数は、p_1を除いてすべて外生変数であることに注意されたい。以下では、開放経済における重要な相対価格であるp_1の均衡値に、金利と賦存量の変化がどのような影響を与えるかを分析する。

10.1.3　金利ショックと賦存量ショックに対する非貿易財相対価格の調整

世界金利がr^*から$r^{*\prime} > r^*$に上昇したとする。その状況は、図10.3（a）に描かれている。初期の均衡はA点である。金利の上昇は家計に消費を先送りし、貯蓄を増やすように促す。このため、非貿易財の需要は左下方へシフトする。元の均衡相対価格p_1^eのままでは供給が過剰となり、非貿易財の売り手は価格を引き下げようとする。この下落は、非貿易財の相対価格が$p_1^{e\prime} < p_1^e$となり、非貿易財の需要が非貿易財の賦存量と等しくなるB点まで続く。したがって、世界金利の上昇が非貿易財の均衡相対価格の下落を引き起こすことがわかる。

図 10.3 金利ショックと賦存量ショックの非貿易財相対価格への影響

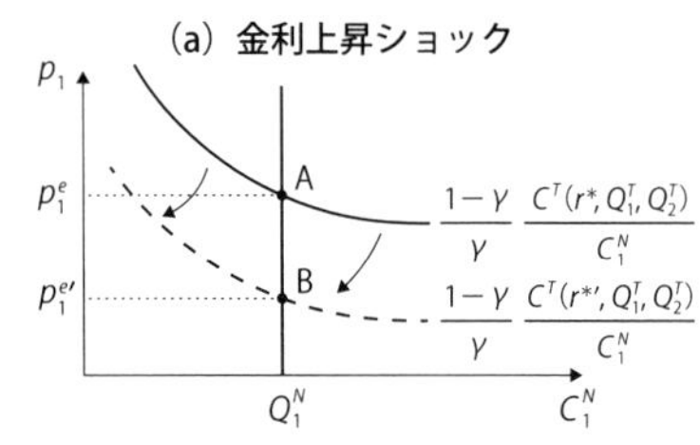

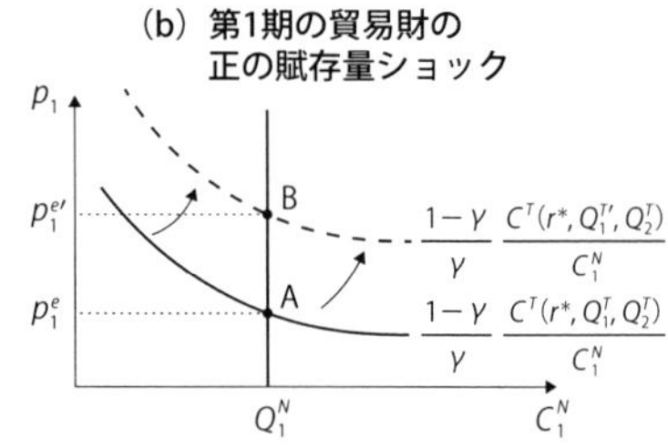

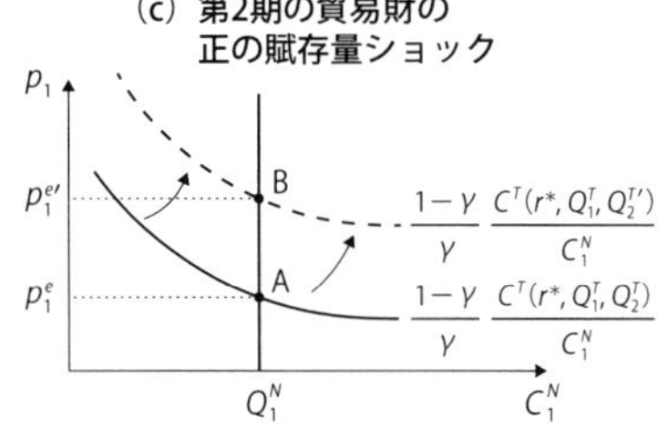

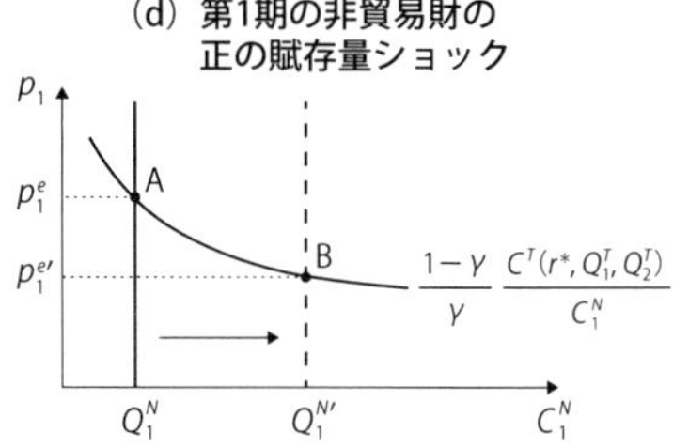

(注) 図は,4つの外生変数の変化が非貿易財の相対価格p_1に及ぼす影響を示している.(a)において,金利がr^*から$r^{*\prime}$に上昇すると,需要曲線は左下方にシフトし,p_1は低下する.(b)と(c)において,第1期の賦存量がQ_1^Tから$Q_1^{T\prime}$に,あるいは第2期の賦存量がQ_2^Tから$Q_2^{T\prime}$に増加すると,非貿易財の需要曲線は右上方へとシフトし,p_1が上昇する.(d)において,非貿易財の賦存量がQ_1^Nから$Q_1^{N\prime}$に増加した場合,非貿易財の供給は右方へシフトし,p_1の均衡値は低下する.

次に、第1期、もしくは第2期、あるいはその両方において貿易財の賦存量が増加したとする。この状況は、図10.3（b）と（c）に示されている。正の供給ショックは、例えば天候に恵まれたことによる収穫量の増加や、国の交易条件の改善などの結果である可能性がある。貿易財賦存量の増加は、家計にとってプラスの所得効果であり、消費需要を増加させる。その結果、非貿易財の需要は右上方へとシフトする。初期の相対価格p_1^eでは、非貿易財に対する超過需要があり、それが解消されるまで価格が上昇する。新しい均衡（図中のB点）では、非貿易財の相対価格は$p_1^{e\prime}$であり、元の価格p_1^eより高い。貿易財の賦存量増加による非貿易財相対価格への影響は、増加が第1期に起こっても第2期に起こっても、あるいは両期で発生したとしても、質的には同じであるが、量的には異なる可能性がある。この点に関して、章末の練習問題10.2では一時的な貿易財賦存量ショックと恒久的な貿易財賦存量ショックの効果を比較するよう求めている。

最後に、図10.3（d）は、第1期に非貿易財の賦存量を増加させた場合の効果を示している。非貿易財賦存量の増加は、非貿易財の供給曲線を右方へシフトさせる。このとき、元の価格p_1^eでは非貿易財の供給が過剰になる。その結果、売り手は再び市場が清算されるB点まで価格を引き下げ、新しい均衡価格は$p_1^{e'} < p_1^e$によって与えられる。したがって、非貿易財の賦存量の増加は、非貿易財の相対価格の下落を引き起こすと結論付けることができる。

非貿易財の均衡相対価格p_1は、将来の非貿易財の供給量Q_2^Nに依存しないことに気づいたかもしれない。これは直感に反している。というのも、Q_2^Nの増加によって（Q_2^Tの増加と同様に）、家計は第1期において豊かになったと感じ、現在の非貿易財の需要を押し上げ、この種の財の供給が第1期において一定であることを考えると、第1期において非貿易財が相対的に高価になるはずだからである。しかし均衡価格p_1の導出で示されているように、そうはなっていない。ここではQ_2^Nの増加は2つの反対の効果を生み、それが互いに相殺されるのである。一方では、先述したように、Q_2^Nの増加は正の所得効果により第1期の非貿易財の需要を増やし、その価格を上昇させる傾向がある。他方では、Q_2^Nの増加は第2期の非貿易財の価格p_2を下落させ、代替効果により第1期の非貿易財の消費を減らし、将来の非貿易財の消費を相対的に増やすように働く。これらの2つの効果が正確に相殺されてしまうのは、対数線形効用関数とコブ＝ダグラス型集計関数との特殊な組合せによるものである。[1)] 章末の練習問題10.6では、このような予測が、生涯効用関数の対数線形仕様から離れると、どのように変わるかを分析している。

本節で得られた結果と（10.13）式の情報を総合すると、第1期の非貿易財の相対価格は両期における貿易財の賦存量Q_1^TとQ_2^Tが増加すると上昇し、世界金利r^*と第1期の非貿易財の賦存量Q_1^Nが増加すると下落する。

$$p_1 = p(\underset{-}{r^*}, \underset{+}{Q_1^T}, \underset{+}{Q_2^T}, \underset{-}{Q_1^N}) \qquad (10.14)$$

10.2　非貿易財相対価格から実質為替レートへ

非貿易財の相対価格p_tと実質為替レートe_tの間には密接な関係がある。実質為替レートは、外国財バスケットを自国財バスケットで測った相対価格と定義されていることを第9章から想起してほしい。形式的には以下で与えられる。

1)　より一般的には，消費代替の異時点間弾力性（C_1とC_2における）が消費代替の同時点間内弾力性（C_t^NとC_t^Tにおける）に等しいとき，2つの相反する効果は互いに正確に相殺されることになる。

$$e_t = \frac{\varepsilon_t P_t^*}{P_t}$$

ここで、P_tは自国通貨単位で表された国内の消費バスケットのt期における価格、P_t^*は外国通貨単位で示された外国の消費バスケットのt期における価格、ε_tは名目為替レートであり、外国通貨1単位当たりの、t期における自国通貨建ての価格である。

この章で扱っている経済において、消費バスケットは貿易財と非貿易財を含んでいる。したがって、その価格P_tは貿易財と非貿易財の価格、P_t^TとP_t^Nの関数である。したがって、次のように書くことができる。

$$P_t = \varphi(P_t^T, P_t^N)$$

ここで、$\varphi(\cdot, \cdot)$は両引数で増加し、1次同次である。実際、(10.2) 式と (10.3) 式で与えられる、消費に関するコブ゠ダグラス型集計関数を仮定すると、消費バスケットの価格もコブ゠ダグラス型関数であることが9.9節の分析からわかっており、次式で与えられる。

$$\varphi(P_t^T, P_t^N) = (P_t^T)^{\gamma}(P_t^N)^{1-\gamma}A$$

ここで、$A \equiv \gamma^{-\gamma}(1-\gamma)^{-(1-\gamma)}$は正の定数である。

同様に、外国における消費バスケットの価格は、$P_t^* = \varphi^*(P_t^{T*}, P_t^{N*})$で与えられる。ここで$P_t^{T*}$と$P_t^{N*}$は外国における貿易財と非貿易財の外貨建て価格を表し、$\varphi^*(\cdot, \cdot)$は両引数で増加し、1次同次の関数である。したがって、実質為替レートは次のように書くことができる。

$$e_t = \frac{\varepsilon_t \varphi^*(P_t^{T*}, P_t^{N*})}{\varphi(P_t^T, P_t^N)} \tag{10.15}$$

さらに、$\varphi(\cdot, \cdot)$と$\varphi^*(\cdot, \cdot)$がともに1次同次であることを利用すると、実質為替レートを次のように書き直すことができる。

$$e_t = \frac{\varepsilon_t P_t^{T*} \varphi^*(1, P_t^{N*}/P_t^{T*})}{P_t^T \varphi(1, P_t^N/P_t^T)}$$

さらに貿易財に一物一価の法則、$\varepsilon_t P_t^{T*} = P_t^T$が成立すると仮定すると、実質為替レートは次のように書き表すことができる。

$$e_t = \frac{\varphi^*(1, p_t^*)}{\varphi(1, p_t)}$$

ここで$p_t^* \equiv P_t^{N*}/P_t^{T*}$と$p_t \equiv P_t^N/P_t^T$はそれぞれ外国と自国の貿易財に対する非貿易財の相対価格を示す。外国における非貿易財の相対価格 (p_t^*) を一定とすると、実質為替レートe_tは国内における非貿易財の相対価格p_tの減少関数となる。つまり、非貿易財が貿易財に比べて相対的に高くなると、国内経済における物価水準が外国に比べて相対的に高くなる。このため、貿易財に対する非貿易財の相対価格p_tは、実質為替レートと呼ばれることが多い。これは、外国の非貿易財の相対価格p_t^*を所与とすることが理にかなっている、経済規模の小さい国についての議論において特に当てはまる。

外国の非貿易財相対価格を一定とした場合の、賦存量ショックと世界金利ショックに対する実質為替レートの応答は、(10.14) 式から読み取ることができる。この関係を要約すると、次のようになる。

$$e_1 = e(\underset{+}{r^*}, \underset{-}{Q_1^T}, \underset{-}{Q_2^T}, \underset{+}{Q_1^N}, \underset{+}{p_1^*}) \tag{10.16}$$

実質為替レートは、世界金利の上昇に対して減価し、現在または将来の貿易財の賦存量の増加に対して増価し、現在の非貿易財の賦存量の増加に対して減価する。

10.3 交易条件と実質為替レート

食料を輸入し、石油を輸出する経済について考えてみよう。石油価格の上昇は、食料で測った医療や住宅などの非貿易財の相対価格にどのような影響を与えるのだろうか。第4章では、交易条件の変化は輸出可能財の賦存量の変化と同等であることを確立した。この結果を用いて、交易条件のショックが非貿易財の相対価格や実質為替レートに与える影響を容易に分析することができる。

貿易可能な消費財（食料）C_t^Tは輸入されており、貿易可能な賦存量（石油）Q_t^Tが輸出されているとする。このとき、貿易可能な賦存量の価値は、貿易可能な消費財に換算すると、$TOT_t Q_t^T$であり、交易条件は以下のように定義される。

$$TOT_t = \frac{P_t^X}{P_t^M}$$

ここで、P_t^Xは輸出財の価格であり、P_t^Mは輸入消費財の価格である。

10.1節における貿易財・非貿易財モデルの予測は、Q_t^Tを$TOT_t Q_t^T$に置き換えるという点を除き、引き続き適用される。特に、(10.10) 式で与えられる貿易可能な消費財の均衡における需要は次のようになる。

$$C_1^T = C^T(\underset{-}{r^*}, \underset{+}{TOT_1 Q_1^T}, \underset{+}{TOT_2 Q_2^T})$$

また、非貿易財の均衡における需要を表す（10.12）式は次のようになる。

$$C_1^N = \frac{1-\gamma}{\gamma} \frac{C^T(r^*, TOT_1 Q_1^T, TOT_2 Q_2^T)}{p_1}$$

また、市場清算の条件$C_1^N = Q_1^N$を使いC_1^Nを除き、p_1について解くと、貿易財（ここでは輸入財）で測った、非貿易財の均衡相対価格$p_1 = \frac{P_1^N}{P_1^M}$が得られる。

$$p_1 = \frac{1-\gamma}{\gamma} \frac{C^T(r^*, TOT_1 Q_1^T, TOT_2 Q_2^T)}{Q_1^N}$$

上式の関係をまとめると以下になる。

$$p_1 = p(\underset{-}{r^*}, \underset{+}{TOT_1 Q_1^T}, \underset{+}{TOT_2 Q_2^T}, \underset{-}{Q_1^N}) \qquad (10.17)$$

したがって、現在または将来予想における交易条件の上昇（TOT_1またはTOT_2の上昇）は、非貿易財を相対的に高価にする。

消費者物価水準は、輸入財と非貿易財の価格の平均として表現できる。

$$P_1 = \varphi(P_1^M, P_1^N)$$

国内家計と同様に、外国家計も食料と非貿易財を消費するが、石油を直接消費しないと仮定する（例えば石油は最終財の生産における中間投入物と考える）。すると、外国の消費者物価水準は次式で与えられる。

$$P_1^* = \varphi^*(P_1^{M*}, P_1^{N*})$$

10.2節と同じ手順で、実質為替レート$e_1 = \frac{\varepsilon_1 P_1^*}{P_1}$を以下のように表すことができる。

$$e_1 = \frac{\varphi^*(1, p_1^*)}{\varphi(1, p_1)}$$

最後に、（10.17）式を用いてp_1を消去すると、実質為替レートは次のように書ける。

$$e_1 = e(\underset{+}{r^*}, \underset{-}{TOT_1 Q_1^T}, \underset{-}{TOT_2 Q_2^T}, \underset{+}{Q_1^N}, \underset{+}{p_1^*})$$

上式は$t = 1, 2$について、TOT_tをQ_t^Tに乗じている点を除いて、（10.16）式と同じである。以上のことから、r^*、Q_1^T、Q_2^T、Q_1^N、かつp_1^*を一定にした上で、現在または将来期待においての交易条件の改善（TOT_1またはTOT_2の上昇）は、非貿易財の均衡相対価格を上昇させ、実質為替レートを増価させる。直感的には、輸出財の価格上昇によって家計が豊かになり、その結果、家計は貿易財（輸入財）と非貿易財の両方に対する需要を高める。しかし、非貿易財の供給は一定であるため、非貿易財の需要が増えると、その相対価格を押し上げる。他方において、非貿易財の相対価格の上昇は、その国を他の国々と比較してより高価にするのである。

10.4　突然の停止

「死をもたらすのはスピードではなく、急停止である」。この銀行家の格言により、ルディガー・ドーンブッシュ（Rüdiger Dornbusch）、イラン・ゴールドファイン（Ilan Goldfajn）、ロドリゴ・バルデス（Rodrigo Valdés）は、ある種のマクロ経済危機を**突然の停止**（sudden stop）と命名した。[2)] 突然の停止とは、海外の貸し手がある国への信用供与を何の前触れもなしに止めることである。このような状況は、国際金融市場において、その国が直面する金利の急上昇という形で現れる。ある国に対する国際的な信用が突然途絶える背景には、さまざまな要因がある。例えば、2001年のアルゼンチン債務危機（この節でより細かく吟味する）のように、海外の貸し手がその国の対外債務の履行に懸念を示す場合がある。もう1つの理由は、1980年代前半の米国のボルカー連邦準備議長によるインフレ退治と、2007～2009年の世界金融危機において見られたように、先進国の信用市場が混乱し、世界の金利が上昇することである。一般的に、これら2つの要因は同時進行する。新興国が高債務状態である場合、海外の金融機関は世界金利の上昇を転嫁するだけでなく、その国の金利プレミアムを上昇させる可能性がある。突然の停止の例としては、1980年代前半の中南米債務危機、1994年のメキシコ・テキーラ危機、1997年のアジア金融危機、1998年のロシア危機、2001年のアルゼンチン危機、2007～2009年の世界金融危機後における欧州周縁国とアイスランドでの債務危機がある。

突然の停止の顕著な帰結は3つある。(a) 経常赤字が大幅に減少する**経常収支の反転**（current account reversal）、(b) 総需要が縮小する、(c) 実質為替

---

2)　Rüdiger Dornbusch, Ilan Goldfajn, and Rodrigo O. Valdés, "Currency Crises and Collapses," *Brookings Papers on Economic Activity*, Vol. 26, No. 2, 1995, pp. 219–270を参照。

レートが減価する——つまり、突然の停止を起こした国が世界の他の国々に対して相対的に安くなる——ことである。本節では、貿易財・非貿易財モデルがこれら3つの定型的事実をとらえることができることを示す。そして、2001年のアルゼンチン、2008年のアイスランドの2つのケーススタディを紹介する。

10.4.1 貿易財・非貿易財モデルにおける突然の停止

突然の停止は世界金利r^*の上昇としてとらえることができる。図10.4は、貿易財・非貿易財モデルで予測される、世界金利が上昇した場合の貿易財消費、経常収支、非貿易財の相対価格、実質為替レートの動きをまとめたものである。左上の（a）図は、第1期における貿易財消費の均衡水準を世界金利の関数としてプロットしたものである。(10.10）式が示すように、貿易財の消費は金利に対して減少関数である。突然の停止前の世界金利は「正常」な水準であり、r^nと表されている。この金利では、貿易財の消費はC_1^{Tn}で与えられる。突然の停止が起こると、金利は$r^s>r^n$に跳ね上がる。その結果、貿易財の需要はC_1^{Tn}から$C_1^{Ts}<C_1^{Tn}$に縮小する。つまり、金利の上昇により、財に対する現在の支出は先延ばしにされ、第1期における貯蓄を誘発する。右上の（b）図は、第1期の均衡経常収支を世界金利の関数として示したものである（10.11式)。危機以前の金利では、経常収支はマイナスで、CA_1^nで与えられている。つまり、海外の貸し手はその国に信用を供与している状態である。突然の停止後の金利の引上げにより、経常収支は$CA_1^s>0$へと改善する。上記のように、経常収支が赤字から黒字に符号を変えることを経常収支の反転と言う。対外収支の改善は、資金コストの上昇により貿易財の需要が縮小した結果である。

図10.4の左下の（c）図は、第1期の非貿易財の相対価格を世界金利の関数として表したものである。(10.14）式から、均衡状態において非貿易財の相対価格は世界金利の減少関数となることがわかる。図では、突然の停止（金利の上昇）によって非貿易財の相対価格がp_1^nから$p_1^s<p_1^n$へと下落する様子が見て取れる。この直感は明らかである。まず、金利の上昇により、家計は貿易財と非貿易財の両方についての需要を減らす。貿易財消費の縮小は、同量の輸出の増加（または輸入の減少）で対応することができる。一方、非貿易財は輸出ができないため、需要の縮小は、家計が自発的に非貿易財の賦存量すべてを消費するように、非貿易財の相対価格の下落を引き起こす。このように、突然の停止に伴う非貿易財の相対価格の下落によって、貿易財から非貿易財へと需要の

図 10.4　貿易財・非貿易財モデルで予測される突然の停止の影響

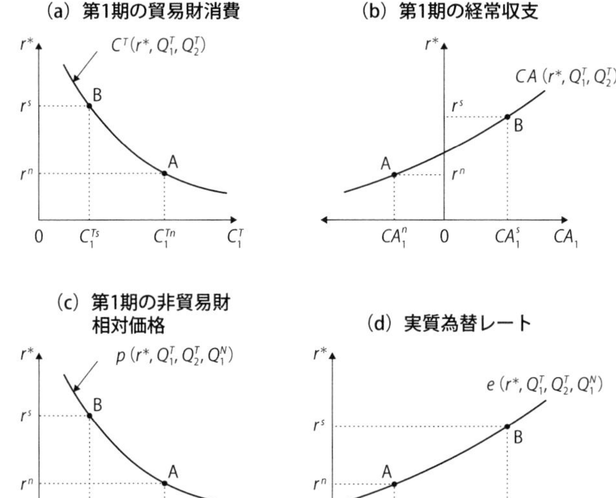

(注)　突然の停止は，世界金利r^*が，突然の停止前の平常時(r^n)から突然の停止後の高水準(r^s)へ上昇することとしてとらえられる．このとき，国内での貿易財の需要は縮小し，経常収支は反転して，非貿易財の相対価格は下落し，実質為替レートは下落する．

方向が変わることを、**支出の切り替え**（expenditure switch）と呼ぶ。最後に、右下の（d）図は実質為替レートe_1と世界金利r^*の正の関係を表す（10.16）式をプロットしたものである。先ほど説明したように、突然の停止による金利の上昇は非貿易財の価格を下落させ、その国は世界に対して相対的に安くなる。

10.4.2　2001 年、アルゼンチンにおける突然の停止

ハイパーインフレを解消するために、1991年、アルゼンチンは為替レートを元にしたインフレ安定化計画を実施した。それはペソを米ドルに1対1で固定するものであった。この為替政策は、実際、「換算法（Convertibility Law）」という法律で定められていた。ペソをドルに固定することで、インフレ率は一気に低水準になり、10年の間、1ペソ＝1ドルという対米ドル平価を維持することができた。しかし、2001年、アルゼンチンは危機的状況に陥り、債務不履行（デフォルト）と通貨切下げに至った。デフォルトにより国際資本市場から切り離されたため、資本流入が突然停止した。

図10.5　2001年のアルゼンチンにおける突然の停止

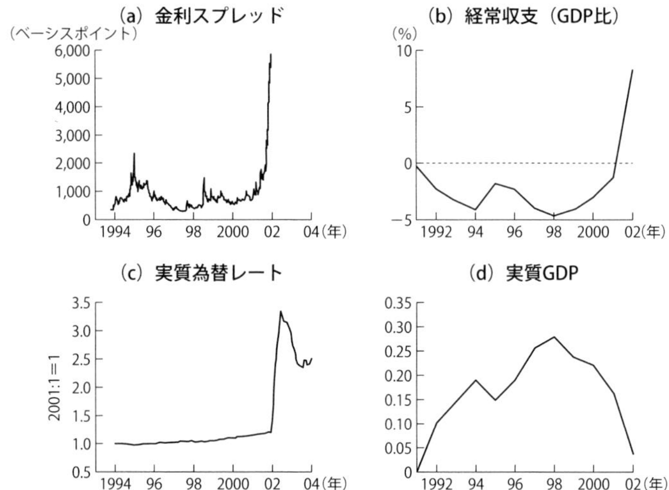

(注)　図は,2001年のアルゼンチンにおける突然の停止前後のアルゼンチンドル建て債券の米国債に対する金利スプレッド,経常収支の対GDP比,実質為替レート,1人当たり実質GDPの推移を示したものである.突然の停止は,金利スプレッドの急上昇,経常収支の急反転,実質為替レートの上昇(減価)およびGDPの大幅な縮小によって特徴付けられる.

図10.5(a)には、1994年から2001年までのアルゼンチンドル建て債券の米国債に対する金利スプレッドが示されている。2001年以前のスプレッドは7%(700ベーシスポイント)前後で推移していた。当時の他の新興国経済におけるスプレッドも同程度であった(図示はされていない)。しかし、2001年にアルゼンチンの金利スプレッドは爆発的に拡大し、12月下旬には50%以上(5000ベーシスポイント以上)に達している。一方、他の新興国の金利スプレッドは、この間、それ以前の水準から上昇することはなかった。信用コストが法外に高くなったことは、事実上、国際資本市場から締め出されたことを意味する。つまり、2001年12月にアルゼンチンは突然の停止を余儀なくされたのである。

図10.5(b)は、1991年から2002年までのアルゼンチンの経常収支のGDP比を示したものである。1991年から2000年まで、アルゼンチンの経常収支は平均してGDP比−3%程度の経常赤字であった。このように、突然の停止の前までは、アルゼンチンには持続的かつ大規模な資本流入があった。しかし、2002年には経常収支がGDP比8%にまで急転換した。つまり、債務不履行があったにもかかわらず、アルゼンチンは海外の貸し手に多額の資金を返済したのである。

2001年12月に固定為替相場制が廃止され、ペソは1ドル＝1ペソから1ドル＝3.5ペソまで急落する大幅な切下げに見舞われた。2002年、アルゼンチンの消費者物価指数は41％上昇した。同じころ、米国の消費者物価指数は2.5％しか上昇していない。ペソ/ドルの実質為替レートは、ε_tを1米ドル当たりのペソ価格、P_t^{US}を米国の消費者物価指数、P_t^{AR}をアルゼンチンの消費者物価指数とすると、$e_t = \varepsilon_t P_t^{US}/P_t^{AR}$で表現されるので、実質為替レートの変化率は次式で与えられる。

$$\left(\frac{e_t}{e_{t-1}} - 1\right) \times 100 = \left[\frac{(\varepsilon_t/\varepsilon_{t-1})(P_t^{US}/P_{t-1}^{US})}{P_t^{AR}/P_{t-1}^{AR}} - 1\right] \times 100$$

$$= \left(\frac{3.5 \times 1.025}{1.41} - 1\right) \times 100$$

$$= 154.4\%$$

つまり、ペソはドルに対して実質で154％下落したことになる。言い換えると、数カ月の間に、アルゼンチンと比較して米国の相対的な物価は、突然の停止前に比べて2.5倍になった。したがって、アルゼンチンを訪れた米国人は、2001年はかなり高く、しかし、2002年には割安であると感じたのである。

アルゼンチンの突然の停止後に観測された経常収支（図10.5（b））と実質為替レートの動き（図10.5（c））は、貿易財・非貿易財モデルの予測と一致する。また、突然の停止はその他の経済活動にも大きな負の影響を与えた。2002年には、1人当たりの実質GDPは12.5％減少し、失業者と希望労働時間未満しか働けない労働者の数（不完全就業率）は、労働力人口の35％に達した。この点について、10.1節で述べた貿易財・非貿易財モデルでは、貿易財と非貿易財の生産が固定されていると仮定しているため、とらえることができていない。突然の停止が生産と失業に与える効果については、第13章において、労働市場での名目硬直性という形で市場の失敗を導入するまで、分析を先送りする。

10.4.3　2008年、アイスランドにおける突然の停止

突然の停止は、新興国だけの現象ではない。2007年から2009年にかけての世界金融危機の際には、多額の経常赤字を抱える欧州の中・高所得国も突然の停止に見舞われた。その典型がアイスランドである。2000年から2008年にかけて、アイスランドは大幅な経常赤字を出し、対外債務をGDP比で50％以上増加させた。しかし、2008年の金融市場の混乱により、アイスランド、アイル

図 10.6　2008 年のアイスランドにおける突然の停止

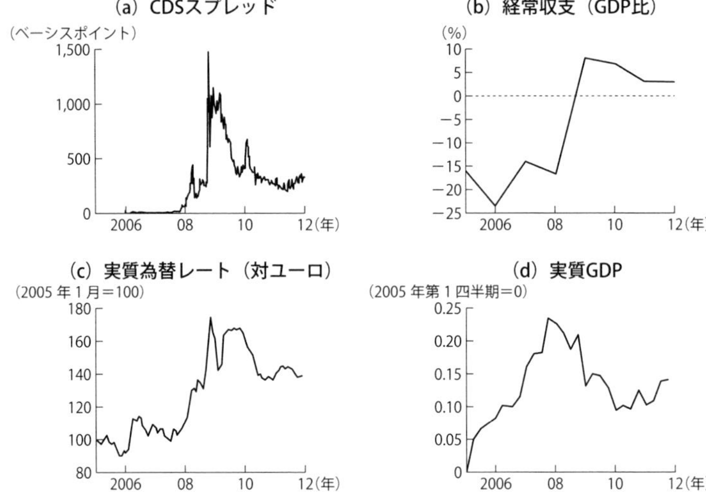

(注)　図は2008年の突然の停止前後におけるアイスランドのCDSスプレッド，経常収支の対GDP比，実質為替レート(対ユーロ)，実質GDPの推移を示したものである．突然の停止は，CDSスプレッドの急上昇，経常収支の急激な反転，実質為替レートの上昇(減価)，実質GDPの水準の縮小によって特徴付けられる．

ランド、ギリシャ、ポルトガル、そしてスペインなど、欧州の小規模で高債務の国々への信用流入は、急激に遮断されたのである。

ここでは、特に突然の停止による影響が深刻であったアイスランドに焦点を当てる。アイスランドの危機の根源は、銀行部門にある。危機前夜、主要地方銀行のバランスシートはGDPの10倍以上であった。それが世界的な金融危機の影響で、負債に対する資産の価値が低下したため、バランスシートが大きく悪化した。結果、アイスランドの銀行セクターに対する海外の貸し手は、債務不履行を恐れて、アイスランドの信用コストを引き上げた。これは、2005年から2011年までのアイスランドのクレジット・デフォルト・スワップ（CDS）スプレッドを示す図10.6（a）から読み取れる。CDSスプレッドはデフォルトを補償するためのコストであり、ベーシスポイントで測定される。例えば、2008年9月1日のアイスランドのCDSスプレッドは200ベーシスポイントであった。これは、100ドルのアイスランド国債に対して、債務不履行を補償するためには、年間2ドルを支払わなければならないことを意味する。CDSスプレッドは、債務不履行（デフォルト）リスクのある債務の借入コストを、デフォルトのない債務と比較した指標である。CDSスプレッドのデータが有用なのは、債務者が新規債券を発行していない場合や、流動的な中古債券市場がない場合でも入手可能であるためである。図によると、アイスランド国債のCDSスプレッドは、2008年9月上旬の200ベーシスポイントから2008年10月中旬には1400ベーシスポイント超に急拡大していることがわかる。この時点で、アイスランドは事実上、国際資本市場から切り離された状態にあった。つまり、アイスランド経済は本格的な突然の停止に見舞われたのである。

危機前の大幅な経常赤字は、図10.6（b）に示すように、一夜にして経常黒字に転じた。2008年から2009年にかけて、経常収支はGDP比で－17％という赤字からGDP比で8％の黒字に転換した。このようにアイスランド危機は、経常収支の急激な反転という、突然の停止の主要な特徴に合致している。

図10.6（c）に示した非貿易財相対価格（つまり実質為替レート）も、危機の前後で理論的に予測された方向に大きく動いているのが見てとれる。クローナとユーロの実質為替レートは、2008年1月から2009年1月までの間に45％上昇（減価）した。これは、突然の停止後にアイスランドはユーロ圏の他の国々と比べて45％安くなったことを意味する。

最後に、図10.6（d）は、アイスランドの実質GDPの成長が、突然の停止によりストップしていることを示している。アイスランド経済は2005年から2007年にかけて毎年平均5％成長していたが、2008年から2011年にかけては年率2％強まで縮小してしまった。

10.5　部門別生産と貿易財・非貿易財モデル

これまで、貿易財と非貿易財の供給が固定されている貿易財・非貿易財モデルについて検討してきた。この仮定は、世界の金利や交易条件の変動など、経済に影響を与えるさまざまなショックに対して実質為替レートがどのように反応するかを簡単に分析するのに有用である。しかし、この仮定は非現実的でもある。なぜなら、経済に影響を与えるショックは、部門別の生産量と雇用の水準に影響を与えると考えるのが合理的だからである。例えば、世界金利の上昇は貿易財に対する非貿易財の相対価格を下落させることを見た。だとすると、このとき貿易財部門の企業には生産を拡大するインセンティブが働き、非貿易財部門の企業には生産を縮小するインセンティブが生まれると考えることができる。このような部門別の生産量の変化には、非貿易財部門から貿易財部門への労働力の再配分が必要となる。この直感的に考えられる事態が貿易財・非貿易財モデルの枠組みで実現されるかどうかを確かめるために、貿易財と非貿易財が外生的な賦存量ではなく、労働力によって生産されるという、より現実的なモデルを構築してみることにする。この設定下では、両部門の雇用と生産は、世界の金利や交易条件の変化といった外生的な擾乱に対応して内生的に調整される。

10.5.1　生産可能性フロンティア

貿易財と非貿易財が、労働力を用いて以下の生産技術によって生産されると仮定する。

$$Q_t^T = F_T(L_t^T) \tag{10.18}$$

$$Q_t^N = F_N(L_t^N) \tag{10.19}$$

ここで、L_t^TとL_t^Nは、期間$t = 1, 2$の貿易部門と非貿易部門の労働力を表し、$F_T(\cdot)$ と$F_N(\cdot)$ は生産関数である。生産関数は労働に対する増加関数で、凹型であるとする。すなわち、$F_T' > 0$、$F_N' > 0$、$F_T'' < 0$かつ$F_N'' < 0$である。生産関数が凹型であるとは、労働の限界生産性が労働の使用量に比例して減少することを意味する。

経済における労働の総供給量は、両期間とも一定でLに等しいと仮定する。したがって、部門間の労働力の配分は、以下の資源制約を満たす必要がある。

$$L_t^T + L_t^N = L \tag{10.20}$$

2つの生産関数とこの資源制約を組み合わせると、Q_t^TとQ_t^Nを関係付ける1つの式になる。この関係式は経済における**生産可能性フロンティア**（Production Possibility Frontier：PPF）と呼ばれる。PPFを求めるには、（10.18）式をL_t^Tについて解いて、$L_t^T = F_T^{-1}(Q_t^T)$ を得る。ここで、F_T^{-1}はF_Tの逆関数を表し、厳密な増加関数で凸関数である。同様に、（10.19）式をL_t^Nについて解くと、$L_t^N = F_N^{-1}(Q_t^N)$ となり、この2つの式を資源制約式（10.20）に代入すると、$F_T^{-1}(Q_t^T) + F_N^{-1}(Q_t^N) = L$が得られる。

図10.7は、PPFを空間（Q_t^N, Q_t^T）にプロットしたものである。非貿易財の生産量を増やすには、労働力を貿易財部門から非貿易財部門に移動させる必要があり、貿易財の生産量が減少するため、PPFは右下がりとなっている。また、PPFが凹となるのは、非貿易財部門の雇用が増加すると、同部門の労働生産性が低下し、非貿易財の生産量を追加的に増やすために必要とされる労働力が増加するためである。これは、追加的に1単位の非貿易財の生産量を増やす

図 10.7　生産可能性フロンティア

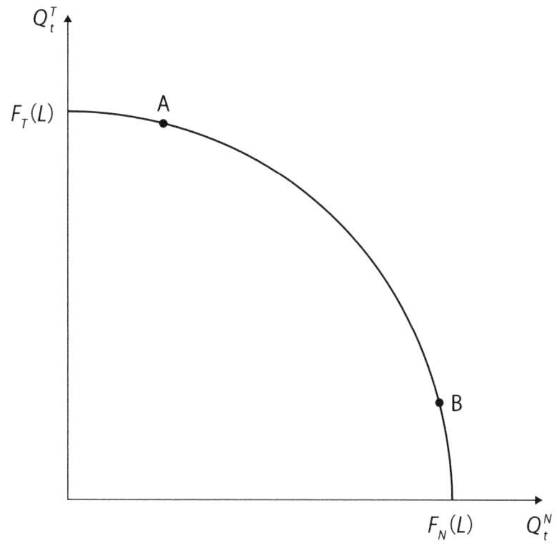

（注）　生産可能性フロンティア（PPF）は、非貿易財の生産量Q_t^Nと貿易財の生産量Q_t^Tとの間に負の関係があることを示す．労働力の総量がLであるとき、ある部門の生産量を増やすには、他の部門の生産量を減らす必要がある．各部門における生産関数が労働の限界生産物に対して逓減を示す場合、PPFは凹である．

ために、犠牲にしなければならない貿易財が増えていくことを意味する。さらに、貿易部門の労働者が減少すれば、その部門の労働生産性は向上し、雇用が1単位減少することによる貿易財生産の減少幅が拡大する。

上記のことは、直感的に理解できる。貿易財部門が小麦を生産し、非貿易財部門が散髪サービスを提供しているとしよう。図10.7のA点を考えてみよう。この時点では、ほとんどの労働者が貿易部門に雇用されている。非貿易財の生産量を増加させる最も効率的な方法は、現在小麦農家として働いている元理容師など、理容の経験が最も豊富で、農業の訓練をあまり受けていない労働者を貿易財部門から移動させることである。この場合、非貿易財部門の生産は比較的大きく増加し、貿易部門の生産はほとんど犠牲にならない。つまり、A点の近傍では、PPFは比較的平坦である。非貿易財の生産量を増やしていくと、貿易部門から理容の経験の乏しい労働者を、どんどん連れていかなければならない。図10.7のB点のように、ほとんどの労働者が非貿易財部門に従事している場合において、散髪サービスの生産量をさらに増やすには、小麦の栽培方法は知っているが、散髪が得意でない貿易部門の農家を移転させることが必要である。このような労働者は、1人当たりわずかな散髪サービスしか増やせず、小麦の生産量を大きく低下させることになる。したがって、B点の近傍では、

PPFは大きな負の傾きを持つのである。

形式的には、PPFの傾きは次のように導出される。資源制約式（10.20）を微分すると、$dL_t^T + dL_t^N = 0$、すなわち、以下が得られる。

$$\frac{dL_t^T}{dL_t^N} = -1$$

この式は、総労働量が固定されているので、ある部門の労働投入量の増加は、他の部門の労働投入量の減少によって、1対1に相殺されなければならないことを意味している。ここで、生産関数（10.18）式と（10.19）式を微分すると以下が得られる。

$$dQ_t^T = F_T'(L_t^T)dL_t^T$$
$$dQ_t^N = F_N'(L_t^N)dL_t^N$$

以上の3つの式を組み合わせると、PPFの傾きを表す以下の式が得られる。

$$\frac{dQ_t^T}{dQ_t^N} = -\frac{F_T'(L_t^T)}{F_N'(L_t^N)}$$

労働の限界生産物$F_T'(L_t^T)$ と$F_N'(L_t^N)$ はともに正であるため、PPFの傾きは負であることがわかる。また、両生産関数において労働の限界生産物が逓減するため、L_t^Nが増加する（つまり、L_t^Tが減少する）と、$F_T'(L_t^T)$ が大きくなり$F_N'(L_t^N)$ が小さくなるので、PPFの傾きの絶対値は大きくなる。以上のことから、生産関数が正であるが逓減する労働の限界生産物を示唆する場合、PPFは右下がりの凹型であることが正式に証明された。

PPFの曲率は、雇用が増加するにつれて、労働の限界生産物がどれだけ早く逓減するかに依存する。労働の限界生産物の減少が遅ければ、PPFは強い曲率を持たない。生産関数が労働に対して線形である特殊な場合、すなわち$Q_t^T = a_T L_t^T$と$Q_t^N = a_N L_t^N$かつa_Tとa_Nは正の定数である場合、労働の限界生産物は両部門で一定であり、PPFは図10.8の左図に示されるように$-a_T/a_N$に等しい傾きを持つ直線となる。PPFがこのような形を取るとき、貿易財・非貿易財モデルにはバラッサ＝サミュエルソン・モデルという特別な名前がついており、本章の後半の10.6節で検討する。一方、労働の限界生産物が労働の増加とともに急激に低下する場合、PPFは強い曲率を持つ。労働者が1つの財の生産に完全に特化し、その生産性が一方の部門で正、他方の部門でゼロとなる特殊なケースでは、図10.8右図のA点のようにPPFは一点になる。この図では、貿易財部門の生産量は$F_T(\overline{L}^T)$、非貿易財部門の生産量は$F_N(\overline{L}^N)$ であり、ここで$\overline{L}^T$と$\overline{L}^N$はそれぞれ貿易財と非貿易財の生産に特化した労働者数である。このケース

図 10.8　PPF の 2 つの特殊なケース

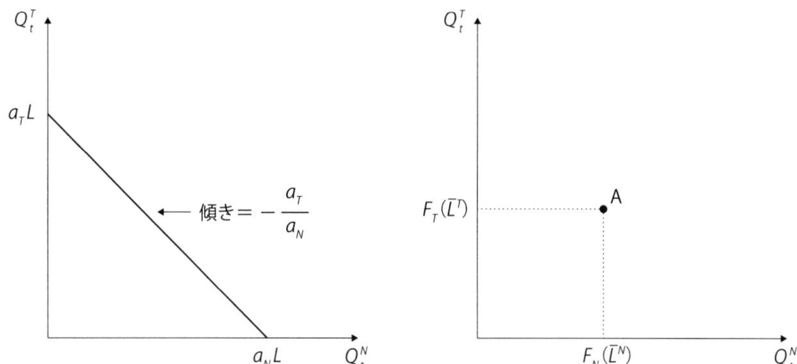

（注）　PPFの傾きは，労働の限界生産物が雇用によってどの程度減少するかに依存する．労働の限界生産物が一定である特殊な場合，例えば，技術が$Q_t^T = a_T L_t^T$および$Q_t^N = a_N L_t^N$のとき，PPFは左図のように線形になる．労働が1つの財の生産に完全に特化されている場合，例えば技術が$Q_t^T = F_T(\bar{L}^T)$および$Q_t^N = F_N(\bar{L}^N)$のとき，右図のA点のようにPPFは一点に収束する．

では、10.1節で検討した、生産高が所与である貿易財・非貿易財モデルと同様である。

具体的なPPFの導出を説明するため、次のような例を考えてみよう。

$$Q_t^T = \sqrt{L_t^T}$$
$$Q_t^N = \sqrt{L_t^N}$$

これらの生産技術は、平方根が増加かつ凹関数であるため、正であるが逓減する労働の限界生産物を示唆する。労働の生産関数を生産量の関数として労働について解くと、$L_t^T = (Q_t^T)^2$と$L_t^N = (Q_t^N)^2$となる。そして、この2つの式を使ってL_t^TとL_t^Nを資源制約式（10.20）から排除すると、PPFが以下のように得られる。

$$Q_t^T = \sqrt{L - (Q_t^N)^2}$$

上の式は、Q_t^TとQ_t^Nの間に図10.7に示したような、負でありかつ凹の関係があることを表している。このPPFの傾きはQ_t^TをQ_t^Nに関して微分することで、$\frac{dQ_t^T}{dQ_t^N} = -\frac{Q_t^N}{Q_t^T}$となる。明らかに傾きは負であり、さらに$Q_t^N$が増加すると（そしてそれゆえ$Q_t^T$が減少すると）、その傾きは絶対値で大きくなっている。

10.5.2 PPF と実質為替レート

PPF上のどの部分で経済が均衡するかは、相対価格によって決まる。このことを理解するために、貿易部門における企業の問題を考えてみよう。その利潤Π_t^Tは、W_tを期間$t = 1, 2$における賃金率として、貿易財の販売による収入$P_t^T F_T(L_t^T)$と生産コスト$W_t L_t^T$の差で以下のように与えられる。

$$\Pi_t^T = P_t^T F_T(L_t^T) - W_t L_t^T \tag{10.21}$$

企業は利潤を最大化するために、P_t^TとW_tを所与として雇用を選択する。利潤をL_t^Tに関して微分しそれをゼロとすると、以下の一階の最適化条件が得られる。

$$P_t^T F_T'(L_t^T) - W_t = 0$$

この条件の背後にある直感は、追加的に労働者を1人雇うことによって、企業は$F_T'(L_t^T)$単位の追加的な貿易財を生産することができるということである。これらの財の市場価値は$P_t^T F_T'(L_t^T)$であり、これは**労働の限界生産物価値**（value of the marginal product of labor）として知られている。労働者を1人余分に雇うコストは賃金率W_tである。したがって、もし$P_t^T F_T'(L_t^T)$がW_tよりも大きければ、余分な労働者を雇うことは企業の利潤を増加させる。しかし雇用が増加すると、労働の限界生産物は減少し、労働者の増員による利潤の増加も減少する。$P_t^T F_T'(L_t^T)$がW_tと等しい場合、労働者を1人増やしても企業の利潤は変化しない。このレベルの雇用を超えると、$P_t^T F_T'(L_t^T)$はW_tよりも小さいので、余分な労働者を雇うことで利潤は減少してしまう。したがって、$P_t^T F_T'(L_t^T) = W_t$のとき、すなわち労働の限界生産物の値が賃金率に等しいとき、新規雇用を止めることが最適であることがわかる。

同様に、非貿易財部門で操業する企業の利潤Π_t^Nは、次のように表される。

$$\Pi_t^N = P_t^N F_N(L_t^N) - W_t L_t^N \tag{10.22}$$

企業は、P_t^NとW_tを所与として、利潤を最大化するためにL_t^Nを選択する。つまり、最適化条件は以下となる。

$$P_t^N F_N'(L_t^N) - W_t = 0$$

この条件の解釈は、貿易部門における対応する条件と同じである。企業は、労働の限界生産物の価値が労働の限界費用に等しくなるまで労働者を雇う。

貿易財部門と非貿易財部門の企業の一階の条件を組み合わせて、W_tを消去すると、次のようになる。

図 10.9　貿易財と非貿易財の最適生産量

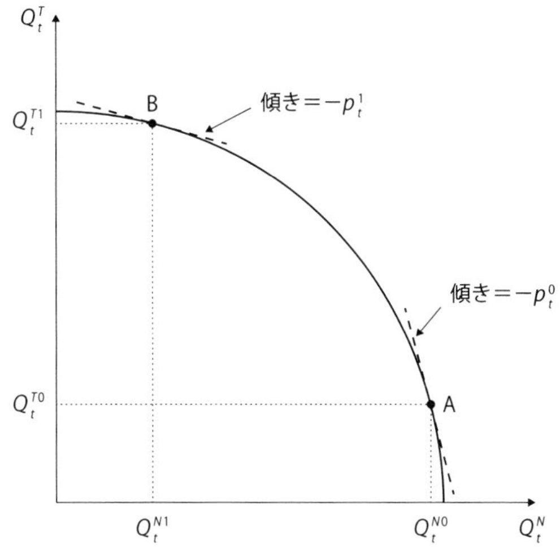

（注）　貿易財と非貿易財の最適生産量は，（マイナスをつけた）PPFの傾きが非貿易財の貿易財に対する相対価格と等しくなる点で決定される．非貿易財の相対価格が，p_t^0からp_t^1に低下すると，企業にとって貿易財をより多く生産し，非貿易財をより少なく生産することが最適となる．

$$\frac{F_T'(L_t^T)}{F_N'(L_t^N)} = \frac{P_t^N}{P_t^T} \equiv p_t \tag{10.23}$$

この式の左辺は（マイナスをつけた）PPFの傾きであり、右辺は貿易財に対する非貿易財の相対価格p_tである。したがって、経済における貿易財と非貿易財の生産量は、（マイナスをつけた）PPFの傾きが非貿易財の貿易財に対する相対価格と等しくなる点に対応している。

図10.9は、非貿易財の相対価格の下落に対して部門別生産がどのように反応するかを示している。初期位置がA点であり、貿易財の生産がQ_t^{T0}、非貿易財の生産がQ_t^{N0}、非貿易財の貿易財に対する相対価格がp_t^0で与えられている。このとき、非貿易財の相対価格がp_t^0から$p_t^1 < p_t^0$へと下落したとしよう。均衡では、（マイナスをつけた）PPFの傾きは非貿易財の相対価格と等しいので、生産点はPPFのより平坦な部分に移動する。図では、新しい均衡はB点であり、そこでは貿易財の生産量が高く、非貿易財の生産量が低くなっている（$Q_t^{T1} > Q_t^{T0}$と$Q_t^{N1} < Q_t^{N0}$）。どちらの財も労働によって生産されるので、経済がA点からB点へ移動すると、非貿易財部門の雇用は減少し、貿易財部門の雇用は増加することになる。

10.2節では、世界の他の国における非貿易財の相対価格p_t^*が与えられれば、貿易財から見た非貿易財の相対価格p_tは、実質為替レート$e_t = \varphi^*(1, p_t^*) / \varphi(1, p_t)$と負の関係にあることを確立した。このことは、実質為替レートが減価した場合（すなわち、世界の他の国に対して自国が相対的に安くなった場合）、企業はより多くの貿易財を生産し、非貿易財の生産を減らすインセンティブを持つ。つまり、PPFに沿って北西側（図10.9のA点からB点）へ移動するにつれて、実質為替レートは減価する。

10.5.3　所得拡大経路

ここで、家計の消費と貯蓄の決定について検討する。家計は、10.1節で示した、賦存経済の貿易財・非貿易財モデルと同じ最適化問題に直面する。ただし、彼らの所得は、賦存生産量の販売ではなく、労働所得と企業の所有から発生する利潤から得られるものである。ここでは10.1節で示した家計の効用関数を以下、再掲する。

$$\ln C_1 + \beta \ln C_2 \tag{10.1R}$$

$$C_1 = (C_1^T)^\gamma (C_1^N)^{1-\gamma} \tag{10.2R}$$

$$C_2 = (C_2^T)^\gamma (C_2^N)^{1-\gamma} \tag{10.3R}$$

ここで、前述と同様にC_t、C_t^TそしてC_t^Nは、期間$t = 1, 2$における複合財の消費、貿易財の消費、非貿易財の消費である。

各期間$t = 1, 2$において、家計は賃金率W_tでL時間働くので、その労働所得は$W_t L$となる。さらに、家計は企業の所有者であると仮定するので、彼らの利潤所得は$\Pi_t^T + \Pi_t^N$となる。また家計は負債も資産もない状態で第1期をスタートし、（貿易財によって測られ、利子率r_1を支払う）債券B_1によって借入れまたは貸付けができる。第1期と第2期における家計の予算制約は次式で与えられる。

$$P_1^T C_1^T + P_1^N C_1^N + P_1^T B_1 = W_1 L + \Pi_1^T + \Pi_1^N \tag{10.24}$$

$$P_2^T C_2^T + P_2^N C_2^N = W_2 L + \Pi_2^T + \Pi_2^N + (1 + r_1) P_2^T B_1 \tag{10.25}$$

ここで、10.1.1項で行ったのと同じ手順で、家計の異時点間予算制約を求めよう。すなわち、期間tの予算制約をP_t^Tで割り、得られた式を組み合わせて、B_1を排除し、項を並べ替え整理すると以下が得られる。

$$C_1^T + p_1 C_1^N + \frac{C_2^T + p_2 C_2^N}{1 + r_1} = \overline{Y}$$

ここで、家計の生涯所得、$\overline{Y}$は期間1における貿易財の単位で次のように表さ

図 10.10　所得拡大経路

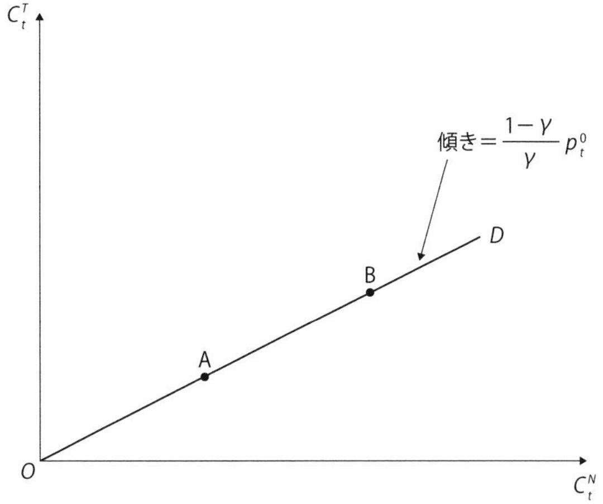

（注）　図は，相対価格p_t^0に対応した所得拡大経路を線分$\overline{OD}$として描いたものである．p_t^0を所与とすると，貿易財と非貿易財の最適な消費の組合せは，所得拡大経路上に位置するはずである．家計が所得拡大経路のどの点を選ぶかは，t期にどれだけの所得を消費支出に振り向けるかによって決まる．B点では，A点よりもt期により多くの所得を消費に振り向けている．両財が正常財であれば，所得拡大経路は右上がりとなる．

れる。

$$\overline{Y} \equiv \left(\frac{W_1}{P_1^T}L + \frac{\Pi_1^T}{P_1^T} + \frac{\Pi_1^N}{P_1^T}\right) + \frac{\frac{W_2}{P_2^T}L + \frac{\Pi_2^T}{P_2^T} + \frac{\Pi_2^N}{P_2^T}}{1 + r_1}$$

賦存経済における貿易財・非貿易財モデルと同様に、家計は$\overline{Y}$を所与とする。つまり、家計の効用最大化問題は、賦存経済のモデルと同じである。特に、以下の一階の条件が得られる。

$$C_2^T = \beta(1 + r_1)C_1^T \qquad (10.26)$$

$$C_t^T = \frac{\gamma}{1 - \gamma}\, p_t C_t^N \qquad (10.27)$$

図10.10は、最適化条件 (10.27) 式を、与えられた価格p_t^0の下で、空間 (C_t^N, C_t^T) に線分$\overline{OD}$としてプロットしたものある。この関係は**所得拡大経路** (income expansion path) と呼ばれる。所与の相対価格p_t^0の下での最適なC_t^TとC_t^Nの選択は、所得拡大経路上に位置しなければならない。家計が所得拡大経路のどの点を選ぶかは、t期に家計がどれだけの所得を消費支出に振り向けるかによる。所与のp_t^0の下で、t期において消費に充てる所得が多いほど、C_t^TとC_t^Nは大きくなる。つまり、最適な消費選択が原点から遠くなる。例えば、A

図 10.11　非貿易財の相対価格と所得拡大経路

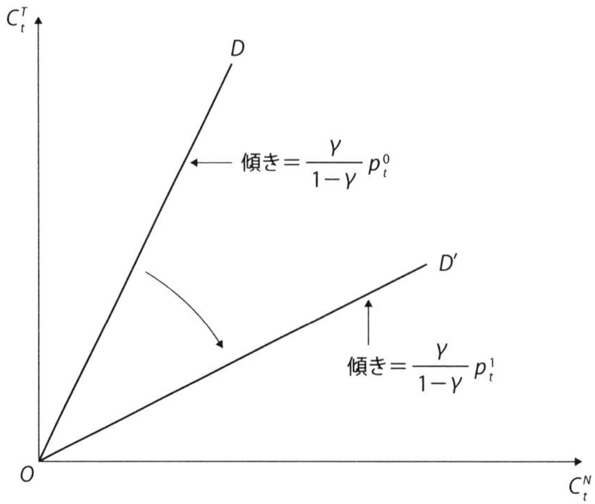

（注）　図は，p_t^0と$p_t^1 < p_t^0$といった2つの非貿易財の相対価格の値に対応する所得拡大経路を，それぞれ線分$\overline{OD}$と$\overline{OD'}$として表したものである．非貿易財の相対価格の下落は，所得拡大経路を原点を中心に時計回りに回転させる．この回転は，家計が，貿易財が相対的に高価になるにつれて，貿易財の消費を非貿易財の消費で代用することを反映したものである．

点よりB点のほうが消費支出が多い。原点は所得拡大経路上の点であり、t期に所得を消費支出に全く配分しなければ$C_t^T = C_t^N = 0$となるからである。所得拡大経路が右上がりであることは、貿易財と非貿易財が正常財であることを意味する。

所得拡大経路の傾きは、非貿易財の貿易財に対する相対価格p_tが上昇すると急になる（大きくなる）。図10.11は、2つの相対価格p_t^0と$p_t^1 < p_t^0$にそれぞれ対応する所得拡大経路を線分$\overline{OD}$と$\overline{OD'}$によって示したものである。非貿易財の相対価格がp_t^0からp_t^1まで下がると、所得拡大経路は原点を中心に時計回りに回転する。これは、非貿易財の価格が下がると、家計は貿易財を非貿易財で代用するようになるためであり、直感的に理解できる。

10.5.4　部分均衡

ここで、モデルの最初の2つの構成要素である生産可能性フロンティアと所得拡大経路を一緒に考えてみよう。図10.12は、非貿易財の相対価格p_t^0が与えられた場合のt期における均衡を表したものである。10.5.2項で説明したように、生産を決定するためには、PPFの傾きが、$-p_t^0$となる生産点（Q_t^N, Q_t^T）

図 10.12　部分均衡

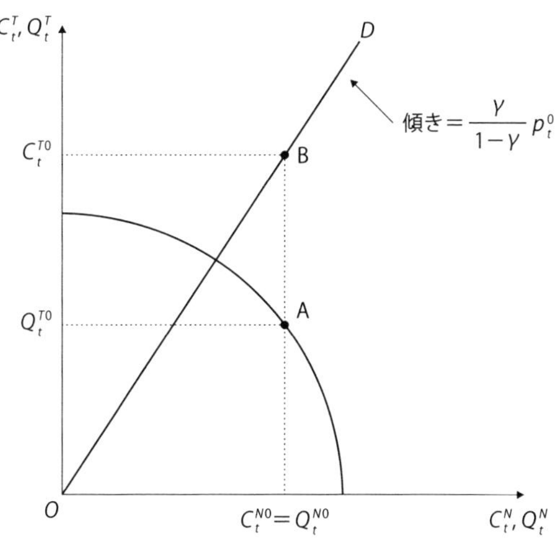

（注）　図は，非貿易財の相対価格p_t^0が与えられた場合の均衡を表示したものである．生産はA点で，PPFの傾きは$-p_t^0$である．消費はB点で与えられ，貿易収支は，A点とB点の間の垂直距離である．貿易財の消費C_t^{T0}は貿易財の生産Q_t^{T0}より大きいので，t期において貿易収支は赤字である．

を求める必要がある。図では、これはA点で与えられている。A点では非貿易財の生産はQ_t^{N0}であり、貿易財の生産はQ_t^{T0}である。p_t^0に対応する所得拡大経路は線分$\overline{OD}$である。定義上、非貿易財は輸入も輸出もできない。したがって、非貿易財部門市場が清算するには生産と消費が等しいことが必要である。

$$Q_t^N = C_t^N \tag{10.28}$$

非貿易財の消費が与えられた場合、所得拡大経路によって貿易財の消費水準C_t^{T0}はB点において一意に決定される。貿易収支は、貿易財の生産と消費の差である。

$$TB_t = Q_t^T - C_t^T \tag{10.29}$$

図では、貿易収支はA点とB点の垂直距離で与えられる。図では、貿易財の消費が生産を上回っているため、貿易収支は赤字である。

ここで、非貿易財の相対価格がp_t^0から$p_t^1 < p_t^0$へと低下した場合の影響を考えてみよう。10.2節で述べたように、これは世界の他の国に対して経済が相対的に安くなるので、実質為替レートが減価することを意味する。図10.13はこの状況を示している。経済は、初期においてA点で生産し、B点で消費している。均衡では、PPFの傾きは非貿易財の相対価格にマイナスをつけたものと等しくなければならないので、実質為替レートの減価は生産構成の変化を引き起

図 10.13　部分均衡：実質為替レートの下落に対する調整

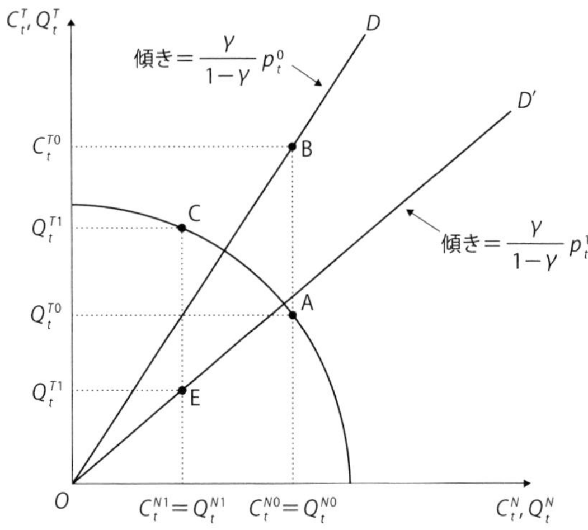

（注）　図は，p_t^0から$p_t^1<p_t^0$への非貿易財の相対価格の低下に対する調整を示している．初期において生産はA点であり，消費はB点で与えられている．実質為替レートの減価により，生産はC点，消費はE点へとシフトする．したがって，貿易財の生産は拡大，非貿易財の生産は縮小し，貿易財・非貿易財の消費はともに縮小する．新しい貿易収支はC点とE点の間の垂直距離で与えられ，改善する．

こし、PPFの傾きがA点よりも緩やかなC点へと変化する。この生産構成の変化は非常に直感的にわかりやすい。貿易財に対する非貿易財の相対価格が下落するので、非貿易財の生産を減らし、貿易財の生産を増やすことが、企業にとって有益になるからである。

経済の需要側では、図10.13に示されるように、実質為替レートの減価によって、所得拡大経路が$\overline{OD}$から$\overline{OD'}$へと時計回りに回転する。新しい貿易財と非貿易財の生産に加えて、新しい所得拡大経路が決まれば、新しい均衡における貿易財と非貿易財の消費（図中のE点）と、貿易収支（C点とE点の間の垂直距離）が決定する。

要約すると以下のようになる。p_tの下落（実質為替レートの減価）に対して、経済はより多くの貿易財を生産し（$Q_t^{T1}>Q_t^{T0}$、図10.14（a））、非貿易財の生産は減少する（$Q_t^{N1}<Q_t^{N0}$、図10.14（b））。また、消費は貿易財・非貿易財ともに減少する（$C_t^{T1}<C_t^{T0}$および$C_t^{N1}<C_t^{N0}$）。貿易財の生産量の拡大（図10.14（a））、および貿易財の消費量の減少（図10.14（e））の結果、貿易収支は改善される（図10.14（f））。

上の分析は、モデルの中で内生的に決定される変数、すなわち非貿易財の相対価格を所与としているため、部分均衡分析である。同様に、他の内生変数を

図 10.14　部分均衡：内生変数と非貿易財の相対価格

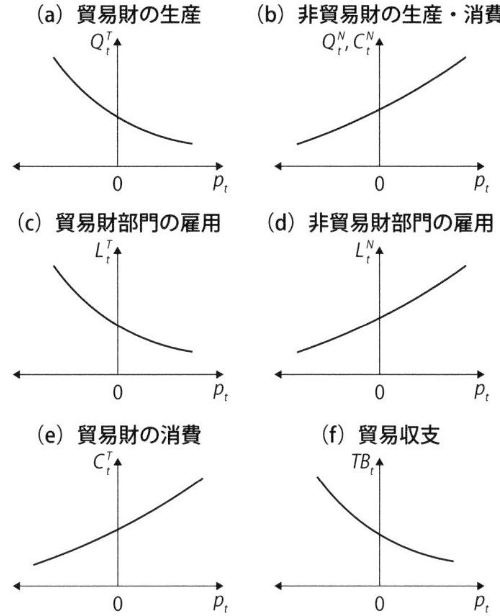

（注）　図は，貿易財・非貿易財モデルにおける7つの内生変数の均衡値を，同じく内生変数である非貿易財の相対価格の関数として表示したものである．

外生変数とすることも可能であった。例えば、貿易収支TB_tを外生変数とすることを考えてみよう。図10.14（f）から非貿易財の相対価格p_tは、貿易収支の減少関数である。直感的に、貿易収支が改善するためには、非貿易財の相対価格が低下して、企業は生産を貿易財に、消費者は支出を貿易財から非貿易財へと振り向けるように誘導されなければならない。以上から、このモデルの他の変数が貿易収支にどのように関係しているかを簡単に示すことができる。例えば、図10.14（e）では、貿易財の消費C_t^Tはp_tの増加関数であることがわかる。p_tは、貿易収支の減少関数であるため、C_t^Tは貿易収支TB_tの減少関数として書くことができる。同様に、このモデルの他のすべての変数も、貿易収支の関数として書くことができる。したがって、貿易収支の改善には、非貿易財の相対価格の下落（実質為替レートの減価、図10.15（f））、貿易財の生産の拡大（図10.15（a））、非貿易財の生産の縮小（図10.15（b））、貿易財と非貿易財の両方の消費の縮小が必要であることがわかる。ここで、図10.14と図10.15は、整理の仕方が異なるだけで、同じ情報を伝えていることに留意することが重要である。外生的に扱われる内生変数は、一方では非貿易財の相対価格であり、他方では貿易収支であるという点のみが異なる。

図 10.15　部分均衡：内生変数と貿易収支

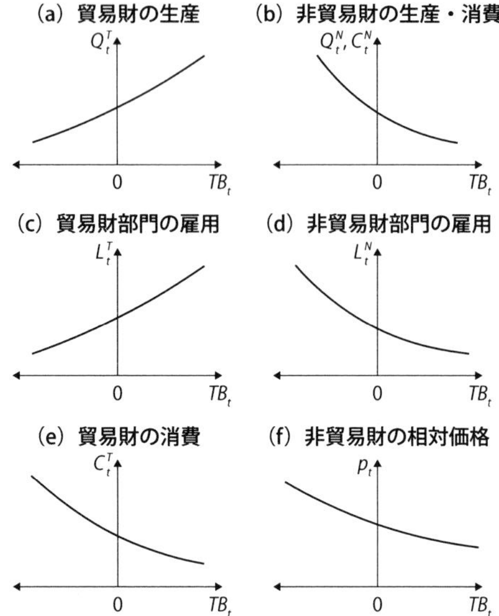

（注）　図は，貿易財・非貿易財モデルにおける7つの内生変数の均衡値を，同じく内生変数である貿易収支の関数として表示したものである．

10.5.5　一般均衡

10.5.4項の分析が部分均衡であることを確認するもう1つの方法は、方程式と未知数を数え、それが部門別生産を持つ貿易財・非貿易財モデルの均衡条件のすべてを利用していないことを確かめることである。具体的には、各期間$t = 1, 2$において、(10.18)～(10.20) 式、(10.23) 式および (10.27)～(10.29) 式の7つの方程式を用い、各期間ごとに8つの内生変数、Q_t^T、Q_t^N、L_t^T、L_t^N、C_t^T、C_t^N、p_tおよびTB_tが存在している。したがって、2つの方程式が足りない。

これまで分析に含めていなかった2つの均衡条件の1つは、(10.26) 式で示された家計のオイラー方程式である。ここで、この方程式を分析に取り入れる。

部分均衡分析において、t期の貿易財の消費C_t^Tは、図10.15 (e) に示すように、t期の貿易収支TB_tの減少関数として表すことができる。そこで、次のように書くことができる。

$$C_t^T = C^T(\underset{-}{TB_t})$$

図 10.16　一般均衡における貿易収支の決定

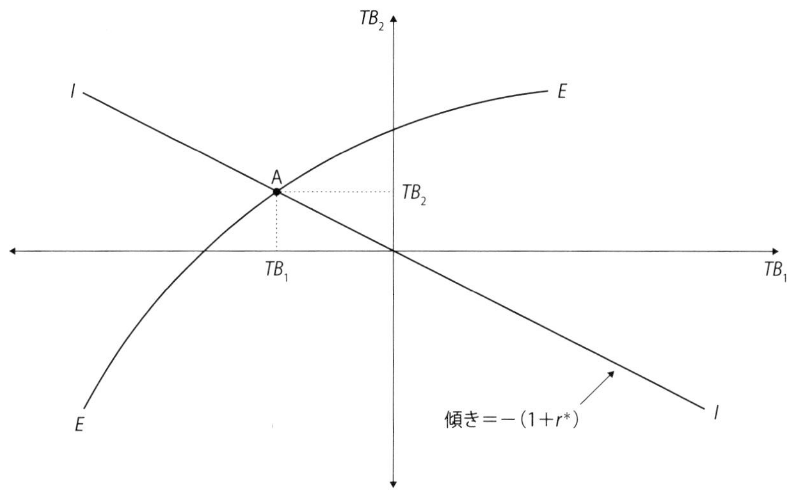

（注）　軌跡$\overline{EE}$は，家計の均衡におけるオイラー方程式（10.30）式を満たす現在と将来の貿易収支TB_1とTB_2の組を示す．軌跡$\overline{II}$は経済の異時点間資源制約である（10.31）式を満たす（TB_1, TB_2）の組を表す．

そして、オイラー方程式を第1期と第2期の貿易収支で書き直すと、次のようになる。

$$C^T(TB_2) = \beta(1 + r^*)C^T(TB_1) \tag{10.30}$$

ここでは、自由な資本移動の仮定により、以下のように均衡状態において、国内金利が世界金利と等しくなることを利用した。

$$r_1 = r^*$$

オイラー方程式（10.30）は、TB_1とTB_2の間にある正の関係を記述している。図10.16は、この関係を軌跡$\overline{EE}$として描いたものである。ここで$\beta(1 + r^*) < 1$を仮定すると、軌跡$\overline{EE}$は正の値のTB_2で縦軸を横切る。なぜなら、$\beta(1 + r^*) < 1$ならば、オイラー方程式（10.26）により、$C_2^T < C_1^T$であり、またC_t^TはTB_tの減少関数であるから、これは$TB_2 > TB_1$を意味するからである。したがって、$TB_1 = 0$のとき、TB_2は正でなければならない。

部分均衡分析で省かれた第2の均衡条件は、経済の異時点間資源制約であり、次にこれを導出する。(10.21) 式、(10.22) 式で示した貿易財部門と非貿易財部門の利潤の定義、(10.28) 式で示した非貿易財部門の市場清算条件、および金利平価条件を用いて、第1期と第2期の家計の予算制約式 (10.24)、(10.25) を次のように書き表すことができる。

$$C_1^T + B_1 = Q_1^T$$
$$C_2^T = Q_2^T + (1 + r^*)B_1$$

この2つの式を組み合わせてB_1を消去すると、以下の異時点間資源制約が得られる。

$$C_1^T + \frac{C_2^T}{1 + r^*} = Q_1^T + \frac{Q_2^T}{1 + r^*}$$

この式は、賦存経済の貿易財・非貿易財モデルにおける異時点間資源制約と同じであるが、ここではQ_1^TとQ_2^Tは内生変数である。ここで、第1期と第2期の貿易収支を用いて、異時点間資源制約を書き直すと便利である。すなわち、(10.29) 式を用いて次のように書くことができる。

$$TB_2 = -(1 + r^*)TB_1 \tag{10.31}$$

図10.16には、空間（TB_1, TB_2）における異時点間資源制約を右下がりの直線$\overline{II}$としてプロットしている。異時点間資源制約は原点を通過し、$-(1 + r^*)$ に等しい傾きを持つ。直感的には、第1期の貿易収支が1単位改善すれば、その増加分を金利r^*で預金することができ、第2期の貿易赤字を$1 + r^*$単位増加させることができる。家計の純資産がゼロ（$B_0 = 0$）で第1期がスタートするという仮定のため、異時点間資源制約は原点を通過する。もし、初期の資産残高が正（負）であると仮定していれば、異時点間予算制約は原点の下（上）で縦軸を横切るはずである。

均衡は、軌跡$\overline{EE}$と$\overline{II}$が交差するA点で与えられる。均衡では、経済は第1期において貿易赤字（$TB_1 < 0$）、第2期には黒字（$TB_2 > 0$）を計上している。

10.5.6 突然の停止と部門間再配分

ここで、突然の停止が、部門間の生産と雇用の配分に与える影響を分析する準備が整った。世界の金利がr^nから$r^s > r^n$に上昇したとする。金利の大幅な上昇の影響をとらえるために、$\beta(1 + r^n) < 1$および$\beta(1 + r^s) > 1$と仮定する。突然の停止が貿易収支に与える影響は図10.17に描かれている。平時の状況（突然の停止以前）は、図10.16に示したようなものである。均衡は、軌跡$\overline{E^nE^n}$と$\overline{I^nI^n}$が交差するA点で与えられ、この国は第1期において貿易赤字を計上している。金利の上昇により軌跡$\overline{EE}$は$\overline{E^nE^n}$から$\overline{E^sE^s}$へと右下にシフトする。$\overline{E^sE^s}$の切片は負である。これを見るには、まず、部分均衡分析で用いたどの式にもr^*が登場しないので、関数$C^T(TB_t)$は金利変化に対して影響を受け

図 10.17　生産が内生的な貿易財・非貿易財モデルにおける突然の停止

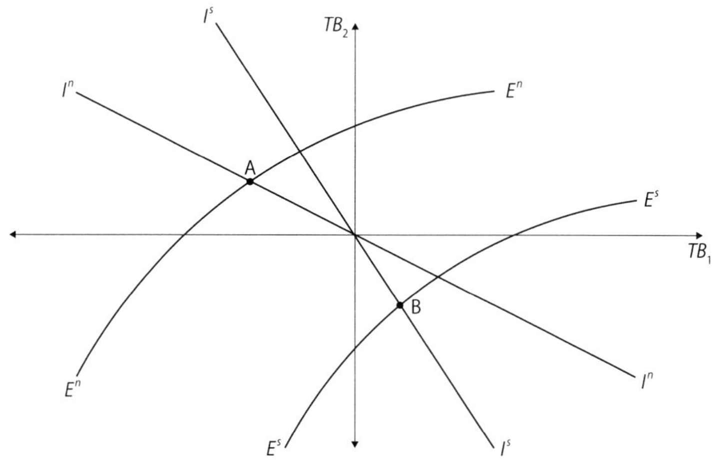

（注）　図は，金利がr^nからr^s>r^nに上昇した場合の貿易収支の調整を示している．突然の停止前の均衡はA点であり，そこでは軌跡$\overline{I^nI^n}$（(10.31)式を満たす（TB_1，TB_2）の組）と$\overline{E^nE^n}$（(10.30)式を満たす（TB_1，TB_2）の組）が交差している．A点では，第1期で貿易赤字を計上している．金利がr^sに上昇したことを受けて，均衡は軌跡$\overline{I^sI^s}$と$\overline{E^sE^s}$が交差しているB点に移動する．B点では，第1期において貿易黒字が発生し，したがって突然の停止は貿易収支の反転をもたらしている．

ないことに注目しよう。次に、$\beta(1+r^s)>1$なので、オイラー方程式（10.30）により、$C^T(TB_2)>C^T(TB_1)$ であり、また$C^T(TB_t)$ は減少関数であるから、$TB_2<TB_1$が成り立つ。したがって、$TB_1=0$とするには、TB_2（軌跡$\overline{E^sE^s}$の切片）は負でなければならない。また、金利の上昇により、(10.31) 式から明らかなように軌跡$\overline{II}$は原点を中心に、$\overline{I^nI^n}$から$\overline{I^sI^s}$へと時計回りに回転する。突然の停止後の均衡は、第1期において貿易黒字となるB点で与えられる。この経済では、経常収支は貿易収支と等しいので（$B_0=0$を想起されたい）、突然の停止により経常収支が赤字から黒字に反転するのが見られる。

突然の停止が貿易収支に与える影響がわかれば、他のすべての内生変数に与える影響は、図10.15から直接読み取ることができる。このモデルでは、貿易財と非貿易財の消費がともに減少するため、総需要が収縮することが予測される。この総需要の減少により、非貿易財の相対価格p_1は下落し、したがって実質為替レートe_1も減価する。そしてp_1の下落は、企業の非貿易財部門の生産と雇用を減らし、貿易部門の生産と雇用を増加させる。

つまり、突然の停止が貿易収支、実質為替レート、貿易財需要に対して与える影響は、賦存経済のときと同じである。しかし、部門別生産経済から導かれる新たな予測は、突然の停止が非貿易財需要を縮小させ、生産と雇用が非貿易

図 10.18　アルゼンチン 2001 年，アイスランド 2008 年の突然の停止時における建設業と卸売業・小売業の GDP シェア

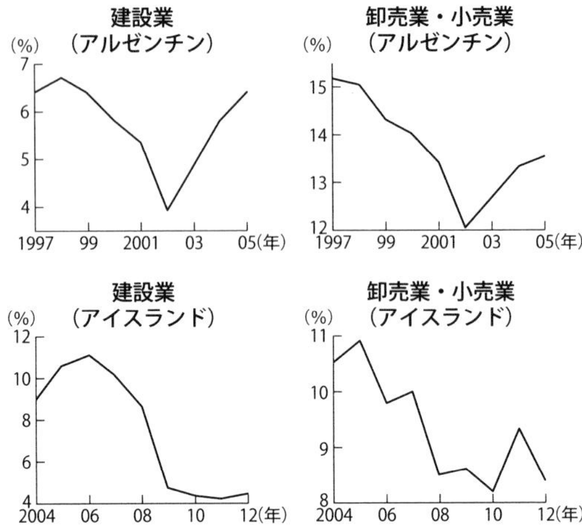

（注）　建設業と卸売業・小売業は，大規模で労働集約的な非貿易財部門である．その合計がGDPに占める割合は，2001年のアルゼンチンの突然の停止時には平均20%から16%未満に，2008年のアイスランドの突然の停止時には平均20%から15%未満に減少している．このような非貿易財部門からの生産の部門別再配分のパターンは，貿易財・非貿易財モデルの予測に合致している．

財部門から貿易財部門に再配分されることである。モデルでは、部門間の労働者の再配置は瞬時に行われる。しかし現実には、労働者がある部門から別の部門へ移動することは、それほど簡単ではない。このような移行には、非自発的な失業期間が伴うことが多く、その間、非貿易財部門で職を失った労働者は、貿易財部門で新しい職を探しているはずである。また労働力の再配分は、他のセクターでの再就職の可能性を高める新しいスキルを身につけるため、一時的な離職を引き起こすかもしれない。

貿易財・非貿易財モデルが予測する、非貿易財部門から貿易財部門への生産の部門別再配分は、データ上でも裏付けられている。そこで再び、2001年のアルゼンチン、2008年のアイスランドにおける突然の停止を検証してみよう。図10.18は、アルゼンチンとアイスランドの突然の停止を挟んだ8年間の建設業と卸売業・小売業のGDPを、GDP全体に占める割合でプロットしたものである。建設業と卸売業・小売業は、労働集約的で大規模な非貿易財部門である。そのGDPに占める割合は、2001年のアルゼンチンにおける突然の停止時には平均20%から16%未満に、2008年のアイスランドにおける突然の停止時には平均20%から15%未満に低下している。

2002年のアルゼンチンのGDPが12.5%減少したことを考えると、建設業と

卸売業・小売業における危機は絶対値で大きかったことがわかる。同じようなパターンは、アイスランドにおける突然の停止でも観察される。これらの部門は労働集約的であることから、アルゼンチンやアイスランドでは、突然の停止の後において、非自発的な失業が急増する大きな原因となった。

10.6 生産性格差と実質為替レート：バラッサ＝サミュエルソン・モデル

貿易財・非貿易財モデルは、技術進歩がないことを前提にしている。そのため、短期的な実質為替レートの変動や、生産と雇用の部門間再配分を理解するのに非常に有用である。しかし、長期的には、技術革新によって生産性は持続的に上昇する。そして、生産性上昇のスピードの部門間格差が、実質為替レートの長期的な動きや生産高の部門間格差を生み出すことになる。

バラッサ＝サミュエルソン・モデルは、その著者であるベラ・バラッサ（Bela Balassa）とポール・アントニー・サミュエルソン（Paul Anthony Samuelson）にちなんで名付けられ、長期における実質為替レートの決定要因に関する最も広く知られた理論である。[3] このモデルでは、実質為替レートの持続的な変動は、貿易財部門と非貿易財部門における相対的生産性の国家間格差に起因すると予測されている。本節では、簡易版ではあるが、上記の重要な結果をとらえたバラッサ＝サミュエルソン・モデルを研究する。

ある国が貿易財と非貿易財の2種類の財を生産しているとする。Q^TとQ^Nは、それぞれ貿易財部門と非貿易財部門の生産量を表すとする。両財とも、労働を唯一の投入要素とする線形の生産技術で生産されるとする。労働生産性は部門間で異なり、貿易財部門と非貿易財部門の生産技術は次式で与えられる。

$$Q^T = a_T L^T \tag{10.32}$$

$$Q^N = a_N L^N \tag{10.33}$$

L^TとL^Nは貿易財部門と非貿易財部門の労働投入量、a_Tとa_Nは貿易財部門と非貿易財部門の労働生産性を示す。労働生産性には、平均労働生産性と限界労働

3) このモデルの最初の定式化は、2つの別々の出版物に掲載された。Bela Balassa, "The Purchasing-Power Parity Doctrine: A Reappraisal," *Journal of Political Economy*, Vol. 72, No. 6, December 1964, pp. 584–596と、Paul A. Samuelson, "Theoretical Notes on Trade Problems," *The Review of Economics and Statistics*, Vol. 46, No. 2, March 1964, pp. 145–154 を参照。サミュエルソンは、1970年にノーベル経済学賞を受賞した。

生産性という2つの概念がある。平均労働生産性は労働者1人当たりの生産量として定義され、貿易財部門ではQ^T/L^T、非貿易財部門ではQ^N/L^Nである。限界労働生産性とは労働投入量を1単位増加させたときに得られる生産量の増加量と定義される。より具体的には、限界労働生産性は労働に対する生産量の偏微分（貿易財部門では$\partial Q^T/\partial L^T$、非貿易財部門では$\partial Q^N/\partial L^N$）で示される。（10.32）式と（10.33）式で示された線形技術では、平均労働生産性と限界労働生産性は同じになり、貿易財部門ではa_T、非貿易財部門ではa_Nとなる。

労働者は、ある部門から他の部門へ自由に移動できると仮定しているので、常に賃金の高い部門で働くことを選択する。つまり、均衡において両方の財が正の値で生産されるなら、賃金率は貿易財部門と非貿易財部門で同じでなければならない。

貿易財部門において、企業の利潤は、貿易財の販売による収入P^TQ^Tと生産にかかる総費用WL^Tの差で与えられる（ここで、Wは労働者1人当たりの賃金率)。つまり以下のように表現される。

$$\text{貿易財部門の利潤} = P^TQ^T - WL^T$$

同様に、非貿易財部門では次のようになる。

$$\text{非貿易財部門の利潤} = P^NQ^N - WL^N$$

両部門とも完全競争であり、新規企業の参入を制限するものはないとする。つまり、利潤がプラスである限り、既存企業には増産のインセンティブが、新規企業には参入のインセンティブが働き、製品価格下落と、賃金上昇の力が働く。その結果、利潤は減少する。このプロセスは、両部門で利潤がゼロになるまで続く。したがって、均衡では、以下のようになるはずである。

$$P^TQ^T = WL^T$$

$$P^NQ^N = WL^N$$

生産関数（10.32）式と（10.33）式を使って、上記のゼロ利潤条件からQ^TとQ^Nを消去すると、次のようになる。

$$P^Ta_T = W$$

$$P^Na_N = W$$

この2つの式を組み合わせてWを消去すると、次のようになる。

$$\frac{P^N}{P^T} = \frac{a_T}{a_N} \qquad (10.34)$$

この式は、均衡状態において、非貿易財の相対価格P^N/P^Tが、貿易財部門の労働生産性と非貿易財部門の労働生産性の比率a_T/a_Nに等しいことを意味している。この条件を直感的に考えると次のようなものである。a_Tがa_Nよりも大きいとしよう。これは、1単位の労働で、非貿易財よりも貿易財をより多く生産できることを意味する。同じことだが、1単位の貿易財を生産するのに必要な労働力は、1単位の非貿易財を生産するのに必要な労働力より少ないということである（$1/a_T < 1/a_N$）。賃金は両部門で同じであるから、1単位の貿易財の生産は、1単位の非貿易財の生産よりコストが低いことになる。企業利潤はゼロになるので、生産コストの低い財がより低い価格で売られることになる（$P^T < P^N$）。

外国では、貿易財から見た非貿易財の相対価格は、同様の方法で決定される。

$$\frac{P^{N*}}{P^{T*}} = \frac{a_T^*}{a_N^*} \tag{10.35}$$

ここで、P^{N*}およびP^{T*}は外国における非貿易財と貿易財の価格、a_N^*およびa_T^*は外国における非貿易財部門、貿易財部門の労働生産性である。

以上で、均衡における実質為替レートを導出する準備が整った。(10.15）式より実質為替レートeは以下で与えられる。

$$e = \frac{\varepsilon\varphi^*(P^{T*}, P^{N*})}{\varphi(P^T, P^N)}$$

貿易財には一物一価の法則、$P^T = \varepsilon P^{T*}$が成り立つと仮定すると、価格指数、$\varphi(\cdot, \cdot)$ と $\varphi^*(\cdot, \cdot)$ は1次同次であるから、実質為替レートは次のように表せる。

$$e = \frac{\varphi^*(1, P^{N*}/P^{T*})}{\varphi(1, P^N/P^T)}$$

(10.34）式を用いてP^N/P^Tを消去し、(10.35）式を用いてP^{N*}/P^{T*}を消去すると以下が得られる。

$$e = \frac{\varphi^*(1, a_T^*/a_N^*)}{\varphi(1, a_T/a_N)} \tag{10.36}$$

この式は、バラッサ＝サミュエルソン・モデルの主要な結果、すなわちPPPからの乖離（すなわちeの1からの乖離）は、国ごとの相対生産性の差に起因していることをとらえている。特に、国内において貿易部門の相対生産性a_T/a_Nが海外よりも高くなると、実質為替レートは時間とともに増価し、国内が海外に対して相対的に高くなることを意味する。なぜなら、国内では非貿易財の生産コストが外国よりも相対的に高くなり、したがって、国内における非貿易財の相対価格が外国よりも速い速度で上昇せざるをえなくなるためである。

図 10.19　貿易財・非貿易財部門の相対的生産性上昇と非貿易財の相対的価格の変動

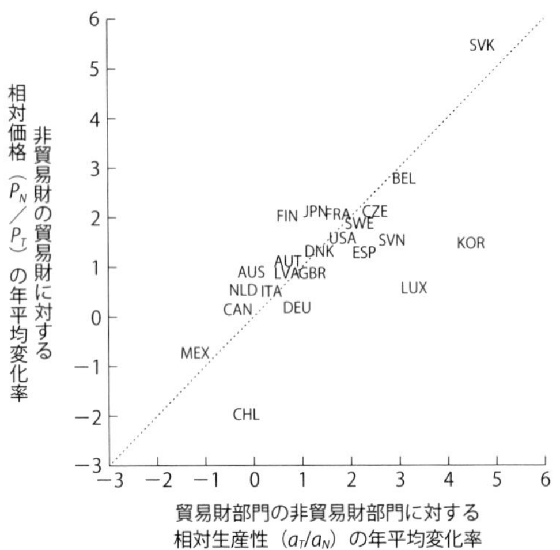

（注）　図は，1996年から2015年までの23カ国について，非貿易財の貿易財に対する相対価格の年平均変化率P^N/P^Tと，貿易財部門の非貿易財部門に対する相対生産性の年平均変化率a_T/a_Nをプロットしている．強い正の関係は，バラッサ＝サミュエルソン・モデルを実証的に支持するものである．

（出所）　KLEMSとOECD STANのデータに基づき，独自に計算した．国名はISOコードで表示されている（AUS：オーストラリア／AUT：オーストリア／BEL：ベルギー／CAN：カナダ／CHL：チリ／CZE：チェコ／DNK：デンマーク／DEU：ドイツ／ESP：スペイン／FIN：フィンランド／FRA：フランス／GBR：英国／ITA：イタリア／JPN：日本／KOR：韓国／LVA：ラトビア／LUX：ルクセンブルク／MEX：メキシコ／NLD：オランダ／SVK：スロバキア／SVN：スロベニア／SWE：スウェーデン／USA：米国）．

バラッサ＝サミュエルソン・モデルの重要な洞察は、長期的には、貿易財から見た非貿易財の相対価格P^N/P^Tは、相対生産性a_T/a_Nの増加関数であることである（(10.34) 式参照）。この予測は、ある期間においてa_Tがa_Nよりも速く成長した国は、P^NもP^Tより速い成長を示すはずであることを意味している。この予測はデータによって裏付けられているのだろうか。図10.19は、1996年から2015年までの23カ国について、P^N/P^Tの年平均変化率をa_T/a_Nの年平均変化率に対してプロットしたものである。[4] この図によれば、長期的に、生産性上昇の部門間格差と価格上昇の部門間格差の間に強い正の関係があることを示している。これは、PPPからの乖離の決定要因に関して、バラッサ＝サミュエルソンの理論を実証的に支持するものである。

4)　この図は、José De Gregorio, Alberto Giovannini, and Holger C. Wolf, "International Evidence on Tradables and Nontradables Inflation," *European Economic Review*, Vol. 38, No. 6, June 1994, pp. 1225–1244の1970年から1985年までのOECD14カ国を対象とした図3から着想を得ている。

10.7 まとめ

本章では、短期および長期における実質為替レートの決定について学んだ。

- 貿易財・非貿易財モデルは、貿易財と非貿易財を含む開放経済モデルである。実質為替レートの決定要因や、短期的な生産と雇用の部門別再配分を理解するのに有効なフレームワークである。
- 貿易財・非貿易財モデルは、世界金利の上昇に対して、実質為替レートが減価し、非貿易財の相対価格が低下し、非貿易財部門の生産と雇用が縮小し、貿易財部門の生産と雇用が拡大すると予測するものである。
- 貿易財・非貿易財モデルは、貿易財の賦存量の増加や交易条件の改善に応答して、実質為替レートが増価し、非貿易財の相対価格が上昇することを予測している。この効果は、ショックが持続的であるほどより強くなる。
- 突然の停止とは、海外の貸し手が債務国への信用供与を突然停止することで発生するマクロ経済危機のことである。その国の金利プレミアムが急激に上昇することで現れる。
- 突然の停止の主な観察される効果としては、経常収支が大幅な赤字からほぼ均衡あるいは黒字に反転すること、実質為替レートが急激に減価すること、生産と雇用が非貿易財部門から貿易財部門に再配分されることなどがある。
- 2つの突然の停止、2001年におけるアルゼンチン、2008年におけるアイスランドを分析した。
- 貿易財・非貿易財モデルは、観測された突然の停止のマクロ経済的な帰結をよく説明する。
- バラッサ＝サミュエルソン・モデルとは、実質為替レートの長期的な動きを説明する理論である。購買力平価からの乖離は、部門ごとの相対的な生産性上昇における国ごとの差に起因すると説明される。
- バラッサ＝サミュエルソン・モデルは、ある国において、貿易財部門の生産性が非貿易財部門よりも高くなれば、非貿易財の貿易財に対する相対価格が時間とともに上昇することを予測するものである。この予測はデータ上でも裏付けられている。さまざまな国で比較すると、貿易財部門の非貿易財部門に対する相対的生産性成長率の長期平均は、非貿易財の貿易財に対する相対価格の成長率の長期平均と正の相関がある。

- バラッサ＝サミュエルソン・モデルは、自国における非貿易財部門に対する貿易財部門の相対生産性が外国よりも高くなった場合、その国の物価は高くなり、つまり実質為替レートは増価すると予測する。

10.8 練習問題

練習問題 10.1（賦存経済における貿易財・非貿易財モデル）

効用関数が、$\ln C_1 + \ln C_2$で表される選好を持つ同一世帯が住む経済を考える。ここでC_tは期間$t=1, 2$の消費を表す。消費は貿易財消費と非貿易財消費の合成であり、$C_t = \sqrt{C_t^T C_t^N}$で与えられるとする。ここでC_t^TとC_t^Nは期間$t=1, 2$における貿易財と非貿易財の消費である。家計は、第1期に1単位、第2期に2単位の貿易財を受け取り（$Q_1^T=1$および$Q_2^T=2$）、非貿易財を第1期に4単位、第2期に3単位受け取る（$Q_1^N=4$および$Q_2^N=3$）。さらに、この国には自由な資本移動があり、世界金利はゼロとする（$r=0$）。第1期と第2期の均衡における貿易収支（TB_1とTB_2）と第1期と第2期の非貿易財の相対価格（p_1とp_2）を計算しなさい。

練習問題 10.2（賦存ショックと実質為替レート）

10.1節で検討した賦存経済における貿易財・非貿易財モデルについて考察する。第1期において貿易財の供給が増加したとする。この変化が第1期と第2期の実質為替レートに与える影響を、貿易財の賦存量の変化が一時的か、または恒久的かに分けて分析しなさい。

練習問題 10.3（高齢化と実質為替レート）

高齢化が進むと、非貿易財の代表格である個人向け介護サービスの需要が増加することが知られている。この現象をとらえるために、家計の非貿易財への選好が高まり、それがアーミントン集計関数（10.2）式における非貿易財消費に関する指数、$1-\gamma$が増加することで反映されているとする。10.1節の貿易財・非貿易財モデルを用いて、以下の問いに答えなさい。

1. この選好の変化は、第1期と第2期の貿易財の均衡における消費にどのような影響を与えるか。説明しなさい。
2. また、第1期と第2期の貿易収支と経常収支にはどのような影響があるか。説明しなさい。
3. 選好の変化が第1期における非貿易財の相対価格と実質為替レートに及ぼす影響について、図式的なアプローチを用いて分析しなさい。
4. **老齢従属人口比率**（old-age dependency ratio）は、15歳から64歳までの人口に対する65歳以上の人口の比率と定義される。いくつかの国の老齢従属人口比率を観察したとする。どの国がより生活費がかかると予想されるだろうか。

練習問題10.4（突然の停止　その1）

多数の家計が住む2期間の小国開放経済を考える。家計の生涯効用関数は以下の選好で表される。

$$\ln(C_1^T C_1^N) + \ln(C_2^T C_2^N)$$

ここでC_t^TとC_t^Nは、それぞれ$t=1, 2$期における貿易財と非貿易財の消費を表す。家計は$Q_1^T=1$と$Q_2^T=2$単位の貿易財と$Q_1^N=Q_2^N=1$単位の非貿易財を第1期と第2期に保有する。家計は資産も負債もない状態で第1期をスタートし、世界金利はゼロであるとする。

1. 第1期における均衡水準の経常収支と非貿易財の貿易財に対する相対価格（それぞれCA_1とp_1とする）を計算しなさい。
2. 今、突然、世界の金利が0%から10%に上昇したとする。第1期における経常収支と非貿易財の貿易財に対する相対価格について、新しい均衡水準を計算しなさい。

練習問題10.5（突然の停止　その2）

2期間の小国開放経済について考える。第1期では，家計は6単位の貿易財と9単位の非貿易財を受け取り、第2期では、家計は13.2単位の貿易財と9単位の非貿易財を受け取る（$Q_1^T=6$、$Q_2^T=13.2$および$Q_1^N=Q_2^N=9$）。家計は資産も負債もない状態で第1期をスタートし（$B_0=0$）、この国は世界の金融市場に自由にアクセスでき、金利は10%であるとする（$r^*=0.1$）。また家計の選好は、第1期と第2期の貿易財と非貿易財の消費に対して定義され、次の効用関数によって記述されるとする。

$$\ln C_1^T + \ln C_1^N + \ln C_2^T + \ln C_2^N$$

ここでC_t^TとC_t^Nはそれぞれ$t=1, 2$期における貿易財と非貿易財の消費を表す。p_1とp_2は、それぞれ第1期と第2期における貿易財に対する非貿易財の相対価格を示すとする。

1. 第1期と第2期における家計の予算制約を書き出しなさい。
2. 家計の異時点間予算制約を導出しなさい。この式を（1）とする。
3. 家計は異時点間予算制約の下で生涯効用関数を最大化するために，第1期と第2期の貿易財と非貿易財の消費を選択する。この問題に関連する最適化条件を導出しなさい。そのために、まず（1）をC_1^Tについて解き、得られた式を用いて生涯効用関数からC_1^Tを消去する。得られた生涯効用関数において、C_1^N、C_2^TとC_2^Nに関する導関数を取り、それらを0と置く。得られた3つの式をそれぞれ（2）、（3）および（4）とする。
4. 第1期と第2期における非貿易財市場の市場清算条件を求めなさい。またこれらの式をそれぞれ（5）および（6）とする。
5. 式（1）～（6）を組み合わせて、C_1^T、C_2^T、C_1^N、C_2^N、p_1およびp_2について解きなさい。また非貿易財の相対価格が時間とともに変化する理由を直感的にわかるよう

第II部 実質為替レート

に説明しなさい。

6. 第1期末における対外純資産B_1を計算しなさい。
7. 第1期と第2期における経常収支の均衡水準（CA_1とCA_2）を求めなさい。
8. $t=1, 2$期における国内の消費者物価指数P_tは$P_t=\sqrt{P_t^T P_t^N}$で定義される。ここでP_t^TとP_t^Nはそれぞれ$t=1, 2$における貿易財と非貿易財の名目価格である。同様に、外国における消費者物価指数は$P_t^*=\sqrt{P_t^{T*} P_t^{N*}}$で与えられるとする。ここで、上付き添え字の*は外国の変数を表す。外国の名目物価は外国通貨で表示される。貿易財にはPPPが成立すると仮定する。最後に、外国において非貿易財の貿易財に対する相対価格は、両期間とも1であると仮定する。このとき、第1期と第2期の実質為替レートを計算しなさい。
9. 2001年のアルゼンチンにおける突然の停止のときのようなシナリオを考察する。第2期の債務不履行の恐れから、第1期において国内経済への融資を海外の貸し手が拒否したと仮定する。このような新しい（不利な）状況下で、問6.から問8.の質問に答えなさい。また均衡における金利を計算し、その結果を直感的にわかるように説明しなさい。
10. 突然の停止が起こる場合とそうでない場合について、それぞれ第1期の実質GDPを計算しなさい。また実質GDPの2つの代替指標を考える。すなわち、貿易財で測定したGDPと、価格が消費者物価指数P_1である財のバスケットで測定したGDPである。どちらの指標が経済学的に意味があるだろうか。説明しなさい。
11. 米州開発銀行（IDB）が、突然の停止の影響を緩和するために、同国への移転（贈与）を実施することにしたとする。具体的には、第1期にIDBからF単位の貿易財が移転されるとする。このとき、上記の効用関数を用いて、突然の停止が起こらない場合と同等の満足度を家計が得るために必要なFの大きさを求めなさい。また、突然の停止下において、かつ援助がない場合の第1期における同国のGDP（貿易財ベース）に対する割合でFを表しなさい。

練習問題10.6（貿易財・非貿易財モデルにおける将来の非貿易財の賦存ショック）

10.1節で分析した賦存経済において、第1期の非貿易財の貿易財に対する相対価格p_1は、将来の非貿易財の賦存量Q_2^Nとは無関係である。これは、効用関数と合成関数が、それぞれ対数線形、コブ＝ダグラス型であると仮定していることによる特殊な結果である。このような関数形の組合せから離れるとどうなるか見るために、合成関数が引き続きコブ＝ダグラス型であるが、効用関数が次のような形式である場合を考えてみる。

$$\sqrt{C_1}+\beta\sqrt{C_2}$$

その他は、10.1節に準じるとする。

1. 第1期の貿易財に対する非貿易財の相対価格の均衡値を導出しなさい［ヒント：家計の一階の最適化条件を導出し、$t=1, 2$における市場清算条件、$C_t^N=Q_t^N$を課すこと］。
2. 第2期における非貿易財の賦存量Q_2^Nが増加した場合、第1期の非貿易財の相対価格p_1にどのような影響を与えるか。また実質為替レートにはどのような影響があるか。

3. 上記問題について直感的に説明しなさい。

練習問題 10.7（PPF　その1）

生産関数$Q^T = \sqrt{L^T}$によって、貿易財Q^Tが労働L^Tを用いて生産されるとする。同様に、生産関数$Q^N = \sqrt{L^N}$によって、非貿易財Q^Nが労働L^Nを用いて生産されるとする。この経済が8人の労働者を有し（$L = 8$）、非貿易財部門の生産量が2である（$Q^N = 2$）とする。このとき、貿易財部門の生産量と非貿易財の貿易財に対する相対価格pを計算しなさい。

練習問題 10.8（PPF　その2）

貿易財部門と非貿易財部門の生産関数が$Q^T = (L^T)^\alpha$と$Q^N = (L^N)^\alpha$であり、Q^iとL^iはそれぞれ部門$i = T, N$における生産と雇用を表すとする。また経済における労働者の総数をLとする。

1. PPFとその傾きを求めなさい。
2. $\alpha = 0.25$および$L = 1$であるとする。さらに、非貿易財の貿易財に対する相対価格pが2であるとする。このとき、Q^T、Q^N、L^TおよびL^Nを求めなさい。
3. 名目賃金を$W = 5$とする。このとき、貿易財と非貿易財の名目価格（P^TとP^N）と、両部門の利潤を求めなさい。

練習問題 10.9（線形所得拡大経路）

10.5.3項で、期間効用関数が対数型、$U(C) = \ln(C)$および、合成関数がコブ＝ダグラス型、$C = (C^T)^\gamma (C^N)^{1-\gamma}$であるとき、所得拡大経路は線形になることを示した。

1. より一般的に、以下のように選好が**相対的リスク回避度一定**（constant relative risk aversion：CRRA）の期間効用関数と、CES型またはアーミントン型の集計関数で記述されるとき、所得拡大経路が線形であることを示しなさい。

$$U(C) = \frac{C^{1-\sigma} - 1}{1-\sigma}$$

$$C = \left[\gamma\,(C^T)^{1-\frac{1}{\xi}} + (1-\gamma)\,(C^N)^{1-\frac{1}{\xi}}\right]^{\frac{1}{1-\frac{1}{\xi}}}$$

ここで、$\sigma, \xi > 0$、そして$\gamma \in (0, 1)$である。

2. 対数型期間効用関数は、$\sigma \to 1$のときのCRRA型期間効用関数の特殊例であることを示しなさい。
3. コブ＝ダグラス型集計関数は、$\xi \to 1$のときのCES集計関数の特殊例であることを示しなさい。
4. より一般的に、期間効用関数が単調で、集計関数が同次な場合、所得拡大経路が線形であることを示しなさい。この場合、家計は貿易財と非貿易財に対して**相似拡大性**（homothetic preferences）を持つと言う。

練習問題 10.10（生産を伴う貿易財・非貿易財モデルの均衡）

貿易財と非貿易財を生産・消費する2期間の小国開放経済について考える。期間$t =$

1, 2において、生産可能性フロンティア (PPF) は次のような形である。

$$Q_t^N = \sqrt{2-(Q_t^T)^2}$$

ここでQ_t^TとQ_t^Nはそれぞれ$t=1, 2$の期間における貿易財と非貿易財の生産量を表す。選好は以下の効用関数で与えられる。

$$\ln(C_1^T)+\ln(C_1^N)+\ln(C_2^T)+\ln(C_2^N)$$

ここで、C_t^TとC_t^Nはそれぞれ$t=1, 2$期における貿易財と非貿易財の消費を表す。また$p_t \equiv P_t^N/P_t^T$は、期間$t=1, 2$における非貿易財の貿易財に対する相対価格を表すとする。

1. p_1が1に等しいとする（すなわち、非貿易財の1単位は貿易財の1単位と等価である）。PPFから得られる情報を用い、また貿易財と非貿易財を生産する企業は、利潤最大化を行っていると仮定して、第1期の貿易財と非貿易財の生産量 (Q_1^TとQ_1^N) を計算しなさい。
2. ここまでの結果と、非貿易財部門の市場清算条件を用いて、第1期における非貿易財の消費 (C_1^N) を計算しなさい。
3. 家計が効用最大を行っていると仮定し、上記の情報と前の2問の結果を用いて、第1期における貿易財の消費量 (C_1^T) を計算しなさい。
4. 第1期における貿易収支 (TB_1) を計算しなさい。
5. 当初の対外純資産残高B_0がゼロであるとする。このとき、第1期における経常収支 (CA_1) を計算しなさい。
6. 世界金利 (r^*) が0% ($r^*=0$) であったとする。さらに、家計は世界の金融市場にアクセスできるとする。このとき、第2期における貿易財の消費 (C_2^T) を計算しなさい。
7. 貿易財に関する経済の異時点間資源制約を利用して、第2期における貿易財の生産量 (Q_2^T) を計算しなさい。
8. 第2期における非貿易財の生産量 (Q_2^N) を計算しなさい。
9. 第2期における非貿易財の貿易財に対する相対価格 (p_2) を求めなさい。
10. p_1に関する初期における推測、すなわち、$p_1=1$は均衡値であるか。もしそうである場合、どのような条件が満たされなければならないか、明確に述べなさい。

練習問題10.11 (部門別生産を伴う貿易財・非貿易財モデルにおける貿易収支)

10.5節の部門別生産を伴う貿易財・非貿易財モデルにおける均衡について、以下の主張が真、偽、あるいは不明かどうかを述べ、その理由を説明しなさい。なお、この問いに答えるにあたり、初期の国際投資残高B_0はゼロであると仮定する。

1. もし$\beta(1+r)=1$であれば、両期間の貿易収支はゼロ ($TB_1=TB_2=0$) である。
2. もし$\beta(1+r)>1$であれば、貿易収支は第1期でプラス ($TB_1>0$) である。
3. もし$\beta(1+r)>1$であれば、世界金利の上昇は第1期の貿易収支の改善につながる。

練習問題10.12 (正の純国際投資残高と貿易財・非貿易財モデルにおける均衡)

当初の純国際投資残高B_0が正であるという仮定で、練習問題10.11をやり直しなさい。

練習問題 10.13（バラッサ＝サミュエルソン・モデルにおける実質為替レートの決定）

米国と日本という2つの国を考える。両国は貿易財と非貿易財を生産している。ある時点において、米国の生産技術が次のように記述されているとする。

$$Q_T^{US} = a_T^{US} L_T^{US}$$
$$Q_N^{US} = a_N^{US} L_N^{US}$$

ここで、Q_T^{US}とQ_N^{US}はそれぞれ米国における貿易財と非貿易財の生産高を表す。また$a_T^{US} = 0.4$かつ$a_N^{US} = 0.1$とし、それぞれ貿易財部門と非貿易財部門の労働生産性を表すとする。さらにL_T^{US}とL_N^{US}は、それぞれ米国の貿易財部門と非貿易財部門における労働力を示す。米国における労働力の総供給量は1に等しいので、$1 = L_T^{US} + L_N^{US}$が成立する。同じ時点で、日本における生産可能性は次式で与えられる。

$$Q_T^J = 0.2 L_T^J$$
$$Q_N^J = 0.2 L_N^J$$

ここで、上付き文字Jは日本を表す。また、日本における労働力の総供給量も1に等しいとする。各国とも貿易財部門の賃金と非貿易財部門の賃金は等しいと仮定する。米国の物価指数をP^{US}とし、次式で与えられるとする。

$$P^{US} = \sqrt{P_T^{US} P_N^{US}}$$

ここでP_T^{US}とP_N^{US}はそれぞれ米国の貿易財と非貿易財のドル建て価格である。同様に、日本の物価指数は円建てであり、次式で与えられる。

$$P^J = \sqrt{P_T^J P_N^J}$$

1. $e = \varepsilon P^J / P^{US}$で定義されるドル・円の実質為替レートを計算しなさい。ここで、εはドル・円為替レート（1円のドル建て価格）を表す。数値解のみでなく、計算過程も示しなさい。
2. 米国の貿易財部門の労働生産性a_T^{US}は年率3％で成長し、非貿易財部門の労働生産性a_N^{US}は年率1％で成長するとする。また、日本の労働生産性は時間を通して一定であるとする。実質為替レートの成長率を計算し、その結果を直感的にわかるように説明しなさい。

練習問題 10.14（線形技術による2種類の貿易財のある経済）

AとBという2種類の財が存在する二国経済を考える。両財は国際的に取引され、労働のみを使用して線形な技術で生産される。国内経済における生産関数は以下で与えられる。

$$Q^A = a_A L^A$$
$$Q^B = a_B L^B$$

ここで、Q^i、L^iおよびa_iは$i = A, B$部門における生産量、労働量、労働生産性を表す。労働生産性は外生的であり、国内には固定の労働力L単位が与えられているとする。同様に外国における生産関数は以下である。

$$Q^{A*} = a_{A*} L^{A*}$$
$$Q^{B*} = a_{B*} L^{B*}$$

外国における労働力の賦存量はL^*とする。

1. 一般に、均衡は少なくとも1つの国での生産特化を特徴とする、つまり、2つの国のうちの1つが1つの財しか生産しないことを示しなさい。
2. 均衡において、自国は財Aの生産に特化しているとする。この場合、労働生産性と相対価格の間にはどのような関係が成り立つだろうか。
3. 均衡において、自国が財Aの生産に特化し、外国が財Bの生産に特化しているとする。この場合、労働生産性と相対価格の間にはどのような関係が成り立つだろうか。

練習問題10.15（線形技術と2部門経済）

ここでの練習問題は、貿易財・非貿易財モデルとバラッサ＝サミュエルソン・モデルを組み合わせたものである。効用関数が以下で表される選好を持つ多数の同一世帯が住む、2期間の小国開放経済を考える。

$$\ln C_1^T + \ln C_1^N + \ln C_2^T + \ln C_2^N$$

ここでC_1^TとC_2^Tはそれぞれ第1期と第2期における貿易財の消費を表し、C_1^NとC_2^Nは第1期と第2期における非貿易財の消費を示す。家計は、第1期に負債も資産も持たずに生まれ、第1期には$L_1 = 1$単位の労働力を、第2期には$L_2 = 1$単位の労働力を与えられている。家計は企業に労働力を提供し、その対価として第1期は賃金率w_1、第2期はw_2を受け取る。また、賃金率は貿易財で表現（$w_t \equiv W_t/P_t^T$）されるとする。家計は国際金融市場において世界金利r^*で貸借できる。さらにp_1とp_2は、それぞれ第1期と第2期の非貿易財の貿易財に対する相対価格を表すとする。

貿易部門の企業は、第1期において$Q_1^T = a_T L_1^T$、第2期において$Q_2^T = a_T L_2^T$の技術を用いて生産する。ここで、Q_t^Tは期間$t = 1, 2$における生産高を表し、L_t^Tは期間$t = 1, 2$における貿易財部門の雇用を表す。同様に、第1、2期における非貿易財部門の生産は$Q_1^N = a_N L_1^N$および$Q_2^N = a_N L_2^N$で与えられる。

1. 第1期と第2期における家計の予算制約を書きなさい。
2. 家計の異時点間予算制約を書きなさい。
3. 家計の効用最大化問題を定式化しなさい。
4. 家計の最大化問題に関連する最適化条件を導出しなさい。
5. 第1期と第2期における貿易財と非貿易財の最適な消費水準（C_1^T、C_1^N、C_2^TとC_2^N）を、r^*、w_1、w_2、p_1とp_2の関数として導出しなさい。
6. 企業のゼロ利潤条件を用いて、実質賃金と非貿易財の相対価格（w_tおよびp_t、$t = 1, 2$）を、パラメータa_Tおよびa_Nの式として、導出しなさい。
7. 非貿易財市場における清算条件を書きなさい。
8. 労働市場における清算条件を書きなさい。
9. 上記の結果を用いて、消費、貿易収支、部門別雇用の均衡水準（C_1^T、C_2^T、C_1^N、C_2^N、TB_1、TB_2、L_1^TおよびL_2^T）を構造パラメータa_T、a_Nおよびr^*の関数として導出しなさい。
10. 時間の経過とともに、部門間の労働の再配分が行われているだろうか。もしあれば、その背後を直感的にわかるように説明しなさい。

PART Ⅲ
International Capital Mobility

第Ⅲ部
国際的な資本の移動性

第11章 国際資本市場の統合

第9章では、世界経済における財市場の統合について分析を行った。具体的には、財・サービスの価格が国境を越えて世界中で平準化される傾向があるかどうかについて調べた。本章では、国際資本市場が統合されているかどうか、自由な資本移動の下で各国の金利が等しくなる傾向があるかどうかを検討する。

過去数十年の間、世界では金融のグローバル化が進んでいるように見える。その1つの表れが、国際的な総資産・総負債残高の爆発的な増加である。例えば、第1章の図1.7にあるように、1970年代半ばにおいて、米国の対外総負債残高はGDP比で15%に過ぎなかったが、2018年にはGDP比170%を超えるまでに上昇した。同様に、米国の対外総資産残高は、1970年代半ばにおけるGDP比20%から、2018年には130%超に跳ね上がった。同様の対外総資産・総負債残高の成長パターンは、世界の多くの国で観察されている。

この現象には、いくつかの出来事が寄与している。まず、情報技術の大幅な進歩により、金融市場の取引コストや金融データの収集・保存コストが削減され、既存の市場参加者の取引量を増加させただけでなく、小口投資家の参入を可能にし、金融市場がより細分化され、投資ファンドをはじめとする金融仲介業者によって、この種の投資家の国際株式市場、債券市場へのアクセスが容易になったことが挙げられる。さらに、1970年代前半にはブレトン・ウッズ体制と呼ばれた固定為替相場制が廃止され、国際間の資本フローの大きな変動を防ぐための資本規制が世界の多くの国や地域において撤廃されるに至った。また1980年代半ばにはユーロ圏が誕生し、金融資本の移動に対する障壁のない広い地域が生まれ、1999年のユーロ発足以降は、共通通貨圏となった。最後に、中国が1980年代前半の市場原理主義的改革と2000年代前半のWTO加盟を経て、新たな世界経済大国として台頭し、モノと金融資産の国際貿易を大きく拡大させたことが挙げられる。第1章で見たように、中国は大規模な経常黒字によって、世界の資本市場へ資金を供給する主要な存在となった。

11.1　カバー付き金利平価条件

資本移動が完全に自由な世界では、無リスクの金融投資の収益率は各国において等しくなるはずである。そうでなければ、裁定取引の機会が生じ、低リターンの国から高リターンの国へ資本が流出することになる。このような国境を越えた資本の移動により、金利差は解消される傾向にある一方で、各国の金利差が長期的に続くとすれば、それは国際的な資本移動に制約があることを示唆しているはずである。

したがって、資本市場の統合の度合いを実証的に検証しようとするなら、債務不履行（デフォルト）リスクのない資産にかかる各国間の金利差を見るのが自然である。しかし、このような検証は、見かけほど単純ではない。金利差を測定する際の難しさの1つは、各国間の金利は異なる通貨で投資する場合、直接比較できないことである。例えば、1年の預金金利が米国で7%、ドイツで3%だとする。この4%の金利差は、資本取引を阻害するものが皆無としても、ドイツから米国への資本の流れを必ずしも誘因するとは限らない。なぜなら、投資期間中に急激なドル安（4%以上）が起こると、ドイツに資金を預けた投資家のほうが、米国に投資した投資家よりも期間終了時に多くのドルを持つ可能性があるからである。このように、資本規制がない場合でも、為替レートの変動に対する期待や為替リスクに対する補償として、金利差が存在する可能性がある。したがって、金利差の測定には為替レートがもたらす要因を考慮する必要がある。

例えばt期において、米国の投資家が1ドルを持っており、それを国内（米国）で運用するか、外国、例えばドイツで運用するか決めようとしているとしよう。i_tはt期における米国の金利、i_t^*は外国（ドイツ）の金利とする。t期に投資家が米国に預金すると、$t+1$期に$1+i_t$のドルを受け取ることになる。ではもし、1ドルをドイツで運用したら、いくらドルを手にすることができるだろうか。ドイツに投資するためには、まずドルを売ってユーロを買わなければならない。ここでε_tは日付tにおける直物為替レートで、1ユーロ当たりのドル建て価格として定義する。したがって、投資家は手持ちの1ドルに対しては$1/\varepsilon_t$ユーロを得て、$t+1$期においては$(1+i_t^*)/\varepsilon_t$ユーロを受け取る。このときε_{t+1}

を$t+1$期の直物為替レートとすると、$(1+i_t^*)/\varepsilon_t$ユーロは、$(1+i_t^*)\varepsilon_{t+1}/\varepsilon_t$ドルに変換される。したがって、投資先を決定する際には、投資家は米国に投資した場合のリターン$1+i_t$と、ドイツに同額投資した場合のドル・リターン$(1+i_t^*)\varepsilon_{t+1}/\varepsilon_t$を比較するはずである。$1+i_t$が$(1+i_t^*)\varepsilon_{t+1}/\varepsilon_t$よりも大きい場合、米国に投資したほうが得策である。実際この場合、投資家はドイツで借入れを行い、米国で投資を行うことで、無限の利益を得ることができる。同様に、$1+i_t$が$(1+i_t^*)\varepsilon_{t+1}/\varepsilon_t$よりも小さければ、米国で借入れを行い、ドイツで投資を行うことで無限の利益を得ることができる。

しかし、この投資戦略には根本的な問題がある。投資家は、t時点では、$t+1$時点の為替レートε_{t+1}を知らない。つまり、米国への投資に伴うリターン$1+i_t$と、ドイツへの投資に伴うリターン$(1+i_t^*)\varepsilon_{t+1}/\varepsilon_t$を直接比較することはできない。なぜなら、前者は投資時点（t期）において確実なのに対して、後者はその時点では不確実であるためである。

先物為替市場は、まさに投資家がこのような為替リスクを回避できるように設計されている。投資家は、投資期間の終わりに受渡しするために必要な量の米ドルを、決められた価格で投資期間の初めに購入することで、為替レートの不確実性を排除することができる。このような外貨の購入は**先物契約**（forward contract）と呼ばれる。F_tを先物レート、つまり、$t+1$時点で受渡しされる1ユーロのt時点におけるドル建ての価格であるとする。先物契約が成立した時点（t期）では、お金のやりとりはないことに注意しよう。金銭の授受が発生するのは、先物契約が執行されたとき（$t+1$期）である。直物為替レートに対する先物為替レートの比率、F_t/ε_tを**先物割引**（forward discount, フォワード・ディスカウント）と呼ぶ。先物為替市場を利用してドイツに1ドル投資した場合のドル建てのリターンは、したがって$(1+i_t^*)F_t/\varepsilon_t$となる。このリターンは$t$時点において確実にわかるので、国内投資のリターンである$1+i_t$と比較可能になる。

国内でのリターンと、先物為替レートを用いて国内通貨で表した海外でのリターンの差額を、**カバー付き金利差**（covered interest rate differential）と言う。

$$\text{カバー付き金利差} = (1+i_t) - (1+i_t^*)\frac{F_t}{\varepsilon_t} \tag{11.1}$$

この金利差は、先物為替レートを使用することで投資家を為替リスクから守る（カバーする）ことから、カバー付き金利差と呼ばれている。**通貨ベーシス**

（cross-currency basis）とも呼ばれる。

カバー付き金利差がゼロであるとき、**カバー付き金利平価**（covered interest rate parity：CIP）が成立していると言う。資本移動の障壁がない場合、債務不履行（デフォルト）リスクのない金利や先物レートによる投資にとって、CIPが成立していない状況は裁定機会の存在を意味する。裁定機会が存在する場合、リスクを負わずに無限の利益を得る可能性がある。

次のような例を考えてみよう。米国の年間名目金利が7%（$i_t = 0.07$）、ドイツの年間名目金利が3%（$i_t^* = 0.03$）、直物為替レートが1ユーロ当たり1.20ドル（$\varepsilon_t = 1.20$）であり、1年後の先物為替レートが1ユーロ当たり1.22ドル（$F_t = 1.22$）であったとする。この場合、先物割引は$F_t/\varepsilon_t = 1.22/1.20 = 1.0167$であり、カバー付き金利差は$1 + i_t - (1 + i_t^*)F_t/\varepsilon_t = 1.07 - 1.03 \times 1.0167 = 0.0228$、すなわち2.28%である。国際資本移動の障壁がない場合、このCIPが成立していない状況は、先物市場でユーロを買って為替リスクを排除しつつ、ドイツで借り入れ、米国で投資することで、利益を上げることが可能であることを意味する。

この裁定機会をどのように利用できるかを確かめるため、次のような一連の取引を考えてみよう。(1) ドイツで1ユーロを借りる。(2) 直物市場で1ユーロを1.20ドルに交換する。(3) 1.20ドルを米国の預金で運用する。(4) 先物市場で1.03ユーロを買う（金利を含んだユーロ債務の支払いのためにはこの金額が必要である）。また先物市場でユーロを買うと、この時点では支払いが発生しないことに注意しよう。(5) 1年後、米国での投資のリターンは1.07×1.20ドル＝1.2840ドルとなる。(6) 先物契約を履行し、1.03ユーロを1.22×1.03＝1.2566ドルで購入する。この金額をドイツでのローンの返済に充てる。(5) で受け取った金額と (6) で支払った金額の差は、1.2840ドル－1.2566ドル＝0.0274ドル＞0となる。この操作には為替リスクがなく（なぜなら先物市場を利用しているから）、初期の資金も不要で、純粋に0.0274ドルの利益が得られたことに注目しよう。

以上の例から明らかなように、デフォルトリスクのない金利や先物レートでは、国際資本移動に障壁がなければ、カバー付き金利差はゼロになるはずである。したがって、ゼロでないカバー付き金利差が存在することは、自由な資本移動が存在しないことの証である。

11.2　1998～2021年の中国における カバー付き金利差

2001年、中国は世界貿易機関（WTO）に加盟し、既存のWTO加盟国と中国との取引において、関税や割当など、財・サービスの国際貿易についての障壁が大幅に削減され、世界の財・サービス市場に、さらに深く組み込まれるようになった。このような統合のプロセスは、国際資本市場にも及んでいるのだろうか、という疑問は自然なものである。カバー付き金利差の挙動を調べることで、この問いに答えることができる。具体的に、米国と中国の間のカバー付き金利差を分析してみよう。i_tは米国のドル金利、i_t^*は中国の人民元金利を表すとする。ε_tを直物為替レート（1人民元当たりのドル建て価格）、またF_tを先物為替レート（1人民元当たりのドル建て価格）とする。[1)] このとき、米中間のカバー付き金利差は（11.1）式のように計算することができる。

図11.1は、ドル・人民元のカバー付き金利差を年率換算した週次データを示している。サンプルは1998年12月11日から2021年9月24日までである。この図から、カバー付き金利平価からの乖離が大きいことがわかる。カバー付き金利差の絶対値は平均で3.1%ポイントであった。最後の5年間では差の絶対値は1%ポイント程度低下しているが、平均で2.1%ポイントと引き続き大きめである。中国のWTO加盟後、カバー付き金利差に顕著な変化は観察されただろうか。答えはイエスであり、WTO加盟により、カバー付き金利差の符号が反転したことがわかる。2002年10月以前と2015年8月以降では、カバー付き金利差はほとんどの期間でプラスであり、その間の期間では主にマイナスであった。しかし、WTO加盟前と加盟後のカバー付き金利平価からの絶対的な乖離は、少なくとも最近まではあまり変化していない。つまりWTO加盟後、中国が国際的な資本フローの障壁を減らしたと結論付けることはできない。なぜなら、カバー付き金利平価からの乖離がプラスであれマイナスであれ、それは自由な資本移動の妨げを示すからである。カバー付き金利差がプラスであれば、中国から米国への資本流出に対する障壁が存在し、カバー付き金利差がマイナスであれば、中国への資本流入に対する制約が存在することを示唆してい

---

1)　F_tの指標は、オフショア市場からのノンデリバラブル・先物レートである。

図 11.1　米ドル・人民元のカバー付き金利差：1998〜2021 年

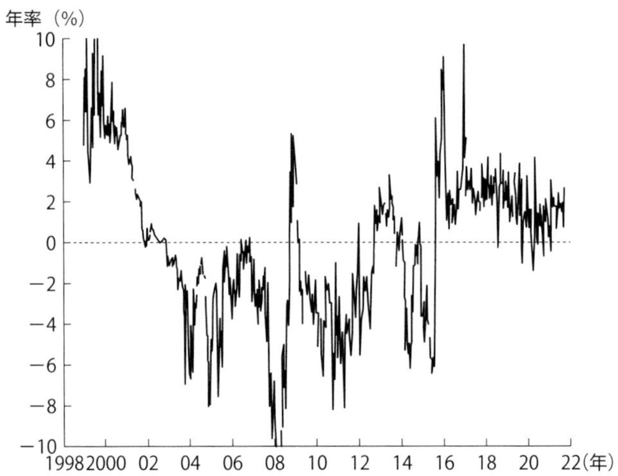

（注）　1998年12月11日から2021年9月24日までの米ドル・人民元のカバー付き金利差を年率換算した週次データをプロットしたものである.
（出所）　Bloombergのデータに基づき独自に算出.

る。つまり、加盟前の中国の投資家は国外に資金を持ち出したくてもできず、加盟後も海外から借り入れることで国内に投資したくてもできない、という状況だったことがデータから読み取れる。したがって、カバー付き金利差の動きを見ると、サンプル期間中、中国経済が資本流入と資本流出の両面で制約されていたことがわかる。[2)]

11.3　2009 〜 2012 年のブラジルにおける資本規制と金利差

これまで、カバー付き金利差は、国境を越えた資本移動について、政府による阻害要因を反映している可能性があることを論じてきた。政府規制による国際的な資本取引への障害を、広義には資本規制と呼ぶ。資本規制には、国際的な資本の流入・流出に対する課税、国際的な借入れ・貸付けに対する割当、資

2）　第 12 章の章末の練習問題 12.20 では、公開されている資本規制に関するデータセットを用いて、WTO 加盟前後の中国における資本流入・流出への規制のより直接的な指標を提示することを考える。

本流入・流出を一定期間非報酬の国内勘定にとどめること等、さまざまな形態がある。本節では、2007年から2009年にかけての世界金融危機後におけるブラジルの事例を紹介し、カバー付き金利差と政府が課す資本移動の阻害要因との関係を明確に示す。

世界的な金融危機をきっかけに、米国をはじめとする多くの先進国の金利はゼロ近傍まで低下した。そのため、より高い利回りを求める世界中の投資家は、金利の高い新興国へ資金を送り込むようになった。そうした中、大きな資金流入を受けた国の1つがブラジルである。しかし、ブラジル当局は、こうした資金流入が経済を不安定にすることを懸念し、資金流入に対する課税を実施した。具体的には、2009年10月から2012年3月までの間に、10以上の主要な資本規制税が課された。手段としては、株式投資や債券投資にかかる金融取引税の課税、無報酬準備金の要求などであるが、2012年3月以降、これらの規制は徐々に撤廃されていった。

特定の資産や特定の資産種別に対して資本流入税が課される場合、市場参加者がそれを回避する方法を見出すことが常に懸念される。この場合、資本規制を目的とする税制が有効であったかどうかを確認する1つの方法は、ブラジルレアルと米ドルのカバー付き金利差に注目することである。i_tをブラジル国内通貨預金（レアル）の360日金利を表すとし、ε_tを直物為替レート（つまり1米ドル当たりのレアル建て価格）、F_tを米ドルの360日先物為替レート、i_t^*を360日米ドルLIBORレート（ロンドン銀行間取引金利）とする。このとき、ブラジルと米国のカバー付き金利差は、$(1 + i_t)(\varepsilon_t/F_t) - (1 + i_t^*)$ で与えられる。当時ブラジルでは、この式の第1項をカンビアルクーポン（i_t^{cupom}）と呼んでいた。つまり、$1 + i_t^{cupom} = (1 + i_t)(\varepsilon_t/F_t)$ である。このカンビアルクーポンは、ブラジル国内のドル金利を表しており、したがってカバー付き金利差は次のように表現できる。

$$\text{カバー付き金利差} = i_t^{cupom} - i_t^*$$

図11.2は2010年1月1日から2012年12月31日までのレアル・ドルのカバー付き金利差の日次データをプロットしたものである。流入規制が成功していれば、ブラジル国内のドル金利がブラジル国外よりも高くなる、つまりカバー付き金利差は上昇するはずである。図によると、2010年秋までカバー付き金利差は0.5%ポイント程度であった。これは、それまでに行われていた主に株式投資を対象としていた資本規制には、カンビアルクーポンとLIBORレート間の裁定取引を抑制する効果がなかったことを意味する。しかし、2010年秋以

図 11.2　ブラジルレアル・米ドルカバー付き金利差：2010〜2012 年

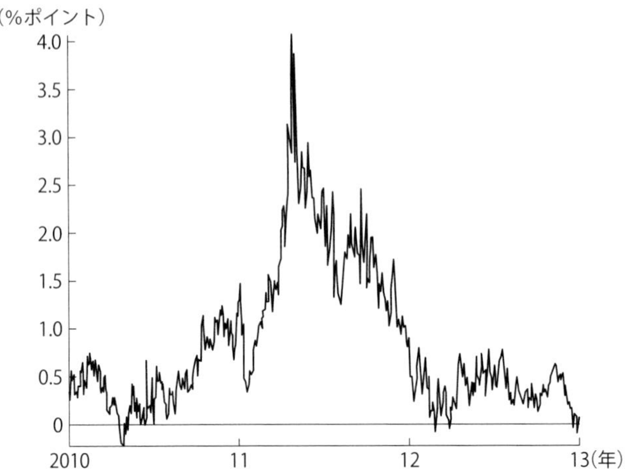

（注）　図は，2010年1月1日から2012年12月31日までの期間に，カンビアルクーポンと米ドルLIBORレートのスプレッドとして計算された，レアル・ドルのカバー付き金利差の日次データをプロットしたものである．
（出所）　Marcos Chamon and Márcio Garcia, "Capital Controls in Brazil: Effective?," *Journal of International Money and Finance*, Vol. 61, March 2016, pp. 163-187. データを共有していただいた筆者に感謝する．

降、ブラジル政府の資本規制強化に伴い、満期2年未満の外国からの借入れに6%の流入税が課された後、金利差は上昇し始め、2011年4月には4%ポイントのピークに達している。この金利差の大きさは、2010年秋以降の資本流入に対する税が金利の平準化を防ぐという意味で、確かに有効であったことを示唆している。しかし、2012年初頭には、金利差が0.5%ポイント程度と通常の水準に戻っており、裁定者は資本規制税を回避する方法を見出したようである。2012年6月には、満期が2年未満の外国からの借入金に対する6%の資本規制税が撤廃された。ブラジルの資本規制の試みは、資本規制がカバー付き金利差を生み出したという点で、効果的であったことを物語っている。しかしながら、資本規制が限られた範囲の国際取引に課された場合、金融投資家がそれを回避する方法を見出すインセンティブを持つため、その効果は一時的なものになりうることをも示している。

資本規制がカバー付き金利差に及ぼす影響は、消費、貯蓄、投資、および経常収支など経済の実体面に、ひいては厚生に影響を及ぼす可能性がある。第12章では、本教科書で使用されている異時点間モデルを用いて、資本規制が小国経済や大国経済に及ぼす実体面の影響を分析する。

11.4　長期におけるカバー付き金利差の実証

金利、直物為替レート、および先物為替レートのデータを用いて、カバー付き金利差の実証的な指標を構築することができ、それは国際資本移動の時間的変遷について有益な情報を提供することができるはずだ。特に、このような実証分析によって、現在の世界は過去に比べてグローバル化しているのか、グローバル化は時間とともに進行するのか、それとも非単調的な性質を持つものなのか、という問いに答えることができる。

図11.3は、1870年から2003年までのドル・ポンドのカバー付き金利差を示したものである。[3] カバー付き金利差は、第1次世界大戦（1914年）以前と、1985年以降に一貫して小さく、これらの2つの期間において国際的な資本市場の高度な統合が見られることを示している。一方、2つの世界大戦（1914–18年、1939–45年）と世界恐慌（1929年）は、国際金融システムを混乱に陥れ、国境を越えた自由な資本移動を妨げる金融規制を広めることになった。このような国際的な資本移動の阻害要因は、1980年代半ばまで多かれ少なかれ存在し、高くて不安定なカバー付き金利差につながった。低水準の金利差が再度見受けられるのは、サッチャー政権とレーガン政権による金融市場の規制緩和が行われた後である。米国とドイツの間の金利差も同様で、1914年以前と1980年代半ば以降は低く、その間の数十年間は高く不安定な金利差となっている。[4]

ここでの実証的な証拠が示唆しているのは、カバー付き金利差で測定される資本市場の統合は、近代的な現象ではないということである。1990年代、2000年代と同様、第1次世界大戦以前も、金融資本は多かれ少なかれ自由な形で移動していたのである。さらに、1914年から1985年にかけて観察された資本移動の中断は、例外的な出来事であると結論付ける理由はどこにもない。後述するように、2008年の世界金融危機は、金融市場の混乱と政府の介入を再び引き起こし、20世紀半ばに起こったものほど顕著ではないにせよ、先進諸国

---

3)　これらのデータを提供してくれたAlan Taylorに感謝する。1921年以前のカバー付き金利差は、長期為替手形と呼ばれる先物為替商品で構成されている。章末の練習問題11.4では、この商品の仕組みについて解説している。

4)　Maurice Obstfeld and Alan M. Taylor, "Globalization and Capital Markets," in *Globalization in Historical Perspective*, ed. by Michael D. Bordo, Alan M. Taylor, and Jeffrey G. Williamson, Chicago: University of Chicago Press, 2003を参照。

図 11.3　ドル・ポンドのカバー付き金利差：1870～2003 年

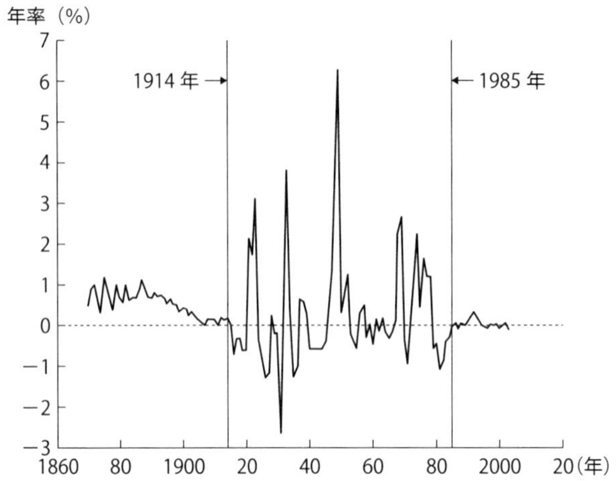

（注）ドル・ポンド間のカバー付き金利差の月平均をプロットしたものである.

（出所）Maurice Obstfeld and Alan M. Taylor, "Globalization and Capital Markets," in *Globalization in Historical Perspective*, ed. by Michael D. Bordo, Alan M. Taylor, and Jeffrey G. Williamson, Chicago: University of Chicago Press, 2003.

におけるカバー付き金利差の上昇を引き起こした。

11.5　オフショア・オンショア金利差に関する実証

為替リスクがない金利差の算出には、異なる国の金融市場で発行される同一通貨建ての商品（例えば米ドル）の金利を用いる方法もある。

例えば、ドル定期預金の金利をニューヨークとロンドンにある銀行で比較することができる。国内商品の金利をオンショアレート、外国商品の金利をオフショアレートと呼ぶ。

米国外でのドル預金は1980年代前半に普及した。1970年代の高いインフレ率に加え、米連邦準備制度理事会（FRB）が米国の銀行が支払うことができる定期預金の金利に上限を設けるレギュレーションQを行ったことで、ユーロカレンシー市場が急速に拡大した。ユーロカレンシー預金とは、その通貨の本国市場以外の市場に外貨として預ける預金である。例えば、ユーロ・ドル預金は、米国外のドル預金（例えば、ロンドンでのドル預金）であり、このような預金の金利は、ユーロ・ドル金利と呼ばれている。また、シンガポールの銀行

図 11.4　米ドルのオフショア・オンショア金利差：1981 年第 1 四半期～2019 年第 1 四半期

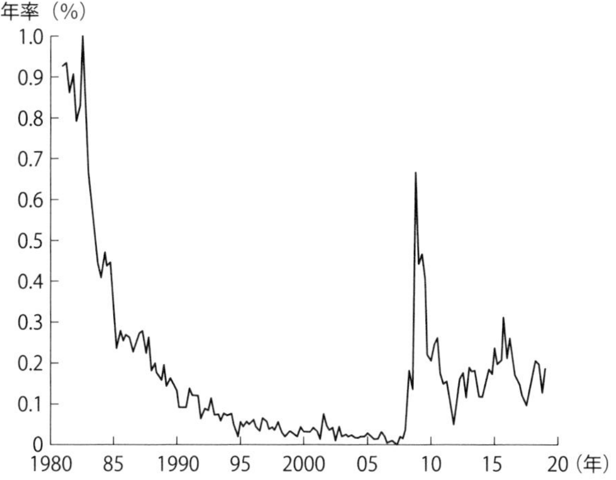

（注）　図は，米ドルのオフショア・オンショア金利差の四半期平均をプロットしたものである．オフショア金利は，ユーロ・ドル3カ月物預金金利（イングランド銀行，IUQAED3A）である．オンショア金利は，米国の3カ月物譲渡性預金（CD）金利（OECD MEI，IR3TIB）である．

に預ける円預金はユーロ・円預金と呼ばれ、その金利はユーロ・円金利と呼ばれる。ユーロカレンシー預金の最大の市場はロンドンである。

米国内ドル預金のt期の金利をi_tとし、i_t^*を外国でのドル預金の金利とすると、外国（オフショア）と自国（オンショア）の金利差は以下で表される。

$$オフショアとオンショアの金利差 = i_t^* - i_t$$

両者の金利がドル預金であることから、為替リスクが排除され、直接比較することができ、両預金とも債務不履行リスクがないとすれば、自由な資本移動の下では、オフショアとオンショアの金利差はゼロになるはずである。i_tとi_t^*の間に差があれば、純粋な裁定取引の機会が生まれ、投資家はそれを利用して無限の利益を得ることができる。つまり、債務不履行のリスクがない場合、オフショアとオンショアの金利差がゼロでないことは、自由な資本移動の欠如を示していることになる。

図11.4は1981年第1四半期から2019年第1四半期までの3カ月物英米オフショア・オンショア金利差をプロットしたものである。前述したように、1980年代半ばまでは、米国も英国も自由な国際資本移動の妨げとなる規制を課していた。このことは、この時期のオフショア・オンショア金利差の大きさに反映されている。この時期、英国のドル金利が米国のドル金利よりも高かったとい

第III部 国際的な資本の移動性

うことは、投資家が米国で借り、英国で貸したいと思っても、彼らが思うほどにはできなかったということを示している。

オフショアとオンショアの金利差は1990年までに実質的にゼロ（0.1%、つまり10ベーシスポイント以下）になり、2008年の世界金融危機の発生までその低水準が続いた。2008年には金利差は一時的に約60ベーシスポイント（0.6%）まで急上昇し、その後、低水準ではあるが危機以前の水準より高い水準で安定している。金融危機以前の水準に収束しなかったのは、米国と英国で健全性規制が導入され、銀行がこうした金利差を完全に裁定することができなくなったためであると考えられる。このような規制には、外資系銀行の米国支店が、米国CD市場へ参加することを制限する金融市場改革や、より厳しい銀行に対しての自己資本規制が米国で課されたことなどが含まれる。世界金融危機は金利差に持続的な影響を与えたが、平価からの乖離は1914年から1985年の間に観察されたほど大きくなく、その変動も大きくない。

世界金融危機後において、各国金利差が収束していないことは、米英ペアに限らず、かなり広く見られる現象である。例えば、米国とカナダ、ユーロ圏、日本、ノルウェー、ニュージーランド、スウェーデンなどの間でも金利差の収束が見られないということが報告されている。[5)]

11.6　カバーなし金利平価

国際金融でよく議論される概念に、**カバーなし金利平価**（uncovered interest rate parity：UIP）というものがある。この概念を理解するために、まず、名目為替レートが来期どうなるかについて、不確実性を伴わずに判明すると仮定する。そして、国内市場に投資するか外国に投資するかを決定する際に、国内市場に投資した場合の1ドルのリターンと外国市場に投資した場合の1ドルのリターンを比較する。国内市場に投資する場合、1ドルの投資によって、投資期間終了時に$1+i_t$ドル支払われる。外国市場に投資する場合、まず、1ドルを為替レートε_tで$1/\varepsilon_t$単位の外貨に交換し、i_t^*の利率の下で投資をする。この投資により、$t+1$期には$(1+i_t^*)/\varepsilon_t$の外貨を得ることができる。これを

5)　Eugenio Cerutti, Maurice Obstfeld, and Haonan Zhou, "Covered Interest Parity Deviations: Macrofinancial Determinants," IMF Working Paper, No. 2019/014, January 2019 を参照。この研究では、オフショア-オンショア金利差ではなく、カバー付き金利差を用いている。

自国通貨に換算すると、$(1+i_t^*)\varepsilon_{t+1}/\varepsilon_t$単位となる。裁定機会がない場合、$1+i_t$と$(1+i_t^*)\varepsilon_{t+1}/\varepsilon_t$が等しくなることが必要である。しかし、11.1節で述べたように、t期には$t+1$期に決定される名目為替レートは観測できないため、この2つのリターンを比較することは実際には不可能である。その結果、たとえ国をまたいで自由に裁定取引を行えたとしても、$1+i_t$は一般に、$(1+i_t^*)\varepsilon_{t+1}/\varepsilon_t$と等しくならない。

しかし、直感的にはこの2つのリターンは平均すると互いに等しいはずだと思うかもしれない。E_tをt期に入手可能な情報に基づいた期待値演算子とすると、つまり次のようになる。

$$1+i_t=(1+i_t^*)E_t\left(\frac{\varepsilon_{t+1}}{\varepsilon_t}\right) \tag{11.2}$$

この条件は、カバーなし金利平価と呼ばれる。この式の左辺と右辺の差は、**カバーなし金利差**（uncovered interest rate differential）と呼ばれる。

$$\text{カバーなし金利差}=1+i_t-(1+i_t^*)E_t\left(\frac{\varepsilon_{t+1}}{\varepsilon_t}\right)$$

本節では、UIPが成立するはずだという直感は、理論的にも実証的にも支持されないことを示す。このことは、それなりの大きさのカバーなし金利差を観測しても、それは国家間の自由な資本移動に対する阻害要因の存在を示すものではないことを示唆している。

11.6.1　開放経済における資産価格決定モデル

自由な資本移動が可能な小国開放の賦存経済を考える。第6章と同様、第1期には賦存量について不確実性がないが、第2期には賦存量は不確実であるとする。具体的には、第2期には、確率πで発生し、gで表現される良い状態と、確率$1-\pi$で発生し、bで表記される悪い状態という2つの状態があるとする。

B_1を第1期に購入した国内通貨建て債券とする。この債券は、第1期から第2期まで保有した場合、名目金利iが支払われる。ここで、外国の名目金利をi^*とする。また、B_1^*は、国内の家計が第1期に購入した外貨建て債券で、それに対して家計は先物取引によってリスクヘッジをするとする。すなわち、家計は第2期に$(1+i^*)B_1^*$単位の外貨を、先物為替レートF_1で自国通貨に交換することができる契約を、第1期において結ぶとする。さらに$\tilde{B}_1^*$は、家計が第1期に取得した外貨建て債券のうち、先物取引による為替ヘッジを行わず、したがって為替リスクにさらされている債券であるとする。

ε_tは、期間$t = 1, 2$における名目為替レートであり、期間tにおける1単位の外貨の国内通貨価格として定義される。すると国内家計の第1期における予算制約は次のように表すことができる。

$$P_1 C_1 + B_1 + \varepsilon_1 B_1^* + \varepsilon_1 \tilde{B}_1^* = P_1 Q_1 \tag{11.3}$$

ここで、P_1は第1期の国内物価水準、Q_1は第1期の財の賦存量を表す。またここでは、家計が資産を持たずに第1期を迎えたと仮定している（$B_0 = B_0^* = \tilde{B}_0^* = 0$）。

第2期が良い状態である場合の予算制約は以下となる。

$$P_2^g C_2^g = P_2^g Q_2^g + (1+i) B_1 + F_1 (1+i^*) B_1^* + \varepsilon_2^g (1+i^*) \tilde{B}_1^* \tag{11.4}$$

ここでP_2^gは第2期の良い状態における物価水準を示し、C_2^gは第2期の良い状態での消費水準を示す。Q_2^gは第2期の良い状態での賦存量を、そしてε_2^gは第2期の良い状態における為替レートを表す。同様に、第2期が悪い状態である場合の予算制約は、良い状態の予算制約と類似した表記により、次式で与えられる。

$$P_2^b C_2^b = P_2^b Q_2^b + (1+i) B_1 + F_1 (1+i^*) B_1^* + \varepsilon_2^b (1+i^*) \tilde{B}_1^* \tag{11.5}$$

また家計の期待効用関数を次のように仮定する。

$$U(C_1) + \pi U(C_2^g) + (1-\pi) U(C_2^b) \tag{11.6}$$

ここで、$U(\cdot)$ は増加・凹型の期間効用関数である。

家計の効用最大化問題は、P_1、P_2^g、P_2^b、ε_1、ε_2^g、ε_2^b、F_1、i、i^*、Q_1、Q_2^gとQ_2^bを所与として、予算制約式 (11.3)、(11.4) そして (11.5) の下で、(11.6)式を最大化するようC_1、C_2^g、C_2^b、B_1、B_1^*と$\tilde{B}_1^*$を選択することである。この問題に関連する最適化条件を得るために、まず、第1期の予算制約をC_1について、および、第2期の良い状態における予算制約をC_2^gについて、さらに第2期の悪い状態における予算制約をC_2^bについて解くと以下が得られる。

$$C_1(B_1, B_1^*, \tilde{B}_1^*) = \frac{P_1 Q_1 - B_1 - \varepsilon_1 B_1^* - \varepsilon_1 \tilde{B}_1^*}{P_1}$$

$$C_2^g(B_1, B_1^*, \tilde{B}_1^*) = \frac{P_2^g Q_2^g + (1+i) B_1 + (1+i^*)(F_1 B_1^* + \varepsilon_2^g \tilde{B}_1^*)}{P_2^g}$$

$$C_2^b(B_1, B_1^*, \tilde{B}_1^*) = \frac{P_2^b Q_2^b + (1+i) B_1 + (1+i^*)(F_1 B_1^* + \varepsilon_2^b \tilde{B}_1^*)}{P_2^b}$$

そしてこれら3つの式を使って効用関数から消費を消去すると、次のようになる。

$$U(C_1(B_1, B_1^*, \tilde{B}_1^*)) + \pi U(C_2^g(B_1, B_1^*, \tilde{B}_1^*)) + (1-\pi) U(C_2^b(B_1, B_1^*, \tilde{B}_1^*))$$

するとB_1に関する一階の条件は以下になる。

$$U'(C_1)\frac{1}{P_1} = \pi U'(C_2^g)\frac{1+i}{P_2^g} + (1-\pi) U'(C_2^b)\frac{1+i}{P_2^b}$$

この式の左辺は、第1期における国内通貨1単位から得られる限界効用を示している。つまり国内通貨1単位により、$1/P_1$単位の財を購入し、それぞれの財が、$U'(C_1)$ 単位の効用をもたらしている。右辺も第1期における通貨1単位当たりの限界効用を示すが、この場合、1単位の通貨は国内債券の購入に充てられる。この投資は景気の良し悪しにかかわらず、第2期には（$1+i$）単位の通貨を回収することができる。良い状態ではこの投資によって$1/P_2^g$の財を購入することができ、その財はそれぞれ$U'(C_2^g)$ 単位の効用をもたらす。悪い状態では$1/P_2^b$の財を購入することができ、その財はそれぞれ$U'(C_2^b)$ 単位の効用をもたらす。したがって、右辺は、第1期に1単位の国内通貨を国内債券に投資し、第2期にその代金を消費する場合の期待限界効用を示している。最適時には、1単位の国内通貨を国内債券に投資する場合（右辺）と、第1期にすでに消費財に変換する場合（左辺）の期待効用は、同じ水準の効用を生み出さなければならない。この最適化条件は、国内債券のオイラー方程式として知られている。このオイラー方程式を次のように書き直す。

$$1 = (1+i)\left[\pi\frac{U'(C_2^g)}{U'(C_1)}\frac{P_1}{P_2^g} + (1-\pi)\frac{U'(C_2^b)}{U'(C_1)}\frac{P_1}{P_2^b}\right]$$

ここで、［　］内の式は期待値であることに注目すると、期待値演算子E_1を使って、上式は次のように書くことができる。

$$1 = (1+i)E_1\left\{\frac{U'(C_2)}{U'(C_1)}\frac{P_1}{P_2}\right\}$$

また以下（M_2）は、家計のプライシング・カーネル（価格決定における核）と呼ばれ、第2期における国内通貨1単位当たりの限界効用$U'(C_2)/P_2$と、第1期における国内通貨1単位の限界効用$U'(C_1)/P_1$との比率として定義される。

$$M_2 \equiv \left\{\frac{U'(C_2)}{U'(C_1)}\frac{P_1}{P_2}\right\}$$

プライシング・カーネルと呼ばれる理由は、第2期において実現する名目支払いにM_2を掛けると、その支払いの第1期における価値が得られるためである。このプライシング・カーネルを用いると、国内債券のオイラー方程式は次のようになる。

$$1=(1+i)E_1\{M_2\} \tag{11.7}$$

また、家計のフォワード・カバー購入分の外国債券B_1^*に関する一階の条件は以下の通りである。

$$U'(C_1)\frac{\varepsilon_1}{P_1}=\pi(1+i^*)U'(C_2^g)\frac{F_1}{P_2^g}+(1-\pi)(1+i^*)U'(C_2^b)\frac{F_1}{P_2^b}$$

この式の左辺は、第1期に外貨1単位で消費財を購入した場合の効用である。右辺は、1単位の外貨を使ってフォワード・カバー（先物取引による為替ヘッジ）付き外債を購入し、それで得られた代金を第2期の消費に充てる場合の期待効用である。この最適化条件は、外国債券についてのオイラー方程式と呼ばれている。国内債券のオイラー方程式と同様に、プライシング・カーネルを用いて、外国債券のオイラー方程式を次のように書くことができる。

$$1=(1+i^*)\frac{F_1}{\varepsilon_1}E_1\{M_2\} \tag{11.8}$$

最後に、フォワード・カバーなしで購入した債券$\tilde{B}_1^*$に関する家計の最適化条件は以下のようになる。

$$U'(C_1)\frac{\varepsilon_1}{P_1}=\pi(1+i^*)U'(C_2^g)\frac{\varepsilon_2^g}{P_2^g}+(1-\pi)(1+i^*)U'(C_2^b)\frac{\varepsilon_2^b}{P_2^b}$$

この最適化条件の左辺は、第1期の消費に使われる1単位の外貨の効用である。右辺は、フォワード・カバーなしで1単位の外貨を外国債券に投資した場合の期待効用である。ただし、この投資の国内通貨建てリターンは、第2期の名目為替レートの実現値に依存する。つまり、この投資は為替リスクを負っているということである。プライシング・カーネルM_2を用いると、この条件は次のように書き直すことができる。

$$1=(1+i^*)E_1\left\{\left(\frac{\varepsilon_2}{\varepsilon_1}\right)M_2\right\} \tag{11.9}$$

11.6.2　均衡条件としてのCIP

国内債券と外国債券のオイラー方程式である（11.7）式と（11.8）式を組み合わせると、次のようになる。

$$(1+i)=(1+i^*)\frac{F_1}{\varepsilon_1} \tag{11.10}$$

これは11.1節で述べたCIP（カバー付き金利平価）条件である。この結果は、

CIPが11.1節で論じたような無裁定条件であるばかりでなく、均衡条件でもあることを示している。

11.6.3 UIPは均衡条件なのだろうか

では（11.2）式で示されるUIP（カバーなし金利平価）条件は、本モデルの均衡条件として導出できるのだろうか。結論から言うと、この問いに対する答えはノーである。家計の最適化は一般に、国内債券の収益率と、外国債券の為替レート調整後の期待収益率は等しくならないことを意味する。

これを見るために、まずUIPの条件である（11.2）式とCIPの条件である（11.10）式を比較してみよう。この比較から明らかなように、UIPが成立するのは先物レートF_1が、将来の予想為替レート$E_1 \varepsilon_2$に等しい以下の場合のみである。

$$F_1 = E_1 \varepsilon_2 \tag{11.11}$$

つまりUIPが均衡で成立するかどうかは、先物レートが将来の期待為替レートと等しいかどうかという問いに帰着することになる。この問いに答えるために、最適化条件式（11.8）と（11.9）を組み合わせると次のようになる。

$$F_1 E_1 \{M_2\} = E_1 \{\varepsilon_2 M_2\}$$

この式は、一般に先物レートF_1が、将来の期待為替レート$E_1 \varepsilon_2$と等しくならないことを意味している。

$$F_1 \neq E_1 \varepsilon_2$$

このことは、自由な資本移動の下では一般にUIPが成立しないことを立証している。形式的には、一般に次のようになる。

$$1 + i \neq (1 + i^*) E_1 \left(\frac{\varepsilon_2}{\varepsilon_1} \right)$$

逆に言えば、UIPからの乖離をデータで観測することは、必ずしも自由な資本移動が行われていないことを示すものとは限らないのである。

UIPは一般に成立しないが、プライシング・カーネルが為替レートと相関しない特殊なケースにおいては成立する。これを見るには、任意の確率変数aとbのペアについて、第1期に利用可能な情報を所与とするそれらの共分散（$\mathrm{cov}_1(a, b)$ と表記）は、$\mathrm{cov}_1(a, b) = E_1(ab) - E_1(a)E_1(b)$ で与えられることを確認しよう。すると、（11.9）式を次のように表現することができる。

国際資本市場の統合 第11章

$$1 = (1 + i^*)\left[\mathrm{cov}_1\left(\frac{\varepsilon_2}{\varepsilon_1}, M_2\right) + E_1\left(\frac{\varepsilon_2}{\varepsilon_1}\right)E_1(M_2)\right]$$

もし、為替減価率$\varepsilon_2/\varepsilon_1$がプライシング・カーネル$M_2$と無相関、すなわち$\mathrm{cov}_1\left(\frac{\varepsilon_2}{\varepsilon_1}, M_2\right) = 0$ならば、(11.9) 式は次のようになる。

$$1 = (1 + i^*)E_1\left(\frac{\varepsilon_2}{\varepsilon_1}\right)E_1(M_2)$$

この式と最適化条件式 (11.7) を組み合わせると、以下のUIPの条件が得られる。

$$(1 + i) = (1 + i^*)E_1\left(\frac{\varepsilon_2}{\varepsilon_1}\right)$$

したがって、UIPは一般に成立する必要はないが、プライシング・カーネルが自国通貨の減価率と相関がない特殊なケースでは成立することが示された。

11.6.4 UIPのテストとしてのキャリートレード

UIPが成立する、つまり、$1 + i_t = (1 + i_t^*)E_t[\varepsilon_{t+1}/\varepsilon_t]$ と仮定しよう。この式から明らかなように、$i_t > i_t^*$ならば、$E_t[\varepsilon_{t+1}/\varepsilon_t] > 1$である。言い換えると、UIPが成立するのであれば、高金利の通貨は減価することが予想される。つまり、低金利で借りて高金利で貸せば、為替レートの変動が金利差を平均的にちょうど相殺することになるので、確実に利益を上げることはできないはずである。しかし、**キャリートレード** (carry trade) と呼ばれるこの取引戦略は、実務家によって広く利用されており、実際には平均してプラスのペイオフが得られることが示唆されている。

実証研究により、キャリートレードは平均してプラスの利益をもたらすことが確認されている。キャリートレードから得られる収益は次式で与えられる。

$$\text{キャリートレードの収益} = (1 + i_t) - (1 + i_t^*)\frac{\varepsilon_{t+1}}{\varepsilon_t}$$

ここで、i_tは高金利通貨、つまり$i_t > i_t^*$である。Burnside, *et al.* (2006) は、1976年1月から2005年12月までの月次データを用いて、スターリング・ポンドに対して10の通貨でのキャリートレードのリターンを記録している。[6] 彼らはキャリートレードからの平均収益は正であるが、極めて低く、1カ月に投資された1ポンド当たり0.0029であることを報告している。つまり、キャリートレードで大きな利益を得るには、多額の資金を投じる必要があるということである。例えば、あるトレーダーがキャリートレードに10億ポンド投資したとすると、1カ月後のキャリートレードのペイオフは平均で290万ポンドとなる。キャリートレードの平均ペイオフがゼロでないということは、平均してカバーなし金利差がゼロでないことを意味し、UIPが成立していないことを意味している。

キャリートレードは、株式市場など他の投資に比べてリスクが高いとは言えない。リスク調整後リターンの指標としてよく使われるのが**シャープ・レシオ**（Sharpe ratio）であり、これは平均ペイオフをペイオフの標準偏差で割った比率と定義されている。

$$\text{シャープ・レシオ} = \frac{\text{平均（ペイオフ）}}{\text{標準偏差（ペイオフ）}}$$

シャープ・レシオが低いほど、投資のリスク調整後リターンは低くなる。Burnside, *et al*.（2006）は、キャリートレードのシャープ・レシオを0.145と比較的高い値で報告している。この数値は、同時期にS＆P500指数に投資した場合のシャープ・レシオの0.14とほぼ同じである。

キャリートレードは、株式市場と同様、暴落リスクを伴っている。キャリートレードにおける暴落は、為替レートが急激に大きく動くことで発生する。例えば1998年10月6日から8日にかけて、日本円が米ドルに対してサプライズ的に大きく円高になったことがある。14％もの円高（あるいは14％ものドル安）である。もし10億ドルの円の売り持ち、米ドルの買い持ちのポジションを持つキャリートレーダーだったとすると、そのキャリートレードの2日間でのペイオフは－1.4億ドルであったはずである。このような暴落リスクと、大きな総残高を必要とする割にペイオフが低いことから、*The Economist*はキャリートレードを「スチームローラーの前で5セントを拾うようなもの」と例えている。[7)]

6）Craig Burnside, Martin Eichenbaum, Isaac Kleshchelski, and Sergio Rebelo, "The Returns to Currency Speculation," NBER Working Paper, No. 12489, August 2006を参照。この研究では、英ポンドとベルギー、カナダ、フランス、ドイツ、イタリア、日本、オランダ、スイス、米国、ユーロ圏の通貨との間のキャリートレードから得られる収益を考察している。

7）"Carry on Speculating," Economics Focus, *The Economist*, February 24, 2007, p. 90 を参照。

11.6.5 フォワード・プレミアム・パズル

外貨が直物市場よりも先物市場で「割高」な場合、すなわち、

$$F_t > \varepsilon_t$$

であるとき、外国通貨が**先物市場においてプレミアム**（premium in the forward market）が付いている、あるいは国内通貨が**先物市場でディスカウント**（discount in the forward market）されていると言う。

CIPが成立することを所与として、先物レートが将来の予想直物為替レートと等しい場合、つまり$F_t = E_t\varepsilon_{t+1}$の場合にのみ、UIPが成立することはすでに確立した（(11.11）式参照)。この式の両辺をε_tで割って整理すると、次のようになる。

$$E_t\frac{\varepsilon_{t+1}}{\varepsilon_t} = \frac{F_t}{\varepsilon_t}$$

これは、CIPが成立していることを所与として、先物市場において外貨がプレミアム付きで取引されている際に（つまり（F_t/ε_t）>1）国内通貨が下落すると予想される場合にのみ、UIPが成立することを述べている。

11.4節でCIPがデータ上、整合的に成立していることを見た。したがって、上の式はUIPの検証可能な関係を表している。次の式を最小二乗法（OLS）で推定することを考えよう。

$$\frac{\varepsilon_{t+1}}{\varepsilon_t} = a + b\frac{F_t}{\varepsilon_t} + \mu_{t+1}$$

ここで、aとbは回帰係数、μ_{t+1}は回帰残差である。UIPの下では、推定結果は$a=0$かつ$b=1$となるはずである。しかし、この結果はデータ上では強く否定される。例えば、Burnside（2018）は、1976年1月から2018年3月の期間の月次観測値を用いて、先進10カ国の通貨に対して米ドルについてこの回帰を推定した。[8] 彼は、aおよびbの国別平均推定値をそれぞれ0.00055および-0.75と報告している。ほとんどの国について（10カ国中7カ国)、$a=0$かつ$b=1$であるという帰無仮説は、1%以下の高い有意水準で棄却されている。こ

8) Craig Burnside, "Exchange Rates, Interest Parity, and the Carry Trade," draft for publication in the *Oxford Research Encyclopedia of Economics and Finance*, June 2018 を参照。分析対象国は、オーストラリア、カナダ、デンマーク、ドイツ・ユーロ圏、日本、ニュージーランド、ノルウェー、スウェーデン、スイス、英国。

の結果は、**フォワード・プレミアム・パズル**（forward premium puzzle）と呼ばれている。

11.6.4項で分析したキャリートレードのリターンに関する証拠と同様に、フォワード・プレミアム・パズルは、UIPがデータによって強く否定されることを示している。

11.7　実質金利平価

自由な資本移動により、実質金利は国ごとに等しくなるのだろうか、というのは当然の疑問である。本節の目的は、この問いに対する答えが、特殊な状況を除いて「ノー」であることを示すことである。そのような特殊なケースを説明するために、例えばリンゴのような単一財を生産し、取引する経済を考えてみよう。国内実質金利をr、外国の実質金利をr^*とする。そして、$r > r^*$であれば、家計はt期にX個のリンゴを外国で金利r^*で借り入れ、本国に送ることができる。本国ではこのX個のリンゴを金利rで貸し出し、翌期にはその貸付けに対して$(1 + r)X$個のリンゴを回収することができる。そして、家計は返済のために$(1 + r^*)X$個のリンゴを外国に出荷する。残りの$[(1 + r) - (1 + r^*)]X = (r - r^*)X > 0$個のリンゴは純利益となる。この投資戦略は初期資金を必要とせず、リスクも伴わず、$(r - r^*)X$個のリンゴの利益を得ることができる。したがって、これは市場参加者が実質金利差$r - r^*$がゼロになるまで活用する純粋な裁定機会である。つまりこの経済では、自由な資本移動が実質金利平価をもたらすことになる。実質金利平価からの乖離は、国境を越えた資本移動に対する阻害要因が存在することを意味する。

しかし、財が複数あり、かつ購買力平価が成立しないようなより現実的な経済では、実質金利差がゼロでないことが必ずしも自由な資本移動がないということを意味するわけではない。この結果を導くために、2つの資産が存在する2期間の開放経済について考えてみる。家計は、第1期において、第2期に国内の消費財バスケット$(1 + r)b_1$単位を支払う国内の実質債券b_1を入手できると仮定する。2つ目の資産は、第2期に外国における消費財バスケット$(1 + r^*)b_1^*$単位を支払う、b_1^*で表記される外国の実質債券である。

期間$t = 1, 2$における実質為替レートを以下で定義する。

$$e_t = \frac{\varepsilon_t P_t^*}{P_t}$$

ここで、P_tは国内財バスケットの名目価格、P_t^*は外国通貨で表された外国財バスケットの名目価格、そしてε_tは名目為替レートであり、1単位の外国通貨の国内通貨価格として定義される。またこの経済においては、多くの財が存在し、これらの財がバスケットを形成していると仮定する。家計はバスケットの消費から効用を得、毎期ごとにそのようなバスケットをいくつか供与されている。世界の他の地域では、財のバスケットは、財の組合せが異なるかもしれないし、あるいは異なる財を含むかもしれない。さらに、関税やその他の国際貿易の障壁が存在し、国によって財の価格に違いが生じるかもしれない。これらの理由により、財のバスケットの価格は、国内と外国で異なる可能性がある。第9章で見たように、実質為替レートe_tは、ある外国の財バスケットの、国内の財バスケットで測った相対価格である。

第1期における家計の予算制約は以下で与えられる。

$$C_1 + b_1 + e_1 b_1^* = Q_1$$

ここで、C_1は第1期における国内消費、Q_1は第1期における賦存生産量を表し、いずれも国内消費財のバスケットの単位で表されている。予算制約式の他の項も、国内消費財のバスケット単位で表されている。特に、外国の実質債券b_1^*は外国における消費財のバスケット単位で表示されているので、$e_1 b_1^*$は、外国債券b_1^*単位の購入コストを国内財バスケット単位で表していることになる。

第2期における家計の予算制約は次式で与えられる。

$$C_2 = Q_2 + (1 + r) b_1 + (1 + r^*) e_2 b_1^*$$

ここで、C_2は第2期の消費、Q_2は第2期の賦存生産量、e_2は第2期の実質為替レートを示している。

家計の効用関数は次式で与えられると仮定する。

$$U(C_1) + U(C_2)$$

ここで、$U(\cdot)$ は増加かつ凹型の期間効用関数である。家計は、第1期と第2期の予算制約の下、上記の効用関数を最大化するためにC_1、C_2、b_1およびb_1^*を選択する。この問題に関連する最適化条件を導き出すには、第1期予算制約をC_1について解き、第2期予算制約をC_2について解いて、得られた式を用い、効用関数から消費を排除する。その結果、以下が得られる。

$$U(Q_1 - b_1 - e_1 b_1^*) + U(Q_2 + (1 + r) b_1 + (1 + r^*) e_2 b_1^*)$$

上記式についてb_1とb_1^*に関して微分し、それらをゼロと置くと、国内および外

第III部 国際的な資本の移動性

国実質債券の最適な選択に関連する、以下のオイラー方程式が得られる。

$$U'(C_1) = (1 + r)U'(C_2)$$

$$U'(C_1) = (1 + r^*)U'(C_2)\frac{e_2}{e_1}$$

最初のオイラー方程式の左辺は、第1期に財バスケットを1単位追加的に消費した場合の効用の増加である。右辺は、家計が1単位の財バスケットを国内債券に投資し、貯蓄した場合の効用の増加分である。この投資によって、第2期には$1 + r$単位の財バスケットが得られ、それぞれの財バスケットから$U'(C_2)$単位の効用が生み出されている。最適な状態では、家計は追加的に財バスケットを消費するか貯蓄するかについて、無差別でなければならない。同様に2番目のオイラー方程式は、第1期に追加的な財バスケットを消費することによって得られる効用と、そのバスケットを外国債券に投資することによって得られる効用を等しくしている。第1期における財バスケット1個は、$1/e_1$単位の外国における財バスケットを購入することができる。外国債券に投資することで、これらのバスケットは第2期に$(1 + r^*)/e_1$単位の外国における財バスケットとなる。そして、この外国における財バスケットにより、家計は第2期において$(1 + r^*)e_2/e_1$単位の国内の財バスケットを購入することができる。

2つのオイラー方程式を組み合わせると、次のようになる。

$$1 + r = (1 + r^*)\frac{e_2}{e_1} \tag{11.12}$$

この式は、一般にrがr^*と等しくならないことを述べている。資本移動が自由な経済であっても、実質金利差は一般にゼロにはならない。その代わり、(グロスの)国内実質金利である$1 + r$は、国内通貨の実質的な減価分e_2/e_1で調整された(グロスの)海外実質金利と等しくなる。直感的には、e_2/e_1が1よりも大きければ、外国における財バスケットは時間の経過とともに割高になっていることになる。したがって、外国債券に投資した1単位の自国バスケットは、第2期において$1 + r^*$単位より多くの自国バスケットを生む。このように、ゼロでない実質金利差が観察されても、それは必ずしも資本移動の制約を示すものではない、と結論付けられる。

この結論は、実証的にもかなり重要である。第9章9.4節では、短期的には相対的PPPから大きな乖離があることを説明した。つまりこれは、e_t/e_{t-1}が四半期ごとに大きく変化することを意味する。このような実質為替レートの変動は、国内と外国の実質金利の間に乖離を生み出す。したがって、実質金利差に基づく自由な資本移動のテストは、特に実質為替レートが大きく頻繁に動く時期については、慎重に解釈する必要がある。

簡単化のため、本節では不確実性について議論していない。第2期における経済の状態が不確実性を伴う場合、実質為替レートと消費の間の予想される相関の効果を取り込むため、(11.12) 式は違ったものとなる。しかし、実質金利平価からの乖離は、資本移動の欠如を示すものではないという結果は相変わらず成立する。[9]

11.8　貯蓄と投資の相関関係

1980年、マーティン・フェルドシュタイン (Martin Feldstein, 1939−2019) とチャールズ・ホリオカ (Charles Horioka) は、国民の貯蓄率が投資率と高い相関を持つことを証明する、刺激的な実証論文を発表した。[10] 彼らは、先進16カ国について1960年から1974年にかけての投資のGDP比と、貯蓄のGDP比の平均データについて調査した。図11.5にそのデータを示す。

Feldstein and Horioka (1980) は、投資と貯蓄率の間の次のような線形関係をOLSで推定している。

$$\left(\frac{I}{GDP}\right)_i = 0.035 + 0.887\left(\frac{S}{GDP}\right)_i + v_i \quad R^2 = 0.91$$

ここで、$(I/GDP)_i$と $(S/GDP)_i$はそれぞれ、i国の1960年から1974年にかけての投資のGDP比と貯蓄のGDP比の平均値を示している。図11.5には、推定された関係が実線で示されている。Feldstein and Horioka (1980) は16カ国のOECD諸国についてのデータで、16の観測値に基づいて回帰している。S/GDPの係数が0.887と高い値を示しているのは、平均貯蓄率と平均投資率の間にほぼ1対1の正の相関があることを意味する。R^2統計値は0.91であり、I/GDPの国別変動の91%がS/GDPの変動で説明されることから、推定式がデータによく適合していることを意味している。

貯蓄率と投資率の間には、国別に見たときだけでなく、時間を超えても正の

9)　章末の練習問題11.6では、本節で取り上げたような、しかし不確実性を導入することで拡張された経済を特徴付けるよう求めている。

10)　Martin Feldstein and Charles Horioka, “Domestic Saving and International Capital Flows,” *The Economic Journal*, Vol. 90, Issue 358, June 1980, pp. 314–329.

図 11.5　先進 16 カ国の貯蓄率と投資率：1960〜1974 年の平均値

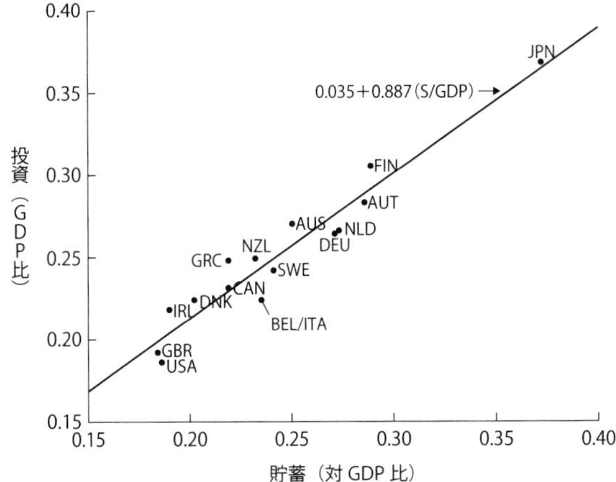

（注）　国名はISOコードで表示されている（AUS：オーストラリア／AUT：オーストリア／BEL：ベルギー／CAN：カナダ／DNK：デンマーク／DEU：ドイツ／FIN：フィンランド／GBR：英国／GRC：ギリシャ／IRL：アイルランド／ITA：イタリア／JPN：日本／NLD：オランダ／NZL：ニュージーランド／SWE：スウェーデン／USA：米国）．

（出所）　Martin Feldstein and Charles Horioka, "Domestic Saving and International Capital Flows," *The Economic Journal*, Vol. 90, Issue 358, June 1980, pp. 314–329, Table 1をもとに作成．

図 11.6　米国国民貯蓄率と投資率：1929〜2018 年

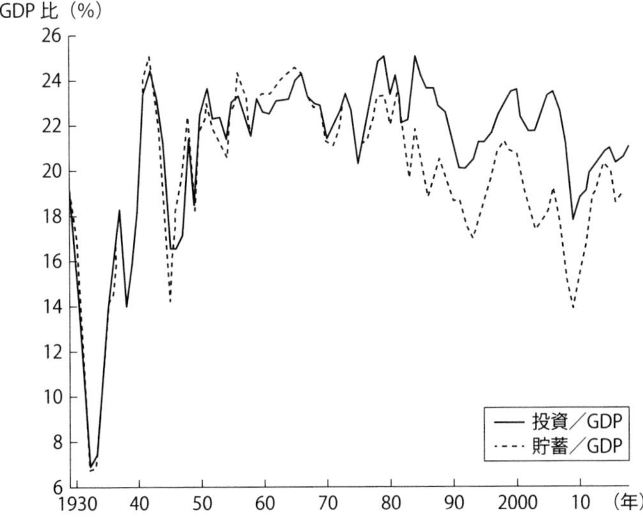

（出所）　経済分析局, NIPA Table 1.1.5およびTable 5.1.

関係が観察される。例えば、図11.6は1929年から2018年までの米国の貯蓄率と投資率の推移を示したものである。1980年代の大幅な経常赤字の出現以降、その同調性はやや弱まっているが、両系列は時間の経過とともに密接に連動している。

Feldstein and Horioka（1980）は、資本が国を越えて移動しやすいのであれば、貯蓄と投資の相関はゼロに近いはずだと主張し、彼らの結果を資本の移動度が低いことの証拠と解釈した。FeldsteinとHoriokaがこのような結論に至った理由は、恒等式を考えてみればわかる。

$$CA = S - I$$

ここで、CAは経常収支、Sは国民貯蓄、Iは投資である。閉鎖経済、つまり資本移動のない経済では、経常収支は常にゼロであり、$S = I$となり、国民貯蓄の変動は投資の変動と完全に相関する。一方、資本移動が完全に自由な小国開放経済では、金利は世界金利によって外生的に与えられ、貯蓄曲線と投資曲線が独立した要因によって影響を受けるとすれば、貯蓄と投資の相関はゼロとなる。図11.7はこの点を示している。貯蓄曲線のみを変化させる事象は、均衡貯蓄水準を変化させるが、均衡投資水準には影響を与えない（図11.7（a））。同様に、投資曲線だけが変化する事象は、投資の均衡水準を変化させるが、国民貯蓄の均衡水準には影響を与えない（図11.7（b））。

しかし、Feldstein and Horioka（1980）が発見した貯蓄と投資の高い相関は、本当に不完全な資本移動を示唆するのだろうか。彼らの解釈は、少なくとも2

図 11.7　独立した貯蓄曲線の変化と投資曲線の変化に対する *S* と *I* の反応

(a) 貯蓄曲線の変化

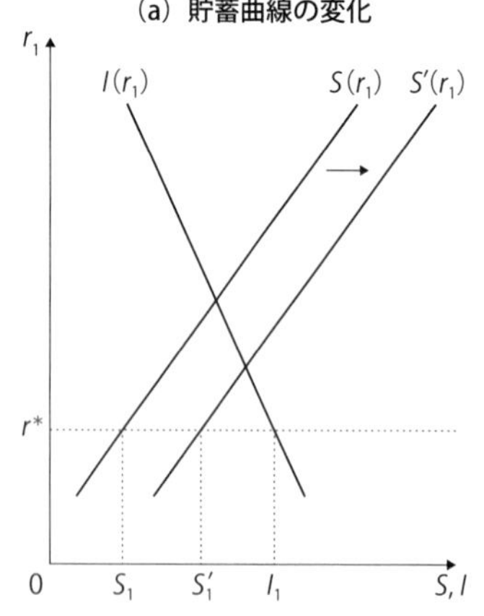

(b) 投資曲線の変化

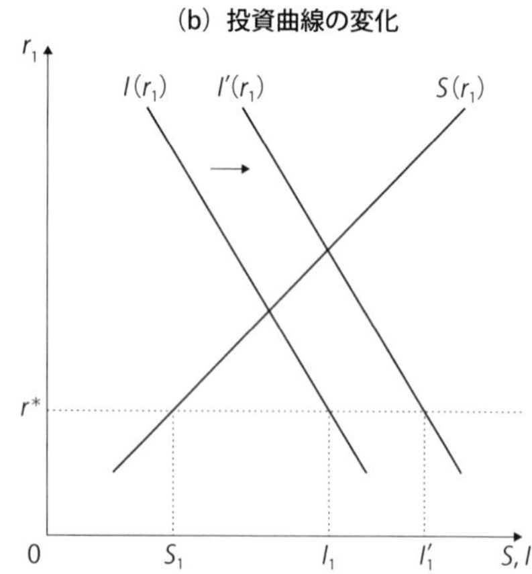

図 11.8　持続的な生産性ショックに対する S と I の反応

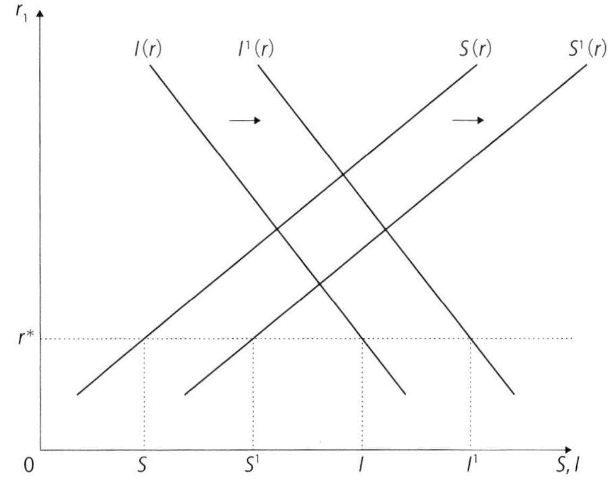

つの理由で批判されている。第1に、完全な資本移動の下でも、同じ出来事によって貯蓄曲線と投資曲線が動くことで、貯蓄と投資の間に正の相関が生じる可能性があることである。例えば、小国開放経済において、第1期と第2期の生産関数がそれぞれ $Q_1 = A_1F(I_0)$ と $Q_2 = A_2F(I_1)$ で与えられると仮定する。ここで Q_1 と Q_2 は第1期と第2期の生産量を表す。変数 $I_t(t = 0, 1)$ は、t 期に投資され、$t + 1$ 期に生産物をもたらす物的資本（機械や構造物など）を表す。関数 $F(\cdot)$ は生産技術を表し、増加かつ凹型であると仮定する。A_1 と A_2 は、技術の状態や天候が資本の生産性に与える影響などを表す外生的な効率性パラメータである。生産性ショックが持続することを考えてみよう。具体的には、A_1 と A_2 が上昇し、A_1 のほうが A_2 よりも多く上昇するとする。この状況を図11.8に示そう。初期状態において、貯蓄曲線は $S(r)$ で、投資曲線は $I(r)$ で与えられている。世界金利 r^* の下では、均衡貯蓄水準と均衡投資水準は S と I で与えられている。A_2 の予想される上昇に対応して、企業は生産性の上昇が見込まれることを利用して、来期の資本ストック I_1 を増加させるよう促される。したがって、I_1 は、いかなる金利の水準についても上昇する。これは、A_2 の上昇に応じて投資曲線が $I^1(r)$ へと、右方へシフトすることを意味する。同時に、A_2 の上昇は家計に正の所得効果をもたらし、第1期の消費を増加させ、貯蓄を減少させるように促す。その結果、A_2 の上昇は貯蓄曲線を左方へシフトさせる。次に、A_1 の上昇についての効果を考えてみよう。第1期の資本ストック I_0 はあらかじめ決まっているので、これは最適な投資水準に影響を与えないはずであ

図 11.9　大国開放経済における貯蓄曲線のシフトに対する S と I の反応

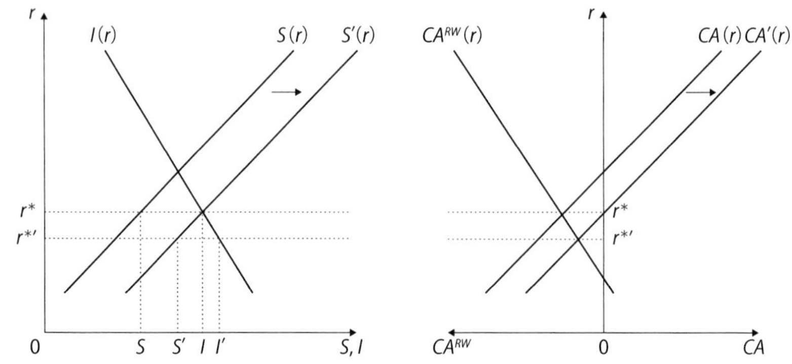

る。しかし、A_1 の上昇は第1期の生産量を増加させ、消費を平準化することを好む家計は、Q_1 の増加分の一部を貯蓄したいと考えるだろう。したがって、A_1 の上昇の効果は、貯蓄曲線の右方向へのシフトとなる。ここで、A_1 が A_2 よりも多く上昇すると仮定したため、正味のところ、貯蓄曲線は右方にシフトする可能性が高い。図では、新しい貯蓄曲線は $S^1(r)$ で与えられている。経済規模が小さいので、金利は A_1 と A_2 の変化に影響されない。その結果、貯蓄と投資はともに（S^1 と I^1 へ）増加する。このように、この経済では、資本移動が自由であっても、貯蓄と投資は正の相関を持つことがわかる。

資本移動が自由であるにもかかわらず貯蓄と投資が正の相関を持つ第2の理由は、大国による効果の存在である。例えば、大国開放経済において、貯蓄曲線のみに影響を与える、図11.9に示すような事象を考えてみよう。貯蓄関数が $S(r)$ から $S'(r)$ へと右方へシフトするショックに対して、経常収支も $CA(r)$ から $CA'(r)$ へと右方へシフトしている。その結果、世界金利は r^* から $r^{*'}$ に低下し、金利の低下は、投資を I から I' に増加させる。このように、大国開放経済では貯蓄関数のみに影響を与えるショックは、貯蓄と投資の間に正の相関をもたらす。

結論として、貯蓄と投資の間に正の相関があることは、必ずしも資本移動の欠如を示すものではないと言える。

11.9 まとめ

- 先物為替レート（F_t）は、将来の期間に受渡しされる1単位の外国通貨の国内通貨価格である。
- 先物割引（フォワード・ディスカウント）とは、直物為替レートに対する先物為替レートの比率、F_t/ε_tである。フォワード・ディスカウントが1より大きい場合、先物市場では外国通貨がプレミアム付きで、国内通貨がディスカウントされて取引されていると言う。
- カバー付き金利平価（CIP）は、国内金利i_tとフォワード・ディスカウントで調整した外国金利i_t^*が等しくなければならないとするもので、$1+i_t=(1+i_t^*)F_t/\varepsilon_t$である。
- カバー付き金利差（または通貨ベーシス）とは、$1+i_t-(1+i_t^*)F_t/\varepsilon_t$と定義される。
- 自由な資本移動の下では、デフォルトリスクがなければ、カバー付き金利差はゼロに近いはずである。
- オフショア・オンショア金利差とは、外国市場における自国通貨建て資産の金利と、国内市場における自国通貨建て資産の金利差のことである。
- 自由な資本移動の下では、デフォルトリスクがなければ、オフショア・オンショア金利差はゼロに近いはずである。
- 米ドルと人民元のカバー付き金利差は1998年以降、絶対値で大きくなっており、中国における国際的資本移動の阻害要因が存在することが示唆される。
- 国際的な資本移動に対して政府が課す障害は、資本規制と呼ばれる。資本規制には、課税、割当、無償の準備金要求など、さまざまな形態がある。
- 資本規制の発動は、カバー付き金利平価からの乖離を生じさせる可能性がある。しかし、限られた取引にしか適用されない場合、投資家はそれを回避する方法を見出すことができるため、その効果は一時的なものになる。2007年から2009年にかけての世界的な金融危機の後、ブラジルで実施された資本規制はその一例である。
- 国ごとに観測されたカバー付き金利差に基づくと、先進国は1870年から1914年の間、そして1985年以降も高度に自由な資本移動を経験していた。1914年から1985年の間は、国際資本市場の統合に大きな混乱が生じたことが特徴的である。このことは、資本市場の統合が単調なプロセスではないことを示唆している。

- 新しい金融規制の結果、2008年の世界的な金融危機以降、カバー付き金利差は若干上昇傾向にある。
- カバーなし金利平価（UIP）は、国内金利が予想減価率で調整した外国金利と等しくなければならないとし、$1 + i_t = (1 + i_t^*)E_t(\varepsilon_{t+1}/\varepsilon_t)$ で表現される。
- UIPは一般に、資産価格モデルによって示される均衡条件ではない。
- UIPはデータによって強く否定される。
- 自由な資本移動の下でも、実質金利平価からの乖離は起こりうる。
- 貯蓄と投資の間に正の相関が見られることは、必ずしも資本移動の欠如を示唆するものではない。

11.10　練習問題

練習問題 11.1 (TFU)

次の文章が真、偽、または不明のいずれであるかを示し、その理由を説明しなさい。

1. 米国とドイツの間に自由な資本移動があれば、ニューヨークとフランクフルトのドル預金は同じ金利になるはずである。
2. もし、カバーなし金利平価が成立するならば、キャリートレードのリターンは平均的にだけでなく、期間ごとにもゼロでなければならない。
3. 日本の金利は0%、米国の金利は1.75%である。円で借りてドルで運用すれば、何のリスクも負わずに無限に金持ちになれるのだから、明らかに裁定取引の機会が存在すると言える。
4. ドル（国内通貨）が先物市場で「割高（プレミアム）」である、すなわち$F_t/\varepsilon_t < 1$のとき、ドル安を予想すること、つまり$E_t\varepsilon_{t+1}/\varepsilon_t > 1$は必然だ。

練習問題 11.2（キャリートレードの収益）

t月の名目年利率が、米国では$i_t = 0.02$、ドイツでは$i_t^* = 0.05$であったとする。さらに、t月に投資家が4億ドルを1カ月間キャリートレードに投資したとする。ここでε_tをt月における名目為替レート、1ユーロのドル価格とする。t月から$t+1$月までの間に2.8%のドル高になったとする。このキャリートレードの収益を求めなさい。答えはドル建てで表しなさい。

練習問題11.3（金利差）

直物為替レートε_tが1ユーロ当たり1.5ドル、先物為替レートF_tが1ユーロ当たり2ドル、米国の名目金利が年3%、フランクフルトのユーロ建て預金に対する名目金利が年1%であるとする。時間の単位は1年とする。さらに、1年後、2分の1の確率でε_{t+1}は2であり、同じ確率で1であるとする。

1. カバー付き金利差を計算しなさい。
2. カバーなし金利差を計算しなさい。
3. 先物割引（フォワード・ディスカウント）を計算しなさい。
4. キャリートレードの投資家が100万ドルを投資すると決めたとする。起こりうる2つのε_{t+1}それぞれについて、いくら儲かるか、あるいはいくら損するだろうか。

練習問題11.4（長期為替手形）

本文で述べたように、1921年以前は、図11.3に示したカバー付き金利差は、長期為替手形と呼ばれる先物為替商品で構成されている。長期為替手形は、90日後に受渡しされる外貨1単位を当期において、自国通貨で購入するものである。先物契約とは異なり、長期手形では、外貨の買い手は投資期間の初めに国内通貨を支払わなければならない。b_tを長期手形のレートとすると、それは90日後にロンドンで受渡し可能な1英ポンドのニューヨークでのt期におけるドル価格と定義される（ただし、b_tは1ポンドの受渡し日の90日前に支払われる）。i_t^*をロンドンでの90日間預金金利、i_tをニューヨークでの90日間預金金利、そして直物為替レート、つまり1英ポンドのドル価格をε_tとする。b_t、ε_t、i_tおよびi_t^*の時系列データが手元にあるとする。このとき、米英間の資本移動が自由であることの検証はどのようになされるだろうか。

練習問題11.5（UIPに関する回帰）

$y_{t+1}=\varepsilon_{t+1}/\varepsilon_t$とし、$x_t=F_t/\varepsilon_t$とする。ここで$\varepsilon_t$は第$t$期の名目為替レート、$F_t$は第$t$期の先物レートを示す。以下をOLSで推定することを考える。

$$y_{t+1}=a+bx_t+\mu_{t+1}$$

UIPが成立するならば、$a=0$かつ$b=1$でなければならないことを示しなさい。

練習問題11.6（実質金利平価と不確実性）

11.6.1項で検討した2期間の小国開放賦存経済について、さらに2つの資産を導入した場合を考える。具体的には、家計は、第2期に国内消費財のバスケットを$(1+r)b_1$単位支払う国内無リスク実質債券b_1と、同じく無リスクの外国実質債券b_1^*にアクセスできる。この外国債券は、外国における消費財のバスケット単位で表示され、第1期から第2期まで保有した場合、第2期において外国における消費財バスケット$(1+r^*)b_1^*$単位を支払う。$e_2^j=\varepsilon_2^jP_2^{*j}/P_2^j$、は状態$j$（$j=g, b$）における第2期の実質為替レートを表す。また自由な資本移動が成立すると仮定する。

1. 家計が入手できる資産は（簡単のため）実質国内債券と実質外国債券のみであると仮定して、第1期、第2期の良い状態、第2期の悪い状態それぞれにおける家計の予算制約を述べなさい。

2. 家計の最適なb_1とb_1^*の選択に関連するオイラー方程式をそれぞれ求めなさい。
3. $\mathrm{cov}(C_2, e_2/e_1) \neq 0$であると仮定する。自由な資本移動の下で実質金利平価は成立するだろうか。
4. ここで、実質減価率が第2期の消費と相関がない、つまり、$\mathrm{cov}(C_2, e_2/e_1) = 0$と仮定する。自由な資本移動の下で実質金利平価は成立するだろうか。

第12章　資本規制

過去120年の間、国際資本市場においては、資本が国境を越えてかなり自由に移動した時期もあれば、自由な資本移動から大きく逸脱した時期も見られた。例えば、第11章11.4節では、1870年から1914年までと1985年から2008年までは、米国が国際資本市場に高度に統合されていたことが、カバー付き金利差が低いことによって示唆されていることを述べた。第1次世界大戦から1980年代半ばまでは、2つの世界大戦による混乱と、国境を越えた金融資本の自由な移動を阻害する多くの資本規制政策の結果、国際資本市場の統合度は低かった。2008年の世界金融危機を契機に、金融市場に対する政府の新たな規制が導入され、その結果、国をまたいだカバー付き金利差が規模は小さいながらも再び拡大するようになった。

また、新興国でも資本規制政策が広く行われている。例えば、第11章11.3節では、世界金融危機時に低金利地域（特に米国や欧州）からの大量の資本流入を抑制する目的でブラジルが導入した資本規制税により、カバー付き金利差が大きく上昇した経緯を紹介した。

ここで当然起こる疑問は、資本規制が実体経済活動に影響を与えるかどうかである。本章ではこの問題を取り上げる。第3章から第8章で展開した開放経済の枠組みを拡張して、経常収支、消費、および厚生に対する資本規制の効果を特徴付ける。特に国際金融取引に対する課税、あるいは国際的な借入れや貸付けの規模に対する制限といった規制を考える。そして、資本規制は経常赤字を削減する有効な手段であるが、歪みのない環境下では厚生を減少させるものである。そのため歪みのない環境下では資本移動が自由であることが最適であることを示す。次に、外部性や経済大国の市場支配力などといった、金融市場の不完全性が存在する場合、資本規制税が厚生を改善しうるケースを研究し、このような環境では資本移動が自由であることは最適でなくなることを示す。[1)]

本章の最後では、資本規制はいたるところに存在し、富裕国よりも中低所得国において、より集中的に採用されていることを示唆する実証的証拠を議論する。

12.1　資本規制と金利差

資本規制とは、金融資本の流入・流出に対して政府が課す制限のことである。資本規制は、国境をまたぐ資金の量的制限や、国家間の資本移動に対する課税という形を取り、資本規制が行われると、裁定が不可能な金利差が発生する。

例えば資本規制がなく、海外から借入れをしている場合、ドル借入れの国内金利（オンショア金利）をi、ドル借入れの海外金利（オフショア金利）をi^*とすると、当然、iはi^*より低くなりえない。なぜなら、もしそうであれば国内で借りたほうが安いので、誰も国際市場で借入れをしなくなり、世界の他の地域から借入れをするという仮定と矛盾してしまうからである。また、iはi^*より高くもなりえない。この場合、誰もがi^*の金利で海外から借り入れ、iの金利で国内へ貸し出せば、無限に儲けることができるからである。したがって以下のように、オンショア金利はオフショア金利と同じでなければならない。

$$i = i^*$$

ここで、政府が海外からの借入金1ドルにつき税金τを課すとする。さらに、この税金が海外からの借入れを完全に抑制するほど大きくなく、資本規制税にもかかわらず、海外からの借入れが継続されるとする。したがって、1ドルを国際市場で借り入れるコストは$i^* + \tau$である。もし国内銀行が$i^* + \tau$より低い金利でドル貸付けを行えば、誰も国際市場で借入れをしなくなり、資本規制税導入後も海外から借入れを続けるという仮定と矛盾する。また、国内金利iは$i^* + \tau$より高くなることもない。この場合、$i^* + \tau$のコストで国際市場で借入れを行い、iのレートで国内貸出を行うという裁定機会が発生するためである。したがって、以下のように国内金利は海外金利と資本規制税率の和に等しくなければならない。

$$i = i^* + \tau$$

1)　本章では、実質経済、すなわち名目的な摩擦のない経済に焦点を当てて分析する。貨幣経済における資本規制の役割については、第14章において分析する。そこでは、資本規制は、為替レートによる調整が柔軟性を欠く場合において、経済を安定化させる手段としても機能することが示される。

このことは、資本流入、つまり国際的な借入れに資本規制をかけると、国内金利が海外金利より高くなることを意味する。

資本流入に対する規制　⇒　$i > i^*$

その結果、金利差$i - i^*$は資本規制税率τに等しくなる。資本規制税率が大きければ大きいほど、金利差も大きくなる。

資本規制税率が資本流出、つまり対外貸出に課される場合も、金利差は生じるが、その方向は逆である。このことを確認するために、ある国が世界に対して貸出しを行っており、政府が国際的な貸出し1単位に対して税金τを課すとする。この場合、1ドルを海外に貸し出す際の税引き後収益率は$i^* - \tau$となる。資本流入規制の分析で示したのと同じ理屈で、国内金利が、海外に貸し出す税引き後収益率と同じでなければ、裁定取引の機会が生じ、無限に儲けることができてしまう。したがって、次のようにならねばならない。

$$i = i^* - \tau$$

資本流入規制の場合と同様に、資本流出規制の発動は金利差を生む。しかし、資本流入規制の場合とは異なり、資本流出規制によって国内金利は海外金利より低くなる。

資本流出に対する規制　⇒　$i < i^*$

本節の分析では、資本規制の導入により、国内金利と海外金利の間にくさびを打ち込むことが示された。消費、貯蓄、投資、および経常収支などの主要なマクロ経済指標は金利に依存するため、このような金融市場の歪みは一般に経済の実体面に影響を与える。

12.2　資本規制のマクロ経済効果

経常収支の赤字は、しばしばその国にとって望ましくないものと見なされる。この考え方の背景には、経常収支が赤字であることは、経済が身の丈に合わない生活をしており、対外債務を積み上げることで、債務の返済期限が来たときに消費や投資支出が減少し、将来的に経済的な苦境に立たされることになるという論理である。したがって、対外不均衡に陥った国への政策提言として、国際資本移動に対する課税や対外借入の割当など、資本規制の導入がしばしば挙げられる。

12.2.1 資本規制が消費、貯蓄、および経常収支に与える影響

多数の家計が住む2期間経済について考える。家計の消費に対する選好は以下の効用関数によって記述される。

$$U(C_1) + U(C_2)$$

ここで、C_1とC_2はそれぞれ第1期と第2期の消費を表し、$U(\cdot)$ は、増加かつ凹型の期間効用関数である。家計は負債も資産も持たずに第1期をスタートする。また第1期にはQ_1単位の財の支給を受け、金利iで貸し借りができるとする。したがって、第1期の予算制約は次式で与えられる。

$$P_1C_1 + B_1 = P_1Q_1$$

ここで、P_1は第1期の財の価格、B_1は第1期に購入された債券の数量を表す。

第2期では、家計はQ_2単位の財を受け取り、政府からT単位の財を移転される。さらに、第2期には家計は第1期の貯蓄の元本と利子を受け取る。第2期に世界は終わるので、この期には借入れも貸出しもない。したがって、第2期の予算制約は次式で与えられる。

$$P_2C_2 = P_2Q_2 + P_2T + (1 + i)B_1$$

ここで、P_2は第2期における財の価格を示す。インフレーションがないと仮定し、両期の財の価格を1に正規化する。すなわち、$P_1 = P_2 = 1$である。第1期と第2期の予算制約を組み合わせてB_1を消去すると、以下の家計の異時点間予算制約が得られる。

$$C_2 = Q_2 + T + (Q_1 - C_1)(1 + i) \tag{12.1}$$

この式は、第2期において、家計は第2期の非金融資産で構成される可処分所得$Q_2 + T$と、第1期の利子を含む貯蓄額 $(Q_1 - C_1)(1 + i)$ を消費に回すことができることを意味している。

第2期の予算制約を利用して効用関数からC_2を消去すると、次のようになる。

$$U(C_1) + U(Q_2 + T + (Q_1 - C_1)(1 + i))$$

家計はこの式を最大化するために、Q_1、Q_2、Tおよびiを所与として、C_1を選択する。この式をC_1に関して微分し、ゼロに等しいとすると、次の一階の最適化条件が得られる。

$$U'(C_1) = (1 + i)U'(Q_2 + T + (Q_1 - C_1)(1 + i))$$

$Q_2 + T + (Q_1 - C_1)(1 + i)$ がC_2であることに注目し、一階の最適化条件を次

のように書くことができる。

$$\frac{U'(C_1)}{U'(C_2)} = 1 + i \qquad (12.2)$$

これはおなじみの消費に関するオイラー方程式であり、金利が上昇すれば、家計には将来の消費に対し、現在の消費を減らすインセンティブが生じるというものである。このことは、$U'(\cdot)$ が消費に対して減少関数であることから導かれる。

ここで政府が国際的借入に対して資本規制税を課すとする。$\tau > 0$を資本規制税率とする。すると、12.1節の分析により、第1期に借入れを行っている場合、以下のようになる。

$$i = i^* + \tau$$

ここで、i^*は世界金利である。オイラー方程式（12.2）を用いて、家計の最適化条件からiを消去すると、次のようになる。

$$\frac{U'(C_1)}{U'(C_2)} = 1 + i^* + \tau \qquad (12.3)$$

この表現は、国際的借入金に対する資本規制税により、現在の消費が減り、将来の消費が増えるようなインセンティブが生まれることを示している。

政府が資本規制税の税収を家計に還元すると仮定しよう。税収は$-\tau B_1$となる。この式にマイナス記号が付されているのは、国全体が借金をしている場合、資産保有額B_1はマイナスとなり、税収はプラスとなるからである。各家計が受け取る移転額はしたがって、以下のようになる。

$$T = -\tau B_1 \qquad (12.4)$$

家計は、移転額Tを外生的に与えられるものとして受け取る。つまり、家計は、資本規制税を多く払えば払うほど、移転額が大きくなることを内部化していない。このような移転は一括移転と呼ばれ、この経済では多くの家計が存在し、すべての家計が資本規制税を支払っており、そして政府は税収を全世帯に均等に分配する、という考えである。つまり、各家計は、資本規制税をいくら払ったかにかかわらず、同じ移転額を受け取ることになる。全家計が同一であるため、均衡状態においては、移転額は家計が支払った税額と正確に等しくなる。

（12.4）式を用いて異時点間予算制約式（12.1）からTを除去すると、次の経済の異時点間資源制約が得られる。

$$C_2 = Q_2 + (Q_1 - C_1)(1 + i^*) \qquad (12.5)$$

図 12.1　資本規制のある場合とない場合の均衡

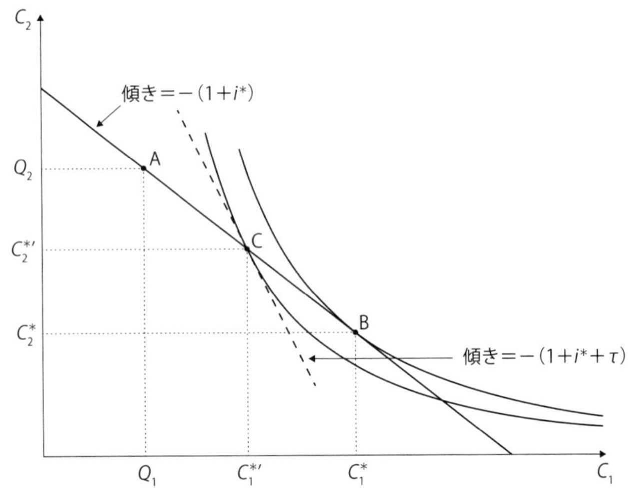

（注）　A点は賦存経路，B点は資本規制がない場合の均衡における消費経路，C点は資本規制がある場合の均衡における消費経路を表している．国際的借入に対する資本規制税は，第1期の消費を減少させ，貿易収支と経常収支を改善させ，対外純債務を減少させる．資本規制下の均衡は，資本規制のない均衡よりも低い水準の厚生をもたらす．

経済の異時点間資源制約は、資本規制税率τに依存しない。これは、政府の税収が家計に還元されるため、資本規制の導入によって資源が失われることがないからである。しかし、これは資本規制がマクロ経済に影響を与えないことを意味するものではない。最適化条件式（12.3）からわかるように、資本規制は消費の異時点間配分を歪めるのである。

図12.1は資本規制税τが導入されることによる効果を示したものである。右下がりの直線は、（12.5）式で与えられる経済の異時点間資源制約であり、この直線の傾きは$-(1+i^*)$である。これは第1期に1単位の消費を犠牲にすれば、第2期には$1+i^*$単位の追加的な消費が可能になることを反映している。A点は、賦存量経路（Q_1, Q_2）を表している。B点は、資本規制がない場合（$\tau=0$）における最適消費経路を表している。B点では無差別曲線は異時点間資源制約に接する。特に、B点における無差別曲線の傾きは$-(1+i^*)$で、これは異時点間資源制約の傾きと等しい。この例では、資本規制がないとき、$C_1^*-Q_1>0$に相当する貿易赤字が発生している。初期の資産残高はゼロ（$B_0=0$）と仮定しているので、経常収支と対外債務がともに貿易収支と等しくなっている。つまり、第1期ではこの経済は経常収支が赤字になり、世界の他の地域に対して純債務者になっている。第2期では、家計は第1期に契約した負債の返

済とそれに対応する利子を考慮し、第2期の賦存生産量Q_2より低い消費水準C_2^*を選択している。

図12.1のC点は、政府が国際的借入1単位当たりτの資本規制税を課した場合の均衡を表している。経済の資源制約に変化はない。しかし、個々の家計はi^*から$i^*+\tau$への借入コストの上昇を認識する。その結果、家計は借入れを減らし、第1期の消費を減らして第2期の消費を増やすという消費経路を選択する（最適化条件式（12.3）参照）。図では資本規制税τが導入されたことで、第1期の消費はC_1^*から$C_1^{*\prime}$に減少し、貿易赤字と経常赤字は$C_1^*-Q_1$から$C_1^{*\prime}-Q_1$へと縮小している。なお、C点を通る無差別曲線の傾きは、B点を通る無差別曲線の傾きより急である。この違いは、資本規制税τによってもたらされている。

つまり、国際的借入金に対する資本規制税の導入は、現在の消費を抑制し、貿易赤字および経常収支赤字を縮小し、対外純債務の縮小を引き起こすのである。次に、資本規制の物的資本投資への影響を分析する。

12.2.2　資本規制が投資に与える影響

前節において考察された経済において、第1期に借入れをして物的資本を購入し、第2期にそれを使って財を生産する企業があると仮定する。この設定は第5章で紹介したものと同じである。ここでは本分析を自己完結的に行うために、その主な点を再確認する。

具体的には、第2期の生産が次式で与えられるとする。

$$Q_2=\sqrt{I_1}$$

ここで、I_1は第2期で利用可能な資本のストックである。この資本ストックを構築するために、企業は第1期に投資を行う。この投資プロセスには資金が必要であり、企業は金融市場を利用して調達する。具体的には、企業は第1期において金利iでI_1を借り入れ、第2期には利息を含めてこの借入金を返済しなければならない。したがって、第2期の利潤は次式で与えられる。

$$\sqrt{I_1}-(1+i)I_1$$

企業は利潤を最大化するためにI_1を選択する。この最大化問題に関連する最適化条件は、I_1に関して、利潤を微分しゼロに等しくすることであり、これを少し並べ替えると次のようになる。

$$\frac{1}{2\sqrt{I_1}} = 1 + i$$

上式をI_1について解くと、次の最適な投資水準が得られる。

$$I_1 = \left(\frac{1}{2(1+i)}\right)^2$$

したがって、物的資本への投資は金利の減少関数となることがわかる。

ここでは、国際的な借入れを行い、政府が資本流入に規制を行う経済を考えていることを想起すると、均衡において国内金利は世界金利に資本規制税を加えたものと等しくなければならない。

$$i = i^* + \tau$$

上記の2つの式を組み合わせると、次のようになる。

$$I_1 = \left(\frac{1}{2(1+i^*+\tau)}\right)^2$$

この式は、資本流入に対する資本規制の導入が、物的資本購入のための資金調達コストを増加させ、投資にマイナスの影響を与えることを意味している。つまり、資本規制税は家計の消費・貯蓄の選択だけでなく、企業の投資の選択をも歪めてしまうという結論が得られる。

12.2.3　資本規制が厚生に与える影響

資本規制が対外債務や経常赤字を削減する有効な手段であることを、これまで述べてきた。しかし、この効果は望ましいものなのだろうか。この問いに答えるために、図12.1のC点で示される資本規制下の均衡は、資本規制のない均衡のB点に関連する無差別曲線よりも原点に近い無差別曲線上にあることに注意しよう。つまり、資本規制税は厚生を低下させる。政府が家計の幸福を最大化しようとするならば、最善の方法は、資本規制税をゼロにすることである。言い換えると、最適な資本規制税はゼロであり、同様に資本移動が自由であることが最適であるということになる。

上記の経済において資本規制が厚生を低下させる理由は、i^*で与えられる経済の真の借入コストと、個人レベルで認識される借入コスト$i^* + \tau > i^*$の間に差が生じることによって、国内金融市場に歪みを生じさせるからである。家計は、資本規制税によって借入コストが実際よりも高いと感じるため、社会的に最適な水準よりも低い借入額を選択する。12.5節では、世界の金融市場において市場支配力を持つ大国を考える。このような環境では、資本規制により、世界金利を自国に有利になるように操作できるため、厚生を改善することがありうる。しかし、この問題に取り組む前に、一国の借入総額に制限をかける、資本移動の量的規制のマクロ経済的効果について考えてみることにする。

12.3 資本移動の量的規制

資本規制には、国際的な貸し借りを量的に制限する形態もある。本節では、このような資本規制が、国際的な資本フローへの課税に基づく資本規制と同じであることを明らかにする。例えば、政府が対外債務の総額に上限を設けるとする。図12.2はその状況を示している。賦存経路はA点で表され、量的規制がない場合の最適消費経路はB点で与えられている。また図は、第1期が資産残高ゼロでスタートするという前提で描かれている（$B_0 = 0$）。制約のない均衡（B点）では、家計は第1期において、第1期における賦存生産量Q_1を超える消費水準C_1^*を実現するために、世界の他の地域から借入れを行うことを最適なものとして選択している。その結果、第1期の貿易収支$Q_1 - C_1^*$、経常収支

図 12.2　量的資本規制下での均衡

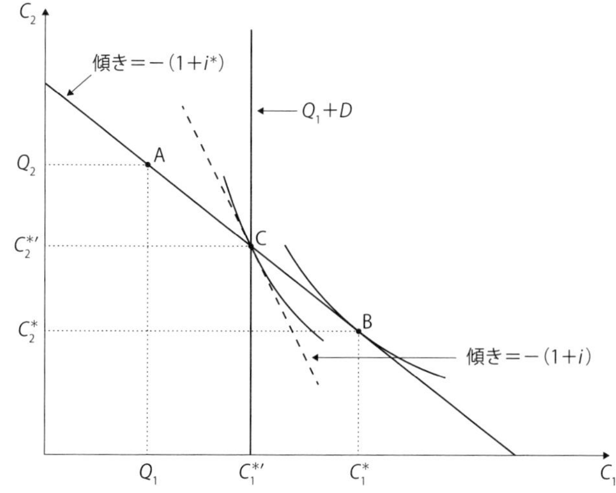

（注）自由な資本移動の下での均衡はB点であり、この点では第1期の消費が賦存量を上回り、世界の他の地域から借入れを行っている．量的資本規制によってD以上の借入れは禁止され、家計は第1期においてQ_1+Dを消費するようになる（C点）．資本規制下の国内金利はC点における無差別曲線の傾きで与えられ、世界金利i^*よりも高くなる．

資本規制
第12章

$Q_1 - C_1^*$、および対外純資産残高$B_1 = Q_1 - C_1^*$はすべてマイナスである。

ここで、政府が金額Dを超える国際的な借入れを禁止し、政策立案者は以下のような金融規制を行うとする。

$$B_1 \geq -D$$

この借入制限の結果、第1期の消費は最大で$Q_1 + D$となる。図12.2から明らかなように、C点よりも第1期の消費が少ない異時点間予算制約上の点（すなわち、C点より北西に位置する異時点間予算制約上の点）は、C点そのものより好ましくないので、量的資本規制が行われると、家計は最大の効用をもたらすC点を選択し、借入れは$B_1 = -D$の上限に達する。規制下の均衡では、家計は第1期に保有資産と許容される最大借入額Dを消費するので、$C_1^{*\prime} = Q_1 + D$となる。第2期では、家計は賦存生産量Q_2から利子を含む負債（$1 + i^*)D$を差し引いた量、すなわち$C_2 = Q_2 - (1 + i^*)D$を消費する。したがって、資本流入の量的制限に対応して、現在の消費はC_1^*から$C_1^{*\prime}$に減少し、貿易収支と経常収支は$Q_1 - C_1^*$から$Q_1 - C_1^{*\prime} = -D$に縮小し、対外債務は$C_1^* - Q_1$から$C_1^{*\prime} - Q_1 = D$に減少する。

量的制約がない場合、国内金利iは世界金利i^*と等しい。しかし、借入限度額Dが設定されると、国内金利は世界金利を上回る。これを見るために、世界金利の下では国内家計は本来D以上の借入れを望むことに注意しよう。しかしながら、資本規制によりこの上限を超える国際的な資金は調達できないため、国内金融市場において均衡をもたらすためには、国内金利が世界金利よりも上昇する必要がある。図式的には、$1 + i$は図12.2のC点における無差別曲線の傾きの負値（破線の傾きの負値）で与えられている。この金利のときだけ、家計は第1期に$Q_1 + D$を消費することを望む。

これを数式で表すと、量的資本規制下の国内金利は、均衡消費水準$C_1^{*\prime} = Q_1 + D$と$C_2^{*\prime} = Q_2 - (1 + i^*)D$で評価した最適化条件式（12.2）によって与えられる。すなわち、国内金利は以下を満たさなければならない。

$$\frac{U'(Q_1 + D)}{U'(Q_2 - (1 + i^*)D)} = 1 + i$$

Q_1、Q_2、D、およびi^*は外生的に与えられているので、この式は1つの未知数であるiについての1つの方程式を表している。$U'(\cdot)$は減少関数であるから、Dが減少すれば、つまり政府が量的資本規制を強化すれば、左辺の分子は増加し、分母は減少する。つまり、資本規制が強化されればされるほど、国内金利は上昇することになる。したがって、金利差$i - i^*$は、資本流入に対する量的規制の厳しさについての増加関数であることがわかる。

図12.1と図12.2を比較すると、数量ベースと税ベースの資本規制が同じ均衡を生み出すことが明らかである。つまり、ある資本規制税率τを所与として、両資本規制政策下で均衡における消費、貿易収支、経常収支、対外債務残高、および金利差が同じになるような量的規制Dを見つけることができる。

しかし、この等価性は、量的制約をどのように施行するかに依存する。例えば、政府が対外債務の全枠を1つの銀行に割り当てたとすると、すべての家計は、この銀行を経由して借入れを行わなければならないことになる。銀行の経営者は、国内融資のたびに$(i - i^*)$に相当する超過利潤を得ることになる。この場合、家計に対して不利に、銀行のオーナーに対して有利に超過利潤が分配されるため、量的制約の等価性の結果が破綻する。このような仕組みは、汚職やレントシーキングにどっぷり浸かった政治家らが運営する国でよく見られるものである。他方で、資本流入の量的規制は、各世帯にDという枠を割り当てることで実施することもできる。この場合、超過利潤$(i - i^*)D$は、全世帯に等しく分配され、この超過利潤は、12.2節で検討した税による資本規制政策における一括給付金$T = \tau D = (i - i^*)D$と同じである。この方式においては、資本規制税との等価性が成立する。

また、税方式との等価性を保ちつつ量的資本規制を行う他の方法は、市場に任せて、割当量Dをオークションにかけることである。この割当量の市場価格は、それが生み出す純粋な超過利潤である$(i - i^*)D$となる。この場合、すべての割当量が1つの銀行に売却されたとしても、買い手の利益はゼロである。したがって、政府がオークションの収益を家計に平等かつ一括して分配する場合、結果として得られる均衡は、各家計に借入枠Dが割り当てられる場合と同一となる。

12.4 借入れの外部性と最適な資本規制

12.2節と12.3節の要点は、資本規制は対外的な不均衡を抑制する有効な手段でありうるが、経済規模が小さく、市場が十分に機能している場合には、厚生を低下させるということであった。本節において分析する経済は、金融市場が不完全であるという点を除いては、前2つの節で検討した経済と同一である。具体的には、本節の経済では、外国の貸し手は、一国の対外債務が増加するにつれて、より高い金利を課すものとする。

国際市場でその国が直面する金利が債務規模に対して弾力的であるという仮定は、特に新興国において実証的に妥当である。国際的な債権者がより多くの債務を抱える国に対して高い金利を課す理由として、おそらく最も説得力がある説明は、債務の水準が大きくなればなるほど、デフォルトの確率が高くなるからというものである。つまり、新興国への投資の期待収益を、より安全な代替投資と同程度にするためには、より高い金利が必要なのである。

債務弾力的な金利のために、その国が国際的な資金市場において借入れを行う際に外部性が生まれる。なぜなら、多数の中の一参加者である家計は、国の対外債務を金融市場において外生的に決定されるものとして受け止めるからである。つまり、個々の家計は、それぞれの対外債務水準を決定する際、その行動の積み重ねとして、一国における金利水準が決定されていることを考慮していない。その結果、均衡では、社会的に最適とされるよりも多くの借金をすることになる。このような状況下では、各家計の借入れが金利を上昇させるという事実を認識させるために、政府は資本規制を行うインセンティブを持つ。本節では、対外的な借入れを減らし、かつ厚生を増加させる最適な資本規制の水準が存在することを示す。

12.4.1 債務弾力的な金利を伴う経済

消費に対する選好が以下の効用関数で記述される家計が住む、2期間の開放経済を考える。

$$U(C_1) + U(C_2)$$

家計は、負債も資産もない状態で第1期をスタートし、第1期と第2期にそれぞれQ_1とQ_2の生産物を受け取る。第1期において、家計は国内金利iで債券B_1を介して借入れまたは貸付けができる。第1期と第2期における家計の予算制約は、次式で与えられる。

$$B_1 = Q_1 - C_1$$

$$C_2 = Q_2 + (1 + i)B_1$$

これらの2つの予算制約を組み合わせて、B_1を消去すると、以下のおなじみの異時点間予算制約が得られる。

$$C_2 = Q_2 + (1 + i)(Q_1 - C_1) \tag{12.6}$$

この式を用いて効用関数からC_2を消去すると、次のようになる。

$$U(C_1) + U(Q_2 + (1+i)(Q_1 - C_1))$$

家計は上記の関数を最大化するためにC_1を選択する。C_1に関して微分し、それをゼロに等しいとすると、以下の最適化条件が得られる。

$$U'(C_1) - U'(Q_2 + (1+i)(Q_1 - C_1))(1+i) = 0$$

$Q_2 + (1+i)(Q_1 - C_1) = C_2$という事実を使い、並べ替えると、以下のオイラー方程式が得られる。

$$\frac{U'(C_1)}{U'(C_2)} = 1 + i \tag{12.7}$$

この国では資本移動が自由であるとする。国際資本市場において、海外の貸し手がその国に課す金利をi^*とすると、自由な資本移動はオンショアとオフショアの金利、つまりiとi^*が互いに等しくなければならないことを意味する。つまり、以下が成立する。

$$i = i^* \tag{12.8}$$

さらに、国際市場で借入れができる金利i^*は、1人当たり対外債務の増加関数であるとする。第1期の予算制約から、各家計の負債は、$-B_1 = C_1 - Q_1$で与えられる。$\overline{Q}_1$と$\overline{C}_1$は、第1期の生産と消費の全家計間での平均を表すとする。すると、第1期の1人当たりの負債水準は$\overline{C}_1 - \overline{Q}_1$で与えられる。したがって、$i^*$は1人当たりの対外債務$\overline{C}_1 - \overline{Q}_1$の増加関数であると表現できる。賦存生産物を所与として、1人当たりの消費が高いほど1人当たりの債務水準は高くなり、1人当たりの債務水準が高ければ高いほど金利は高くなる。したがって、外国の貸し手がこの国に課す債務弾力的な金利は次のように書くことができる。

$$i^* = I(\overline{C}_1)$$

ここで、$I(\cdot)$ は広義単調増加関数である。$\overline{Q}_1$は外生変数であり、終始一定であるので、表記を簡潔にするために引数の1つである$\overline{Q}_1$を省略している。またこの式は、自由な資本移動によって国内金利iはその国が世界の資本市場で直面する金利i^*と等しくなることを利用して、次のように書くことができる。

$$i = I(\overline{C}_1) \tag{12.9}$$

ここで、債務弾力的な金利の例として、次の関数を考えてみる。

$$I(\overline{C}_1) = \begin{cases} \underline{i} & \overline{C}_1 \le \overline{Q}_1 \text{について} \\ \underline{i} + \delta\,(\overline{C}_1 - \overline{Q}_1) & \overline{C}_1 > \overline{Q}_1 \text{について} \end{cases} \tag{12.10}$$

ここで、$\underline{i}$とδは正のパラメータである。この例では図12.3に描かれているように、この国は一定の金利$\underline{i}$で貸出しを行う一方、債務水準$\overline{C}_1 - \overline{Q}_1$に比例し

資本規制 第12章

図 12.3　債務弾力的な金利

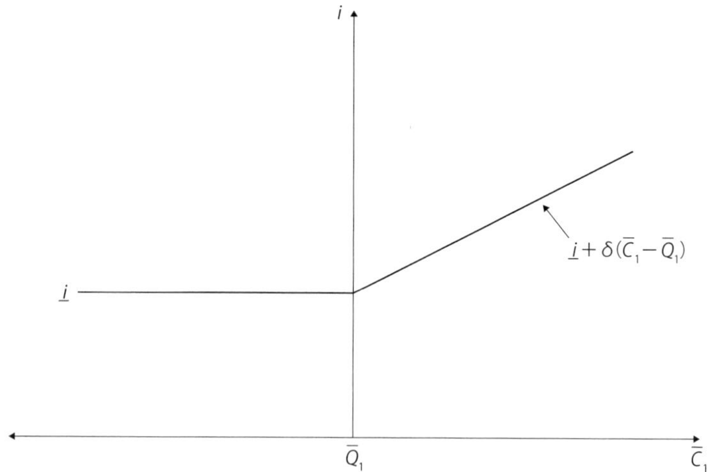

（注）　図には対外債務の水準によって，単調に増加する金利曲線が示されている．$\bar{C}_1<\bar{Q}_1$の場合，その国は対外純債権国であり，金利は一定で$\underline{i}$に等しい．$\bar{C}_1>\bar{Q}_1$の場合，その国は対外純債務国であり，金利は債務水準，$\bar{C}_1-\bar{Q}_1$の増加関数である．

て上昇する金利で借入れを行っている。

12.4.2　政府介入のない自由競争均衡

すべての家計の選好と賦存量が同一であるため、均衡においては、すべての家計が同じ量の財を消費している。つまり、1人当たり消費は、個々の家計の消費水準に等しく、$\bar{C}_1=C_1$が成り立つ。すると金利を次のように書くことができる。

$$i=I(C_1)$$

ここで家計の最適化条件式（12.7）を導出する際に、なぜ家計は金利が消費に依存することを考慮しないのかを理解しておくことは重要である。その理由は、金利は個々の家計の消費水準ではなく、1人当たり総消費に依存し、家計は1人当たり総消費を所与とするからである。1人当たり総消費が個人消費と等しくなるのは、均衡においてのみである。

（12.9）式を用いて、異時点間予算制約式（12.6）と最適化条件式（12.7）から金利iを消去すると、次のようになる。

$$C_2=Q_2+(1+I(C_1))(Q_1-C_1) \tag{12.11}$$

図 12.4　借入れに対して外部性がある経済における均衡

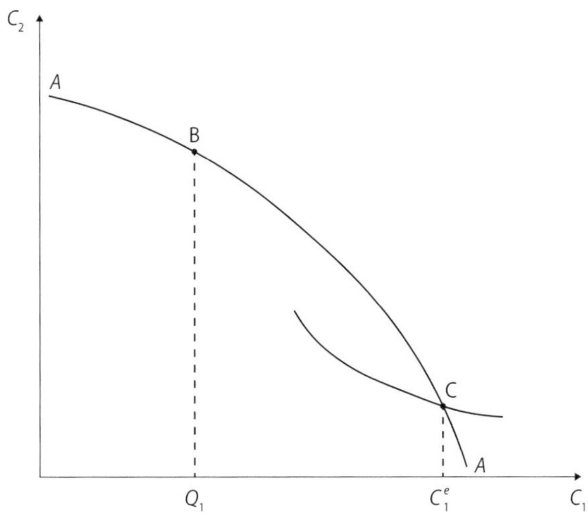

（注）　軌跡AAは経済の資源制約を表す．賦存経路はB点，政府介入のない競争均衡はC点にある．この均衡は，C点よりも高い効用をもたらす資源制約上の配分が他にあるため，非効率的である．

$$\frac{U'(C_1)}{U'(C_2)} = 1 + I(C_1) \tag{12.12}$$

これらが、第1期と第2期における均衡消費水準を決定する2つの方程式である。

図12.4は、空間（C_1, C_2）における均衡を描いたものである。軌跡AAで示される（12.11）式は、経済の異時点間資源制約である。金利が一定の場合と同様に、資源制約は右下がりで、第1期の消費を増やすには第2期の消費をある程度犠牲にする必要がある。金利が一定の場合との大きな違いは、その傾きである。金利が一定の場合、資源制約の傾きは一定で$-(1+i)$である。これに対して、この経済では資源制約の傾きは常に絶対値で$1+i$より大きくなる。より正確には、（12.11）式でC_2をC_1に関して微分すると、異時点間資源制約の傾きは、$-[1+i+I'(C_1)(C_1-Q_1)]$であり、この国が借り手であれば、すなわち$C_1 > Q_1$であれば、$I'(C_1)$は正であるから常に$1+i$より大きい。直感的には、異時点間資源制約の傾きが絶対値で$1+i$を上回るのは、第1期に消費のために1単位の追加借入をすると、第2期には$1+i$だけでなく、負債の増加による金利の上昇分$I'(C_1)$も支払わなければならないからである。この金利の上昇は、追加的に借り入れた単位だけでなく、債務全体C_1-Q_1にも適用される。

賦存経路はB点にあり、均衡はC点、第1期の消費はC_1^eである。$C_1^e > Q_1$であるから、この国は借り手である。C点では、無差別曲線の傾きはオイラー方程式（12.12）より$-(1+i)$となる。つまり、C点では無差別曲線は資源制約よりも平坦となり、$1+i < 1+i+I'(C_1)(C_1-Q_1)$である。このように異時点間資源制約の傾きと無差別曲線の傾きが異なることにより、競争均衡は非効率的なものとなる。図12.4より、異時点間資源制約上でC点よりもより高い効用を与えうる点が存在することは明白である。この非効率性は、家計が現在の消費に関する限界費用を完全に内部化できていないことに起因している。金利は個人の消費ではなく、1人当たりの総消費に依存するので、家計は現在の消費の機会費用を$1+i$ととらえ、社会的費用である$1+i+I'(C_1)(C_1-Q_1)$より低く見積もってしまう。このことにより、社会的に最適な水準よりも家計は多く消費するよう、誘導されてしまうのである。

12.4.3　効率的配分

資源制約式（12.11）の下で家計の効用を最大化するために、第1期と第2期の消費を配分できる**ソーシャル・プランナー**（social planner）を想像してみよう。ソーシャル・プランナーは、すべての家計に同じ消費経路を与える。この場合、プランナーは以下の効用関数、

$$U(C_1) + U(C_2)$$

を次の制約の下で最適化する。

$$C_2 = Q_2 + (1 + I(C_1))(Q_1 - C_1)$$

前回と同様に、資源制約を利用して効用関数からC_2を取り除くと、プランナーの問題は、C_1を選択して以下を最大化するものとして再定義できる。

$$U(C_1) + U(Q_2 + (1 + I(C_1))(Q_1 - C_1))$$

この最適化問題と市場経済における家計の最適化問題との間には、2つの重要な違いがある。第1に、プランナーは、C_1が個人の消費であり、かつ1人当たりの総消費であることを理解している。第2に、家計は金利を所与とするが、ソーシャル・プランナーは、C_1の変化が金利$I(C_1)$を動かすという事実を内部化している。したがって、プランナーの最適化問題に関連する一階の条件は、以下の通りである。

$$U'(C_1) - U'(Q_2 + (1 + I(C_1))(Q_1 - C_1))[1 + I(C_1) + I'(C_1)(C_1 - Q_1)] = 0$$

図 12.5　借入れに対して外部性がある経済における効率的配分

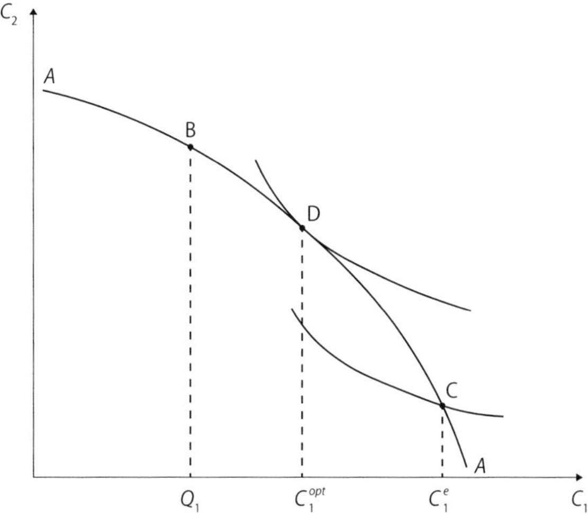

(注)　軌跡AAは経済の資源制約を表す. 賦存量はB点で表される. 政府介入のない競争均衡はC点にある. 効率的配分はD点にあり, ここで無差別曲線は資源制約に接している. この配分は, 適切に選択された資本規制税によって実現することが可能である.

$C_2 = Q_2 + (1 + I(C_1))(Q_1 - C_1)$ という事実を用いて上式を並べ替えると、プランナーの最適化条件は次のように書ける。

$$\frac{U'(C_1)}{U'(C_2)} = 1 + I(C_1) + I'(C_1)(C_1 - Q_1) \qquad (12.13)$$

この式は、効率的配分において、無差別曲線の傾きが経済の異時点間資源制約の傾きと等しくなることを意味している。この最適化条件を、(12.12) 式で示される競争均衡における対応条件と比較すると、競争均衡では、現在の消費の将来の消費に対する限界代替率$U'(C_1)/U'(C_2)$ は、資金の私的費用$1 + I(C_1)$と等しいが、効率的配分では、資金の社会的費用$1 + I(C_1) + I'(C_1)(C_1 - Q_1)$と等しく、私的費用より高くなっている。

効率的な配分は、経済の資源制約式 (12.11) とプランナーの最適化条件式 (12.13) を満たすC_1とC_2の値によって与えられる。図12.5は、ソーシャル・プランナーによる最適化条件の解を図で表したものである。効率的な配分はD点にある。この点では、消費は資源制約を満たし、さらに資源制約が無差別曲線に接する。明らかに、D点では、与えられた経済の資源の中で家計は可能な限り高い厚生水準を達成している。比較のために、図にはB点で示される賦存量とC点で示される競争均衡も示されている。第1期における効率的な消費水準はC_1^{opt}である。これは賦存量Q_1よりも高いが、競争均衡で達成される消費水準C_1^eよりは低い。したがって、効率的配分（D点）では、対外債務は競争均衡（C点）より低い。すなわち、$C_1^{opt} - Q_1 < C_1^e - Q_1$である。競争均衡における過剰な対外的借入は、**過剰債務**（overborrowing）と呼ばれる。

12.4.4　最適な資本規制政策

12.4.3項で学んだ中央集権的な計画経済ではなくとも、市場経済において効率的な配分が実現できるだろうか。答えはイエスである。12.2節で分析したような資本規制税を課すことで、政府は過剰債務を解消し、効率的配分を実現することができる。具体的には、政府が対外的借入にτの税率で課税すると仮定する。12.2節の議論から、資本規制税は国内金利iと国際金融市場における借入金利i^*の間にくさびを打つように働き、金利平価条件式（12.8）は以下のように表現されるようになる。

$$i = i^* + \tau$$

ここで、$\tau = I'(\overline{C}_1)(\overline{C}_1 - \overline{Q}_1)$ を設定したとする。税率は1人当たりの総消費、1人当たりの総借入に依存するため、家計は12.2節で検討した場合と全く同様に、外生的に与えられたものとして税率を考える。すると、次のようになる。

$$i = i^* + I'(\overline{C}_1)(\overline{C}_1 - \overline{Q}_1)$$

また、$i^* = I(\overline{C}_1)$ であり、均衡においては、$\overline{C}_1 = C_1$および$\overline{Q}_1 = Q_1$であるので、上の式はさらに次のように書くことができる。

$$i = I(C_1) + I'(C_1)(C_1 - Q_1)$$

そして、この式を用いると、家計の最適化条件式（12.7）は次のようになる。

$$\frac{U'(C_1)}{U'(C_2)} = 1 + I(C_1) + I'(C_1)(C_1 - Q_1)$$

これは、（12.13）式で与えられるソーシャル・プランナーの最適化条件と同じである。さらに、12.2節で仮定したように、政府が資本規制税によって生じた収入を家計に一括して還元する場合、経済の資源制約式（12.11）は変化しない。つまり、C_1とC_2の均衡値は、効率的配分を決める2つの方程式である（12.11）式と（12.13）式の解によって決定されることになる。

したがって、$\tau = I'(\overline{C}_1)(\overline{C}_1 - \overline{Q}_1)$ といった資本規制政策により、競争均衡の結果として効率的配分を実現することが可能であることが示された。つまり、上の資本規制税を導入することにより、図12.5のD点において経済が特徴付けられるのである。直感的に言えば、資本規制税は家計が認識する借入れの実質的なコストを増加させ、第1期の消費を抑制するように誘導するのである。このように、資本規制税の役割は、1単位の追加的な消費に発生する社会的費用が$1+I(C_1)$ではなく、$1+I(C_1)+I'(C_1)(C_1-Q_1)$であることを、家計に認識させることである。

要約すると、借入れの外部性が存在する場合、自由な資本移動の存在は最適でなくなる。なぜなら第1期において家計は、社会的に最適とされるよりも多くの借入れと消費を行ってしまうからである。このような場合、資本規制は過剰債務を解消し、社会的に最適な配分を実現する方法として望ましいものとなる。

12.5 大国経済における資本移動

米国、ユーロ圏、および中国などの大国経済が国際的な資金需要を高めると、世界金利は一般的に上昇圧力にさらされる。大国経済の各家計は金利を所与とするが、国全体としては金利は内生変数であるから、大国経済の政府は、世界金利を自国に有利なように操作する政策を取ることができるかもしれない。例えば、経常赤字の国であれば、資本規制を行い、対外的な総借入を抑制し、世界金利が低下するよう誘導することが可能なはずだ。

資本規制によって、経常収支や世界金利を操作する可能性を分析する前に、ここでは、まず自由な資本移動下での大国経済における均衡を特徴付ける。ここでの分析は、12.7節で取り上げる国際資本移動の管理を目的とした政策を評価する上での基礎となる。

ここで紹介する大国経済のモデルは、第7章7.3節で紹介した二国モデルに基づいている。自国（h）と外国（f）の二国からなる、2期間の経済を考える。自国は両期間とも一定の賦存生産量を受け取る。これに対して外国は、第1期においては第2期よりも少ない賦存生産量を受け取るとする。この2つの経済は、他のすべての点で同一である。特に、両国とも消費に関して同じ選好を持ち、資産も負債もない状態で第1期をスタートするとする。もし両国が各期において同じ賦存生産量を受け取れば、単に各期の賦存生産量を消費することで満足し、異時点間の交換からなんの便益も受けないだろう。しかし、外国における第1期の賦存量が第2期の賦存量よりも低いので、外国のすべての家計は第2期の賦存生産量を担保に第1期に借り入れたいと考える。したがって、外国からの総資金需要により、世界金利は上昇し、均衡では第1期において外国が自国から借入れを行うことになる。

両国の選好が以下のような形式であると仮定する。

$$\ln C_1^j + \ln C_2^j \tag{12.14}$$

ここでC_1^jとC_2^jは、国$j = h, f$における第1期と第2期の消費をそれぞれ表す。

第1期における家計の予算制約は、次式で与えられる。

$$C_1^j + B_1^j = Q_1^j \tag{12.15}$$

ここでB_1^jは第1期に購入した債券を表す。世界は第2期で終わり、家計は第2期において貸し借りできないので、第2期の予算制約は次のようになる。

$$C_2^j = Q_2^j + (1 + i^j)B_1^j \tag{12.16}$$

ここで、i^jは$j\,(j = h, f)$国での金利を表すとする。

第1期の予算制約をB_1^jについて解き、第2期の予算制約からB_1^jを消去すると、以下の異時点間予算制約式が得られる。

$$C_2^j = Q_2^j + (1 + i^j)(Q_1^j - C_1^j) \tag{12.17}$$

この式を用いて効用関数（12.14）式からC_2^jを消去すると、次のようになる。

$$\ln C_1^j + \ln\left[Q_2^j + (1 + i^j)(Q_1^j - C_1^j)\right]$$

家計の目的は、金利と賦存生産量を所与として、上の式を最大化するようにC_1^jを選択することである。C_1^jに関して微分し、得られた式をゼロに等しいとすると、以下の家計の最適化条件が得られる。

$$\frac{1}{C_1^j} = \frac{1 + i^j}{Q_2^j + (1 + i^j)(Q_1^j - C_1^j)}$$

このとき、右辺の分母がC_2^jであることを考慮すると、最適化条件は以下の消費オイラー方程式として書き直すことができる。

$$\frac{C_2^j}{C_1^j} = 1 + i^j \tag{12.18}$$

この最適化条件をC_2^jについて解き、異時点間予算制約式（12.17）からC_2^jを消去すると、第1期における最適な消費水準が以下のように得られる。

$$C_1^j = \frac{1}{2}\left(Q_1^j + \frac{Q_2^j}{1 + i^j}\right) \tag{12.19}$$

ここで、自国、$j = h$について考えてみよう。このとき、自国の賦存生産量は両期間ともQに等しいと仮定する。したがって、（12.19）式により、自国における第1期の消費は、以下を満たす。

$$C_1^h = \frac{1}{2}\left(Q + \frac{Q}{1+i^h}\right) \tag{12.20}$$

この式により、消費は金利の減少関数であることがわかる。

貿易収支TB_1^hは、賦存生産量と同期間の消費との差であるから、以下のように求めることができる。

$$TB_1^h = \frac{Q}{2}\frac{i^h}{1+i^h}$$

また、初期の純資産残高をゼロと仮定しているため（$B_0^h = 0$）、第1期では自国の経常収支CA_1^hは貿易収支と等しくなる。

$$CA_1^h = \frac{Q}{2}\frac{i^h}{1+i^h}$$

直感的には、金利が上昇すると、家計の貯蓄が増加し、貿易収支と経常収支は黒字になる。経常収支は国の対外純資産残高の変化と等しく（$CA_1^h = B_1^h - B_0^h$）、初期の資産残高はゼロであると仮定（$B_0^h = 0$）したことを想起すると、第1期末の対外純資産は経常収支に等しい。したがって、次のように書くことができる。

$$B_1^h = \frac{Q}{2}\frac{i^h}{1+i^h} \tag{12.21}$$

この式によれば、債券需要は収益率の増加関数であることを表している。

外国では、第1期において$Q/2$、第2期においてQの賦存量が与えられるとする。したがって、(12.19) 式から、第1期における外国の消費は次のように与えられる。

$$C_1^f = Q\,\frac{3+i^f}{4(1+i^f)} \tag{12.22}$$

この式から、100%より低い金利の場合（すなわち、$i^f < 1$の場合）には、第1期の消費は賦存量を上回る、すなわち$C_1^f > Q/2$、であることが容易にわかる。外国の家計が幅広い値の金利において、借入れを選択することは直感的に理解できる。というのも、第2期の賦存生産量が第1期の2倍になっているからである（$Q/2$に対してQ）。そこで家計は、消費を時間を通じて平準化するために、将来の賦存生産量を担保に借入れを行う。

外国は資産も負債もない状態で第1期を迎えるので、第1期の貿易収支と経常収支はともに第1期の賦存量と消費量の差で与えられる。上記の第1期における消費の式を用いると、それぞれ次のようになる。

$$TB_1^f = \frac{Q}{4}\frac{i^f - 1}{(1 + i^f)}$$

$$CA_1^f = \frac{Q}{4}\frac{i^f - 1}{(1 + i^f)}$$

この式は、外国の金利が100％未満である限り（$i^f < 1$）、第1期の経常収支はマイナスになることを意味している。これは、増加する賦存量の経路に直面したとき、家計が消費を平準化するために、第1期では借入れを行うという事実と一致している。外国は、資産も負債もない状態で第1期をスタートするので、第1期末の対外純資産残高B_1^fは経常収支に等しい。そこで、次のように書くことができる。

$$B_1^f = \frac{Q}{4}\frac{i^f - 1}{(1 + i^f)} \qquad (12.23)$$

ところで、均衡においては自国と外国の債券需要の和で与えられる世界の資産需要はゼロでなければならない。つまり、以下が成立する。

$$B_1^h + B_1^f = 0 \qquad (12.24)$$

また、自由な資本移動の下では金利は両国で同じでなければならない。この共通金利をi^*とし、i^*を世界金利と呼ぶことにする。そこで、次のようになる。

$$i^h = i^f = i^* \qquad (12.25)$$

この式を用いて、（12.21）式と（12.23）式のi^hとi^fをそれぞれi^*に置き換え、次に得られた式を用いてB_1^hとB_1^fを（12.24）式から消去すると以下が得られる。

$$\frac{Q}{2}\frac{i^*}{1 + i^*} + \frac{Q}{2}\frac{i^* - 1}{2(1 + i^*)} = 0$$

さらに上式をi^*について解くと、世界金利の均衡水準は以下のように得られる。

$$i^* = \frac{1}{3}$$

したがって、自由な資本移動の下では、世界金利は33％である。世界金利は100％未満なので、外国の家計の債券需要（（12.23）式）から、第1期に外国が国際的に借入れを行うことがわかる。外国が借金をした場合、自国は第1期に貯蓄をしなければならない。

このことを確認するために、（12.20）式と（12.21）式において、$i^h = 1/3$とすると、自国経済における第1期の消費と債券保有量の均衡水準が以下のように得られる。

$$C_1^h = \frac{7}{8}Q < Q$$

$$B_1^h = \frac{1}{8}Q > 0$$

そのまま消費すれば完全に滑らかな消費経路を生み出す、平坦な賦存生産量の経路があるにもかかわらず、自国の家計は第1期において賦存生産量よりも少ない消費を行い、貯蓄をすることを選択する。なぜなら、次に述べるように海外の資金需要によって世界金利が上昇し、自国は消費を先送りするように誘導されるからである。その結果、第2期では、自国は賦存生産量以上の消費を享受できるのである。このことは、最適化条件式（12.17）において、$j = h$および$i^j = 1/3$とすることで、以下のように確認できる。

$$C_2^h = \frac{7}{6}Q > Q > C_1^h$$

同様に、外国の消費水準と債券保有量の均衡値を求めると、次のようになる。

$$C_1^f = \frac{5}{8}Q > \frac{1}{2}Q$$

$$C_2^f = \frac{5}{6}Q < Q$$

$$B_1^f = -\frac{1}{8}Q < 0$$

直感的に言えば、外国は、増加していく賦存生産の経路に直面すると、消費を平準化するために第1期に借入れを行う。そのため、外国は第1期においては賦存生産量を上回る消費水準を、第2期においては賦存生産量を下回る消費水準を選択し、そのため第1期においては債券の売りポジションを維持する。

自由な資本移動の下での厚生を求めるには、それぞれの均衡消費水準で効用関数（12.14）式を評価すればよい。この結果、自国の効用が以下のように得られる。

$$\ln C_1^h + \ln C_2^h = \ln\left(\frac{49}{48}Q^2\right) \tag{12.26}$$

また外国の効用は以下で与えられる。

$$\ln C_1^f + \ln C_2^f = \ln\left(\frac{25}{48}Q^2\right)$$

章末の練習問題12.10では、金融資産の国際的なやり取りがない金融閉鎖経済の状態よりも、資本移動が自由な状態のほうが両国にとって望ましいことを示す。この結果の含意は、いずれの国も、すべての異時点間にわたる資産取引を停止させるほど高い資本規制を課すのは得策ではない、ということである。資本移動が自由な場合よりも、一方の国の家計の厚生水準が高くなるような資本規制策が存在するのかどうかという問題は本章の12.7節で取り上げる。

12.6 資本移動が自由な大国経済における均衡のグラフ分析

自由な資本移動の下での均衡が二国モデルでどのように決定され、それが消費、国際的な借入れ、厚生にどのような意味を持つかを視覚化するために、まず、アイルランドの経済学者フランシス・イシドロ・エッジワース（Francis Ysidro Edgeworth, 1845–1926）が生み出した**オファーカーブ**（offer curve, 提供曲線）と**エッジワース・ボックス**（Edgeworth box）という一般均衡分析における有用な図式を提示する。

異なる金利水準に対する、国$j = h, f$の第1期と第2期における最適な消費選択C_1^jとC_2^jを考える。図12.6は、3つの異なる利子率、i^0、i^1およびi^2（$i^0 > i^1 > i^2$）に対する消費の最適な選択を示している。家計の賦存量である（Q_1^j, Q_2^j）はA^{0}点によって与えられ、3つの金利は、それぞれ異なる異時点間予算制約、$C_2^j = Q_2^j + (1 + i)(Q_1^j - C_1^j)$ を定義している。各予算制約は、賦存点A^{0}を通り、$-(1 + i)$ の傾きを持つ右下がりの線である。金利が高いほど、予算制約の傾きは急になる。図では、予算制約$\overline{I_0 I_0}$は家計にとってその賦存量を消費することが最適となる金利i^0に対応している。なぜなら、A^{0}点を通る無差別曲線がA^{0}点において予算制約$\overline{I_0 I_0}$に接するからである。金利が低下すると、異時点間予算制約はA^{0}点を中心に反時計回りに回転する。予算制約$\overline{I_1 I_1}$は金利i^1に対応しており、金利i^1における最適な消費選択は、A^{1}点で与えられている。このとき、家計は第1期は賦存量より多く消費し、第2期は賦存量より少なく消費しており、このパターンは、第1期に借入れを行うことで実現されている。最後に、予算制約$\overline{I_2 I_2}$は金利i^2に対応している。この金利における最適な消費

図 12.6　さまざまな金利における最適な異時点間消費選択

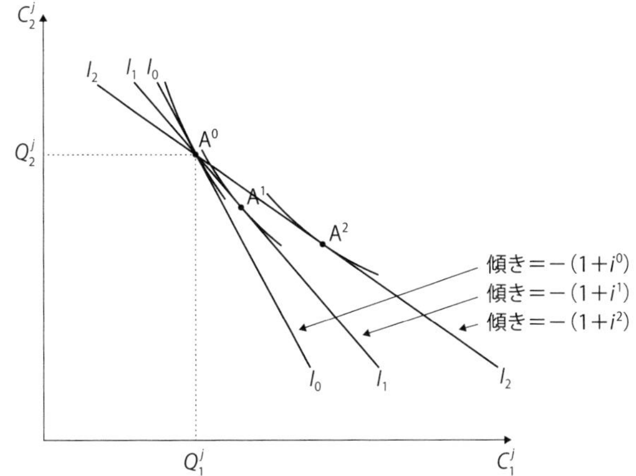

（注）　図は、i^0、i^1、およびi^2（$i^0>i^1>i^2$）の3種類の金利について、最適消費選択を示したものである．それぞれの金利は、異なる異時点間予算制約と関連し、金利が高いほど予算制約の傾きが急になる．異時点間予算制約$\overline{I_0I_0}$は、3つの金利のうち最も高い金利に、また、異時点間予算制約$\overline{I_2I_2}$は最も低い金利に対応する．予算制約$\overline{I_0I_0}$に関連する金利によって引き起こされる最適消費経路は賦存点A^0である．異時点間予算制約$\overline{I_1I_1}$と$\overline{I_2I_2}$は、それぞれA^1点およびA^2点によって与えられる最適消費選択をもたらす．オファーカーブ（図示せず）はA^0点、A^1点、A^2点を結んだものである．

選択はA^2点によって与えられ、A^1点に比べて第1期により多く消費し、第2期により少なく消費し、したがって第1期における借入れがさらに多くなっている。[2)]

ここで、3つの金利だけでなく、考えられるすべての金利水準について同様のことを想像してみよう。このとき考えられる、すべての最適消費選択を結ぶ軌跡がオファーカーブ（提供曲線）である。図12.7は、j国のオファーカーブを軌跡JJとして表示したものである。定義上、A^0点、A^1点、A^2点は、オファーカーブ上にある。オファーカーブ上の各点は、それぞれ異なる金利iに対応する。オファーカーブ上の任意の点に対応する金利は、オファーカーブ上の点と賦存点A^0を結ぶ線を引くことで求められる。この線は、金利iにおける家計の異時点間予算制約であり、したがってその傾きは$-(1+i)$に等しく、オファーカーブと交差する点で、この異時点間予算制約が無差別曲線と接して

2)　金利が十分に低い場合、金利の低下によって両期間とも消費が増加することが起こりうる。これは、家計が負債を負っている場合、金利の低下は正の所得効果をもたらし、両期間にわたって消費を増加させることが可能になるためである。つまり、負債が多い場合、この効果は、第1期の消費を増やし、第2期の消費を減らすという代替効果を補って余りある。しかし、(12.14) の対数線形効用関数の下では、代替効果は常に所得効果に勝っている。第4章4.4節の金利変動に伴う所得効果や代替効果の議論については、第4章練習問題4.4、および本章末の練習問題12.13を参照すること。

図 12.7　オファーカーブ（提供曲線）

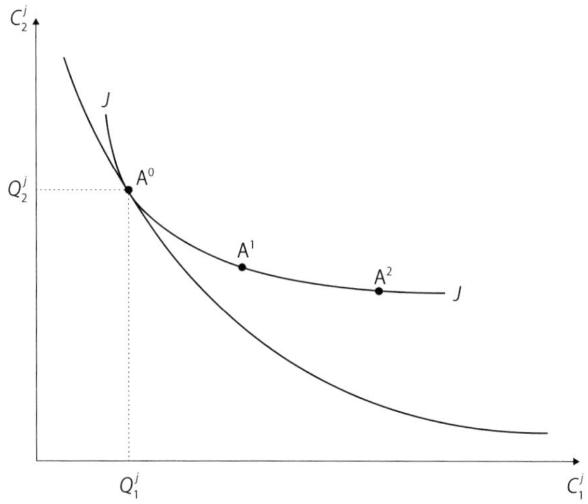

（注）　オファーカーブは，異なる金利におけるすべての最適消費配分を結ぶ軌跡JJである．オファーカーブは賦存点A^0を通る．また，この図には，賦存点を通る無差別曲線も示されている．オファーカーブ上の賦存点以外のすべての点は，賦存点そのものよりも選好される．

いる。

図12.7は、オファーカーブに加えて、賦存点A^0を通る無差別曲線を表示したものである。オファーカーブ上の賦存点以外のすべての点は、賦存点そのものよりも絶対的に選好される。これは、どのような金利であっても、賦存点を消費することは可能であるためである。

これで、自由な資本移動の下での均衡を分析する準備が整った。図12.8は、エッジワース・ボックスと呼ばれる箱を表示したものである。このボックスの横の長さは、第1期における世界的な財の賦存量$Q_1^f+Q_1^h$である。またボックスの高さは、第2期における世界的な財の賦存量$Q_2^f+Q_2^h$である。ボックスの南西の角は外国の原点であり、O^fという記号で示されている。外国では、原点O^fから右方向に第1期の消費と賦存量が横軸で計測され、O^fから上方向に第2期の消費と賦存量が縦軸で計測されている。ボックスの北東の角は自国の原点であり、記号O^hで示される。この国では、第1期の消費と賦存量はO^hから左方向への横軸で測定され、第2期の消費と賦存量はO^hから下方向への縦軸で測定されている。つまり、外国の家計は箱の中で北東に行くほど幸福になり、自国の家計は箱の中で南西に行くほど幸福になる。図では、2つの国の賦存量がA^0点によって与えられている。この例では、自国は第1期において賦存量が

図 12.8　二国モデルにおける自由な資本移動の下での均衡

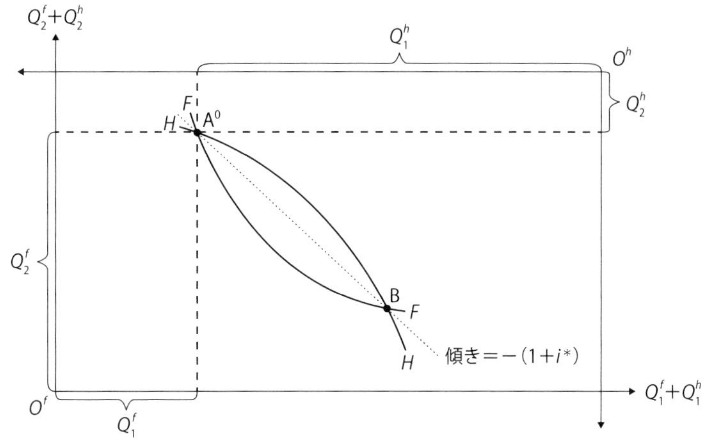

(注)　このような図はエッジワース・ボックスと呼ばれる. 外国の原点をO^f, 自国の原点をO^hとし, 賦存点をA^0とする. 外国のオファーカーブは軌跡FFであり, 自国のオファーカーブは軌跡HHである. 自由な資本移動の下での均衡はB点にある. A^0点とB点を結ぶ直線の傾きは－(1＋i^*)であり, i^*は自由な資本移動の下での均衡世界金利である.

豊富であり、外国は第2期において賦存量が豊富であるように描かれている。ボックスの中のどの点も、既存の資源の下で達成可能な、時間と国を超えた消費の配分を表している。

外国のオファーカーブは軌跡FFであり、自国のオファーカーブは軌跡HHである。明らかに、両方のオファーカーブは賦存点A^0を通過しなければならない。自由な資本移動の下での均衡は、2つのオファーカーブが2回目に交差するB点によって与えられる。この均衡では、第1期において相対的に賦存生産量が少ない外国が、自国から借入れを行っている。均衡における世界金利i^*は、A^0点とB点を結ぶ直線の傾きで決まる。この直線は、均衡世界金利i^*において国内家計と外国家計が直面する異時点間予算制約である。外国家計のA^0点における無差別曲線の傾きによって与えられる、金融閉鎖経済下の外国における国内金利よりも、この金利は低い。同じ論理で、自由な資本移動の下での均衡金利i^*は、金融閉鎖経済下の自国における金利より高いことがわかる。したがって、自由な資本移動の下では、借入国の金利が低下し、貸出国の金利が上昇することで、金利差が解消されることが示されるのである。

均衡では、両国はそれぞれのオファーカーブ上にあるため、金融閉鎖経済の下で暮らすよりも良い暮らしができる。つまりこの経済では、自由な資本移動によって両国の厚生が改善されることになる。さらに、B点では、自国家計と外国家計の無差別曲線はともに $-(1+i^*)$ に等しい傾きを持つため、B点では自国家計と外国家計の無差別曲線は互いに接している。したがって、エッジワース・ボックスの中のいかなる点においてもB点よりも両国の厚生が改善される点は存在しない。言い換えれば、他のどのような消費配分も、自由な資本移動下において実現される均衡配分と比較して、少なくとも一方の国の厚生が下がらざるをえないのである。このような性質を持つ均衡を**パレート最適**（Pareto optimal）と呼ぶ。[3)]

12.7 大国経済における最適な資本規制

外国政府が戦略的に行動し、国民の厚生を最大化するために資本規制を行い、資本の移動、したがって世界金利 i^* の値を操作したとする。国際資本市場において市場支配力を有している大国の場合、このようなことが可能である。国全体とは異なり、個々の家計は非常に小さい規模なので、金融市場における独占力を持たない。したがって、国の市場支配力を利用するためには、政府の介入が必要である。

資本規制は2つの相反するマクロ経済的効果を持つ。第1に、12.1節で検討したように、国内金利と外国金利の間にくさびが打たれ、消費と投資の異時点間配分を歪めるため、厚生が低下するといった効果である。第2に、国が借入れを行っている場合、資本規制の実施による世界金利の低下は、対外債務の返済コストを減少させ、厚生を増加させるといった効果である。小国開放経済においては、世界金利に影響を与えることができないため、2つ目の効果はゼロであり、12.2節で見たように、政策のトレードオフの解決には、資本規制を行わないことが必要である。しかし経済規模の大きな国では一般に、政府は世界金利を押し下げるために、資本規制を課すことが最適であると考える。本節の主な目的は、このような結果を理論モデルにより分析し、最適な資本規制が両国の経常収支と厚生にどのような影響を与えるかを検討することである。

ここでは外国が行う資本規制に対して、自国が資本規制を課すという報復は行わないと仮定する（12.9節では、報復があった場合の分析を行う）。つまり、

3） この名前は、この効率性の概念を最初に論じたイタリアの経済学者、ヴィルフレド・フェデリコ・パレート（Vilfredo Federico Pareto, 1848–1923）の名前にちなんでつけられた。

自国による国際資金需要は、(12.21) 式を世界金利i^*で評価した次の式で与えられることになる。

$$B_1^h = \frac{Q}{2}\frac{i^*}{1+i^*} \tag{12.27}$$

外国は、国際資本市場での借入れにτの税率で課税しているとする。第1期における外国人家計の予算制約は、この税によって変化しないので、以下のようになる。

$$C_1^f + B_1^f = \frac{Q}{2} \tag{12.28}$$

一方、第2期の予算制約は、次のように与えられる。

$$C_2^f = Q + T + (1+i^f)B_1^f$$

ここで、Tは政府から受け取る一括払いの給付金である。

12.1節の分析によれば、資本規制税は、世界の金利と外国の金利の間にくさびを打つことになる。

$$i^f = i^* + \tau \tag{12.29}$$

また、税収は$-\tau B_1^f$で与えられ、政府はこの税収を一括して家計に還元する。

$$T = -\tau B_1^f$$

したがって、上記の3つの式を組み合わせると、第2期の予算制約は次のようになる。

$$C_2^f = Q + (1+i^*)B_1^f \tag{12.30}$$

政府は、均衡において、国際債券市場における需給が一致しなければならないこと、すなわち、市場清算条件式 (12.24) が示す通り、$B_1^f = -B_1^h$であることを認識している。また、政府は自国による資金供給B_1^hが (12.27) 式で示される通り、世界金利i^*の増加関数であることを認識している。そこで、(12.24) 式と (12.27) 式を用いて、(12.28) 式と (12.30) 式におけるC_1^fとC_2^fを世界金利の関数として表すと、次のようになる。

$$C_1^f = \frac{Q}{2}\frac{1+2i^*}{1+i^*} \tag{12.31}$$

$$C_2^f = \frac{Q}{2}(2-i^*) \tag{12.32}$$

ここで、この2つの式を使って、外国家計の効用関数からC_1^fとC_2^fを消去すると以下が得られる。

$$\ln\left(\frac{Q}{2}\frac{1+2i^*}{1+i^*}\right)+\ln\left(\frac{Q}{2}(2-i^*)\right)$$

これは、（外国家計の）**間接効用関数**（indirect utility function）と呼ばれるものであり、外国家計の生涯効用関数を、消費C_1^fおよびC_2^fの代わりに世界金利i^*で表現したものである。外国政府の目的は、外国家計の間接効用関数を最大化するような世界金利i^*を選ぶことである。この最大化問題に関連する最適化条件は、間接効用関数を、i^*に関して微分し、それをゼロとすることで以下のように得られる。

$$i^{*2}+2i^*-\frac{1}{2}=0$$

さらに、この2次式をi^*について解くと、以下の2つの値の候補が得られる。

$$-1\pm\sqrt{\frac{3}{2}}$$

金利が－100％より下になることはありえないので、金利の値が－1より下になることを意味する根は無視することができる。すると、経済的に合理的な解は、

$$i^*=-1+\sqrt{\frac{3}{2}}=0.22$$

つまり22％である。このことは、外国政府による最適資本規制の下では、世界金利は自由な資本移動の下での金利よりも低いという推測を裏付けるものである（33％に対して22％）。直感的には、外国政府は、国際資本市場で純債務者である自国民に正の所得効果をもたらすために、低い金利を選択する。得られた金利である0.22を外国家計の間接効用関数に代入すると、最適な資本規制下での厚生が$\ln\left(\frac{25.2122}{48}Q^2\right)$となり、自由な資本移動下での$\ln\left(\frac{25}{48}Q^2\right)$と比較して、この政策が外国居住者の厚生を増加させることが確認される。

外国政府は、資本流入を規制することで、必要な分の世界金利の低下を引き起こす。最適な資本規制税τを得るために、最適な世界金利0.22を（12.31）式と（12.32）式に代入し、その結果を用いて家計の最適化条件（12.18）式からC_1^fとC_2^fを排除すると以下が得られる。

$$i^f=0.5$$

すると、（12.29）式は、最適な資本規制税を外国における国内金利と世界金利

の差として与えるので、その結果、次のようになる。

$$\tau = 0.28$$

つまり、資本流入に対する税率は28%である。国際的な借入れに課税することで、政府は外国での国内金利i^fを上昇させる。国内金利が世界金利を上回ると、家計は借入コストが上昇したと感じるが、実際には世界金利は低下しているため、時間を通じての非効率な消費配分を行うことになる。さらに、外国の国内金利i^fの上昇は、家計が純債務者であるため、家計に負の所得効果をもたらす。これら2つの負の効果は、資本規制により外国で厚生が改善するという結果と、どのように整合的なのだろうか。家計の厚生が改善する理由は、政府が資本規制による税収の全額を家計に還元し、この還元による正の所得効果が、前述の負の効果を補って余りあるものであるからである。つまり、資本規制の下で外国の家計の厚生が改善するのは、国全体として正の所得効果が生じるからである。言い換えると、世界金利i^*の低下により、外国全体として、対外債務の利払いという形によって、自国に移転しなければならない資源が減少することを意味している。

外国による最適資本規制の発動は、外国の経常収支を改善し、自国の経常収支を悪化させる。これを見るために、経常収支の変化は債券保有額の変化（すなわちB_1^hの変化）に等しいことを想起しよう。さらに、自国の債券保有額は世界金利の増加関数である（(12.27）式参照）から、外国における資本規制が世界金利を33%から22%に押し下げると、自国の債券保有額は減少し、経常収支は悪化する。同様に、市場が均衡するには、二国の経常収支の和がゼロ（$CA_1^h + CA_1^f = 0$）であることが求められるので、外国の経常収支は改善するはずである。つまり、外国政府は、資本流入を規制することで、自国の経常収支を悪化させるとともに、外国の経常収支を改善できるのである。

この状況を空間（CA, i^*）で表したのが図12.9である。横軸は、左から右へ自国の経常収支、右から左へ外国の経常収支を測ったものである。したがって、自国の経常収支曲線は右上がり、外国の経常収支曲線は右下がりである。資本規制がない場合の均衡（$\tau = 0$）はA点である。この均衡では、自国は経常黒字、外国は経常赤字である。

外国が資本規制を行った場合（$\tau > 0$）、自国の経常収支曲線は変化しない。世界金利i^*の各水準において、外国の国内金利がτの分上昇し、財の総需要が縮小するので、貿易収支と経常収支が改善することを反映して、外国の経常収支曲線は左下へとシフトする。元々の世界金利の水準では、資本規制税導入に

図 12.9　資本規制の経常収支への影響

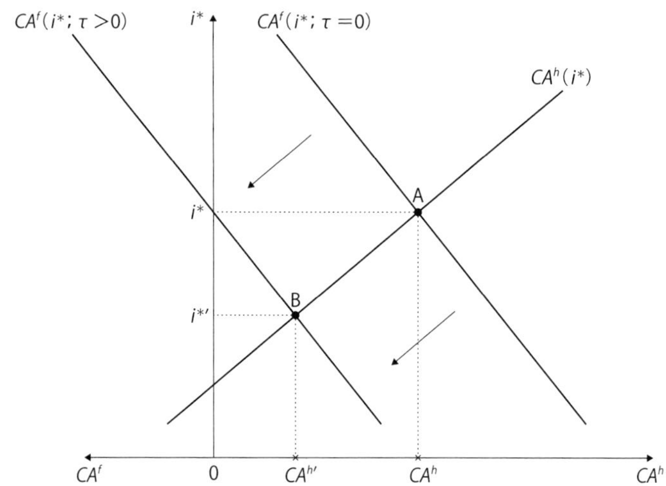

（注）　資本規制がない場合の均衡はA点であり，外国で資本規制が実施されると外国の経常収支曲線$CA^f(i^*, \tau)$は左下へシフトするが，自国の経常収支曲線$CA^h(i^*)$は変化しない．資本規制がある場合の均衡は，B点であり，世界金利i^*が低く，外国の経常収支が改善し，自国の経常収支が悪化している．

よって、世界中の資金供給が過剰となる。国際金融市場が均衡を取り戻すには、図のB点のように世界金利が低下する必要がある。世界金利の低下は、自国の財需要の拡大を招き、貿易収支や経常収支を悪化させる。一方、外国では、資本規制税によって、世界金利が低下しているにもかかわらず、国内金利i^fが上昇する。この外国における国内金利の上昇は、財の総需要量の縮小をもたらし、貿易収支と経常収支を改善させる。[4)]

式で説明すると、外国における最適資本規制の導入により、自国の厚生は低下する。これを見るには、まず世界の資源制約を利用して、自国の消費を$C_1^h = Q_1^h + Q_1^f - C_1^f$、および$C_2^h = Q_2^h + Q_2^f - C_2^f$と表現する。そして$i^* = 0.22$で評価した均衡条件（12.31）式と（12.32）式を用いることにより、上式からC_1^fとC_2^fを除くと、$C_1^h = 0.9082Q$および$C_2^h = 1.1124Q$が得られる。最後に、これらの消費の値を自国の効用関数に代入すると、$\ln C_1^h + \ln C_2^h = \ln(1.0103Q^2)$が得られる。自由な資本移動の下では、自国家計の効用水準は$\ln(1.0208Q^2)$であることを想起すると、外国における最適資本規制によって自国は損害を被る

4)　資本規制税率は、B点から外国の元の経常収支曲線までの垂直距離で与えられると考えたくなるかもしれない。しかし、章末の練習問題12.18で示されるように、外国の経常収支は$i^* + \tau$に依存せず、i^*とτに個別に依存するため、その推測は正しくない。

と結論付けられる。

最後に、外国が最適資本規制を課した場合の均衡は**パレート非効率**（Pareto inefficient）である。つまり、外国は最適資本規制に伴う厚生水準を維持する一方、自国においては外国による最適資本規制下での状況に比べて、時間や国を超えた消費の均衡配分を相対的に良くなるよう再配分できる可能性がある。以下では、この結果を確認するため、12.6節で開発した図式表現を用いることにする。

12.8　大国経済における最適資本規制のグラフ分析

図12.10は、図12.8をもとに自国と外国のオファーカーブをそれぞれHHとFFという軌跡で再現したものである。賦存点はA^0点であり、自由な資本移動の下での均衡はB点である。自由な資本移動の下での世界金利i^*は、A^0点とB点を結ぶ直線の傾きで定義される。資本規制を設定する場合、外国の目的は、外国の効用を最大化するような自国のオファーカーブHH上の点を達成することである。外国が、自国のオファーカーブ上の点を選ぶという制約を受けている理由は、オファーカーブ上の配分のみが定義上、市場の成果として、つまり

図 12.10　大国経済における最適な資本規制

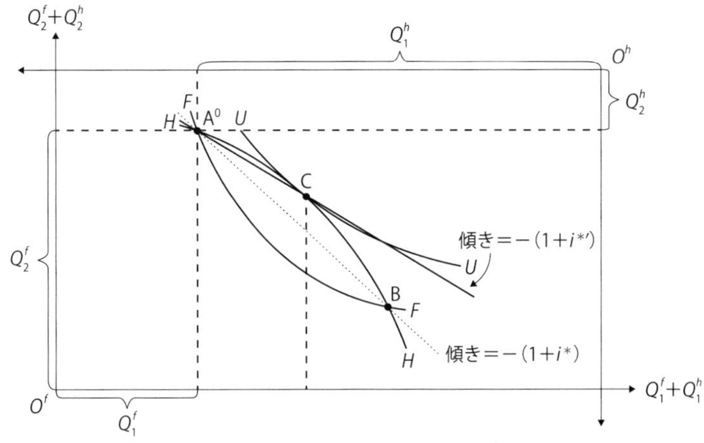

（注）自国のオファーカーブをHH, 外国のオファーカーブをFFとする. 賦存点はA^0点にある. 自由な資本移動の下での均衡はB点, 外国における最適資本規制の下での均衡はC点である. 自由な資本移動の下での金利はi^*, 最適資本規制の下では$i^{*\prime}$である. 最適資本規制下での外国の無差別曲線はUUである. この無差別曲線がC点を通過する異時点間予算制約に接しないので, 資本規制を伴う均衡はパレート非効率的である.

世界金利を適切に選択することによって得られるからである。その結果、最適資本規制政策に対応する配分は、外国の無差別曲線が自国のオファーカーブに接するものになる。この配分が図中のC点である。

最適資本規制下での世界金利$i^{*\prime}$は、A^0点とC点を結ぶ線の傾きとして定義される。明らかに、この線はA^0点とB点を結ぶ線よりも平坦である。つまり、最適資本規制が行われることにより、世界金利が低下することを意味している。また、外国における最適資本規制策は、自国の厚生の低下という犠牲の上で外国の厚生を高める。というのも、資本移動が自由な場合の均衡はパレート最適であるので、外国の厚生が向上すれば、自国の厚生は低下しなければならない。これらの結果は、12.7節で代数的に得られた結果と整合的である。

ここで、外国における最適資本規制の下での均衡は、パレート最適ではないことを示したい。これを確認するために、C点で自国の無差別曲線は金利$i^{*\prime}$に関連する異時点間予算制約に接し、外国の無差別曲線は自国のオファーカーブ（軌跡HH）に接することに注意しよう。予算制約はHHをC点で通過するので、C点における外国の無差別曲線の傾きと、$-(1+i^{*\prime})$である自国の無差別曲線の傾きは同じでないはずである。つまり、外国を悪くすることなく自国を良くすることができるという意味で、資本規制下の均衡配分が非効率的であることを示唆している。

12.9　報復

これまで、外国が資本流入を規制しても、自国はそれに対抗して資本移動を規制することなく、受動的に対応すると仮定してきた。この仮定は、自国が小国あるいは小国からなる地域であり、それぞれが国際資本市場において市場支配力を持たない場合、妥当な仮定である。12.2.3項で見たように、本章のような環境下で小国が取るべき政策は、自由な資本移動の容認である。しかし、自国が経済大国であれば、一般には報復するインセンティブがある。自国は国際資本市場において純債権者であることを想起してほしい。そのため、資金供給を制限して世界の金利を上昇させることが自国の利益となる可能性がある。一方、外国は、自国の反応に応じて資本規制策を再調整する可能性がある。このような戦略的相互作用の下で、どのような均衡が生まれるかは、二国が資本規制を設定する際にどのようなタイプのゲームを行うかに依存する。ここでは、

ナッシュ均衡（Nash equilibrium）と呼ばれるタイプのゲームに注目する。基本的に、ナッシュ均衡では、各国は相手国の資本規制税率を所与として、自国の資本規制税を最適に設定する。そして、均衡が成立するのは各国が所与としていた資本規制税が、実際に相手国にとって最適な税率である場合である。

政府が国民に税収を還元する場合、資本規制税は資源の損失を伴わないことをすでに確認した。したがって、国$j=f,h$は以下のような資本規制がない場合と同じ異時点間資源制約に直面することになる。

$$C_1^j+\frac{C_2^j}{1+i^*}=Q_1^j+\frac{Q_2^j}{1+i^*}$$

また、次のようなおなじみのオイラー方程式が得られる。

$$\frac{C_2^j}{C_1^j}=1+i^j$$

外国は資本流入を規制するので、その国内金利は次式で与えられる。

$$i^f=i^*+\tau^f$$

ここでτ^fは、外国が課す資本規制税率を表す。自国の資本規制税率τ^hと区別するために、上付き文字fが付いている。$j=f$とし、C_1^fおよびC_2^fについて解くと以下が得られる。

$$C_1^f=\frac{Q_1^f+\frac{Q_2^f}{1+i^*}}{1+\frac{1+i^*+\tau^f}{1+i^*}}$$

$$C_2^f=(1+i^*+\tau^f)\left(\frac{Q_1^f+\frac{Q_2^f}{1+i^*}}{1+\frac{1+i^*+\tau^f}{1+i^*}}\right)$$

消費は2つの内生変数i^*とτ^fに依存することに注意して、表記を省略するために、次のように書く。

$$C_1^f=K^f(i^*,\tau^f)$$
$$C_2^f=L^f(i^*,\tau^f)$$

自国における第1期と第2期の最適消費水準の導出は外国のそれらと同様である。しかし、自国は国際資本市場における貸し手であるため、資本流出に対する課税によって国内金利と世界金利の間に以下のような負の差が生じる。

$$i^h=i^*-\tau^h$$

この式を上記の異時点間予算制約とオイラー方程式と組み合わせて、第1期と第2期の消費について解くと、次のようになる。

$$C_1^h = \frac{Q_1^h + \dfrac{Q_2^h}{1+i^*}}{1 + \dfrac{1+i^* - \tau^h}{1+i^*}}$$

$$C_2^h = (1 + i^* - \tau^h)\left(\frac{Q_1^h + \dfrac{Q_2^h}{1+i^*}}{1 + \dfrac{1+i^* - \tau^h}{1+i^*}}\right)$$

外国の場合と同様に、両期間の消費は世界の金利と国内の資本規制税率の関数である。したがって、これらの関係を次のように書く。

$$C_1^h = K^h(i^*, \tau^h)$$
$$C_2^h = L^h(i^*, \tau^h)$$

第1期に財市場において需給が一致するには、世界の消費量と世界の賦存量が等しくなることが必要であるから、以下のようになる。

$$K^f(i^*, \tau^f) + K^h(i^*, \tau^h) - Q_1^f - Q_1^h = 0$$

この式は、世界金利が、間接的に自国と外国の税率の関数であることを表現している。そこで、次のように書くことができる。

$$i^* = I(\tau^f, \tau^h)$$

この関係を用いて、自国と外国の両期間における消費からi^*を消去すると、次のようになる。

$$C_1^f = \tilde{K}^f(\tau^f, \tau^h) \equiv K^f(I(\tau^f, \tau^h), \tau^f)$$
$$C_2^f = \tilde{L}^f(\tau^f, \tau^h) \equiv L^f(I(\tau^f, \tau^h), \tau^f)$$
$$C_1^h = \tilde{K}^h(\tau^f, \tau^h) \equiv K^h(I(\tau^f, \tau^h), \tau^h)$$
$$C_2^h = \tilde{L}^h(\tau^f, \tau^h) \equiv L^h(I(\tau^f, \tau^h), \tau^h)$$

外国政府は、自国における税率τ^hを所与として、外国家計の効用を最大化するためにτ^fを選ぶ。したがって、外国の目的関数は次のようになる。

$$\ln \tilde{K}^f(\tau^f, \tau^h) + \ln \tilde{L}^f(\tau^f, \tau^h)$$

外国政府の最大化問題に関連する一階の条件は、目的関数をτ^fに関して微分し、ゼロと等しくしたものであり、形式的には以下で与えられる。

$$\frac{\tilde{K}_1^f(\tau^f, \tau^h)}{\tilde{K}^f(\tau^f, \tau^h)} + \frac{\tilde{L}_1^f(\tau^f, \tau^h)}{\tilde{L}^f(\tau^f, \tau^h)} = 0$$

ここで$\widetilde{K}_1^f(\tau^f, \tau^h)$と$\widetilde{L}_1^f(\tau^f, \tau^h)$は、$\widetilde{K}^f(\tau^f, \tau^h)$と$\widetilde{L}^f(\tau^f, \tau^h)$の第一の引数$\tau^f$に関する偏導関数をそれぞれ表す。この最適化条件は、間接的に外国での税率τ^fを自国の税率τ^hの関数として定義している。したがって、τ^fの解を以下のように表すことができる。

$$\tau^f = R^f(\tau^h)$$

この関係は、**反応関数**（reaction function）と呼ばれ、自国の税率の関数としての、外国にとっての最適な税率を表している。

同様に、自国の目的は、τ^fを所与として、以下を最大化するためにτ^hを選択することである。

$$\ln \widetilde{K}^h(\tau^f, \tau^h) + \ln \widetilde{L}^h(\tau^f, \tau^h)$$

そして関連する一階の条件は次のようになる。

$$\frac{\widetilde{K}_1^h(\tau^f, \tau^h)}{\widetilde{K}^h(\tau^f, \tau^h)} + \frac{\widetilde{L}_1^h(\tau^f, \tau^h)}{\widetilde{L}^h(\tau^f, \tau^h)} = 0$$

この式をτ^hについて解くと次の自国の反応関数が得られる。

$$\tau^h = R^h(\tau^f)$$

図12.11は、自国と外国の反応関数を空間（τ^h, τ^f）において表現したものである。ナッシュ均衡は2つの反応関数が交差するA点で与えられる。この点で、外国の税率は自国の均衡税率を前提とした外国政府の目的関数を最大化し、自国の税率は外国の均衡税率を前提とした自国政府の目的関数を最大化している。外国での均衡税率は18%、自国では30%である。これは、自国の報復がかなり大きいことを意味する。また、国をまたいだ国内金利差$i^f - i^h = \tau^f + \tau^h$は、自国が報復する場合、自国が受動的な場合の28(＝28＋0)%から、48(＝18＋30)%に拡大している。

図のB点は、12.7節で検討した、外国が戦略的に行動し、自国が受動的なケースに相当する。A点とB点を比較すると、自国が報復することで外国は資本規制税率を引き下げる（28%から18%）ことがわかる。図中のC点は、自国が戦略的に行動し、外国が受動的である場合に相当する。[5] A点とC点を比較すると、外国からの報復も自国の資本規制税率を引き下げることがわかる。つまり、ある国が借入れをしているか、貸出しをしているかにかかわらず、相手国からの報復は、相手国が受動的である場合に比べ、その国の資本規制税率を引き下げる効果があるということである。

5）章末の練習問題12.17では、この場合の均衡を分析する。

図 12.11　自国政府と外国政府の資本規制に対する反応関数

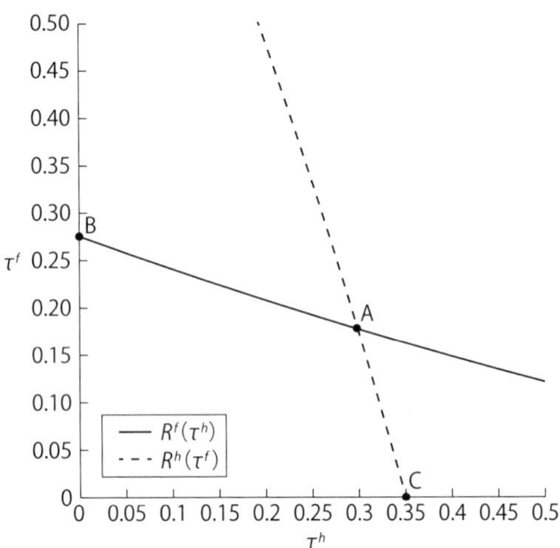

（注）　関数$R^f(\tau^h)$は外国の反応関数である. これは外国の最適な資本規制税率を自国の税率の関数として表している. 同様に$R^h(\tau^f)$は自国の反応関数であり, 自国の最適な資本規制税率を外国の税率の関数として表している. 2つの反応関数の交点が, ナッシュ均衡における両国の資本規制税率である.

表 12.1　さまざまな資本規制の下でのマクロ経済の均衡

政策	世界金利 i^*	外国の資本規制税率 τ^f	自国の資本規制税率 τ^h	外国の経常収支 CA^f	厚生	
					外国	自国
金融閉鎖経済	−	−	−	0	$\ln(0.5000Q^2)$	$\ln(1.0000Q^2)$
自由な資本移動	0.33	0	0	− 0.125Q	$\ln(0.5208Q^2)$	$\ln(1.0208Q^2)$
自国が受動的	0.22	0.28	0	− 0.092Q	$\ln(0.5253Q^2)$	$\ln(1.0103Q^2)$
外国が受動的	0.55	0	0.35	− 0.073Q	$\ln(0.5082Q^2)$	$\ln(1.0318Q^2)$
報復を伴うナッシュ均衡	0.45	0.18	0.30	− 0.060Q	$\ln(0.5111Q^2)$	$\ln(1.0219Q^2)$

表12.1は、さまざまな資本規制の下でのマクロ経済の均衡を比較したものである。驚くまでもなく、経常収支の絶対値として計測される異時点間取引は、自由な資本移動の下で最も大きく、報復を伴うナッシュ均衡における最適資本規制の下で最も小さくなる。また、当然ながら、最適資本規制を行い、相手国が受動的である場合に、その国の厚生が最も高くなる。しかし、自由な資本移動の場合よりも、報復を伴う最適資本規制の場合のほうが、自国にとって有利になるのはやや意外である。つまり、資本規制戦争の引き金になろうがなるまいが、自国にとって資本規制を行うことが最適である。しかし、外国にとって

は、資本規制戦争よりも自由な資本移動のほうが望ましい。自由な資本移動を確保するために、自国に補償することは外国にとって利益になるのだろうか、というのは興味深い問題である。章末の練習問題12.19では、この問題を取り上げる。最後に、一方の国が一方的に最適資本規制を行った場合、他方の国は報復を行うことが利益になる。なぜなら、どちらかの国が一方的に資本規制を行う場合でも、もう一方の国は報復したほうがその国の厚生が高くなるからである。

12.10　世界の資本規制に関する実証

これまで、本章では、資本規制が、経済活動、経常収支、そして厚生に影響を与えることを理論的に論じてきた。では、この種の規制は世界各国で実際に用いられているのだろうか。第11章ではそれが実際に行われていることを示す、いくつかの間接的な証拠を示した。まず、自由な資本移動の下では、カバー付き金利平価が成立するはずであり、カバー付き金利平価からの乖離は、国境を越えた自由な資本移動に関しての阻害要因の存在を示すものであることを示した。次に、米ドルとポンド、米ドルとブラジルレアル、米ドルと中国人民元の間で観測された、歴史上の異なる時点におけるカバー付き金利平価からの乖離に関する実証的証拠を提示した。これら3つのケーススタディは、いずれも資本規制の実証的妥当性を指摘するものである。しかし、このような国際的な資本移動の規制はどの程度広く普及しているのだろうか。

本節では、多くの国について利用可能な、より直接的な資本規制の指標に焦点を当てることで、この疑問に答える。この情報は、Fernández, Klein, Rebucci, Schindler, and Uribe（2016）（以下、FKRSU）が開発した資本規制指標のデータセットによるもので、IMF加盟国で行われている資本規制の現状を0か1の値に変換したものである。[6] 資本規制の現状については、IMFのAnnual Report on Exchange Arrangements and Exchange Restrictions（AREAER）で公表されている。0は規制がないこと、1は規制があることを示す年次データである。FKRSUのデータセットには、短期金融商品、債券、

6) Andrés Fernández, Michael W. Klein, Alessandro Rebucci, Martin Schindler, and Martín Uribe, "Capital Control Measures: A New Dataset," *IMF Economic Review*, Vol. 64, Issue 3, August 2016, pp. 548–574.

株式、集団投資証券、金融債権、デリバティブ、商業債権、保証と担保、不動産、直接投資という10種類の資産の分類における、流入と流出それぞれについての資本規制指数が含まれている。データセットは、低所得国、中所得国、高所得国を含む100カ国を対象とし、1995年から2019年までとなっている。FKRSUの資本規制指数は、ある時点で特定の国で実施されている規制を反映し、これらの規制がどれだけ厳格に施行されているかについての情報は提供していないため、事実上の規制とは異なり、法制上の資本規制の指標を反映したものである。また、FKRSU指数は、どのくらい多くの分野の資産が規制の対象となっているかを示すため、資本規制の広範な範囲を反映しているが、国際的な資産取引がどの程度制限、または課税されているかを示す情報ではないため、その集約的な度合いを反映しているわけではない。

表12.2は、資本規制に関する集計指標について、1995年から2019年までの平均を国ごとに、降順に表示したものである。この指標は、FKRSUデータセットでは*ka*と表記され、粒度の高いバイナリー指数（0または1）の、全10種類の資産のカテゴリーと、資産移動の方向（流入と流出）にわたる算術平均である。表には、サンプル期間中の*ka*指標の最大値と最小値も示されている。

この表からまず浮かび上がってくるのは、資本規制指数が国によって大きく異なるという事実である。例えば、チュニジア（0.99）、スリランカ（0.99）、インド（0.97）、中国（0.96）はいずれも指標が0.95を超えており、ほぼすべての資産カテゴリーと両方の資産移動の方向において、サンプルで取り上げた25年間を通じて規制があったことがわかる。つまり、これらの国々は国際的な資本移動に大きな法的規制を加えている。中国が資本規制指数の高い国のグループに含まれていることは、第11章11.2節で報告された、カバー付き金利平価からの大きな乖離の観測と整合的である。

一方、ニカラグア（0.04）、コスタリカ（0.04）、スペイン（0.03）、イタリア（0.03）、グアテマラ（0.02）、香港（0.02）、英国（0.02）、ペルー（0.01）、ウルグアイ（0）、日本（0）、オランダ（0）、パナマ（0）、ザンビア（0）の指標はいずれも5%未満で、少なくとも表面上では資本移動に対してほぼ制約がかかっていないことを示している。

表12.2から見えてくる第2の事実は、平均して資本フローに対して非常に閉鎖的でもなく、非常に開放的でもない国々は、その開放性の度合いを時間を通じてかなり大きく変化させる傾向があることである。つまり、これらの中間的な国々は、資本フローに対して相対的に閉鎖的なときもあれば、相対的に開放

表 12.2　資本規制指数：FKRSU 指数，1995～2019 年

国	平均値	最小値	最大値	国	平均値	最小値	最大値
チュニジア	0.99	0.90	1.00	オーストラリア	0.27	0.13	0.35
スリランカ	0.99	0.95	1.00	キルギス	0.27	0.06	0.44
インド	0.97	0.95	1.00	ドミニカ	0.26	0.17	0.38
中国	0.96	0.80	1.00	バーレーン	0.25	0.00	0.43
タンザニア	0.92	0.65	1.00	ハンガリー	0.24	0.00	0.75
ウズベキスタン	0.90	0.75	0.97	ナイジェリア	0.22	0.13	1.00
ベトナム	0.89	0.39	0.95	UAE	0.22	0.20	0.22
アンゴラ	0.86	0.78	0.93	ドイツ	0.19	0.00	0.30
フィリピン	0.85	0.75	0.97	スイス	0.19	0.05	0.35
アルジェリア	0.85	0.70	1.00	ブルガリア	0.18	0.05	0.70
エスワティニ王国	0.84	0.80	1.00	ギリシャ	0.17	0.00	0.68
バングラデシュ	0.83	0.53	0.95	エジプト	0.17	0.03	0.25
マレーシア	0.81	0.72	0.88	ボリビア	0.17	0.10	0.33
ウクライナ	0.80	0.75	0.94	ポルトガル	0.17	0.00	0.40
エチオピア	0.79	0.31	1.00	オマーン	0.16	0.06	0.22
ミャンマー	0.78	0.52	1.00	フィンランド	0.15	0.05	0.33
コートジボワール	0.77	0.69	0.80	オーストリア	0.15	0.05	0.25
モロッコ	0.76	0.67	0.77	シンガポール	0.14	0.11	0.22
トーゴ	0.75	0.70	0.94	米国	0.13	0.11	0.15
タイ	0.73	0.58	0.82	イスラエル	0.13	0.00	0.55
パキスタン	0.73	0.63	0.88	カタール	0.12	0.05	0.20
ポーランド	0.72	0.55	1.00	モーリシャス	0.12	0.06	0.13
サウジアラビア	0.67	0.31	0.88	イエメン	0.11	0.05	0.19
イラン	0.66	0.45	1.00	パラグアイ	0.10	0.00	0.23
モルドバ	0.65	0.53	0.88	ニュージーランド	0.10	0.10	0.13
南アフリカ	0.65	0.57	0.75	ウガンダ	0.10	0.05	0.61
ブルキナファソ	0.65	0.53	0.70	エルサルバドル	0.10	0.00	0.22
インドネシア	0.64	0.50	0.70	スウェーデン	0.09	0.00	0.23
コロンビア	0.63	0.47	0.82	フランス	0.07	0.00	0.20
ブラジル	0.63	0.28	0.88	ベルギー	0.07	0.00	0.17
ロシア	0.61	0.20	1.00	ラトビア	0.06	0.05	0.20
レバノン	0.61	0.17	0.82	ジョージア	0.06	0.00	0.14
メキシコ	0.60	0.53	0.94	デンマーク	0.06	0.05	0.08
ガーナ	0.52	0.33	0.88	カナダ	0.06	0.05	0.10
アルゼンチン	0.51	0.06	0.90	ブルネイ	0.05	0.05	0.11
カザフスタン	0.48	0.08	0.81	ノルウェー	0.05	0.00	0.08
ジャマイカ	0.48	0.14	0.75	アイルランド	0.05	0.00	0.06
アイスランド	0.47	0.15	0.90	ニカラグア	0.04	0.00	0.10
トルコ	0.46	0.23	0.70	コスタリカ	0.04	0.00	0.13
キプロス	0.45	0.05	0.95	スペイン	0.03	0.00	0.15

表12.2（続き）　資本規制指数：FKRSU指数，1995～2019年

国	平均値	最小値	最大値	国	平均値	最小値	最大値
ベネズエラ	0.41	0.14	0.69	イタリア	0.03	0.03	0.03
チリ	0.39	0.22	0.93	グアテマラ	0.02	0.00	0.07
エクアドル	0.39	0.10	0.53	香港	0.02	0.00	0.08
スロベニア	0.37	0.10	0.80	英国	0.02	0.00	0.13
クウェート	0.35	0.11	0.45	ペルー	0.01	0.00	0.05
韓国	0.35	0.13	0.94	ウルグアイ	0.00	0.00	0.03
マルタ	0.32	0.08	0.88	日本	0.00	0.00	0.05
ケニア	0.32	0.30	0.35	オランダ	0.00	0.00	0.00
ルーマニア	0.32	0.05	0.85	パナマ	0.00	0.00	0.00
チェコ	0.29	0.05	0.47	ザンビア	0.00	0.00	0.00

（注）　表は1995年から2019年までのFKRSUの総資本規制指数，*ka*の平均値，最小値，最大値を国別に表示したものである．資本規制指数は，区間［0,1］の値を取ることができる．表は，平均資本規制指数の水準によって順序付けされており，チュニジアが最も高い資本規制水準（0.99），ザンビアが最も低い水準（0）を示している．

（出所）　Andrés Fernández, Michael W. Klein, Alessandro Rebucci, Martin Schindler, and Martín Uribe, "Capital Control Measures: A New Dataset," *IMF Economic Review*, Vol. 64, Issue 3, August 2016, pp. 548–574の資本規制データベースに基づき，独自に計算している．このデータセットの最新版はhttp://www.columbia.edu/~mu2166/fkrsu/で入手可能である．

的なときもあるということである。この事実は、図12.12に示されている。これは、資本規制指数*ka*の最大値と最小値の差（表12.2の3列目と2列目の差、または幅）を*ka*の平均値（表12.2の1列目）に対して点でプロットしたものである。各点は国を表している。実線は点の散らばりに最も当てはまりのよい二次多項式である。点の散らばりと回帰線はともに逆U字型をしている。ここでの年次での25の観測値というような短いサンプル期間では、散らばりの両端において、指数の変化の幅が、ゼロに近いのは驚くべきことではない。すなわち、もし指数が平均して1に近いなら、ほとんどの時点で1に近いはずであり、同様に、もし指数が平均して0に近いなら、ほとんどすべての時点で0に近いはずである。この図で注目すべきは、資本規制の平均水準が中間の国、例えば平均*ka*指数が0.2～0.8の国では、時間を通じて指数に大きなばらつきがあることである。これは必ずしもそうである必要はなく、点の散らばりは平坦であることも可能であったはずであるが、代わりに大きな曲率を示している。例えば、資本規制指数の平均値が0.5の国は、時間の経過とともに0.25から0.75の値を示すことが、回帰線によって示唆されている。したがって、この図は、資本フローに対して常に極めて閉鎖的な国、あるいは極めて開放的な国が少数存在し、それ以外の国は、その開放性の程度を時間とともに大きく変える傾向があることを示唆している。この結果は、図12.12において縦軸に幅の代わりに

図 12.12　資本規制指数の変動幅と平均値の関係

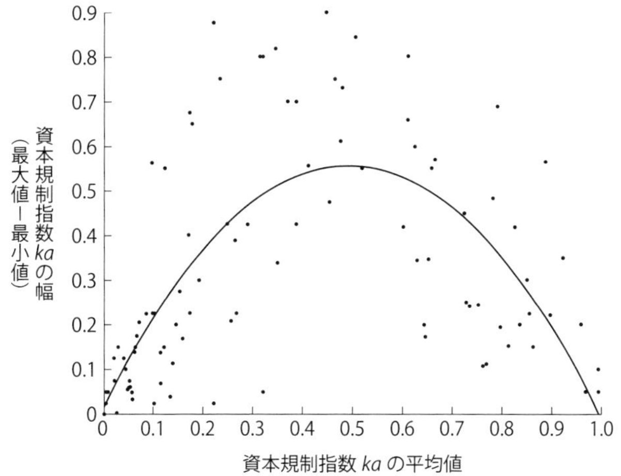

（注）　この図は，指標kaの時間を通じた最大値と最小値の差で示される資本規制指数の幅を，その平均値に対して点でプロットしたものである．各点は1つの国を表している．実線は，点の散らばりに最も当てはまりのよい，通常の最小二乗法による二次多項式である．データは表12.2から得たものである．この図は，資本移動に対して非常に閉鎖的でもなく，非常に開放的でもない国が，時間の経過とともに資本移動に対する規制の数を大きく変化させていることを示唆している．

（出所）　Andrés Fernández, Michael W. Klein, Alessandro Rebucci, Martin Schindler, and Martín Uribe, "Capital Control Measures: A New Dataset," *IMF Economic Review*, Vol. 64, Issue 3, August 2016, pp. 548-574の資本規制データベースに基づき，独自に計算している．このデータセットの最新版はhttp://www.columbia.edu/~mu2166/fkrsu/で入手可能である．

標準偏差を使用して描いても同様のことが言える。[7)]

表12.2から見えてくる第3の事実は、1人当たり所得と資本規制の間に負の関係があるように見えることである。言い換えれば、豊かな国のほうが貧しい国よりも資本移動に対して開放的である傾向がある。この事実は、1995年から2019年のサンプル期間中の資本規制指数*ka*の平均水準を、同期間の1人当たり実質GDPの平均水準に対して表示した図12.13に示されている。図中、各点はそれぞれの国を表している。1人当たり実質GDPを示す横軸は対数で計測されている。実線は、点の散らばりに最も当てはまりのよい直線である。点の散らばりは右下がりのパターンを示し、それを回帰線が拾っている。具体的には、回帰直線は次のようになっている。

$$\text{平均}(ka) = 1.4304 - 0.1174 \times \ln(\text{平均}(GDP))$$

つまり、1人当たりGDPが他国の2倍の国は、平均して資本規制指数が他国より0.1174低いということである。例えば、ドイツとチェコを考えてみよう。サ

7)　章末の練習問題12.21では、この主張を立証するよう求めている。

図 12.13　資本規制と 1 人当たり実質 GDP：1995〜2019 年

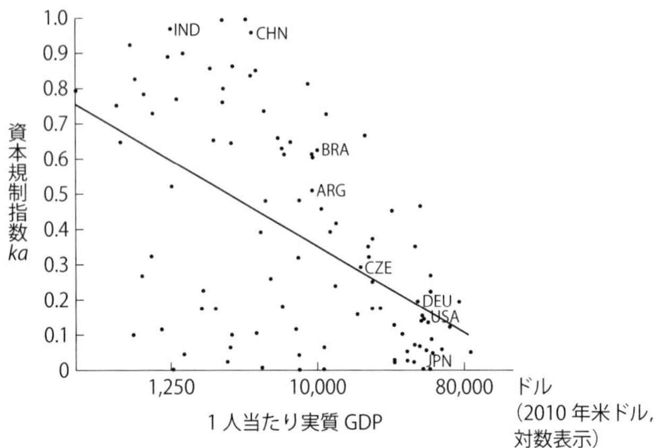

（注）　100カ国について，FKRSU資本規制指数（*ka*）の平均値を1995年から2019年までの1人当たり実質GDPの平均値に対してプロットした図である．国名はISO記号で表示されている（ARG：アルゼンチン／BRA：ブラジル／CHN：中国／CZE：チェコ／DEU：ドイツ／IND：インド／JPN：日本／USA：米国）．

（出所）　WDIのGDPデータとAndrés Fernández, Michael W. Klein, Alessandro Rebucci, Martin Schindler, and Martín Uribe, "Capital Control Measures: A New Dataset," *IMF Economic Review*, Vol. 64, Issue 3, August 2016, pp. 548–574（2021 update, http://www.columbia.edu/˜mu2166/fkrsu/）の資本規制データベースに基づいて独自に計算している．

ンプル期間中、ドイツの1人当たり平均実質GDPは4万958ドル、チェコは1万8516ドルであるから、ドイツはチェコの約2倍の豊かさであることになる。資本規制指数の平均値はドイツが0.1937、チェコが0.2914で、ドイツより0.0978高く、回帰直線の傾きに近い値である。

仮に、回帰した線が資本規制とGDPの関係を正しく表しているとしても、中国の資本規制指数が0.96と高いのは、中国が新興国で、サンプル期間の1人当たり実質GDPの平均値が3932ドルと比較的低いことだけを理由とすることはできないだろう。このことは、図中の中国に対応する点が、フィットした線より大きく上に位置していることからもわかる。仮に中国の資本規制指数が所得だけで説明されるとすれば、0.46と、実際の半分程度になるはずである。つまり、中国政府がこれほどまでに資本の国際的な流れを制限しているのは、経済発展の度合い以外の要因が考えられるのである。

12.11 まとめ

- 資本規制は、国内金利と世界金利の間にくさびを打ち込む。
- 自由な資本移動の下で、小国が世界の他の地域から借入れをしている場合、資本規制を課すことで国内金利を上昇させ、現在の消費を抑制し、経常収支を改善させることができる。
- 自由な資本移動の下で、小国が世界の他の地域に貸出しをしている場合、資本流出規制を課すことで国内金利を低下させ、現在の消費を増加させ、経常収支を悪化させることになる。
- 歪みのない小国開放経済では、資本規制は常に厚生を低下させる。
- 借入れの外部性が存在する場合、資本規制は過剰債務を排除する効果があるため、厚生を改善することができる。
- 二国経済において、一般的に自由な資本移動は金融鎖国よりも好ましいとされている。
- 二国経済において、自由な資本移動はパレート最適配分をもたらす。つまり、他の実行可能な配分は、少なくとも1つの国の厚生を低下させる。
- 世界の金融市場で市場支配力を持つ経済にとって、自国に有利になるように世界金利を誘導するために資本規制を行うことは、厚生を向上させることになるかもしれない。
- 経常収支が赤字の大国経済は、他の国が報復しない限り、資本流入を規制することで世界の金利を下げ、利益を得ることができる。
- 経常収支が黒字の大国経済は、他の国が報復しない限り、資本流出を規制することで世界の金利を上昇させ、利益を得ることができる。
- 二国経済において、最適資本規制下での資源配分はパレート効率的ではない。つまり、もう一方の国を悪くすることなく、少なくとも一方の国を良くするような資源の再配分が実行可能である。
- 二国経済において、一方の国が一方的に最適な資本規制を行えば、他方の国は報復を行うのが得策である。
- 二国経済において、一方の国は、資本規制戦争を始めることで、その国の厚生の向上につながるかもしれない。
- 実証研究によれば、世界の多くの国で、多くの法的な資本規制が行われている。

- 経済発展の水準と資本規制の度合いとの間には、実証的に強い負の関係が観察される。

12.12 練習問題

練習問題 12.1 (TFU)

記述が真、偽、または不確実のいずれであるかを示し、その理由を述べなさい。

1. 二国の大国経済において、金融鎖国下で両国の金利が同じであれば、自由な国際資本移動体制に移行しても、厚生上の利益はない。
2. 二国の大国経済において、金融鎖国下で一方の国の金利が他方の国よりも高い場合、両国が自由な資本移動体制に移行すれば、金融鎖国下において低金利の国の厚生が増加し、金融鎖国下において高金利の国の厚生が減少することになる。

練習問題 12.2 (資本規制と経常収支)

下記のような選好を持つ同一の家計が住む2期間の小国開放経済について考察する。

$$\ln C_1 + \ln C_2$$

ここで、C_1とC_2は、それぞれ第1期と第2期の消費を表す。家計は、第1期には$Q_1 = 5$単位、第2期には$Q_2 = 10$単位の財を受け取る。第1期において、家計は金利iで貸し借りができる。D_1は、第1期における家計の負債額を表し、初期の負債水準は0 ($D_0 = 0$) であるとする。i^*で示される世界金利は10%である。

1. 自由な資本移動の下で、第1期の均衡における経常収支を計算しなさい。
2. ここで、政府が第1期に資本規制を導入したとする。具体的には、政府は海外の貸し手に対して、国内居住者の債務残高に比例した税金τを課税する。したがって、海外の貸し手はτD_1を第1期において政府に支払う。税率は10%であるとする。政府は、第1期において、この税収をすべて家計に一括給付 (Tで表す) の形で移転する。第2期には政府の介入はないものとする。
   (a) 金利差を計算しなさい。
   (b) 第1期の均衡における経常収支を計算しなさい。また自由な資本移動の下で起こることと比較し、直感的に理解できるよう述べなさい。
   (c) ここで、政府が10%の税率を設定する代わりに、自由な資本移動の場合 ($\tau = 0$) と比較して、経常収支が50%削減されるような水準にτを設定するとする。均衡における資本規制税率を計算しなさい。また新しい金利差を求め、これらの結果を議論しなさい。

練習問題 12.3 (資本流入に対する税の実効性)

12.2節では、資本流入に対する税率τが上昇すると、第1期と第2期の消費、経常収支、対外債務の水準などの実質変数に影響を与えることを確認した。$B_0 = 0$と仮定する。それ以上だと、資本流入に対する課税が実質変数に影響を与えない水準$\bar{\tau}$が存在することを示しなさい。$\bar{\tau}$をQ_1、Q_2、i^*の関数として表す式を導出しなさい。また$\bar{\tau}$がこれらの外生変数にどのように依存するかについて直感的にわかるように説明しなさい。

練習問題 12.4 (量的資本移動規制)

各期間ごとに単一財の賦存を伴い、しかし投資を伴わない小国開放経済の2期間モデルを考える。家計の選好を以下の生涯効用関数で表す。

$$\sqrt{C_1}+\beta\sqrt{C_2}$$

$\beta=1/1.1$であると仮定する。家計の初期の対外純資産は、$(1+i_0^*)B_0=1$、金利は$i_0^*=0.1$であり、第1期に$Q_1=5$単位、第2期に$Q_2=10$単位の財を受け取る。第1期から第2期までの保有資産に支払われる世界金利i^*は10% (すなわち$i^*=0.1$) であり、自由な国際資本移動が存在するとする。

1. 第1期の消費水準C_1、第2期の消費水準C_2、第1期の貿易収支TB_1、第1期の経常収支CA_1の均衡水準を計算しなさい。
2. ここで、政府が資本移動に対して量的制限をかけ、第1期末の対外純資産残高が、プラスまたはゼロ以上となるよう制限したとする ($B_1\geq 0$)。このとき国内金利i、第1期と第2期の消費、第1期の貿易収支と経常収支の均衡値を計算しなさい。
3. 量的資本規制が厚生に及ぼす影響を評価しなさい。具体的には、資本規制下での生涯効用の水準を求め、自由な資本移動の下で得られる効用の水準と比較しなさい。
4. この問題と次の問題においては、この国が第1期の賦存量の一時的増加を経験 ($Q_1=9$) し，第2期の賦存量は変化しなかったとする。この生産高ショックのC_1、C_2、TB_1、CA_1、およびiに対する影響を、国際的に自由な資本移動の仮定の下において計算しなさい。
5. ここで、問2.で述べた資本規制が実施されたとする。これらの資本規制はそれでも拘束力を持つだろうか (すなわち、家計の行動に影響を与えるだろうか)。

練習問題 12.5 (資本流出に対する量的規制)

12.3節で分析し、図12.2に示した量的資本規制のある均衡を考察する。自由な資本移動の下での均衡配分が、賦存点Aよりも北西に位置する異時点間予算制約上の点で実現するとする。また資本規制が国際的な貸し借りを禁止しているとする。このような場合においても、資本規制は厚生を減少させると言えるだろうか。その理由を述べなさい。

練習問題 12.6 (強制的な貯蓄)

以下のような選好を持つ家計が住む、小国開放賦存経済の2期間モデルを考える。

$$\sqrt{C_1}+\sqrt{C_2}$$

ここで、C_1とC_2は、それぞれ第1期と第2期の消費を表す。家計の賦存量は、第1期は5単位、第2期は10単位の財である。家計は純資産残高ゼロで第1期をスタートし ($B_0=0$)、世界の金利はゼロであるとする ($i^*=0$)。

資本規制
第12章

1. 第1期と第2期の消費、第1期末の対外純資産残高、第1期と第2期の貿易収支を求めなさい。
2. この経済における厚生水準を求めなさい。
3. ここで、政府が第1期に「強い国とは、対外純資産残高がプラスの国であり、したがって、国はもっと貯蓄をしなければならない」と発表したとする。特に、第1期末の対外純資産残高が2以上であることを求めるとする。つまり、政府は$B_1 \geq 2$の形での資本規制を課す。この配分を実現する国内金利を求めなさい。
4. 資本規制下の厚生水準を求め、自由な資本移動下の厚生水準と比較し、その直感を述べなさい。

練習問題12.7（借入れの外部性）

以下のような選好を持つ多数の同一家計が住む、2期間の小国開放経済を考える。

$$\ln C_1 + \ln C_2$$

家計は、第1期に$Q_1 = 1$単位、第2期に$Q_2 = 2$単位の消費財を賦与されている。また家計は負債も資産もない状態で第1期をスタートし、金利iで貸し借りができる。国際市場において貸し借り可能な金利は、以下のように決定される。

$$i^* = \begin{cases} 0 & \overline{C}_1 \leq \overline{Q}_1 \text{ において} \\ \delta(\overline{C}_1 - \overline{Q}_1) & \overline{C}_1 > \overline{Q}_1 \text{ において} \end{cases}$$

ここで$\delta = 0.5$、$\overline{C}_1$と$\overline{Q}_1$は第1期における1人当たり総消費と総生産の水準を示す。また資本移動は自由であるとする。

1. 第1期において、この国は貸付けを行わないことを示しなさい。
2. 第1期の消費、第1期の対外債務、金利の均衡水準を計算しなさい。
3. 効率的な配分を計算し、競争均衡の配分と比較しなさい。
4. 競争均衡として効率的な配分を実現する資本規制税（τとする）を計算しなさい。政府は税収を家計に一括給付するとする。またこの均衡で得られる国内金利と外国金利を計算しなさい。

練習問題12.8（金融的排除）

練習問題12.7と同じ2期間の小国開放経済を考える。しかし、国際市場での貸し借りが可能な金利が次式によって与えられるとする。

$$i^* = \begin{cases} 10\% & \overline{C}_1 \leq \overline{Q}_1 \text{ において} \\ 120\% & \overline{C}_1 > \overline{Q}_1 \text{ において} \end{cases}$$

1. 第1期において、この国は貸付けを行わないことを示しなさい。
2. 第1期において、この国は借入れを行わないことを示しなさい。
3. 消費と金利の均衡水準を計算しなさい。
4. 競争均衡で得られる配分が効率的であることを示しなさい。

練習問題12.9（二国モデルにおける市場清算）

（12.24）式で与えられる世界の金融市場における市場清算条件は、世界の財市場における市場清算条件を意味し、以下のように均衡において世界の財の賦存量が両期間で世界の財の消費に等しいことを示しなさい。

$$C_1^h + C_1^f = Q_1^h + Q_1^f$$
$$C_2^h + C_2^f = Q_2^h + Q_2^f$$

練習問題 12.10 (二国経済と金融鎖国)

12.5節の二国経済において，両国とも金融鎖国よりも自由な資本移動の下での厚生が高いことを示しなさい。

練習問題 12.11 (対数線形選好におけるオファーカーブ)

12.5節の二国経済において、国$j=h, f$のオファーカーブは次式で与えられることを示しなさい。

$$C_2^j = \frac{C_1^j Q_2^j}{2C_1^j - Q_1^j}$$

練習問題 12.12 (賦存点におけるオファーカーブと無差別曲線の傾き)

賦存点において、オファーカーブの傾きが、無差別曲線の傾きと等しいことを示しなさい。

練習問題 12.13 (上向きのオファーカーブ)

この練習問題の冒頭は、第4章の練習問題4.4と同様である。$t=1, 2$の2期間を生きる個人を考える。各期の消費に関する彼女の選好は，生涯効用関数$U(C_1)+U(C_2)$で表される。ここでC_1とC_2は第1期および第2期の消費を表すとし、各期の効用は以下の関数で与えられるとする。

$$U(C) = \frac{C^{1-\sigma}-1}{1-\sigma}$$

パラメータ$\sigma>0$は、異時点間代替弾力性の逆数を表す。個人は第1期を金融資産を持たない状態でスタートし($B_0=0$)、さらに第1期と第2期において，Q_1とQ_2の財の供給を受け取るとする。第1期では、個人はB_1という債券を介して，金利i_1で貸し借りをすることができる。

1. 第1期と第2期の最適な消費水準を、個人の賦存量Q_1とQ_2、異時点間代替弾力性$1/\sigma$、利子率i_1の関数として求めなさい。
2. 個人の賦存量Q_1とQ_2、異時点間代替弾力性$1/\sigma$、利子率i_1の関数として、第1期における最適貯蓄水準を求めなさい。個人が第1期に貯蓄する条件、すなわち$S_1>0$となる条件を特徴付け、直感的に説明しなさい。
3. 第1期の最適な消費水準について、金利i_1に関しての偏導関数を求めなさい。
4. 第2期の最適な消費水準について、金利i_1に関しての偏導関数を求めなさい。
5. 利子率i_1の上昇が両期間における最適消費を減少させるような$1/\sigma$、i_1、Q_1、Q_2の条件を特徴付けなさい。またその結果を直感的にわかるように説明しなさい。
6. $\sigma=2$、$Q_1=1$および$Q_2=2$と仮定する。$i_1>-1$の値を考える。Matlabなどのソフトウエアを用いて、オファーカーブを作成しなさい。どのような金利であれば、個人は最適消費経路として賦存点を選択するだろうか。脚注2のように、金利が下がるにつれてオファーカーブが下向きから上向きに変化するようなi_1の実現可能な値は存在するだろうか。もしそうなら、オファーカーブの傾きの符号が変化するi_1の値を求めなさい。

練習問題 12.14 (二国経済における資本規制と厚生)

この問題は、12.7節の分析に関わるものである。外国が最適な資本規制を設定し、自国が資本規制を行わない均衡では、自国は金融鎖国における均衡よりも厚生が上昇することを示しなさい。

練習問題 12.15 (大国経済における資本規制)

大国開放賦存経済について、2期間二国モデルを考察する。国1の家計は，第1期に$Q_1^1=0$、第2期に、$Q_2^1=Q>0$の財を賦与される。国2においては，賦存量は$Q_1^2=Q$および$Q_2^2=0$である。国1と国2における家計は、それぞれ以下の同一の効用関数で定義される選好を持つ。

$$\ln C_1^1+\ln C_2^1$$

$$\ln C_1^2+\ln C_2^2$$

ここで$i=1, 2$、$t=1, 2$におけるC_t^iは、i国でのt期の消費を表す。国1において家計は第1期を純資産残高ゼロでスタートする ($B_0^1=0$)。

1. 第1期と第2期における国1と国2の均衡における消費水準、第1期における国1と国2の経常収支 (CA_1^1とCA_1^2)、世界金利 (r^*) を計算し、それらを直感的に説明しなさい。
2. 国1の政府は、個々の経済主体は金利を所与のものとしているが、国全体としては国際資本市場において市場支配力を持っていることを理解している。この状況を利用するために、以下のように資本規制を行い、資本流入を制限するとする。ここでτは資本流入に対する課税であり、国1の国内金利をrとすると、$1+r=(1+r^*)/(1-\tau)$ が成立する。税額を10%とする ($\tau=0.1$)。国1の政府は、第2期に、$T_2=-(1+r)\tau B_1^1$で与えられる一括送金T_2によって家計に税金を払い戻す。ここでB_1^1は，第1期末の国1の対外純資産残高を表す ($B_1^1<0$ならば、$T_2>0$なのでT_2は適切な移転であることに注意)。国2の政府は受動的であり、報復をしないとする。世界金利の均衡値r^*と国1の国内金利の均衡値rを求めよ。国1の政府は世界金利を下げることに成功するだろうか。
3. 国1の消費の均衡経路 (C_1^1, C_2^1) を、資本規制がある場合とない場合で比較しなさい。特に、国1の家計にとって資本規制税により厚生は増加するのだろうか。国2の家計はどうだろうか。それぞれ直感的に理解できるよう説明しなさい。
4. 任意の$\tau\in(0, 1)$ について、上記の結果を一般化しなさい。国1の厚生を最大化するτは存在するだろうか。引き続き国2の政府が受動的であると仮定してこの問いに答えなさい。

練習問題 12.16 (資本規制と消費税の等価性)

練習問題12.15を第8章の練習問題8.7と比較しなさい。

1. 資本規制税と消費税の等価性を導出しなさい。
2. 消費税が両期間において、それぞれ税率τ_1およびτ_2で適用される場合について上の等価性を一般化しなさい。

練習問題 12.17（貸出国である大国における最適資本規制）

12.7節では、借入国である大国（外国）における最適資本規制について、貸出国（自国）が受動的な姿勢を取っていると仮定して、その特徴を述べている。ここでは、外国が受動的である場合の自国における最適な資本規制の特徴を考える。特に以下の問いに答えなさい。

1. 自由な資本移動がある場合の世界金利i^*を求めなさい。
2. このとき、それぞれの国の厚生水準を求めなさい。

ここで、h国が資本流出に対して最適な課税を行ったとする。h国が資本規制を実施してもf国は報復しないとし、h国の財政当局は、資本規制税による収入を国民に一括して還付するとする。

3. 世界金利i^*を求め、自由な資本移動の下での世界金利と比較し、直感的に説明しなさい。
4. i^hを求め、それを世界金利と比較しなさい。
5. 流出に対する資本規制税であるτを求めなさい。
6. f国の厚生水準を求めなさい。またそれを自由な資本移動の下での厚生水準と比較しなさい。

練習問題 12.18（資本規制と経常収支曲線）

12.7節の二国経済について考察する。

1. 自国と外国の経常収支曲線がそれぞれ次式で与えられることを示しなさい。

$$CA_1^h = \frac{1}{2}\left(Q_1^h - \frac{Q_2^h}{1+i^*}\right)$$

$$CA_1^f = \frac{(1+i^*+\tau)Q_1^f - Q_2^f}{2(1+i^*)+\tau}$$

2. 外国の経常収支がマイナスである限り、その経常収支曲線は、τを一定として、世界金利i^*の増加関数であることを示しなさい［ヒント：CA_1^fのi^*に関する偏微分を取り、$2Q_2^f - \tau Q_1^f > 0$であればそれが正であることを示しなさい。そして、$CA_1^f < 0$ならば$Q_2^f - \tau Q_1^f > 0$であることを示しなさい］。
3. 外国の経常収支曲線が、i^*を一定として、資本規制税率τの増加関数であることを示しなさい。

練習問題 12.19（国の補償）

12.9節で検討したナッシュ均衡における報復のある二国モデルにおいて、自国が資本移動の自由を維持する代わりに、外国が自国に対して、第2期において一括して補償を行うことが外国にとって得策であるかどうかを考える。この補償をGとし、それが第2期における外国の賦存量に比例すると仮定する、すなわち$G = \gamma Q$。ここで$\gamma > 0$はパラメータであり、その値を探し出すことが求められている。この問いに答えるには、以下の手順に従えばよい。

1. 自由な資本移動の下での2つの国の厚生を計算しなさい。これらはγ（とQ）の2つの関数として求められるはずである。

2. 自国が自由な資本移動を保障し、かつ贈与を受ける場合と、資本規制戦争に突入し贈与を受けない場合の間で無差別になる（後者の厚生水準は表12.1から読み取ることができる）γの値を求めよ。これはγの数値解となるはずである。
3. 上で求めたγの値をもとに、自由な資本移動の場合と贈与を行った場合の外国の厚生水準を評価しなさい。そして、この数値を、資本規制戦争になり、贈与を支払わない場合の外国の厚生水準と比較しなさい（後者の値も、表12.1から読み取ることができる）。

練習問題12.20（中国の資本規制指標）

第11章の11.2節において、観測されたカバー付き金利差の挙動をもとに、中国がWTO加盟前後で資本流入と資本流出の両方に制限を設けていたはずであることを論じた。本章12.10節（特に表12.2参照）では、中国が1995年から2019年までの期間において平均して多くの資本規制を行っていたことを示す証拠を提示している。ただし、表12.2のデータは、時間と、フローの方向（流入と流出）の両方にわたる平均を表している。この練習問題では、WTO加盟前後の中国において、流出と流入の両方の規制が行われていたという推論を支持または否定する、より直接的な根拠を示すよう求めている。具体的には、https://www.columbia.edu/~mu2166/fkrsu/において利用可能なFernández, Klein, Rebucci, Schindler, and Uribe (2016, updated to 2019) のデータベースを用い、それぞれ1995年から2019年の期間における流入と流出への資本規制を計測した*kai*と*kao*の中国の時系列データをダウンロードしなさい。2つの時系列のプロットを作成し、第11章11.2節で行った推論を支持するかしないか議論しなさい。

練習問題12.21（資本規制の平均値と分散）

12.10節は、資本移動に対して非常に閉鎖的でも開放的でもない国においては、資本規制が時間とともに変化する傾向があることを示唆している。具体的には、図12.12は資本規制指数の*ka*の平均値を指数の幅に対してプロットし、逆U字型のパターンがあることを示している。この結果が、ばらつきの指標として、*ka*指数の幅ではなく、*ka*指数の時間を通じた標準偏差を用いた場合にも当てはまるのかどうかを調べてみよう。具体的には、縦軸にプロットする変数として、幅ではなく標準偏差を用いて図12.12を作成しなさい。

PART Ⅳ
Monetary Policy and Exchange Rates

第Ⅳ部
金融政策と為替レート

第13章 名目硬直性、為替レート政策、および失業

名目為替レートは開放経済における中心的な変数である。これまで、我々は実質為替レートがどのように決定されるかを学んできたが、名目為替レートがどのように決定されるかには言及しなかった。第10章では、実質為替レート決定のための貿易財・非貿易財モデル（TNTモデル）を導入し、さまざまなショックに対する実質為替レートの反応を分析した。例えば、交易条件の悪化は国内総需要を減少させ、海外に輸出不可能な財（非貿易財）の相対価格の下落を引き起こした。その結果、自国は世界の他の国に対して相対的に安くなる、つまり実質為替レートが減価するという結論が得られた。貿易財・非貿易財モデルにおいて、金融政策は雇用、消費、実質賃金、実質為替レートなどの実質変数の決定には関与しない。これは、すべての価格が伸縮的に調整されるという仮定により、労働市場や財市場の市場清算がもたらされるからである。このように、貿易財・非貿易財モデルでは、実質変数と名目変数の決定が二分化されている。実質変数を決定するのは選好、技術、実質ショックといった実質的な要因によってのみであり、**金融政策**（monetary policy）は消費者物価水準や名目賃金といった名目変数にしか影響を与えない。

本章では、一部の価格が**名目硬直性**（nominal rigidity）に直面している経済を考察する。このような場合、金融政策は、消費、雇用、実質賃金、および実質為替レートなどの実質変数の水準に影響を与えるという意味で、実質的な効果を持つ可能性がある。再び、ある国の交易条件の悪化の例を考えてみよう。このショックによる総需要の縮小は、企業による労働需要の減少を引き起こす。したがって、労働市場を均衡させるには、実質賃金、すなわち財で測った賃金の下落が必要である。実質賃金の低下は、名目賃金の低下によっても、消費者物価水準の上昇によっても起こりうる。仮に、何らかの理由で名目賃金が下方硬直的になっているとしよう。その場合、労働市場が清算されるためには、物価水準が上昇しなければならない。そうでなければ、実質賃金が高すぎ

て、非自発的な失業が発生することになる。そして、この物価水準の上昇は、拡張的な金融政策によってもたらされうる。このように、名目硬直性が存在すると、経済における二分化は消失し、相対価格や実質的配分、および厚生が金融政策に依存する可能性がある。

本章の分析は、第10章における2期間の貿易財・非貿易財モデルを基礎としている。しかし本章では、貿易財・非貿易財モデルとは異なり、名目賃金の下方硬直性（DNWR）を特徴とする経済について検討する。[1] このTNTモデルの変形を**名目賃金の下方硬直性を伴う貿易財・非貿易財モデル**（TNT-DNWR model）と呼ぶことにする。また、第10章の内容を必ずしも復習する必要がないように、この章を理解するのに必要な説明はこの章にすべて入っている。

13.1 名目賃金の下方硬直性を伴う貿易財・非貿易財モデル

先進国、新興国を問わず、低インフレの国々では、毎年、ごく一部の労働者だけが賃下げを経験していることが観察される。全労働者のほぼ半数は賃金が全く変化せず、ほぼ半数は賃金が上昇している。さらに、賃金が変化しない労働者の割合は、景気後退期には上昇し、好景気には下降するという景気循環とは反対に動く傾向を示している。このような賃金変動パターンは、名目賃金の下方硬直性の証拠であると解釈されてきた。13.7節では、このような実証的な規則性についてさらに詳しく説明する。

名目賃金がなぜ下がりにくいのか、その疑問は今もなお究明され続けている。イェール大学のトルーマン・ビューリー（Truman Bewley）は、企業の経営者から直接答えを聞き出そうとした。[2] 1990年代初頭の米国の不況時に、彼は米国北東部の300人以上の経営者に、自社の賃金政策についてインタビューした。その結果、「賃下げは労働者のやる気を低下させ、職場の生産性を低下させるからしない」という答えが最も多く返ってきた。経営者は、賃金カットよりも解雇を好む傾向があるようだ。というのも、解雇も労働者の士気を下げ

1）理論的枠組みは、Stephanie Schmitt-Grohé and Martín Uribe, “Downward Nominal Wage Rigidity, Currency Pegs, and Involuntary Unemployment,” *Journal of Political Economy*, Vol. 124, No. 5, October 2016, pp. 1466–1514において開発された無限期間モデルを2期間に適用したものである。

2）Truman F. Bewley, *Why Wages Don’t Fall during a Recession*, Cambridge, MA: Harvard University Press, 1999.

るが、会社に残る労働者への影響はそれほど強くないからである。

名目賃金の下方硬直性（downward nominal wage rigidity, DNWR）を、企業が賃金を引き下げることができない事象として、以下のようにモデル化する。

$$W_t \geq W_{t-1} \tag{13.1}$$

ここで、W_tはt期の時間当たりの名目賃金率を示す。

経済は2つの財を生産し、消費するとしよう。1つの財は国際的に取引される貿易財であり、もう1つは非貿易財である。ここでP_t^TとP_t^Nはそれぞれ貿易財と非貿易財の価格を表す。非貿易財の価格は、後述するように国内の需要と供給の条件によって決定される。貿易財の価格は一物一価の法則によって決定され、以下が成立する。

$$P_t^T = \varepsilon_t P_t^{T*}$$

ここでε_tは名目為替レートであり、外貨1単位当たりの自国通貨価格として定義される。したがって、ε_tの上昇は自国通貨の減価に相当する。P_t^{T*}は貿易財の外貨建て価格である。第9章で述べたように、一物一価の法則とは、価格が同じ通貨で表示されるとき、貿易財は国内でも海外でも同じ価格で販売されるというものである。自国は小国であると仮定しているので、貿易財の海外価格を所与としている。簡略化のため、以下ではP_t^{T*}は時間が経っても変わらず、1に等しいと仮定する（$P_t^{T*} = 1$）。つまり、$P_t^T = \varepsilon_t$であり、したがって以下ではP_t^Tとε_tを同じように使うことにする。

13.1.1　供給曲線

貿易財の生産量Q_t^Tは外生的な賦存量である。例えば各期間にQ_t^Tの量の果実を生産する木を考えるとよい。一方、非貿易財は、完全競争下にある企業が労働力h_tを用いて生産する。t期に生産される非貿易財の量は、次式で与えられる。

$$Q_t^N = F(h_t)$$

ここで、$F(\cdot)$は生産関数で、増加関数であり、かつ凹関数であると仮定する。凹性により、労働の限界生産物$F'(h_t)$は、労働投入量が増加するに従って減少する。つまり、労働時間が1時間増えると生産量が増加するが、その増加率は減少するということである。

非貿易財部門で操業する企業の名目利潤Π_tは、以下のように与えられる。

$$\Pi_t = P_t^N F(h_t) - W_t h_t \tag{13.2}$$

企業は、P_t^NとW_tを所与として、利潤を最大化するために雇用h_tを選択する。利潤を最大化する雇用の選択は、雇用に関して利潤を微分し、それをゼロと等しくすることで、以下として得られる。

$$P_t^N F'(h_t) = W_t \tag{13.3}$$

この最適化条件は、企業は労働の限界生産物の価値$P_t^N F'(h_t)$が限界費用W_tに等しくなるまで労働者を雇用することを述べている。

価格は貿易財で表現するのが便利である。ここで貿易財で測った非貿易財の相対価格を以下のように定義する。

$$p_t \equiv \frac{P_t^N}{P_t^T}$$

例えば、非貿易財が散髪、貿易財が小麦とすると、p_tは散髪1回当たりが小麦p_tブッシェルで売れることを示している。$P_t^T = \varepsilon_t$であることを想起し、企業の最適化条件（13.3）式の左辺と右辺をそれぞれP_t^Tで割り、並べ替えると以下が得られる。

$$p_t = \frac{W_t/\varepsilon_t}{F'(h_t)} \tag{13.4}$$

この条件は、企業は非貿易財の相対価格p_tを、生産の限界費用$\dfrac{W_t/\varepsilon_t}{F'(h_t)}$と等しくするように最適な雇用水準を決定することを述べている。

図13.1は、（13.4）式を表したものである。この軌跡を供給曲線と呼ぶ。供給曲線は右上がりであり、それは以下の理由による。まず、p_tの上昇により、（13.4）式の左辺が上昇することに注意しよう。所与のW_t/ε_tの下では、労働の限界生産物$F'(h_t)$は、左辺と右辺が等しくなるためには減少しなければならない。生産関数は凹型であるため、$F'(h_t)$の減少は、雇用h_tの拡大を必要とする。直感的には、実質賃金を一定とすると、非貿易財の価格が高くなれば限界収入が限界費用を上回り（$p_t > (W_t/\varepsilon_t)/F'(h_t)$）、このため、企業は非貿易財の生産を拡大し、その分労働者の雇用を増やす必要に迫られる。

名目為替レートε_tを一定とした場合、名目賃金W_tが上昇することにより、図13.2（a）に示すように供給曲線は左方へとシフトする。これは、所与のε_tの下で、W_tの上昇は企業の限界費用を上昇させ、生産と雇用を抑制するためである。これに対して、自国通貨安（すなわちε_tの上昇）は、名目賃金を一定とした場合、図13.2（b）にあるように供給曲線を右方へシフトさせる。直感的

図 13.1　供給曲線

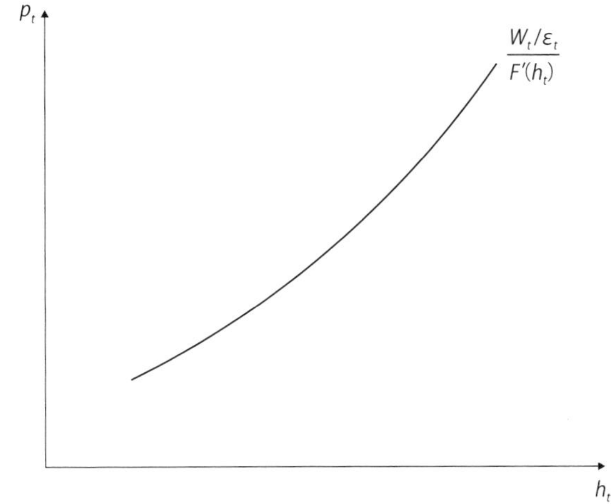

（注）　供給曲線は，非貿易財の貿易財に対する相対価格p_tと雇用量h_tの間の増加関係である．他の条件がすべて同じであれば，p_tの増加は限界収入と限界費用の間に正のギャップ，$p_t-(W_t/\varepsilon_t)/F'(h_t)$を生じさせ，このギャップがなくなるまで企業は生産と雇用を拡大させることになる．

図 13.2　供給曲線のシフト要因

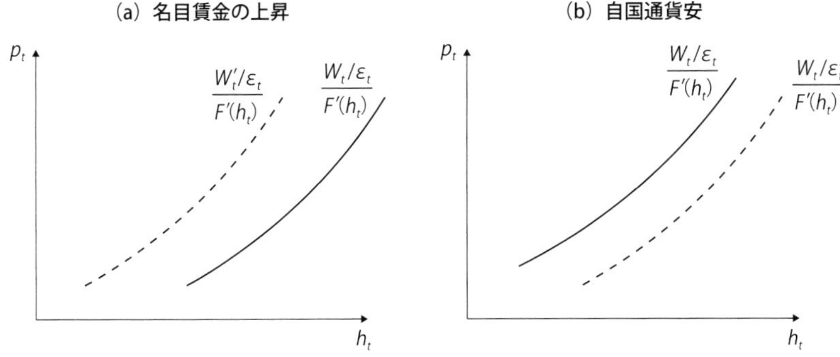

（注）　(a)は名目為替レートε_tを一定として，名目賃金をW_tから$W'_t>W_t$へと上昇させると，供給曲線が左方へとシフトすることを示している．与えられたε_tの下で，W_tの上昇は限界費用を上昇させ，任意の相対価格p_tにおいて生産と雇用を抑制する．(b)は，名目賃金W_tを一定とした場合，ε_tがε'_tへと上昇（自国通貨安）すると，供給曲線は右方にシフトすることを示している．与えられたW_tの下で，自国通貨安は実質賃金を低下させ，企業は任意のp_tの水準において生産と雇用を拡大することになる．

には、自国通貨安は実質賃金W_t/ε_tを引き下げ、生産の限界費用を低下させる。その結果、所与の相対価格p_tにおいて、企業は生産と雇用を拡大することにより、利潤を増やせると判断するためである。

13.1.2　需要曲線

多数の同一家計が住んでいる2期間の経済を考える。$t=1, 2$において家計は消費（C_t）から効用を得ているとする。選好は以下の効用関数によって与えられる。

$$\ln C_1 + \beta \ln C_2 \tag{13.5}$$

ここで、$\beta \in (0, 1)$ は主観的割引率である。消費財C_tは、貿易財消費（C_t^T）と非貿易財消費（C_t^N）から構成されると仮定する。これら2種類の財は、$t=1, 2$において、以下のコブ＝ダグラス型集計関数を用いて複合財へと集約される。

$$C_t = (C_t^T)^{\gamma}(C_t^N)^{1-\gamma} \tag{13.6}$$

この式は**部分効用関数**（subutility function）と呼ばれる。定数$\gamma \in (0, 1)$ は、消費者のそれぞれの財に対する嗜好を表している。後々明らかになるように、最適な消費選択においては総消費に占める貿易財の支出割合がγに等しくなる（第9章9.9節の分析も参照）。

家計は、外国通貨建ての債券（B_t）を売買することで、借入れや貸付けを行うことができる。第1期における家計の予算制約を自国通貨建てで表すと、次のようになる。

$$P_1^T C_1^T + P_1^N C_1^N + \varepsilon_1 B_1 = \varepsilon_1 (1 + r_0) B_0 + P_1^T Q_1^T + W_1 h_1 + \Pi_1$$

予算制約の左辺は、貿易財への支出$P_1^T C_1^T$、非貿易財への支出$P_1^N C_1^N$、および国債の購入$\varepsilon_1 B_1$という所得の使い道を表している。債券は外貨建てであるため、B_1に名目為替レートε_1を乗じ、国内通貨単位でその価値を表現している。右辺は所得の源泉を表し、利息を含む期初の債券保有額$\varepsilon_1(1+r_0)B_0$、貿易財の賦存量販売からの収入$P_1^T Q_1^T$、労働所得$W_1 h_1$、および企業を所有していることにより発生する利潤所得Π_1から構成される。

第2期における予算制約は次式で与えられる。

$$P_2^T C_2^T + P_2^N C_2^N = P_2^T Q_2^T + W_2 h_2 + \Pi_2 + (1 + r^*)\varepsilon_2 B_1$$

ここで、r^*は第1期から第2期にかけての保有債券の世界金利である。ここでは、自由な資本移動があると仮定しているので、自国の家計は世界金利で貸し借りを行う。また、世界の他の国々にはインフレがないと仮定する（$P_1^* = P_2^*$）。つまり、r^*は世界の他の国々における実質金利であり名目金利でもある（第11章の表記法では、$i^* = r^*$である）。

各期間において、家計は賃金水準によらず常に$\overline{h}$の一定の労働時間を労働市場に供給する。しかし、ときどき失業が発生し、以下のように労働者の労働時間は$\bar{h}$より過少になりうる。

$$h_t \leq \bar{h} \tag{13.7}$$

その結果、家計における労働者は、h_tを所与としている。なぜならh_tは自分では制御できない労働市場の状況に依存するためである。実際、h_tがどのように決定されるかは、以下の節で議論する。

異時点間予算制約を求めるには、まず、期間$t = 1, 2$における予算制約の両辺をP_t^T（$P_t^T = \varepsilon_t$を思い出そう）で割る。もうおなじみの手順なので、途中の段階は省略するが、第1期と第2期の予算制約を組み合わせて、B_1を消去すると、異時点間予算制約は次のように書くことができる。

$$C_1^T + p_1 C_1^N + \frac{C_2^T + p_2 C_2^N}{1 + r^*} = \bar{Y} \tag{13.8}$$

ここで、$\bar{Y}$は生涯資産であり、家計はこれを所与としている。

$$\bar{Y} \equiv (1 + r_0) B_0 + Q_1^T + \frac{W_1}{\varepsilon_1} h_1 + \frac{\Pi_1}{\varepsilon_1} + \frac{Q_2^T + W_2/\varepsilon_2 h_2 + \Pi_2/\varepsilon_2}{1 + r^*}$$

異時点間予算制約により、家計の消費支出の割引現在価値は生涯資産と等しくなければならない。

家計の最適化問題は、$t = 1, 2$における部分効用関数（13.6）式と異時点間予算制約式（13.8）の下で、生涯効用関数（13.5）式を最大化するために、$t = 1, 2$においてC_t、C_t^TおよびC_t^Nを選択することである。例によって、この制約付き最大化問題を、$t = 1, 2$における（13.6）式および（13.8）式を用いて、$t = 1, 2$におけるC_t、およびC_2^Tを生涯効用関数から除去し、制約なしの問題に帰着させることができる。これにより、次のような目的関数が得られる。

$$\gamma \ln C_1^T + (1 - \gamma) \ln C_1^N + \beta\gamma \ln [(1 + r^*)\bar{Y} - p_2 C_2^N - (1 + r^*)(C_1^T + p_1 C_1^N)] + \beta(1 - \gamma) \ln C_2^N$$

家計は、上記の式を最大化するために、生涯資産$\bar{Y}$、第1期と第2期の非貿易財の相対価格p_1とp_2、世界金利r^*を所与としてC_1^T、C_1^NおよびC_2^Nを選択する。C_1^T、C_1^NおよびC_2^Nに関する最適化条件は、整理すると、それぞれ以下の通り求められる。

$$\frac{C_2^T}{C_1^T} = \beta(1 + r^*) \tag{13.9}$$

$$\frac{1 - \gamma}{C_1^N} = \beta\gamma (1 + r^*) \frac{p_1}{C_2^T} \tag{13.10}$$

$$\frac{C_2^N}{C_2^T} = \frac{1-\gamma}{\gamma}\frac{1}{p_2} \tag{13.11}$$

最適化条件式（13.9）は、おなじみのオイラー方程式である。この式によれば、貿易財消費の成長率は金利が上昇するにつれて上昇する。なぜなら金利が高いほど、第1期の消費を相対的に減らし、第2期の消費を相対的に増やすことにより第1期に貯蓄をするインセンティブが強くなるためである。[3)]また、最適化条件式（13.9）と（13.10）を組み合わせると以下が得られる。

$$\frac{C_1^N}{C_1^T} = \frac{1-\gamma}{\gamma}\frac{1}{p_1} \tag{13.12}$$

この式によれば、非貿易財の相対価格が上昇すると、家計は相対的に非貿易財の消費を減らし、貿易財の消費を増やすことになる。最適化条件式（13.11）によれば、第2期においても同様のことが言える。

均衡においては、非貿易財の市場は清算されなければならない。すなわち、国内消費は国内生産と等しくなければならないので、以下が$t = 1, 2$について成立する。

$$C_t^N = F(h_t) \tag{13.13}$$

この市場清算条件と企業の利潤の定義（13.2）式を用いて、C_t^NとΠ_tを異時点間予算制約式（13.8）から消去すると、おなじみである貿易財に関する経済全体の資源制約が以下のように得られる。

$$C_1^T + \frac{C_2^T}{1+r^*} = (1+r_0)B_0 + Q_1^T + \frac{Q_2^T}{1+r^*} \tag{13.14}$$

つまり、均衡において、貿易財消費の割引現在価値は、初期の資産残高および貿易財の賦存量の割引現在価値の和に等しくなければならない。オイラー方程式（13.9）を用いて、この式からC_2^Tを除くと第1期における貿易財消費の均衡値が以下のように得られる。

$$C_1^T = \frac{1}{1+\beta}\left[(1+r_0)B_0 + Q_1^T + \frac{Q_2^T}{1+r^*}\right] \tag{13.15}$$

これもまた、見慣れた表現である。第1期の貿易財の消費は、初期の資産残高と第1期および第2期における貿易財賦存量の割引現在価値の総和に依存している。したがって、貿易財消費は現在の賦存量Q_1^T、将来の賦存量Q_2^T、初期の

3）なお、オイラー方程式（13.9）は非貿易財消費に依存しない。この特徴は、消費代替に関する異時点間弾力性と期間内の弾力性が互いに等しいときに得られる。効用関数が対数、集計関数がコブ＝ダグラス型であるという仮定は、この2つの弾力性が1である特殊なケースである。

金融資産である $(1+r_0)B_0$ が増加すれば増加し、金利 r^* の低下により減少する。また、C_1^T の均衡値は、為替制度に依存しないことに注意しよう。この結果は、特殊な選好、具体的には、貿易財と非貿易財の期間内の代替弾力性と、第1期と第2期の消費についての異時点間弾力性が互いに等しくなるような選好を仮定した結果である（脚注3も参照すること）。（13.15）式はしたがって、次のようにまとめられる。

$$C_1^T = C^T(\underset{-}{r^*}, \underset{+}{Q_1^T}, \underset{+}{Q_2^T}, \underset{+}{(1+r_0)B_0}) \tag{13.16}$$

ここで、この式と市場清算条件式（13.13）を用いて、C_1^T と C_1^N を（13.12）式から消去すると、以下のようになる。

$$p_1 = \frac{1-\gamma}{\gamma} \frac{C^T(r^*, Q_1^T, Q_2^T, (1+r_0)B_0)}{F(h_1)} \tag{13.17}$$

この式を直感的に解釈すると以下の通りである。他の条件がすべて同じであれば、非貿易財の相対価格 p_1 の上昇は、非貿易財の消費 C_1^N を減少させる。また均衡において、非貿易財の消費と非貿易財の生産量は等しくなる（$C_1^N = Q_1^N$）。このとき、非貿易財は労働とともに、増加関数である生産関数 $F(\cdot)$、つまり $Q_1^N = F(h_1)$ を用いて生産されるので、p_1 の上昇は h_1 の減少を引き起こす。言い換えると、p_1 の上昇により、非貿易財の需要が減少し、非貿易財の市場清算が成立するために雇用が減少する。この p_1 と h_1 の関係を需要関数と呼ぶ。需要関数は、図13.3に示すように、空間（h_1, p_1）において右下がりの曲線である。

世界金利 r^* の上昇は、図13.4（a）に示すように需要曲線を左方にシフトさせる（単純化のため、本章の残りの部分では、初期の資産残高の変化を分析する場合を除いて、引数 $(1+r_0)B_0$ を省略する）。図では、金利は r^* から $r^{*\prime} > r^*$ に上昇している。需要曲線が左側にシフトするのは、異時点間の代替効果によって、r^* の上昇が貯蓄を増やし、第1期の消費を減らすように家計を誘導するからである。その結果、相対価格 p_1 がどのような水準であっても非貿易財の需要が低下し、非貿易財の市場が均衡するために、生産量 $F(h_1)$ と雇用量 h_1 の両方が減少する。

図13.4（b）は、第1期の貿易財の賦存量を Q_1^T から $Q_1^{T\prime} > Q_1^T$ に増加させた場合における、需要曲線への影響を示している。このショックにより、需要曲線は右方へとシフトする。直感的に考えると、賦存量の増加は正の所得効果をもたらし、あらゆる価格 p_1 の下で、貿易財・非貿易財ともにその需要が高まる。また、非貿易財市場が清算するためには、非貿易財需要が拡大すると、非貿易

図 13.3　需要関数

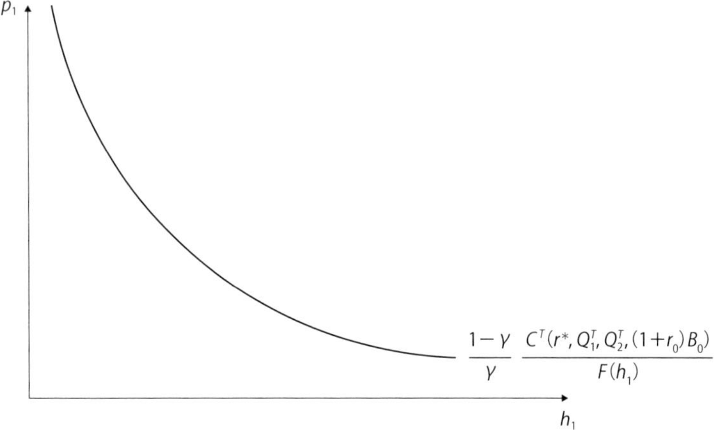

（注）　図は，第1期の需要関数を示している．r^*, Q_1^T, Q_2^Tおよび$(1+r_0)B_0$を一定とすると，非貿易財の相対価格p_1が高いほど，非貿易財に対する需要C_1^Nは低くなる．非貿易財市場が均衡している場合，非貿易財需要の低下は，非貿易財生産量$F(h_1)$の減少，ひいては雇用h_1の減少を意味する．

図 13.4　需要曲線のシフト要因

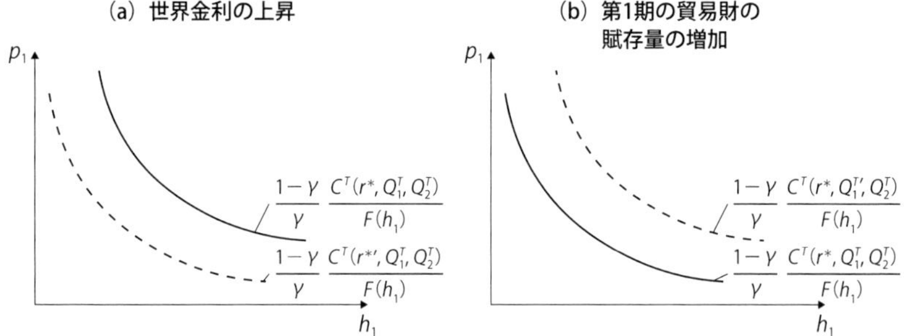

（注）　(a)は世界金利がr^*から$r^{*\prime}>r^*$に上昇すると，需要曲線が左方にシフトすることを示している．異時点間代替効果によって，金利の上昇は貿易財の需要C_1^Tを減少させ，どのような水準の相対価格p_1においても非貿易財の需要C_1^Nを減少させ，その結果，労働需要h_1も減少する．(b)では，第1期の貿易財の賦存量がQ_1^Tから$Q_1^{T\prime}>Q_1^T$まで増加すると，需要曲線が右方にシフトすることを示している．所得効果によって，相対価格p_1がどの水準にあっても，賦存量の増加は貿易財と非貿易財の需要を増加させ，したがって労働需要h_1も増加する．

財の生産と雇用が増加する必要がある。第2期における貿易財賦存量が増加した場合の効果は、第1期の貿易財賦存量が増加した場合と質的に同じである。なぜなら、均衡において、貿易財の消費は、Q_1^TおよびQ_2^Tの増加関数であるからである。

13.1.3　労働市場のスラック条件

非自発的な失業$h_t < \overline{h}$が存在する期間において、賃金制約式（13.1）は等号で成立している、すなわち$W_t = W_{t-1}$であると仮定する。この仮定の背後にある直感は、t期における非自発的な失業によって名目賃金W_tに下落圧力がかかる、というものである。結果として、W_tは、その取りうる値の最小値W_{t-1}まで押し下げられる。また、賃金制約が等号で成立していない場合（緩い、つまりスラックである場合）、すなわち$W_t > W_{t-1}$であれば、経済は完全雇用、つまり$h_t = \overline{h}$にあると仮定する。これは逆に、$W_t > W_{t-1}$で、かつ非自発的失業がある（$h_t < \overline{h}$）場合、名目賃金W_tは非自発的失業がなくなる（$h_t = \overline{h}$）まで、もしくは$W_t = W_{t-1}$になるまで下落することを意味している。

これらの仮定をまとめると、次のようになる。

$$(W_t - W_{t-1})(\overline{h} - h_t) = 0 \tag{13.18}$$

この式は、**労働市場のスラック条件**（labor market slackness condition）と呼ばれる。このモデル経済では、労働市場において必ずしも毎期毎期需給が一致するとは限らない。つまり、労働市場の構造上、ある状況下では、均衡において労働供給過剰、つまり非自発的な失業（$h_t < \overline{h}$）が存在する可能性がある。これは、賃金率が労働の需要と供給が等しくなるように調整されず、雇用が調整される場合に起こる。このように、一部の市場が均衡を保てず、量的な調整が行われるモデルを**非ワルラスモデル**（non-Walrasian models）と呼ぶ。TNT-DNWRモデルは、このクラスに属する。これに対して、すべての市場が常に均衡するように価格（この場合は名目賃金）が調整されるモデルを**新古典派モデル**（neoclassical models）という。TNT-DNWRモデルは、$t = 1, 2$において条件式（13.1）、（13.7）、および（13.18）を労働市場清算条件$h_t = \overline{h}$に置き換えると、新古典派モデルへと変貌する。この条件を課すことにより、第10章におけるTNTモデルとなる。つまり、本章での研究対象は、TNTモデルの非ワルラス的なバージョンである。先に述べたように、また、これから示すように、TNT-DNWRモデルとTNTモデルの重要な違いは、TNTモデルでは、金融政策が役割を果たさないのに対し、TNT-DNWRモデルでは、生産、雇用、実質賃金、消費、実質為替レートなどの実質変数の均衡水準に、金融政策が影響を与えることができるという点である。

13.1.4 TNT-DNWRモデルにおける均衡

これまでに得られた結果を総合すると、TNT-DNWRモデルの均衡は、初期条件W_0、B_0、$t=1, 2$における貿易財の賦存量Q_t^Tに関する外生的な経路、世界金利の値r^*、$t=1, 2$における為替政策ε_tの下で、以下の式を満たす内生変数C_t^T、h_t、W_t、およびp_tの$t=1, 2$における経路として定義できる。

$$C_1^T = \frac{1}{1+\beta}\left[(1+r_0)B_0 + Q_1^T + \frac{Q_2^T}{1+r^*}\right] \tag{13.19}$$

$$C_2^T = \beta(1+r^*)C_1^T \tag{13.20}$$

$$p_t = \frac{1-\gamma}{\gamma}\frac{C_t^T}{F(h_t)} \tag{13.21}$$

$$p_t = \frac{W_t/\varepsilon_t}{F'(h_t)} \tag{13.22}$$

$$h_t \leq \bar{h} \tag{13.23}$$

$$W_t \geq W_{t-1} \tag{13.24}$$

$$(W_t - W_{t-1})(\bar{h} - h_t) = 0 \tag{13.25}$$

(13.21) 式は、(13.13) 式の市場清算条件を用いて、(13.11) 式と (13.12) 式におけるC_t^Nを$F(h_t)$ に置き換えたもので、この条件以外はすべて、これまでの分析から導出されたものである。上記の均衡の定義は、TNT-DNWRモデルを解析的または数値的に解くのに有用である。本章の付録 (13.8節) において、その手順について細かく解説している。

$t=1, 2$におけるC_t^T、h_t、W_t、およびp_tの均衡経路により、残りの内生変数の均衡値を求めるのは簡単である。市場清算条件式 (13.13) により、非貿易財の消費は非貿易財の生産に等しい。

$$C_t^N = F(h_t) \tag{13.26}$$

貿易収支は、貿易財の生産と貿易財の消費の差である。

$$TB_t = Q_t^T - C_t^T \tag{13.27}$$

第1期末の国の対外純資産残高B_1は、次式で与えられる。

$$B_1 = (1+r_0)B_0 + TB_1 \tag{13.28}$$

第2期は経済の最終期であるため、第2期より後に支払い可能になる資産や債務を誰も保有しない。したがって、第2期末の対外純資産残高B_2はゼロである。$t=1, 2$におけるt期の経常収支は、以下のようにその国の対外純資産残高の増減に等しい。

$$CA_t = B_t - B_{t-1} \tag{13.29}$$

13.2 固定相場下におけるショックへの調整

導出した需要曲線と供給曲線を使って、ここでは、物価、賃金、および雇用の決定について分析する。名目硬直性が存在するため、名目為替レートは調整過程において中心的な役割を果たすことになる。

本節では、**通貨ペッグ**（currency peg）としても知られる**固定為替相場制**（fixed exchange rate regime）を考える。固定為替相場制の下では、中央銀行は、国民が望む量の外貨をいくらでも、あらかじめ決められた為替レートの下で売買する用意があり、名目為替レートを一定に保つようにする。このような通貨制度は、かなり特殊に聞こえるかもしれないが、細かい差異はあれども、極めて一般的なものである。固定相場制の古典的な例の1つは、自国通貨を外国通貨に交換できるようにした場合である。例えば、アルゼンチンでは1991年4月から2001年12月まで、中央銀行に1アルゼンチンペソと1米ドルの交換を義務付ける兌換法が運用されていた。兌換法の変わり種は**クローリング・ペッグ**（crawling peg）と呼ばれるもので、国内通貨と兌換可能な為替レートの値を、中央銀行が適宜指定していくものである。固定相場制の2つ目の形態は、複数の国が通貨統合を行い、通貨同盟の加盟国が共通の通貨を共有する場合である。1999年に発足したユーロ圏がその例で、西ヨーロッパ11カ国において、ユーロを唯一の法定通貨として導入した。2022年までに、ユーロ圏は19カ国に拡大している。例えば、自明なことだが、ポルトガルの通貨とドイツの通貨との交換レートは1であり、各加盟国は、他の加盟国との間で固定為替レートの取決めをしていることになる。固定相場制の第3の形態として、ドル化がある。これは、ある国が一方的に他国の通貨を法定通貨として採用することである。ドル化の例としては、エクアドル、エルサルバドル、パナマなどがあり、米ドルが公式通貨として使われている。第4の、そして最も広範に見受けられる固定相場制は、変動相場制を取っていると主張しながら（**法制上の変動相場制国**（de jure floaters））、実際には為替レートを時間を通じてほぼ固定すること（**事実上の固定相場制国**（de facto peggers））である。この現象を最初に指摘したカーメン・ラインハート（Carmen Reinhart）とギレルモ・カルボ

(Guillermo Calvo) は、**変動することへの恐怖** (fear of floating) と名付けた。[4)]

固定相場制の下で経済がどのようにショックに対して調整するかを理解するために、中央銀行が為替レートを$\bar{\varepsilon}$という値に固定したとする。すなわち、$t=1, 2$において以下のようになる。

$$\varepsilon_t = \bar{\varepsilon}$$

13.2.1　世界金利の上昇

世界金利r^*の上昇の影響を考えてみよう。金利ショック前は完全雇用、名目賃金率は一定で経済が安定していたとする。つまり、ショック前は$h_1 = \bar{h}$であり、$W_1 = W_0$である。このときの均衡は図13.5のようになる。需要曲線と供給曲線はA点で交差する。この点では、完全雇用、$h_1 = \bar{h}$となり、非貿易財の相対価格はp_1^Aであり、実質賃金は$W_0/\bar{\varepsilon}$である。煩雑さを避けるため、需要曲線の$C^T(r^*, Q_1^T, Q_2^T)$ において、この分析を通じて一定である引数Q_1^TおよびQ_2^Tを除いて表記している。

ここで、世界金利がr^*から$r^{*\prime} > r^*$に上昇したとする。このショックにより家計は貯蓄を増やし、第1期の貿易財と非貿易財の消費が抑制される。内需の減少によって生じた貿易財の過剰供給は、輸出することができる。しかし、非貿易財部門においては、定義上、輸出は不可能である。したがって、均衡においては国内生産と国内需要が一致しなければならず、調整は非常に異なったものになる。非貿易財の需要の縮小は、非貿易財の相対価格を押し下げる圧力となる。非貿易財価格は、もし名目硬直性がなければ、家計の支出を貿易財から非貿易財に転換させ、全企業の完全雇用を保障するのに十分な大きさで下落する。しかし、名目賃金の硬直性と固定された為替レートのために、この調整は十分に行われない。労働コストが下がらないので、必要なだけの価格引下げを企業は行うことができず、そのままでは赤字を生み倒産にいたってしまう。したがって、代わりに企業は生産を減らし、雇用を調整するのである。

この調整を図13.5に示す。r^*の上昇に対応して、需要曲線は破線で示すように左方にシフトする。新しい均衡は、雇用と非貿易財の相対価格がともに低下する ($h_1^B < \bar{h}$と$p_1^B < p_1^A$) B点となる。したがって、世界金利の上昇により、$\bar{h}$

4)　Guillermo A. Calvo and Carmen M. Reinhart, "Fear of Floating," *The Quartely Journal of Economics*, Vol. 117, No. 2, May 2002, pp. 379–408.

図 13.5　固定相場下での世界金利上昇に対する調整

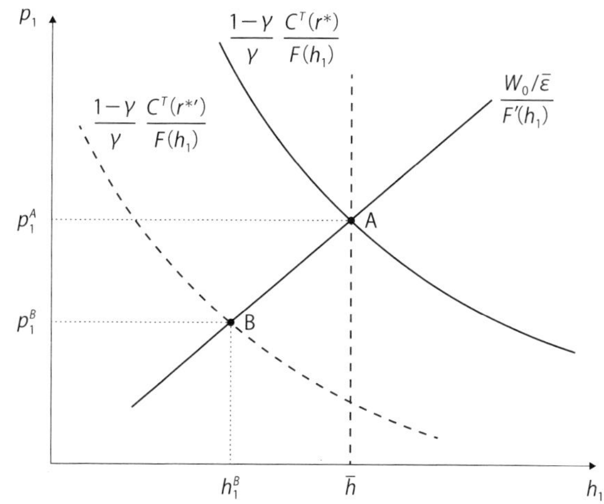

（注）　世界金利がr^*から$r^{*\prime}>r^*$に上昇する前の均衡は，完全雇用$h_1=\bar{h}$のA点である．名目賃金はW_0で，名目為替レートは$\bar{\varepsilon}$に固定されている．r^*の上昇により，需要曲線は左方にシフトする．しかし，名目賃金の下方硬直性と固定された為替レートによって，実質賃金$W_0/\bar{\varepsilon}$が低下しないため，供給曲線は変化しない．その結果，新たな均衡であるB点において$\bar{h}-h_1^B$の失業が発生する．

$-h_1^B>0$の規模の失業が発生する。販売する商品の実質価格がp_1^Aからp_1^Bへと下落する一方、$W_0/\bar{\varepsilon}$で与えられる労働コストは一定であるため、企業は雇用の調整を余儀なくされる。市場における賃金においては、労働者は$\bar{h}$時間働きたいはずだから、失業は非自発的なものである。実質賃金$W_0/\bar{\varepsilon}$は、次の2つの理由から労働市場を清算するために低下しない。第1に、名目賃金は下方硬直的であるため下がらない（制約式（13.1）参照）。第2に、中央銀行が固定相場政策を取っているため、名目為替レートが減価しない（自国通貨安にならない）。名目賃金と名目為替レートにおける2つの名目硬直性が存在することで、実質賃金における実質的な硬直性が生まれる。

金利引上げに伴う失業率の上昇は、厚生を低下させる。これは、B点においては非貿易財の生産が減少しているからである（$F(h_1^B)<F(\bar{h})$）。均衡では、非貿易財の生産量の減少は、非貿易財の消費の減少を意味し、家計の効用水準を低下させることになる。

均衡がA点からB点に移行するにつれて、その国は世界の他の国に比べて安くなる、つまり実質為替レートが減価する。その理由を知るには、第10章10.2節から、以下のように定義される実質為替レートと、非貿易財の相対価格p_tの間に緊密な関係があることを思い出してほしい。

$$e_t \equiv \frac{\varepsilon_t P_t^*}{P_t}$$

ここで、P_tとP_t^*はそれぞれ国内とそれ以外の国の消費者物価水準である。第10章で説明されているように、この関係の本質は次のようなものである。国内の物価水準は、貿易財価格と非貿易財価格の平均値である。貿易財の価格は、同じ通貨で表せば、一物一価の法則により国内でも海外でも同じである。これに対し、非貿易財の価格は各国の市場環境によって決まる。つまり、非貿易財の貿易財に対する相対価格の上昇は、その国を世界に対してより高価にする、つまり、実質為替レートの増価を伴うことになる。同様に、非貿易財の相対価格の下落は、その国を世界の他の国に対して相対的に安くする、つまり実質為替レートの減価をもたらす。非貿易財の相対価格は世界金利が上昇すると低下するため、実質為替レートe_tは世界金利の増加関数であり、次のように書くことができる。

$$e_t = e(\underset{+}{r^*}) \tag{13.30}$$

r^*のショックに対応して、p_1はp_1^Aからp_1^Bへと下落する（図13.5参照）。これは、e_1が上昇（減価）する（世界の他の国に対して相対的に安くなる）ことを意味する。しかし、次に見るように、名目賃金の下方硬直性のため、実質的な減価は不十分であり、非自発的失業をゼロにするほどに、経済が安くなることはない。

仮に名目賃金が下方に伸縮的であれば、名目賃金は、金利ショック後の労働需要の収縮によって生じた労働の過剰供給を解消するのに十分なほど低下することになる。その様子は図13.6に示した通りである。ショック前の均衡はA点であり、世界金利の上昇によって需要曲線は左方にシフトする。しかし、伸縮的な賃金の下では、名目賃金はW_0から$W_1 < W_0$に低下する。名目為替レートが$\bar{\varepsilon}$に固定されているので、実質賃金も同じ割合で低下する。新しい均衡は、完全雇用が回復したC点にある。この新しい均衡では、非貿易財の相対価格は、名目賃金の下方硬直性がある均衡のB点における相対価格よりも低くなる。これは、実質労働コストの低下（$W_0/\bar{\varepsilon}$から$W_1/\bar{\varepsilon}$）により、企業は非貿易財の価格を引き下げることができるからである。また、p_1の下落が大きければ大きいほど、家計に貿易財から非貿易財へのより大幅な支出の転換を促す。実際、伸縮的な賃金の下での支出転換は、非貿易財部門の完全雇用を支えるのに十分な大きさである。

図 13.6　伸縮的な賃金の下での世界金利上昇に対する調整

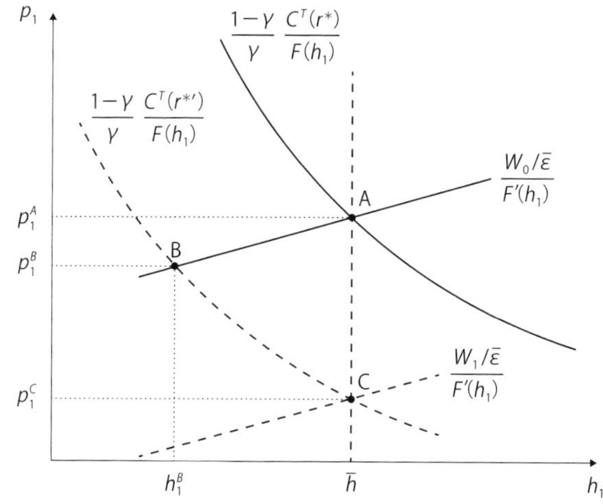

（注）　世界金利上昇以前の均衡はA点であり、労働市場は完全雇用下にある. 世界金利がr^*から$r^{*\prime}$へと上昇すると、需要曲線は左方にシフトする. 下方硬直的な名目賃金の下では、均衡はB点にあり、そこでは非自発的失業が発生する. 一方、伸縮的な賃金の下では、名目賃金はW_0からW_1へ下がり、供給曲線は右下へとシフトする. 新しい均衡はC点であり、完全雇用が引き続き達成され、非貿易財の相対価格はショック前の均衡や名目賃金が下方硬直的である場合の均衡よりも低くなる（$p_1^C < p_1^B < p_1^A$）.

13.2.2　世界金利の低下と非対称的な調整

TNT-DNWRモデルにおける名目賃金の反応には非対称性がある。制約式（13.1）は、賃金率が下がらないことを意味するが、賃金が上昇する際には何の妨げもない。その結果、正のショックと負のショックに対する他の変数の反応も、対称ではない。これを見るために、世界金利が低下した場合を考えてみよう。図13.7は世界金利の低下に対する調整を示している。初期の均衡はA点であり、世界金利はr^*で、経済は完全雇用（$h_1 = \bar{h}$）にある。ここで、金利が$r^{*\prime} < r^*$に低下すると仮定する。金利の低下により、需要曲線は右方にシフトする。これは、r^*の低下に対応して、第1期において家計は貯蓄を減らし、どの相対価格p_1の下でも貿易財と非貿易財の両方の需要を増やすからである。元の賃金W_0では、需要曲線と供給曲線はB点で交わる。しかし、B点では超過労働需要$h_1^B - \bar{h} > 0$が発生し、名目賃金に上昇圧力がかかる。賃金は上方に伸縮的であるため上昇し、供給曲線は左方にシフトする。新しい均衡はC点にあり、そこでの賃金率W_1はW_0よりも高く、労働に対する超過需要はゼロとなる。新しい均衡では、実質賃金$W_1/\bar{\varepsilon}$も高くなり（名目為替レートは$\bar{\varepsilon}$で固定

図 13.7　固定相場下での世界金利低下に対する調整

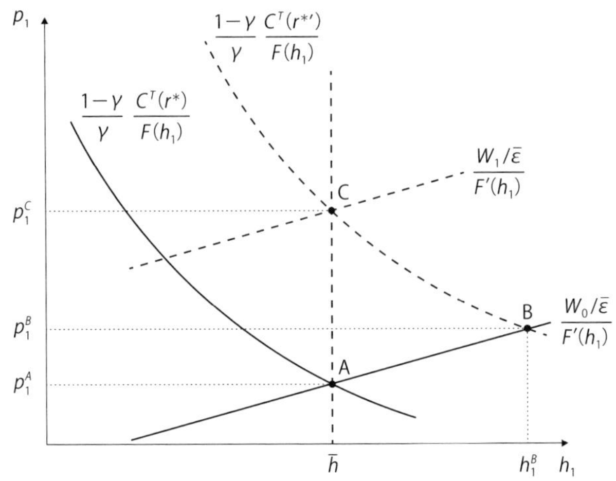

（注）　名目為替レートは $\bar{\varepsilon}$ に固定されている．世界金利が r^* から $r^{*\prime}<r^*$ へと低下する前の均衡はA点であり，完全雇用が実現（$h_1=\bar{h}$）し，名目賃金は W_0 である．r^* の低下は需要曲線を右方へシフトさせる．名目賃金の上昇がなければ，労働需要が労働供給を上回る（$h_1^B>\bar{h}$）B点で均衡する．その結果，過剰需要が解消されるまで賃金が上昇する．賃金上昇は供給曲線を左上へとシフトさせる．新しい均衡は，C点であり，そこでは完全雇用が達成（$h_1=\bar{h}$）され，名目賃金率は $W_1>W_0$ となり，非貿易財の相対価格は高くなる（$p_1^C>p_1^A$）．

されていることを思い出そう）、非貿易財の相対価格も高くなる（$p_1^C>p_1^A$）。これは、非貿易財の需要が拡大したことと、労働コストが上昇したためである。そして、p_1 の上昇は、実質為替レートの増価を意味する、すなわち、世界の他の地域と比べて経済は相対的に高くなっている。

13.2.3　生産ショックと交易条件ショック

名目賃金が下方硬直的で、金融当局が名目為替レートを固定する場合、第1期の貿易財の賦存量 Q_1^T が減少しても、あるいは第2期の貿易財の賦存量 Q_2^T が減少しても、またはその両方が減少する場合、非自発的な失業が発生することを見てみよう。図13.8において、経済は当初A点にあり、そこでは完全雇用 $h_1=\bar{h}$ が成立し、非貿易財の相対価格は p_1^A であるとする。ここで、第1期の貿易財の賦存量が Q_1^T から $Q_1^{T\prime}<Q_1^T$ に減少したとする。このショックは、破線で示されるように、需要曲線を左下にシフトさせる（視覚的にわかりやすくするため、図では引数 r^* と Q_2^T を $C^T(r^*, Q_1^T, Q_2^T)$ から省略している）。賃金率も名目為替レートも変化しないので、供給曲線の位置は変化しない。賃金率は名目賃金の下方硬直性があるため、ショックが景気後退をもたらすにもかかわらず下

図 13.8　固定相場下での貿易財賦存量の減少に対する調整

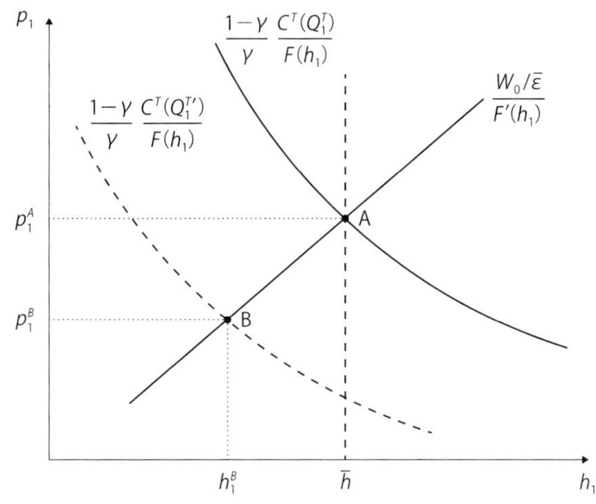

（注）　貿易生産がQ_1^Tから$Q_1^{T\prime}<Q_1^T$へと減少する前は，均衡はA点にあり，そこでは完全雇用，$h_1=\bar{h}$が達成されている．名目賃金はW_0で，名目為替レートは$\bar{\varepsilon}$に固定されている．Q_1^Tが低下することで，需要曲線は左下へシフトする．しかし，名目賃金の下方硬直性と固定相場の組合せにより，実質賃金$W_0/\bar{\varepsilon}$が低下することはないため，供給曲線は変化しない．その結果，新たな均衡であるB点において$\bar{h}-h_1^B$の規模の失業が発生している．

落せず、名目為替レートは通貨ペッグの下で、中央銀行が時間を通じて一定に保つことを約束しているため変化しない。したがって、新しい均衡は、新しい需要曲線が供給曲線と交差するB点である。B点において、経済は$\bar{h}-h_1^B>0$の規模の非自発的な失業に見舞われ、実質為替レートは減価する（$p_1^B<p_1^A$）。直感的には、貿易財の賦存量の減少によって家計は貧しくなり、貿易財と非貿易財の両方への需要が減少する。非貿易財の需要の低下は、企業による労働需要の縮小を引き起こす。労働市場において、市場が均衡するためには、実質賃金の下落が必要とされるが、名目賃金の下方硬直性と固定相場の双方が、これを阻んでいる。その結果、均衡では労働力の供給が過剰になる。

第2期における貿易財の賦存量Q_2^Tが減少することが予想される場合も、その効果は質的に同じになる。これはQ_1^TとQ_2^Tの変化は、貿易財の需要$C^T(r^*, Q_1^T, Q_2^T)$を同じ方向に変化させるからである。また、交易条件の悪化（輸入財で測った輸出財の相対価格の下落）は、貿易財の賦存量の減少と同じ効果を持つ。第4章において、交易条件の変化が貿易財の需要に与える影響は、貿易財の賦存量の変化による影響と同じであったことを思い出してほしい。したがって、仮にQ_1^TとQ_2^Tが第1期と第2期における石油の賦存量を表し、TT_1とTT_2が小麦（輸入された消費財）で測った石油の相対価格を表すとすると、Q_1^Tの減少と同じように、TT_1の低下は失業の増加と実質為替レートの減価を引き起こす。直感的には、第1期の所得$TT_1Q_1^T$の下落が、世界的な石油価格の下落（例えば第三国での大規模な油田発見）によって引き起こされるものであろうと、国内の石油賦存量の減少（例えば石油パイプラインの故障）によるものであろうと、家計が貯蓄と消費を決定する際に与える影響は同じだからである。第2期における交易条件TT_2の予想される変化による影響も同様である。つまり、賦存財（石油）が貿易消費財（小麦）と異なる財である場合、貿易消費財の需要関数は、$C^T(r^*, TT_1Q_1^T, TT_2Q_2^T)$となるのみで、モデルの他の要素はすべて変化しない。重要なのは、価格と数量にそれぞれに分解されたものでなく、各期の貿易財の賦存量の価値$TT_1Q_1^T$、および$TT_2Q_2^T$である。

13.2.4　金利の変動幅と平均失業率

固定為替相場制の下では、正のショックと負のショックに対する経済の調整は非対称的であることを見てきた。例えば、世界金利の低下は賃金の上昇をもたらすが、世界金利の上昇は名目賃金の低下を伴わず、代わりに非自発的な失業の増加をもたらす。その結果、景気循環において、経済は$h_t < \bar{h}$の失業期と、$h_t = \bar{h}$の完全雇用期を行き来することになる。したがって、平均すると経済は失業を伴う、つまり、平均すると、h_tは$\bar{h}$より小さくなる。

さらに、経済を襲うショックの大きさが大きければ大きいほど、景気後退期の失業率は大きくなる。つまり、変動幅の高いショックに見舞われる経済ほど平均的な失業率が高くなる。ショックの変動幅と平均失業率の正の関係は、図13.9に示されている。平穏なものと激動的なものの2つの世界金利の環境を考えてみよう。どちらの環境でも金利は時間を通じて変動しているが、激動的環境ではより大きく変動している。

まず、平穏な金利環境について考えてみよう。この環境では、金利は平均してr^*であるが、$r^* + \varDelta$から$r^* - \varDelta$の間で変動している（$\varDelta > 0$は世界の金利の分散を反映するパラメータである）。また、名目為替レートは、$\bar{\varepsilon}$に固定され、名目賃金率はW^Aであるとする。図では、金利が$r^* - \varDelta$のとき、均衡はA点にあり、経済は完全雇用を実現している。金利が$r^* + \varDelta$まで上昇すると、需要曲線は左下方にシフトする一方、（賃金は下方硬直的で、名目為替レートは固定されているため）供給曲線は変化しない。新しい均衡はA′点にあり、経済は$\bar{h} - h^{A'}$の規模の非自発的な失業を伴っている。世界金利が全期間の半分の期

図 13.9　固定相場下での金利の変動幅と平均失業率

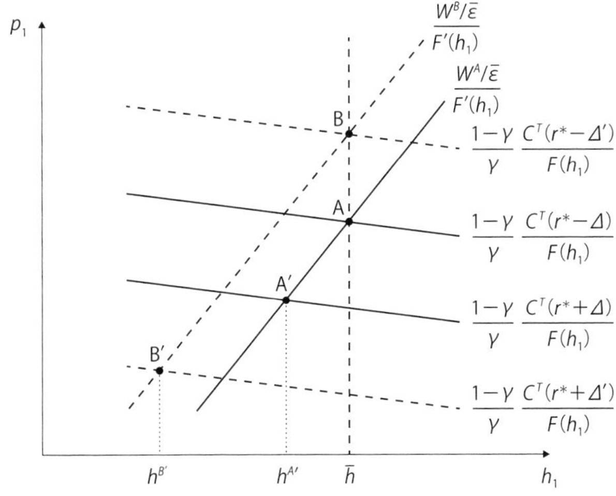

（注）　図は，世界金利の変動幅が上昇した場合の平均失業率への影響を示している．低いボラティリティの環境では，金利は$r^*+\Delta$から$r^*-\Delta$の間で変動し，均衡雇用水準は$h^{A'}$と$\bar{h}$の間で変動する．高いボラティリティの環境では，金利は$r^*+\Delta'$と$r^*-\Delta'$の間で変動し（$\Delta'>\Delta$），均衡雇用水準は$h^{B'}$と$\bar{h}$の間で変動する．平均失業率は，高いボラティリティの環境においてより大きくなる．

間で$r^*-\Delta$、もう半分の期間で$r^*+\Delta$であれば、平均失業率は正の値であり、$(\bar{h}-h^{A'})/2$に等しい。

ここで、激動的な金利環境について考えてみよう。何らかの理由（例えば世界の一部で戦争が起こり、世界経済の不確実性が高まるなど）で、世界金利が大きく変動しているとする。具体的には、世界金利の平均値はr^*であるが、$r^*+\Delta'$と$r^*-\Delta'$の間で変動し、$\Delta'>\Delta$であったとする。金利が新たな低い水準、$r^*-\Delta'$にあった場合、図13.9のB点で均衡が成立している。B点においては完全雇用が達成されており、さらに賃金率は$W^B>W^A$である。金利が新たに高くなった、つまり$r^*+\Delta'$のとき、均衡はB′点となり、そのときの失業は$\bar{h}-h^{B'}$となる。金利が等確率で$r^*+\Delta'$と$r^*-\Delta'$にある場合、平均失業率は$(\bar{h}-h^{B'})/2$である。$h^{B'}$は$h^{A'}$よりも低いので、平均金利は両環境で同じであるにもかかわらず、平均失業率は激動的環境下でより大きくなることがわかる。

まとめると、名目賃金の下方硬直性と固定相場制の下では、平均失業率は経済の不確実性の大きさに応じて増大すると結論付けられる。

13.3 変動相場下におけるショックへの調整

ここで、名目為替レートが伸縮的に変化する政策を考えてみよう。この種の為替レート制度は、**変動相場制**（floating exchange rate regime）とも呼ばれる。変動相場制の下では、名目為替レートは時間の経過とともに変化しうる。中央銀行が為替レートの変動をどの程度許容するかによって、変動相場制の種類は無限にあるが、本節では、その中でも特定のものに焦点を当てる。

具体的には、中央銀行は完全雇用と物価安定を確保するために金融政策を行うと仮定する。このような**二重の使命**（dual mondate）は、世界の中央銀行で一般的なものである。一般に、中央銀行は、食料とエネルギーを除いた商品バスケットのインフレ率である**コアインフレ**（core inflation）と呼ばれる指標の安定化をめざしている。コアインフレ率を政策目標とする動機は、食料とエネルギー価格は変動しやすく、物価水準全体の傾向を曖昧にしがちだからである。さらに、食品とエネルギーの価格変動は、伸縮的であることが多いので、金融政策上の措置を必要としないからである。

食料品とエネルギー製品の大部分は、国際的に取引される商品である。本章で分析したモデルで言えば、食料品とエネルギー製品は、それぞれC_t^TおよびQ_t^Tで表される。例えば13.2.3項で行ったように、貿易可能な消費財が小麦C_t^Tであり、貿易可能な賦存財が石油Q_t^Tであるとすると、食料はC_t^Tであり、エネルギーはQ_t^Tである。いずれにせよ、このモデルの文脈では、食料とエネルギーを除いた物価指数を目標とする中央銀行は、非貿易財の価格P_t^Nを安定させることに力を注ぐことになる。中央銀行の2つの使命を達成するためには、一般的に、経済に影響を与えるショックに呼応して名目為替レートを変動させる必要がある。その結果、このような中央銀行を持つ国の為替レート制度は、変動相場制に属することになる。

13.3.1 外的なショックに対する調整

世界金利や交易条件などの外的なショックに対して、完全雇用と物価安定の目標を達成しようとする金融当局が、名目為替レートの変動を許容する場合における経済の調整を考えてみよう。

図 13.10　変動相場下での世界金利の上昇に対する調整

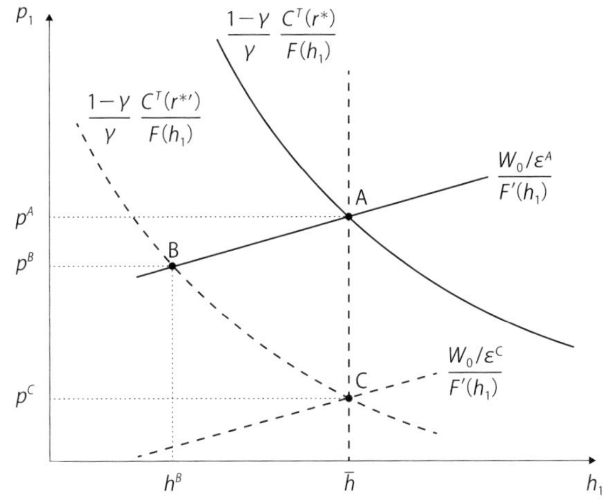

（注）　世界金利上昇前の均衡はA点で，そこでは労働市場は完全雇用，名目賃金はW_0，名目為替レートはε^Aであり，非貿易財の名目価格は$W_0/F'(\bar{h})$である．世界金利がr^*から$r^{*\prime}>r^*$へ上昇すると，需要曲線は左下へとシフトする．為替レートの変動がなければ，均衡はB点にあり，雇用は$h^B<\bar{h}$である．中央銀行の完全雇用と物価安定目標は，為替レートを$\varepsilon^C>\varepsilon^A$へと減価させることで達成される．C点では，$h_1=\bar{h}$であり，かつ$P_1^N=W_0/F'(\bar{h})$となり，A点と同じ値となる．

第1期に世界金利がr^*から$r^{*\prime}>r^*$に上昇したとする。このショックの影響は図13.10のようになる。当初、経済はA点にあり、そこでは完全雇用$h_1=\bar{h}$が達成され、名目為替レートは$\varepsilon_1=\varepsilon^A$であり、非貿易財の相対価格は$p_1=p^A$である。また、企業の最適化条件式（13.3）から、A点での非貿易財の名目価格P_1^Nは、$W_0/F'(\bar{h})$に等しい。世界金利の上昇は、需要曲線を左下へシフトさせる。もし中央銀行が名目為替レートをε^Aで固定したとすると、新しい均衡はB点になり、非自発的失業$h^B<\bar{h}$が発生している。非自発的失業の存在は、名目賃金に下方圧力をかけるが、名目賃金の下方硬直性がその下落を妨げている。B点では、非貿易財の相対価格と名目価格の両方が低下している。すなわち、$p^B<p^A$および$P_1^N=W_0/F'(h^B)<W_0/F'(\bar{h})$（$F(\cdot)$は凹であることを想起されたい）である。したがって、B点においては中央銀行の目標である完全雇用と物価安定の両方が損なわれている。

これらの目標を達成するために、中央銀行は通貨価値を下落させなければならない。ε_1の上昇は、供給曲線を右下へとシフトさせる。需要曲線の位置は影響を受けないので、通貨切下げは需要曲線と供給曲線の交点を右方へ移動させる。完全雇用と物価安定を回復させる為替レートはε^Cとなり、新たな供給曲線は新たな需要曲線とちょうど$\bar{h}$のところ、図13.10のC点で交わることになる。

C点では、非貿易財の名目価格P_1^Nは、A点におけるそれ、すなわち$W_0/F'(\overline{h})$と同じである。このことは、自国通貨安にすることで、金融当局がその目的を両方とも達成することを意味する。

経済が世界金利の上昇に見舞われたとき、完全雇用を達成するために自国通貨切下げが必要な直感的な理由は、以下のようになる。まず金利の上昇は、家計に支出を先送りし貯蓄を増やすインセンティブを与えるため、第1期の民間消費を減少させる。したがって、所与の非貿易財の相対価格の下では、家計は貿易財と非貿易財の両方の需要を削減することになる。企業は、製品の需要減に直面し、労働需要を削減する。労働者は労働時間$\overline{h}$を供給し続けるので、労働市場の均衡には、実質賃金W_0/ε_1が低下することが必要である。そして、実質賃金が下落するためには、名目賃金W_0の下落か、通貨安、つまりε_1の上昇が必要である。ここでは名目賃金は下方硬直的であるため、実質賃金が下落して完全雇用を回復できるのは、通貨安による方法しかない。

両方の政策目標を達成する通貨安の規模は、1つに定まる。このことを確認するために、中央銀行が$\varepsilon^C - \varepsilon^A$より小幅で通貨を減価させたとする（図13.10参照）。この場合、供給曲線は図に示したものよりも右方へのシフトが小さくなり、新しい需要曲線上のB点とC点の間の点で均衡が発生することになる。この均衡では、非自発的な失業が発生し、P_1^Nは低下する。したがって、中央銀行は両方の目標を達成することができない。

代わりに、政府が通貨安を$\varepsilon^C - \varepsilon^A$よりさらに進めたとする。この場合、供給曲線は図に示されている以上に右方に移動し、C点よりも右下で新しい需要曲線と交差することになる。このような点では、超過労働需要により、名目賃金は上昇し、供給曲線を左方へ押し戻すことになる。供給曲線がC点で新しい需要曲線と交差した時点で、超過需要は解消され、名目賃金の上昇は止まる。新しい名目賃金を$W_1 > W_0$とすると、過度の通貨安政策は、中央銀行の完全雇用目標を達成することになるが、物価安定目標についてはそうではない。非貿易財の名目価格P_1^Nは、$W_1/F'(\overline{h})$となり、W_1はW_0よりも大きいので、過度の自国通貨安は非貿易財部門の物価上昇を引き起こし、中央銀行は物価安定目標を達成できなくなる。

このような変動相場制の下での、現在または将来の貿易財の賦存量（Q_1^TまたはQ_2^T）、または交易条件（TT_1またはTT_2）の変化に対する調整は、世界金利の変化に対する調整と質的に同じである。なぜなら、r^*、Q_t^TおよびTT_tは、いずれも貿易財への需要$C^T(r^*, TT_1Q_1^T, TT_2Q_2^T)$に対する効果を通じてのみ経済に影響を与えるからである。したがって、第1期または第2期の貿易財の賦存量の減少や交易条件の悪化に対して、完全雇用の維持と非貿易財価格の安定を目的とする中央銀行は、自国通貨を減価させると結論付けることができる。

ここで重要なのは、自国通貨安は景気を後退させるような負の外的ショックによる影響を完全に除去できないという点である。具体的には、自国通貨安は、r^*の上昇または第1期あるいは第2期における$TT_tQ_t^T$の減少によって生じる貿易財需要$C^T(r^*, TT_1Q_1^T, TT_2Q_2^T)$の収縮を回避することはできない。通貨安の役割は、外的ショックによる貿易財部門の収縮が非貿易財部門に波及するのを防ぐことである。言い換えれば、通貨切下げは負のショックの悪影響がより大きくなることを防ぐ。このように、通貨安は経済の安定化に重要な役割を果たすが、その役割は限定的である。この結果は、実証データを正しく解釈し、景気循環における為替レートの変化の役割について誤った結論に達しないようにするために重要である。例えば、ある国のマクロ経済データを分析する仕事を与えられたとしよう。そして総需要が落ち込んでいる時期は、自国通貨が減価した時期と一致していることを観察したとする。このデータから、通貨切下げが景気後退を引き起こしたと結論付けるのは、早計である。本節の分析が示唆するように、総需要の後退が負の外部ショック（世界の金融市場で直面する金利の上昇、交易条件の悪化、悪天候による輸出財の生産の減少）の結果である場合、通貨切下げによる効果によって、正反対、つまり好況になる可能性がある。この場合、データの正しい解釈は、通貨切下げによって景気後退が引き起こされたというものではなく、むしろ景気後退が通貨切下げをもたらしたというものであるだろう。

13.3.2 供給ショック、インフレと失業のトレードオフ、およびスタグフレーション

これまでは需要曲線をシフトさせるショックについて分析してきた。このような場合、名目為替レートを適切に動かすことで、物価安定と完全雇用という中央銀行の両方の目的を達成することができることが確認された。本節では、両方の目的の達成が不可能という意味で、政策的対立を引き起こす可能性のあるショックについて検討する。このようなショックに対して、金融当局はどちらかの目的を達成するか、あるいは、両方を部分的にしか達成しないかのどちらかを選択しなければならない。

例えば、非貿易財の供給ショックを考えよう。具体的には、非貿易財の生産関数が以下のようになると仮定する。

$$Q_t^N = A_t F(h_t)$$

ここで、A_tは外生的な生産性要因であり、技術進歩の速度の変化や政府の規制など、非貿易財部門の生産性を決定するさまざまな要因を反映している。これまで検討してきたモデルは、$t = 1, 2$において$A_t = 1$である特殊なケースだとして解釈できる。簡単化のために、$F(h_t)$ はh_t^{α}の形を取り、$\alpha \in (0, 1)$ はパラメータであるとする。このとき、非貿易財の生産は、次のように与えられる。

$$Q_t^N = A_t h_t^{\alpha}$$

この生産技術は、h_tが増加すると上昇し、凹である。

第1期における負の生産性ショック、すなわちA_1の減少の影響を考えよう。このA_1の動きは、与えられた雇用水準の下で、生産を減らし、生産の限界費用を増加させるので、非貿易財部門における負の供給ショックとなる。生産の限界費用の上昇は、価格上昇圧力となり、雇用を抑制する。後述するように、この2つの圧力はインフレと失業のトレードオフを生み出し、金融当局はそれを調節しなければならない。

負の生産性ショックが起こる前の名目賃金が$W_1 = W_0$であったとする。最適化条件式（13.3）より、次のようになる。

$$P_1^N \alpha A_1 h_1^{\alpha-1} = W_0 \qquad (13.31)$$

この表現では$\alpha A_1 h_1^{\alpha-1}$は第1期における労働の限界生産物である。つまり、(13.3) 式と同様に、企業は労働の限界生産物の値（左辺）が労働の限界費用（右辺）に等しくなるところまで労働者を雇用する、という式である。

ショック前の経済が完全雇用（$h_1 = \bar{h}$）であったとする。中央銀行が物価安定の目標を達成する（すなわちP_1^Nを一定に保つ）なら、(13.31) 式から、A_1の下落は雇用の縮小（h_1の下落）か名目賃金の下落のいずれかをもたらす必要がある。名目賃金の下方硬直性により、名目賃金は下がらない。その結果、物価安定の維持には、雇用の減少が必要となる。

その代わりに、中央銀行が完全雇用を優先させるのであれば、(13.31) 式から、物価水準P_1^Nが上昇するか、名目賃金が低下するかのどちらかでなければならない。ここでも、名目賃金は下方硬直的であるため、名目賃金の下落は起こりえない。したがって、中央銀行が完全雇用を優先する場合、生産性の低下はインフレをもたらす。

私たちが分析した2つの政策オプションでは、非貿易財部門の負の生産性ショックに対して、中央銀行は物価安定か、完全雇用の目標のどちらかをあきらめなければならない。つまり、物価安定目標は、完全雇用とは相反するものであり、その逆もまた然りである。しかしながら中央銀行は、経済がある程度の失業とある程度のインフレを経験するような、さまざまな中間の結果を達成することも可能である。失業とインフレが同時に発生する場合、その経済は**スタグフレーション**（stagflation）に喘いでいると言われる。

ここで、為替政策がどのように望ましい妥協点を達成することができるかを分析してみよう。物価安定のためには、中央銀行は自国通貨高に誘導する必要がある。つまり、名目為替レート ε_1 を低下させる（増価させる）必要がある。これを見るために、均衡条件式（13.17）を次のように書く。

$$\frac{P_1^N}{\varepsilon_1} = \frac{1-\gamma}{\gamma} \frac{C^T(r^*, Q_1^T, Q_2^T)}{A_1 h_1^a} \tag{13.32}$$

（13.31）式を用いて P_1^N をこの式から除くと以下になる。

$$\frac{W_0}{\varepsilon_1} = \frac{1-\gamma}{\gamma} \frac{\alpha C^T(r^*, Q_1^T, Q_2^T)}{h_1}$$

上式では、ε_1 と h_1 を除くすべての変数が一定である。先ほど示したように、物価安定の維持は h_1 の下落を意味する。したがって、上記の式から、ε_1 は低下する、つまり、通貨高にならなければいけないことがわかる。

直感的には、非貿易財部門の生産性の低下（A_1 の低下）は、非貿易財の供給を減少させ、その相対価格（$p_1 = P_1^N/\varepsilon_1$）の上昇を引き起こす。このとき、非貿易財の相対価格の上昇は、非貿易財の名目価格の上昇（P_1^N の上昇）、あるいは貿易財の名目価格の下落（ε_1 の低下）によって起こる。金融当局が非貿易財の名目価格の安定を選択した以上、非貿易財の相対価格の上昇は、必ず貿易財の名目価格の下落、つまり名目為替レートの増価を経由して起こる。

ここで、非貿易財部門の生産性の低下に対応して、今度は中央銀行が完全雇用の使命を達成することを選択したとする。つまり、h_1 を $\bar{h}$ に維持することを決定したとする。そのためには、非貿易財の価格 P_1^N を上昇させる必要があることはすでに示した。このように、完全雇用と両立する為替レートの値はどうなるだろうか。均衡条件式（13.31）により、完全雇用下において、与えられた W_0 の下では、積 $P_1^N A_1$ は、生産性の低下に対して変化してはならない。ここで需要曲線（13.32）式を $h_1 = \bar{h}$ で評価すると、以下が得られる。

$$\frac{P_1^N}{\varepsilon_1} = \frac{1-\gamma}{\gamma} \frac{C^T(r^*, Q_1^T, Q_2^T)}{A_1 \bar{h}^a}$$

この式と、$P_1^N A_1$が変化しないことを合わせると、名目為替レートはA_1の下落の影響を受けないことになる。したがって、非貿易財部門の生産性低下に対して名目為替レートを一定に保つことで、完全雇用を確保することができる。しかしこの結果はやや特殊である。これは効用関数が消費に対して対数線形であり、集計関数が、コブ＝ダグラス型であると仮定した結果である。これらの仮定を緩和すると、一般的には減価することもあれば、増価することもある。章末の練習問題13.5では、この問題を扱っている。

まとめると、非貿易財部門における負の生産性ショックを受けた場合、多少の失業を代償に物価安定を維持することも、多少の物価上昇を代償に完全雇用を維持することも可能であることが示された。また、中央銀行は、多少のインフレと多少の失業を許容することもできる。この場合、経済はスタグフレーションを経験することになる。上記の分析モデルの設定においては、非貿易財の生産性低下に対応して、中央銀行が通貨高を選択するものの、その水準が、物価安定を維持するために必要なものよりも少ない場合、スタグフレーションが発生する。

本節では、中央銀行が完全雇用と物価安定の目標を達成するために（もしくは2つの間の妥協点を取るために）、さまざまなショックに対応して為替レートを適切に変化させる必要があることを示した。しかし、中央銀行はどのようにして為替レートの動きを操作することができるのだろうか。実際には、中央銀行は直接的または間接的にこれを行うことができる。完全雇用の目標を達成するためには、中央銀行は、さまざまなショックが起こった際の名目為替レートの水準を発表し、民間部門が希望するあらゆる量の外貨を、発表した為替レートで購入または売却する用意をする。また物価安定の目標を達成するには、中央銀行は国内の名目金利を変更することで、外国為替市場に影響を与える。以下の13.5節と13.6節では、名目金利の変化が名目為替レートにどのような影響を与えるかを明らかにする。

13.4　世界金利の上昇における数値例

固定相場制と変動相場制の下で、世界金利r^*が上昇した場合の影響を数値的に分析してみよう。

貿易財の賦存量が両期間とも1（$Q_1^T = Q_2^T = 1$）、労働時間の最大値が1（$\bar{h} =$

表 13.1　数値例：カリブレーション

パラメータ	値	定義
Q_1^T	1	第 1 期における貿易財の賦存量
Q_2^T	1	第 2 期における貿易財の賦存量
$\bar{h}$	1	労働時間
B_0	0	第 1 期初の対外純資産残高
r^*	0.25	世界金利
W_0	0.75	期初の名目賃金
β	0.8	主観的割引率
γ	0.5	貿易財消費の支出割合
α	0.75	非貿易財部門の労働使用率

1)、期初の対外純資産残高が0（$B_0 = 0$)、世界金利が25%（$r^* = 0.25$)、期初の名目賃金が0.75（$W_0 = 0.75$)、主観的割引率が0.8（$\beta = 0.8$)、コブ゠ダグラス型消費集計関数のパラメータは0.5（$\gamma = 0.5$）とする。また非貿易財の生産技術が次のような形であると仮定する。

$$F(h_t) = h_t^{\alpha}$$

ここでαは0.75である。表13.1にTNT-DNWRモデルにおける上記の値をまとめておこう。

また、以下のように、当初経済は両期間とも名目為替レートが1に等しい均衡にあったとする。

$$\varepsilon_1 = \varepsilon_2 = 1$$

13.4.1　外的なショック前の均衡

均衡条件式（13.19）～（13.20）より、貿易財消費の均衡経路は次式で与えられる。

$$C_1^T = \frac{1}{1+\beta}\left[Q_1^T + \frac{Q_2^T}{1+r^*}\right]$$

$$= \frac{1}{1+0.8}\left[1 + \frac{1}{1+0.25}\right]$$

$$= 1$$

$$C_2^T = \beta(1+r^*)C_1^T$$

$$= 0.8 \times (1 + 0.25) \times 1$$
$$= 1$$

直感的には、この経済では主観的割引率βと、金融市場における割引率$1/(1+r^*)$は互いに等しく、オイラー方程式を念頭に置くと明らかなように、家計は貿易財消費に関して、平坦な経路を選択することになる。貿易財の賦存量は両期とも同じであり、家計は資産も負債もない状態からスタートするので、貿易財消費の経路が平坦になるには、各期で賦存量を消費するしかない。したがって、貿易収支は両期間ともゼロとなる（$t = 1, 2$において、$TB_t = Q_t^T - C_t^T = 0$）。つまり、家計は、国際金融市場に自由にアクセスできるにもかかわらず、国際金融市場で借入れや貸付けをしないことを選択することになる。したがって、第1期末の対外純資産残高はゼロ（$B_1 = 0$）となり、両期間の経常収支もゼロ（$CA_1 = r_0 B_0 + TB_1 = 0, CA_2 = r^* B_1 + TB_2 = 0$）となる。

外的なショック前では、両期間の均衡において完全雇用が達成されていると推測してみよう（$h_1 = h_2 = \bar{h} = 1$）。$t = 1, 2$において均衡条件式（13.21）～（13.25）が成立することを確認する必要がある。この推測が、時間制約式（13.23）とスラック条件式（13.25）が両期間において満たされることを意味するのは明らかである。需要曲線（13.21）式より、この推測の下では、非貿易財の相対価格は1、$p_t = 1$であることがわかる。次に、供給曲線（13.22）式を名目賃金について解くと、以下が得られる。

$$W_t = p_t \varepsilon_t F'(h_t)$$
$$= p_t \varepsilon_t \alpha h_t^{\alpha - 1}$$
$$= 0.75$$

つまり、W_0と同様であり、したがって、賃金下方硬直性制約式（13.24）は満たされる。これによって、ショック前の均衡が両期間とも完全雇用下にあることが証明された。

13.4.2　固定相場における調整

ここで、世界金利が50％に上昇（$r^{*\prime} = 0.5$）したとする。さらに、$t = 1, 2$において、$\varepsilon_t = 1$となるように中央銀行が固定為替相場制を取っていると仮定する。このとき、均衡条件式（13.19）および（13.20）により、$C_1^T = 0.9259$および$C_2^T = 1.1111$となる。つまり金利が高い場合、家計は第2期に消費を増やし、第1期に消費を減らすことを選択するので、C_1^Tは7.4％低下しC_2^Tは11％

増加する。その結果、貿易収支は第1期で$TB_1 = 0.0741$に改善し、第2期で$TB_2 = -0.1111$に悪化する。第1期の貿易黒字は、国の対外純資産残高を0から$B_1 = (1 + r_0)B_0 + TB_1 = TB_1 = 0.0741$に改善する。第1期の経常収支は、$CA_1 = B_1 - B_0 = B_1 = 0.0741$である。また、第2期の経常収支は、$CA_2 = B_2 - B_1 = -B_1 = -0.0741$である。

世界金利の上昇は、第1期の貿易財の需要だけでなく、非貿易財の需要も減少させる。その結果、需要の減少に直面した企業は、労働者の雇用を減らそうとする。これは、実質賃金W_1/ε_1を引き下げる圧力となる。ε_1は固定されており、名目賃金率W_1に下方圧力がかかるので、名目賃金の下方制約が等号で成立する、つまり、$W_1 = W_0 = 0.75$であると推測される。この推測が正しいことを証明するには、均衡条件式（13.21）～（13.25）が成立していることを確認する必要がある。明らかに、均衡条件式（13.24）は成立し、スラック条件式（13.25）も成立している。(13.21) 式と (13.22) 式を組み合わせてp_1を消去し、h_1について解くと、$h_1 = 0.9259$が得られる。このように、金利の引上げは、7.4％の非自発的な失業を発生させる。$h_1 < 1$であるから、労働時間制約式（13.23）は満たされる。ここで、(13.21) 式または、(13.22) 式を評価すると、$p_1 = 0.9809$となる。直感的には、利上げによって非貿易財の需要が弱まるため、非貿易財の相対価格が下落する。その結果、その経済が世界のその他の国に対して相対的に安くなる、つまり実質為替レートが減価する。非貿易財の相対価格の定義、$p_1 \equiv P_1^N/\varepsilon_1$と$\varepsilon_1 = 1$であることから、$P_1^N = p_1 = 0.9809$となる。したがって、金利の上昇により、TNT-DNWRモデルによって記述される経済は1.91％のコア価格のデフレに見舞われることになる。

ここで、第2期の均衡を考えてみよう。世界金利の上昇は、家計が財需要を第1期から第2期へと代替するように促す。したがって、第2期においては再び完全雇用に戻る（$h_2 = \bar{h} = 1$）と考えるのが妥当であろう。この推測が正しいか否かについては、第2期において均衡条件式（13.21）～（13.25）が成立することを確認する必要がある。労働時間制約式（13.23）とスラック条件式（13.25）が成立するのは自明である。第2期での需要曲線（13.21）式を評価すると、$p_2 = 1.1111$となる。このように、第1期の不況からの回復に伴い、実質為替レートが増価し、経済が割高になる。第2期の供給曲線（13.22）式を名目賃金について解くと、$W_2 = 0.8333$となり、景気回復は名目賃金の上昇をもたらす。また為替レートがペッグされているため、貿易財の単位で測った実質賃金も上昇することになる。さらに$W_2 > W_1$なので、第2期には名目賃金の

表 13.2　TNT-DNWR モデルにおける金利上昇の効果

	ショック前の均衡	ショック後の均衡	
		固定相場	変動相場
r^*	0.25	0.5	0.5
ε_1	1	1	1.0800
ε_2	1	1	0.9000
h_1	1	0.9259	1
h_2	1	1	1
W_1/ε_1	0.75	0.75	0.6944
W_2/ε_2	0.75	0.8333	0.8333
W_1	0.75	0.75	0.75
W_2	0.75	0.8333	0.75
p_1	1	0.9809	0.9259
p_2	1	1.1111	1.1111
P_1^N	1	0.9809	1
P_2^N	1	1.1111	1
C_1^T	1	0.9259	0.9259
C_2^T	1	1.1111	1.1111
TB_1	0	0.0741	0.0741
TB_2	0	−0.1111	−0.1111
CA_1	0	0.0741	0.0741
CA_2	0	−0.0741	−0.0741
B_1	0	0.0741	0.0741

（注）表は，TNT-DNWRモデルにおいて，世界金利r^*を25%から50%に上昇させた場合の量的効果を示している．モデルのパラメータ値の設定は表13.1に示す通りである．

下方制約式（13.24）が満たされることになる。また、非貿易財の名目価格P_2^Nも名目為替レートε_2が1で固定されているため、p_2と同じ割合で上昇する。

世界の金利上昇に対する、固定相場制の下でのTNT-DNWR経済の調整を表13.2にまとめた。金利上昇は第1期の総需要を縮小させ、貿易財の消費も非貿易財の消費も減少する。このため、第1期は非自発的失業、実質為替レートの減価、貿易収支・経常収支・対外純資産残高の改善、コア物価のデフレが起こる。第2期では、景気は回復し、貿易財・非貿易財の消費は第1期を上回り、完全雇用が再び実現する。また、この回復には、実質為替レートの増価、名目・実質賃金の上昇とコアインフレ率の上昇が伴う。

13.4.3 変動相場における調整

金利の上昇に対して、中央銀行は通貨ペッグの場合よりもはるかに良い結果をもたらすことができる。13.3.1項で図式化したように、中央銀行は第1期の景気後退期には自国通貨安に、第2期の景気回復期には自国通貨高にすることで、両期において完全雇用とコア価格の安定という2つの使命を達成することができるのである。

ここで、$t=1, 2$において、均衡では2つの使命が達成される、すなわち非貿易財の名目価格が一定であり（$P_t^N=1$）、完全雇用が成立している（$h_t=\overline{h}=1$）ことを確認しよう。この経済では、貿易財の消費経路は金融政策に依存しないので、引き続き$C_1^T=0.9259$と$C_2^T=1.1111$である。したがって、あとは均衡条件式（13.21）～（13.25）が満たされていることを確認するのみである。両期とも経済は完全雇用下にあるので、$t=1, 2$において、労働時間制約式（13.23）とスラック条件式（13.25）が成立することは明らかである。均衡条件式（13.21）を満たすようにp_tを設定すると、$p_1=0.9259$および$p_2=1.1111$となる。金利高の局面において、変動相場制のほうが固定相場制よりも非貿易財の相対価格の下落幅が大きくなるので、先に述べたように、貿易財から非貿易財へより大きく支出を転換することができ、完全雇用の維持に貢献している。また、非貿易財の名目価格は一定であるため、実質的な減価（p_1の低下）はすべて名目為替レートの減価によってもたらされる必要がある。具体的には$\varepsilon_1=1.0800$となり、8%の自国通貨安となる。第2期に景気が回復すると、実質為替レートは増価する（$p_2>p_1$）。ここでも、この実質為替レートの増価はすべて名目為替レートの増価に起因しているはずである。第2期の名目為替レートは$\varepsilon_2=0.9000$であり、したがって、第1期から第2期にかけての名目為替レートが16.67%増価している。供給曲線（13.22）式により、$P_t^N=W_t/(\alpha\overline{h}^{\alpha-1})$となり、つまり、$t=1, 2$において$W_t=\alpha=W_0$が成立することになる。したがって、名目賃金の下方硬直性の制約式（13.24）は、両期間とも満たされることがわかる。これで、均衡においては完全雇用とコア価格の安定が成立することが証明された。名目賃金が時間が経っても一定であることにより、貿易財で表される実質賃金W_t/ε_tは名目為替レートに反比例する。特に、第1期の8%の自国通貨安は、実質賃金を0.75から0.6944に下落させる。この実質労働コストの低下により、企業は金利上昇後の総需要の収縮にもかかわらず、第1期に完全雇用を維持することができる。表13.2の最後の列は、これらの結果をまとめたものである。

13.4.4 通貨ペッグの厚生費用

家計の効用は、為替レートが伸縮的な経済（変動相場制）のほうが、通貨ペッグ経済よりも高くなる。その理由を考える際に、まず貿易財の消費経路は、どちらの為替制度下でも同じであることに注意しよう。だが非貿易財の消費は、第1期において、ペッグ制におけるほうが変動相場制におけるそれよりも低い。なぜなら、第1期において、通貨がペッグされている経済では非自発的失業が発生し、非貿易財の生産と消費が減少するからである。

両期間、両為替制度下での貿易財および非貿易財の均衡消費水準はすでに計算済みであり、各為替制度下における効用水準を算出することができる。このため、まず消費集計関数（13.6）式を評価し、$t=1, 2$における総消費の経路C_tを求める。$t=1, 2$において、C_t^pはペッグ制下の消費水準、C_t^fは変動相場制下における消費水準であるとすると、$C_1^p=0.9349$、$C_1^f=0.9623$、および$C_2^p=C_2^f=1.0541$が得られる。第2期に消費が両為替制度下において等しいのは、第2期では、両為替制度下において完全雇用が実現され、また、すでに述べたように、貿易財の消費は、両為替制度下で同じであるためである。これで、それぞれの為替制度下における生涯効用を計算する準備が整った。各為替制度下における消費経路を用いて生涯効用関数（13.5）式を評価すると、固定相場制下では−0.0252、変動相場制では0.0037の効用となる。したがって、変動相場制下のほうが、固定相場制下よりも家計の効用が高くなることが確認された。

効用で厚生を測定することの問題点は、通貨ペッグがどの程度割高なのかをあまり知ることができないことである。この問題を解決するために、シカゴ大学のロバート・ルーカス・ジュニア（Robert E. Lucas, Jr.）は効用を消費量に変換することを提案している。[5] ルーカスのアプローチに従い、通貨ペッグの厚生コストは、通貨ペッグの下で暮らす家計が、変動相場制下で暮らす家計と同

5) Robert E. Lucas, Jr., *Models of Business Cycles*, Oxford: Basil Blackwell, 1987.

じ程度幸せになるために必要な各期における消費の増加率であると定義しよう。したがって、通貨ペッグの厚生コストをλとすると、λは暗黙のうちに次式で与えられる。

$$\ln[(1+\lambda)C_1^p]+\beta\ln[(1+\lambda)C_2^p]=\ln C_1^f+\beta\ln C_2^f$$

ここで、U^pとU^fを通貨ペッグと変動相場制下での生涯効用とし、上式をλについて解くと、次のようになる。

$$\ln(1+\lambda)=\frac{U^f-U^p}{1+\beta}$$

$$=\frac{0.0037+0.0252}{1+0.8}$$

$$=0.016$$

近似、$\ln(1+\lambda)\approx\lambda$を用いると、$\lambda=0.016$が得られる。つまりこれは、通貨ペッグ制の下で暮らす家計が、通貨ペッグ制にとどまるか変動相場制に移行するかにおいて無差別になるためには、毎期ごとに1.6%の消費の増加が必要であることを意味している。

13.5 金融政策のトリレンマ

中央銀行が同時にコントロールできる金融的手段の数には限界がある。開放経済では、この限界は部分的には、民間部門が国際的に借入れや貸付けを行う能力によって決定される。このような政策制約は、**金融政策のトリレンマ**（monetary policy trilemma）あるいは**国際金融のトリレンマ**（impossible trinity）として知られている。金融政策のトリレンマとは、金融当局が以下の3つのうち2つだけを同時に達成できる、というものである。[6)]

（1）固定為替レート

（2）金融政策の自律性：名目金利を自由に設定できること

（3）自由な資本移動

金融政策のトリレンマの妥当性を示すために、まず、中央銀行が（1）と（3）、

6)　トリレンマの初期の定式化は、J. Marcus Fleming, "Domestic Financial Policies Under Fixed and Under Floating Exchange Rates," *Staff Papers, International Monetary Fund*, Vol. 9, No. 3, Jan. 1962, pp. 369–379 または Robert A. Mundell, "Capital Mobility and Stabilization Policy under Fixed and Flexible Exchange Rates," *Canadian Journal of Economics and Political Science*, Vol. 29, No. 4, November 1963, pp. 475–485を参照。

すなわち為替レートの固定と自由な資本移動を実現していると仮定する。iを自国通貨建て債券の第1期の金利とする。自由な資本移動は、名目為替レートの変動を補正した後、iが世界市場における外貨建て資産の金利であるr^*と等しくなければならないことを意味する。形式的には、以下のようになる。

$$1+i=\frac{\varepsilon_2}{\varepsilon_1}(1+r^*) \tag{13.33}$$

この金利平価条件は、第11章で検討したカバー付き金利平価条件（(11.10)式）の特殊なケースで、ここで検討しているような不確実性のない環境下において成立する条件である。

金融政策のトリレンマの妥当性を示すために、その条件のうち2つが満たされる3パターンの状況を順番に考え、3つ目の条件の成立が不可能であることを確認していこう。まず、(1)と(3)が成立する場合から分析する。(1)により、金融当局は、通貨を例えば$\bar{\varepsilon}$にペッグする。このときε_1とε_2を$\bar{\varepsilon}$に置き換えると、金利平価条件式(13.33)は以下のようになる。

$$i=r^*$$

小国の仮定を置いているので、世界の金利r^*は外生的に与えられる。そのため、金融当局はiを自由に選ぶことができず、均衡ではiはr^*と等しくなければならない。つまり、中央銀行が通貨を固定し、資本移動を自由にする場合、つまり、(1)と(3)が成立する場合、金融政策は自律性を失い、(2)は成立しない。

ここで、中央銀行が自律的に金融政策を行い、自由な資本移動が保証されている、つまり(2)と(3)が成立しているとする。この場合、世界市場で決定されたr^*の値と中央銀行が選んだiの値を所与として、金利平価条件式(13.33)によって国内通貨の減価率、$\varepsilon_2/\varepsilon_1$は、以下のように決定されることがわかる。

$$\frac{\varepsilon_2}{\varepsilon_1}=\frac{1+i}{1+r^*}$$

この場合、中央銀行は為替レートの経路をコントロールする能力を失う。特に、$i\neq r^*$ならば、為替レートを固定化できず（$\varepsilon_1\neq\varepsilon_2$）、(1)が成り立たない。

最後に、中央銀行が為替レートを固定し、金融政策の自律性を保っている、すなわち(1)と(2)が成立していると仮定する。このような仮定の下で$\varepsilon_2/\varepsilon_1=1$であり、$i$は世界の金利や為替政策に依存しない値を取る。$r^*$は$i$や$\varepsilon_2/\varepsilon_1$とは無関係に決まるので、一般に、金利平価条件式(13.33)は成立しないことになる。つまり、一般に資本移動は自由ではない、したがって、(1) と (2) が成り立つなら、(3) は成り立たない。以上により、金融政策のトリレンマが証明された。

13.6 為替レートのオーバーシュート

ある種の金融制度の下では、名目為替レートは経済の他の価格よりも変動しやすい場合がある。特に、為替レートは金融政策の動きに過剰に反応する傾向がある。この性質は、**為替レートのオーバーシュート** (exchange rate overshooting) として知られている。この現象に関する初期のモデルはルディガー・ドーンブッシュ (Rüdiger Dornbusch) によって1976年に考案された。[7) ドーンブッシュのモデルで重要な2つの要素は、貨幣需要と、価格は短期的には硬直的だが長期的には伸縮的であるという仮定である。本節では、TNT-DNWRモデルにこの2つの要素を取り入れる。さらに、オーバーシューティングの結果を得るために、重要となる第3の要素を取り入れる。それは、貿易財と非貿易財の消費の期間内における代替弾力性が、1より小さいということである。

中央銀行が貨幣量をコントロールするような金融体制を考えてみよう。金融当局が為替レートを直接コントロールするわけではないので、このような金融体制は変動為替相場制に属すると言える。まず、貨幣需要を導入しよう。消費者は、消費財を購入するために貨幣 (現金) を必要とする、**現金先払い制約** (cash-in-advance constraint) に直面していると仮定する。[8) 簡単化のために、貨幣は非貿易財の購入にのみ必要であると仮定する。具体的には、t期の貨幣保有量をM_tとすると、現金先払い制約は次のようになる。

$$M_t = P_t^N C_t^N \tag{13.34}$$

企業の最適化条件式 (13.3) を用いてP_t^Nを、市場清算条件式 (13.13) を用いてC_t^Nを排除し、生産関数を$F(h_t) = h_t^\alpha$、$\alpha \in (0, 1)$ とすると、現金先払い制

7) Rüdiger Dornbusch, "Expectations and Exchange Rate Dynamics," *Journal of Political Economy*, Vol. 84, No. 6, December 1976, pp. 1161–1171.

8) 貨幣需要を動機付ける方法としての現金先払い制約については、Robert Clowerが "A Reconsideration of the Microfoundations of Monetary Theory," *Western Economic Journal*, Vol. 6, December 1967, pp. 1–9で提案している。またRobert E. Lucas, Jr.は"Equilibrium in a Pure Currency Economy," *Economic Inquiry*, Vol. 18, No. 2, April 1980, pp. 203–220で、物価水準の決定に関する一般均衡モデルにおいて、現金先払い制約を導入している。

約式（13.34）は次のように書ける。

$$M_t = \frac{1}{\alpha} W_t h_t \tag{13.35}$$

ここで、第1期に中央銀行が突然、マネーサプライを一挙にλの割合で削減したとする。上付き文字「$'$」の変数は、金融ショックがあるときの均衡を表し、上付き文字のない変数は、ショックがないときの均衡を表すとする。すると以下のように書くことができる。

$$M_t' = (1-\lambda) M_t$$

金融引締め前の経済は完全雇用の状態（$h_1 = \bar{h}$）であり、賃金は過去と同様の一定の名目賃金（$W_1 = W_0$）であったとする。このとき、第1期の金融ショックがない場合の均衡において、次を得る。

$$M_1 = \frac{1}{\alpha} W_0 \bar{h} \tag{13.36}$$

名目賃金が下方硬直的であることから、（13.35）式はショック後、第1期における雇用はマネーサプライと同程度に減少しなければならないことを意味している。すなわち、以下が成立する。

$$\frac{h_1'}{h_1} = 1 - \lambda \tag{13.37}$$

したがって最適化条件式（13.3）より、次のようになる。

$$\frac{P_1^{N\prime}}{P_1^N} = \left(\frac{h_1'}{h_1}\right)^{1-\alpha} = (1-\lambda)^{1-\alpha} < 1 \tag{13.38}$$

つまり、金融引締めは非貿易財の名目価格の下落を引き起こすということである。

ここで、需要関数（13.17）式の次のような一般化を考えよう。

$$p_t = \frac{1-\gamma}{\gamma} \left(\frac{C^T(r^*, Q_1^T, Q_2^T)}{h_t^{\alpha}} \right)^{1/\xi} \tag{13.39}$$

ここで$\xi > 0$は貿易財と非貿易財の期間内の代替弾力性である。この需要関数は、$\xi = 1$のとき、（13.17）式で示されるものと同じになる。[9] r^*、Q_1^TとQ_2^Tは金融ショックの影響を受けないので、この需要曲線は、ショック前後で比を取

9）章末の練習問題13.4において、この需要曲線は、消費代替の時間内弾力性と異時点間弾力性が互いに等しく（これは（13.17）の導出でも仮定されている）、しかし1にはならない場合に導出されるということを示す。また、簡略化のため、現金先払い制約が非貿易財（現金によって得られる財）と貿易財（信用取引に使われる財）の間の時間内限界代替率を歪めていないことを仮定している。

ると次のことを意味する。

$$\frac{p_t'}{p_t} = \left(\frac{h_t'}{h_t}\right)^{-\alpha/\xi}$$

$t = 1$におけるこの式と（13.37）式を組み合わせると、非貿易財相対価格の比例的な変化は次式で与えられることになる。

$$\frac{p_1'}{p_1} = (1 - \lambda)^{-\alpha/\xi} > 1 \tag{13.40}$$

つまり、マネーサプライの減少は、非貿易財の相対価格の上昇をもたらし、実質為替レートの増価をもたらす。経済は、相対的に他の国々に対して割高になるのである。直感的には、非貿易財の消費の落込みが均衡において起こりうるのは、その相対価格が上昇する場合のみである、ということになる。非貿易財の相対価格の上昇は、非貿易財の名目価格が下落しているにもかかわらず、発生する。したがって、貿易財の名目価格は、非貿易財の名目価格よりもさらに下落しなければならない。形式的には、$p_t = P_t^N/\varepsilon_t$であるから、次のようになる。

$$\frac{\varepsilon_t'}{\varepsilon_t} = \frac{P_t^{N\prime}/P_t^N}{p_t'/p_t}$$

$t = 1$で評価した上式を（13.38）式および（13.40）式と組み合わせることで、名目為替レートの比例変化は次式で与えられる。

$$\frac{\varepsilon_1'}{\varepsilon_1} = (1 - \lambda)^{1 - \alpha + \alpha/\xi} \tag{13.41}$$

$0 < \alpha < 1$かつ$\xi > 0$なので、名目為替レートの値は低下（$\varepsilon_1'/\varepsilon_1 < 1$）する。したがって、マネーサプライの削減は、第1期において名目為替レートと実質為替レートの両方を増価させることが示された。

為替レートがオーバーシュートするかどうかを確認するためには、長期的に名目為替レートがどうなるかを考察する必要がある。ドーンブッシュのモデルでは、価格（ここでのモデルにおいては賃金）は長期的に伸縮的である。我々のモデルは2期間しかないので、短期を第1期、長期を第2期と仮定する。13.3節で見たように、名目賃金が伸縮的であれば、金融政策に関係なく完全雇用が実現される。$t = 2$において（13.35）式を評価すると、次のようになる。

$$\frac{W_2'}{W_2} = \frac{M_2'}{M_2} = (1 - \lambda)$$

つまり、長期的には名目賃金はマネーサプライと同じ比率で低下する。同様に、第2期における現金先払い制約式（13.34）は、以下を意味する。

$$\frac{P_2^{N\prime}}{P_2^N} = \frac{M_2'}{M_2} = (1-\lambda)$$

したがって、長期的には、λの割合でマネーサプライが削減されれば、λ分のコア価格のデフレが起こる。最後に、需要関数（13.39）式と、$p_t = P_t^N/\varepsilon_t$を組み合わせると、長期的にはマネーサプライの減少と同じ割合で名目為替レートが増価することが確かめられ、以下が成立する。

$$\frac{\varepsilon_2'}{\varepsilon_2} = \frac{P_2^{N\prime}}{P_2^N} = (1-\lambda) \tag{13.42}$$

金融引締めが名目為替レートに及ぼす短期的影響（(13.41）式）と長期的影響（(13.42）式）を比較すると、$\xi<1$の場合、名目為替レートの増価幅は、長期よりも短期で大きくなる。したがって、期間内における代替弾力性が1より小さいとき、TNT-DNWRモデルは、名目為替レートのオーバーシュートを予測している。

TNT-DNWRモデルにおいて為替レートがオーバーシュートするという結果が得られるのは、直感的には次の通りである。まず、長期について考えてみよう。長期的にはすべての名目価格（名目賃金を含む）が伸縮的なので、マネーサプライの減少は実質変数に影響を与えない。**実質貨幣残高**（real money balances）M_2/P_2^Nが不変であるためには、非貿易財の名目価格はマネーサプライと同じ比率で低下しなければならない。同様に、非貿易財の相対価格である$p_2 = P_2^N/\varepsilon_2$が不変であるためには、$\varepsilon_2$は非貿易財の名目価格と同じ割合で低下しなければならない。このことは、長期的には、名目為替レートはマネーサプライと同じ比率で低下（増価）することを意味する。次に、金融引締めの短期的な効果を考えてみよう。短期的には、名目賃金は下方硬直的である。その結果、マネーサプライの縮小は実質貨幣残高M_1/P_1^Nの縮小を引き起こす。また、現金先払い制約によって、実質貨幣残高の減少は、非貿易財の消費C_1^Nを減少させる。しかし、非貿易財の需要の価格弾力性が1より小さい場合（$\xi<1$）、非貿易財の消費C_1^Nが減少しても、非貿易財に対する実質支出は増加する（つまり、$p_1C_1^N$が増加する）。[10] ここで、非貿易財に対する実質支出は、非貿易財への名目支出と、名目為替レートの比（$P_1^NC_1^N/\varepsilon_1$）に等しく、また現金先払い

10） ここで、価格弾力性が1未満というのは、価格が1%上昇しても需要量は1%未満しか減少しないため、支出（価格と需要量の積）は増加することを想起せよ。

制約により、$P_1^N C_1^N/\varepsilon_1 = M_1/\varepsilon_1$が成り立つ。つまり、短期的には、非貿易財に対する実質支出（$P_1^N C_1^N/\varepsilon_1$）が増加するので、貿易財の単位で測定された実質貨幣残高（M_1/ε_1）も上昇せざるをえない。しかし、これは名目為替レートがマネーサプライ以上に低下（増価）した場合にのみ起こりうる。したがって、短期の名目為替レートの増価は長期のそれに比べて大きい、つまり為替レートがオーバーシュートすることになる。

最後に、為替レートのオーバーシュートは、中央銀行がマネーサプライを削減すると、名目金利が跳ね上がることを意味することを確認しよう。これを見るには、金利平価条件式（13.33）を使って、金融ショックがある場合の均衡とない場合の均衡における名目金利を$1+i'=(\varepsilon_2'/\varepsilon_1')(1+r^*)$および$1+i=(\varepsilon_2/\varepsilon_1)(1+r^*)$として表す。すると以下が得られる。

$$\frac{1+i'}{1+i} = \frac{\varepsilon_2'/\varepsilon_2}{\varepsilon_1'/\varepsilon_1} = (1-\lambda)^{\alpha(1-1/\xi)} > 1$$

上式においては、(13.41）式と（13.42）式により2番目の等号が成立し、不等号は$\xi < 1$の仮定より導かれる。名目金利の上昇は、理にかなっている。ショックがないときの均衡に比べ、マネーサプライの削減はオーバーシュート効果によって、第1期から第2期にかけて国内通貨の価値が減価するという予想を引き起こすためである。もし国内金利が、予想される国内通貨安を国内預金者に補償するために上昇しなければ、国内で借入れを行い、海外で投資することで無限の利益を得るという裁定機会が生まれてしまう。

13.7　名目賃金の下方硬直性に関する実証的証拠

名目賃金の下方硬直性は、TNT-DNWRモデルにおける中心的な役割を果たす経済的摩擦である。したがって、それが実証的に適切であるかどうかを問うのは自然なことである。名目賃金の下方硬直性は、さまざまなデータにより示唆されている。ミクロデータ、マクロデータ、正規労働市場の大きな経済、非正規部門の大きな経済、先進国、新興国、過去のデータ、最近のデータなどのさまざまな観点から、名目賃金の下方硬直性が指摘されてきた。

第IV部 金融政策と為替レート

13.7.1 米国のミクロデータに見られる名目賃金の下方硬直性

まず、先進国におけるミクロ的な実証データについて考察する。図13.11は、米国における1997年から2016年までの個々の労働者の賃金変化の分布を示したものである。賃金の変化は、時給制によって雇用されている就業継続者の名目時給の前年比対数変化として測定されている。各分布は、失業しなかった労働者（就業継続者）約5000人のサンプルに基づく。各パネルにおいて、横軸は時給制の就業継続者における名目時給の前年比変化率を計測したものである。縦軸は、各区間に含まれる労働者の割合を示している。変化ゼロと定義さ

図 13.11　米国における名目賃金の変動の分布：1997～2016 年

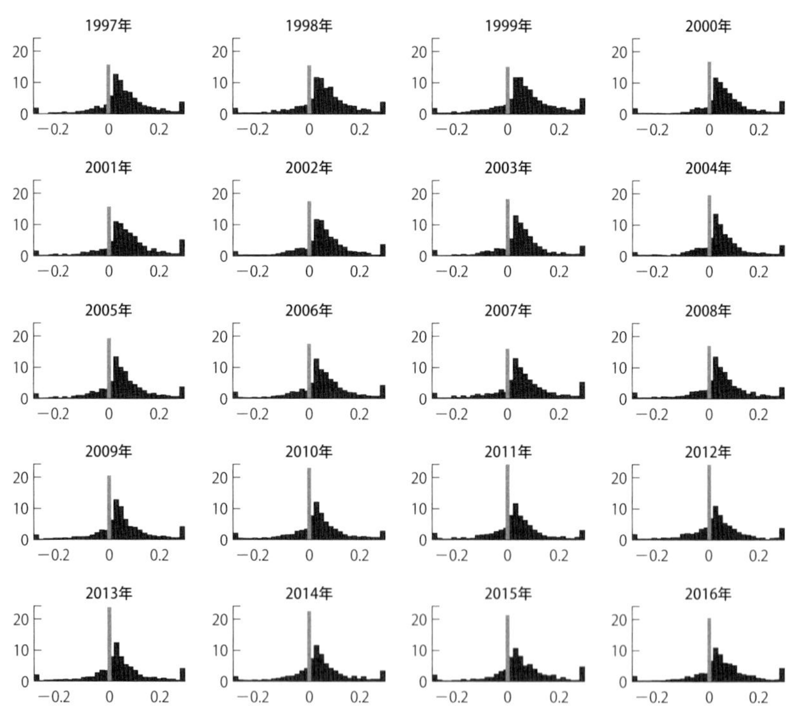

（注）　賃金の変動分布は，景気拡大期には名目賃金が上昇するが，景気後退期には低下しないという仮説と整合的であるような以下の3つの重要な特徴を示している．(1)すべて0にスパイクを持つ，(2)賃金上昇のほうが賃金下落より多い，(3)大不況（2007～2009年の世界金融危機）時に0でのスパイクが増加する．

（出所）　Yoon Jo, Stephanie Schmitt-Grohé, and Martín Uribe, "Does Nominal Wage Rigidity of Job Stayers Matter? Evidence from the Great Recession," manuscript, Columbia University, 2021, based on data from the Current Population Survey.

れる賃金凍結の場合を除いて、それぞれの図内の棒で示される区間のサイズは2%で定義してある。

賃金変動の分布には、名目賃金の下方硬直性という仮説と整合的な特徴がいくつかある。すべての分布で、賃金変動がゼロのときに大きなスパイクを持つ。また、分布は対称的ではなく、賃金の上昇のほうが低下よりも多い。最後に、賃金凍結の割合は周期性が見られる。賃金凍結の割合は景気後退期には増加し、好況期には減少する。例えば、賃金凍結の割合は、大不況の前年、2007年の15%から、失業率が10%とピークに達した2009年には20%に上昇した。一方、賃下げを受けた労働者の割合は、2007年から2009年の間に大きな変化はなかった。このことから、名目賃金が景気拡大期には上昇するが、景気後退期には下落しないという仮説と整合的であることがわかる。

13.7.2 大恐慌における名目賃金の下方硬直性

名目賃金の下方硬直性は、規制（最低賃金法）や労働市場における市場支配力（労働組合）に起因することがある。そこで、これらの要因があまり作用しなかった時期にも、名目賃金の下方硬直性が観察されるのかどうかを調べてみよう。そこで、ここでは1929年から1933年にかけての世界恐慌における物価と賃金の動きを見てみることにする。当時、米国には強制力のある労働組合契約が存在せず、名目賃金の引上げを求める規制が制定されたのは1933年半ば以降であるため、大恐慌はこの点において観察に適した時期である。[11)]

大恐慌時には、労働者の3分の1が職を失うという過去に類を見ない水準の失業に見舞われた。もし名目賃金が下方伸縮的であれば、物価水準よりも大きく下落することが予想される。そうすれば、実質賃金が下がり、企業の限界費用が減少し、労働市場は清算されるはずである。しかし、これは現実には起こらなかった。

図13.12は1923年1月から1935年7月までの米国における製造業の名目賃金率と消費者物価指数を示したものである。縦線は大恐慌の始まりと終わりである1929年8月と1933年3月を示している（NBERのBusiness Cycle Dating Committeeによる定義）。1929年から1931年の間に、雇用は31%減少した。

11） Christopher Hanes, "Nominal Wage Rigidity and Industry Characteristics in the Downturns of 1893, 1929, and 1981," *The American Economic Review*, Vol. 90, No. 5, December 2000, pp. 1432–1446を参照。

図 13.12　米国における名目賃金率と消費者物価：1923 年 1 月〜1935 年 7 月

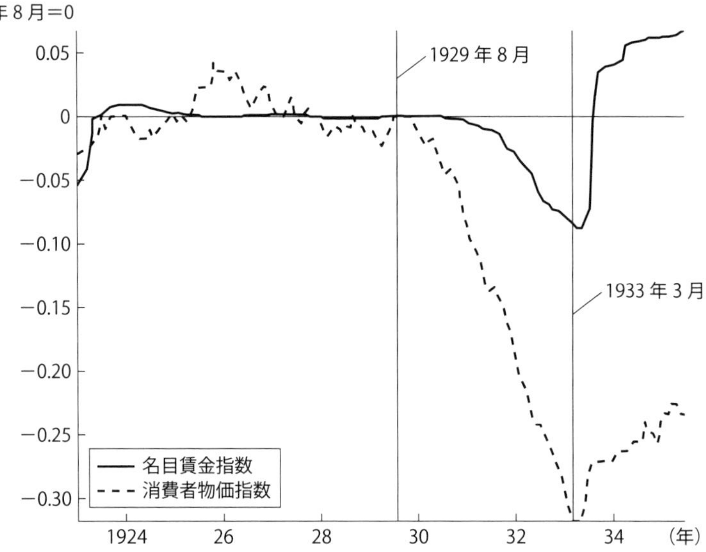

(注)　実線は製造業における名目賃金指数の自然対数である. 破線は消費者物価指数の対数である. 2本の縦線は, 全米経済研究所(NBER)が定義する, 世界恐慌の始まりと終わりである1929年8月と1933年3月を示す. この図から, 大恐慌の間, 名目賃金は6%しか下落しなかったのに対し, 名目物価(消費者物価)は32%下落し, 労働人口の3分の1以上に相当する雇用の縮小があったにもかかわらず, 実質賃金は26%上昇したことがわかる.
(出所)　賃金率はNBER, 物価指数はBLS.

この大きな経済活動の縮小にもかかわらず、名目賃金の下落はわずか年率0.6%であった。一方、消費者物価は年率6.6%下落した。つまり、労働者が過剰に供給される中で、実質賃金は年率6%も上昇したのである。大恐慌の後半も同じようなパターンが観察される。1933年には、大量の失業が続いたにもかかわらず、実質賃金は1929年よりも26%も高くなった。このことは、すなわち非自発的失業が拡大したときに名目賃金が実質賃金が下がるほどには下落しないという点において、名目賃金の下方硬直性と整合的である。

13.7.3　新興国データに見られる名目賃金の下方硬直性

次に、2008年の大不況の時代に戻って、米国以外の国の失業率と名目賃金がどうなったかを見てみよう。ここでは、欧州周縁国に焦点を当てる。これらの国々は、危機が発生した当時、ユーロに加盟していたか、自国通貨をユーロに固定していたため、特に関心を持たれている。表13.3は、2008年第1四半

表 13.3　失業率と名目賃金（欧州周縁国）：2008～2011 年

国名	失業率 2008 年第 1 四半期（%）	失業率 2011 年第 2 四半期（%）	名目時給 $\frac{W_{2011Q2}}{W_{2008Q1}}$（%）
ブルガリア	6.1	11.3	43.3
キプロス	3.8	6.9	10.7
エストニア	4.1	12.8	2.5
ギリシャ	7.8	16.7	−2.3
アイルランド	4.9	14.3	0.5
イタリア	6.4	8.2	10.0
リトアニア	4.1	15.6	−5.1
ラトビア	6.1	16.2	−0.6
ポルトガル	8.3	12.5	1.9
スペイン	9.2	20.8	8.0
スロベニア	4.7	7.9	12.5
スロバキア	10.2	13.3	13.4

（注）この表は，世界金融危機の間，欧州周縁国で失業が増加したことを示している．しかし，名目賃金が大きく低下した国はなかった．失業率と賃金の関係，およびこの期間中生産性の伸びやインフレ率が小さかったことは，名目賃金の下方硬直性が存在したことを示唆している．3列目のWは，製造業，建設業，公共部門を含むサービス業の時間当たりの平均名目労働コストの指数である（スペインを除く）．

（出所）Stephanie Schmitt-Grohé and Martín Uribe, "Downward Nominal Wage Rigidity, Currency Pegs, and Involuntary Unemployment," *Journal of Political Economy,* Vol. 124, No. 5, October 2016, pp. 1466–1514.

期と2011年第2四半期の失業率、またこの期間中の名目賃金の累積伸び率を示したものである。得られる示唆は一様であり、すべての国が失業率の上昇を経験したが、上昇幅が特に大きかった国もある。例えば、アイルランドでは、失業率は2008年第1四半期の4.9%から2011年第2四半期には14.3%に上昇した。失業の大幅な増加にもかかわらず、ほとんどの国で名目賃金は上昇した。名目賃金が低下したいくつかの国においても、その低下は小幅であった。通貨統合や通貨ペッグによって通貨が他国の通貨と固定されている国において、失業率が上昇し、それと同時に賃金が低下していないことは、名目賃金の下方硬直性と整合的である。

最後に、1991年から2001年にかけてのアルゼンチンにおける通貨ペッグ、いわゆる「カレンシー・ボード制」を振り返っておこう。この期間、アルゼンチンペソは1対1のレートでドルに交換可能であった。第10章10.4.2項では、

図 13.13　アルゼンチンにおける「カレンシー・ボード制」の終焉

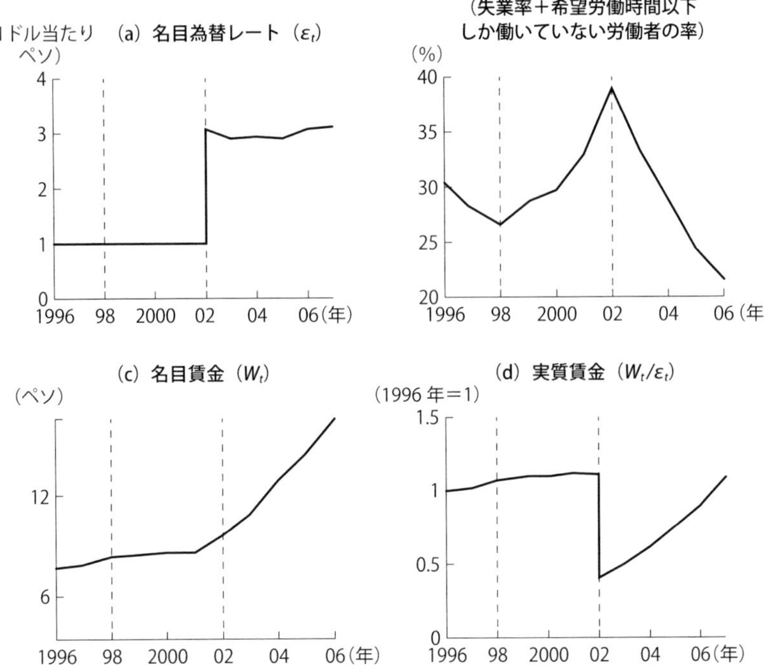

（注）この図によれば，アルゼンチン・ペッグの最後の3年間を特徴付けた失業の大幅な増加は，名目賃金が著しく安定している状況で発生したことを示している．
（出所）Stephanie Schmitt-Grohé and Martín Uribe, "Downward Nominal Wage Rigidity, Currency Pegs, and Involuntary Unemployment," *Journal of Political Economy*, Vol. 124, No. 5, October 2016, pp. 1466–1514.

このペッグ制が突然の停止、つまり経常収支の急激な赤字から黒字への反転、実質為替レートの大幅な減価、そして債務不履行、という結果に終わったことを解説した。ここでは、通貨ペッグの最後の3年間における名目賃金と失業のダイナミクスに注目し、これらも名目賃金の下方硬直性という仮説と整合的であることを確認しよう。

図13.13は、(a) 名目為替レート（1ドル当たりのペソ価格）、(b) 不完全就業率（失業者と現行の賃金において希望労働時間以下しか働いていない労働者の率）、(c) 名目賃金（ペソ建て）、(d) 名目賃金を名目為替レートでデフレートした実質賃金の推移を示したものである。1998年以降、アルゼンチン経済は、商品価格の低迷、最大の貿易相手国であるブラジルの大幅な通貨切下げ、さらに外国人投資家のアルゼンチン政府に対する債務不履行への懸念を反映す

るカントリープレミアムの上昇など、大きな負のショックに見舞われることになった。1998年から2001年にかけて、図13.13（b）にあるように不完全就業率が急上昇したのは当然である。それにもかかわらず、世界金融危機の際の欧州周縁国のように、名目賃金は横ばいで推移していた。この間、名目為替レートは1ドル＝1ペソで固定されていたため、貿易財単位で測定した実質賃金（W_t/ε_t）も景気後退期であるにもかかわらず横ばいであった。TNT-DNWRモデルに照らせば、通貨ペッグと失業率の上昇の中で、名目賃金が下方修正されなかったことは、名目賃金の下方硬直性の存在と整合的である。

13.8　付録

本章の付録では、13.1節のTNT-DNWRモデルの解き方を解説する。均衡条件は（13.19）～（13.25）式である。これらは$t = 1, 2$に対して（13.21）～（13.25）式の5式が成り立つので12個の条件によるシステムを構成している。しかしこのシステムには、$t = 1, 2$におけるC_t^T、h_t、W_tおよびp_tといった8つの未知数しかない。均衡条件が未知数より多いのは、このシステムが4つの不等式、すなわち、$t = 1, 2$における（13.23）式と（13.24）式を含んでいるからである。これらの不等式は、可能な均衡経路を制約するのに役立つが、システムの数学的決定性や一貫性を司るものではない。

均衡を求めるには、以下のように進める。

1. C_1^Tの均衡値は（13.19）式で与えられる。
2. C_2^Tの均衡値は（13.20）式から得られる。
3. ここから先は、まず第1期について解き、次に第2期について解くというように、時系列に進めていくことができる。第1期の均衡の解き方について詳しく説明する。第2期の均衡の解き方も同様である。
   (a) 第1期に完全雇用が存在する（$h_1 = \bar{h}$）ことを推測することから始める。このとき、条件（13.23）式と（13.25）式が成立する。相対価格p_1は、条件（13.21）式を$t = 1$について評価することで得られる。（13.22）式を評価すると、W_1が得られる。次に$W_1 \geq W_0$かどうかをチェックする。もしそうなら、賃金硬直性制約式（13.24）が満たされ、第1期の均衡が求まったことになる。
   (b) 一方、条件（13.24）式を満たさない場合は、$W_1 = W_0$と設定する。

名目硬直性、為替レート政策、および失業　第13章これにより、(13.24) 式と (13.25) 式が満たされることが保証される。次に、(13.21) 式と (13.22) 式を組み合わせ、$(1-\gamma)/\gamma\, C_1^T/F(h_1) = W_0/\varepsilon_1/F'(h_1)$ とし、h_1について解く。W_0/ε_1は構成上、完全雇用における実質賃金より高いので、この得られたh_1の値は、労働時間制約式 (13.23) を厳密に不等号で満たす。最後に、相対価格p_1は、条件 (13.21) 式または (13.22) 式のどちらかから得られる。

13.9 まとめ

本章では、名目硬直性が存在する場合、金融・為替政策がインフレ、失業、経済全体の活動、および実質為替レートの均衡水準に影響を与えうることを示した。本章では、2つの為替政策を個別に検討した。すなわち固定相場制と、中央銀行が完全雇用と物価安定の2つの使命を追求する変動相場制である。

- 本章では、第10章の貿易財・非貿易財モデル (TNTモデル) に名目賃金の下方硬直性を導入した。その結果、本章で扱ったモデルは名目賃金の下方硬直性を伴う貿易財・非貿易財モデル (TNT-DNWRモデル) と呼ばれる。
- TNT-DNWRモデルでは、名目賃金は下方硬直的である。賃金は上昇することはあっても低下することはない。
- 固定相場制の下では、世界金利の上昇や交易条件の悪化といった負の外的ショックは、非自発的な失業と実質為替レートの減価 (国が安くなる) を引き起こす。
- 変動相場制の下では、負の外的ショックに対して、中央銀行は自国通貨を下落させることで完全雇用と物価安定を維持することができる。
- 外的ショックに見舞われた場合、完全雇用と物価安定を維持する変動相場制のほうが、通貨ペッグなどの固定相場制よりも厚生が高い。
- 中央銀行は、非貿易財部門の生産性低下といった負の供給ショックに対して、物価安定と完全雇用の両方を達成することはできない。この場合、金融当局はインフレと失業のトレードオフに直面する。中央銀行が、ある程度のインフレとある程度の失業を許容することによって、このトレードオフを調整する場合、経済はスタグフレーションに陥っていると言われる。
- 金融政策のトリレンマとは、金融当局が達成できるのは、次のうち2つだけである、というものである。(1) 為替レートの固定、(2) 金融政策の自律性(名目金利や通貨供給量を独自に設定すること)、(3) 自由な資本移動。

- 変動相場下では、金融引締め(マネーサプライの減少や名目金利の上昇)は、通貨高を引き起こす。重要なのは、為替レートの上昇は、長期におけるよりも、短期において大きいということである。これは、為替レートのオーバーシュートと呼ばれる。
- 名目賃金の下方硬直性が存在することを示す実証的な証拠は存在する。それは、先進国、新興国、または労働市場規制や労働組合が名目賃金の決定に大きな役割を果たさなかった時代のデータからも見出すことができる。

13.10 練習問題

練習問題13.1 (外的ショックと実質賃金　その1)

世界金利の低下により、貿易財の均衡における消費$C^T(r^*, Q_1^T, Q_2^T)$が10%増加したとする。世界金利の低下以前は、経済は完全雇用下にあったと仮定する。均衡における実質賃金も10%上昇することを示しなさい。この結果は、為替制度とは無関係であることを示しなさい。これらの問題について、図式的または数学的アプローチを使用して答えなさい。

練習問題13.2 (外的ショックと実質賃金　その2)

世界金利の上昇により、貿易財の均衡における消費$C^T(r^*, Q_1^T, Q_2^T)$が10%減少したとする。TNT-DNWRモデルにおいて、中央銀行が変動相場制を取り、非貿易財市場における完全雇用と物価安定を目的とする場合、均衡における実質賃金も10%低下することを示しなさい。これらの問題について、図式的または数学的アプローチを使用して答えなさい。

練習問題13.3 (自然利子率ショック)

初期に経済は完全雇用下にあったとする。さらに、第1期において、家計の主観的割引率がβから$\beta' > \beta$に上昇したとする。このようなショックは**自然利子率ショック** (natural rate shock) と呼ばれる。以下の2つの金融政策体制の下で、第1期における非貿易財の消費、失業、非貿易財の相対価格、貿易財の単位で測定した実質賃金への影響を図を用いて示しなさい。

1. 固定相場制
2. 中央銀行が完全雇用と物価の安定を追求する変動相場制

練習問題13.4（CRRA効用関数、CES集計関数と需要曲線）

効用関数が以下のようにCRRA（constant relative risk aversion）型であると仮定する。

$$\frac{C_1^{1-\sigma}}{1-\sigma}+\beta\frac{C_2^{1-\sigma}}{1-\sigma}$$

ここで、$1/\sigma>0$は消費代替の異時点間弾力性と呼ばれるパラメータである。また、アーミントン集計関数は、以下のようにCES（constant elasticity of substitution）型であるとする。

$$C_t=\left[C_t^{T^{1-1/\xi}}+C_t^{N^{1-1/\xi}}\right]^{1/(1-1/\xi)}$$

ここで、$\xi>0$は貿易財と非貿易財の間の（期間内）代替弾力性と呼ばれるパラメータである。

1. 家計の最適化条件により以下が導出されることを示しなさい。

$$\frac{C_t^N}{C_t^T}=p_t^{-\xi}$$

この結果を解釈せよ。特に、なぜξが貿易財消費と非貿易財消費との間の代替弾力性と呼ばれるかを論じなさい［ヒント：p_tが1％増加した場合、C_t^N/C_t^Tの変化は何％だろうか］。

2. 代替の時間内弾力性と異時点間弾力性が以下のように互いに等しい場合を考えてみよう。

$$\xi=\frac{1}{\sigma}$$

この場合、13.1.2項で導き出した需要曲線は次のような形になることを示しなさい。

$$p_1=\left(\frac{C^T(r^*,Q_1^T,Q_2^T)}{h_t^{\alpha}}\right)^{1/\xi}$$

練習問題13.5（CRRA効用関数、CES集計関数と供給ショック）

13.3.2項では、非貿易財部門における負の生産性ショック（A_1の下落）に対して、中央銀行が名目為替レートを変更することなく完全雇用を確保できることを示した。この結果は、対数線形効用関数とコブ＝ダグラス型集計関数の仮定に依存している。その代わりに、練習問題13.4のように効用関数がCRRAで、アーミントン集計関数がCESであり、かつ$\xi=1/\sigma$と仮定する。このとき、13.3.2項の分析をやり直しなさい。特に、パラメータξについてのどのような条件下で、完全雇用の均衡が、為替レートの変化なし、為替レートの増価、または為替レートの減価を伴うのかを確立しなさい。

練習問題13.6（TNT経済における期待所得ショック）

資本移動が自由である二期間の小国開放経済について考えてみよう。この経済では、貿易財と非貿易財が生産されている。貿易財の生産は、両期間とも外生的な賦存量として与えられる。非貿易財は、労働力を用いて、増加・凹型の生産関数で生産される。また家計は両期間とも貿易財と非貿易財に対して、本章で分析した対数選好のように、期間ごと、財ごとに分離可能な生涯効用関数で表される選好を持つ。第1期において、家計は第2期の貿易財の賦存量が予想よりも著しく低いことを知ったとする。このショックが第1期の消費、雇用、実質為替レート、経常収支に与える影響を、(a) 伸縮的な名目賃金、(b) 名目賃金が下方硬直的であり、かつ通貨ペッグであるケースという2つのケースにおいてグラフを用いて説明を補足しながら分析しなさい。また (b) における最適な為替政策について論じなさい。

練習問題13.7 (時間内選好ショックに対する調整)

家計の非貿易財への選好が高まったとする。これはアーミントン集計関数 (13.6) 式における非貿易財消費に関する指数、$1-\gamma$の上昇に反映される。

1. この選好ショックは、第1期と第2期の貿易財の均衡における消費にどのような影響を与えるかを説明しなさい。
2. 以下の2つの通貨制度の下で、選好ショックが第1期において雇用、名目賃金、実質賃金、非貿易財の相対価格、名目為替レート、実質為替レートに及ぼす影響をグラフを用いて分析しなさい。
   (a) 通貨ペッグ
   (b) 中央銀行が非貿易財部門の物価安定と完全雇用の達成をめざす変動為替相場制
3. ここで、$1-\gamma$の下落を考えてみよう。このシナリオの下で、問2.について答えなさい。$1-\gamma$が上昇した場合と比べて、考えられる非対称性について述べなさい。

練習問題13.8 (資本規制と金融政策のトリレンマ)

国内の名目金利が3% ($i=0.03$)、外国金利が5% ($r^*=0.05$)、中央銀行が名目為替レートを固定 ($\varepsilon_1=\varepsilon_2$) しているとする。さらに、政府が資本規制として、外債保有に伴う利子所得に比例してτの課税をすると仮定する。ただし、この課税は外債の利払いには適用されない。

1. 資本規制がない場合 ($\tau=0$) における投資家の行動について述べなさい。
2. 資本規制税を組み込み、修正された金利平価条件を定式化しなさい。この条件は、i、r^*、τ、ε_1およびε_2で表現されなければならない。
3. 所与のi、r^*および$\varepsilon_2/\varepsilon_1$の値を使って、修正された金利平価条件と整合的な$\tau$の値を求めなさい。
4. τが導出された値より高い、または低い場合の投資家の行動について述べなさい。
5. 中央銀行が第1期に通貨を1%下落させ、第2期の為替レートを据え置いたとする。このとき、修正された金利平価条件と整合的な新たなτの値を求め、その直感を述べなさい。

練習問題13.9 (金融閉鎖の下での調整)

強力な資本規制のために、家計が国際的な貸し借りができないと仮定する ($B_0=B_1=0$)。このような状態にある経済を**金融閉鎖** (financial autarky) と呼ぶ。第1期に貿易財の賦存量が減少した場合、失業、実質為替レート、および貿易財の単位で表示した実質賃金率にどのような影響があるか分析しなさい。その際、固定相場制と変動相場制の場合を区別しなさい。また資本移動が自由な場合と比較し、どちらの経済でその影響が大きいか述べなさい。

練習問題13.10（金融引締め）

初期において、経済が完全雇用下にあったとする。また、第2期の為替レートε_2は固定されているとする。第1期における名目金利がiから$i' > i$まで上昇した際、失業、実質為替レート、貿易財の単位で表した実質賃金、およびインフレ率がどうなるか、グラフにより分析しなさい。

練習問題13.11（金融緩和）

この練習問題は、練習問題13.10に基づいており、ここでは金融政策の効果に非対称性が存在する可能性を探る。当初、経済は完全雇用下にあるとする。また、第2期の為替レートε_2は固定されているとする。

1. 第1期の名目金利がiから$i' < i$に低下した場合、失業、実質為替レート、貿易財の単位で表した実質賃金、およびインフレ率がどのように変化するかをグラフを用いて分析しなさい。
2. 練習問題13.10の答えと比較して、金融政策の効果において考えられる非対称性について述べなさい。また金融ショックが起こる前に、非自発的失業に経済が見舞われているとしたら、答えはどのように変わるだろうか。

練習問題13.12（名目賃金の下方硬直性の推定）

賃金制約式（13.1）をより一般化したバージョンを考えてみる。

$$W_t \geq \gamma W_{t-1}$$

ここで$\gamma \geq 0$はパラメータである。

1. パラメータγの解釈を述べなさい。特に$\gamma = 0$と、$\gamma > 1$が意味することについて述べなさい。
2. 表13.3の情報を用いて、各国における四半期頻度におけるγの値を推定しなさい［ヒント：TNT-DNWRモデルによれば、失業が増えると、名目賃金制約が等号で成立するはずであることを利用すること］。

練習問題13.13（変動相場制においては一定の名目金利が最適であること）

金融当局が変動為替相場制を取り、完全雇用とコア物価の安定を重視しているとする。さらに、経済を襲うショックは世界金利r^*の変動と$t=1, 2$における貿易財賦存量、Q_t^Tの変動だけであるとする。均衡における名目金利iは、これらのショックに依存せず、$\beta^{-1}-1$に等しいことを示しなさい。

第14章　通貨ペッグの管理

固定相場の国では、経済にとって良い（ポジティブな）ショックが危機の前兆になることがある。例えば、世界金利が一時的に低下した場合の影響を考えてみよう。資金コストの低下は資本流入を招き、消費支出を増加させ、経常収支を悪化させる。総需要の増大は、雇用を促進し、名目賃金を上昇させるので、これは大変結構な話であるように一見聞こえる。しかし、世界金利が正常な水準に戻ると、総需要は縮小し、労働需要も減少する。労働市場の均衡には、実質賃金の下落が必要であるが、名目賃金が下方硬直的であり、中央銀行が通貨を固定（ペッグ）していると、実質賃金は下落しない。その結果、経済には労働力の供給過剰、すなわち非自発的失業が生じる。このような経済動学を**好不況サイクル**（boom-bust cycle）と言う。

キプロス、ギリシャ、アイルランド、スペイン、そしてポルトガルを含むほとんどの欧州周縁国は、2000年から2011年にかけてこのような好不況サイクルを経験した。このサイクルの好況期は、1999年の共通通貨ユーロの導入に始まる。不況期は、2007年から2009年にかけての**世界金融危機**（global financial crisis）が引き金となった。その厳しい景気後退は、第10章で検討した「突然の停止」と呼ばれる現象の特徴をすべて備えていた。後述の14.4節では、欧州周縁国における好不況サイクルについてより詳細に検討する。

まず、好不況サイクルのメカニズムを分析することから始める。分析は、第13章で開発したTNT-DNWRモデルをもとにする。為替レートが固定（ペッグ）されている場合、TNT-DNWRモデルにおいては、外部性が存在することを明らかにする。このような外部性が存在するのは、好況によって経済が過熱し、来るべき不況を乗り越えるにあたって脆弱な状態に置かれてしまうことを、家計は理解しないからである。また、好不況サイクルの厚生コストを削減するための政策的介入を分析する。特に**通貨切下げ効果の財政による模倣**（fiscal devaluations）や資本規制の形を取った**マクロプルーデンス政策**

(macroprudential policies) などといった介入を研究する。

14.1 TNT-DNWRモデルにおける好不況のサイクル

第13章において発展させたTNT-DNWRにおける経済について考えてみよう。図14.1は、典型的な好不況サイクルの仕組みを示している。当初、世界金利はr^*、名目賃金はW^Aである。金融当局は名目為替レートを$\bar{\varepsilon}$に固定している。均衡はA点である。このとき、世界金利が$r^{*\prime} < r^*$に低下したとする。その結果、貿易財の消費は$C^T(r^*)$ から$C^T(r^{*\prime})$ へと増加する。貿易財の賦存量は変わらないので、貿易収支$TB_1 = Q_1^T - C^T(r^{*\prime})$ は悪化する。経常収支$CA_1 = r_0B_0 + TB_1$も、r_0B_0は所与であるので悪化する。貿易財消費の増加は、右下がりの破線で示されるように、需要曲線を右上方へシフトさせる。元の名目賃金率W^Aでは、過剰な労働需要が発生している。名目賃金は上方に伸縮的であるため、労働市場が清算される水準まで上昇する。この新しい賃金を$W^B > W^A$としよう。名目賃金の上昇により、供給曲線は右上がりの破線で示されるように左上方へとシフトする。新しい均衡はB点であり、そこでは経済は完全雇用 ($h_1 = \bar{h}$) で非貿易財の相対価格は$p_1 = p^B > p^A$と高くなる。非貿易財の相対価格の上昇は、実質為替レートの増価を意味し、世界の国々に対して相対的に割高な国になったことを意味する。これによって、好不況サイクルにおける景気拡大局面が完成されることになる。

ここで、世界金利が元の水準r^*に戻ったとする。消費者は支出を減らし、需要曲線は左下方にシフトする。図14.1では、簡単化のため、需要曲線は元の位置に戻るものとする。[1)]一方、供給曲線は元の位置には戻らない。元の位置に戻るためには名目賃金がW^BからW^Aに下落する必要があるが、賃金は下方硬直的であるため、これは実現できない。その結果、新しい均衡はC点となる。C点では、労働市場において需給が一致するには実質賃金$W^B/\bar{\varepsilon}$が高すぎるため、$\bar{h} - h^C$の規模の非自発的失業が発生している。非貿易財の相対価格はp^Bからp^Cに下落する。したがって、実質為替レートは減価する（非貿易財、そして経済全体が安くなる)。しかし、実質為替レートの減価幅は、貿易財から非貿

1) 厳密に言えば、低金利期には家計の恒常所得がより多く消費されるため、貿易財消費は金利低下以前の水準にぴったり戻るわけではなく、より低い水準となり、新しい需要曲線は元の需要曲線より左に位置するはずである。

図 14.1　固定相場下における TNT-DNWR モデルの好不況サイクル

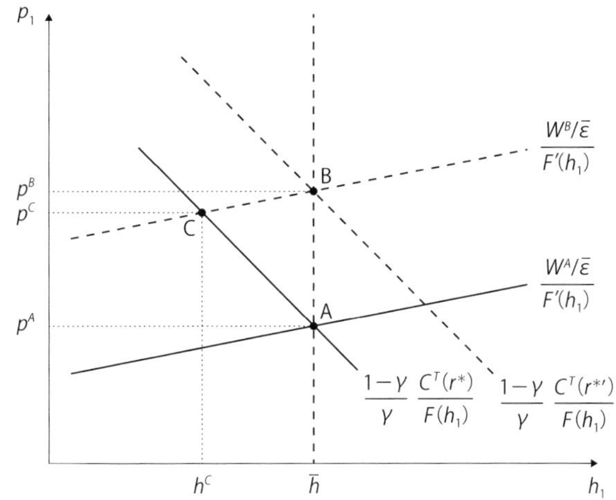

（注）　経済は完全雇用で賃金率がW^AであるA点からスタートする. 名目為替レートは $\bar{\varepsilon}$で固定されている. 世界金利のr^*から$r^{*\prime} < r^*$への低下が好況を引き起こす. 需要曲線は右上方にシフトする. 賃金はW^Bまで上昇し, 供給曲線は左上方へシフトする. 好況時の均衡（B点）では, 完全雇用が実現し, 非貿易財の相対価格は$p^B > p^A$に上昇する. 金利がr^*に戻ると不況に入る. 需要曲線は左下方へとシフトし, 元の位置へ戻る. 新しい均衡はC点にあり, そこでは$\bar{h} - h^C$の規模で非自発的な失業が発生し, 非貿易財の相対価格はp^Cに低下する.

易財への支出転換と、それに伴う非貿易財の生産と労働需要の増加を引き起こして、非自発的失業者をなくすほどには大きくない。つまり非貿易財の相対価格がp^Aまで下がりきらないのである。

したがって、通貨ペッグ制の下では、好況が不況の種をまくことになる。つまり、経済にとってポジティブなショックの後、経済は定常状態へと回帰するのだが、それが長期の失業期間となってしまう。その原因は、名目賃金の下方硬直性と固定為替レートのせいで、実質賃金の下方への調整が不十分であることにある。

14.2　通貨ペッグの外部性

以上のような好不況サイクルの分析から、名目賃金の下方硬直性と固定為替レートの組合せは、ポジティブなショックに対して、望ましい、あるいは効率的な水準以上の景気拡大を引き起こすことがわかる。金利が下がれば、総需要の拡大とそのための資本流入が名目賃金の上昇をもたらすが、好況が終われば失業を引き起こすことを個々人は知っている。しかし、個人はこのような総体的な効果を考慮しないのである。つまり、金利が低下したときに、名目賃金の上昇を抑制するために、自らの消費を抑制したりはしないのである。なぜなら、各家計の規模は小さすぎて、均衡における賃金に影響を与えることができないからである。したがって、このような経済は外部性に苛まれていると言える。

家計が好況期の消費拡大を抑制すれば、名目賃金の上昇幅は小さくなり、不況期の失業水準も低くなる。**通貨ペッグにおける外部性**（currency peg externality）の存在は、好況時の消費選択が、好況終了時の失業という形で与えるコストを家計に内部化させることを目的とした、厚生改善のために政府介入の余地があることを意味する。14.3節では、この目標を達成するための税制や資本規制などの政策手段を検討する。

14.3　通貨ペッグの管理

固定相場制の経済において、悪い（ネガティブな）ショックが起こったときに非自発的失業が発生しないようにするためには、どのような政策が考えられるだろうか。最も明白な解決策は通貨の切下げ、すなわちε_tを上昇させ、貿易財で測った実質賃金を完全雇用に見合う水準まで引き下げることであろう（第13章の13.3節を参照）。しかし、国によっては、このような選択肢はない。例えば、ユーロ圏の加盟国にとっては、これは欧州連合からの離脱を意味し、大きな政治的・経済的コストを伴う可能性があるからである。

切下げが不可能な場合、他にどのような政策オプションがあるのだろうか。完全雇用を達成するための主な障害は、貿易財単位で表した賃金率W_1/ε_1が、不況期に高すぎることである。1つの方策は、雇用や解雇のコストを下げるなど、労働市場における構造改革を実施することであろう。このような措置は、ネガティブなショックで最も大きな打撃を受けた部門から、より影響の少ない部門への労働者の再配分を促すだろう。しかし、この種の政策は、労働市場の構造設計に責任を負う政府機関に関係するものであり、一般的に、交渉と実施に何年もかかる。ここでの分析の焦点は、財政・金融当局が景気循環に伴い速やかに適用できるツールにあるため、構造改革について詳しく検討することはしない。

通貨ペッグの機能を向上させるために、景気循環に伴い展開されうる政策は、2つのタイプに分類することができる。1つは、完全雇用と効率的な異時点間消費支出配分の両方を実現する政策である。この種の政策を**ファースト・ベスト政策**（first-best policies）と呼ぶ。もう1つのタイプの政策は、不況時の失業を減らすが、その代償として消費の異時点間配分を歪めてしまうものである。このような政策を**セカンド・ベスト政策**（second-best policies）と呼ぶことにする。ここで考えるファースト・ベスト政策とセカンド・ベスト政策の第2の違いは、前者が不況になってから適用される事後的な政策であるのに対し、後者は不況に入る前に先手を打って実施されるという意味で事前的な政策（または**マクロプルーデンス政策**、macroprudential policies）であることである。

ファースト・ベスト政策は、名目賃金の下方硬直性と為替レートの固定がもたらす実質賃金の下方硬直性というこの経済における問題の核心に直接対処する政策である。後述するように、これらの政策は、異時点間にわたる消費の効率的配分に影響を与えることなく、完全雇用を保障する伸縮的な為替レート体制と、完全に代替可能なものである。

この政策は非常に有望なように見えるが、最近の危機はファースト・ベスト政策が万能ではないことを示している。なぜなら、この政策は、景気循環の異なる局面で補助金や税金を導入したり撤廃したりする必要があり、現実的であるとは言えないからである。景気循環に伴い税制を変えることは、国会の承認が必要であるという行政的な面から見ても、税制の成立や補助金の廃止が困難であるという政治的な側面から見ても困難である。

これに対して、セカンド・ベスト政策は、通貨ペッグがもたらすコストに対する削減効果としては十分ではないものの、実施するのは容易である。というのも、この政策は、ほとんどの国で議会の承認を必要とせず、政治的な負担が少ない国際的な資本移動に対する課税を行うものだからである。このことは、セカンド・ベスト政策、特に資本規制の動きが現実によく観察されることを説明するものであろう。このため、まず14.3.1項でこの種の政策手段を分析し、14.3.2項と14.3.3項でファースト・ベスト政策に目を向けることにする。[2)]

2）本節の分析は、Stephanie Schmitt-Grohé and Martín Uribe, “Managing Currency Pegs,” *The American Economic Review*, Vol. 102, No. 3, May 2012, pp. 192–197をベースとしている。無限期間モデルによるアプローチは、以下の論文で展開されている。Stephanie Schmitt-Grohé and Martín Uribe, “Downward Nominal Wage Rigidity, Currency Pegs, and Involuntary Unemployment,” *Journal of Political Economy*, Vol. 124, No. 5, October 2016, pp. 1466–1514.

14.3.1　マクロプルーデンス資本規制政策

14.2節では、名目賃金の下方硬直性と通貨ペッグの組合せにより、外部性が生まれることを示した。景気拡大時には名目賃金が上昇し、拡大期が終われば、経済は脆弱な状態に置かれることになる。通常の経済活動の水準に戻るには、実質賃金W_t/ε_tが正常な値まで下がることが必要である。しかし、名目賃金は下方硬直的であり、かつ為替レートが固定されているため、実質賃金はなかなか下がらない。その結果、企業は現行の賃金水準で働く意思のある労働者をすべて雇用することができず、非自発的失業が発生することになる。家計は、好況時の消費拡大がこのような弊害をもたらすことを理解している。それにもかかわらず、景気拡大期（例えば世界金利が低い時期など）には、自分たちの消費は小規模すぎて、個々の支出を減らしても大勢に変化がないことを知っているので、自らの消費を増やしてしまうのである。

通貨ペッグの外部性が意味するのは、通貨ペッグと名目賃金の下方硬直性を制約条件とし、各期の個人消費を決定する力を持つ慈善的な**ソーシャル・プランナー**（social planner）が存在するならば、**自由放任**（laissez-faire）に基づく（競争的）均衡よりも好況時の消費拡大が小さい経路を、ソーシャル・プランナーは選ぶであろうということである。このプランナーによる配分では、好況時の資本流入と名目賃金の上昇が小さくなる代わりに、不況期は失業率が低下し、貿易財・非貿易財の消費縮小の幅が小さくなって、不況はより穏やかになる。**慈善的な政府**（benevolent government）は、さまざまな方法でこの結果を達成することができる。例えば、国際的な借入れや貸付けに量的な制限を課したり、資本流入や対外債務に課税したりすることができる。これらの手段は、**資本規制**（capital controls）と呼ばれている。実際、第12章12.4節では、借入れの外部性がある場合、資本規制は小国開放経済において厚生を改善することができるという結果をすでに導いた。

図14.2には資本規制が通貨ペッグの外部性をどのように緩和するかについて示されている。

14.1節で検討し、図14.1に示したような好不況サイクルを考える。当初、世界金利はr^*、名目賃金はW^Aである。為替レートは$\bar{\varepsilon}$で固定されている。当初の均衡はA点で、完全雇用であり、非貿易財の相対価格はp^Aである。世界金利がr^*から$r^{*\prime}<r^*$に低下することによって好況期が引き起こされ、右下がり

図 14.2　通貨ペッグ下における好不況サイクルと資本規制介入

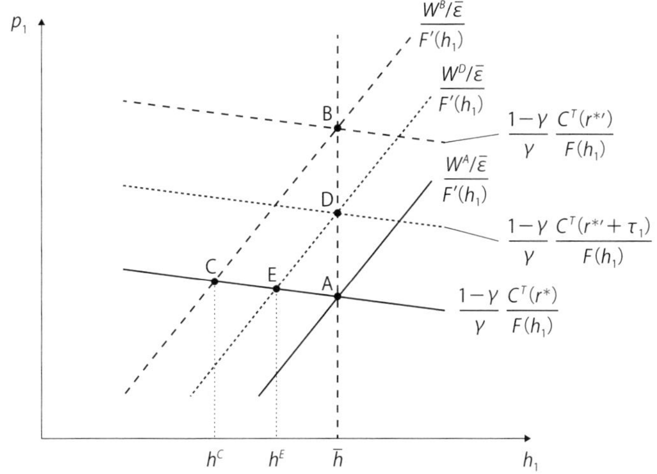

（注）　自由な資本移動の下での，好不況サイクルは図14.1で示されるものと同じである．当初の均衡はA点である．世界金利がr^*から$r^{*\prime}<r^*$に低下すると，均衡は賃金と貿易財の消費が高くなるB点に移動する（$W^B>W^A$および$C^T(r^{*\prime})>C^T(r^*)$）．金利が$r^*$に戻ると，均衡はC点に移行し，そこでは，$\bar{h}-h^C$の失業が発生している．ここで好況期に，政府は資本規制税τ_1を導入し，実効金利を$r^{*\prime}+\tau_1\in(r^{*\prime}, r^*)$に上昇させるとする．金利の低下は需要曲線を右方にシフトさせるが，その幅は自由な資本移動の場合よりは小さい．均衡はD点で，賃金と貿易財の消費は高くなるが，それらは自由な資本移動の場合よりも低い（$W^D\in(W^A, W^B)$, $C^T(r^{*\prime}+\tau_1)\in C^T(r^*), C^T(r^{*\prime})$)）．金利が$r^*$に戻ると，政府は資本規制税を撤廃し（$\tau_1=0$），均衡はE点となり，失業は発生するが，その規模は自由な資本移動の場合よりも小さい（$\bar{h}-h^E<\bar{h}-h^C$）．

の破線によって示されているように需要曲線は右上方へとシフトする。総需要の拡大により名目賃金は$W^B>W^A$まで押し上げられ、右上がりの破線で示されるように供給曲線は左上方へとシフトする。新しい均衡は、完全雇用下にあり、非貿易財が高価になり（$p^B>p^A$）、実質賃金が高くなる（$W^B/\bar{\varepsilon}>W^A/\bar{\varepsilon}$）、B点である。好況は貿易財消費の増加、$C^T(r^{*\prime}, Q_1^T, Q_2^T)>C^T(r^*, Q_1^T, Q_2^T)$ によってもたらされ、貿易収支の悪化$Q_1^T-C^T(r^{*\prime}, Q_1^T, Q_2^T)<Q_1^T-C^T(r^*, Q_1^T, Q_2^T)$、および経常収支の悪化を伴う。経常収支赤字は、対外債務の増加（あるいは対外純資産の減少）、すなわちB_1-B_0の減少によって補われる。

世界金利が当初の水準r^*に戻ると、景気後退局面となる。金利の上昇は、貿易財の消費を減少させ、需要曲線を左下へとシフトさせる。ここでは、単純に需要曲線が元の位置に戻ると仮定する。総需要の減少は、実質賃金を引き下げる圧力となる。しかし、名目賃金の下方硬直性と為替レートの固定により、実質賃金は好況時の水準$W^B/\bar{\varepsilon}$にとどまる。その結果、均衡はC点となり、そこでは$\bar{h}-h^C$の規模の非自発的な失業が発生している。

ここで、政府の介入によって好不況サイクルがどのように変化するかを分析してみよう。好況時に、政府が対外債務に対する課税という形で資本規制を行うとし、その税率を τ_1 とする。貿易財を1単位借り入れた家計は、債務に対する税を支払った後、$1-\tau_1$ 単位のみ貿易財を受け取り、次の期には $1+r^{*\prime}$ を支払わなければならない。したがって、実効金利は $r^{*\prime}+\tau_1$ となる。[3] このような資本規制の導入は、国際的な資本移動を阻害する。特に、資本規制が導入されると、世界金利の低下による第1期の貿易財消費の拡大が小さくなり（$C^T(r^{*\prime}+\tau_1, Q_1^T, Q_2^T) < C^T(r^{*\prime}, Q_1^T, Q_2^T)$）、貿易収支や経常収支が悪化し、対外債務の増加幅も小さくなる。したがって、世界金利の低下後、需要曲線は右上方にシフトするが（図14.2の点線で示した右下がりの線）、資本移動が自由な場合よりもそのシフト幅は小さくなる。この需要曲線は、ショック以前の需要曲線と、自由な資本移動の下でのショック以後の需要曲線の間に位置している。世界金利の低下に伴う総需要の拡大は、名目賃金を W^D まで押し上げる。しかし、賃金上昇は資本規制がない場合よりも小さく、$W^D < W^B$ となる。その結果、供給曲線は、右上がりの点線が示すように左上方へシフトするが、自由な資本移動の場合に比べてそのシフト幅は小さくなり、資本規制がある場合の好況期の均衡はD点で与えられる。

次に、政府の介入がある場合の景気後退局面について考えよう。世界金利が元の水準 $r^* > r^{*\prime}$ に戻ったとき、政府が資本規制を撤廃するとしよう。需要曲線は右下がりの実線で示した元の位置まで左下方にシフトすると、名目賃金は下方硬直性によって下がらないので、W^D のままである。その結果、供給曲線は引き続き右上がりの点線で示される。均衡はE点であり、そこでは非自発的失業が発生し、その規模は $\bar{h}-h^E$ である。重要なのは、この失業水準は、資本移動が自由な場合の失業水準よりも低い（$\bar{h}-h^E < \bar{h}-h^C$）ことである。

好況期に政府が資本規制を行うことで、経済のよりソフトなランディングが可能になる。政府は景気後退を防ぐのではなく、景気後退の規模を小さくするのである。ここで重要なのは、政府は、好況を縮小するために、景気拡大局面においてこそ介入しなければならないということである。このように、「パーティが終わった後に壊れた破片を拾う」のではなく、「パーティが盛り上がっているときにパンチボウルを取り上げる」ような資本規制政策は、**マクロプルーデンス政策**（macroprudential policy）と呼ばれている。

資本規制は厚生を改善することができるが、名目賃金の下方硬直性と、固定

3）　厳密には実効金利は $(1+r^{*\prime})/(1-\tau_1)-1$ となり、近似的に $r^{*\prime}+\tau_1$ に等しくなる。

為替レートがもたらす非効率性に対するファースト・ベストの解決策にはならない。なぜなら、国内金利を歪めることで（資本規制下では、家計が認識する金利は$r^{*\prime}$でなく、$r^{*\prime}+\tau_1$であることを想起されたい）、資本規制は非効率な消費の異時点間配分をもたらすからである。つまり、家計は世界金利の低下による恩恵を十分に活用できず、そのため、資本規制はセカンド・ベストの解決策となる。

次に、TNT-DNWRモデルにおいて、貿易財消費の異時点間配分を歪めることなく完全雇用を実現するという意味で、ファースト・ベストな配分を達成するいくつかの政策介入を分析する。しかし、本節の冒頭で述べたように、これらの政策は実際には実施するのがより困難なものが多い。

14.3.2　通貨切下げ効果の財政による模倣

通貨ペッグ下で名目為替レートが動かないことによる非効率を補う方法として、労働者を雇用するインセンティブに影響を与える補助金や税金を用いる方法がある。例えば、賃金補助を考えてみよう。$t=1, 2$期に非貿易財部門の企業に対して支払われる賃金補助金率をs_tとする。具体的には、t期の企業の賃金支払いにおいて政府による補助金が占める割合s_tを支払うとする。この場合、非貿易財部門の利潤は次式で与えられる。

$$\Pi_t = P_t^N F(h_t) - (1 - s_t) W_t h_t \tag{14.1}$$

企業による一階の最適化条件は$P_t^N F'(h_t) = (1 - s_t) W_t$で与えられる。両辺を$\varepsilon_t$で割り、$p_t \equiv P_t^N / \varepsilon_t$であることを想起すると、この最適化条件は次のように書くことができる。

$$p_t = \frac{(1 - s_t)(W_t / \varepsilon_t)}{F'(h_t)} \tag{14.2}$$

これは、賃金補助がある場合のTNT-DNWR経済における供給曲線である。最適な雇用水準において、企業は価格を補助金込みの生産の限界費用と等しくする。他の条件がすべて同じであれば、補助金が高いほど、補助金込みの限界費用は低くなる。このように、労働補助金の賦課は、供給曲線を右下へシフトさせる。非貿易財の生産者から見れば、p_tを所与とすると、賃金補助は名目賃金の低下や通貨切下げと同じである。限界費用の下落が、政府による賃金補助か、名目賃金の下落か、または中央銀行による通貨切下げによるものかは、企業にとってどうでもよいことである。このため、通貨ペッグ制下にある経済で雇用を促進するために労働補助金を出すことを**通貨切下げ効果の財政による模倣**（fiscal devaluation）と呼ぶ。

次に、賃金補助の導入により需要曲線が変化しないことを示す。賃金補助は家計に賦課される累進的な所得税、τ_t^yによってまかなわれるとする。このとき、$t = 1, 2$期における政府の予算制約は、次式で与えられる。

$$s_t W_t h_t = \tau_t^y (\bar{\varepsilon} Q_t^T + W_t h_t + \Pi_t) \tag{14.3}$$

左辺は補助金に関する支出である。右辺は所得税からの収入である。家計の第1期、第2期における予算制約はそれぞれ以下で与えられる。

$$\bar{\varepsilon} C_1^T + P_1^N C_1^N + \bar{\varepsilon} B_1 = (1 - \tau_1^y)(\bar{\varepsilon} Q_1^T + W_1 h_1 + \Pi_1)$$

$$\bar{\varepsilon} C_2^T + P_2^N C_2^N - (1 - \tau_2^y)(\bar{\varepsilon} Q_2^T + W_2 h_2 + \Pi_2) + (1 + r^*)\, \bar{\varepsilon} B_1$$

これらの予算制約の特徴は、右辺が税引き後の所得、**可処分所得**（disposable income）であることである。ここで、第13章13.1.2項と同じように、需要曲線を導出しよう。家計の異時点間予算制約を求めるには、まず、上記2つの予算制約の右辺と左辺を対応する期間の名目為替レート（ここでは$\bar{\varepsilon}$でペッグされている）で割り、すべての量を貿易財で表現する。そして、得られた式を組み合わせて、B_1を消去する。これらの操作によって、次のような異時点間予算制約が得られる。

$$C_1^T + p_1 C_1^N + \frac{C_2^T + p_2 C_2^N}{1 + r^*} = \bar{Y} \tag{14.4}$$

上式は税や補助金がない場合である第13章の（13.8）式と同じである。しかしここでは$\bar{Y}$は、可処分所得の現在割引価値であり、以下で与えられる。

$$\bar{Y} \equiv (1 - \tau_1^y)(Q_1^T + W_1/\bar{\varepsilon} h_1 + \Pi_1/\bar{\varepsilon}) + \frac{(1 - \tau_2^y)(Q_2^T + W_2/\bar{\varepsilon} h_2 + \Pi_2/\bar{\varepsilon})}{1 + r^*} \tag{14.5}$$

税金のない経済と同様に、家計にとって$\bar{Y}$は外生的に与えられている。家計は、異時点間予算制約式（14.4）と（14.5）で与えられる$\bar{Y}$の下で、以下の生涯効用関数を最大化するために、$t = 1, 2$のC_t^TとC_t^Nを選択する。

$$\ln C_1 + \beta \ln C_2 \tag{14.6}$$

またこのとき、消費は以下のアーミントン集計関数で与えられるとする。

$$C_t = (C_t^T)^\gamma (C_t^N)^{1-\gamma} \tag{14.7}$$

与えられた$\bar{Y}$の下で、家計の問題は、税金のない経済における問題と同じである。その結果、最適化条件も同じになる。すなわち、以下のようになる。

$$\frac{C_2^T}{C_1^T} = \beta(1 + r^*) \tag{14.8}$$

$$\frac{C_1^N}{C_1^T} = \frac{1 - \gamma}{\gamma}\frac{1}{p_1} \tag{14.9}$$

さらに以下の非貿易財部門の市場清算条件、

$$C_t^N = F(h_t) \tag{14.10}$$

と、企業の利潤（14.1）式、政府の予算制約式（14.3）、家計の異時点間予算制約式（14.4）、そして（14.5）式で与えられる$\overline{Y}$を組み合わせることで、貿易財に関する経済の異時点間資源制約が以下のように得られる。

$$C_1^T + \frac{C_2^T}{1 + r^*} = Q_1^T + \frac{Q_2^T}{1 + r^*} \tag{14.11}$$

上式は税金のない経済で得られる第13章の（13.14）式と同じである。((14.11）式が導出できることを確認すること)。なお、補助率s_tも所得税率τ_t^yもこの制約に現れないことに注意しよう。これは、均衡において、所得税による可処分所得の減少は、賃金補助による利潤所得の増加によって正確に相殺されるからである。

ここで、オイラー方程式（14.8）と異時点間資源制約式（14.11）を組み合わせると、第1期における貿易財の均衡消費が以下のように得られる。

$$C_1^T = \frac{1}{1 + \beta}\left[Q_1^T + \frac{Q_2^T}{1 + r^*}\right] \tag{14.12}$$

上式は$B_0 = 0$の仮定の下、第13章の（13.15）式と同じである。ここでも、この均衡条件を次のようにまとめる。

$$C_1^T = C^T(r^*, Q_1^T, Q_2^T) \tag{14.13}$$

ここで、関数$C^T(\cdot)$は、Q_1^TとQ_2^Tに対する増加関数であり、r^*に対する減少関数である。

需要曲線を得るには、それぞれ（14.13）式と（14.10）式を用いて、C_1^TとC_1^Nを（14.9）式から消去する。これにより、需要曲線は以下で与えられる。

$$p_1 = \frac{1 - \gamma}{\gamma}\frac{C^T(r^*, Q_1^T, Q_2^T)}{F(h_1)} \tag{14.14}$$

これは、賃金補助や所得税がない場合の需要曲線と同じである。このことは、TNT-DNWR経済において、家計への所得税を財源とする企業への賃金補助の導入が需要曲線に影響を与えないことを示している。

図14.3は、世界金利の上昇に対する経済の調整を示している。当初の均衡は

第IV部 金融政策と為替レート

図14.3　TNT-DNWRモデルにおける通貨切下げ効果の財政による模倣

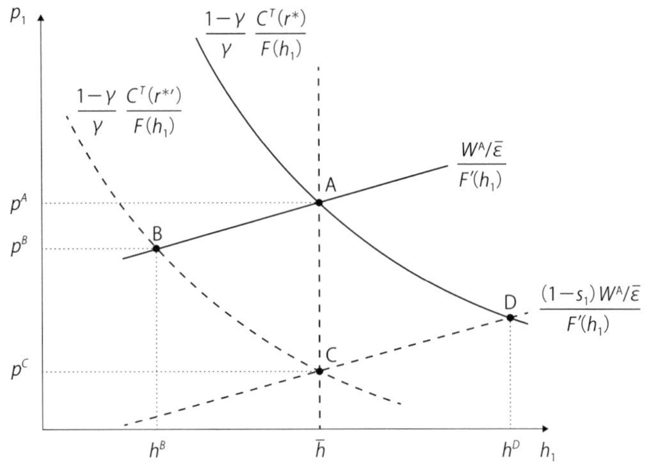

（注）　図は，為替レートが固定されたTNT-DNWR経済において，金利上昇局面での賃金補助の効果を示したものである．当初，世界金利はr^*であり，均衡はA点である．金利が$r^{*\prime}>r^*$に上昇すると，需要曲線は左下へとシフトする．補助金がない場合の新しい均衡はB点であり，非自発的な失業が発生している．賃金補助$s_1>0$により，供給曲線は右下にシフトするが，需要曲線は変化しない．補助金がある場合の均衡はC点で，完全雇用が回復し，非貿易財の価格は$p^C<p^B$と低くなる．

A点で、完全雇用下であり、非貿易財の相対価格はp^Aである。通貨価値は$\bar{\varepsilon}$にペッグされており、名目賃金はW^Aである。ここで世界金利がr^*から$r^{*\prime}>r^*$に上昇したとする。このネガティブな外的ショックによって、需要曲線は右下がりの破線で示すように、左下にシフトする。政府による介入がない場合、新しい均衡はB点となり、そこでは非自発的失業が$\bar{h}-h^B$の規模で発生している。労働力の過剰供給にもかかわらず、名目賃金は下方硬直的であるため、初期値W^Aを維持したまま下落しない。賃金補助$s_1>0$を導入すると、供給曲線は、右上がりの破線で示されるように、右下にシフトする。上で述べられたように、補助金は需要曲線に影響を与えないので、補助金の規模が適切であれば、新しい供給曲線と需要曲線は完全雇用が回復するC点で交差することが可能である。

なぜ通貨切下げ効果の財政による模倣が完全雇用の維持に有効であるかは、直感的には以下のように考えられる。ネガティブな外的ショックは非貿易財の需要を縮小させる。同時に、賃金補助は非貿易財の供給を増加させる。この2つの効果が相殺されるため、生産量は外的ショックによって変化しない。ショック以前は完全雇用であったので、ショック以後も完全雇用のままである。需要の縮小と供給の増加の両方が、相対価格を押し下げる（図では、p_1はp^Aからp^Cに低下する）。相対価格の下落幅は、政府介入がない場合（$p^C < p^B$）よりも大きく、非貿易財消費への支出転換をより大きくすることができる。言い換えれば、労働補助金の導入は、より大きな実質為替レートの減価を可能にする。これらの効果は、変動相場制における完全雇用を回復するための名目価値の減価の効果と全く同じであり（第13章13.3節参照）、通貨切下げ効果の財政による模倣という言葉は極めて妥当と言える。通貨切下げ効果の財政による模倣と通貨切下げの唯一の違いは、コアインフレ率の推移である。通貨切下げ効果の財政による模倣では、第1期の非貿易財の名目価格は、$P_1^N = (1 - s_1)W_1 / F'(\bar{h})$で与えられる。したがって、補助金の賦課は$P_1^N$の低下をもたらす（名目賃金の下方硬直性により、賃金率はW^Aにとどまることを想起してほしい）ので、デフレをもたらす。これに対して通貨切下げは、第13章13.3節で示したように、非貿易財部門の物価安定を維持することができる。

完全雇用を確保するために最低限必要な賃金補助金の額はどの程度だろうか。需要曲線と供給曲線、(14.14) 式と (14.2) 式とを等号で結び、$h_1 = \bar{h}$で評価してs_1について解くと、次のようになる。[4)]

$$s_1 = 1 - F'(\bar{h})\,\frac{1-\gamma}{\gamma}\,\frac{C^T(r^{*\prime})}{F(\bar{h})}\,\frac{\bar{\varepsilon}}{W^A} = 1 - \frac{C^T(r^{*\prime})}{C^T(r^*)}$$

したがって、外的ショックによって貿易財の消費が例えば10%落ち込むとすれば、補助金は10%になるはずである。より一般的には、この式は、賃金補助金の額が世界金利の変化の増加関数であることを示している。つまり、ネガティブな外的ショックが大きいほど、完全雇用を確保するための賃金補助は大きくならざるをえない。

金利上昇が収まった時点で、財政当局が補助金を撤廃することが重要である。補助金を長く維持すると、次に経済にとって、悪い（ネガティブな）ショックが起こったときに、さらに補助金を増やさなければならないという意図しない結果になってしまうからである。これを見るために、金利がr^*に戻ったとしよう。簡単化のために、需要曲線は元の位置（図14.3の右下がりの実線）に戻ると仮定しよう。名目賃金が変わらなければ、$h^D - \bar{h} > 0$の規模の超過労働需要が発生する。したがって、名目賃金が上昇し、供給曲線が元の位置

4) 第2の等式は、金利ショック前には、(14.2) 式と (14.14) 式から、$1/C^T(r^*) = [(1-\gamma)/\gamma]\,[F'(\bar{h})/F(\bar{h})]\,\bar{\varepsilon}/W^A$となることに基づく。

（右上がりの実線）まで左上方にシフトし、均衡は再びA点となる。ショック以前の均衡と異なるのは、補助金がゼロではなくプラスであること、そして名目賃金が高いことである。ここで、世界金利が再び上昇したとしよう。需要曲線は先述したのと同じように、右下がりの破線で示すように左下へとシフトする。財政当局が補助金を変えない場合、均衡はB点にあり、非自発的な失業が存在する。この失業をなくすためには、財政当局は補助金を再び増額しなければならない。この論理を続けると、時間が経つにつれ、また、世界金利の上昇と下降が増えると、補助金はどんどん大きくなっていくことになる。最終的には、政府は賃金全額を補助することになってしまう（つまり、s_tが1に収束してしまう）。このような事態を避けるためには、金利上昇が終わった時点で、政府は補助金を撤廃しなければならない。しかし、補助金は一度支給されると、受益者（この場合は非貿易財部門の企業）が獲得した権利と見なされるのが一般的であるため、補助金の撤廃は政治的に困難なものとなる。このことは、補助金には最初から期限を設けることが重要であることを示唆している。

多くの国では、給与税の一部を企業が負担している。この場合、雇用者負担分の給与税を削減することで、通貨切下げ効果の財政による模倣を実施することができる。これは、賃金補助が給与にかかる税の削減と同じ効果を持つからである。例えば、ショック以前に企業が給与に対する比例的な税（税率はτ_t）を負担していたとすると、利潤は$P_t^N F(h_t) - (1 + \tau_t) W_t h_t$で与えられる。このとき、企業の最適化条件は以下のようになる。

$$p_t = (1 + \tau_t) \frac{W_t / \overline{\varepsilon}}{F'(h_t)}$$

この式から明らかなように、τ_tの引下げは、賃金補助と同様に限界費用を削減する。別の言い方をすれば、賃金補助金の増額と同じようにτ_tの引下げは、供給曲線を右下にシフトさせる。つまり、本節で取り上げた世界金利の上昇のような外部からのネガティブなショックに対して、給与税の削減により完全雇用を維持することができる。賃金補助と同様に、給与税の減税も何らかの財源（例えば、所得税率τ_t^yの増加）によってまかなう必要がある。

通貨切下げ効果の財政による模倣は、他の税や補助金によっても行うことができる。章末の練習問題14.9は、非貿易財部門における消費税の減税（あるいは販売補助金の増額）が、本節で取り上げた賃金税の減税（賃金補助金の増額）と同じ効果を雇用にもたらすことを証明せよというものである。また章末の練習問題14.10は、非貿易財への消費税についても同様の結果が得られることを証明せよというものである。

通貨切下げ効果の財政による模倣は、2008年の世界金融危機の余波の中で、欧州周縁国に対して議論された政策オプションメニューの一部であった。Cavallo and Cottani（2010）は、通貨同盟からの離脱と通貨切下げの代案として、付加価値税の引上げを財源とする賃金減税を、危機の影響を最も強く受けたギリシャに対して提案した。[5] ポルトガル政府もこのアイデアを真剣に受け止めていた。2011年には、雇用者の社会保障負担の一部を被雇用者の社会保障負担に移行することを提案した。これは、ここでのモデルで言えば、給与税τ_tの引下げと家計の労働所得に適用される所得税τ_t^yの引上げに相当する。しかしながらこの提案は多くの反対のため、すぐに破棄された。

14.3.3 通貨統合による高インフレ

固定相場制と名目賃金の下方硬直性による失業に苦しむ経済において、完全雇用を実現するもう1つのファースト・ベスト政策は、貿易財の国際価格P^{T*}の引上げである。この政策オプションは、ユーロ圏のような通貨同盟に属する国にあてはまる。例えば、ある国、あるいは通貨同盟内の一部の国々に、ネガティブなショックが発生したとしよう。2008年の世界金融危機後の欧州周縁国を考えよう。このような影響を受けた国は、統合通貨の通貨当局に対して、域内全体のインフレ率を高めるように、つまりP^{T*}を高めるように働きかけることができる。そうすれば、貿易財の単位で測定される実質賃金が下がり、企業による労働需要を高められるはずである。

これまで、貿易財の海外価格P^{T*}は1であると仮定してきた。しかし、それが、通貨同盟全体の金融緩和の度合いによって異なる値を取る可能性があるとしよう。通貨同盟では、すべての加盟国が同じ通貨を使用する。例えば、ユーロ圏では、加盟国すべてにとって、ユーロが法定通貨である。したがって、2つの加盟国間の為替レートは1である。つまり、通貨統合とは、為替レートが1に固定されている通貨ペッグであると解釈することができる。したがって、この項を通じては$\bar{\varepsilon}$が1に等しいと考える。

一物一価の法則により、第1期の貿易財の国内価格P_1^Tは$\varepsilon_1 P^{T*}$と等しくなけ

5) Joaquín Cottani and Domingo Cavallo, "For Greece, a 'fiscal devaluation' is a better solution than a 'temporary holiday' from the Eurozone," VoxEU, February 22, 2010 を参照。

図 14.4　通貨同盟全体のインフレによる金利ショックへの調整

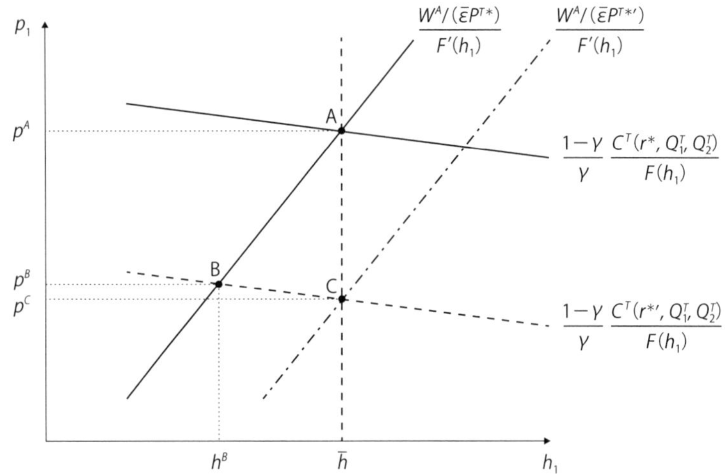

（注）　図は，通貨同盟に加盟している国において，世界金利がr^*から$r^{*\prime}$に上昇した場合，同盟の中央銀行がインフレ介入を行った場合の調整を示したものである．当初の均衡はA点で，通貨同盟全体の貿易財価格はP^{T*}，名目賃金はW^A，為替レートは$\bar{\varepsilon}$で固定され（通貨同盟の場合は1である），経済は完全雇用下にある．r^*の上昇は，需要曲線を左下方へとシフトさせる．r^*の上昇を受け，金融当局は物価水準を$P^{T*\prime} > P^{T*}$へと上昇させる．P^{T*}の上昇は，供給曲線を右下方にシフトさせる．新たな均衡は，完全雇用が維持され，実質為替レートが減価するC点となる．

ればならない。さらに、為替レートは$\bar{\varepsilon}$で固定されているため、$P_1^T = \bar{\varepsilon}P^{T*}$となる。このとき、第1期における供給曲線は次のようになる。

$$p_1 = \frac{W_1(\bar{\varepsilon}P^{T*})}{F'(h_1)}$$

まず、初期の資産残高がゼロ、$B_0 = 0$であると仮定する。この場合、需要曲線は変更されず、以下となる。

$$p_1 = \frac{1-\gamma}{\gamma}\frac{C^T(r^*, Q_1^T, Q_2^T)}{F(h_1)}$$

これら2つの表現から明らかなように、通貨同盟全体の物価水準の上昇は通貨切下げと同じ効果を持つ。つまり、需要曲線の位置に影響を与えることなく、供給曲線を右下方にシフトさせるのである。

このことは、通貨統合に属する国が世界金利の上昇などのネガティブな外的ショックに見舞われた場合、通貨統合の中で何らかのインフレが起きれば、失業を解消できることを意味している。その調整は図14.4に示されている。貿易財の海外価格をP^{T*}、世界金利をr^*、名目賃金をW^AとするA点から経済はスタートする。A点では経済は完全雇用を享受しており、非貿易財の相対価格は

p^Aである。ここで、世界金利が$r^{*\prime} > r^*$に上昇したと仮定する。このショックの結果、需要曲線は左下方にシフトする（右下がりの破線）。もし通貨同盟の中央銀行、例えば欧州中央銀行が無反応であれば、新しい均衡はB点となり、経済は不況に喘ぎ、失業の規模は$\bar{h} - h^B$となり、実質為替レートはやや減価する（$p^B < p^A$）。その代わりに、通貨同盟の中央銀行が金融緩和を行い、通貨同盟域内の貿易財の価格を$P^{T*\prime} > P^{T*}$へと上昇させれば、供給曲線は右下方にシフトする（右上がりの一点短鎖線）。適切な規模の外部でのインフレがあれば、新しい供給曲線と需要曲線はC点で交差し、完全雇用が維持されることになる。中央銀行の介入を伴う均衡は、介入なしの均衡よりも実質為替レートの減価幅が大きいことが特徴である（$p^C < p^B$）。この追加的な減価により、非貿易財へのより大きな支出転換を可能にし、完全雇用の維持に貢献することができる。

また、2008年の世界金融危機における欧州周縁国のように対外純債務を抱える国にとっては、通貨同盟域内のインフレは対外純債務の実質価値の減少を通じて、さらなる拡大効果をもたらす可能性がある。ここまでは、資産も負債もない状態（$B_0 = 0$）からスタートすると仮定してきた。代わりに、第1期に純債務国として始まるとする（$B_0 < 0$）。資産残高B_0は名目での量、つまり外国通貨の単位で計測されている。貿易財単位でのその実質的な価値は、B_0/P^{T*}である。このとき、この国の異時点間資源制約は次のようになる。

$$C_1^T + \frac{C_2^T}{1 + r^*} = (1 + r_0)B_0/P^{T*} + Q_1^T + \frac{Q_2^T}{1 + r^*}$$

対外純債務国$B_0 < 0$であれば、対外物価水準の上昇は債務の実質価値を下げ、国内家計を豊かにする。そして、第1期の貿易財の均衡消費水準は次のように書ける。

$$C_1^T = C^T(\underset{-}{r^*}, \underset{+}{Q_1^T}, \underset{+}{Q_2^T}, \underset{+}{(1 + r_0)B_0/P^{T*}})$$

対外純債務国であれば、対外物価水準P^{T*}の上昇は、需要曲線を右上方へシフトさせる。なぜなら、所与の相対価格p_1において、P^{T*}の上昇は正の資産効果を生み、財需要を押し上げるからである。

再び、世界金利の上昇に対する調整を考えてみよう。その状況を図14.5に示す。当初、世界金利はr^*、貿易財の対外価格はP^{T*}であり、名目賃金はW^Aである。当初の均衡はA点で、完全雇用下にあり、非貿易財の相対価格はp^Aである。ここで、世界金利が$r^{*\prime} > r^*$に上昇したとする。このネガティブな外的

図 14.5　対外的インフレと初期債務を伴う金利ショックへの調整

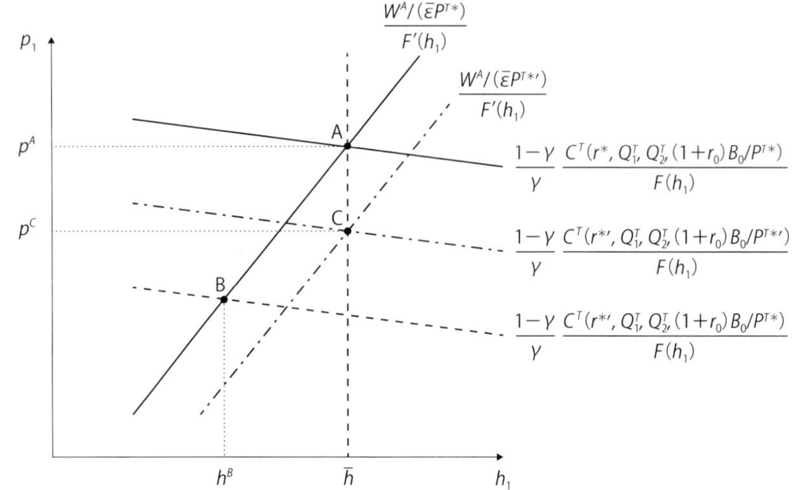

（注）　図は，対外債務のある状態（$B_0<0$）からスタートした通貨同盟の加盟国における，世界金利がr^*から$r^{*\prime}$に上昇した場合の調整を示したものである．当初の均衡はA点であり，名目賃金はW^A，為替レートは$\bar{\varepsilon}$で固定され，対外物価水準はP^{T*}である．政策介入がなければ，世界金利の上昇後，新たな均衡はB点となる．r^*の上昇に対応して，通貨同盟の金融当局が物価水準を$P^{T*\prime}>P^{T*}$に上昇させると仮定する．P^{T*}の引上げにより，需要曲線は右上方にシフト（右下がりの一点短鎖線），供給曲線は右下にシフト（右上がりの一点短鎖線）する．新しい均衡はC点で与えられる．

ショックにより、需要曲線は、右下がりの破線で示すように左下方にシフトする。このとき、通貨同盟の中央銀行が介入しなければ、新しい均衡はB点となり、経済は非自発的な失業に見舞われる。ここで、中央銀行が通貨同盟全体のインフレを引き起こすという介入を行ったとしよう。具体的には、対外物価水準がP^{T*}から$P^{T*\prime}>P^{T*}$に上昇するとする。この政策介入により、供給曲線は右上がりの一点短鎖線で示されるように右下方にシフトし、需要曲線は右下がりの一点短鎖線で示されるように右上方にシフトする。貿易財の対外価格の上昇がちょうどよければ、新しい需要曲線と新しい供給曲線は完全雇用が回復されるC点で交差する。経済がA点からC点へと推移することで、非貿易財が安くなる（実質為替レートが減価する）。この相対価格の変化は、貿易財から非貿易財への支出転換を引き起こすのに必要である。しかし、純資産残高がゼロの状態（$B_0=0$）からスタートする場合と比較すると、必要な支出転換、そして実質為替レートの減価幅は小さくなる。これは、P^{T*}の上昇による債務の実質価値の減少が、世界金利の上昇による総需要の縮小を一部相殺するためである。

つまり、対外的なインフレは、次の2つの要因によって均衡における雇用を押し上げる。第1に、貿易財で測った実質の労働コストを押し下げる（$W^A/(\bar{\varepsilon}P^{T*\prime}) < W^A/(\bar{\varepsilon}P^{T*})$）。第2に、初期の対外純債務の実質的な価値を減少させる（$(1+r_0)B_0/P^{T*\prime} > (1+r_0)B_0/P^{T*}$）。2008年の世界金融危機の際、多くの経済学者が多くの債務を抱える欧州周縁国を救済するために、域内インフレ率の上昇を提唱した。しかし、欧州中央銀行が物価水準の引上げを表明したにもかかわらず、ユーロ圏は世界金融危機の期間中、そしてその後何年にもわたって、2%弱というインフレ目標を常に下回っている状態が続いた。

14.4　2000年から2011年にかけての欧州周縁国における好不況サイクル

本章では、固定相場制の国における好不況サイクルに焦点を当ててきた。本節では、実際の好不況サイクル、すなわち2000年から2011年にかけて欧州周縁国で起こった好不況サイクルの事例を紹介する。この事例研究は、14.1節で分析した固定相場制下のTNT-DNWRモデルが予測する好不況サイクルが、欧州周縁国で観測された好不況サイクルと多くの特徴を共有していることを示唆している。

1999年、西欧諸国において、ユーロ圏と呼ばれる通貨同盟が形成された。ユーロ圏の特徴は共通通貨ユーロである。スペインはペセタ、ギリシャはドラクマ、ポルトガルはエスクードなど、加盟国は各々の自国通貨を放棄し、共通の通貨を採用した。当時、ユーロ圏の所得水準には、国ごとにいくらかのバラつきがあった。ドイツやフランスを含む高度に先進的な国が通貨圏の中核に存在し、キプロス、ギリシャ、アイルランド、ポルトガル、スペインなどの比較的発展途上の国が周縁部にあった。周縁国はユーロ圏に加盟することで、事実上、中核国に対して1対1の為替レートによる通貨ペッグ制を採用することになった。また、非加盟の欧州周縁国の中には、将来のユーロ圏への加盟に備え、自国通貨を新たに誕生したユーロに固定した国もある（エストニア、リトアニア、ラトビア、スロベニア、スロバキアなど）。

国際社会は、ユーロ圏の誕生を、欧州周縁国が、中核国の生活水準へと収斂する道を歩み始めたことを示す兆候と解釈した。また、海外の貸し手は、欧州周縁国を安全な投資機会としてとらえた。その結果、2000年から2008年にかけて、欧州周縁国は低金利下での大規模な国際資本流入に支えられ、持続的な

図 14.6　欧州周縁国における好不況サイクル：2000～2011 年

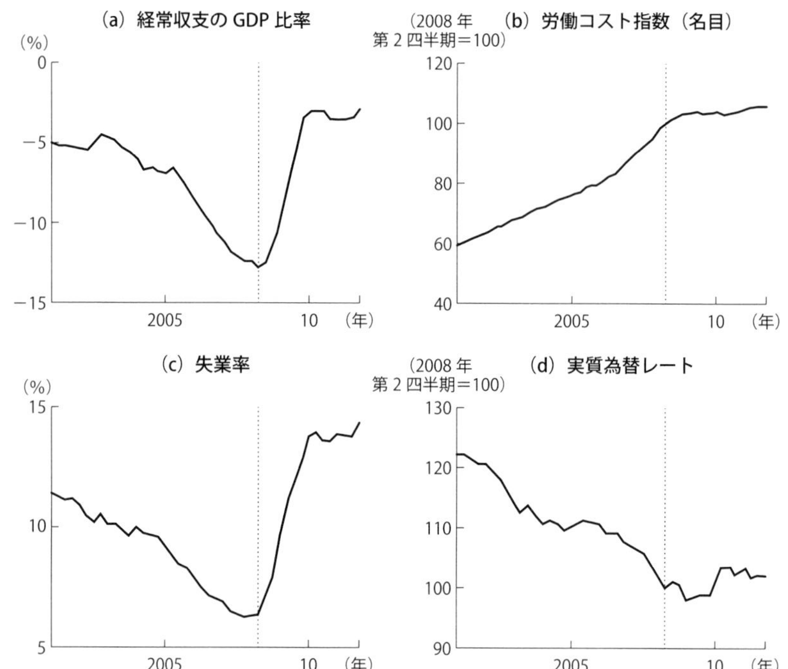

（注） それぞれのパネルは，ブルガリア，キプロス，エストニア，ギリシャ，アイルランド，リトアニア，ラトビア，ポルトガル，スペイン，スロベニアおよびスロバキアにおける算術平均値を示している．縦線は，Euro Area Business Cycle Dating Committee による景気後退の始まりである2008年第2四半期を示す．
（出所） Eurostat.

好況を経験することになった。図14.6（a）で示されるように、周縁国では、GDPの約－13％まで達する経常収支赤字の大幅な拡大が見られた。こうした対外的な不均衡は、財やサービスに対する総需要の急激な伸びを可能にするものであった。総需要の拡大とともに、2000年から2008年にかけて名目賃金が約60％上昇し（図14.6（b））、失業率が約5％低下した（図14.6（c））。好況期には、非貿易財（個人向けサービス、および住宅など）の価格が急騰し、実質為替レートが約25％も大きく増価した（図14.6（d））。つまり、欧州周縁国の物価は中核国に比べて著しく高くなったのである。

図14.1の好不況サイクルの図で言えば、こうした発展はA点からB点への移行によって示される好況期に相当し、データと同様にTNT-DNWRモデルにおいても資本流入、経常収支の悪化、名目賃金の上昇、および実質為替レートの増価が起こっている。しかし、データとは異なり、A点からB点への移行に

おいては、失業率の低下は見られない。これは単純化のため、モデルでは完全雇用の状態で好景気に突入することを想定しているからである。しかし、章末の練習問題14.5で問われているように、ショック以前にある程度の失業が存在すると仮定すれば、この事実をモデルでとらえることも可能である。

2007年の最終四半期に米国に端を発し、瞬く間に欧州に波及した世界金融危機の発生により、欧州周縁国の好景気は突然終わりを告げた。世界金融危機は、欧州周縁国にとって、外国人投資家による信用供与が突然停止することを意味した。その結果、図14.6（a）に示したように、経常収支が急反転し、総需要が減退した。しかし、図14.6（b）に見るように、総需要の大幅な縮小は名目賃金の下落を伴わず、好況期と同程度の高い賃金水準が続いた。深刻な不況とゼロに近いインフレの中で名目賃金の下方への調整が行われなかったことは、名目賃金の下方硬直性を示すものである。こうした中で、図14.6（c）に示されるように失業率は急上昇した。また、景気後退期には周縁国はいくらか安くなり、2008年から2011年にかけて、図14.6（d）に見るとおり実質為替レートは約5%減価した。しかし、実質為替レートは好景気以前の水準には戻らず、2011年には2000年に比べて約20%の増価のままとどまっている。TNT-DNWRモデルで言えば、世界金融危機の後の景気後退は、図14.1のB点からC点への移行に相当する。データと同様に、このモデルで予測されるのは、金融市場の状況が悪化すると、経常収支は改善し、しかしながら賃金は下がらず、実質為替レートは減価するが好景気以前の水準には戻らず、非自発的失業が増加するということである。

つまり欧州周縁国における好不況サイクルは、モデルの予測にほぼ合致している。このことは、名目賃金の下方硬直性と固定為替レートの組合せが、開放経済における外的ショックへの調整にとって、重要な要因になりうることを示唆している。

ユーロ圏の主要な柱は、共通通貨と自由な資本移動の2つである。この2つの要素は、異質な加盟国の収斂を達成するための装置として機能してきた。しかし、2008年の世界金融危機は、この2つの重要な要素がユーロ圏のアキレス腱になりうることを明らかにした。金融政策のトリレンマ（第13章13.5節で検討）によれば、固定為替レートと自由な資本移動によって、国は自律的な金融政策を行うことができない。その国の通貨が中核国の通貨に固定され、資本が国境を越えて自由に移動できる場合、国内金利は中核国の金利によって決定される。その結果、周縁国はマクロ的な経済ショックに対応する金融政策の手段を持たなくなる。マクロプルーデンス的な資本規制政策、通貨切下げ効果の財政による模倣、および通貨同盟内インフレなどの代替政策が、金融政策の自律性の喪失による空白を埋めることができるかもしれないのは、まさにこのためである。

14.5 まとめ

名目賃金の硬直性と自由な資本移動が存在する場合、為替レートは景気循環の中で変動する経済活動や物価を安定させる強力なツールとなりうる。しかし中央銀行が通貨を固定する場合、この手段を放棄することになる。本章では、金融政策の自律性の喪失を代替しうる他の経済安定化政策について分析した。

- 通貨ペッグ制では、ポジティブな外的ショックはトロイの木馬になりうる。経済が拡大すると、実質賃金は上昇する。しかし、好景気が終わると、労働市場を均衡させるためには実質賃金は下がらなければならない。名目賃金の下方硬直性と固定為替レートが相まって、実質賃金は下方硬直的になり、非自発的な失業が発生する。これを好不況サイクルと呼ぶ。
- 名目賃金の下方硬直性と通貨ペッグの組合せは、外部性を生み出している。なぜなら、景気循環の拡大局面においては、資本流入が賃金を押し上げ、それによって経済は景気循環の縮小局面における調整が難しい状態に陥ることを、各人が内部化できないからである。
- 資本規制は、通貨ペッグ制の経済において、景気循環の振幅を小さくするのに役立つ。
- 好況時には資本規制を引き上げ、不況時には引き下げて、資本流入の変動を抑える必要がある。このような先制的な政策は、景気が悪化する前に行われることから、マクロプルーデンス政策と呼ばれる。
- 資本規制は、失業率の低下をもたらすが、資本の自由な移動を阻害するというトレードオフをもたらすため、ファースト・ベストな配分を達成することはできない。そのため、資本規制はセカンド・ベストの手段と呼ばれる。
- 資本規制の利点の1つは、景気循環の中で比較的容易に変更できることである。
- 賃金補助金や給与税の減税も、通貨ペッグ制と自由な資本移動の下で経済を安定させるために利用可能である。賃金補助金の増額は、企業の労働コストを下げるため、通貨切下げと同じ働きをする。

- 賃金補助金（給与税の減税）の変化は為替レートの変化と同様の結果をもたらすので、通貨切下げ効果の財政による模倣と呼ばれる。
- 賃金補助金（給与税の減税）は資本規制と異なり、資本の自由な流れを妨げない。
- 賃金補助金（給与税の減税）を適切に運用することで、ファースト・ベストな配分、すなわち完全雇用と効率的な異時点間資源配分を実現することができる。
- 賃金補助金（給与税の減税）は、政治的に成立しやすい一方で、撤廃するのは困難である。また、国会の承認が必要であり、それに時間がかかることが多い。最適な政策は不況時に補助金（減税）を導入し、好況時にそれらを撤廃する必要があるため、これらの問題により財政切下げは安定化目的においては実用的ではない。このことが、財政切下げが実際にはあまり行われていない理由かもしれない。
- 通貨同盟では、すべての加盟国が同じ通貨を法定通貨として使用する。このため、加盟国から見ると、通貨同盟は為替レートを1に固定した通貨ペッグと考えることができる。
- 通貨同盟全体のインフレ率の上昇は、国際的に取引される財の価格を上昇させるので、通貨切下げと同じように作用する。
- このため、通貨同盟全体のインフレは、ネガティブな外的ショックに見舞われた加盟国の失業を減らすことができる。
- 2000年から2011年にかけての欧州周縁国（アイルランド、スペイン、ポルトガル、ギリシャ、バルト諸国など）の好不況サイクルは、TNT-DNWRモデルが予測する好不況サイクルと多くの特徴を共有している。すなわち、好況期には経常赤字、実質賃金の上昇、消費と雇用の拡大、実質為替レートの増価、縮小期には経常収支の反転、実質賃金の高止まり、消費の急落、および失業の発生が観測される。

第IV部 金融政策と為替レート

14.6 練習問題

練習問題14.1（賃金の下方硬直性と突然の停止）

TNT-DNWR経済を考えよう。家計は、第1期に10単位、第2期に13.2単位の貿易財賦存量を与えられる（$Q_1^T=10$および$Q_2^T=13.2$）。金利は10%（$r^*=0.1$）、名目為替レートは1で固定されている（$\varepsilon_0=\varepsilon_1=\varepsilon_2=1$）。名目賃金が下方硬直的であるとし（$t=1, 2$において、$W_t \geq W_{t-1}$）、さらに$W_0=8.25$とする。過去から持ち越した資産や負債がない状態で第1期がスタートし（$B_0=0$）、家計の選好は、第1期と第2期の貿易財と非貿易財の消費に対して定義され、次の効用関数で記述されるとする。

$$\ln C_1^T + \ln C_1^N + \ln C_2^T + \ln C_2^N$$

ここでC_t^TとC_t^Nは期間$t=1, 2$における貿易財と非貿易財の消費を表す。p_1とp_2は、第1期と第2期の非貿易財の貿易財に対する相対価格を示すとする。家計は毎期非弾力的に$\bar{h}=1$単位の労働力を供給する。企業は、労働を唯一の投入資源として、非貿易財を生産する。生産技術は$Q_t^N=h_t^\alpha$であり，ここでQ_t^Nとh_tは、期間$t=1, 2$における非貿易財の生産量と雇用時間を表す。パラメータαは0.75に等しいとする。

1. 第1期と第2期の貿易財消費と貿易収支の均衡水準を計算しなさい。
2. 第1期と第2期の雇用、非貿易財生産量、非貿易財相対価格の均衡水準を計算しなさい。
3. ここで、金利が32%に上昇したとする。第1期と第2期の貿易財消費、貿易収支、非貿易財消費、失業、名目・実質賃金、非貿易財相対価格の均衡水準と、自国通貨建て債券の名目金利を計算しなさい。また第1期と第2期で失業率と賃金の動きが異なる理由を直感的に理解できるように説明しなさい。
4. 問3.の状況を前提として、完全雇用と非貿易財市場の物価安定を達成する、第1期と第2期の切下げ率$\dfrac{\varepsilon_t-\varepsilon_{t-1}}{\varepsilon_{t-1}}\times 100$を求め、説明しなさい。

練習問題14.2（好不況サイクル　その1）

この練習問題では、好不況のサイクルを数値例によって分析する。TNT-DNWR経済を考えてみよう。ここで貿易財の賦存量は両期間とも1、$Q_1^T=Q_2^T=1$である。時間賦存量も1、$\bar{h}=1$である。当初の純資産残高は0、$B_0=0$、当初の名目賃金は0.75、$W_0=0.75$である。効用関数は、$\ln C_1+\beta \ln C_2$であり、主観的割引係数βは0.8であるとする。消費は，貿易財と非貿易財からなる複合財で、コブ＝ダグラス型の集計関数$C_t=(C_t^T)^\gamma (C_t^N)^{1-\gamma}$で複合され、$\gamma=0.5$とする。非貿易財の生産技術は$F(h_t)=h_t^\alpha$で、$\alpha=0.75$と仮定する。中央銀行は$t=1, 2$において、名目為替レートを$\varepsilon_t=1$にペッグしている。第13章13.4節において、上記の設定では、世界金利が25%のとき、経常収支、非貿易財の相対価格、名目賃金、失業の均衡経路はそれぞれ$t=1, 2$において、$CA_t=$

0、$p_t=1$、$W_t=0.75$、そして$\bar{h}-h_t=0$であることを示した。

1. 世界金利が10%、$r^*=0.1$であるとする。第1期と第2期における経常収支、非貿易財の相対価格、名目賃金、および失業率の均衡値を求めなさい。
2. r^*が10%のとき、経済は好不況サイクルを経験するかどうか調べ、その直感を述べなさい。

練習問題14.3（好不況のサイクル　その2）

効用関数を$-\frac{1}{C_1}-\beta\frac{1}{C_2}$、$t=1, 2$について集計関数が$C_t=[C_t^{T-1}+C_t^{N-1}]^{-1}$であると仮定して練習問題14.2をやり直しなさい。まず、$r^*=0.25$のときの均衡を計算せよ。このとき、なぜ練習問題14.2の均衡と同じになるのか、あるいはならないのかを説明しなさい。

練習問題14.4（不可能な均衡）

練習問題14.2で示したTNT-DNWRモデルの設定を用いて、世界金利が10%（$r^*=0.1$）のとき、以下のようになることを示しなさい。

1. 第1期に失業が存在する均衡は不可能である。
2. 第1期と第2期に、均衡において完全雇用を達成するのは不可能である。

練習問題14.5（初期に失業を伴う好不況サイクル）

通貨ペッグの下で、非自発的な失業が発生している初期状態から始めて、好不況サイクルを図式的に分析しなさい。世界金利の低下が十分に大きければ、失業率の低下、名目賃金の上昇、実質為替レートの上昇を伴う好況が発生することを示しなさい。簡単化のために、世界金利が好景気前の水準に戻ったとき、需要曲線は最初の位置に戻ると仮定する。このとき、景気後退期の失業水準は景気後退期以前よりも必ず上昇するかどうか述べなさい。

練習問題14.6（資本規制、賃金の下方硬直性と通貨ペッグ）

資本移動が自由な2期間の小国開放経済について考えてみよう。家計は、第1期に10単位、第2期に10単位の賦存貿易財を保有している（$Q_1^T=10$と$Q_2^T=10$）。世界金利は0、$r^*=0$、外貨の国内通貨建て価格である名目為替レートは両期間において固定されて1に等しいとする（$\varepsilon_1=\varepsilon_2=1$）。また貿易財の外貨建て価格は両期間とも一定で1に等しく、貿易財には一物一価の法則が成り立つとする。名目賃金は下方硬直的である。具体的には、$t=1, 2$において$W_t \geq W_{t-1}$および$W_0=5$とし、第1期と第2期における国内通貨建て名目賃金は過去の賃金率を下回ることはないと仮定する。過去から持ち越した資産や負債がない状態で、第1期をスタートし（$B_0=0$）、家計の選好は、第1期と第2期における貿易財と非貿易財の消費に対して定義され、次の効用関数で記述されるとする。

$$\ln C_1^T+\ln C_1^N+\ln C_2^T+\ln C_2^N$$

ここでC_t^TとC_t^Nは期間$t=1, 2$における貿易財と非貿易財の消費を表す。p_1とp_2は、それぞれ第1期と第2期の非貿易財の貿易財に対する相対価格とする。家計は非弾力的に$\bar{h}=1$の労働力を各期に供給する。最後に、企業は、労働を唯一の投入要素として、非貿易財を生産する。生産技術は$t=1, 2$において次式で与えられる。

$$Q_1^N=h_1^\alpha$$
$$Q_2^N=h_2^\alpha$$

Q_t^Nとh_tは、期間$t=1, 2$における非貿易財の生産量と雇用時間を表す。パラメータαの値は0.5である。

1. 第1期と第2期の均衡における貿易財の消費水準と貿易収支を計算し、その結果を解釈しなさい。
2. 第1期と第2期の雇用と非貿易財生産の均衡水準を計算しなさい。

以下に続く問題では、世界金利が$r^*=-0.5$まで低下した場合を考える。

3. 第1期と第2期の均衡における貿易財の消費水準と貿易収支を計算しなさい。
4. 第1期と第2期の非貿易財消費と第1期の賃金率の均衡水準を計算し、その結果を考察しなさい。
5. 厚生水準を計算しなさい。
6. 賃金が完全に伸縮的であったとする。第1期と第2期における非貿易財の消費水準を求め、厚生水準を計算しなさい。

ここで、政府が資本規制を行い、家計の第1期における国際資本市場からの借入れを制限した、すなわち、$B_1\geq 0$を強制したとする。引き続き、世界金利を$r^*=-0.5$と仮定する。

7. 第1期と第2期の貿易財と非貿易財の消費量を求めなさい。
8. 資本規制の下での厚生水準を求めなさい。資本規制は厚生を低下させるだろうか。その理由を述べなさい。
9. 資本規制下と伸縮的な賃金の下での厚生水準を比較しなさい。
10. 政府が資本流入に影響を与える唯一の手段が、比例資本規制税（τとする）であるとする。特に、それぞれ家計は、金利、$1+\tilde{r}=(1+r^*)/(1-\tau)$に直面する。資本規制税の税収は、家計に一括して還元されるとする。
    (a) $B_1=0$と整合的な、τの最小値を求めなさい。
    (b) 伸縮的な賃金の下での配分を達成するτの値は存在するだろうか。もしあるとすればその値を求めなさい。

練習問題14.7（過度な通貨切下げ効果の財政による模倣）

世界金利がr^*から$r^{*\prime}>r^*$に上昇した場合の影響を、図を使って考えてみよう。通貨は$\bar{\varepsilon}$で固定され、当初の名目賃金はW^Aであったとする。さらに、ショック前の経済が完全雇用であると仮定する。さらに、政府はショックに対して賃金補助をs_1の率で行うとする。また、s_1は完全雇用を確保するための最小限の補助率よりも大きいとする。このような過剰な賃金補助の下での均衡を、14.3.2項で議論した完全雇用を確保するための最低賃金補助の下で得られる均衡と比較しなさい。特に、均衡における雇用水準h_1、非貿易財の名目価格P_1^N、名目賃金W_1、非貿易財の相対価格p_1の違いについて議論しなさい。

練習問題 14.8（不十分な通貨切下げ効果の財政による模倣）

世界金利がr^*から$r^{*\prime}>r^*$に上昇した場合の影響を、図を使って考えてみよう。通貨は$\bar{\varepsilon}$で固定され、当初の名目賃金はW^Aであったとする。さらに、ショック前の経済が完全雇用であると仮定する。さらに、政府はショックに対して賃金補助をs_1の率で行うとする。また、s_1は完全雇用を確保するための最小限の補助率よりも小さいとする。このような不十分な賃金補助の下での均衡を、14.3.2 項で議論した完全雇用を確保するための最低賃金補助の下で得られる均衡と比較しなさい。特に、均衡における雇用水準h_1、非貿易財の名目価格P_1^N、名目賃金W_1、非貿易財の相対価格p_1の違いについて議論しなさい。

練習問題 14.9（売上税減税による財政切下げ）

14.3.2 項の例のように、固定為替レート、および名目賃金下方硬直性で特徴付けられる経済が、世界金利のr^*から$r^{*\prime}>r^*$への上昇に見舞われたとする。このとき、政府は非貿易財部門への売上税を減らすことで完全雇用を回復できることを示しなさい。そのために、以下のように進める。

1. τ_t^sとτ_t^yはそれぞれ売上と所得に対する税率である。供給曲線と需要曲線を導出しなさい。売上税の引下げに対して、これらの曲線がどのように変化するか議論しなさい。
2. ネガティブな外的ショックに対して、売上税の減税が完全雇用を維持するために有効であることを、図を使って説明しなさい。
3. 完全雇用を保障する売上税の最小変化量を、外生変数のみの関数として導出しなさい。

練習問題 14.10（非貿易財の消費税減税による財政切下げ）

為替レートが固定で名目賃金が下方硬直性である経済において、14.3.2 項の例のように世界金利がr^*から$r^{*\prime}>r^*$へ上昇したとする。このとき、政府は非貿易財の消費税減税を行うことで完全雇用を回復できることを示しなさい。そのために、以下のように進める。

1. τ_t^cとτ_t^yはそれぞれ非貿易財の消費と所得に対する税率であるとする。供給曲線と需要曲線を導出しなさい。非貿易財消費税の引下げに対して、これらの曲線がどのように変化するかを説明しなさい。
2. ネガティブな外的ショックに対して、消費税減税が完全雇用の維持に有効であることを、図を用いて説明しなさい。
3. 完全雇用を保障する消費税の最小変化量を、外生変数のみの関数として導出しなさい。

練習問題 14.11（対外価格のインフレ）

通貨同盟に加盟している国を考える。家計が第 1 期を正の対外純資産残高とともにスタートしたとする（$B_0>0$）。14.3.3 項の分析に従って、世界金利r^*の上昇に対して通貨同盟の中央銀行が、通貨同盟の物価水準P^{T*}を上昇させたとすると、この国の厚生水準が低下することを示しなさい。

第15章 インフレ・ファイナンスと国際収支危機

本章では、財政赤字、貨幣の発行、そして為替レートの関係を探っていく。まず、為替レート決定の理論として、**貨幣数量説**（quantity theory of money）と呼ばれる貨幣理論に根ざしたものを検討する。15.1節で紹介する貨幣数量説では、中央銀行による貨幣の発行が物価水準や為替レートの決定に重要な役割を果たす。この貨幣数量説の考え方では、中央銀行が紙幣を刷り過ぎると、物価が上昇するというものであり、この場合、他の条件がすべて同じであれば、その国の物価水準は世界の他の国々と比べて相対的に高くなる。その結果、人々には商品を外国で購入し、そのために外貨を獲得するインセンティブが生じる。外国の貨幣の量が一定の場合、外貨に対する需要の高まりは、自国通貨に対する外貨の価格を上昇させる。つまり、外貨が増価し、自国通貨が減価する。最終的に、貨幣の発行は、国内でのインフレと自国通貨安を引き起こすのである。

次の疑問は、なぜ中央銀行が紙幣を過剰に印刷するかもしれないのか、ということである。その理由の1つは、15.2節で検討するように、財政赤字の一部を通貨の発行でまかなう国があるからである。この場合、財政赤字が大きければ大きいほど、紙幣を印刷する必要性が高くなる。そして、前段落の議論から、貨幣の発行率が高ければ高いほど、インフレと通貨安が進行することになる。つまり、インフレによる財政赤字の補塡は、為替レートの減価を引き起こす。

財政赤字と貨幣の発行、インフレ、および通貨価値の減価との関係は、即座に、あるいは同時に起こる必要はない。中央銀行が、この関係が生じるのを遅らせるような金融・為替政策を行うこともあるが、しばしば意図しない結果に終わっている。15.7節では、この種の状況の例として、財政当局は財政赤字を出し、中央銀行が為替レートをペッグするという状況を研究する。ペッグ制が続いている間は、通貨の発行、物価水準、そして当然ながら為替レートもコントロールされている。しかし、財政赤字は、政府の資産残高を悪化させ続ける。政府の資産残高が維持不可能な水準まで十分に近づくと、自国通貨に対する**投機的な攻撃**（speculative attack）が行われる。このとき、政府は大量の資産を短期間で失い、借入れが不可能になる。この時点では、通貨ペッグをもはや守ることができなくなっている。このような状況は、**国際収支危機**（balance of payments crisis）と呼ばれる。

この章では、これまでの章と同じような理論的枠組み（モデル）を使ってこれらの考えを整理していくが、これまでの章との重要な違いは、貨幣需要の存在である。

15.1　貨幣数量説

貨幣数量説（または単に数量説と呼ばれる）は、名目物価水準の重要な決定要因は、中央銀行が印刷する貨幣の数量であると主張する。この理論の中心的な構成要素は、**貨幣需要**（demand for money）である。数量説によれば、人々は所得の何割かを安定的に貨幣として保有する。M_t^dを希望する貨幣保有量、P_tは物価水準、Y_tは実質所得、$1/V>0$は家計が貨幣の形で保有することを希望する所得割合とすると、貨幣需要は次のようなものになると仮定される。

$$M_t^d = \frac{1}{V} P_t Y_t \tag{15.1}$$

このパラメータVは、**貨幣乗数**（money velocity）と呼ばれる。「乗数」と呼ばれるのは、Vが名目所得P_tY_tと希望する貨幣保有量M_t^dの比率であり、全所得を購入するために保有しているドルが使用されなければならない回数を表しているからである。例えばもしVが5であるとすると、保有しているドルは取引をするために5回使用されねばならず、売り手から買い手へと5回「流通」するためである。

しかし、なぜ人々は貨幣を保有したがるのだろうか。これは、マクロ経済学の重要な問題である。かつて紙幣が正貨（金貨や銀貨）と交換可能であった時代とは異なり、現代社会では、貨幣は政府が印刷した裏付けのない紙幣の形を取っているからである。政府がモノと交換する義務のない紙幣は**不換紙幣**（fiat money）と呼ばれ、本質的に無価値である。

人々が不換紙幣を重視する理由の1つは、取引を円滑に行うためである。このような役割を果たす貨幣を、私たちは**交換手段**（medium of exchange）と呼んでいる。貨幣がない場合、商品の購入はすべて物々交換の形を取らざるをえない。しかし、物々交換は、欲求の二重の一致が必要なため、調整が難しい。例えば、アイスクリームを食べたい大工は、大工を必要としているアイスクリーム屋を探さなければならない。貨幣があればこのような欲求の二重の一致は必要とされない。

また、貨幣は**価値尺度**（unit of account）にもなっており、価格は通貨単位で表示されることになる。これは現実の世界で見受けられる。例えば、米国では、財やサービス、資産の価格はドルで表示され、同様に、ユーロ圏に属する国では、物価はユーロで表されている。

第3に、**価値貯蔵**（store of value）としての貨幣の使用である。これは人々が貯蓄の一部を貨幣として保有することを意味する。名目収益率がゼロであるにもかかわらず、貨幣が価値の貯蔵手段として選ばれる理由は、流動性の高い資産であること、つまり、貨幣を他の資産や財と交換してくれる人が容易に見つかるからである。

つまり、貨幣には、交換手段、価値尺度および価値貯蔵という3つの主な役割がある。

M_tを名目の**貨幣供給**（money supply, マネーサプライ）とする。すなわち、M_tは、紙幣と硬貨の流通量に当座預金を加えたものである。貨幣市場の均衡には、以下のように貨幣需要が貨幣供給と等しいことが必要である。

$$M_t = M_t^d$$

この市場清算条件と貨幣需要関数（15.1）式を組み合わせ、M_t^dを消去すると以下が得られる。

$$M_t = \frac{1}{V} P_t Y_t \qquad (15.2)$$

数量説は、貨幣量M_tと実質所得Y_tの間に二分法があると主張する。数量説の最も極端な定式化によると、実質所得（均衡状態では実質生産量）は人口増加、技術進歩、税、および貿易の開放度などの実質要因によって決定される。つまり、均衡条件式（15.2）は、P_tとM_tの2つの内生変数、1つの外生変数Y_t、1つのパラメータVからなっている。したがって、中央銀行がt期に貨幣量を倍増することを決定すれば、VもY_tも貨幣供給量の変化の影響を受けないので、物価水準も倍増することになる。この結果の背後にある直感は、中央銀行が経済に貨幣を注入すると、家計は保有したい貨幣より多くの貨幣を持っていることに気づくというものである。その結果、家計は過剰な貨幣残高を解消するために、財を購入しようとする。しかし、財の供給は非貨幣的要因によって決まるためその影響を受けず、そのため財に対する一般的な超過需要が発生し、すべての物価を押し上げることになる。インフレーションが貨幣的現象であると数量説が予言するのは、まさにこのような意味においてである。

名目為替レートが数量説においてどのように決定されるかを理解するために、実質為替レートとは、外国の消費財バスケット1単位を自国消費財バスケットで測った相対価格として定義されることを想起しよう。e_tを実質為替レート、ε_tを名目為替レート、P_t^*を外国の物価水準とすると、実質為替レートは次のように定義される。

$$e_t = \frac{\varepsilon_t P_t^*}{P_t} \tag{15.3}$$

数量説によれば、実質為替レートは、実質生産量と同様に、例えば第10章10.6節のバラッサ＝サミュエルソン・モデルにおけるような技術進歩や、同章10.1節のTNTモデルにおける実質的な外部ショックなどの実質的要因によって決定される。したがって、数量説においてe_tは外生変数である。

（15.2）式と（15.3）式を組み合わせてP_tを消去し、名目為替レートについて解くと、次のようになる。

$$\varepsilon_t = M_t \frac{Ve_t}{P_t^* Y_t} \tag{15.4}$$

（15.4）式において、内生変数は名目為替レートε_t、および貨幣供給M_tの2つだけである。実質為替レート、実質生産量、外国における物価水準は外生的に決定される。ここでも第13章で行ったように、中央銀行がマネーサプライの経路と名目為替レートの経路のどちらをコントロールするかによって、変動相場制と固定相場制の2つの為替制度を区別して議論する。

15.1.1　変動為替相場制

伸縮的な為替相場制の下では、中央銀行が貨幣量M_tをコントロールし、市場が名目為替レートε_tを決定する。

金融政策が為替レートにどのような影響を与えるかを分析してみよう。中央銀行がマネーサプライを増やすことを決定したとしよう。（15.4）式から明らかなように、他の条件がすべて同じであれば、マネーサプライの増加と同じ比率で自国通貨が減価する。つまり、ε_tはM_tと同じ割合で上昇する。この効果の背後にある直感は単純である。マネーサプライの増加は、物価水準P_tをM_tと同じ比率で上昇させることをすでに見た。P_t^*はM_tの増加の影響を受けないので、所与のε_tの下で、国内の物価水準はより高くなる。その結果、家計はより安価な外国の財を購入するために、外貨の需要を増やす。家計が自国通貨を売り進めるにつれ、自国通貨の価値は下がる、つまり外貨に対して自国通貨は相対的に減価するのである。

今、この国が不況に見舞われ、実質生産量Y_tが低下したとする。まず、金融当局がこのショックに反応せず、マネーサプライを変化させないとする。(15.2）式と（15.4）式によって、物価水準P_tと名目為替レートε_tは同じ割合で上昇する。直感的には、実質所得の低下により貨幣需要が減少し、その結果、家計は財を購入することで過剰な貨幣保有量を解消しようとするため、物価水準を押し上げる。そして、国内の物価水準が上昇するため、家計は外国製品への需要を高めることになる。より多くの外国製品を買おうと、家計は自国通貨を外貨に交換し、したがって外貨の価格を上昇させる。このように、中央銀行の介入を伴わない不況では、インフレと通貨安が発生する。このような影響を避けるために、中央銀行は何をすべきなのだろうか。物価水準を安定させるためには、中央銀行は実質生産量の低下と同じ割合でマネーサプライを減少させる必要がある。中央銀行はマネーサプライを減らすことで、経済活動の縮小から生じる貨幣需要の減少に対応することができるのである。

ここまで、物価水準と名目為替レートが連動して動く2つのショック（M_tの増加とY_tの下落）を考えてきた。しかし、そうでないショックもある。例えば、実質為替レートが減価、すなわちe_tが上昇したとする。これは、外国の財バスケットが、自国の財バスケットに対してより高価になることを意味する。実質為替レートの減価は、交易条件ショックや輸入障壁の撤廃など、さまざまな理由によることが考えられる。中央銀行がマネーサプライを変化させないとすれば、(15.4）式により、実質為替レートの減価は自国通貨安（ε_tの上昇）を引き起こす。実際、e_tとε_tは同じ割合で上昇する。一方、物価水準P_tは、M_tもY_tも変化していないため、影響を受けない（(15.2）式参照)。外国の物価水準P_t^*の変化に対するε_tとP_tの反応についても、同様の断絶が生じる。

15.1.2　固定為替相場制

固定相場制の下では、中央銀行が名目為替レート ε_t の経路を決定する。所与の ε_t、e_t、P_t^* および Y_t の下で、(15.4) 式は、均衡状態において M_t がどうあるべきかを決定する。このように、固定相場制の下では、マネーサプライは内生的な変数である。言い換えれば、名目為替レートの経路をコントロールすることで、中央銀行はマネーサプライのコントロールを放棄していることになる。

固定相場制の下で、マネーサプライが外生的なショックに反応して内生的にどのように変化するかを見るために、実質生産量の減少を考えてみよう。中央銀行が名目為替レートを一定に保っているとする。(15.4) 式によれば、Y_t が低下すると、M_t が Y_t と同じ割合で減少する必要がある。直感的には、実質生産量の低下は貨幣需要を減少させる。中央銀行がマネーサプライを一定に保つと、家計は保有する貨幣の一部を外貨に換えようとするので、為替レートが減価する。このような動きを避けるためには、中央銀行は貨幣の流通量を減らすことで対応しなければならない。

固定相場制の下では、Y_t の低下は物価水準に影響を与えない。このことは、均衡条件 (15.2) 式において、M_t が Y_t と同じ割合で低下することから見て取れる。実質生産量の低下が物価水準と為替レートに与える影響が、ここで考えた2つの為替相場体制でいかに異なるかに注目しよう。中央銀行がマネーサプライを一定に保つ変動相場制の下では、Y_t の低下はインフレと為替レートの減価を引き起こすが、固定相場制の下では、Y_t の低下はどちらの変数にも影響を与えない。他のショックに対しても、同様の非対称性が生じる。中央銀行がマネーサプライを一定に保つ変動相場制では、実質為替レートの減価 (e_t の上昇) や外国物価水準 P_t^* の下落によって通貨安が起こり、国内物価水準は不変である一方、固定相場制下では、為替レートは一定であり、デフレが発生する。

15.2　政府部門を伴う貨幣経済

貨幣数量説は、貨幣、物価、名目為替レート、および実質変数の間の関係について、単純かつ洞察に満ちた分析を提供するが、十分であるとは言えない。例えば、財政政策はインフレにどのような影響を与えるのだろうか。金融政策や財政政策の将来の変化に対する期待は、物価、為替レート、および貨幣保有の実質残高の決定に対してどのような役割を果たすのだろうか。これらの疑問に答えるには、より精緻なモデルを用いて分析する必要がある。特に、より現実的な貨幣需要の仕様を取り入れ、金融政策と財政政策の関係を明示的に考慮しなければならない。

本節では、第8章で用いたような政府部門を持つモデルに貨幣需要関数を組み込み、財政赤字がインフレや為替レートに与える影響を分析する。このモデルは、(1) 利子弾力的な貨幣需要、(2) 購買力平価、(3) 金利平価条件、および (4) 政府の予算制約の4つの構成要素からなる。各構成要素について順に説明する。

15.2.1 利子弾力的な貨幣需要

数量説では、貨幣需要は実質的な活動水準にのみ依存すると仮定されている。しかし、実際には、名目金利の上昇に対して、貨幣需要は負の関係にある。名目金利の上昇によって貨幣需要が減少する理由は、貨幣が無利子資産であるためである。その結果、貨幣を保有する機会費用は、定期預金、国債、および投資信託など、代替的な利子付き流動性資産の名目金利となる。したがって、名目金利が高ければ高いほど、実質的な貨幣残高に対する需要は低下することになる。貨幣需要が利子弾力的であると仮定した場合の重要な帰結は、実質貨幣残高の需要が、現在だけでなく、将来の期待される金融政策の関数となることである。これはこのあと明らかにしていくように、金利は、将来の金融政策の経路に関する人々の期待を織り込んでいるためである。このため、次のような貨幣需要関数を仮定する。

$$\frac{M_t^d}{P_t} = L(\underset{+}{C_t}, \underset{-}{i_t}) \tag{15.5}$$

ここで、C_tはt期の消費、i_tはt期の国内名目金利を表す。関数$L(\cdot, \cdot)$ は、消費に対する増加関数で、名目金利に対する減少関数である。消費を貨幣需要関数の引数とする理由は、家計が貨幣を使って消費財を購入するからである。[1)]消費は時間的に一定であると仮定するので、以下では時間の添え字tを削除す

1) 家計の効用最大化問題から (15.5) 式のような貨幣需要がどのように導かれるかに興味のある読者は、本章の付録 (15.8節) へ飛び、その後ここから再読せよ。

る。貨幣需要関数$L(\cdot, \cdot)$は、**流動性選好関数**（liquidity preference function）とも呼ばれる。

均衡においては、貨幣の需要は貨幣の供給と等しくなければならない。M_tをt期におけるマネーサプライとすると、貨幣市場の均衡は、$M_t = M_t^d$である。この式を使って、(15.5) 式のM_t^dを置き換えると、次のようになる。

$$\frac{M_t}{P_t} = L(C, i_t) \tag{15.6}$$

この式は、均衡において、実質貨幣供給は実質貨幣需要と等しくなければならないことを述べている。

15.2.2　購買力平価

貿易財は単一であり、国際貿易に関して障壁はないと仮定する。したがって、購買力平価が成立しなければならない、つまり、国内と外国の物価水準は、同じ通貨で表示された場合、互いに等しくなければならない。[2)]式で表すと次のようになる。

$$P_t = \varepsilon_t P_t^*$$

簡単化のために、財の外貨で測った価格は一定で1に等しいとする（すべてのtについて$P_t^* = 1$)。この場合、購買力平価から、以下のように国内の物価水準は名目為替レートに等しくなる。

$$P_t = \varepsilon_t \tag{15.7}$$

この関係を利用して、貨幣市場清算条件 (15.6) 式は次のように書くことができる。

$$\frac{M_t}{\varepsilon_t} = L(C, i_t) \tag{15.8}$$

15.2.3　金利平価条件

資本移動は自由であり、不確実性はないと仮定する。これらの仮定により、名目為替レートの変化を補償した後、自国と外国の金利は互いに等しくなければならない。形式的には次のようになる。[3)]

2)　購買力平価のより詳細な説明については、第9章9.2節を参照。

$$1 + i_t = (1 + i_t^*) \frac{\varepsilon_{t+1}}{\varepsilon_t} \tag{15.9}$$

ここで、i_t^*は外国金利を表す。この金利平価条件は、国内債券市場と外国債券市場の間に裁定機会が存在しないことを意味する。これは直感的に理解できる。左辺は、自国通貨1単位を自国通貨建て債券に投資した場合の総収益率である。資本移動が自由であるので、この投資は、1単位の自国通貨を外国債券に投資した場合と同じリターンをもたらすはずである。1単位の自国通貨で$1/\varepsilon_t$の外貨が買える。また、$1/\varepsilon_t$単位の外貨を外国債券で運用すると$t+1$期に$(1+i_t^*)/\varepsilon_t$単位の外貨が得られる。そしてこれは（$1+i_t^*$）$\varepsilon_{t+1}/\varepsilon_t$単位の自国通貨と交換できる。以下の分析を通じて、世界の金利i_t^*は一定であると仮定する。そのため、時間の添え字tを削除し、i^*と表記する。

15.2.4　政府の予算制約

政府の収入源は、税収T_t、通貨発行益$M_t - M_{t-1}$、外国債券の保有による利子収益$\varepsilon_t i^* B_{t-1}^g$の3つであると仮定する。ここで$B_{t-1}^g$は、$t-1$期から$t$期にかけて政府が保有した外貨建て債券を表す。政府は収入を政府購入P_tG_t（ここで、G_tはt期における政府の実質財消費を表す）、および外国債券の保有残高の増減$\varepsilon_t(B_t^g - B_{t-1}^g)$に充当する。したがって、$t$期における政府の予算制約は以下となる。

$$\varepsilon_t(B_t^g - B_{t-1}^g) + P_tG_t = P_tT_t + (M_t - M_{t-1}) + \varepsilon_t i^* B_{t-1}^g$$

この式の左辺は政府の歳入の用途を、右辺は歳入の財源を表している。ただしB_t^gは正であると限定されないことに注意しよう。もしB_t^gが正であれば、政府は債権者であり、負であれば、政府は債務者である。税金と政府支出は、消費財の単位で測定されているため、政府の予算制約において、G_tとT_tにP_tが掛け合わされている。

上式の左辺と右辺を物価水準P_tで割ることで、政府予算制約を実質で表現することができる。$\varepsilon_t = P_t$（(15.7) 式）を用い、項を並べ替えると、次のようになる。

3)　本章の付録（15.8節）では、無限期間モデルにおいて、家計の効用最大化からこの金利平価条件を導出している。

$$B_t^g - B_{t-1}^g = \frac{M_t - M_{t-1}}{P_t} - (G_t - T_t - i^* B_{t-1}^g) \tag{15.10}$$

右辺の第1項は政府の貨幣発行による実質的な収入を示すもので、**通貨発行益**（seigniorage revenue）と呼ばれる。

$$通貨発行益（シニョリッジ）= \frac{M_t - M_{t-1}}{P_t}$$

右辺第2項は**二次的財政赤字**（secondary fiscal deficit）であり、DEF_tと表記する。二次的財政赤字は、政府支出と、徴税による収入および国債保有による利子収入の差で与えられることを想起されたい（第8章を参照）。正式には、DEF_tは以下のように定義される．

$$DEF_t = (G_t - T_t) - i^* B_{t-1}^g$$

また、第8章では、基礎的財政赤字を政府支出と税収の差と定義した（基礎的財政赤字$= G_t - T_t$）ので、二次的財政赤字は基礎的財政赤字と政府が保有する有利子資産からの金利収入の差に等しい。

二次的財政赤字の定義と購買力平価$P_t = \varepsilon_t$を用いると、政府の予算制約は次のように書ける。

$$B_t^g - B_{t-1}^g = \frac{M_t - M_{t-1}}{\varepsilon_t} - DEF_t \tag{15.11}$$

この式から、財政赤字（$DEF_t > 0$）は、貨幣の発行（$M_t - M_{t-1} > 0$）を伴うか、政府の資産残高の減少（$B_t^g - B_{t-1}^g < 0$）を伴うか、あるいはその両方でなければならないことがわかる。

この経済モデルの記述を完成させるためには、為替制度を定式化しなければならない。次にそれを説明する。

15.3　財政赤字と通貨ペッグの持続可能性

固定相場制の下では、政府は為替レートを一定の水準に保つために為替市場に介入する。このときの固定水準をεとしよう。すなわちすべての期間tにおいて、$\varepsilon_t = \varepsilon$である。政府が為替レートを固定した場合、中央銀行は固定レートεで自国通貨と外国通貨をいつでも交換しなければならないので、マネーサプライは内生変数になる。

εで固定された名目為替レートの下では、(15.7) 式で示される購買力平価条件によると、物価水準P_tも一定で、すべてのtにおいてεに等しいことを意味する。この結果は、なぜ高インフレやハイパーインフレの終息を目的としたほとんどすべての安定化プログラムが何らかの形で通貨ペッグを行っているかを説明するものである。自国通貨と低インフレ国の通貨の間の為替レートを固定することで、中央銀行は自国のインフレ率を外国のインフレ率に急速に収束させることができるのである。しかしながら、通貨ペッグに財政改革が伴わなければ、**為替レートに基づく安定化プログラム**（exchange rate-based stabilization program）はインフレ問題への短期的な解決策にしかならないことが、この後の分析によって示される。

名目為替レートは一定であるため、期待切下げ率はゼロである。このことは、金利平価条件式（15.9）により、国内の名目金利i_tが一定で、世界の金利i^*と等しいことを意味する。そして、流動性選好式（15.8）から、名目貨幣残高に対する需要は一定で、$\varepsilon L(C, i^*)$に等しいことがわかる。均衡状態において貨幣需要は貨幣供給と等しくなければならないので、マネーサプライも時間を通じて一定、すなわち$M_t = M_{t-1} = \varepsilon L(C, i^*)$となることがわかる。マネーサプライが一定であることを利用すると、政府予算制約式（15.11）は次のようになる。

$$B_t^g - B_{t-1}^g = -DEF_t \qquad (15.12)$$

つまり、為替レートを固定化すると、政府は歳入源の1つであるシニョリッジ（通貨発行益）を失うことになる。したがって、財政赤字をすべて有利子資産の売却でまかなわなければならない。

固定相場制を長期的に持続するためには、政府が財政規律を守ることが必要である。このことを見るために、政府はある一定の二次的財政赤字（$DEF_t = DEF > 0$）をすべてのtにおいて計上するとしよう。（15.12）式によれば、これは政府資産が時間とともに減少（$B_t^g - B_{t-1}^g = -DEF < 0$）し、ある時点では$B_t^g$がマイナスになり、政府は債務者になることを意味する。ここで、公的債務の大きさに上限があるとしよう。公的債務がこの上限に達したとき、政府は財政赤字の解消（例えば、$DEF = 0$とする）、債務不履行、または為替ペッグの放棄のいずれかを迫られる。このような事態に陥ることを**国際収支危機**（balance of payments crisis）と呼ぶ。国際収支危機については、15.7節で分析する。

15.4　切下げによる財政への影響

予期せぬ通貨切下げは、政府にとって歳入を生み出す税として機能する。このことを確認するために、第1期に政府が予想外に、為替レートをεから$\varepsilon' > \varepsilon$へと上昇させて通貨を切り下げ、すべての期間$t \geq 1$について$\varepsilon_t = \varepsilon'$とすると宣言する。ここで言う「予想外」とは、第1期以前は、名目為替レートの経路はすべての期間tについて$\varepsilon_t = \varepsilon$であると予想されていたことを意味する。

購買力平価条件式（15.7）により、国内の物価水準P_tは、第1期にεからε'に跳ね上がり、その後もその水準にとどまる。したがって、切下げはインフレを誘発する。

1回限りの予期せぬ切下げは、名目金利に何の影響も与えない。このことを確認するために、まず、政策変更直前の0期の名目金利を考えてみよう。このとき、誰もが為替レートが一定で、すべてのtについてεに等しいと予想している。したがって、金利平価条件式（15.9）は、次のことを意味する。

$$1 + i_0 = (1 + i^*)\frac{\varepsilon_1}{\varepsilon_0} = (1 + i^*)\frac{\varepsilon}{\varepsilon} = 1 + i^*$$

ここで、任意の期間$t \geq 1$を考える。このとき、為替レートはε'に変化しており、その水準で推移すると予想される。したがって、金利平価条件式（15.9）は次のことを意味する。

$$1 + i_t = (1 + i^*)\frac{\varepsilon_{t+1}}{\varepsilon_t} = (1 + i^*)\frac{\varepsilon'}{\varepsilon'} = 1 + i^*$$

直感的には、名目金利は為替レートの予想される変化のみを織り込んでいるため、変化しない。第1期の間、第1期の前、第1期の後、誰もが為替レートがずっと一定であると予想しているので、減価率は常に0であると予想されるのである。

名目金利が不変であることを利用すると、流動性選好を表す（15.8）式によれば、第1期において名目貨幣残高の需要が$\varepsilon L(C, i^*)$から$\varepsilon' L(C, i^*)$に増加する。これは、名目為替レートの減価率と同じ割合で名目実質残高の需要が増加することを意味する。ここで、第1期で評価した政府予算制約式（15.11）を考えてみよう。

$$B_1^g - B_0^g = \frac{M_1 - M_0}{\varepsilon'} - DEF$$

$$= \frac{\varepsilon' L(C, i^*) - \varepsilon L(C, i^*)}{\varepsilon'} - DEF$$

最後の等式の右辺の第1項の分子は、$\varepsilon' > \varepsilon$ であるから正である。したがって、第1期において通貨発行益は正である。その結果、政府の資産残高は改善され、$B_1^g - B_0^g$が増加する。切下げがない場合は、$M_1 - M_0 = \varepsilon L(C, i^*) - \varepsilon L(C, i^*) = 0$であるから、通貨発行益はゼロである。したがって、予想外の切下げによって、切下げが行われた期間の政府歳入は増加する。切下げ後の期間（$t = 2, 3, 4, \ldots$）では、名目貨幣需要は一定で$\varepsilon' L(C, i^*)$に等しく、したがってすべての$t \geq 2$について$M_t - M_{t-1} = 0$となり、通貨発行益はゼロとなる。

要約すると、以下のようになる。1回限りの予期せぬ切下げは、名目為替レートの上昇率（減価率）と同じ割合で国内の物価水準を上昇させる。家計が名目貨幣残高を保有している場合、物価水準の上昇はその実質価値を低下させる。つまり、切下げは実質残高に対する課税のようなものである。名目金利は切下げに影響されないので、家計にとって望ましい実質残高は変化しない。希望する実質残高を再び保有するために、家計は外国債券の一部を中央銀行に売却し、自国通貨と交換する。したがって、通貨切下げによる正味の効果は、民間部門の対外資産残高を低下させるが、政府は、自ら創出した無利子資産である貨幣を有利子の外国資産と交換することにより、実質的な資源を獲得するというものである。

15.5　貨幣成長率が一定のレジーム

ここでは、中央銀行がマネーサプライの経路を目標とする変動相場制を考える。以下のように中央銀行が貨幣量を毎期一定の正の率μで拡大するとする。

$$M_t = (1 + \mu) M_{t-1} \tag{15.13}$$

ここでの目的は、名目為替レート、物価水準、実質残高、および国内名目金利といったモデルの内生変数が、(15.13) 式で規定される貨幣増加率のルールの下でどのように振る舞うかを知ることである。そのために、均衡では名目為替レートがμの率で減価すると予想（または推測）する。そして、この推測が正しいかどうかを検証する。形式的には、推測は$t = 1, 2, \ldots$において次のようになる。

$$\frac{\varepsilon_{t+1}}{\varepsilon_t} = 1 + \mu$$

購買力平価条件式（15.7）により、国内の物価水準も$t = 1, 2, ...$において次のように貨幣増加率μで成長しなければならない。

$$\frac{P_{t+1}}{P_t} = 1 + \mu$$

この式は、この推測の下では、インフレ率はマネーサプライの成長率と等しくなければならないことを述べている。

国内名目金利i_tを決定するために、金利平価条件式（15.9）を用いる。

$$1 + i_t = (1 + i^*)\frac{\varepsilon_{t+1}}{\varepsilon_t} = (1 + i^*)(1 + \mu)$$

すなわち、名目金利は一定でμとともに上昇することを意味する。μが正のとき、自国通貨が時間を通じて減価しているため、国内名目金利は世界金利i^*を上回る。i_tとμの間の正の関係をまとめると、次のようになる。

$$i_t = \underset{+}{i(\mu)}$$

この式を貨幣市場清算条件（15.8）式に代入すると、次のようになる。

$$\frac{M_t}{\varepsilon_t} = L(C, i(\mu)) \tag{15.14}$$

貨幣増加率μは一定であるから、名目金利$i(\mu)$も一定である。したがって、(15.14）式の右辺は一定である。貨幣市場が均衡するためには、(15.14）式の左辺も一定である必要がある。このことは、為替レートがマネーサプライと同じ速度で減価（つまり上昇）する場合のみ成立する。これは、$\varepsilon_{t+1}/\varepsilon_t = 1 + \mu$という最初の推測を裏付けるものである。(15.14）式は、均衡において実質貨幣残高は一定でなければならず、貨幣増加率μが高いほど実質残高の均衡水準が低くなることを意味している。直感的には、貨幣の増加率が上がると、貨幣を保有する機会費用である金利も上がり、家計は取引に貨幣を使うことを躊躇することになる。現実には、家計は、ポケットに入れておくお金を減らしたり、普通口座から預金口座へと振替を頻繁に行ったりすることで、このような行動を取っている。

15.6 貨幣発行の財政的帰結

前節では、貨幣の発行はインフレと通貨価値下落（自国通貨安）を引き起こし、実質貨幣残高を減少させることを明らかにした。これらはいずれも潜在的にマイナスの効果を経済にもたらす。例えば、実質貨幣残高の減少は、財の取引に支障をきたす。それにもかかわらず、なぜ一部の政府はマネーサプライを高い率で増加させるのだろうか。その理由の1つは、紙幣を印刷することで、財政赤字をファイナンスするための財源を確保できるためである。本節では、この点について検討する。

15.6.1 インフレ税

政府予算制約式（15.11）を別の観点から見るため、再掲する。

$$B_t^g - B_{t-1}^g = \frac{M_t - M_{t-1}}{\varepsilon_t} - DEF_t \tag{15.11R}$$

この式の右辺の第1項である通貨発行益を分析してみよう。一定の貨幣成長率の下での結果、$M_t = \varepsilon_t L(C, i(\mu))$（(15.14) 式を参照）を用いて上式は以下のように書くことができる。

$$\begin{aligned}\frac{M_t - M_{t-1}}{\varepsilon_t} &= \frac{\varepsilon_t L(C, i(\mu)) - \varepsilon_{t-1} L(C, i(\mu))}{\varepsilon_t} \\ &= L(C, i(\mu))\left(\frac{\varepsilon_t - \varepsilon_{t-1}}{\varepsilon_t}\right)\end{aligned}$$

ここで、マネーサプライがμの速度で成長するとき、均衡では（$\varepsilon_t - \varepsilon_{t-1})/\varepsilon_t = \mu/(1+\mu)$ であることを利用して、通貨発行益は次のように書ける。

$$\frac{M_t - M_{t-1}}{\varepsilon_t} = L(C, i(\mu))\left(\frac{\mu}{1+\mu}\right) \tag{15.15}$$

均衡においてμがインフレ率であることを考えると、(15.15) 式の右辺は政府の**インフレ税収入**（inflation tax revenue）と解釈できる。これは、インフレは国民の保有する実質貨幣残高に対する課税であり、課税ベースは実質貨幣保有量$L(C, i(\mu))$、税率は係数$\mu/(1+\mu)$ であるとする考え方である。

15.6.2　インフレ税のラッファー曲線

課税ベース$L(C, i(\mu))$ はμの上昇によって減少し、税率$\mu/(1+\mu)$ はμの上昇によって上昇するため、マネーサプライの成長率に応じて通貨発行益が増加するか減少するかは明らかではない。通貨発行益がμに対して増加するか減少するかは、流動性選好関数$L(\cdot, \cdot)$ の形と、μ自体の水準に依存する。一般的にμが小さい場合、通貨発行益はμの上昇とともに増加する。しかし、μが大きくなるにつれて課税ベース（貨幣需要）の縮小が税率の上昇を上回り、その結果、通貨発行益はμの上昇とともに減少するようになる。このように、政府が貨幣を印刷することで徴収できる歳入には上限が存在する。その結果、マネーサプライの伸び率と通貨発行益の関係は逆U字型になり、この関係は**インフレ税のラッファー曲線**（inflation tax Laffer curve）と呼ばれる（図15.1参照）。

15.6.3　インフレによる財政赤字の補塡

政府が一定の財政赤字を出しており、すべてのtについて$DEF_t = DEF > 0$

図 15.1　インフレ税のラッファー曲線

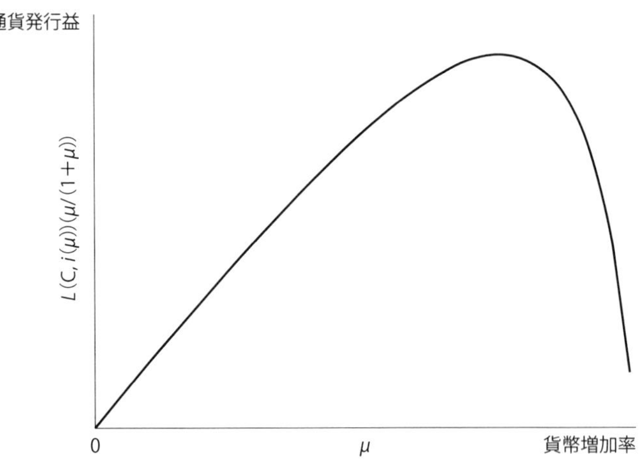

（注）　インフレ税のラッファー曲線は，政府が貨幣供給量を一定の率で拡大する経済において，貨幣増加率μと通貨発行益$(M_t - M_{t-1})/P_t$との関係を示したものである．均衡において，通貨発行益は$L(C, i(\mu))(\mu/(1+\mu))$に等しい．$L(C, i(\mu))$は$\mu$の上昇によって減少するが，$\mu/(1+\mu)$は上昇する．この特徴から，貨幣増加率と通貨発行益の間には，図に示されるような非単調な関係が生じうる．均衡においては，インフレ率は貨幣増加率と等しいので，横軸はどちらかの変数を表していると解釈できる．

図 15.2　インフレによる財政赤字の補塡とインフレ率のラッファー曲線

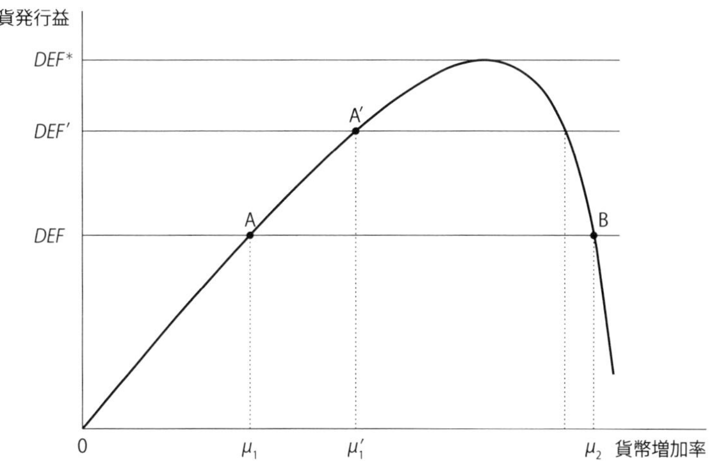

（注）この図から，財政赤字DEFをファイナンスするのに十分な通貨発行益を生み出す貨幣増加率の値は，μ_1とμ_2の2つであることがわかる．一方の均衡ではインフレ率が高く（B点），他方の均衡ではインフレ率が相対的に低い（A点）．一般に，経済はラッファー曲線の右上がりの箇所に位置する傾向があり，A点のほうがより現実的である．財政赤字がDEFからDEF'に増加すると，$\mu_1' > \mu_1$というより高い金融緩和率が必要となり，結果としてインフレ率が高くなる．国債発行能力を使い果たした場合，DEF^*を超える赤字は，貨幣の発行ではまかなえず，ハイパーインフレにつながる．

である状況を考える。さらに、政府は借入限度額に達しており、追加的な国債発行によって財政赤字をまかなうことができない、つまり$B_t^g - B_{t-1}^g$はゼロに等しくなければならないとする。このような状況下で、政府の予算制約式（15.11）は次のようになる。

$$DEF = \frac{M_t - M_{t-1}}{\varepsilon_t}$$

この表現は、公債発行能力を使い果たした国が、財政赤字をファイナンスするためには、紙幣を印刷することに頼らざるをえなくなるということである。このような公的部門の資金調達の方法を**財政赤字のマネタイゼーション**（monetization of the fiscal deficit）と呼ぶ。上記の式と（15.15）式を組み合わせると、次のようになる。

$$DEF = L(C, i(\mu))\left(\frac{\mu}{1+\mu}\right) \tag{15.16}$$

図15.2は、財政赤字とそれを補塡するために必要な金融緩和の度合いとの関係を示している。均衡においてインフレ率と自国通貨の減価率は貨幣増加率と等しいことを念頭に置けば、横軸は貨幣増加率、インフレ率、または自国通貨の減価率のいずれかを表していると考えることができる。インフレ率のラッ

ファー曲線は、(15.16) 式の右辺に相当する。横線は (15.16) 式の左辺、つまり*DEF*をプロットしたものである。

財政赤字*DEF*をファイナンスするのに十分な通貨発行益を生み出す貨幣成長率には、μ_1とμ_2の2つがある。μ_2に対応する均衡（図のB点）では貨幣増加率は相対的に高く、μ_1に対応する均衡（図のA点）では貨幣増加率は相対的に低い。実証研究によれば、現実には経済は、ラッファー曲線が右上がりの箇所に位置する傾向があり、したがって、A点がより現実的なシナリオである。

ここで、財政赤字が*DEF*から$DEF' > DEF$に増加した場合の影響を考えてみよう。より大幅な財政赤字をまかなうために、政府はマネーサプライをより速く増加させることを余儀なくされる。新しい均衡A′点では、マネーサプライの増加率はμ_1'であり、古い均衡のA点よりも大きくなっている。その結果、インフレ率、自国通貨の減価率、および名目金利はすべて、赤字が*DEF*からDEF'へと増加するにつれて上昇する。

場合によっては、インフレによる財政赤字の補塡がハイパーインフレにつながることもある。ハイパーインフレは、財政赤字が通貨発行益のみではまかないきれない水準に達したときに発生する。図15.2で言えば、財政赤字がラッファー曲線のピークに対応する赤字水準であるDEF^*より大きくなったときである。政府は、どのような金融緩和でも財政赤字をまかなうには十分ではないという事実に当初は気づかないのが実際である。財政赤字をまかなうために、政府は貨幣の増刷を加速させる。しかし、この措置は逆効果である。なぜなら、ラッファー曲線が右下がりの領域に入っており、貨幣増加率の上昇は通貨発行収入を増加させるのではなく減少させてしまい、財政ギャップをさらに拡大させるからである。通貨発行益の減少により、政府はさらに速いスピードでマネーサプライを増加させることになり、このような力学が悪循環となってインフレスパイラルが加速されることになる。

ハイパーインフレを終わらせるための最も基本的なステップは、問題の根底にある政府予算の不均衡を解消することである。このような財政構造改革が行われ、国民の理解が得られると、ハイパーインフレは通常、突然に終息する。

15.7 国際収支危機

国際収支（Balance of payments：BOP）危機とは、政府が財政的な義務を果たすことができない、またはその意思がない状況のことである。このような状況は、国内外の公的債務の履行不能や通貨の兌換停止など、さまざまな形で現れる可能性がある。

BOP危機の原因は何だろうか。BOP危機は、金融政策と財政政策の持続不可能な組合せの必然的な結果として発生することがある。このような政策ミックスの典型例は、政府が名目為替レートを固定し、同時に財政赤字を出している状況である。15.3節で述べたように、固定相場制の下では、政府は財政赤字を有利子資産の売却によってまかなわなければならない((15.12) 式参照)。しかし政府が発行できる債務に限りがある以上、このような状況をいつまでも続けることはできない。公的債務が上限に達すれば、政府は政策転換を迫られる。1つの可能性は、債務返済を停止し(すなわち、借入金にかかる金利支払いの停止)、二次的財政赤字を縮小することである。もう1つの可能性は、歳出削減や増税などの財政的な調整を行い、基礎的財政赤字を縮小することである。最後は、為替レートの固定を放棄して財政赤字のマネタイゼーションに頼ることである。この第3の選択肢は、通貨ペッグを採用していた多くの途上国がたどった運命であった。

固定相場制の崩壊に伴い経験的によく観察されるのは、ペッグ制を放棄する直前、中央銀行が短期間に膨大な量の外貨準備を失うということである。外貨準備高が減少するのは、通貨切下げが間近に迫っていることを見越して、国民が自国通貨を交換しようと、取付が起きる結果である。自国通貨を大量に処分して外貨に換えようとする人々が殺到するのは、通貨が切り下げられたときに起こると予想される自国通貨建て資産の実質価値の損失を回避したいからである。

国際収支危機の動学に関する最初のモデルは、1978年のステファン・サラント(Stephen Salant)とデール・ヘンダーソン(Dale Henderson)、および1979年のポール・クルーグマン(Paul Krugman)によるものである。[4] ここでは、国際収支危機について15.2節および15.6節において構築した枠組みを用いて分析する。

毎期ごとに一定の財政赤字$DEF > 0$を計上している国があるとする。この国

4) Stephen W. Salant and Dale W. Henderson, "Market Anticipations of Government Policies and the Price of Gold," *Journal of Political Economy*, Vol. 86, No. 4, August 1978, pp. 627–648 および Paul R. Krugman, "A Model of Balance-of-Payments Crisis," *Journal of Money, Credit and Banking*, Vol. 11, No. 3, August 1979, pp. 311–325.

は、第1期は、通貨ペッグを採用していると仮定する。具体的には、政府が名目為替レートを外貨1単位当たり自国通貨ε単位で固定するとする。また、通貨ペッグが発表された第1期には、0期から持ち越された対外資産が正のストックとして存在しているとする（$B_0^g > 0$）。さらに、政府は信用供与を受けられないとする。つまり、政府の資産保有は、すべてのtについて$B_t^g \geq 0$であり、非負であると制約される。15.3節の通貨ペッグの持続可能性の議論から、通貨ペッグが有効である限り、財政赤字は継続的に資産を流出させ、ある時点で完全に枯渇させることがわかる。つまり、財政赤字が解消されない限り、政府はある時点で通貨ペッグを放棄して財政赤字の補填のために紙幣を印刷することを余儀なくされるのである。準備金を使い果たした結果、政府が固定相場制を放棄し、財政赤字のマネタイゼーションを開始する時期をTとする。

国際収支危機の時系列での発展は、次の3つの明確なフェーズによって特徴付けられる。(1) 危機前の段階：$t = 1$から$t = T - 2$までのこの段階では、通貨ペッグは有効であり、次の期間も有効であると予想される。(2) 国際収支危機：$t = T - 1$期に発生し、中央銀行が通貨ペッグを守りつつも、自国通貨を交換しようという取付騒ぎに直面し、外貨準備が大量に失われる時期である。(3) 危機後の段階：$t = T$以降の期間を指す。この段階では、名目為替レートは自由に変動し、中央銀行は財政赤字のマネタイゼーションに見合った速度でマネーサプライを拡大させる。

(1) 危機前の段階：$t = 1$から$t = T - 2$まで

期間$t = 1, 2, ..., T - 2$では、為替レートはペッグされ、期間$t + 1$でもペッグされると予想される。その結果、諸変数は15.3節で説明されたように振る舞う。特に名目為替レートは一定で、εに等しい。すなわち$t = 1, 2, ..., T - 2$において、$\varepsilon_t = \varepsilon$である。購買力平価によって、また$P_t^* = 1$という仮定から、国内の物価水準も時間を通じて一定であり、εに等しい（$t = 1, 2, ..., T - 2$において、$P_t = \varepsilon$）。為替レートは固定されているので、切下げ率（$\varepsilon_t - \varepsilon_{t-1})/\varepsilon_{t-1}$は0に等しい。名目金利$i_t$は、金利平価条件式（15.9）により、$1 + i_t = (1 + i^*)\varepsilon_{t+1}/\varepsilon_t$を満たし、したがって、世界金利$i^*$と等しい。なお、$T - 1$期はまだ為替ペッグが適用されているので、$T - 2$期の名目金利も$i^*$に等しい。したがって$t = 1, 2, ..., T - 2$において、$i_t = i^*$となる。

15.3節で述べたように、為替レートの固定化によって、政府は赤字をマネタイゼーションする能力を放棄している。なぜなら、均衡で$\varepsilon L(C, i^*)$と等しくなる名目貨幣供給量M_tが一定で、その結果、通貨発行益$(M_t - M_{t-1})/\varepsilon$はゼロであるからである。ここで，政府資産$B_t^g$に関するダイナミクスを考えてみよう。国際収支に関する文献の慣例に従い、B_t^gは外貨準備から構成されると考える。したがって（15.12）式により以下のようになる。

$$B_t^g - B_{t-1}^g = -DEF \qquad t = 1, 2, ..., T-2 \text{について}$$

この式は、財政赤字によって中央銀行が毎期DEF単位の外貨準備を失うことを示している。外貨準備が恒久的に減少し、中央銀行の資産に下限（ここでは$B_t^g \geq 0$）が存在することから、持続的な財政不均衡が存在する場合、通貨ペッグは持続不可能であることは明らかである。

(3) 危機後の段階：$t = T$以降

政府は外貨準備を使い果たし、第T期をスタートする（$B_{T-1}^g = 0$）。このとき、政府が借入れを行えないこと（つまりB_t^gが非負）、また、財政赤字を解消できないという前提に立てば、第T期において、政府は通貨ペッグ制を放棄し、財政赤字をファイナンスするために貨幣を印刷せざるをえなくなる。このように、危機後の段階では、政府は為替レートを変動させる。特に、財政赤字をファイナンスするのに十分な通貨発行益を生み出すような一定の率μで、政府がマネーサプライを拡大すると仮定する。15.6節で、μは（15.16）式で決定されることを推論したが、便宜上、ここに再掲する。

$$DEF = L(C, i(\mu))\left(\frac{\mu}{1+\mu}\right) \tag{15.16R}$$

なお、財政赤字がプラスである以上、貨幣増加率もプラスでなければならない。危機後の局面では、実質貨幣残高M_t/ε_tは一定で、$L(C, i(\mu))$に等しい。したがって、名目為替レートε_tはμの率で減価しなければならない。購買力平価$P_t = \varepsilon_t$、により、物価もμの率で上昇する。すなわち、インフレ率は正でμに等しい。最後に、名目金利は、$1 + i_t = (1 + i^*)(1 + \mu)$を満たす。

危機前後の経済の動きを比較してみよう。まず第1に注目すべきは、固定相場制の崩壊に伴い、インフレが発生し、物価水準の安定が損なわれていることである。危機前の局面では、金融緩和の度合い、自国通貨の減価率およびインフレ率はすべてゼロに等しい。一方、危機後の局面では、これらの変数はすべて正で、μに等しい。第2に、赤字をまかなう財源が2つのフェーズで異なっている。危機前の局面では、赤字はすべて外貨準備でまかなわれる。その結果、外貨準備はこの局面で着実に減少している。一方、危機後の段階では、財政赤字は通貨発行益でまかなわれ、外貨準備は一定（ここでの例ではゼロ）になる。最後に、危機後の段階では、名目金利が高いため、実質貨幣需要は危機前に比べて減少している。

(2) **国際収支危機：$t = T - 1$**

期間$T-1$においては、為替ペッグ制はまだ崩壊していない。したがって、名目為替レートと物価水準はともにεである。すなわち、$\varepsilon_{T-1} = P_{T-1} = \varepsilon$が成り立つ。ただし、$T-1$期には国民が$T$期における自国通貨の減価を予想しているため、危機前のように名目金利はi^*ではない。まず$T-1$期からT期における自国通貨の減価率はμであり、以下のようになる。

$$\frac{\varepsilon_T - \varepsilon_{T-1}}{\varepsilon_{T-1}} = \mu$$

名目金利がi^*でないことを見るには、$T-1$期において、名目金利が以下の条件を満たすことを利用する。

$$1 + i_{T-1} = (1 + i^*)\frac{\varepsilon_T}{\varepsilon_{T-1}} \tag{15.17}$$

また$T-1$期における実質貨幣残高は次式で与えられる。

$$\frac{M_{T-1}}{\varepsilon_{T-1}} = L(C, i_{T-1}) \tag{15.18}$$

さらにT期における政府の予算制約は以下である。

$$DEF = \frac{M_T - M_{T-1}}{\varepsilon_T} = L(C, i(\mu)) - \frac{M_{T-1}}{\varepsilon_{T-1}}\frac{\varepsilon_{T-1}}{\varepsilon_T} \tag{15.19}$$

これらは、3つの未知数、i_{T-1}、$M_{T-1}/\varepsilon_{T-1}$および$\varepsilon_T/\varepsilon_{T-1}$についての3つの方程式である。解が$\varepsilon_T/\varepsilon_{T-1} = 1 + \mu$であると予想する。すると（15.17）式で$i_{T-1} = i(\mu)$となる。ひいては（15.18）式により$M_{T-1}/\varepsilon_{T-1} = L(C, i(\mu))$となる。最後に、（15.19）式は$DEF = L(C, i(\mu))\dfrac{\mu}{1+\mu}$となり、（15.16）式と同じになり、推測が正しいことが確認された。

つまり、$T-1$期には、名目金利が危機後の水準まで上昇（$i(\mu) > i^*$）し、実質残高は危機後の水準まで低下する（$L(C, i(\mu)) < L(C, i^*)$）ことが確認された。$T-1$期では中央銀行がまだペッグ制を維持しているため、名目為替レートは変化せず、したがって、実質残高の減少はすべて名目残高の減少によってもたらされる。国民は、自国通貨を外貨に交換するために中央銀行に駆

け込む。したがって、$T-1$期に中央銀行の外貨準備は$T-1$以前の各期間において減少していた量であるDEFより大きく減少する。これをより具体的に見るために、政府予算制約式（15.11）を$t=T-1$において評価すると、次のようになる。

$$
\begin{aligned}
B^g_{T-1} - B^g_{T-2} &= \frac{M_{T-1} - M_{T-2}}{\varepsilon} - DEF \\
&= L(C, i(\mu)) - L(C, i^*) - DEF \\
&< -DEF
\end{aligned}
$$

2番目の等式は、$M_{T-1}/\varepsilon = L(C, i(\mu))$ および$M_{T-2}/\varepsilon = L(C, i^*)$ という事実から導かれる。また不等式は$i(\mu) = (1+i^*)(1+\mu) - 1 > i^*$という事実と、流動性選好関数$L(\cdot, \cdot)$ が名目金利の上昇につれて減少することから導かれる。

図15.3は、モデルから予測される国際収支危機のダイナミクスを示したものである。(b) インフレ率と (a) 自国通貨の減価率は、$T-1$期まではゼロである。T期には、それらは恒久的に高い水準にジャンプする。(c) 名目金利は、T期に予想される自国通貨の減価を織り込んでいるため、1期前の$T-1$期にジャンプする。(d) 実質貨幣残高M_t/ε_tは、$T-2$期まで横ばいである。$T-1$期では、名目金利の上昇により、家計は実質貨幣保有残高を恒久的に低い水準へと減少させる。$T-2$期までは物価水準は一定であるため、(e) マネーサプライは実質貨幣残高の横ばいの経路と同一の経路を描く。$T-1$期では、通貨に対する投機的な攻撃によってマネーサプライが低下する。T期以降、名目貨幣供給量は中央銀行が通貨発行益を回収していることを反映し、μの割合で増加する。最後に、(f) 外貨準備B^g_tは、第1期から第$T-2$期までの間、一定率DEFで減少する。$T-1$期では、外貨準備の減少幅が大きい。この外貨準備の減少が、このモデルの中心的な洞察である。つまり、現実世界におけるように、通貨ペッグの崩壊に先立ち、自国通貨に対する投機的な売りと、中央銀行が保有する外貨準備の大幅な減少が発生している。$T-1$期に為替レートが固定されていても、T期の切下げを予想して名目金利が上昇し、実質貨幣残高の需要が縮小してしまう。$T-1$期においてはまだ自国通貨が完全に交換可能なので、中央銀行は外貨準備を売却して貨幣需要の減少をすべて吸収しなければならない。T期にはペッグが放棄され、中央銀行は財政赤字をファイナンスするために貨幣を印刷せざるをえなくなり、インフレ率の上昇を引き起こすことになる。

図 15.3　国際収支危機のダイナミクス

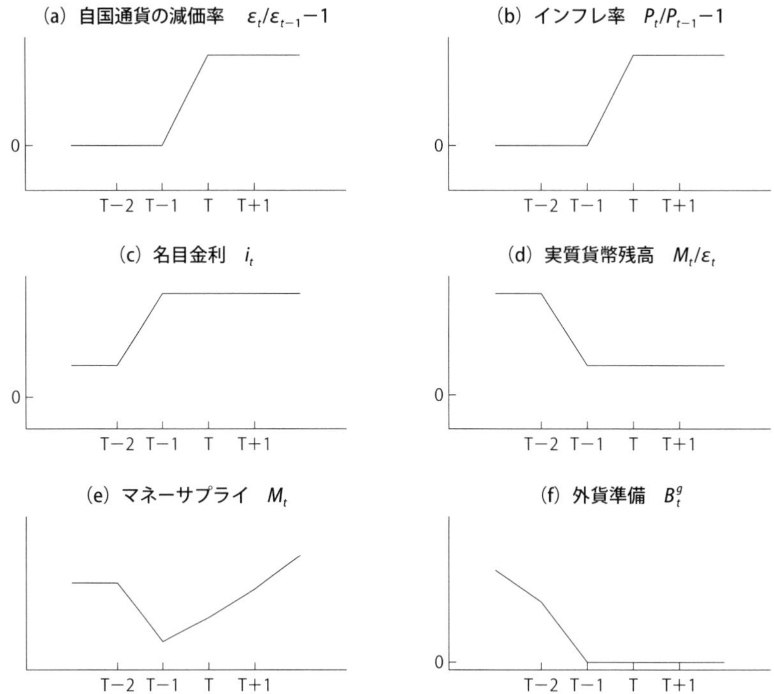

（注）　図は国際収支危機のダイナミクスを描いている. 中央銀行は当初, 為替ペッグ制を採用し, インフレ率はゼロである. しかし, 財政赤字によって外貨準備のストックはどんどん減少していく. $T-1$期に投機的な攻撃があり, 中央銀行は異常に大量の外貨準備を失う. T期にはペッグ制が放棄され, 中央銀行は財政赤字をファイナンスするために貨幣を印刷せざるをえなくなり, インフレ率が上昇する.

15.8　付録：貨幣需要の動学的最適化モデル

この付録では、(15.5) 式で示される流動性選好関数$L(C, i_t)$と (15.9) 式で示される金利平価条件の基礎となる動学的最適化モデルを展開する。この付録は本章の他の部分よりやや高度な内容である。この章で扱った重要な概念が失われることはないので、読み飛ばしてもかまわない。

貨幣需要を動機付けるために、貨幣によって取引が容易になると仮定する。貨幣が取引を容易にするということを、財の消費だけでなく、実質貨幣残高の保有からも効用を得られると仮定することでとらえる。具体的には、各期間t

$= 1, 2, 3, \ldots$における選好は、次の効用関数によって記述されるとする。

$$u(C_t) + z\left(\frac{M_t^d}{P_t}\right)$$

ここで、C_tはt期の家計の消費を表し、M_t^d/P_tはt期における家計の実質貨幣保有量を表す。関数$u(\cdot)$ と$z(\cdot)$ は、狭義単調増加であり、狭義凹関数である（$u' > 0$、$z' > 0$、$u'' < 0$かつ$z'' < 0$）。

完全予見のモデルを考える。家計は無限期間生きると仮定し、単一期間ごとにおける効用の、すべての流列を気にかけるものとする。しかし、家計は、現在に近いほど消費と実質貨幣保有量に大きなウエイトを置くことで、将来を割り引く。具体的には、彼らの生涯効用関数は次式で与えられる。

$$u(C_t) + z\left(\frac{M_t^d}{P_t}\right) + \beta\left[u(C_{t+1}) + z\left(\frac{M_{t+1}^d}{P_{t+1}}\right)\right] + \beta^2\left[u(C_{t+2}) + z\left(\frac{M_{t+2}^d}{P_{t+2}}\right)\right] + \cdots$$

パラメータ$\beta \in (0, 1)$ は、主観的割引係数である。家計が将来よりも現在を重視することは、βが1より小さいことに反映される。

ここで、家計の予算制約について分析しよう。t期において、家計は消費財の購入P_tC_t、貨幣残高の保有M_t^d、納税P_tT_t、国内通貨建て債券の購入B_t^d、および外貨建て債券の購入$\varepsilon_tB_t^f$に資産を配分する。税金T_tは一括払いであり、財の単位で計測されている。国内債券は自国通貨建てで、t期から$t+1$期まで保有した場合、金利i_tが付く。B_t^dの上付き文字dは、外貨建て債券と区別するために、国内通貨建て債券であることを示す。外国債券は外貨建てである。外国債券は1単位当たり外貨1単位の価格であるから、外国債券1単位当たりε_t単位が自国通貨建ての価格になる。また外国債券は、外貨建てで一定の世界金利i^*を支払う。B_t^fの上付き文字fは家計による外貨建て債券の保有であることを示す。

t期の開始時における家計の名目資産は、前期から持ち越した貨幣保有量M_{t-1}^dと、前期に購入した国内債券と外貨建て債券およびその利子、$(1 + i_{t-1})B_{t-1}^d + \varepsilon_t(1 + i^*)B_{t-1}^f$、さらに賦存財の売却益$P_tQ_t$の合計で与えられる。ここで$Q_t$は、外生的、つまりモデルの外で決定される$t$期における家計の賦存生産量とする。$t$期における家計の予算制約は、したがって次式で与えられる。

$$P_tC_t + M_t^d + P_tT_t + B_t^d + \varepsilon_tB_t^f = M_{t-1}^d + (1 + i_{t-1})B_{t-1}^d + (1 + i^*)\,\varepsilon_tB_{t-1}^f + P_tQ_t \qquad (15.20)$$

予算制約の左辺は資産の用途を、右辺は資産の供給源を表している。予算制約式は名目で、すなわち自国通貨単位で表されている。予算制約を実質的な単位、つまり財の単位で表すには、以下のように（15.20）式の左辺と右辺をP_tで割ればよい。

$$C_t + \frac{M_t^d}{P_t} + T_t + \frac{B_t^d}{P_t} + \frac{\varepsilon_t}{P_t} B_t^f = \frac{M_{t-1}^d}{P_{t-1}} \frac{P_{t-1}}{P_t} + (1 + i_{t-1}) \frac{B_{t-1}^d}{P_t}$$
$$+ (1 + i^*) \frac{\varepsilon_t}{P_t} B_{t-1}^f + Q_t$$

$t-1$期間から繰り越された実質貨幣残高M_{t-1}^d/P_{t-1}はP_{t-1}/P_tが乗じられて表示されている。インフレ下ではP_tはP_{t-1}よりも大きいので、インフレは家計の実質残高を$1 - P_{t-1}/P_t$の割合で減少させることになる。15.6.1項で述べたように、このインフレによる資産の損失はインフレ税と呼ばれる。インフレ率が高ければ高いほど、家計が実質残高を一定水準に維持するために配分しなければならない資産の割合は大きくなる。

購買力平価条件式（15.7）を用いて、効用関数と予算制約からP_tを消去すると次のようになる。

$$u(C_t) + z\left(\frac{M_t^d}{\varepsilon_t}\right) + \beta\left[u(C_{t+1}) + z\left(\frac{M_{t+1}^d}{\varepsilon_{t+1}}\right)\right]$$
$$+ \beta^2\left[u(C_{t+2}) + z\left(\frac{M_{t+2}^d}{\varepsilon_{t+2}}\right)\right] + \cdots \qquad (15.21)$$

$$C_t + \frac{M_t^d}{\varepsilon_t} + T_t + \frac{B_t^d}{\varepsilon_t} + B_t^f = \frac{M_{t-1}^d}{\varepsilon_t} + (1 + i_{t-1}) \frac{B_{t-1}^d}{\varepsilon_t}$$
$$+ (1 + i^*) B_{t-1}^f + Q_t \qquad (15.22)$$

家計はε_t、i_t、T_tおよびQ_tの時間経路を所与とし、（15.22）式のような一連の予算制約の下、効用関数（15.21）式を最大化するようにC_t、M_t^d、B_t^dおよびB_t^fを選択する。消費、貨幣残高、そして債券の流列を選択する際に、家計は3つのトレードオフに直面する。第1のトレードオフは、今日の消費と外貨建て債券による貯蓄の間のトレードオフである。第2のトレードオフは、今日の消費と自国通貨建て債券による貯蓄の間のトレードオフである。そして、3つ目のトレードオフは、今日の消費と貨幣保有との間のトレードオフである。

まず、今日、財を1単位余分に消費するか、外貨建て債券に投資して、明日その分を消費するかのトレードオフを考えてみよう。もし、家計が今日、財を1単位余分に消費することを選ぶと、その効用は$u'(C_t)$だけ増加する。あるいは、家計はその財を売って、1単位の外国通貨を購入し、その外貨で1単位の外国債券を購入することもできる。期間$t+1$において、外国債券は$1 + i^*$単位の外国通貨を支払い、その代金で家計は$1+i^*$単位の財を買うことができる。この財の量によって、期間$t+1$の効用が（$(1+i^*)u'(C_{t+1})$）だけ増加する。家計は将来の効用をβで割り引くので、t期から見ると、生涯効用は$\beta(1+i^*)u'(C_{t+1})$だけ増加する。もし、第1の選択肢から得られる効用のほうが第2の選択肢から得られる効用より大きければ、家計はt期に消費を増やし、$t+1$期に消費を減らす。これは$u'(C_t)$を下げ、$u'(C_{t+1})$を上げるので、2つの選択肢の間の効用差をなくすだろう（$u(\cdot)$が凹関数であり、$u'(\cdot)$は減少関数であることを想起してほしい)。一方、第2の選択肢が第1の選択肢よりも効用をもたらす場合、家計は$t+1$期に消費を増加させ、t期に消費を減少させる。つまり、最適な均衡では，家計は今日1単位の財を余分に消費するか、それを節約して次の期間にその分を消費するか、ぎりぎりのところで無差別である。形式的には異時点間の消費の最適配分は以下を満たす。

$$u'(C_t)=\beta(1+i^*)u'(C_{t+1}) \tag{15.23}$$

上式は外国通貨建て債券に関するオイラー方程式である。

仮に$\beta(1+i^*)>1$の場合、$u'(\cdot)$は減少関数なので、消費は時間とともに増加し、$C_{t+1}>C_t$となる。逆に、$\beta(1+i^*)<1$の場合、消費は時間とともに減少し、$C_{t+1}<C_t$となる。つまり、主観的割引係数βが市場における割引係数$1/(1+i^*)$よりも大きければ、消費は時間とともに増加し、主観的割引係数が市場における割引係数よりも小さければ、時間とともに減少する。直感的には、家計が相対的に我慢強いときには消費を先延ばしにし、相対的に我慢できないときには消費を前倒しする傾向があるのである。

均衡におけるダイナミクスを単純化するために、以下のように主観的割引率は市場における割引率と等しいと仮定する。

$$\beta=\frac{1}{1+i^*}$$

上式とオイラー方程式（15.23）を組み合わせると、次のようになる。

$$u'(C_t)=u'(C_{t+1}) \tag{15.24}$$

この式は、すべての$t=1, 2, \ldots$に対して、$C_t=C_{t+1}$であり、消費が時間とともに一定であることを意味している。その最適な消費水準をCとすると、次のようになる。

$$C_t=C_{t+1}=C_{t+2}=\cdots=C$$

次に、1単位の財を今日の消費に充てるか、同じ1単位で自国通貨建て債券を購入するかのトレードオフを考える。財1単位の追加消費は先ほどと同様に効用を$u'(C_t)$だけ増加させる。また、財1単位で自国通貨建て国債をε_t単位購入することもでき、$t+1$期にはこの国内債券は$(1+i_t)\varepsilon_t$の自国通貨の支払いをもたらす。また、$(1+i_t)\varepsilon_t$単位の自国通貨で、$(1+i_t)\varepsilon_t/\varepsilon_{t+1}$単位の財を$t+1$期に購入することができ、それにより生涯効用が、$\beta u'(C_{t+1})(1+i_t)\varepsilon_t/\varepsilon_{t+1}$だけ増加する。最適な状態では、家計は財1単位を今期に消費するか、自国通貨建て債券で貯蓄しその投資収益を次の期に消費するかの間で無差別である選択をしなければならない。つまり、最適な状態では、以下のようになるはずである。

$$u'(C_t) = \beta(1+i_t)u'(C_{t+1})\frac{\varepsilon_t}{\varepsilon_{t+1}}$$

この最適化条件は、自国通貨建て債券に関するオイラー方程式である。これを外貨建て債券のオイラー方程式である（15.23）式と組み合わせると、次のようになる。

$$1+i_t = (1+i^*)\frac{\varepsilon_{t+1}}{\varepsilon_t} \tag{15.25}$$

この式は為替リスクがない場合における金利平価条件式（15.9）である。

では、財1単位を消費に回すか、貨幣保有の形で貯蓄に回すかのトレードオフを考えてみよう。もし家計が財1単位を消費に使うことを選ぶと、その効用は$u'(C_t)$だけ増加する。代わりに、家計が財1単位を貨幣保有に振り向けることを選ぶと、現金化しなければならず、ε_t単位の貨幣を生み出す。そしてこの貨幣の量は、効用を$z'(M_t^d/\varepsilon_t)$だけ増加させる。さらに$t+1$期では、家計は自国通貨ε_t単位をε_{t+1}の価格で消費に振り分けることができる。よって、$t+1$期には、$\varepsilon_t/\varepsilon_{t+1}$単位の財を購入することができ、$\beta u'(C_{t+1})\varepsilon_t/\varepsilon_{t+1}$の効用を得ることができる。したがって、財1単位を貨幣保有に振り向けることによる効用の増加の総和は$z'(M_t^d/\varepsilon_t)+\beta u'(C_{t+1})\varepsilon_t/\varepsilon_{t+1}$となる。最適配分では、家計は財1単位を現在の消費に割り当てるか、貨幣として保有するかについて、無差別でなければならない。すなわち以下が成立する。

$$u'(C_t) = z'\left(\frac{M_t^d}{\varepsilon_t}\right) + \beta\frac{\varepsilon_t}{\varepsilon_{t+1}}u'(C_{t+1})$$

$u'(C_t)=u'(C_{t+1})=u'(C)$という事実とまた、$\beta=1/(1+i^*)$という仮定を用いると上式は以下のようになる。

$$z'\left(\frac{M_t^d}{\varepsilon_t}\right) = u'(C)\left[1-\frac{\varepsilon_t}{(1+i^*)\varepsilon_{t+1}}\right]$$

また、(15.25) 式の最適化条件から、以下の式が得られる。

$$z'\left(\frac{M_t^d}{\varepsilon_t}\right) = u'(C)\left(\frac{i_t}{1+i_t}\right) \tag{15.26}$$

この式は、実質的な貨幣需要M_t^d/ε_tを消費水準と国内名目金利に関係付けている。(15.26) 式において、uとzがともに厳密に凹であることを想起すると、実質貨幣需要M_t^d/ε_tは名目金利i_tの上昇に伴い減少し、消費量Cの増加に伴い増加する。この関係が流動性選好関数である。これをコンパクトに書くと次のようになり、ほかならぬ (15.5) 式が導かれる。

$$\frac{M_t^d}{\varepsilon_t} = L(\underset{+}{C}, \underset{-}{i_t})$$

最後に、期間効用関数の特定の関数形について、流動性選好関数を導出する。具体的に次のように仮定する。

$$u(C_t) + z(M_t^d/\varepsilon_t) = \ln C_t + \gamma \ln (M_t^d/\varepsilon_t)$$

$u'(C) = 1/C$および、$z'(M_t^d/\varepsilon_t) = \gamma/(M_t^d/\varepsilon_t)$ となるので、(15.26) 式は次のようになる。

$$\frac{\gamma}{M_t^d/\varepsilon_t} = \frac{1}{C}\left(\frac{i_t}{1+i_t}\right)$$

流動性選好関数は、この式をM_t^d/ε_tについて解くことで、以下のように求めることができる。

$$\frac{M_t^d}{\varepsilon_t} = L(C, i_t) = \gamma C\left(\frac{1+i_t}{i_t}\right) \tag{15.27}$$

これは、章末の練習問題15.4と15.5で使用される流動性選好関数である。この貨幣需要関数M_t^d/ε_tは消費に対して線形関数かつ増加関数であり、i_tに対して凸関数かつ減少関数である。

15.9 まとめ

- 貨幣数量説では、物価水準や名目為替レートを決定する重要な要因はマネーサプライであるとしている。
- 貨幣数量説は、実質生産量と実質為替レートが金融政策とは無関係であると仮定している。
- 貨幣数量説では、マネーサプライの増加は、物価水準の上昇と自国通貨の減価を引き起こす。

- 中央銀行が固定相場制を取る場合、マネーサプライに対するコントロールを失う。
- 政府は、財政赤字を国債の発行や貨幣の印刷によってまかなっている。
- 低インフレ国の通貨にペッグすることで、政府はインフレ率をコントロールすることができる。この政策は、為替レートに基づく（インフレの）安定化プログラムとして知られている。
- 慢性的な財政赤字は、通貨ペッグを持続不可能にする。
- 1回限りの予期せぬ切下げは、物価水準を上昇させ、名目金利には影響を与えず、民間の貨幣保有に対する税のように働き、家計から政府へ実質的な資源の再分配を行う。
- 中央銀行がマネーサプライを一定の率μで拡大した場合、均衡におけるインフレ率と自国通貨の減価率はともにμに等しく、内外金利差はμであり、実質貨幣残高は時間を通じて一定であり、かつμの上昇とともに減少する。
- インフレは、実質貨幣保有に対する税のように作用する。ここで課税ベースは実質貨幣保有残高であり、税率は、インフレ率の増加関数である。
- 政府が国債を発行する能力を使い果たした場合、財政赤字は貨幣を印刷することでまかなわなければならない。
- インフレ税のラッファー曲線は、貨幣増加率と通貨発行益の関係を表したものであり、逆U字型の形状をしている。
- 拡大する財政赤字をファイナンスするためには、貨幣増加率を高める必要があり、その結果、均衡におけるインフレ率を高めることになる。
- 財政赤字を貨幣の発行でまかなうには限界がある。このレベルを超えた財政赤字はハイパーインフレを引き起こす。
- 通貨ペッグと財政赤字の組合せは、国際収支危機をもたらす。危機の前には、インフレ率は低く、政府は安定した割合で外貨準備を失っている。危機が発生すると、通貨に対する投機的な攻撃が起こり、政府は異常なほど大量に外貨準備を失う。そして、政府はペッグ制を放棄し、赤字を補填するために貨幣を印刷せざるをえなくなり、インフレ率が上昇する。

15.10　練習問題

練習問題 15.1 (TFU)

次の文章が真、偽、不明のいずれであるかを示し、その理由を説明しなさい。

1. マネーサプライがGDPと同じ速度で成長すれば、名目為替レートは一定となる。
2. 貨幣数量説では、政府がお金を刷ってまかなえる財政赤字の最大値は、GDPの1/Vの割合である。
3. 貨幣数量説では、ラッファー曲線は右上がりである。つまり、財政赤字、DEFの水準にかかわらず、ハイパーインフレに陥ることはない。

練習問題 15.2 (数量説と経済成長)

GDPの成長率が4%（$Y_t/Y_{t-1}=1.04$)、マネーサプライの成長率が6%（$M_t/M_{t-1}=1.06$)、外国のインフレ率は1%($P_t^*/P_{t-1}^*=1.01$)、実質為替レートは一定であるとする。

1. 均衡のインフレ率、$P_t/P_{t-1}-1$を計算しなさい。
2. 均衡における自国通貨の減価率、$\varepsilon_t/\varepsilon_{t-1}-1$を計算しなさい。
3. 上の結果を一般化しなさい。具体的には、μを貨幣成長率、gを生産量の成長率、πは国内のインフレ率、π^*は外国のインフレ率、そしてϵは自国通貨の減価率であるとする。また引き続き、実質為替レートは一定であるとする。以下の2つの公式を導出しなさい。1つはインフレ率πをμとgの関数として表す式であり、もう1つは均衡における減価率をϵをμ、g、およびπ^*の関数として表す式である。
4. 前問の2つの式を近似式$\ln(1+x)\approx x$を用いて書き直しなさい。ここで$x=\mu$、π、π^*およびϵである。インフレ率と自国通貨の減価率の決定において、経済成長の果たす役割について直感的に理解できるよう述べなさい。

練習問題 15.3 (大国経済における貨幣数量説)

二国から構成される世界を考える。$i=1, 2$におけるi国の貨幣需要は次式で与えられるとする。

$$M_t^{di}=\frac{1}{V^i}P_t^iY_t^i$$

ここでM_t^{di}は貨幣需要、P_t^iは物価水準、そしてY_t^iは実質生産量を表すとする。またM_t^iはi国のマネーサプライを、そしてε_tは名目為替レートであり、国2の通貨1単位の価格を国1の通貨単位で表したものである。

1. 両国がそれぞれのマネーサプライをコントロールしていると仮定する。国2の通貨当局が国1の物価水準P_t^1に影響を与えることはできないことを示しなさい。
2. 引き続き、各国が自国のマネーサプライをコントロールしていると仮定する。両国のマネーサプライが増加した場合の名目為替レートへの影響を、次の3つのケースについて別々に分析しなさい。

(a) 両国は同じ割合でマネーサプライを増加させる。

(b) 国1は国2より大きな割合でマネーサプライを増加させる。

(c) 国1は国2より少ない割合でマネーサプライを増加させる。

3. 国1が為替レートを$\varepsilon_t=\varepsilon$で固定し、国2の金融政策はマネーサプライ$M_t^2$をコントロールしていると仮定する。国1の金融当局は、P_t^2に影響を与えることができない一方、国2の金融当局は、P_t^1に影響を与えることができることを示しなさい。

[ヒント：実質為替レートの定義、$e_t=\varepsilon_t P_t^2/P_t^1$を用いて、$e_t$は外生的に決定されると仮定しなさい。]

練習問題15.4（インフレによるファイナンス）

流動性選好関数が次式で与えられるとする。

$$L(C,i_t)=\gamma C\left(\frac{1+i_t}{i_t}\right)$$

（15.8節の付録はこの流動性選好関数のミクロ的基礎付けを行っている。（15.27）式を参照）。また、財政赤字がGDPの10%（$DEF/GDP=0.1$）、GDPに占める消費の割合が65%（$C/GDP=0.65$）、世界金利が年率5%（$i^*=0.05$）、およびγが0.2であるとする。

1. 財政赤字をマネタイゼーションするために必要な金融緩和率μを計算しなさい。
2. インフレ率、減価率、および名目金利を計算しなさい。

練習問題15.5（インフレによるファイナンスと経済成長）

貨幣需要を$L(C_t,i_t)=\gamma C_t\left(\frac{1+i_t}{i_t}\right)$とする。消費は$g$の率で成長するとする（$C_t/C_{t-1}-1=g$）。中央銀行はマネーサプライを一定の速度$\mu$で拡大し（$M_t/M_{t-1}-1=\mu$）、世界金利は一定で$i^*$に等しいとする。

1. インフレ率、自国通貨の切下げ率、名目金利の均衡値をi^*、μおよびgの関数として導出しなさい［ヒント：推測を検証する方法を用いなさい］。
2. 二次的財政赤字がGDPの一定割合δであり、GDPは消費と同じ速度で成長するとする。さらに、消費はGDPの一定割合cであるとする。財政赤字をファイナンスするために必要な貨幣増加率の公式を導出しなさい［ヒント：μはg、δ、c、γおよびi^*の関数でなければならない］。
3. 練習問題15.4と同様に、二次的財政赤字がGDPの10%、GDPに占める消費の割合が5%、世界金利が5%、γが0.2であるとする。さらにGDPが2%で成長すると仮定する。均衡における貨幣増加率μを計算しなさい。また、この数値を練習問題15.4で求めた数値と比較し、直感を述べなさい。

練習問題15.6

コスタリカの流動性選好関数（または貨幣需要関数）が$0.5C-100i_t$で与えられるとする。ここでCは消費であり、i_tは名目金利を表す。消費は100に等しいとする。また、政府がマネーサプライを年率10%で拡大し、実質二次的赤字が4であるとする。コスタリカではPPPが成立し、世界金利i^*は年率5%である。

1. コスタリカの名目金利を求めなさい。
2. 政府は年間どれくらいの通貨発行益を得ているのか計算しなさい。
3. 通貨発行益は赤字を補塡するのに十分なものかどうか述べなさい。またもしそうでないなら、政府の資産保有は毎期どの程度変化しているのか答えなさい。

練習問題 15.7 (金本位制)

ドイツと米国という2つの国を考えてみよう。ドイツにおける貨幣需要は、$\frac{M_t}{P_t} = Y_t$ で与えられる。ここでM_tは名目貨幣残高、P_tは物価水準、Y_tは生産量を表す。米国では、貨幣需要は$\frac{M_t^*}{P_t^*} = Y_t^*$で与えられ、星印は米国の変数であることを指す。両国とも金本位制を取っていると仮定し、つまり1920年代を考察する。これは、各国の中央銀行がマネーサプライを金準備高で裏付け、一定の価格で金と交換する用意がなければならないという制度である。形式的には、$M_t = P_t^g G_t$ および$M_t^* = P_t^{g*} G_t^*$であり、ここでP_t^gはマルク建ての金価格、G_tはドイツの金準備高、P_t^{g*}はドル建ての金価格、そしてG_t^*は米国の金準備高である。ドイツでは、ドイツ帝国銀行が1オンスの金価格を40ドイツマルクに固定し ($P_t^g = 40$)、米国では連邦準備銀行が1オンスの金の価格を20ドル ($P_t^{g*} = 20$) に固定している。世界の金の供給量、$\bar{G}$は200オンスで、ドイツ帝国銀行と米国連邦準備銀行の金準備高の合計$\bar{G} = G_t + G_t^*$に等しい。さらにPPPが成立していると仮定し、すなわち$P_t = \varepsilon_t P_t^*$であり、金については一物一価の法則が成り立つとする ($P_t^g = \varepsilon_t P_t^{g*}$)。$\varepsilon_t$は1ドル当たりのマルクで定義される名目為替レートを表す。ドイツの生産量は財単位で100、米国の生産量は400である。

1. 均衡において、$G_t/\bar{G} = Y_t/(Y_t + Y_t^*)$ となるはずであることを示しなさい。
2. 金本位制を成立させているドイツと米国の中央銀行の金準備高、G_tおよびG_t^*を求めなさい。また、M_t、M_t^*、ε_t、P_tおよびP_t^*を求めなさい。
3. 今、ドイツの生産量が10%増加し、米国の生産量は変わらないとする。この場合、金の国際的な分布にどのような影響があるだろうか。つまり、金本位制が維持されるようなG_tとG_t^*を求めなさい。また、M_t、M_t^*、P_tおよびP_t^*について解いて直感を述べなさい [ヒント:P_t^gとP_t^{g*}は金本位制の下で固定されている]。
4. 前問で述べた生産量の増加を受けて、ドイツが国内の価格安定を維持するように金の価格を変更したとする。この目的を達成するための金価格の上昇幅はどの程度だろうか。この政策は名目為替レートと米国の物価水準にどのような影響を与えるだろうか。またこの政策は金の国際的分布に影響を与えるだろうか。直感的にわかるように説明しなさい。
5. ドイツのみならず米国も国内の物価安定を維持するために、自国通貨建てで金の価格を変更すると仮定して、前問に答えなさい。
6. 米国の金準備がドイツに流出しないような金価格は存在するのだろうか。

練習問題 15.8 (切下げの財政への影響)

単一の貿易財が存在し、資本移動が自由である小国開放賦存経済について考えよう。購買力平価と金利平価が成立すると仮定する。世界金利i_t^*は20%である。家計は取引を円滑にするために貨幣を保有する。家計の流動性選好関数は次式で与えられる。

$$L(C, i_t) = C\,\frac{1+i_t}{i_t}$$

ここで、$C=2$は一定の消費水準、i_tは国内の名目利子率を表す。政府が均衡予算財政政策を取っており、毎期の二次的財政赤字がゼロであるとする(すべてのtについて$DEF_t=0$)。政府の第1期の外貨準備高が100 ($B_0^g=100$) であったとする。また、政府は名目為替レートを外貨1単位当たり自国通貨1単位の交換となるように固定する($\varepsilon=1$)。政府は外貨準備を増やすために、以下の2種類の1回限りの切下げシナリオを描いている。(1) 第1期に、サプライズで100%の切下げを発表する(すなわち、すべての$t\geq1$について$\varepsilon_t=2$)。(2) 第1期において、政府は第2期から為替レートを永久に2にすると発表する(すなわち、$\varepsilon_1=1$かつすべての$t\geq2$について$\varepsilon_t=2$)。

1. 政府が切下げスキーム (1) を実施するとする。第2期末の外貨準備高B_2^gを求めなさい。
2. 政府が代わりに切下げスキーム (2) を実施したとする。この場合における、第2期末の外貨準備高B_2^gを求めなさい。
3. (1) と (2) の切下げシナリオのどちらが、長期的に政府の外貨準備の水準を高くするだろうか。またどの程度それは高いだろうか。直感的に理解できるように説明しなさい。

練習問題 15.9 (国際収支危機)

単一の貿易財が存在し、資本移動が自由なある小国開放経済について考えよう。政府は、毎期、財換算で10単位の恒常的な実質的な二次的財政赤字を出しているとする($DEF=10$)。また、政府は過去に債務不履行を起こしたことがあるので借入れが不可能であり、つまり政府の資産残高B_t^gはマイナスになることはできない。第1期において、政府の初期資産保有は正の値であり、150単位の財に等しいとする($B_0^g=150$)。さらに、第1期において、政府は名目為替レート(1単位の外貨の自国通貨での価格)を固定化することを決定したとする。また、家計は取引のために貨幣を必要とし、以下の流動性選好関数を持つとする。

$$L(C, i_t) = 0.2C\left(\frac{1+i_t}{i_t}\right)$$

ここで、$C=100$は消費、i_tは国内名目金利を表す。PPPと金利平価が成立し、世界金利i^*は毎期10%であり、単一貿易財の外貨建て価格は一定で1に等しい(すなわち、すべてのtについて$P_t^*=1$)ものとする。

1. この経済においては、なぜ為替ペッグが維持できないのか、言葉で説明しなさい。

2. 政府がペッグ制の廃止を余儀なくされた後、財政赤字の全額を通貨発行益でまかなうと仮定する。このとき、政府は国内のマネーサプライをどの程度の率（μとする）で拡大させなければならないだろうか。為替ペッグ崩壊後の実質残高の水準、自国通貨の減価率、インフレ率、国内の名目金利を求めなさい。
3. 期間$T-1$を為替ペッグが実施されている最後の期間とする。任意の期間$t \leq T-2$における実質貨幣需要残高、通貨発行益、政府資産の増減を求めなさい。
4. 期間$T-1$における実質貨幣需要残高、通貨発行益、政府資産の増減を求めなさい。
5. 政府は外貨準備をすべて失うまで為替ペッグを維持できるとする。つまり、ペッグが維持されている最後の期間$T-1$の終わりには、政府資産はゼロ（$B^g_{T-1}=0$）となる。このとき、期間Tを求めなさい［ヒント：期間$T-1$において、政府は異常なまでに大量の外貨準備を失うはずである］。

練習問題 15.10（恒久的な貨幣供給によるインフレ安定化）

単一の貿易財が存在し、資本移動が自由な小国開放経済を考えよう。金融政策は一定の貨幣増加率を保つ、つまりすべてのtについて$M_t=(1+\mu)M_{t-1}$であると仮定する。流動性選好関数は$L(C, i_t)=C/(1+i_t)^2$で与えられ、ここでi_tは期間tと$t+1$の間にかけて保有される資産にかかる国内名目金利で、$C=1$は定数とする。貨幣増加率は年率10%であり、PPPと金利平価は成立し、世界金利i^*は期間当たり5%、単一貿易財の外貨建て価格は一定で1に等しい（すなわち、すべてのtについて$P^*_t=1$）と仮定する。また財政当局は、外貨準備高を一定に保つように、二次的財政赤字を調整するとする。

1. 任意の期間tにおけるインフレ率、自国通貨の減価率および通貨発行益を求めなさい。

ここで、0期に中央銀行がインフレ安定化策を実施すると発表し、世間を驚かせたとする。具体的には、マネーサプライは今後一定に保たれる、つまり、すべての$t \geq 0$について、$M_t=M_0$であると宣言する。

2. $t=-1$と$t=0$の間および$t=0$と$t=1$の間のインフレ率を求めなさい。インフレ率はすぐにゼロになるだろうか、ならないだろうか。その理由も述べなさい。
3. 0期における通貨発行益を求めなさい。また$t=0$、$t=-1$および$t=1$における通貨発行益を比較しなさい。またその結果を直感的に理解できるように説明しなさい。
4. 期間$t=-1, 0, 1$における為替レートの減価率を求めなさい。
5. 中央銀行がゼロインフレを即座に達成するために、つまり、任意の$t \geq 0$に対して$P_t=P_{-1}$を保証するためは、どのような政策がありえただろうか。

練習問題 15.11（一時的な貨幣供給によるインフレ安定化）

単一の貿易財が存在し、資本移動が自由な小国開放経済を考えてみよう。政府は毎期ごとに、財換算で10単位の恒常的な実質的二次的赤字を出しているとする（$DEF=10$）。また政府は過去に債務不履行を起こしたので、借入れができない、つまり政府の資産残高B^g_tを負にすることはできないとする。第1期において、政府の資産保有は正の値であり、150単位の財に等しい（$B_0^g = 150$）。第1期において、政府はマネーサプライを一定にする金融政策に従うと決定し、政策が実施されている任意の期間tにおいて、$M_t = M_0$であるとする。また、家計は取引目的のために貨幣を必要とし、その流動性選好関数は次式で与えられる。

$$L(C, i_t) = 0.2C\left(\frac{1+i_t}{i_t}\right)$$

ここで、$C = 100$は消費、i_tは国内名目金利を表す。PPPと金利平価が成立し、世界金利i^*は期間当たり10%、単一貿易財の外貨建て価格は一定で1に等しい（すなわち、すべてのtについて$P_t^* = 1$）とする。

1. この経済において、マネーサプライを一定に保つという政策が長期的に維持できない理由を言葉で説明しなさい。
2. 政府はマネーサプライを一定に保つ政策をいったん放棄せざるをえなくなると、貨幣増加率を$\mu > 0$で一定に保つ政策に切り替え、財政赤字の全額を通貨発行益でまかなうと仮定する。期間$T-1$をマネーサプライが一定である最後の期間とする。すなわち、$M_{T-1} = M_0$かつすべての$t \geq T$について$M_t/M_{t-1} = 1+\mu$が成立する。任意の期間$t \geq T$における通貨発行益をμの関数として求めなさい。そして、政府が赤字を補塡するために国内のマネーサプライをどの程度の率で拡大しなければならないかを求めなさい。
3. マネーサプライを一定に保つ政策の崩壊後、すなわち任意の期間$t \geq T$におけるインフレ率、自国通貨の減価率、国内名目金利、実質残高の水準を求めなさい。
4. 任意の期間$t \leq T-1$における通貨発行益と政府資産の増減を求めなさい。この国は国際収支危機に見舞われるだろうか、つまり、マネーサプライが一定に保たれる最後の期間である$T-1$において、政府は異常に多くの準備を失うことになるだろうか。
5. 政府は準備をすべて失うまでマネーサプライを一定に保つと仮定する。つまり、マネーサプライが一定である最後の期間（期間$T-1$）の終了時に$B_{T-1}^g = 0$となると仮定する。このとき、Tを求めなさい。
6. 物価上昇率の時系列変化を求めなさい。マネーサプライが一定である間の物価の動きについて、直感的に説明しなさい［ヒント：上記で、任意の期間$t \geq T$におけるインフレ率を求めたことを想起しなさい。したがって、見つける必要があるのは、任意の期間$2 \leq t < T$におけるP_t/P_{t-1}である。そのために、まず、期間$T-1$のインフレ率を求め、その後、期間$T-2$のインフレ率、というように期間2まで遡って計算しなさい］。
7. 一時的な貨幣供給によるインフレ安定化プログラムによってもたらされるダイナミクスを、一時的な為替レートに基づくインフレ安定化プログラムによって引き起こされるそれと比較しなさい。

第IV部 金融政策と為替レート

訳者あとがき

かつて、ケインズは、貧困など経済的問題から解放された人類の未来を予想し、経済学的問題の解決とは、虫歯治療のような些細なものとなって、経済学者もしかつめらしげではなく、愛想がよく、謙虚で腕が良い歯医者のようになる日が来るであろうことを冗談まじりに語った。[1)]

ケインズの意図するところは、つまり経済学的問題の解決とは、科学的知見に基づいた一部の専門家によるものであるべきだ、ということである。

ケインズの時代から、およそ1世紀後に現れた本書は、そのケインズの直覚に則り、科学的精神によって貫徹された歯学教本であり、歯の基本構造に加え、虫歯のさまざまな症例、そして処方箋が展開されている。またおよそ、すべての科学が、先人の知見に基づいて積みあがっているように本書で垣間見えるのは、近代経済学が築き上げてきた1つの壮麗で強固な建築である。

具体的に、本書にあるのは合理的期待に基づくミクロ的基礎付けを持ったマクロ経済学モデルである。2期間かつ小国開放モデルを中心にすることで、動学のみならず、開放経済におけるエッセンスを凝縮し、学部向けのテキストだからといって妥協することなしに、あますところなく扱うことに成功している。

小国開放経済モデルを軸に、非貿易財を含むTNT（traded-non-traded）モデル、名目賃金の下方硬直性を含むTNT-DNWR（downward nominal wage rigidity）モデル、そこに起きるさまざまな疾病としての「突然の停止」や「過剰債務」などについて、さらに資本規制や為替政策などのその処方箋が展開されている。二国の大国モデルや、実質為替レートの決定など長期的に重要なトピックスも網羅し、進んでは、無限期間経済への展開や、数値的シミュレーションを伴う初歩的なモデルも扱われている。

本書は、微分と統計学の初歩的な知識があれば読みこなせるようになっている。著者の2人であるシュミット＝グローエ氏とウリベ氏は、大学院向けの別のテキストも執筆しているが、そこにある直観はすべて本書に展開されている

1) John Maynard Keynes, "Economic Possibilities for Our Grandchildren," *Essays in Persuasion*, Palgrave Macmillan, 2010, pp. 321–332.

と言ってよい。[2)]大学院向けの内容では、無限期間のモデルになったり、パラメータの推定方法がより専門的となる「quantitative（量的な）」面での拡張であり、「qualitative」（質的）な内容はほぼ本書に網羅されている。さらに注意深い読者は、開放経済を学習することは、それを内包するために、必然的に閉鎖経済を学ぶことでもあることに気づくことだろう。また、資本蓄積を伴う新古典派の経済成長モデル、異質エージェントモデル、さまざまな形の摩擦、これらの進んだ大学院や、博士課程で学ぶようなトピックスも本書における経済モデルの拡張として、比較的容易に学習することが可能である。

練習問題はかなり分量が多く、初歩的なものからデータを駆使した高難度のものまでさまざまであるが、選択的にでも解いてみることは、理解の助けになるだろう。また翻訳の過程で、特に第1章は、国際収支統計に表れる概念の訳語や表記方法などは最新のIMFのものに従った。原書と引き比べるときには注意されたい。

本書の英語版のスライドは、原書が書籍として出版される以前から、オンラインで利用可能であり、訳者は早稲田大学において、それらをゼミや授業で積極的に活用していた。伝統的に「小国開放経済」とは債務国の分析であり、「突然の停止」に代表されるような脆弱な経済環境がもっぱらな国々についてのものであった。しかし「大国」から不可逆的に「小国」へとならざるをえないかもしれない、日本のような「債権国」についての思考をめぐらせる上でも、極めて有益だろう。そういった思いから、チャンスがあれば翻訳してみたいものだと考えていた。快く翻訳を許可してくださったウリベ氏をはじめ、著者の方々に感謝したい。また東洋経済新報社の茅根恭子氏、現在、早稲田大学経済学研究科博士課程に在籍している村上勇気君には、翻訳原稿の下読みや校正などさまざまな面で助けられた。ここで改めてお礼を申し上げたい。

2024年8月

濵野正樹

2) Martín Uribe and Stephanie Schmitt-Grohé, *Open Economy Macroeconomics*, Princeton University Press, 2017.

索引

人名索引

事項索引

【あ 行】

【か　行】

【さ 行】

【た 行】

【な 行】

【は 行】

【ま　行】

【や　行】

【ら 行】

【わ 行】

著者紹介

ステファニー・シュミット＝グローエ (Stephanie Schmitt-Grohé)

コロンビア大学教授。シカゴ大学にて博士取得。全米経済研究所（NBER）リサーチ・アソシエイト、およびCEPRリサーチ・アフィリエイトを務める。コロンビア大学に着任する以前は、デューク大学、ラトガース大学、連邦準備制度理事会に勤務。マクロ経済学と金融の分野で顕著な貢献をした40歳未満のヨーロッパの経済学者に毎年贈られるベルナーサー賞を受賞。シュミット＝グローエの研究は、最適なマクロプルーデンス政策を含む金融・財政政策の設計、国内および国家横断的なマクロ経済ショックの発生源と伝播の理解に重点を置いている。

2017年プリンストン大学出版局刊の大学院レベルのテキスト*Open Economy Macroeconomics*（マーティン・ウリベとの共著）の著者である。

マーティン・ウリベ (Martín Uribe)

コロンビア大学ロバート・A・マンデル教授。シカゴ大学にて博士取得。全米経済研究所（NBER）リサーチ・アソシエイト、*Journal of International Economics*編集長を務める。コロンビア大学に着任する以前は、デューク大学とペンシルバニア大学で教鞭をとり、連邦準備制度理事会国際金融部でスタッフ・エコノミストを務める。国際経済学、金融経済学、財政学の分野で多数の貢献があり、主な研究テーマは、国内および国家横断的なマクロ経済ショックの発生源と伝播の理解、および金融、財政、為替レートに基づく安定化政策の設計。フィラデルフィア連邦準備銀行、欧州中央銀行、ゲーテ大学、ボン大学、プリンストン大学で客員研究員を務め、世界銀行やダラス連邦準備銀行のコンサルタントも務める。

2017年プリンストン大学出版局刊の大学院レベルのテキスト*Open Economy Macroeconomics*（シュミット＝グローエとの共著）の著者である。

マイケル・ウッドフォード (Michael Woodford)

2004年よりコロンビア大学ジョン・ベイツ・クラーク教授。シカゴ大学にて博士取得。コロンビア大学ザッカーマン心・脳・行動研究所のアフィリエイトメンバーでもある。コロンビア大学准教授、シカゴ大学准教授を経て、1989年にシカゴ大学経済学部終身教授、1995年にプリンストン大学経済学部教授に就任。マッカーサー・フェロー（1981～86年）、グッゲンハイム・フェロー（1998～99年）、米国芸術科学アカデミー・フェロー（2004年選出）、2007年にドイツ銀行賞（金融経済学部門）、2018年にフランス銀行／トゥールーズ経済大学院賞（金融経済学部門）を受賞。

2004年プリンストン大学出版局刊の金融マクロ経済学に関する大学院レベルのテキスト、*Interest and Prices: Foundations of a Theory of Monetary Policy*の著者としてよく知られている。

【訳者紹介】
濵野正樹（はまの　まさしげ）
早稲田大学政治経済学術院教授。慶應義塾大学経済学部卒業。パリ第一大学パンテオン・ソルボンヌ校にて国際経済学修士号、レンヌ第一大学にて経済学博士号取得。上智大学助教、同准教授、早稲田大学准教授を歴任。ルクセンブルク大学外部研究フェロー。早稲田大学リサーチアワード、日本国際経済学会小田賞受賞。*Macroeconomic Dynamics*のアソシエイトエディターを務める。専門は、国際マクロ経済学、金融政策、国際経済学など。

国際マクロ経済学

2024年12月31日発行

著　者――ステファニー・シュミット＝グローエ／マーティン・ウリベ／マイケル・ウッドフォード
訳　者――濵野正樹
発行者――山田徹也
発行所――東洋経済新報社
〒103-8345　東京都中央区日本橋本石町 1-2-1
電話＝東洋経済コールセンター　03(6386)1040
https://toyokeizai.net/

装　丁………橋爪朋世
D T P………アイランドコレクション
印　刷………港北メディアサービス
製　本………大口製本印刷
編集協力……堀　雅子
編集担当……茅根恭子

Printed in Japan　　ISBN 978-4-492-31561-3

本書のコピー、スキャン、デジタル化等の無断複製は、著作権法上での例外である私的利用を除き禁じられています。本書を代行業者等の第三者に依頼してコピー、スキャンやデジタル化することは、たとえ個人や家庭内での利用であっても一切認められておりません。
落丁・乱丁本はお取替えいたします。